RUSIA

MEMORIA **CRÍTICA**

ANTONY BEEVOR

RUSIA

Revolución y guerra civil
1917-1921

Traducción castellana de
Gonzalo García

CRÍTICA

Obra editada en colaboración con Editorial Planeta - España

Título original: *Russia. Revolution and Civil War 1917-1921*

Antony Beevor

© 2022, Ocito Ltd

© 2022, Traducción: Gonzalo García

© 2022, Editorial Planeta, S. A. - Barcelona, España

Derechos reservados

© 2022, Ediciones Culturales Paidós, S.A. de C.V.
Bajo el sello editorial CRÍTICA M.R.
Avenida Presidente Masarik núm. 111,
Piso 2, Polanco V Sección, Miguel Hidalgo
C.P. 11560, Ciudad de México
www.planetadelibros.com.mx
www.paidos.com.mx

Primera edición impresa en España: junio de 2022
ISBN: 978-84-9199-422-0

Primera edición impresa en México: julio de 2022
ISBN: 978-607-569-308-8

Impreso en los talleres de Litográfica Ingramex, S.A. de C.V.
Centeno núm. 162-1, colonia Granjas Esmeralda, Ciudad de México
Impreso en México - *Printed in Mexico*

Para Liuba Vinográdova

Mapas

Créditos de las ilustraciones

Prefacio

En enero de 1902, el duque de Marlborough escribió a su primo, Winston Churchill, y le describió cierto baile cortesano al que había asistido en San Petersburgo. Marlborough estaba asombrado por la grandeza anacrónica en la que el zar de todas las Rusias parecía atrapado. Calificó a Nicolás II de «hombre amable y agradable que se esfuerza por interpretar el papel propio de un autócrata».[1]

Fue una recepción propia de Versalles, con toda su gloria y ostentación: «Se sirvió una cena para casi tres mil personas. No va a ser fácil describir el efecto de tal espectáculo, de tal cantidad de personas sentándose al mismo tiempo. Para poder darte una idea de en qué escala se desarrolló, solo se me ocurre recordarte que en total habría unos dos mil sirvientes para atender a los invitados, entre ellos cosacos, mamelucos y palafreneros al estilo que leíamos se usaba en Inglaterra en el siglo XVIII: con los sombreros engalanados con enormes plumas de avestruz. En cada una de las habitaciones hay destacada una banda militar que va interpretando el himno nacional por donde quiera que el zar pasa... Había también otra guardia de honor cuyo deber consistía, al parecer, en mantener las espadas en alto durante cinco horas consecutivas».[2]

Cuando en una cena posterior Consuelo Vanderbilt, la joven esposa de Marlborough, preguntó al zar sobre la posibilidad de introducir en Rusia un gobierno democrático, este contestó: «Vamos doscientos años por detrás de Europa en el desarrollo de nuestras instituciones políticas nacionales. Rusia todavía es más asiática que europea y, en consecuencia, debe regirse por un gobierno autocrático».[3]

Marlborough también quedó afectado por las idiosincrasias de los regimientos de guardias, que dominaban el sistema militar: «El gran duque

Vladímir, que es el jefe de una parte del Ejército, hace que le presenten a los reclutas. A aquellos que poseen una nariz respingona se los destina al regimiento Pavlovski porque su creador, el emperador Pablo, poseía esa clase de nariz».[4]

Al igual que la corte, el Ejército Imperial también estaba anquilosado por los arcaísmos de la etiqueta, el protocolo y la burocracia. El capitán Archie Wavell (que, si bien por entonces era tan solo un joven oficial de la Guardia Negra, llegaría a ser mariscal de campo) observó durante una estancia breve, justo antes de la primera guerra mundial, que incluso entre los oficiales de mayor rango había temor a demostrar capacidad de iniciativa. «Como ejemplo del conservadurismo del ejército ruso —añadió—, tenían la costumbre de llevar siempre la bayoneta fija en los fusiles, en todas las circunstancias.»[5] El uso se remontaba a una orden del mariscal Suvórov, de finales del siglo XVIII, después de que en una emboscada se hubiera sorprendido y aniquilado a una columna rusa.

Los oficiales rusos no solo vestían el uniforme en cualquier ocasión pública, sino que consideraban lo contrario una desgracia. Un capitán de dragones que interrogó a Wavell sobre los hábitos del ejército británico no daba crédito al hecho de que sus oficiales pudieran vestir ropa de civil y dejar la espada en casa. Se puso en pie y, escandalizado, exclamó: «¡Pero entonces la gente no os temerá!».[6] Por otro lado, un oficial ruso tenía derecho a dar un puñetazo en la cara a cualquiera de sus soldados, como castigo sumario.

A Wavell no le sorprendió que, para los intelectuales rusos, sus gobernantes fueran «unos burócratas opresores [que] desconfiaban de la policía y despreciaban al ejército».[7] Tras los desastres humillantes de la guerra ruso-japonesa de 1904-1905 y la masacre perpetrada contra la marcha de protesta pacífica que el padre Gueorgui Gapón dirigía hacia el Palacio de Invierno en enero de 1905, el respeto por el régimen y las fuerzas armadas se había desintegrado. «De la noche a la mañana, Rusia viró hacia la izquierda», escribió Nadiezhda Lojvítskaya, que firmaba con el pseudónimo de «Teffi». «Había agitación entre los estudiantes, huelgas entre los obreros. Hasta entre los generales se oían quejas sobre la gestión tan desgraciada del país, y se criticaba agriamente incluso al propio zar.»[8]

A cambio de unos privilegios muy notables, se esperaba de la nobleza que cediera a sus hijos como oficiales del ejército y burócratas en San Petersburgo. Por su parte se contaba con que los treinta mil terratenientes mantendrían el orden en las zonas agrícolas por medio de los «capitanes rurales» locales.

La liberación de los siervos, en 1861, no había mejorado gran cosa la miseria en la que estos se encontraban. «El campesinado vive en unas condiciones espantosas, sin una atención médica mínimamente organizada —escribió Maksim Gorki—. La mitad de los hijos de los campesinos mueren, por varias enfermedades, antes de haber cumplido los cinco años. Casi todas las mujeres de las aldeas padecen alguna dolencia femenina. Las aldeas se pudren de sífilis; el campo se ha hundido en la indigencia, la ignorancia y el salvajismo.»[9] Las mujeres también sufrían la violencia de los maridos, en particular a la que estos se emborrachaban.

La idea de que unos fornidos campesinos rusos se iban a integrar en una apisonadora militar irresistible era una simple ilusión. Aproximadamente tres de cada cuatro reclutas de origen campesino fueron rechazados en tiempos de paz por motivos de mala salud. Durante la primera guerra mundial, además, los oficiales solían quejarse de la mala calidad de las incorporaciones. En el Segundo Ejército, según cierto informe, «es deplorable, y muy habitual, que los soldados de baja graduación se inflijan heridas a sí mismos para evitar el combate. También abundan los casos de rendición al enemigo».[10] Se describía a estos soldados como «simples mujiks... Se quedan mirando hacia delante con una expresión indiferente, estúpida y pesimista. No tienen la costumbre de mirar a los ojos a sus comandantes transmitiendo contento o alegría». Está claro que el campesino ruso uniformado adoptaba la táctica que en el ejército británico solía definirse como de «insolencia muda».

Incluso los miembros ilustrados de la aristocracia y la burguesía acomodada temían a las «masas oscuras» y sus explosiones ocasionales de una violencia aterradora, como la que Yemelián Pugachov había encabezado en 1713. Aleksandr Pushkin la describió como «una rebelión rusa sin sentido ni compasión».[11] En la oleada de disturbios e incendios que sacudió el país en 1905, tras los desastres de la guerra contra Japón, la única esperanza de los terratenientes pasaba por pedir a los gobernadores locales que recurrieran a las tropas de alguna de las numerosas plazas fuertes.

La conocida referencia despectiva de Karl Marx, en el *Manifiesto comunista*, al «idiotismo de la vida rural», con cuanto implicaba de credulidad, apatía y sumisión, podía aplicarse también más allá de las aldeas de campesinos. Las pequeñas ciudades de provincias también carecían de vitalidad. Autores satíricos como Saltykov-Schedrín y Gógol dirigieron la mirada por debajo de la turbia superficie de las aguas estancadas. El mismo Saltykov —irónicamente, uno de los escritores favoritos de Lenin— se refirió al «efecto devastador de la esclavitud legalizada sobre la psique humana», un fenómeno que fue común a la era zarista y a la soviética.[12] León Trotski culpó de ello a una estrechez de miras que él atribuía a la mentalidad de la iglesia ortodoxa. Defendió que la revolución requeriría que el pueblo rompiera con «los iconos y las cucarachas» de la Santa Rusia.

Los intentos de reforma agraria solo consiguieron resultados en algunas zonas. A diferencia de aquel gran magnate del siglo XIX, el conde Dmitri Sheremétev —que poseía 763.000 hectáreas con un total aproximado de unos 300.000 siervos—,[13] la mayoría de las propiedades eran pequeñas y poco rentables. Incluso si lo hubieran querido, muy pocos terratenientes estaban en condiciones de mejorar las condiciones de alojamiento o de introducir siquiera los métodos más elementales de mecanización. Antes al contrario, muchos se vieron obligados a vender o hipotecar sus tierras. Las relaciones eran cada vez más artificiales y tensas. Los campesinos más pobres seguían siendo víctimas del analfabetismo, que los sometía a la explotación tanto de los ancianos de las aldeas como de los comerciantes de cereales, así como al maltrato de muchos terratenientes que estaban resentidos por la mengua de su poder. En consecuencia, los arrendatarios se inclinaban obsequiosamente ante sus nobles señores pero aprovechaban cualquier ocasión para engañarles, en cuanto les daban la espalda.

La emigración a las ciudades aceleró el crecimiento de una clase obrera urbana: el proletariado, que los marxistas consideraban que sería la vanguardia de la revolución. La población de San Petersburgo, que a principios de siglo era de poco más de un millón de habitantes, superaba los tres millones a finales de 1916. Las condiciones de trabajo en las fábricas eran tan horripilantes como peligrosas. Para los propietarios los obreros eran material fungible porque había una masa de campesinos a la espera de poder ocupar su lugar. No había derecho a la huelga ni compensación por los despidos. En caso de disputa, la policía siempre se ponía de parte de los empresarios. Para muchos, era el modo urbano de la servidumbre. Los obreros vivían en barracones de múltiples habitaciones, pensiones de mala muerte o bloques de pisos, en condiciones sórdidas e insanas. «En las ciudades no hay sistemas de alcantarillado —escribió Gorki—, en las chimeneas de las fábricas no hay humeros; la tierra está emponzoñada por los miasmas de los residuos putrefactos, y el aire, por el humo y el polvo.»[14] En tales circunstancias de congestión, la tuberculosis y las enfermedades venéreas se difundían fácilmente, así como epidemias ocasionales de cólera y tifus. La esperanza de vida, en las ciudades, no era superior a la de las aldeas más pobres. Y en cuanto a la libertad, solo cabía hallar alguna medida de ella en el círculo más profundo del infierno, habitado por el lumpemproletariado de los desempleados: un mundo subterráneo de prostitución infantil, hurtos y peleas entre borrachos, una existencia aún más dura que todo lo descrito por Dickens, Hugo o Zola. La única catástrofe que podía empeorar más la vida de los pobres en Rusia era un gran conflicto europeo.

Primera parte

1912-1917

1

El suicidio de Europa[1]

De 1912 a 1916

El ritmo del crecimiento industrial en Rusia, antes de la primera guerra mundial, creó un embriagador exceso de confianza entre sus clases dirigentes. Se olvidó el desastroso conflicto con Japón de hacía poco menos de una década. En San Petersburgo el partido belicista que exigía atacar a Turquía después de que esta hubiera cerrado el estrecho de los Dardanelos en 1912 se tornó más más vociferante. Incluso una figura que hasta entonces había optado por la cautela, como el ministro de Exteriores Serguéi Sazónov, se mostró airado por la forma en que los imperios Alemán y Austrohúngaro habían tratado a Rusia con motivo de la primera guerra de los Balcanes. Así pues, cuando Viena dirigió su ultimátum a Serbia (tras el asesinato en Sarajevo, en julio de 1914, del archiduque Francisco Fernando), Sazónov pidió al jefe del Estado Mayor que preparase al Ejército para la guerra. Le dijo al zar que si Rusia no acertaba a apoyar a un pueblo amigo como los eslavos de Serbia, la humillación sería fatal. Nicolás II se creyó obligado a autorizar la convocatoria de un primer estadio de movilización parcial, pero los comandantes militares insistieron en que si Rusia se movilizaba contra los ejércitos austrohúngaros, las fuerzas rusas tendrían que movilizarse por igual en los frentes central y septentrional, contra los alemanes.[2]

Grigori Rasputín, el consejero y sanador de la familia imperial, se hallaba lejos de la capital. Aquel fatídico verano había regresado a su región natal, la Siberia occidental, donde un telegrama de la zarina le comunicó los preparativos bélicos. Se dispuso a redactar una contestación para aconsejar al zar que se resistiera a la presión, pero una campesina lo abordó y apuñaló en el estómago. Era una adepta de Iliodor, un hieromonje que se había vuelto en contra de Rasputín tildándolo de sanguijuela y falso profeta. El sanador quedó muy malherido, incapacitado en un hospital. Cuando recobró la conciencia y le contaron que en efecto se había dado órdenes de iniciar la movilización, insistió en enviar el telegrama que predecía que la guerra destruiría tanto a Rusia como a los Románov. Esta última oportunidad de convencer al zar de plantarse frente a los beligerantes llegó demasiado tarde, pero lo más probable es que tampoco hubiera cambiado gran cosa.

El temor del Estado Mayor ruso a que las Potencias Centrales se movilizasen con más rapidez no fue la causa principal de la escalada bélica. El factor clave fue la determinación austríaca de aplastar a Serbia antes de que las grandes potencias europeas pudieran intervenir. Alemania se negó a frenarlos. Más aún, el general Helmuth von Moltke, jefe del Estado Mayor alemán, instó a los austríacos a hacer caso omiso de cualquier posible ruego de moderación por parte del gobierno alemán. La diplomacia y los contactos regios también carecían de la fuerza suficiente. En realidad la guerra era tan importante que no se la podía confiar a los generales, según comentó poco después el primer ministro francés Georges Clemenceau.

Una vez declarada la guerra, la mala situación de la «masa gris» de los soldados campesinos rusos solo podía tornarse aún peor. En total se convocó a los Ejércitos de Tierra y de Marina a 15.300.000 hombres. Tras la derrota en la batalla de Tannenberg, y la tristemente famosa «Gran Retirada» de 1915 tras la victoria alemana en Gorlice-Tarnów (cerca de Cracovia, al sureste), tanto entre los oficiales como entre la tropa se instalaron la amargura y la sospecha de que la corte los había traicionado. Se empezó a hablar del «control alemán» de las fuerzas armadas, en parte porque muchos generales tenían nombres de origen teutónico o escandinavo.[3] Pero la mayoría maldecía contra la zarina alemana y su camarilla, dominada por la *éminence grise* de Rasputín. El monje disoluto interfería en los nombramientos, con una corrupción desvergonzada, una vez que el zar había tomado la imprudente decisión de asumir el mando de los Ejércitos en el Stavka, el cuartel general supremo, en Moguiliov.

La vida de los soldados rusos en las trincheras que se extendían por todo el frente a través de las provincias bálticas, Polonia, Bielorrusia, Galitzia y Rumanía resultaba una experiencia inhumana. «Después de haber cavado la zanja en la que se meterán —escribió Maksim Gorki—, viven bajo la lluvia y la nieve, entre la suciedad, sin el mínimo espacio; las enfermedades los desgastan, los bichos se los comen; viven como animales.»[4] No solo escaseaban grandemente las municiones, sino que muchos soldados carecían de botas y tenían que fabricarse zapatos con trozos de corteza de abedul. En el frente, los hospitales de campaña eran casi tan primitivos como durante la guerra de Crimea.

Los intentos de modernización tuvieron un resultado desastroso: «Por fin nos han llegado las novedades tecnológicas más recientes —escribió en su diario, en claro tono de enojo, Vasili Kravkov, un destacado médico del Estado Mayor—. Esto es, 25.000 máscaras antigás para nuestro cuerpo. Las han revisado en la comisión suprema que preside nuestro gran pachá, el duque de Oldemburgo. Por mi parte hice también una especie de revisión, con algunos camilleros. A los dos minutos de ponerse las máscaras, empezaron a ahogarse. ¡Y se supone que tenemos que pertrechar con esos artilugios a todos los soldados de las trincheras!».[5]

A los departamentos de censura del Ejército apenas les cabía duda sobre qué estado de ánimo imperaba en el frente. En las cartas que los soldados enviaban a sus casas, muchos se quejaban tanto de la evidente superioridad de la artillería alemana como de la crueldad de los oficiales. Los soldados se embrutecían o traumatizaban con lo que veían: «Los cadáveres todavía están ahí tirados —decía una de las cartas—. Los cuervos ya les han comido los ojos y les corren ratas por el cuerpo. ¡Dios mío! Es tan terrible que no se puede ni describir ni imaginar».[6]

Otro soldado escribió sobre una fosa común que los oficiales les habían ordenado abrir para llenarla con sus propios muertos: «Recogíamos los cadáveres del campo de batalla y cavábamos un agujero de treinta brazas de largo por cuatro brazas de fondo. Los metimos allí, pero como ya era tarde, solo cubrimos la mitad de la fosa de tierra, y dejamos la otra mitad para la mañana siguiente. Dejamos a un centinela a velar y resultó que uno de los muertos salió de la fosa por la noche y nos lo encontramos sentado, en el borde. Algunos otros se habían movido y dado la vuelta porque no estaban muertos, solo conmocionados y heridos por la explosión de los proyectiles pesados. Es algo que pasa con frecuencia».[7]

El contraste entre las condiciones en las que vivían por un lado los oficiales y por el otro la tropa provocó un resentimiento profundo. Cada noche, muchos oficiales se retiraban al calor y la comodidad relativa de una isba rural, en la retaguardia, mientras que los soldados y sargentos debían quedarse entre el frío y la mugre de las trincheras. «Al sorche que encabeza el ataque por la Patria le pagan 75 kopeks [al mes] —escribió un recluta, en carta a sus familiares—. Al comandante de compañía que va por detrás le pagan 400 rublos, y al comandante del regimiento, que va aún más atrás, le dan mil rublos... Algunos disfrutan de platos sabrosos y alcohol y prostitutas, bajo la enseña de la Cruz Roja, mientras los otros se mueren de hambre.»[8]

La idea de que las enfermeras de la Cruz Roja estaban para la conveniencia sexual de los oficiales resultaba casi obsesiva, pero no carecía por completo de fundamento. El doctor Kravkov, que dirigía los servicios médicos de todo un cuerpo del Ejército de Tierra, dejó constancia de las causas del despido de un colega: «Fue muy simple. Este médico exhibió demasiado tacto y no sucumbió a las exigencias del corrillo del cuartel general: instalar un burdel utilizando a sus enfermeras... A mí no me resultaba nuevo. Lo había visto en el Décimo Ejército; fue una de las razones por las que salí huyendo de allí».[9]

Los oficiales ofrecían cientos de rublos por fotografías de desnudos a las estudiantes empobrecidas de Odesa:[10] «Avíseme si está dispuesta a que la fotografíen otra vez, con más detalles», escribía un joven oficial, que añadía que, si la joven visitaba el regimiento, podría ganar hasta mil rublos.[11]

Mientras los oficiales retozaban, a los soldados de a pie, en cambio, no se les permitía ver a sus mujeres, ni siquiera en las áreas más alejadas del frente. Evdokiya Merkúlova, la esposa analfabeta de un cosaco de la 9.ª Sotnia Independiente del Don, no estaba al corriente de la normativa y acudió a visitar a su esposo en los primeros días de diciembre de 1916. Tuvo el coraje de plantear una queja formal por el trato que le había dado el jefe del escuadrón: «Al comandante de la *sotnia*, Mijaíl Rysakov, le dijeron enseguida que yo había llegado —se leía en el testimonio que dictó—. No sé por qué, el 5 de diciembre ordenó formar a la *sotnia* y a mí me hizo estirarme delante de la unidad, boca abajo. Ordenó a dos cosacos que me subieran la falda y la camisa y que me sujetaran los brazos y las piernas. Luego el comandante le ordenó a mi marido que me azotara quince veces, en el cuerpo desnudo. Controló en persona la ejecución del castigo y amenazó a mi marido exigiéndole que me golpeara con toda la fuerza, y que lo hiciera sobre la piel, no sobre la ropa. Mi marido tenía miedo de su jefe y me hizo sangrar, con heridas que aún no se han curado. Luego me escoltaron de vuelta al otro lado del Don».[12]

Como carne de cañón, el soldado campesino odiaba la guerra, el fango, los piojos, la mala comida y el escorbuto. El doctor Kravkov estaba desesperado por la calidad de los alimentos: «Nos ha llegado otra remesa de alimentos, esta vez de Oremburgo —apuntó en su diario—. Eran mil puds* de jamón y salchichas, ¡todo putrefacto! Nuestra madre Rusia se está descomponiendo entera».[13]

En octubre de 1916 la estación de las lluvias se inició con una furia que al doctor Kravkov le resultó perturbadora: «El doctor Tolchiónov, al que yo había enviado a las posiciones para que investigara las condiciones sanitarias, adjuntó un informe espeluznante sobre la situación espantosa en la que viven nuestros desafortunados soldados: entre un barro que les llega hasta la cintura, sin refugio para el mal tiempo, sin ropa de abrigo, sin alimentos calientes ni té».[14] Dos semanas más tarde escribió: «Han llegado refuerzos, chicos del todo inexpertos. Al día siguiente los enviaron a un ataque con bayonetas... Fue una escena tremenda ver que muchos de ellos, que no querían morir, gritaban desesperados: "¡Mamá!"».[15] Las autoridades militares suprimieron las noticias de levantamientos que fueron sofocados sin contemplaciones.

Aquel invierno, en Petrogrado, no solo se oyeron críticas al gobierno de boca de los liberales y la izquierda. Algunos archiconservadores, como el político Vasili Shulguín, estaban horrorizados por la falta de responsabilidad de los ricos, que se mostraban indiferentes al hecho de que los rusos sufrían el doble de bajas que sus enemigos alemanes y austrohúngaros. «Y aquí estamos nosotros —escribió con amargura—, bailando "el último tango" sobre el parapeto de unas trincheras repletas de cadáveres.»[16] Shulguín se enfurecía con los rumores y las teorías conspirativas que corrían por los salones de la capital, en especial con «esa cháchara de la traición».[17]

Culpaba especialmente al líder de los kadetes, Pável Miliukov,** por el discurso sensacionalista que este pronunció con la reapertura de la Duma del Estado, el 1 de noviembre. Miliukov atacó con tanta brutali-

---

* Un pud era poco más de 16 kilos.

** El Kadet (por las siglas KD del nombre en ruso del Partido Demócrata Constitucional) era un grupo centrista liberal que incluía tanto a republicanos como a monárquicos moderados. Lo había fundado Miliukov en 1905 y contaba ante todo con el apoyo de profesores universitarios, juristas y la clase media más ilustrada, incluidos numerosos judíos, porque el partido defendía la emancipación de estos.

dad a los ministros del zar que causó asombro en los presentes, porque por lo general tendía a la moderación. En cambio, aquí denunció abiertamente la presencia de «fuerzas ocultas que luchan en beneficio de Alemania».[18] Ante un aplauso atronador, después de cada ejemplo de incompetencia remachaba con una pregunta retórica: «Y esto ¿qué es? ¿Estupidez o traición?».

La corrupción generalizada en la capital conmocionaba a los oficiales jóvenes e idealistas desplazados al frente. «Todo el mundo sabe que en la residencia de la gran duquesa María Pávlovna hay toda clase de granujas que te conciertan posiciones seguras a cambio de sobornos —escribió un joven oficial de caballería del Séptimo Ejército, en carta a su prometida, que deseaba conseguirle un puesto en la retaguardia—. Pero te ruego que no sobornes a nadie. Quiero vivir y morir con nobleza.»[19]

Incluso los adeptos de la monarquía se desesperaban. La terquedad del zar obedecía casi por entero a su debilidad de carácter. En contra de todos los consejos había insistido en reemplazar en la comandancia suprema a su primo, el gran duque Nikolái Nikoláyevich, tras las desastrosas retiradas de 1915. Wavell consideraba al gran duque —que era extraordinariamente alto— como «el hombre más atractivo e impresionante que yo haya conocido. No destacaba por su gran cerebro ni por sus conocimientos de libro, pero era todo carácter y sentido común».[20] Por desgracia su sobrino, Nicolás II, carecía por igual de lo uno y de lo otro. «La autocracia sin autócrata resulta terrible», comentó Shulguín.[21]

Una de las principales razones por las que el zar corrió a Moguiliov a sumergirse en el Stavka era que prefería estar rodeado de oficiales leales, antes que de políticos críticos. Delegó la administración del país en la zarina y Rasputín, y se negó resueltamente a nombrar un consejo de ministros surgido de la Duma. Sin embargo, su presencia en el cuartel de Moguiliov no dejó de ser puramente simbólica y el séquito se aseguró de que cualquier acercamiento al frente se gestionara con el máximo cuidado.

«El jefe de gabinete del general Dolgov nos contó en la cena, sin rastro de ironía, los preparativos de la visita del zar —anotó en su diario el doctor Kravkov—. Se hizo volver de las trincheras a todos los soldados y se dedicó la noche a pertrecharlos con material y uniformes recién salidos de la fábrica. Se ordenó que la artillería abriera fuego en el instante en que se iniciaba la visita real y, por decirlo con sus mismas palabras, "se representó una verdadera escena de combate". El zar se mostró feliz y dio las gracias a todos, y a nuestro valeroso guerrero lo condecoró con la Cruz de San Jorge por el éxito de la representación»[22]

En aquel invierno de 1916, en Moguiliov, nadie se atrevió a transmitirle al zar los rumores de Petrogrado. Habían empezado a aparecer panfletos revolucionarios sobre Rasputín, como por ejemplo *Las aventuras de Grishka*, que apuntaban a orgías con la zarina e incluso con las hijas.[23] Estas fantasías pornográficas recordaban las caricaturas publicadas más de un siglo antes en París contra María Antonieta y la princesa de Lamballe. Como era de esperar, estos relatos grotescos convirtieron a Rasputín, el campesino que se suponía seductor de la grandeza, en una especie de héroe popular.

El asesinato de Rasputín, el 17 de diciembre —obra del príncipe Féliks Yusúpov, del gran duque Dmitri Pávlovich y de Vladímir Purishkévich, el líder de las antisemitas Centurias Negras—,* consolidó la creencia de que entre la aristocracia de la capital imperaba la corrup-

Rasputín, el zar y la zarina.   *El príncipe y la princesa Yusúpov.*

* Las Centurias Negras eran los grupos reaccionarios monárquicos, nacionalistas y antisemitas apoyados por Nicolás II.

ción. La idea de que Yusúpov utilizó a su esposa Irina, la bella sobrina del zar, como cebo para atraer al monje lascivo añadía un toque de salacidad al drama. La imaginación pública se volcó en particular sobre las dificultades que los conspiradores habían encontrado a la hora de matar a Rasputín, con pasteles envenenados y varios disparos de revólver, para luego echar su cuerpo de gigante por un agujero del hielo, por debajo de un puente, de modo que nadie lo encontró hasta dos días más tarde.

El profundo cinismo que se extendió por la retaguardia creó una apatía peligrosa. Cierto oficial Fedulenko, al regresar del frente, recibió una invitación a comer de parte de su coronel. «Dos oficiales de la guardia se sentaban a nuestro lado —escribió—. Empezaron a hablar de Rasputín; sus palabras me llenaron de zozobra.»[24] Repitieron los chismorreos sobre la zarina y Rasputín y afirmaron que el zar era un pelele. «Luego, mientras yo volvía hacia Oranienbaum con el coronel, pregunté por qué se permitían esas zafiedades, por qué nadie había impedido que esos dos jóvenes avergonzaran a su emperador. Habían estado hablando en ruso delante de los sirvientes, que por lo tanto podían entender cuanto decían.» El coronel hizo un gesto de resignación con la mano. «¡Ah! —se lamentó—. La caída ya ha empezado. Nos aguardan tiempos espantosos.» El doctor Kravkov no tenía ninguna duda de que «termine la guerra comoquiera que se termine, va a haber una revolución».[25]

2

La Revolución de Febrero

De enero a marzo de 1917

La deriva hacia la revolución era evidente para todos, salvo para los que se negaban deliberadamente a verla. La única duda era si se produciría durante la guerra o justo después de que terminara. El general Mijaíl Alekséyev, jefe del Estado Mayor, le había enviado al zar un informe que aconsejaba alejar de la capital las fábricas y a sus trabajadores. Pero Nicolás II escribió sobre este informe redactado en el Stavka, con el papel azul especial que indicaba «propiedad del zar»: «La situación actual no justifica adoptar esta medida, que solo puede provocar pánico y disturbios en la retaguardia».[1] La solución de Alekséyev era tan simplista como apenas practicable, pues habría requerido realojar a más de 300.000 obreros industriales de Petrogrado;[2] pero, además, ni el general ni el zar acertaron a prever que las tropas propias estacionadas en la capital representaban un peligro similar.

De resultas de las enormes pérdidas sufridas durante la guerra, en la reserva abundaban los suboficiales antimonárquicos, que no tenían nada que ver con el ejército de antes de la contienda. «En su mayoría eran exestudiantes universitarios —escribió un oficial de las fuerzas regulares—. Muchos eran juristas jóvenes. La brigada se convirtió pues en un hostal de estudiantes, con mítines, resoluciones y protestas. Consideraban que los oficiales profesionales eran como una especie de animal prehistórico.»[3] De hecho, la mayoría de esos suboficiales (técnicamente, *práporschiki*)[4] procedía de la tropa y de familias por lo general pequeñoburguesas. Esto solo podía contribuir a incrementar el resentimiento frente a la arrogancia de los oficiales tradicionales.

En Petrogrado, las personas mejor informadas no descartaban el riesgo de que en la capital se produjera un motín a gran escala. En una cena ofrecida por la amante de un príncipe, varios grandes duques, oficiales de alta graduación y el embajador francés Maurice Paléologue conversaron sobre los regimientos de la guardia destinados a la capital; no imperó el optimismo, ni se creía que pudiera contarse con la lealtad de muchos. «Para concluir bebimos por la preservación de la Santa Rusia», escribió el embajador en su diario.[5]

Al día siguiente, Paléologue constató con desazón, pero sin sorpresa, que la zarina descartaba toda sugerencia de que la existencia de la monarquía corría peligro: «Antes al contrario, ahora —le había dicho la zarina a la gran duquesa Victoria Fiódorovna— tengo el gran placer de saber que toda Rusia, la Rusia verdadera, la Rusia de los campesinos y los humildes, está conmigo».[6] Esta convicción se basaba en las cartas obsequiosas —y algunas, quizá falsas— que la policía secreta (Ojrana) le pasaba diariamente por orden del ministro del Interior, Aleksandr Protopópov. Se decía que Protopópov, al que se había nombrado por recomendación de Rasputín, adolecía de una inestabilidad mental a consecuencia de una sífilis avanzada.

La pareja imperial ordenó incluso a la propia hermana de la zarina —la abadesa del convento de Marta y María en Moscú— que se alejara de su presencia por el mero hecho de haber mencionado «la exasperación creciente de la sociedad moscovita».[7] En el conjunto de la familia Románov, varios miembros estaban exasperados por esta negativa a ver la realidad. Se reunieron para abordar la posibilidad de enviar una carta conjunta sobre este tema al zar y la zarina.

En la Nochevieja rusa, el alto y elegante embajador británico sir George Buchanan acudió a ver al zar. Su Majestad Imperial, a todas luces, comprendió de qué deseaban hablarle. Así pues, en lugar de invitar al estudio a Buchanan y fumar juntos como solían hacer, le recibió en pie, rígidamente, en la sala de audiencias.

Sir George empezó comunicando que el rey Jorge V y el Gobierno británico estaban muy preocupados por la evolución de la situación en Rusia, y pidió permiso para hablar con franqueza. «Le escucho», contestó secamente el zar. Buchanan fue en efecto sincero. Afirmó que la gestión de la guerra había sido caótica, y de ahí la enormidad de las bajas. Instó a confiar el gobierno a un político de la Duma, no a un elegido del rey. Defendió que la supervivencia del régimen pasaba necesariamente por «derribar la barrera que os separa de vuestro pueblo y recuperar su confianza».[8] El zar replicó enojado: «Decís, embajador, que debo ganarme la confianza de mi pueblo. ¿No es acaso el pueblo quien debe ganarse mi confianza?».*[9] Buchanan, aunque con una cortesía exquisita, planteó incluso el tema de los agentes enemigos y las influencias germanófilas que rodeaban a la zarina. Sostuvo que tenía la obligación de «advertir a Su Majestad del abismo que se abre ante vos». De pronto el embajador se dio cuenta de que la puerta que conducía a los apartamentos privados estaba entreabierta, y comprendió que la zarina estaba escuchando cuanto él decía.

En aquel gélido mes de enero en Petrogrado se siguió bailando al pie del volcán. En un restaurante de moda, la noche siguiente, Paléologue vio a una famosa divorciada en una mesa próxima, rodeada por no menos de tres jóvenes oficiales de la guardia de caballería del zar. Acababa de recobrar la libertad tras haber sido detenida por supuesta complicidad en el asesinato de Rasputín. Cuando la policía le pidió la llave del escritorio, se dice que ella había contestado que en sus cajones solo encontrarían cartas de amor. «Cuando cae la noche, mejor dicho, la noche entera —escribió el embajador en su diario— es una fiesta constante hasta el amanecer: teatro, ballet, cíngaros, tango, champán...»[10]

Mientras muchos de los ricos se entregaban al ocio en la capital como si la guerra no existiera, en los distritos más pobres de Petrogrado la carestía de pan generaba disturbios. «Se creaba una cola —dejó escrito un cadete de Marina—. Si la cola llegaba a unas diez personas y el panadero no abría la tahona, empezaban a volar los ladrillos y a oírse el ruido de los vidrios rotos. Cuando venían las patrullas de cosacos para mantener las apariencias, los soldados se echaban a reír.»[11]

---

* Buchanan puso a su colega y amigo Paléologue al corriente de esta conversación con el zar, nada más producirse. Llama la atención que la versión que el embajador francés recogió en su diario es mucho más fría, pues concluye con el zar despidiendo de un modo terminante a Buchanan: «Adieu, Monsieur l'Ambassadeur» (Paléologue, p. 563). La narración de Buchanan en sus memorias, muy posteriores, resulta menos convincente: se cierra con un agradecimiento cordial y un apretón de manos muy afable y emotivo. El propio zar no hizo alusión a este encuentro en su diario privado, pero pocas veces se tomaba la molestia de dejar constancia de sus conversaciones con los embajadores.

En aquel momento, en Rusia no faltaba el trigo. El problema era que el sistema ferroviario, ya insuficiente de por sí, encontraba muchas dificultades para circular por la intensidad de las nevadas y por el hielo generado por un descenso brutal de las temperaturas. Unos 57.000 vagones no se podían mover y muchas locomotoras se habían congelado sin solución.[12] Por otro lado, los precios de la comida y el combustible habían subido mucho más rápido que los salarios. Pese a todo, 1917 se había iniciado con menos huelgas que el año anterior. El general de división Konstantín Globachov, que dirigía la Ojrana, afirmó que el régimen tenía suerte de que el activismo industrial no se hubiera coordinado. «No hemos tenido que hacer frente a ninguna huelga general», escribió.[13] Pero ya no hizo falta esperar mucho.

Globachov tuvo que lidiar con una figura cada vez más inestable, el ministro de Interior Aleksandr Protopópov, que era supersticioso y estaba completamente sometido a la influencia de la zarina. Protopópov, sin embargo, no había logrado convencer a Rasputín, el mes antes, de que evitara la emboscada letal que le aguardaba en el palacio de Yusúpov. En Petrogrado se tenía a Protopópov por un personaje risible. Desde que el cuerpo de gendarmes había quedado subordinado a su ministerio, se había encargado un uniforme de la gendarmería pero en las hombreras lucía las palas del servicio civil. Cuando apareció en la Duma vestido con el invento, despertó la carcajada general.

Protopópov no fue capaz de comprender las diferencias entre los partidos políticos y los grupos revolucionarios de la capital, pese a los intentos repetidos por explicárselo. También hubo que recordarle que el 9 de enero sería el aniversario del Domingo Sangriento, un hecho muy destacado en el calendario de la izquierda, que se acompañaría con una huelga importante. Se conmemoraba el día en que la marcha pacífica encabezada por el padre Gueorgui Gapón en 1905, que pretendía presentar una propuesta reformista, fue sofocada mediante descargas cerradas de fusilería que provocaron una masacre.

A la Ojrana también le preocupaba la lealtad del colosal acuartelamiento de Petrogrado, que ascendía a un total de unos 180.000 hombres. Protopópov accedió a reunirse con los comandantes del distrito militar de la capital, el general Jabálov (un oficial incapaz de pensar con claridad) y el teniente general Chebykin (que apenas sabía siquiera cuáles eran sus responsabilidades). Cuando Globachov preguntó si las tropas eran leales, Chebykin, como jefe de las unidades de la reserva, contestó: «¡Sin lugar a dudas!», pese a que lo único indudable era que no tenía ni idea.[14]

Globachov era consciente de que el ejército carecía del número suficiente de oficiales y suboficiales con experiencia. Los mejores, en su mayoría, ya habían perdido la vida o la salud en el frente. En Petrogrado, los batallones de reserva de la Guardia sufrían las consecuencias de lo que el escritor Víktor Shklovski calificó como «el resentimiento, la pesadez y la desesperación» de la vida acuartelada. Los soldados que en 1917 se hallaban allí «eran o bien campesinos descontentos o bien capitalinos descontentos». Vivían hacinados en condiciones cada vez peores, en barracones que eran «simples rediles de ladrillo» caracterizados antes que nada por «el acre olor de la servidumbre».[15]

Globachov preparó un informe sobre el estado de ánimo de los soldados de la guarnición de Petrogrado. El Stavka recibió una copia. El general Alekséyev se avino a sustituir algunas unidades por un cuerpo de la Guardia de Caballería, pero la decisión no se llevó a efecto por una ofensiva alemana en el frente rumano. Para empeorar las cosas, en febrero la temperatura siguió cayendo hasta alcanzar los 20 grados bajo cero. La escasez de combustible hizo surgir rumores sobre la instauración inmediata de un racionamiento del pan, lo que se tradujo en intentos de acaparamiento; pero en la práctica las numerosas mujeres que aguardaban en las colas, en aquellas duras condiciones de intenso helor, no pudieron satisfacer su voluntad. La escasez de combustible comportó asimismo el despido —sin indemnización— de muchos obreros, también en fábricas tan colosales como la de Putílov, que cerró las puertas el 21 de febrero.

El miércoles 22 de febrero, después de haber cumplido poco más de dos meses de estancia en el Palacio de Alejandro, de Tsárskoye Seló, Nicolás II partió de nuevo hacia el Stavka de Moguiliov, en Bielorrusia. En el tren imperial leyó una versión francesa de *La guerra de las Galias*, de Julio César. En varias ocasiones, a lo largo de las semanas inmediatamente anteriores, había rechazado los intentos de Mijaíl Rodzianko, presidente de la Duma del Estado, de convencerle de que frenara la rebelión nombrando a ministros del bloque progresista. El necio de Protopópov le había asegurado al zar, una vez más, que no había que temer por la capital.

A la mañana siguiente, el 23 de febrero, se celebraba el Día Internacional de las Mujeres, que marcó el principio del proceso revolucionario.[16] Tras un cambio de tiempo repentino, salió el sol y las calles de Petrogrado aparecieron aún más llenas que de costumbre, después de varias semanas de cielos nublados y frío atroz. Se había planificado que participaran en el proceso varios grupos de mujeres. En algunos se protestaba por la carestía de alimentos, y se gritaba: «¡Pan! ¡Pan! ¡Pan!»; pero también estaba la Liga Rusa por la Igualdad de Derechos de las Mujeres, que se reunió en la plaza Známenskaya. Hacía ya nueve años que se había iniciado en Rusia una campaña a favor del sufragio femenino y, tras una manifestación colosal —de casi cuarenta mil mujeres—, el futuro Gobierno Provisional aprobó en efecto ese derecho de voto. En esta materia Rusia se adelantó pues a Gran Bretaña y Estados Unidos; a las mujeres francesas, por ejemplo, no se les reconoció este derecho hasta veintisiete años más tarde.

Las dos manifestaciones principales del 23 de febrero se dirigieron a la Nevski Prospekt desde distintas direcciones. Aunque hubo algaradas menores, con la rotura de algunos cristales de tranvías, los destacamentos montados de cosacos y la policía —figuras a las que se odiaba, con sus uniformes negros— parecían tener la situación bajo control. Sin embargo, la Ojrana de Globachov notó un cambio de actitud entre los cosacos. Parecían evitar la confrontación, algo que no era típico de ellos. Algunos soldados se enfrentaron a un grupo de cosacos que estaban comiendo en el cuartel. «¿Pensáis azotar a los obreros y los soldados que se unan a las masas, pensáis abrir fuego contra ellos, como hicisteis en 1905?», les increparon. Pero no se esperaban la respuesta: «¡No! ¡1905 no se repetirá nunca más! No iremos contra los obreros. ¿Por qué íbamos a hacerlo? ¿Para seguir comiendo esta sopa de lentejas y estos arenques podridos?», contestaron, señalando los boles con disgusto.[17]

El viernes 24 de febrero imperaba un estado de ánimo distinto. Más de 150.000 hombres y mujeres —cerca de 200.000, según algunas fuentes— optaron por la huelga, y las tiendas protegieron sus escaparates con tablones. Diez mil manifestantes del distrito de Výborg se reunieron en la orilla septentrional del Nevá, donde constataron que las autoridades habían bloqueado los puentes con barricadas. Pero como el río estaba congelado, muchos lo atravesaron por el hielo y esquivaron así a los piquetes de cosacos y policías. Los más audaces se enfrentaron a las líneas policiales. Algunos pasaron encogidos o a gatas por debajo de la panza de los ponis cosacos, después de comprobar que los soldados no iban pertrechados con sus letales nagaikas (látigos de piel de toro).

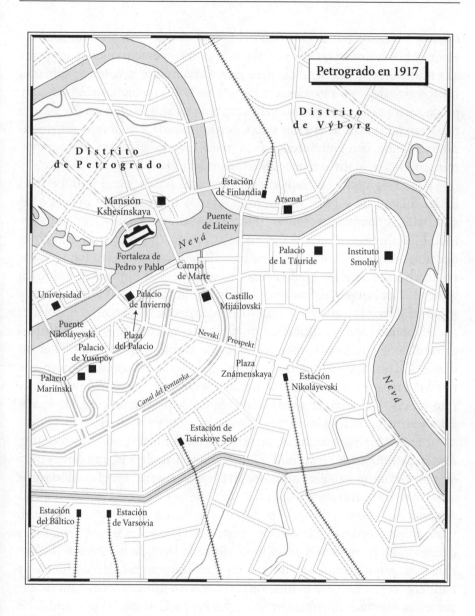

Petrogrado en 1917

Distrito de Výborg

Distrito de Petrogrado

Estación de Finlandia

Arsenal

Mansión Kshesínskaya

Puente de Liteiny

Palacio de la Táuride

Instituto Smolny

Fortaleza de Pedro y Pablo

Campo de Marte

Nevá

Universidad

Palacio de Invierno

Castillo Mijáilovski

Puente Nikoláyevski

Plaza del Palacio

Nevski Prospekt

Palacio de Yusúpov

Plaza Známenskaya

Estación Nikoláyevski

Palacio Mariínski

Canal del Fontanka

Nevá

Estación de Tsárskoye Seló

Estación del Báltico

Estación de Varsovia

Serguéi Prokófiev, el compositor, escribió en su diario aquel día: «Había cierta acumulación de personas sobre el puente de Aníchkov, en su mayoría obreros vestidos con chaqueta corta y botas altas. Pasaban cabalgatas de cosacos, en grupos de unos diez, armados con lanzas... Crucé el puente de Aníchkov y me dirigí hacia Liteiny, donde estaba el núcleo de la concentración. Allí había una multitud de obreros, la muchedumbre ocupaba la calle por completo... Los cosacos querían empujar a la multitud con los caballos, pero muy suavemente; a veces, se subían a las aceras y alejaban a los espectadores si los había en demasía... Una mujer de rostro estúpido, que no había captado nada de lo que estaba pasando, instó a la gente a "apalear a esos cerdos judíos". Un obrero se esforzó por explicarle, con gran inteligencia, cuáles eran los objetivos de su movimiento; pero era obvio que estaba desperdiciando la elocuencia».[18]

Al día siguiente las multitudes, animadas por la reacción dubitativa de las fuerzas de seguridad, fueron aún más numerosas y, en esta ocasión, más agresivas. En algunos puntos se asaltaron y saquearon panaderías. Los obreros más radicales portaban pancartas rojas con eslóganes que atacaban a «la alemana»: la zarina.[19] Trabajadores y estudiantes cantaban «La Marsellesa» en una versión bastante más lúgubre que la lírica violencia del original francés. También cantaban «¡Abajo el zar!» y «¡Terminemos la guerra!», y lanzaban pedazos de hielo contra la policía.

El conde Louis de Robien, uno de los diplomáticos jóvenes del equipo de Paléologue, había observado que una multitud cruzaba el río helado desde el distrito petrogradense de Výborg. Luego vio que un destacamento de cosacos recorría la orilla a medio galope, para repelerlos. «Son muy pintorescos, con esos caballitos, con el fardo de paja en una red, atado a la silla, y armados con su lanza y carabina», escribió en su diario.[20]

Para Robien se trataba de un espectáculo a todas luces emocionante, romántico incluso. Describió a la policía montada zarista como «muy elegante, con sus caballos hermosos, las capas negras con el cordón trenzado rojo, las gorras de astracán con una pluma negra».[21] Pero los policías —apodados «faraones»— despertaban aún más odio que los cosacos, en parte porque estaban exentos de prestar servicio en el frente. Poco más adelante, Robien vio a la infantería alineada frente a la catedral de Kazán, a la que se acercaban muchedumbres que portaban estandartes y banderas rojas. La policía hizo retroceder a los espectadores y un destacamento montado (probablemente, del 9.º de Caballería) se dispuso en formación. «La carga se ejecutó con gran brío —escribió el diplomático—. La caballería salió al galope de la plaza de Kazán, con las espadas desenvainadas, y entró en la Nevski [Prospekt] para enfrentarse a los manifestantes.»[22] Robien aún no sabía que se acababa de producir un primer motín en el acuartelamiento. Diversos soldados del regimiento de la guardia Pavlovski se habían negado a obedecer las órdenes de su comandante y lo habían herido de muerte. Los instigadores fueron detenidos y se los sometió a un consejo de guerra.[23]

Aunque llegaron noticias sobre el saqueo de panaderías, la zarina no se inquietó, sino que declaró que «el ejército es leal y se puede contar con él».[24] Nadie le contó que los escuadrones cosacos, supuestamente leales, estaban cambiando de parecer. Vladímir Zenzínov, un jurista del Partido Social-Revolucionario (PSR), escribió que «los cosacos cabalgaban entre la multitud con los fusiles en alto, gritando que no pensaban disparar contra los civiles, que estaban del lado del pueblo... Y la multitud los recibía con gritos de "¡Hurra! ¡Larga vida a los cosacos!"».[25]

Las primeras muertes de civiles se produjeron también aquella tarde, cuando un destacamento del 9.º de Caballería entró en pánico y abrió fuego contra la gente congregada en la Nevski Prospekt. «Fue la primera vez que vi a un hombre muerto —apuntó el joven Vladímir Nabókov, que aún no había destacado como escritor—. Se lo llevaban en una camilla, con una pierna colgando, y un camarada mal calzado intentaba arrancarle la bota mientras los camilleros se afanaban por apartarlo de allí.»[26] También hubo choques cuando una multitud llegó a la plaza Známenskaya, dominada por la masiva estatua ecuestre de Alejandro III, que tenía el apodo despectivo de «el Hipopótamo». Se enfrentaron a una compañía del regimiento de la guardia Volynski. Al caer la noche se dijo que un cosaco había matado a un policía que había atacado a un manifestante; según algunos testigos, lo había abatido con el sable, según otros, le había pegado un tiro. Fue un hecho relevante y la noticia corrió como la pólvora.

Pero muchas personas, incluidos también algunos bolcheviques, seguían creyendo que contemplaban una protesta por la comida, que se desvanecería una vez que se distribuyera una cantidad suficiente de pan. Protopópov y el general Jabálov, en los informes que enviaron a Moguiliov para el zar, hablaron de la magnitud de los disturbios, pero sostuvieron que la situación estaba controlada. El zar —aunque en su diario no se menciona— ordenó a Jabálov que cortara de inmediato las algaradas. Esto preocupó sobremanera al general; abrir fuego contra una muchedumbre supondría prácticamente declararle la guerra a la población civil. Si actuaba de este modo anulaba la posibilidad de que las protestas se apagaran por sí solas. Al parecer el zar no cayó en la cuenta de que con esa orden obligaba a sus propios soldados a elegir un bando. Protopópov organizó una sesión de espiritismo para buscar el consejo del difunto

Rasputín.[27] Aquella noche, las autoridades perdieron el distrito de Výborg. La multitud sitió las comisarías y les prendió fuego.

En la mañana del domingo 26 de febrero —otro día frío pero despejado— los obreros volvieron a cruzar multitudinariamente la superficie helada del río Nevá. Arrancaron los carteles que, con la firma del general Jabálov, anunciaban que las manifestaciones quedaban prohibidas, que se había autorizado a las tropas a abrir fuego y que pronto se dispondría de pan. Entre las clases altas de Petrogrado predominaba la impresión de que el ingente despliegue de la infantería y la caballería bastaría para terminar con los desórdenes. Pero Globachov advirtió al general Jabálov de que las protestas se desplazaban hacia el ámbito político. Los obreros tenían pensado regresar a las fábricas y las plantas el lunes para celebrar unas elecciones en las que escogerían a un Sóviet (es decir, un Consejo) de Diputados de los Trabajadores.

Aunque aquel domingo por la mañana las fuerzas de seguridad lograron en general aguantar las líneas, un gran número de manifestantes consiguió abrirse paso hasta el centro de Petrogrado. La inmensa mayoría de los soldados se negaba a obedecer la orden de disparar contra las muchedumbres, pero en la Nevski Prospekt sí se abrió fuego. Al principio los tiros procedían de unos policías que intentaban defenderse, pero al menos una compañía de instrucción de suboficiales, la de la guardia Pavlovski, estaba dispuesta a abrir fuego cuando se vio rodeada en el canal del río Moika. Más adelante, una compañía de la Volynski, capitaneada por un oficial borracho, abatió a casi cuarenta civiles en la plaza Známenskaya; aunque algunas fuentes afirmaron que habían disparado al aire. También hubo un enfrentamiento confuso cuando un grupo numeroso de la guardia Pavlovski, que había salido de su cuartel a la carga con la intención de ayudar a los manifestantes, se topó con una compañía de la guardia Preobrazhenski.

Mientras jugaba al dominó aquella tarde, en Moguiliov, el zar recibió otra petición de Rodzianko, el presidente de la Duma del Estado, que le insistía en la necesidad de reformar el Gobierno para evitar el desastre. El zar no le contestó, pero decidió ordenar una suspensión de la asamblea para silenciar a los conservadores liberales como Rodzianko. El mensaje debía transmitirlo el príncipe Nikolái Golitsyn, a la sazón primer ministro del zar; era miembro del Gobierno desde hacía muchos años y estaba ya enfermo. Aunque Rodzianko era un aristócrata y había sido oficial de la caballería de la guardia, la zarina le odiaba y el zar no confiaba en él, porque Rodzianko se había opuesto con firmeza a Rasputín. La esposa (que era de la familia Golitsyn) había llegado a escribir al príncipe Yusúpov para felicitarle por el asesinato, y Protopópov interceptó la carta y se la mostró a la zarina.

En Petrogrado, Protopópov convocó a Globachov después de la cena, pero no para abordar la situación catastrófica, sino para presumir ante este de su audiencia con la zarina. Aquella misma noche, diversos invitados, con vestidos de gala, acudieron al palacio de la princesa Radziwiłł, situado junto al río Fontanka, a pesar de que el lugar estaba acordonado por las fuerzas armadas. El baile, según Robien, fue «lúgubre».[28] Los asistentes tuvieron que esforzarse para bailar al son de una orquesta en la que faltaban muchos músicos. Y el regreso a las casas fue «siniestro... todas las calles están llenas de tropas, y en varias ocasiones nos ordenan detenernos soldados que están haciendo guardia junto a grandes hogueras. De hecho, da la impresión de que estamos cruzando un campamento armado». Una *sotnia* de cosacos pasó a su lado, montados en los ponis lanudos. «La nieve amortigua el paso de los caballos. Solo se oye el entrechocar de las armas.»[29]

La esperanza de que la mañana del lunes trajera un regreso a la calma y el orden fue efímera. Durante la noche, según se narra en una fuente famosa, el sargento Kirpíchnikov de la guardia Volynski había convencido a los otros suboficiales de que el regimiento debía negarse a actuar en contra de los trabajadores.* Así pues, cuando los oficiales se presentaron y los encontraron en formación en el patio de armas del cuartel de Tavrícheski, el sargento dio una señal. La tropa gritó al unísono: «¡No dispararemos!».[30] Los oficiales les amenazaron, pero los hombres contestaron golpeando rítmicamente contra el suelo con las culatas de sus fusiles. Los oficiales comprendieron que se hallaban ante un amotinamiento general y se dieron a la fuga. Un tiro aislado mató al comandante.

En la mitología comunista, este fue el incidente con el que el acuartelamiento de Petrogrado se sumó a la revolución. Sin embargo, no se movían

---

* En el siglo precedente, el Volynski se había dedicado en lo esencial a suprimir levantamientos en Polonia.

únicamente por la determinación de ayudar a los obreros. Además, pocos querían que los enviaran al frente, y todo el mundo sabía que se planeaba ordenar tal cosa (al menos para diversos batallones de la reserva de la capital).

Desde primera hora de la mañana se podían oír disparos. Primero fueron tiros de fusil aislados, luego algunas salvas que quizá fueran muestras de *feu de joie* disparadas al aire cuando la tropa descubría que los oficiales se rendían. Rodzianko envió otro telegrama más a Moguiliov, dirigido a «Sa Majesté Impériale le Souverain-Empereur»,[31] donde se leía: «La situación se está deteriorando. Es imprescindible tomar medidas de inmediato porque mañana será demasiado tarde. En esta hora se decidirá el futuro del país y la dinastía». El zar, después de leer el mensaje, se limitó a comentar: «Ese gordo de Rodzianko ya me ha vuelto a enviar toda clase de sandeces a las que no me molestaré siquiera en contestar».[32]

Aquella mañana, las multitudes de manifestantes se habían dirigido a la Duma del Estado, en el Palacio de la Táuride (o Tavrícheski), situado al lado mismo del cuartel controlado por la guardia Volynski. Los rebeldes habían ido a ver a los integrantes del Preobrazhenski, destacados en el mismo complejo colosal, para pedirles que se sumaran a la causa. Luego los dos regimientos empezaron a distribuir entre los trabajadores armas de sus arsenales; y en ese momento el pueblo comprendió que de pronto la revuelta había pasado a ser una revolución.

Serguéi Prokófiev había acudido al Conservatorio para el ensayo de vestuario de una representación escolar del *Yevgueni Oneguin* de Pushkin. Al partir constató que «en Liteiny, junto al Arsenal, se estaba produciendo una auténtica batalla, con un fuego aterrador, porque algunos soldados ya habían cambiado de bando... Yo me paré en el puente del Fontanka, porque en Liteiny se oía una fusilería intensa. Había un obrero a mi lado. Le pregunté si podría cruzar por el Fontanka y él me animó a pasar: "Claro, adelante. Nuestros hombres ya han tomado esta línea". "¿Qué quiere decir con *nuestros hombres*?", le pregunté. "Los trabajadores armados con fusiles y los soldados que se han unido a nuestro bando", me contestó. Fue la primera noticia; yo aún no sabía nada».[33]

Algunos grupos ya se habían dirigido a liberar a presos de la Fortaleza de Pedro y Pablo, la prisión Litovski y otras cárceles zaristas. Otros fueron a saquear ministerios y destruir archivos. Se prendió fuego al tribunal del distrito de Petrogrado, a varias comisarías y al Departamento de la Policía Criminal. Los destacamentos del Ejército que se suponía que protegían esos espacios se sumaron a los revolucionarios. Una muchedumbre de unas 3.000 personas asaltó asimismo la destilería de la Aleksándrovski Prospekt y empezó a consumir su contenido.

A media compañía del 3.º Regimiento de Fusileros de la Guardia, situada al mando de un teniente, se le había encomendado defender la sede central de la Ojrana. Globachov preguntó al teniente si creía que se podía confiar en sus hombres. Este negó con la cabeza, por lo que Globachov le pidió que regresaran a su cuartel. Pero esto apenas supuso una diferencia. Antes de que cayera la noche, el edificio estaba ardiendo. El escritor Maksim Gorki, que vio las ruinas carbonizadas en compañía del menchevique Nikolái Sujánov, predijo que la revolución llevaría a un «salvajismo asiático».[34] Gorki, que había vivido entre los pobres mucho más que los liberales eslavófilos o incluso que Lenin, no se entregaba a la ilusión de que el pueblo ruso fuera «la encarnación de la amabilidad y la belleza espiritual».[35] Era un hombre que llamaba la atención, tanto física como intelectualmente: «Gorki era alto, con el pelo muy corto —escribió Víktor Shklovski—, algo cargado de espaldas, con los ojos azules y un aspecto de gran fuerza».[36]

El hermano menor del zar, el gran duque Miguel, aconsejado por el príncipe Golitsyn y por Rodzianko, instó a «Niqui» a sustituir a todo el gabinete por otro que respondiera ante la Duma, encabezado por una figura liberal y muy conocida, el príncipe Lvov. Llegaron a Moguiliov más mensajes de Petrogrado, incluido uno de la zarina en el que esta —a una hora ciertamente ya tardía— recomendaba hacer concesiones. El zar quedó conmocionado por la idea de que sus regimientos de la guardia pudieran estar participando en los disturbios, más cuando Protopópov le había asegurado que todos eran leales. Aquel día escribió en su diario que «me ha entristecido mucho saber que las tropas también se han sumado»[37] a una rebelión que, pese a todo, el zar aún creía que podrían aplastar. Se negaba a imaginar que se enfrentaban a una auténtica revolución.

Según Globachov, el mayor error del general Jabálov fue haber utilizado en Petrogrado a los batallones de reserva de la infantería, en vez de la policía y la gendarmería. Aquel lunes, aunque se abatió a tiros a once manifestantes, en la mayoría de los puntos se confraternizaba. Los cordones de la infantería animaban a los manifestantes a que se acercaran a hablar con ellos. «Las patrullas de la caballería permitían que los trabajadores acariciaran y dieran de comer a los caballos.»[38] La *sotnia* cosaca de la plaza Známenskaya intervino en contra del destacamento de la policía montada cuando este se disponía a dispersar a la multitud.

El general Jabálov «comprendió al fin que no podía contar con las bayonetas de las que daba por sentado que podría disponer», escribió Globachov. (En realidad se trata de un eufemismo extraordinario, si pensamos que por entonces Jabálov había perdido la cabeza y se dejaba arrastrar por el pánico y la histeria.) «Todas las unidades que se habían enviado allí se han unido a los rebeldes —siguió diciendo Globachov—. Por la tarde ya no le quedaba más que el personal del cuartel general. Por su parte la rebelión seguía creciendo. Se había empezado a saquear tiendas y apartamentos privados. Se apresaba a los oficiales en la calle y se los desarmaba; se apaleaba y asesinaba a los policías de los distritos; se detenía o asesinaba a los gendarmes. En pocas palabras: a las cinco de la tarde ya no cabía duda de que la autoridad había dejado de existir.»[39]

Aquella misma tarde, el zar ordenó aprestar el tren imperial. Las últimas noticias del general Jabálov, desde Petrogrado, ponían de manifiesto que las advertencias de Rodzianko no habían sido exageradas. En ese momento de crisis el zar quería estar en Tsárskoye Seló con la zarina, y en particular con sus hijos, que estaban enfermos de sarampión. Hizo llamar al general N. I. Ivánov y, durante la cena, le dio instrucciones de dirigirse a Petrogrado, reemplazar a Jabálov e instaurar la ley marcial.

Ivánov debía llevarse consigo en otro tren a un batallón especial de soldados que habían sido condecorados sin excepción con la Cruz de San Jorge a la valentía. Les seguirían asimismo ocho regimientos venidos del frente, cuatro de infantería y otros de caballería, con la misión «de aplastar la rebelión de las unidades del acuartelamiento de Petrogrado».[40] El general Lukomski, como jefe de organización e infraestructura del Ejército, advirtió al zar de que sería extremadamente peligroso que él y su séquito volvieran a una capital en estado de franca rebelión, pero el soberano se mostró inflexible. No le pasó por la cabeza que quizá los trabajadores del ferrocarril optarían por bloquear el paso de su tren, lo que le dejó no solo varado, sino del todo desconectado de los acontecimientos.

3

La caída del águila bicéfala
De febrero a marzo de 1917

El martes 28 de febrero fue otro día brillante. «Las calles estaban repletas de gente —escribió Prokófiev—. No había tranvías ni carruajes, así que llenaban las calles de extremo a extremo. Había lazos rojos por todas partes.»[1] Los vendedores callejeros, tanto en Petrogrado como en Moscú, ganaron dinero fácil vendiendo lazos de percal rojo a cinco kopeks la pieza. «Los agotaron en cinco minutos —escribió un futuro integrante de la Guardia Roja de Moscú—. La gente con más posibles tiene lazos que son casi del tamaño de una servilleta. Pero les decían: "¡No seáis avariciosos! ¡Ahora mandan la igualdad y la hermandad!"».»[2]

En el Fontanka, Prokófiev vio «una gran hoguera cuyas llamas se elevaban hasta la primera planta de un edificio. Allí rompían los marcos de las ventanas y los arrojaban al fuego. Aterrizaban con un ruido ensordecedor y les seguían toda clase de muebles y enseres... Lanzaron un sofá verde, manteles, armarios enteros llenos de papeles. Saqueaban las casas de los jefes policiales de los distritos... Los armarios fueron lo que más me impresionó, porque iban volcándose lentamente por el alféizar, se precipitaban al vacío e impactaban con gran fuerza en el suelo, en la hoguera misma. La muchedumbre se regodeaba sonoramente y se oían gritos de: "¡Sanguijuelas! ¡Nuestra sangre!"».[3]

Las autoridades intentaron reunir una fuerza leal a partir de diversas unidades destacadas en el Almirantazgo y el Palacio de Invierno, pero el resultado fue un fracaso estrepitoso. Jabálov tuvo que reconocer que era incapaz de restaurar el orden. Admitió, a preguntas del Stavka,[4] que del acuartelamiento de 180.000 hombres podía contar quizá con cuatro compañías de la infantería de la guardia, cinco escuadrones de caballería y dos baterías de artillería. Esto no significaba que todos los demás se hubieran sumado a la revolución. Probablemente la mayoría, aunque se negó a obedecer las órdenes de sus oficiales, evitó la rebelión franca. Después, no obstante, sí que participaron en los saqueos y el consumo de alcohol.

El mito de que fue una «revolución incruenta» lo desmienten las cifras: tan solo en la capital hubo cerca de 1.500 muertos y 6.000 heridos, entre los dos bandos. Los combates concluyeron con un asalto al hotel Astoria, donde se habían refugiado muchos oficiales y generales; pero solo lograron quedar atrapados en una masacre, después de que francotiradores de la policía, situados en el tejado, provocaran a la muchedumbre.

El tren imperial partió finalmente de Moguiliov en las primeras horas del martes 28 de febrero. Para no demorar al general Ivánov, se descartó la ruta más directa hacia Tsárskoye Seló. La consecuencia fue que, cuando unos trabajadores del ferrocarril bloquearon la línea durante la noche siguiente, el tren del zar tuvo que desviarse a Pskov, donde el cuartel general del frente septentrional, capitaneado por el general Nikolái Ruzski, podía comunicarse con Moguiliov por medio de un enorme telégrafo Hughes.

El zar recibió con notable desesperación la noticia de que los rebeldes se habían apoderado de Gátchina y Luga, al oeste de Tsárskoye Seló. «¡Qué vergüenza! —apuntó en su diario el 1 de marzo—. Es imposible llegar hasta Tsárskoye, donde pese a todo están siempre mi corazón y mis pensamientos. ¡Qué penoso tiene que estar resultando para mi pobre Alix el vivir sola todos estos acontecimientos! ¡Que Dios venga en nuestra ayuda!».[5] El zar no halló consuelo en la figura del general Ruzski, que no sentía respeto por la familia imperial ni sus parásitos, y le sermoneó sin reparos: el zar debía aceptar la primacía de la Duma y luego abdicar.

No obstante, la orden del zar al príncipe Golitsyn, sobre la suspensión de la Duma, había provocado el efecto contrario el 27 de febrero. Un Rodzianko nervioso, que no quería que se produjera un vacío de poder en el que la Izquierda superase por el flanco a su Bloque Progresista, creyó necesario ejercer un liderazgo desafiante. Se convocó a los partidos a una asamblea después de que una multitud de trabajadores, intelectuales y soldados hubieran tomado al asalto el Palacio de la Táuride.

Había ansia de encontrar noticias y orientación, y el estado de ánimo era de optimismo tanto como de amenaza. Se aprobó la creación de un «Comité Provisional de Integrantes de la Duma para la Restauración del Orden», formado por doce miembros. Diez eran del Bloque Progresista de Rodzianko, y otros dos, socialistas: Aleksandr Kérenski y un menchevique georgiano, Nikolái Chjeídze.

Rodzianko y los otros políticos liberal-conservadores se sintieron devorados por el populacho, temían por su legitimidad y desconfiaban de la validez real de la autoridad que acababan de arrogarse. Se convencieron a sí mismos —y lograron convencer a los principales generales del ejército— de que solo ellos se interponían entre la terquedad del zar y el caos absoluto.

Mientras el zar seguía bloqueado en Pskov, algunos militares destacados dieron un primer reconocimiento al Comité Provisional, al que se conoció con el nombre de «Gobierno Provisional». Diversos grupos de soldados se pusieron en marcha hacia el Palacio de la Táuride para declarar su lealtad y Rodzianko aprovechó la ocasión para pronunciar algunas palabras sonoras y bien elegidas que fueron recibidas con vítores y otra versión intensa de «La Marsellesa». Él y sus colegas se consideraron obligados a seguir interpretando sus papeles porque el Sóviet de Petrogrado —que se había constituido por primera vez durante la Revolución de 1905— revivió cuando, dos días antes, los soldados rebeldes habían liberado a los líderes del movimiento obrero encarcelados en la Fortaleza de Pedro y Pablo. Aquella noche se formó también en el Palacio de la Táuride el Comité Ejecutivo del Sóviet de Petrogrado (más conocido como Ispolkom, acrónimo de *ispolnitelnvi komitet*). Si el zar había lucido como símbolo un águila bicéfala, ahora esta daba paso a una forma de gobierno dual. Aunque según comentó con amargura el archiconservador Vasili Shulguín: «Sí, hemos creado algo bicéfalo, pero desde luego no va a ser un águila».[6]

En las primeras horas del 2 de marzo, el general Ruzski, desde Pskov, empezó a negociar por telégrafo con Rodzianko, en nombre del zar. Las negociaciones duraron cuatro horas. Rodzianko le recordó a Ruzski con cuánta insistencia había estado advirtiendo al zar, desde hacía dos años y medio, de que el trono estaba en peligro. «El odio a la dinastía ha llegado a límites extremos», afirmó. La única posibilidad de evitar una guerra civil pasaba por la «abdicación a favor de su hijo, bajo la regencia de Miguel Aleksándrovich», el hermano menor del zar, quien era una figura bastante más atractiva y, además, era partidario de una monarquía constitucional. Rodzianko también desaconsejó enviar al general Ivánov y sus tropas, lo que «solo serviría para añadir leña al fuego».[7] Por suerte Ivánov no llegó nunca a Petrogrado.

Con la intención de ayudar a que Ruzski convenciera al zar, el general Lukomski, que en Moguiliov era *gueneral adiutant*, instó al general Alekséyev a enviar un aviso a todos los comandantes en jefe de los frentes, así como a los comandantes del Báltico y las flotas del Mar Negro, para consultar su opinión. Alekséyev accedió; como era de esperar, estaba preocupado por la posibilidad de que el motín de Petrogrado se hiciera extensivo al frente, en beneficio del enemigo. Tanto los generales Évert y Brusílov como el gran duque Nikolái Nikoláyevich (tío del zar) respondieron de una forma similar: expresaron su lealtad y devoción al zar y su familia, pero le rogaban que abdicara de inmediato a favor del zarévich, según sugería Rodzianko. El general Sájarov, comandante en jefe del frente rumano en Yassy (Iași), hizo desconectar el aparato Hugues para no tener que responder. Cuando Lukomski lo supo, se enfureció. Aun así, cuando se urgió a Sájarov a dar una contestación, este insistió en ver antes las respuestas de los otros comandantes en jefe.

Para Sájarov, la conducta de Rodzianko era «criminal y vomitiva», y en cuanto a la propuesta de que el zar abdicara, era «abominable». «Tengo la certeza de que no es el pueblo ruso —que nunca había tocado al zar— quien se ha inventado este castigo, sino ese pequeño grupo de delincuentes que llevan el nombre de "Duma del Estado" y que han tenido la perfidia de aprovecharse de un momento oportuno para hacer realidad sus objetivos culpables.» Sin embargo, añadió: «Por mi parte, como leal súbdito de Su Majestad, me siento obligado a decir, aun entre sollozos, que quizá la decisión de aceptar las condiciones que se mencionan podría resultar la menos dolorosa para el país».[8] Por descontado, podría ser que Sájarov estuviera borracho.*

---

* El almirante Kolchak, comandante en jefe de la flota del Mar Negro, tampoco llegó a responder, quizá porque estaba en Batumi, no en Sebastopol. El gran duque Nikolái Nikoláyevich, primo del zar, había estado negociando aquí con él, pero le pareció un hombre de trato «absolutamente imposible» (GARF, 650/1/55/83-154). Nada más llegar a Tiflis, sí le envió una contestación a Alekséyev.

Al final, el general Ruzski pudo volver con el zar, al tren imperial de colores azul y dorado, para informarle de las respuestas. Después de varios minutos de contemplación, el zar aceptó la opinión de sus generales —a los que no podía soportar era a los políticos— y accedió a renunciar al trono. Se informó al Stavka, en Moguiliov, y se le pidió que enviara un borrador de anuncio de la abdicación.

Varias horas después, cuando el cuartel general de Pskov avisó de que estaba a punto de emitir el boletín en el que el zar anunciaría que abdicaba, los oficiales del Estado Mayor de Moguiliov se apiñaron todos en torno del telégrafo Hughes. El coronel Tijobrázov transcribió el texto palabra por palabra, pero de pronto constató, con gran sorpresa, una variación importante con respecto al borrador: «Puesto que no queremos separarnos de nuestro amado hijo, legamos nuestra sucesión a nuestro hermano el gran duque Miguel Aleksándrovich».[9]

Tijobrázov requirió de inmediato una verificación. En 1797 el zar Pablo I había introducido una ley sucesoria que excluía esa flexibilidad. Pskov confirmó que la frase era correcta. Tijobrázov estaba a punto de insistir al respecto cuando el gran duque Serguéi Mijáilovich, que estaba a su lado, le dijo en voz queda que antes les permitiera transmitir exactamente su mensaje. No le sorprendió que su primo se sintiera abrumado por la idea de separarse de Alekséi, que padecía hemofilia.

Aquella tarde, el zar le entregó el boletín (modificado) a dos miembros del Comité Provisional de la Duma, Aleksandr Guchkov y Vasili Shulguín, que se habían desplazado desde Petrogrado. El tren imperial emprendió el camino de vuelta a Moguiliov a la una de la madrugada del 3 de marzo. «Me marcho de Pskov con el alma oprimida por lo que acabo de vivir. ¡A mi alrededor todo es traición, cobardía y engaño!», escribió el zar.[10] A Guchkov y Shulguín, por su parte, los horrorizó lo que leyeron en el texto definitivo; pero no podían hacer nada al respecto.

El cambio de opinión de Nicolás con respecto a la sucesión causó consternación en Petrogrado. Rodzianko creía haber convencido a los socialistas del Comité Ejecutivo para que aceptaran la abdicación a favor del joven zarévich, con el gran duque Miguel Aleksándrovich como regente. Pero en el Palacio de la Táuride, los revolucionarios quedaron horrorizados por la noticia de que un comandante de la caballería tan popular como el hermano menor del zar podía ascender al poder absoluto.* Temían una venganza repentina; los liberales, por su parte, temían el caos e incluso el estallido de una guerra civil. Entre el pueblo, muchos quizá se habrían contentado con la idea de que un chico vulnerable fuera un nuevo monarca constitucional; este otro cambio, por el contrario, tendía a generar la impresión de que era un paso hacia la restauración de la autocracia.

Incluso cuando un kadete anunció, desde la galería del Salón de Catalina, que el zar abdicaba a favor de su hijo Alekséi, una oleada de indignación recorrió la sala (según dejó constancia un futuro líder bolchevique): «En vez del grito entusiasta, el "¡Hurra!" con el que el portavoz kadete probablemente contaba, de la garganta de cientos de soldados emergió una protesta unánime: "¡Abajo los Románov! ¡Larga vida a la república democrática!"».[11]

Rodzianko se sintió presa del pánico. Como la mayoría de sus compañeros del Comité Provisional, creía necesario convencer al hermano del monarca de que él también abdicara; un hermano que, en aquel momento, aún no sabía que le habían elegido como zar Miguel II. Era típico del carácter de Nicolás, que no se preocupaba de nadie fuera de su familia más inmediata, y por lo tanto ni siquiera se había molestado en avisarle. Solo Pável Miliukov creía aún en que la monarquía debía conservarse, de alguna u otra forma.

A primera hora de la mañana de aquel viernes, mientras Nicolás volvía con su tren a Moguiliov, el Comité Provisional, que había pasado una noche de insomnio en la Duma, descubrió que el gran duque Miguel Aleksándrovich no se hallaba lejos. Se alojaba en los apartamentos de la princesa Putiátina, en el número 12 de la Miliónnaya *úlitsa* (calle Milionnaya). Kérenski, el nuevo ministro de Justicia, se encargó de llamar por teléfono; y mediada la mañana, Rodzianko, el príncipe Lvov, Miliukov, el ministro de Exteriores y el propio Kérenski se hallaban sentados en diversos sillones frente a un gran duque que les miraba desconcertado. No se habían afeitado y se mostraban inquietos, atemorizados incluso.

---

* Miguel Aleksándrovich había dirigido la División «Salvaje» del Cáucaso, en la ofensiva de Brusílov, en 1916; esta división tenía integrantes ingusetios, chechenos, daguestaníes, tártaros, circasianos y de otros pueblos de montaña.

Kérenski y Rodzianko, que imaginaban que una chusma furiosa intentaría derribar las puertas por la fuerza, querían una abdicación inmediata. Miliukov, en cambio, seguía defendiendo con insistencia que abandonar la estructura del Estado zarista dejaría al Gobierno Provisional en una situación de vulnerabilidad, al menos hasta que se pudieran celebrar unas elecciones.

Al final, Miguel Aleksándrovich optó por poner fin a aquella conversación tan encendida y pidió hablar a solas con Rodzianko y el príncipe Lvov. Después de pasar a otra habitación, el gran duque les preguntó si podían garantizarle algunas cosas. Si él renunciaba al trono, ¿el Gobierno Provisional sería capaz de restaurar el orden y continuar con la guerra? ¿Confiaban en que el Sóviet de Petrogrado no bloquearía unas futuras elecciones a una Asamblea Constituyente? Tanto Lvov como Rodzianko respondieron positivamente a estas preguntas.

Cuando regresaron al salón, la atmósfera se calmó de inmediato, porque el rostro de los políticos traslucía que el gran duque había aceptado abdicar. Tan solo se trataba ya de encontrar la fórmula más adecuada para anunciarlo; no era una cuestión especialmente sencilla, dado que los presentes no podían asegurar que el gran duque fuera legalmente el nuevo zar y por su parte, en aquellas circunstancias, Miguel tenía reparos con el uso del término «abdicar».

La princesa Putiátina invitó a los reunidos a comer con ella, mientras se hacía llamar a expertos legales. Debían lidiar con el hecho de que la declaración del zar, por la que abdicaba a favor de su hermano y no de su hijo, no era constitucional. Por la tarde se encontró una solución elegante, gracias a Vladímir Nabókov —el padre del futuro novelista—, que colaboraba estrechamente con el gran duque, quien le conocía bien. El primer aspecto al que el zar *malgré lui* insistió en renunciar fue la fórmula habitual de «Nós, Miguel II, emperador y autócrata de todas las Rusias por la gracia de Dios».[12] Le parecía necesario realizar un anuncio más informal:

Una pesada carga se me ha encomendado por voluntad de mi hermano, que me ha traspasado el Trono Imperial de Rusia en un momento de guerra y disturbios populares sin precedentes.

Inspirado, como el conjunto del pueblo, por la idea de que lo que en verdad importa es el bienestar del país, he tomado la firme decisión de asumir el Poder Supremo solo si tal es la voluntad de nuestro gran pueblo, a quien corresponde el derecho a establecer la forma de gobierno y la nueva legislación básica del Estado ruso con el sufragio universal, por medio de sus representantes en la Asamblea Constituyente.

Por lo tanto, invocando aquí la bendición de Dios, suplico a todos los ciudadanos de Rusia que obedezcan al Gobierno Provisional que se ha formado por iniciativa de la Duma y está investido con la plenitud entera del poder hasta que la Asamblea Constituyente —que se convocará con la menor demora posible—, por medio de sufragio universal, directo, igualitario y secreto, exprese la voluntad del pueblo con su decisión sobre la forma de gobierno.

Miguel

Después de que el general Alekséyev le mostrara aquella noche el texto a Nicolás, el exzar escribió en su diario: «Parece ser que Misha ha abdicado. Termina su manifiesto pidiendo que haya elecciones, en un plazo máximo de seis meses, a una Asamblea Constituyente... Dios sabe quién le habrá dado la idea de firmar semejante torpeza».[13]

Esto contrastaba abiertamente con la admiración que Miguel Aleksándrovich —tanto por sus motivos como por su conducta— despertó en los políticos y juristas que participaron en las negociaciones de aquel día. Quizá no fuera más inteligente que su hermano mayor, pero sin duda no adolecía de la misma terquedad fatal. No parece imposible que por sus cabezas pasara el pensamiento de que, si Miguel hubiera nacido antes que Nicolás, tal vez la situación habría adquirido un cariz muy distinto.

4

De la autocracia al caos

De marzo a abril de 1917

Mientras el antiguo zar regresaba de Pskov a Moguiliov a bordo del tren imperial, en Petrogrado se difundían rumores contradictorios. Algunos afirmaban que se había arrestado a Nicolás; otros advertían que, con el fin de aplastar la revolución, se dirigían a la ciudad columnas de tropas que respaldarían el alzamiento de grupos monárquicos secretos. Otra historia afirmaba incluso que los cosacos se organizaban para atacar Petrogrado por medio de globos cargados de gases venenosos. El estado de ánimo, que ya era de cólera y temor, acusó toda esta tensión. Por toda la ciudad podían oírse disparos aislados. Los rebeldes se incautaban de automóviles y recorrían con ellos la ciudad como quien desempeña una misión de importancia. «Iban repletos hasta los topes de soldados y obreros que exhibían las bayonetas y hacían ondear banderas rojas», según escribió Prokófiev en su diario.[1]

Se repetían sin descanso noticias en las que los gendarmes y la policía del zar abrían fuego contra las muchedumbres, con ametralladoras, desde lo alto de los edificios. Había, en efecto, muchos francotiradores policiales, pero resulta imposible decir cuántas ametralladoras utilizaron en la práctica de este modo. Hubo un asalto enérgico contra el hotel Astoria, sito en la plaza de San Isaac, donde se alojaban por igual oficiales rusos y Aliados; fue la respuesta a los disparos que, desde la planta superior, se dirigieron contra una multitud revolucionaria. Cualquiera de los odiados «faraones», si lo encontraban escondido o disfrazado, se arriesgaba a que lo hicieran pedazos. A varios los ataron por las piernas a la trasera de los vehículos decomisados y los llevaron a rastras por las calles. Se contaba que a un inspector de policía lo habían atado a un sofá para luego rociarlo con combustible y prenderle fuego. A otros se los ejecutó en la orilla del Nevá, y sus cuerpos se arrojaron al hielo. Según el doctor Joseph Clare, pastor de la Iglesia Americana de Petrogrado, «a treinta o cuarenta policías los sumergieron por un agujero en el hielo sin haberlos aturdido siquiera con un golpe en la cabeza; los ahogaron como ratas».[2]

La atmósfera era extremadamente volátil. Un sombrerero pobre, que iba acompañado de su aprendiz, vio en un escaparate un juguete extranjero de colores brillantes. Habría querido comprárselo a su nieta; por desgracia no llevaba el dinero suficiente porque sus propios clientes pensaban que la revolución comportaría una cancelación de las deudas. Le preguntó a la vendedora si le haría una rebaja, a lo que ella se negó airadamente; en la discusión que se formó, él la tildó de «explotadora», y ella empezó a gritar que el hombre era un «faraón» disfrazado.

Al instante, la gente empezó a gritar: «¡Apalead a ese agente! ¡Muerte al "faraón"!». Una multitud sanguinaria le rodeó y empezó a arrancarle la ropa y a pegarle. Cuando un soldado ya enarbolaba el sable, el chiquillo aprendiz se puso a gritar horrorizado: «¡Oídme, parad! ¡No le matéis! ¡No es ningún "faraón"! ¡Solo es un sombrerero de Apraksin Dvor!», y rompió a llorar. La muchedumbre contempló confundida cómo el maestro, temblando de miedo, se aferraba al chico, En un instante se pasó de la furia a la compasión. Las mujeres le ayudaron a ponerse el abrigo y le dijeron que rogara por la salud de su pequeño salvador.[3]

Los oficiales del ejército también tenían que esconderse en apartamentos y buscar ropa de civil para que no los apalearan o mataran; pero el riesgo persistía. Las masas arrancaban de los edificios públicos todos los símbolos de la monarquía y quitaban las águilas bicéfalas de las tiendas que contaban con la aprobación de la corte imperial. En los barrios más ricos había grupos armados que iban de un edificio a otro sosteniendo que perseguían a posibles contrarrevolucionarios. En la mayoría de los casos se trataba de un pretexto para saquear, actuar con una violencia ciega y, en ocasiones, violar a cualquier joven a la que encontraran a solas en su casa. El joven gran duque, primo del zar, admitió con horror en su diario: «Hace ya demasiado tiempo que se incuba el odio del pueblo».[4] Aleksandr Kérenski habló más elusivamente de «la furia del pueblo».

El político conservador Vasili Shulguín comentó: «Solo un hombre sería capaz de abrirse camino por este cenagal, saltando de un montículo a otro: Kérenski».[5] Este jurista de rostro cetrino y ojos extraordinarios aprovechó la ventaja que se derivaba de una posición inusual: Aleksandr Kérenski formaba parte tanto del Comité Provisional de la Duma como del Comité Ejecutivo del Sóviet de Petrogrado. Esto le convertía en una figura todavía más influyente que Rodzianko o cualquiera de los miembros del embrión de Gobierno Provisional, que carecía de la confianza necesaria para ejercer el poder por sí mismo.

Las sesiones plenarias del Sóviet de Petrogrado, en el Palacio de la Táuride, fueron sumamente caóticas, con debates a menudo confusos entre unos 3.000 diputados. «El interior del palacio era un hervidero de energía —escribió un miembro del Partido Social-Revolucionario—. Había multitudes yendo en todas direcciones, los soldados hacían sonar los fusiles, en todas las salas y salones se celebraban reuniones incesantes de organizaciones revolucionarias y el Gobierno Provisional. Por todas partes había montones de fusiles y de paquetes de munición, había un sinfín de ametralladoras con sus cintas e incluso una pila de cartuchos de dinamita y granadas de mano que nadie vigilaba. De vez en cuando entre las multitudes iban pasando detenidos.»[6]

Asamblea del Sóviet de Petrogrado en 1917, en el Palacio Tavrícheski
(de la Táuride), del príncipe Potiomkin.

Algunos observadores compararon las sesiones plenarias con las asambleas de pueblo en las que cualquiera podía tomar la palabra y decir lo que se le antojara. Aquí el público estaba formado por una masa apretada de soldados y trabajadores, que o bien enrollaban tabaco humilde (la *majorka*) en recortes de periódicos y octavillas, o bien masticaban pipas de girasol y escupían las cáscaras sobre los magníficos suelos de mármol del príncipe Potiomkin. Los votos podían resultar en cualquier cosa y en realidad daba igual. Los líderes socialistas del Comité Ejecutivo no prestaban la más mínima atención a lo que se decía; se limitaban a proseguir con sus propios planes para hacerse con el poder.

Un soldado, fascinado por los debates, observó que un grupo de mujeres, fuera de la Táuride, pedían ver a Kérenski. Les respondieron que no estaba disponible y en su lugar acudió el menchevique georgiano Nikoloz Chjeídze. «¡Las mujeres exigimos igualdad!», reclamó la delegación feminista.[7] Chjeídze contestó con guasa: «Naturalmente suscribiré la igualdad, con las dos manos. Bastará con que vuestros padres, maridos y hermanos os la concedan». La multitud estalló en carcajadas y las mujeres prosiguieron con la protesta. «De pronto, sin embargo —siguió contando el soldado—, un coche descapotado se abrió paso entre la multitud. Lo ocupaban varias mujeres, que fueron saludadas al unísono por las otras. El coche llegó hasta la primera fila. Una de las mujeres se puso en pie y empezó a hablar; habló mucho rato seguido, y habló muy bien: sobre la suerte de las mujeres trabajadoras de Rusia, sobre la de una mujer que era madre. A veces la multitud la interrumpía con exclamaciones de aprobación. Chjeídze no tardó en renunciar al tono cómico.»

Kérenski tenía una gran habilidad dramática, como se evidenció en cuanto empezaron a llegar a la Duma, como prisioneros, algunas figuras destacadas del *ancien régime*. Shulguín lo describió como «actor hasta la médula».[8] Cuando se hizo pasar al antiguo ministro de la Guerra, el general Sujomlínov, Kérenski le arrancó teatralmente las hombreras. Pero cuando la multitud se puso a pedir a gritos que muriera, Kérenski extendió los brazos con gesto de protección y exclamó: «¡La Duma no derrama sangre!».[9]

En total se encerró en el pabellón anejo a la Duma del Estado a casi sesenta ministros y generales, así como a varias mujeres, incluida la confidente de la zarina, Ana Výrubova. Los soldados y campesinos se acercaban dando un paseo y los contemplaban fascinados, como si aquellos grandes venidos a menos fueran los animales raros de un zoo. Los que terminaron en el pabellón, al menos, tuvieron más suerte que los que dieron directamente con sus huesos en la Fortaleza de Pedro y Pablo, que, como otras prisiones, tenía muchas celdas libres después de la liberación tan espontánea como caótica de las víctimas del zarismo.

El día después de que se diera libertad a los presos políticos del castillo de Litovski, Yevguenia Markón, de quince años —una anarquista procedente de una familia judía acomodada—, encontró una nota garabateada que alguien había dejado caer desde una de las celdas superiores. Era una petición de ayuda. Los guardias habían desaparecido y los reclusos no tenían nada de beber ni de comer. Horrorizada por la idea de que solo se hubiera liberado a los políticos, la joven agitadora buscó a unos soldados y les convenció de que forzaran la entrada, reventando los cerrojos con sus fusiles. Uno de los presos, un hombre alto y con barba, la abrazó, sollozando y temblando de la emoción.[10]

La revolución, en aquel período de caos, también podía poner de manifiesto que los oprimidos albergaban algunos prejuicios terroríficos. A la abuela de una familia de intelectuales, que se congratulaba de la caída del régimen, se le dirigió la vendedora de un puesto del mercado: «¿Es usted cristiana? Dígame, ¿la vida nos irá a mejor?», quería saber la puestera. «¡Pues claro que sí!», contestó la abuela. «No me venga con monsergas —cortó la vendedora—. Aquí no va a mejorar nada hasta que liquidemos a todos esos judíos. Porque son esos cerdos los que tienen la culpa de lo mal que la gente humilde lo está pasando.»[11]

Vasili Kravkov, el destacado médico militar que trabajaba en el frente, no lograba digerir la gloriosa noticia de la caída del zar. «He dormido mal por todas las cosas magníficas que han estado pasando —escribió en su diario—. Hemos estado esperando, hasta la noche, a recibir la noticia con el anuncio regio. Y es cierto: el zar ha abdicado. ¡La cabeza me da vueltas! Hay una frase del boletín que suena maravillosa: "La Asamblea Constituyente expresará la voluntad del pueblo con su decisión sobre la forma de gobierno". Por lo que parece, ¿es posible que de verdad no tarde en anunciarse una república? La sola idea es tremenda.»[12] Pero Kravkov tuvo que reservarse los pensamientos para sí mismo, porque estaba rodeado de oficiales reaccionarios que parecían sentirse al mismo tiempo resentidos y resignados. En el ejército no se constataba ni el más mínimo intento de combatir a la revolución; era sin duda un indicio claro de que el zar y la zarina habían llegado a desesperar incluso a los círculos más conservadores.

El hecho de que los generales e incluso algunos grandes duques aceptaran la abdicación y el Gobierno Provisional obedeció al temor a que el orden se hundiera por completo. Pero esto no significaba que estuvieran contentos con el transcurrir de los acontecimientos. En Kislovodsk (en el Cáucaso) el gran duque Andréi Vladímirovich dejó constancia de su conmoción en un apunte de su diario: «La noticia de la abdicación del Soberano, en su nombre y en el de Alekséi, y a favor de Miguel Aleksándrovich, nos ha dejado atónitos. La segunda abdicación es aún más aterradora. Escribir estas palabras resulta espantosamente duro y triste. En un solo día se ha destruido toda la antigua grandeza de Rusia».[13]

El repentino vacío de poder generó un sentimiento de irrealidad todavía mayor en Moguiliov, después de que Nicolás regresara de Pskov. El séquito al completo aguardaba en el andén, entre la oscuridad, a que llegara el tren imperial. «Todo el mundo parecía deprimido, como después del funeral de un ser querido», escribió el coronel Tijobrázov.[14]

A la mañana siguiente, Tijobrázov estaba mirando por una ventana del edificio principal cuando vio a un grupo de civiles que gesticulaban y gritaban delante de las puertas. Los gendarmes de guardia se negaban a dejarles pasar. Se encargó al centinela del salón que saliera a averiguar qué estaba pasando, y al volver dijo: «Esta gente son proveedores que han sabido de la abdicación del Soberano y han venido a reclamar el dinero que se les debe. Temen que ya no se les pague nunca». El oficial al mando se puso rojo de vergüenza. «¡Pero qué desgracia! Confío en que nuestro Soberano no verá tal cosa desde las ventanas de palacio», exclamó.

Cuando el antiguo zar hizo su aparición, avanzada la mañana, Tijobrázov no le miró a la cara, porque no sabía cómo dirigirse a él. Le parecía que «Su Majestad Imperial» ya no resultaba propio. El zar sostenía un formulario de telegrama y una hoja de su propio papel de escritura, de color azul. Abordó al general Alekséyev, jefe del Estado Mayor, y le entregó el telegrama, que él mismo había rellenado, y la hoja de papel azul.

«Mijaíl Vasílievich —dijo—, he cambiado de opinión. Envíe por favor esto a Petrogrado.» El telegrama afirmaba que, a la postre, tenía la intención de legar el trono a su hijo. Alekséyev replicó, sin embargo, que de ningún modo podía aceptar ese encargo. El exzar repitió la petición en dos ocasiones, pero el general se mantuvo firme. Nicolás se dio la vuelta y se marchó con lentitud escaleras abajo.

Cuando el zar desapareció de la vista, Alekséyev le entregó a Tijobrázov la hoja de «papel del zar». Con la limpia caligrafía de Nicolás se podía leer:

Solicito al Gobierno Provisional:
Que me permita viajar sin obstáculos a Tsárskoye Seló, para poder reunirme con mi familia;
permanecer en Tsárskoye Seló, en libertad, hasta la completa recuperación de mis familiares;
regresar a Rusia una vez que la guerra haya concluido y residir de forma permanente en el palacio de Livadia.*

La noticia del hundimiento de la dinastía Románov se difundió desde Petrogrado a distintas velocidades. En las ciudades con estaciones de tren o telégrafo se supo con rapidez. Algunas vivieron sus propias revoluciones espontáneas. En cambio, en muchas zonas más remotas pasaron varias semanas sin conocimiento de las novedades.

Konstantín Paustovski era por entonces un periodista en prácticas a quien su editor había enviado a Yefrémov, una pequeña ciudad de la provincia de Tula que, según se decía, Chéjov había descrito como «ejemplo perfecto de las tierras vírgenes de Rusia». Los periódicos de Moscú llegaban con tres días de retraso. «Al caer el sol los perros ladraban a lo largo de la calle Mayor y los vigilantes nocturnos andaban de ronda haciendo sonar los badajos.»[15]

Paustovski describió cómo un nuevo amigo, Osipenko, entró bruscamente en su habitación. «¡Hay una revolución en Petersburgo! —gritó—. ¡Han derrocado al gobierno!» La voz se le quebró. Se dejó caer en una silla y rompió a llorar. Paustovski notó como le temblaban las manos al sostener la hoja de papel con la proclamación del Gobierno Provisional. Como no había quedado en pie nada de la policía ni la administración, «una asamblea popular se mantenía reunida las veinticuatro horas del día en el salón del Ayuntamiento. Lo habían rebautizado como "Conven-

---

* En su relato, Tijobrázov escribió: «Cito el texto de memoria, pero tengo la convicción de que recuerdo bien la esencia de cada párrafo». El palacio de Livadia era la residencia de verano de la familia imperial en Yalta, Crimea; aquí tuvo lugar la famosa conferencia de Yalta, de febrero de 1945, con Stalin como anfitrión.

ción", en homenaje a la Revolución Francesa». En aquel momento histórico también hubo cánticos particulares de «La Marsellesa». A medida que la noticia se difundía iban llegando campesinos a la ciudad para saber cuándo podrían tomar posesión de las tierras de cultivo y cuándo concluiría la guerra. «Habían empezado unos días de ruido y confusión», escribió Paustovski.

Uno habría esperado que en Moscú se estuviera mejor informado; ahora bien, según escribió en su diario personal un conservador del Museo de Historia de la ciudad: «Circulan rumores de toda clase pero ¿cuál es la verdad? No hay periódicos, los tranvías no funcionan, ni siquiera un coche se puede conseguir. La gente se apiña formando multitudes e impera una atmósfera de alegría, como de Pascua». No sin asombro, en la plaza Lubianka se encontró con una procesión de musulmanes que portaban una bandera roja a la vez que entonaban una oración.[16]

Hubo mítines públicos en muchas plazas, en particular en las inmediaciones del monumento a Pushkin o la gran estatua ecuestre de Skóbelev, de cuya espada extendida colgaba ahora una bandera roja. A algunos oradores se los ovacionaba, a otros se les obligaba a bajar del plinto. Los soldados, con sus gorros de zamarra y los brazaletes rojos en los sobretodos grises, hacían sentir su presencia entre las masas. Cualquier disensión recibía réplicas del estilo de: «¡Largaos a dar de comer a los piojos en las trincheras, ¡y luego ya nos vendréis con preguntas, zaristas inútiles!».[17] Una vez más, circulaban rumores enloquecidos: se decía que Kérenski era judío, o que los monjes del monasterio de Donskói escondían rublos de oro en los corazones de las manzanas.

El principal enemigo de Rusia también estaba muy confundido con respecto a qué ocurría de verdad en el país. Los aviones alemanes lanzaron hojas volantes en el frente donde sostenían que «el brutal inglés» había derrocado al «amado zar».[18] El comandante Oliver Locker-Lampson (de la división de vehículos blindados del Servicio Aéreo de la Royal Navy, que apoyaba al Ejército Ruso en el frente de Galitzia) informó escuetamente a Londres de que aquella mentira absurda «nos convirtió en unos héroes durante varios días».

La propaganda alemana se esforzó en vano. Sus responsables deberían haber tenido en cuenta aquella sentencia napoleónica según la cual nadie debe interrumpir a su adversario mientras está cometiendo un error. Ningún enemigo habría podido contar con un efecto similar al que produjo el Sóviet de Petrogrado en un solo boletín.

Aunque a finales de febrero aún se estaba linchando a oficiales, al Comité de la Duma, de Rodzianko, le pareció urgente que se reincorporasen a sus regimientos con el fin de evitar un hundimiento total del Ejército. Pero los soldados que habían interpretado papeles de liderazgo en el levantamiento temían la contrarrevolución, temían que una restauración de la jerarquía los sometiera a juicio por los delitos y crímenes cometidos durante los acontecimientos más recientes. Para impedir tal posibilidad, un grupo especialmente radical, integrado por bolcheviques y social-revolucionarios (también llamados «eseristas», por las siglas de su partido, el PSR), irrumpió en una sesión del Comité Ejecutivo del Sóviet de Petrogrado.

El presidente —N. D. Sokolov, arquetipo de los intelectuales socialistas de la época, con sus quevedos y su barba— les invitó a exponer sus peticiones y tomó nota de ellas. La tropa solo estaría obligada a obedecer las órdenes de sus oficiales si estas habían sido aprobadas por el comité de los soldados. El control de las armas correspondería a la tropa, no a los oficiales. El acuartelamiento de Petrogrado quedaría excluido del frente para que pudiera seguir defendiendo la revolución. La relación de oficiales y soldados debía experimentar una transformación radical. Cuando un soldado estuviera fuera de servicio, nunca tendría que saludar. En vez de dirigirse a los superiores con fórmulas como «Su Excelencia», se diría simplemente «señor general» o «señor coronel». Había que prohibir tradiciones de castigo como la de que los oficiales abofetearan a la tropa.

La versión final de la *prikaz* (orden) n.º 1 del Comité Ejecutivo del 1 de marzo se convirtió en el documento decisivo de la revolución, a criterio de muchos oficiales derechistas; y esto contribuyó a allanar el camino de lo que sucedió después. Reprochaban a esta orden que destruía la autoridad de los oficiales y con ello, toda la disciplina militar, de tal modo que estaban mutilando al ejército del zar. El Comité Ejecutivo no acertó a advertir al Gobierno Provisional —con el que en teoría cooperaba—, pero no parece que se tratara de un plan calculado con el objetivo de sorprender al cuerpo de oficiales y eliminar de forma preventiva su potencial contrarrevolucionario. En todo caso, lo que sin duda consiguió fue incrementar la seguridad y la confianza del Comité Ejecutivo del Sóviet de Petrogrado, que hizo extensiva su influencia a todo el país y enseguida fue conocido como el Sóviet de los Diputados de Trabajadores y Soldados de todas las Rusias.

Las advertencias sumamente imprecisas de la contrarrevolución ayudaron en lo suyo, pero los errores fundamentales fueron cometidos por el general Alekséyev en el Stavka y por Rodzianko y sus compañeros. A pesar de los ruegos de quienes ostentaban el mando en el frente, Alekséyev se había negado a permitir cualquier anuncio prematuro del cambio de régimen: había que aguardar a que lo anunciara formalmente el Comité Provisional de la Duma. El texto de la *prikaz* n.º 1 tampoco se dio a conocer. Estas demoras hicieron creer a los soldados del frente que sus oficiales pretendían mantenerlos en la ignorancia, lo que acrecentó el enojo y la suspicacia.

Vasili Kravkov, el destacado médico militar, escribió en su diario que en su mayoría los oficiales regulares y la «aristocracia militar no pueden esconder la cólera en lo relativo a la necesidad urgente de tratar a los soldados como seres humanos».[19] Además, los oficiales cometían la imprudencia de burlarse de las banderas rojas, a las que tildaban de «bragas de vieja».[20] El 5 de marzo llegó a Moguiliov el general Lavr Kornílov, comandante del XXV Cuerpo. El general Lukomski le mostró lo que en el Stavka se conocía como «Expediente de la revolución», que enumeraba las ofensas contra la disciplina militar. Kornílov montó en cólera ante la situación que se describía,[21] pero no podía hacer nada para solventarlo, por mucho que le hubieran asignado la comandancia del distrito militar de Petrogrado.

Tras la aprobación de la *prikaz* n.º 1, el índice de deserciones fue tan elevado (según el capitán Wavell) que se promulgó otro decreto que prometía que no se castigaría a ningún prófugo que regresara antes de una determinada fecha.[22] Dadas las dificultades que experimentaba el transporte, se dieron varias semanas de plazo. Los soldados del frente que no habían desertado lo interpretaron como una buena oportunidad para tomarse un permiso de varias semanas, con lo que todavía se marcharon en mayor número.

Los soldados estaban cansados de la guerra, y saludaban con gozo los cambios; pero en su inmensa mayoría los oficiales estaban horrorizados, sobre todo ante la idea de no poder hacer nada sin el asentimiento de los comités de soldados. Los antisemitas creyeron ver confirmadas sus sospechas tras descubrir que en los comités había un porcentaje relevante de judíos. Sin embargo, que se les eligiera para esos puestos tenía una explicación sencilla: solían figurar entre los que contaban con cierta formación y solo el sistema zarista les había impedido ascender al rango de oficiales.

Buena parte del día se gastaba en reuniones que daban poco fruto. «La masa de los soldados estaba asombrada por los acontecimientos, estaba atónita —escribió un soldado del frente transcaucásico—. A veces la situación resultaba cómica: un orador planteaba un lema y la multitud lo aprobaba; luego otro orador planteaba el lema opuesto y lo aprobaban exactamente igual, gritando: "¡Qué razón tienes!".»[23]

El general de división Vladímir von Dreier describió su llegada al frente de Galitzia como jefe del Estado Mayor de una división del Cuerpo Siberiano. Como el cuartel general estaba desierto, se fue a buscar al comandante de la división, que había tenido que asistir a un mitin de los soldados. «Había por allí una multitud, en pie. Un soldado delgado se había subido a una tarima y hablaba tan alto como la voz le daba. "¡Ya basta de que Nikolashka se beba nuestra sangre, camaradas!". La masa asentía sin tregua: "¡Pues claro! ¡Pues claro!". Los hombres que teníamos más cerca sonreían y se regodeaban mirando a los jefes que estaban allí al lado, mientras escupían las cáscaras de las pipas de girasol. Toda una serie de oradores fueron subiendo al estrado para injuriar por turnos al zar. Yo no dejaba de pensar qué narices había hecho para acabar aquí.»[24]

Como las formaciones de caballería, artillería y cosacos demostraron ser menos vulnerables al hundimiento de la disciplina, los primeros ejemplos de oficiales que sufrieron ataques físicos —o incluso fueron asesinados— se produjeron en la infantería y la Marina. «Era imposible que la infantería resistiera —escribió el comandante Oliver Locker-Lampson—. Desde hacía casi tres años habían estado perdiendo la vida por millones; los arrojaban (así insistían en decirlo siempre) como masas desarmadas contra unas tropas magníficamente equipadas, por orden de generales que ellos creían comprados por el oro alemán. ¿Cómo se podía esperar que quisieran continuar con la guerra?»[25]

«A algunos oficiales los han fusilado; a otros, apaleado; a la mayoría los han insultado», seguía diciendo el informe de Locker-Lampson para Londres. Con no poca frecuencia, la muerte se producía «a la bayoneta»: hasta media docena de atacantes con las bayonetas caladas clavaban la hoja en el oficial y lo levantaban del suelo.[26] Tal fue el destino por ejemplo de cinco oficiales del destacamento de Luga, situado al sur de Petrogrado, a un centenar de kilómetros de la capital; todos ellos tenían apellidos que sonaban alemanes.

«En Kronstadt se ha puesto a varios oficiales de la Marina a barrer las calles —añadió Locker-Lampson— y a uno de ellos un soldado lo arrastraba por la barba y le iba golpeando repetidamente en la cara. El respeto por el rango ha desaparecido.»[27] Los marinos de la Flota del Báltico, que habían sufrido maltratos de muchos de sus oficiales, fueron los más violentos y radicales; entre sus filas contaban con diversos bolcheviques y anarquistas. La ira y el encono de estas «ratas de los muelles»,[28] reprimida en los acorazados bloqueados por el hielo, se agravaba más aún por la nula información que los oficiales les proporcionaban.

El 3 de marzo, el vicealmirante Adrián Nepenin, que estaba en Helsingfors (Helsinki), le comunicó a Rodzianko: «Motines en *Andréi*, *Pável* y *Slava*. Almirante Nebol'sín asesinado. Flota Báltico inexistente ahora como fuerza combate».[29] Para señalar el triunfo de la revolución, por la noche se encendían luces rojas y de día se izaban banderas de ese color.

El almirante Virén, gobernador general de Kronstadt, fue asesinado a bayonetazos. Fiódor Raskólnikov, que no tardaría en figurar entre los líderes bolcheviques de la ciudad, explicó que Virén tenía «reputación de bruto» en toda la Flota del Báltico. A juicio de Raskólnikov, «estos supuestos "excesos" que han despertado la indignación universal entre la burguesía pero han dejado del todo indiferente a la clase trabajadora» eran comprensibles porque los marinos se «vengan de siglos de insultos y humillaciones».[30] Se conocía como «dragones» a los oficiales de disciplina más estricta y odiosa, y fueron los primeros en morir o, como mínimo, ser detenidos y maltratados en celdas de castigo. En total perdieron la vida 105 oficiales entre Kronstadt, Helsingfors (Helsinki) y Výborg (Viipurii); pero no así en las otras bases navales del golfo de Finlandia, donde tal suceso resultó extraordinario.

El almirante Aleksandr Kolchak, comandante en jefe de la Flota del Mar Negro, se hallaba en una posición ligeramente menos peligrosa: aunque sus marinos se amotinaban, no habían recibido un trato previo tan brutal. La prensa conservadora pareció encapricharse con la idea de erigirlo como un eventual dictador militar: «Ahora Kolchak está al mando de la Flota del Mar Negro —escribió Yelena Lakier en Odesa—. La Marina al completo le adora. La prensa destaca que desborda de vigor y

Cartel bolchevique que ensalza la Flota Roja
como «Vanguardia de la Revolución».

energía. Una revista publicó su retrato con el siguiente pie: "El corazón de Rusia nunca os olvidará, como nunca se olvida el primer amor"».[31]

Kolchak, cuya expresión recordaba a un águila enfadada, había sido el vicealmirante más joven de la Marina Imperial rusa. No era tan solo un oficial de los más profesionales; además había sido oceanógrafo y explorador del Ártico, y había participado en varias expediciones, entre ellas una de dos años de estudio en el archipiélago de Nueva Siberia. Estos trabajos concluirían, transcurridos más de cien años, con la apertura de una ruta septentrional con la incorporación de una nueva generación de rompehielos.

Durante la guerra ruso-japonesa, Kolchak cayó herido y lo apresaron. Más adelante la furia ante la incompetencia del gobierno zarista le llevó a colaborar con diputados de la Duma para modernizar la Armada mediante la introducción de submarinos e hidroaviones. Después de otra expedición al Ártico, en 1913, fue nombrado jefe de operaciones del Báltico, y luego, poco antes de la Revolución de Febrero, comandante de la Flota del Mar Negro. Cuando el Sóviet de los marinos de Sebastopol exigió que los oficiales entregaran las armas personales, Kolchak señaló su espada dorada de San Jorge, con la que se le había condecorado por la valentía exhibida en el Extremo Oriente. «No sois vosotros los que me disteis esta espada y no es a vosotros a quien la entregaré», afirmó; se dio la vuelta y la tiró al mar.[32]

Kolchak tuvo la suerte de marcharse al poco tiempo, en misión a Estados Unidos; pues poco después de que los bolcheviques tomaran el poder en otoño, se apresó y ejecutó en el cerro de Malájov, a las afueras de Sebastopol, a los oficiales de la Flota del Mar Negro, entre ellos a cinco almirantes.

5

La viuda embarazada

De marzo a mayo de 1917

Aleksandr Herzen, el más señero filósofo político de Rusia, hizo una profecía a partir de su estudio de las revoluciones de 1848: «La muerte de las formas contemporáneas del orden social debería alegrarnos el alma, más que inquietarnos. Pero lo aterrador es que el mundo que se va no deja tras de sí un heredero, sino una viuda embarazada. Entre la muerte de uno y el nacimiento del otro puede correr mucha agua; pasará una larga noche de caos y desolación».[1]

El Gobierno Provisional de Rusia en 1917 apenas podía encajar mejor con esta predicción de Herzen. Se había atribuido a sí mismo el propósito de ser un gobierno de transición. Todas las decisiones cruciales sobre legislación, sistema político y propiedad de la tierra quedaban pospuestas al nacimiento de la Asamblea Constituyente. Entre tanto, su poder no pasaba de ser una convención cortés, pues apenas podía llevar nada a término sin la aprobación del Comité Ejecutivo del Sóviet de Petrogrado. La destrucción de la administración zarista no había dejado a su alcance ninguna palanca conectada con nada que funcionara. El Gobierno Provisional se hallaba en una «tierra de nadie» política. No eran muy distintos de aquellos idealistas liberales que, en palabras de Herzen, «socavan el viejo orden y al mismo tiempo se aferran a él, prenden la mecha e intentan parar la explosión».[2]

El primer ministro, el príncipe Gueorgui Lvov, era un administrador con unas cualidades extraordinarias; pero su perspectiva era tan liberal que creía a ciegas en la bondad esencial del pueblo (lo que Maksim Gorki denominaba «sentimentalismo karamazoviano»). A Lvov le disgustaba hasta la propia idea de una autoridad gubernamental central, lo que difícilmente le hacía idóneo para su otro papel como ministro de Interior. Accedió a dar la libertad a todos los presos políticos, también a los convictos por terrorismo, independientemente de si creían o no en la democracia. Estaba seguro de que hacer de Rusia «el país más libre del mundo» bastaría para transformar la moralidad de sus ciudadanos.

Incluso el profesor Pável Miliukov, el ministro de Exteriores que habría querido preservar la monarquía, se mostró de acuerdo en autorizar que Vladímir Ilich Lenin, el líder revolucionario de los bolcheviques, regresara a Petrogrado desde Suiza. También pidió a Gran Bretaña que intercediera ante Canadá para que permitiera al carismático León Trotski volver sin problemas desde Estados Unidos. Sin embargo, uno de los primeros exiliados bolcheviques en llegar a Petrogrado para hallarse presente en «la cuna de la revolución» fue Yósif Stalin. El 12 de marzo él y Liev Kámenev llegaron con el Transiberiano desde su exilio en las inmediaciones de Krasnoyarsk.

Menos de dos años antes, en la conferencia de Zimmerwald, en los Alpes suizos, Trotski y otros delegados habían hecho la broma de que, medio siglo después de la Primera Internacional Socialista, todavía era posible acomodar a todos los internacionalistas de Europa en «cuatro charabanes». Tan solo un mes antes de la Revolución de Febrero Lenin había puesto en duda que él pudiera vivir para ser testigo de tal clase de acontecimiento. Había previsto que el colosal hartazgo por la guerra generaría agitación, sí, pero incluso a él la intensidad le cogió por sorpresa. De hecho, nadie le hubiera dado ningún crédito a la afirmación de que Lenin —que vivía empobrecido y exiliado en una habitación mísera de la Spiegelstrasse de Zúrich— no tardaría en convertirse en el soberano absoluto de Rusia. Pero la Revolución de Febrero, que los profesionales de la revolución no habían planeado, lo cambió todo.

Lenin —con su marcada calvicie frontal, la barba de profesor y la mirada entrecerrada y penetrante— despreciaba sobre todo a los radicales aficionados. Desdeñaba a los idealistas, a los que consideraba apocados y sentimentales. Creía tanto en sí mismo que no confiaba en que nadie más pudiera poseer la visión y la implacable determinación necesarias para destruir para siempre el antiguo orden. El 3 de marzo de 1917, después de comer, mientras Nadiezhda Krúpskaya fregaba los platos y Lenin reunía los papeles para retomar el trabajo en la biblioteca, oyeron el ruido de unos pasos que subían las escaleras con celeridad. Un amigo entró sin aliento, agitando un periódico. «¿No os ha llegado la noticia? —dijo jadeante—. ¡En Rusia hay una revolución!»

Entusiasmado con la caída de la odiada familia Románov, que había ordenado ejecutar a su hermano Aleksandr, Lenin le envió un telegrama a Aleksandra Kolontái —la teórica marxista y feminista, que se hallaba en Oslo— con instrucciones para los bolcheviques de Petrogrado. No se molestó en verificar cuál era la situación real ni en consultar con sus compañeros. Lenin ardía de impaciencia. Estaba atrapado en Zúrich, en el lado equivocado del frente de aquella maldita guerra de los imperialistas.

Después de fabular con planes irrealizables para llegar hasta Rusia —desde disfraces a aviones—, Lenin se salvó gracias a la idea de un menchevique, Yulius Mártov, quien sugirió tratar con el representante de Alemania en Berna, el *Freiherr* Gisbert von Romberg. El régimen guillermino recibiría con los brazos abiertos cualquier oportunidad de socavar la defensa rusa del frente oriental antes de que los estadounidenses entraran en la guerra. Lenin no tenía inconveniente en aceptar la ayuda de un enemigo de clase. También estaba dispuesto a recibir fondos secretos del gobierno del káiser con los que financiar su propaganda. En lo que a él respectaba, cualquier cosa que contribuyera a una revolución que pudiera alzar a los bolcheviques al poder era perfectamente permisible.

Así pues, con ayuda de los mismos imperialistas a los que él estaba resuelto a derrocar, se asignó a Lenin y otros treinta y un revolucionarios un «tren sellado» (en teoría) con el que atravesarían Alemania escoltados por dos oficiales prusianos. El grupo incluía tanto a la esposa de Lenin, Krúpskaya, como a su supuesta amante, Inessa Armand, así como a Karl Radek, al que Arthur Ransome describió como «un duendecillo revolucionario, con gafas y de pelo algo escaso, caracterizado por una inteligencia y una vivacidad increíbles».[3]

Cuando subieron al tren suizo que los llevaría hasta la frontera alemana, Radek le preguntó a Lenin qué sentía. «Dentro de seis meses, o colgaremos de la horca o estaremos en el poder», le contestó este.[4] Con su ropa avejentada y las botas con clavos, Lenin no cuadraba con la imagen de un futuro líder; pero la compulsión obsesiva y el instinto dictatorial le llevaban a hacerse cargo de todo. Él mismo se encargó, por ejemplo, de organizar una lista de turnos para el uso de los dos inodoros del tren.

Desde un pequeño puerto de la costa báltica los bolcheviques tomaron un vapor con rumbo a Suecia y luego un tren a Estocolmo (donde se obligó a Lenin a comprar ropa nueva). El 31 de marzo el grupo bolchevique tomó otro tren más, hacia Finlandia. Aquí Lenin se enfureció al constatar, en un ejemplar reciente de *Pravda*, que, aunque Stalin y Kámenev lideraban el Comité Central bolchevique, no habían acertado, sin embargo, a atacar al Gobierno Provisional.

Poco antes de la medianoche del 3 de abril el tren entró en la estación petrogradense de Finlandia. Entre la multitud que aguardaba pocos habían visto nunca a Lenin o le habían oído hablar. En su mayoría habían respondido a una convocatoria del Comité Central bolchevique. Entre los asistentes no invitados se hallaba Paul Dukes, un concertista de piano que trabajaba en secreto para el servicio de inteligencia británico, tras ser reclutado por el capitán Mansfield Cumming.

En el interior de la estación un grupo de marinos de la Flota del Báltico formó una guardia de honor improvisada. Pero Lenin no se alegró de la recepción ni mostró apenas cortesía con quienes le dieron la bienvenida. Espetó dos discursos, uno para los marinos y otro, el principal, para la muchedumbre del exterior, desde lo alto de un coche blindado. Para la consternación de buena parte de los reunidos, atacó al Gobierno Provisional, criticó implícitamente al público por haber aceptado la existencia de este y descartó cualquier idea de unidad entre los partidos socialistas.

Pocas horas más tarde, sin haber dormido aún, Lenin conmocionó a los bolcheviques en su cuartel general de Petrogrado, que era la mansión expropiada a la bailarina y antigua amante del zar Matilda Kshesínskaya. Los sermoneó con algunos elementos de lo que más adelante se conocería como «las tesis de abril», que había redactado durante el viaje desde Suiza. Primero condenó cualquier pensamiento de apoyar que el Gobierno Provisional diera continuidad a la «guerra depredadora de los imperialistas», hasta el punto de solicitar que en el frente se confraternizara con el enemigo.[5] Luego defendió la conveniencia de acortar radicalmente el camino revolucionario. Podían renunciar al paso intermedio, propuesto por Marx, de la revolución democrático-burguesa. Hacerse con el poder de inmediato era viable porque la burguesía (y, por lo tanto, el Gobierno Provisional) se hallaba muy debilitada. Reclamó la abolición de la policía, del Ejército y de la burocracia, además de nacionalizar la propiedad de toda la tierra y de todos los bancos. El público estaba horrorizado, les parecía una locura.

Lenin desdeñaba las actitudes de falsa modestia y, a todas luces, se tenía a sí mismo por infalible. En consecuencia, a los bolcheviques que no estaban de acuerdo con él los consideraba o bien equivocados del todo, o simplemente falsos; pero para conquistar voluntades ajenas estaba dispuesto a abordar con más cautela algunos asuntos, lo que se traducía, por ejemplo, en no condenar tan abiertamente la guerra contra Alemania. También se dio cuenta de que la propuesta de convertir el conflicto existente en una guerra civil a escala europea chocaba contra el estado de ánimo imperante, más pacifista. Y, por otro lado, en el ambiente generalizado de libertad sin restricciones, eslóganes como el de la «dictadura del proletariado» resultaban poco atractivos.

Sin embargo, avanzado aquel día Lenin no se contuvo cuando, en el Palacio de la Táuride, rechazó cualquier posible acuerdo con los mencheviques. Uno de ellos, ofendido por el ataque, dijo: «¡El programa de Lenin es puro insurreccionalismo!» y declaró que «en mitad de una democracia revolucionaria se ha desplegado la enseña de la guerra civil».[6] Los ministros del Gobierno Provisional, desde el kadete Miliukov al socialista Kérenski, no concedieron gran importancia a aquella acometida. Las ideas de Lenin parecían tan extremas que no se interpretaban como una amenaza seria. Además, los bolcheviques eran una fracción numéricamente minúscula, en comparación con los social-revolucionarios, que gozaban de un apoyo extraordinario en las zonas rurales. El propio Lenin admitía que «en la mayoría de los Sóviets de los representantes de los trabajadores, nuestro partido se halla en minoría, en franca minoría».[7]

En su determinación por hacerse con el poder total para los bolcheviques, Lenin no cometió el error de desvelar cómo sería la sociedad comunista. Todo el poder estatal y la propiedad privada —afirmó— se transferiría a manos de los Sóviets o consejos de los trabajadores, como si estos fueran a gozar de una plena independencia, en lugar de ser las marionetas de los líderes bolcheviques. Se animó a los campesinos a creer que la tierra sería de su propiedad y podrían labrarla como mejor les pareciera. No se advirtió de que para alimentar a las ciudades habría que proceder a una incautación de cereales, ni de la colectivización forzosa de las granjas. Los discursos públicos de Lenin se centraron por el contrario en objetos de odio, las personas a las que podía etiquetar de «parásitos», como por ejemplo los banqueros, los jefes de las fábricas, los políticos y militares belicistas, los terratenientes. En ese momento no atacó a ninguna otra de las categorías humanas a las que luego los bolcheviques sí persiguieron de hecho. Lenin estaba convencido de que para hacerse con el poder absoluto habría que pasar por una guerra civil, pero procuraba guardar silencio sobre el genocidio de clase que se iba a producir.

Después de un primer intento infructuoso de dirigirse a un público masivo, Lenin no tardó en adaptarse y sobresalir. Solía exponer sus argumentos con tanta sencillez como eficacia. El placer que transmitía, y la extrema confianza en sí mismo, fascinaban a los oyentes y proyectaban un aura de liderazgo poderoso.

Teffi, que antes de la guerra había leído a una multitud de autores —y tanto al zar como a Lenin—, consideraba que la fuerza de este último radicaba en su capacidad extraordinaria de explicar cuestiones complejas de una forma clara y atractiva. «No era un orador que arrastrara a las multitudes —escribió—. No incendiaba a las muchedumbres ni las hacía enloquecer. No era como Kérenski, capaz de hacer que la masa se enamorase de él y derramase lágrimas de arrobamiento... Lenin simplemente machacaba, con un instrumento poco afilado, golpeando una y otra vez en el rincón más oscuro de las almas humanas.»[8] Por encima de todo, a Teffi le asombraba la mala opinión que Lenin tenía de la humanidad en general, y cómo consideraba que cualquier persona era un objeto prescindible. «El valor de un hombre se medía únicamente por lo necesario que fuera para la causa.»

En la segunda mitad de marzo, en muchas zonas rurales el descontento había dado paso a la violencia, fomentada por desertores radicalizados que volvían del frente. En muchas regiones, pero en particular en las del Volga y en las Tierras Negras Centrales, los campesinos empezaron a apoderarse de las herramientas de sus señores, segar los prados, ocupar las tierras no cultivadas, talar la leña y utilizar sus reservas de semillas. Aquí la idea de la libertad revolucionaria consistía en hacer lo que a cada cuál se le antojara después de siglos de opresión. El general Alekséi Brusílov —el comandante de la gran ofensiva de 1916, que luego se sumó al Ejército Rojo— escribió que «los soldados tan solo querían una cosa: paz, paz para poder volver a casa, robar a los terratenientes y vivir en libertad sin pagar impuesto alguno ni reconocer ninguna autoridad».[9]

Brusílov no exageraba. «En el Ejército la deserción ha aumentado una barbaridad —apuntó el doctor Kravkov—. Todos los soldados están afanosos por aprovechar cualquier ocasión de arrebatarles tierras a los propietarios.»[10] Era un tema habitual en las cartas para las familias, según comprobó el Departamento de la Censura Militar. «Aquí todo el mundo desea la paz inmediata, a cualquier coste —escribía un soldado, desde el frente occidental—. Y la verdad, ¿qué necesidad hay de ir a la guerra si en realidad nos darán tierras de sobra cuando se repartan las posesiones del zar y de los terratenientes? Los *burzhui* no podrán engañarnos. Volveremos a casa armados y nos apropiaremos de todo lo que se nos debe.»[11]

El hundimiento de la autoridad tradicional en las zonas rurales —en especial de los capitanes rurales, que habían defendido los intereses de las familias más acomodadas— permitió que los campesinos crearan sus propias asambleas. Hicieron incluso sus propias leyes oficiosas, decretos que proporcionaban un respaldo paralegal a sus decisiones. Los social-revolucionarios instaron a sus seguidores a esperar a que la Asamblea Constituyente introdujera las reformas, pero la paciencia se evaporó con rapidez. En una multitudinaria asamblea campesina de Samara, un delegado recomendó al público que desconfiara de los líderes del partido. «¿Nos irá mejor si esperamos a que la Asamblea Constituyente resuelva la cuestión agraria? En el pasado el Gobierno ha decidido en este tema por nosotros, pero su empeño solo nos acarreó la servidumbre. Ahora el Gobierno dice que primero debe restaurarse el orden. Siempre están con lo mismo: "Ahora no, ahora no, esperad, esperaos a la Asamblea Constituyente".»[12]

Aunque a algunos propietarios más progresistas sus campesinos y sirvientes los toleraban, o incluso los defendían, durante aquel año, sin embargo, la inmensa mayoría tuvo que huir. Desde el principio, en el mes de marzo, hubo relativamente pocos casos de terratenientes asesinados; sí se prendió fuego, por el contrario, a muchas de sus residencias. Ahora bien, con la nueva atmósfera, cualquier incidente menor o cualquier momento inapropiado, en especial si los campesinos o soldados habían logrado apoderarse de una reserva de alcohol, podía degenerar en violencia irracional. En las cercanías de Mtsensk, en mayo, unos cinco mil campesinos y soldados, después de saquear una bodega de vinos, perdieron los estribos y pasaron más de tres días prendiendo fuego a fincas de la zona.[13] Pero cuando el deseo de quemar o aplastar los objetos preciosos de aristócratas y burgueses —o con toda literalidad, de cagarse en ellos— se consumaba, por lo general solo se lograba potenciar la amargura. Destruir o manchar el pasado no mejoraba en nada el presente.

El liberalismo político no era suficiente para proteger a los terratenientes de familia aristócrata. El príncipe Borís Viázemski y su esposa Lilí regresaron a la hacienda familiar de Lotarevo, en la provincia de Tambov. Lo primero que el príncipe quería hacer era sepultar a su hermano Dmitri, que había muerto por el impacto de una bala perdida en el caos de Petrogrado. Los campesinos odiaban a Dmitri porque había contribuido a sofocar el levantamiento local durante la Revolución de 1905. Las ideas de Borís eran mucho más liberales, hasta el extremo de que irritaban a los familiares más conservadores.

Cierto Moiséyev, un bolchevique, llegó al distrito y animó al comité de los campesinos a exigir que la familia les entregara el grueso de sus tierras. Borís contestó que debían esperar a que se eligiera la Asamblea Constituyente y a que esta legislara sobre la reforma agraria. No mucho más tarde, Moiséyev regresó acompañado de varios cientos de hombres y rodearon la casa. Borís Viázemski intentó razonar con ellos, pero tanto a él como a Lilí los apresaron y encerraron en la escuela local.

Al día siguiente llevaron a Borís a la estación de tren local para enviarlo bajo arresto a Petrogrado, con la idea de que lo despacharan al frente. Pero en la estación había una gran cantidad de desertores que, al enterarse que el príncipe Viázemski estaba allí, lo buscaron y lo apalearon con barras de hierro hasta matarlo.[14] Según otra versión también le sacaron los ojos, pero es probable que se tratara más bien de una mutilación posmortal.[15] Su esposa Lilí, entre tanto, había escapado con ayuda de su doncella. Se vistió con ropas de campesina y se dirigió a la estación. Allí acabó por encontrar el cadáver de Borís, en un vagón vacío, y se lo llevó a Moscú para organizar un sepelio. Como en tantos otros lugares, la residencia quedó destruida por completo, para que la familia no volviera nunca. El cadáver del hermano odiado, Dmitri Viázemski, fue desenterrado, despedazado y diseminado por el campo.

Cedérselo todo a los campesinos tampoco parecía servir de gran cosa. En ausencia de su padre, la joven princesa Baturin se dirigió a los lugareños que habían acudido en masa desde el pueblo de Inozemka. Les contó que la familia ya había declarado que todas aquellas posesiones, incluida la residencia, pasaban a ser suyas. «Os ruego que no las destruyáis: no demoláis lo que ya es vuestro.»[16]

«Los campesinos se quedaron allí, en silencio. Habían venido con varas y hachas, y con sacos, algunos con carros. Entre la multitud alguien gritó: "Si quitas a un señor, ¡otro vendrá en su lugar! ¡Mejor llevaos ahora todo lo que podáis!". Y empezaron a saquear. Reventaron las enormes puertas de la residencia del amo, aunque a nadie le iban a servir de nada, porque eran demasiado grandes para sus isbas. Echaron a los sacos todo lo que pudieron meter; arrancaban páginas de los libros, como papel para liarse cigarrillos; destrozaron los cerrojos de los graneros y cargaron y se llevaron todos los cereales. Antes de tres horas habían vaciado la hacienda.»

Aunque solo habían pasado siete años de la muerte del conde Tolstói, su comunidad semianarquista de Yásnaya Poliana tampoco se libró. Los campesinos no se podían creer que realmente les hubieran cedido la propiedad de las tierras. El escritor Iván Nazhivin y su esposa visitaron la comunidad porque estaban en la zona y temían que fuera la última oportunidad. «La condesa, que en este momento vivía en circunstancias muy difíciles, nos acogió con suma hospitalidad, nos contó muchas cosas y luego nos dirigimos a la tumba. Al acercarnos vimos que algunos jóvenes del lugar se habían sentado detrás de la valla, al lado mismo de la tumba, para tocar las balalaikas, escupir las cáscaras de pipa y vociferar sus cánticos repulsivos... La valla estaba cubierta de inscripciones groseras... Ni siquiera nos atrevimos a llegar hasta la misma tumba, nos quedamos a cierta distancia y luego ya volvimos. Pensé que no tendríamos que haber venido... Al volver a la casa vimos a Tatiana Lvovna [la hija del escritor] en mitad de una multitud de mujiks... No nos acercamos mucho, pero por algunos fragmentos de la conversación entendimos que ahora los mujiks reclamaban toda la tierra, y que ella razonaba señalando que su padre ya les había cedido la propiedad, y gratuitamente.»[17]

La primera gran crisis del Gobierno Provisional se produjo en abril. Se originó en el propio gabinete de Lvov, a instancias de Miliukov, el ministro de Exteriores. Según se había puesto de manifiesto en su defensa del mantenimiento de la monarquía, Miliukov —un profesor intelectualmente muy riguroso, casi gélido— desdeñaba la idea de someterse a la necesidad política. «En esos tiempos turbulentos —escribió Paustovski— parecía ser un refugiado de algún otro planeta, un planeta académico y bien ordenado.»[18]

La cuestión de proseguir con la guerra en el bando de los Aliados y contra las Potencias Centrales era un tema muy delicado. La propaganda alemana en el frente estaba proclamando con efectividad que Gran Bretaña había obligado a Rusia a permanecer en el conflicto. Por su parte los argumentos de la izquierda condenaban la guerra al considerar-la «imperialista» y «capitalista», y enlazaban con la cólera que había pro-vocado la corrupción de Petrogrado con respecto a los contratos guber-namentales. El Sóviet lanzó incluso un «Llamamiento a los pueblos del mundo entero» para que se opusieran a la guerra y reclamasen una paz sin «anexiones ni reparaciones». Esto causaba especial malestar en el go-bierno francés porque entre sus grandes objetivos de la contienda desta-caba recuperar las provincias de Alsacia y Lorena, de las que Alemania se había apoderado en 1871.*

Cuando el líder socialista francés Albert Thomas acudió a Moscú para pronunciar un discurso en apoyo de «la sagrada alianza bélica», una manifestación bolchevique bajó por el bulevar Tverskói con pancartas que reclamaban: «¡Abajo la guerra! ¡Paz a los campesinos! ¡Guerra a los terratenientes!» y «¡Todo el poder para los Sóviets!».

Miliukov, por el contrario, estaba convencido de que Rusia debía seguir en la guerra hasta que los Aliados vencieran, y no solo porque es-tuvieran recibiendo de Francia unos préstamos colosales. Tampoco veía ninguna necesidad de que Rusia renunciara a la promesa de sumar Cons-tantinopla y los Dardanelos cuando se derrotara al Imperio Otomano. Dado que desde los puertos del mar Negro zarpaba un gran volumen de exportaciones de cereales, poseer el Estrecho le parecía una garantía vital para el futuro comercio del país.

El 27 de marzo, para calmar al Comité Ejecutivo del Sóviet, el go-bierno de Lvov dio a conocer una declaración de sus objetivos de guerra en la que se comprometía con una paz duradera y la autodeterminación para todas las naciones. No se entraba en el tema de las anexiones. El Comité Ejecutivo insistió en que se transmitiera a todos los gobiernos aliados de la entente. Así se hizo, pero no sin que Miliukov incluyera

---

* Los diplomáticos franceses advirtieron a París de que muchos rusos estaban no poco resentidos con sus Aliados occidentales porque consideraban que estos frustraban la paz al insistir en las reparaciones y la victoria definitiva. Así, Víktor Shklovski no olvidó nunca «las exigencias repugnantemente implacables de los Aliados», a los que culpó de que los bolcheviques tomaran el control del país: «Se negaban a acceder a nuestras condiciones de paz. Ellos, y solo ellos, hicieron saltar Rusia por los aires. Su negativa permitió llegar al poder a los supuestos "internacionalistas"» (*Sentimental Journey*, p. 60).

asimismo una nota explicativa privada, donde afirmaba que Rusia combatiría hasta el final.

El 20 de abril estallaron protestas a gran escala cuando se conoció al fin el texto de la nota que Miliukov había dirigido a los Aliados. Aquí se constataba que el ministro de Exteriores daba respaldo a los «tratados secretos» por los que se le había prometido a Rusia la posesión del estrecho. Miliukov y los demás kadetes no habían acertado en absoluto a leer el estado de ánimo del país. El doctor Vasili Kravkov, desde el cuartel general de su cuerpo, escribió: «Insistir, como está haciendo Miliukov, en proseguir con la guerra hasta la victoria final, en apoderarse del Estrecho y de Constantinopla y en aplastar a la autocracia prusiana me parece un signo claro de que los suyos han perdido todo contacto con la realidad».[19]

Miliukov, que no había logrado construir una monarquía constitucional, confiaba en que por lo menos la caída del zar reavivaría el patriotismo y la voluntad de ganar la guerra. En marzo la mayoría de los soldados parecía resignada a seguir con la guerra, pero este sentimiento también había empezado a cambiar sin que el Gobierno Provisional lo percibiera. En abril se había fortalecido el resentimiento contra la guerra y contra la idea de que los países derrotados tendrían que satisfacer reparaciones y ceder territorios.

El 20 de abril, el teniente Teodor Linde, oficial revolucionario asignado al regimiento de la guardia Finliandski, ordenó que el suyo y otros batallones de reserva se dirigieran al palacio Mariínski —sede del Gobierno Provisional— para exigir la dimisión de Miliukov. También reclamaron el cese de todos los ministros «burgueses» y el nombramiento de un gobierno revolucionario. Por casualidad, coincidía que Lvov y su gabinete se reunían aquella tarde en el Ministerio de la Guerra, porque Guchkov, el titular de la cartera, no se encontraba bien. El general Kornílov, en su calidad de comandante del distrito de Petrogrado, interrumpió la reunión con la noticia de la manifestación militar y pidió permiso para sacar a las tropas y aplastar la rebelión. Según Kérenski, todos los ministros rechazaron la propuesta.

Al día siguiente, la agitación era mayor. Los bolcheviques y sus partidarios habían traído banderas, preparadas durante la noche, que exigían: «¡Abajo con el Gobierno Provisional!» y «¡Todo el poder para los Sóviets!». Lenin no quería que los bolcheviques se quedaran fuera de lo que tal vez sería otro momento decisivo, pero no tuvo éxito en su intento de sacar a la calle a los trabajadores en masa. Solo los marinos más radicales de Kronstadt respondieron a la llamada. Hubo algunos enfrentamientos, y varias personas perdieron la vida en la Nevski Prospekt, donde muchedumbres numerosas expresaban su apoyo al Gobierno Provisional.

El general Kornílov volvió a solicitar permiso para recurrir a las tropas, en esta ocasión dirigiéndose en persona al Comité Ejecutivo. Pero no solo rechazaron su petición, sino que le humillaron al informarle de que en el futuro cualquier directiva militar parecida debería contar con la firma y sello de dos de sus miembros. Kornílov, asqueado por lo que consideraba una actitud cobarde frente a la anarquía, presentó la dimisión de la comandancia militar de Petrogrado e hizo que lo trasladaran de nuevo al frente.

El Comité Ejecutivo del Sóviet, asustado ante la posibilidad de un desorden general o incluso una guerra civil, ordenó a los seguidores de Linde que volvieran al cuartel, para la desazón e incomprensión de su jefe. Los bolcheviques, entre tanto, procuraron fingir que no habían tenido nada que ver con lo que, en la práctica, había sido un intento de golpe de Estado, tanto en Petrogrado como en Moscú. A puerta cerrada, Kámenev criticó duramente a Lenin por su «aventurerismo». Pero Lenin no se arrepentía de nada. Creía que la crisis de abril había servido tanto para debilitar al Gobierno Provisional como para desacreditar a los socialistas más moderados del Comité Ejecutivo. La pequeña insurrección de Lenin no había pasado de ser lo que, quince años más tarde, los comunistas españoles calificarían despectivamente como «gimnasia revolucionaria». Pero confiaba en que en la próxima ocasión estarían mejor preparados y organizados.

Las batallas callejeras y la agitación general de abril conmocionaron de verdad a los optimistas del Gobierno Provisional y sus partidarios en la intelectualidad liberal. Lvov solicitó el respaldo del Comité Ejecutivo pero se rechazó su petición por la reacción que tal vez provocaría en las calles, con Miliukov aún en su puesto. A final de mes, el 30 de abril, un deprimido Aleksandr Guchkov dimitió, seguro de que el país se había vuelto ingobernable. Miliukov también decidió que su presencia en el gobierno resultaba ya insostenible. La desaparición de los dos ministros más «burgueses» cambió de inmediato la situación. Al día siguiente el Comité Ejecutivo votó a favor de permitir que sus miembros aceptaran cargos en el gabinete de Lvov, con el argumento de que su deber era preservar la revolución por medio de un gobierno de coalición. Quizá el hecho de que ese gobierno siguiera encabezado por un príncipe como Lvov no parecía tener tanta importancia en un país cuyos dos anarquistas más famosos habían sido el príncipe Bakunin y el príncipe Kropotkin. En todo caso, el gobierno de coalición que resultó de esta especie de fusión con el Sóviet no consolidó un centro democrático, sino que profundizó en la división. El partido kadete de Miliukov y Guchkov se orientó más hacia la derecha, en defensa del orden y la propiedad privada, mientras que los socialistas moderados del Comité Ejecutivo, manchados por la cooperación con el Gobierno Provisional burgués, se convirtieron en blanco fácil de los bolcheviques.

Kérenski aprovechó la oportunidad que se abría con la reorganización para dejar el Ministerio de Justicia y sustituir a Guchkov en el de Guerra. El cambio le llevó a transformarse como un camaleón. De pronto el abogado socialista empezó a aparecer con guerrera militar y botas altas. Irónicamente —después de la enorme agitación suscitada en torno de Miliukov y los objetivos bélicos de los Aliados— Kérenski no tardó en emprender una gira por el frente y desplegar su oratoria incomparable para convencer a los soldados de que retomaran el deber y obedecieran las órdenes. Esto resultó vergonzoso para Irakli Tsereteli, un menchevique de Georgia (que también era un príncipe de antiguo abolengo).

Tsereteli, que también destacaba como orador, había inventado la idea del «defensismo revolucionario»: preservar el territorio nacional sin apoderarse de tierras ajenas. Logró convencer a cinco colegas del Comité Ejecutivo para que se sumaran al Gobierno Provisional, alegando que de este modo podrían contribuir a lograr la paz con más celeridad. Pero en cuanto tomaron posesión, constataron que el concepto kerenskiano del defensismo revolucionario era partidario del plan del Stavka: emprender una gran ofensiva que coincidiera con las de los Aliados occidentales, con el argumento de que esto ayudaría a poner fin a la contienda con más prontitud. El 14 de mayo publicó la siguiente orden para el ejército: «En el nombre de la salvación de la Rusia libre, iréis donde vuestros comandantes y vuestro gobierno os envíen. En las hojas de vuestras bayonetas llevaréis la paz, la verdad y la justicia. Avanzaréis en filas cerradas, con la firmeza que os aporta la disciplina de vuestro deber y vuestro amor supremo por la revolución y por vuestro país».[20]

Lamentablemente, la disciplina y el deber se estaban deteriorando con rapidez, según apuntó el doctor Kravkov en una fecha posterior de aquel mismo mes. «En las zonas controladas por nuestro ejército crecen en gran número y sin tregua los robos y los asesinatos de civiles. Quien más lo padece son las infortunadas familias judías.» En cuanto a Kérenski, Kravkov le consideraba «un simple prestidigitador grandilocuente», con sus afirmaciones hueras de que «el ánimo de los soldados era excelente y victorioso, y que nuestro ejército estaba experimentando, según él, un "sano crecimiento"».[21]

Kravkov, que había acogido con gran entusiasmo la Revolución de Febrero, estaba cada vez más decepcionado. «Llegan noticias nada positivas de Tsaritsyn, Barnaúl, Yeniseisk y otros lugares de toda la madre Rusia: ¡han empezado a producirse *jacqueries* sangrientas como las de Stepán Razin y Pugachov! Las masas enloquecidas y descontroladas tienen una manera singular de celebrar la libertad.» En el frente de Galitzia las cosas no iban mejor. «En total menos de la mitad de nuestros soldados han accedido a regresar a sus posiciones —escribió—. El resto de la horda armada pretende llegar hasta la estación y exigirá que les dejen tomar trenes, algunos a Kiev, otros a Moscú. Hay momentos en los que yo deseo escapar de esta pesadilla, esta profunda fosa de la anarquía.»[22]

Por otro lado, incluso las tropas que no abandonaban la trinchera habían empezado a confraternizar con las huestes alemanas o austrohúngaras que tenían enfrente. El enemigo gritaba: «¡Ruso! ¡No disparéis!». Y los dos bandos salían de las trincheras y se encontraban en el terreno intermedio. Con la intención de impedirlo, los comandantes rusos ordenaban a la artillería que abriera fuego; pero en cambio la infantería amenazaba a las baterías implicadas y cortó las líneas telefónicas de campo de los oficiales de observación avanzada. Desde que en Semana Santa hubo una tregua oficiosa, fue habitual que se negociaran acuerdos locales con los soldados enemigos de las trincheras opuestas. Pero el mando alemán del frente oriental (Oberkommando Ost) empezó a enviar al otro lado a agentes de la inteligencia, que fingían que eran revolucionarios que también deseaban acabar ya con la guerra. Gracias a la ausencia de combates de aquella primavera, los alemanes consiguieron trasladar a quince divisiones desde el Frente Oriental hasta el Occidental, mientras que los austríacos desplazaron a seis de las suyas hasta el frente italiano.[23] La confraternización se tradujo incluso en que se permitió que los prisioneros de guerra salieran de los campos de Yaroslavl, Yekaterimburgo y Tomsk para manifestarse en contra de la guerra, el 1 de mayo, junto con los soldados rusos. Los alemanes reclamaban poder «volver a casa pronto».[24]

«Los hombres habían estado confraternizando asiduamente durante bastante tiempo —escribió Víktor Shklovski, al que habían enviado al frente de Galitzia en calidad de comisario—. Los soldados se habían estado encontrando en los pueblos que hay entre las líneas y aquí habían instalado un burdel exclusivo y neutral. Incluso algunos oficiales participaban en la confraternización.»[25] La idea de nombrar «comisarios» se copió de los *commissaires* del Directorio, después de la Revolución Francesa. Kérenski estaba convencido de que inspirarían a los soldados a retomar el combate, pero se pudo comprobar que tal optimismo era infundado.

Kravkov narró la llegada del comisario Borís Sávinkov, que venía de Petrogrado. Sávinkov, un hombre de carisma y atractivo, se convirtió en uno de los personajes más controvertidos de la revolución y la guerra civil. Había sido uno de los líderes de la Organización de Combate social-revolucionaria y había tomado parte en ataques terroristas contra el régimen zarista. Después de huir de la cárcel pasó la mayor parte de la guerra integrado en el Ejército francés. En París trabó amistad con Iliá Ehrenburg, Diego Rivera y Modigliani. Pero al regresar a Rusia, la realidad con la que se encontró le hizo alejarse de su anterior optimismo radical.

Kravkov describió cómo Sávinkov intentó convencer a una de las divisiones para que volviera al frente. «Los Regimientos 45.º y 46.º, más la 12.ª Brigada Siberiana de Artillería, accedieron amablemente a ponerse en marcha, después de mucha persuasión y ruegos del comisario Sávinkov. El 47.º Regimiento se negó a moverse y se declaró autónomo, mientras que el 48.º y el 49.º aún se lo están pensando. El 51.º permitió marcharse a todos los soldados que preferían hacerlo así, pero antes les quitó todas las armas. El 52.º se quedó donde estaba después de haber detenido a todos los oficiales, incluido su comandante.»[26]

Dos días más tarde, Kravkov añadió, en su diario: «El comisario Sávinkov, que resulta que había sido un terrorista que participó en los asesinatos de Plehve y el gran duque Serguéi Aleksándrovich, quiso razonar con los viles rebeldes. ¡Luego admitió, con voz de desánimo, que en tal situación lo único que iba a funcionar era dirigir las ametralladoras contra los hombres! Es obvio que se ha vuelto mucho más de derechas».[27]

Kérenski, encantado con su propia retórica, estaba seguro —y como él, una gran parte de la población— de que solo él mismo lograría inspirar al Ejército Ruso para que obtuviera la victoria y la paz. Por lo general acudía a ver a las tropas en un automóvil descapotable y allí se ponía en pie, en la trasera misma, y pronunciaba la arenga. «"¡Os saludo, camaradas, soldados del Ejército revolucionario!" A esta invocación calculada, expresiva y dicha con su sonora voz de tenor, se respondía con más gritos y ruido. Kérenski sonreía y levantaba la mano para pedir silencio. Acto seguido hablaba de los logros de la revolución, hablaba de la libertad, de un futuro despejado, de la conciencia revolucionaria, de los Aliados y la lealtad para con ellos, del carácter férreo de la disciplina revolucionaria y, por último, les instaba a emprender aquel último esfuerzo.»[28]

«Solía dirigir frases breves a las multitudes, con su petulante voz de lobo, y luego se atoraba —escribió Paustovski—. Le enamoraban las palabras ruidosas y creía en ellas. Creía que sonarían como un toque de rebato a lo largo y ancho del país desesperado y moverían a la gente a grandes sacrificios y logros. Cuando acababa de gritar esas palabras ruidosas, Kérenski solía dejarse caer en el asiento, tembloroso, llorando, y sus edecanes le daban un sedante.»[29] Aunque hoy quizá nos cueste creerlo, las hipérboles dramáticas y emotivas de Kérenski conseguían arrancar las lágrimas incluso al más curtido de los soldados, que entonces juraba asaltar las trincheras del enemigo en cuanto él diera la orden.

Durante esta gira, Kérenski acudió a Odesa y provocó un efecto similar entre los civiles. Yelena Lakier, que procedía de una familia de intelectuales, escribió en su diario: «Estoy radiante de gozo y de felicidad. Ayer fue uno de los mejores días de mi vida. Todos nos sentimos desbordados por una especie de éxtasis religioso. La multitud se volvió loca, todos gritaban "¡Hurrrraa!" como salvajes. Cuando su coche se acercó, la muchedumbre entera rompió la línea de los soldados y corrió hacia él. ¡Cómo lo ama la gente! ¡Cómo lo adoran!». Los odesenses le besaban las manos y suplicaban que les dejaran tocarle la ropa. A Lakier no le cabía duda de que «entre las familias campesinas lo tienen por un santo e incluso le rezan».[30]

6

La ofensiva de Kérenski y los «Días de julio»

De junio a julio de 1917

A medida que se acercaba la gran ofensiva de junio, las actitudes oscilaban entre el optimismo y el pesimismo. Tanto Kérenski como el general Brusílov —el nuevo comandante en jefe— habían elegido Galitzia, escenario de la famosa operación de Brusílov un año antes. El general, aunque era un oficial de caballería con todos sus ajilimójilis, bigote elegante incluido, también era un comandante profesional e innovador según habían puesto de relieve sus éxitos contra los ejércitos austrohúngaros. Tanto el general Gútor, que acababa de asumir la dirección del frente suroccidental, como el propio general Kornílov, al mando ahora del Octavo Ejército, confiaban en que las tropas de esas áreas se hubieran visto poco afectadas por la revolución.

La división de vehículos blindados de Locker-Lampson se trasladó a la zona para dar respaldo al ataque. «Cuanto más nos acercábamos al frente —informó—, mejor era la disciplina; en las trincheras encontramos incluso que la tropa saludaba debidamente a los oficiales.»[1] Los oficiales del Estado Mayor con los que pudo conversar pensaban que las tropas del frente combatirían, al menos en sus tres cuartas partes; pero tenían una confianza mucho menor en las reservas que venían de una retaguardia mucho más politizada. Según las notas de Locker-Lampson, aunque «los preparativos eran muy superiores a lo que yo había visto hasta entonces», las circunstancias no ayudaban: unas tormentas poderosas convirtieron la tierra en un fango resbaladizo. Su división de blindados tenía la base en Kozova, lo que al parecer la convirtió en la primera unidad británica que ocupó territorio enemigo en el continente durante la primera guerra mundial.

Locker-Lampson también fue testigo del efecto extraordinario que causaba la oratoria de Kérenski. Su «fervoroso llamamiento al patriotismo se leyó en voz alta en todas partes, en boca de oficiales, suboficiales y hombres comprometidos. Los veteranos más curtidos de los campamentos se quitaban la gorra y lloraban como niños. Públicos enteros lloraban como si se sintieran materialmente relajados por lo que escuchaban, y me crucé con soldados que sollozaban en la oscuridad, de regreso a sus alojamientos».[2]

Los escépticos, por su parte, temían las consecuencias de un eventual fracaso de aquella apuesta colosal, en particular después de haberle prometido a la tropa que la ofensiva serviría para acabar la guerra. «No creo que ni siquiera Kornílov entendiera hasta qué punto la situación era desesperada —escribió Víktor Shklovski, el comisario adscrito a su Octavo Ejército en el frente de Galitzia—. Era antes que nada un militar, un general que se lanzaba a la carga con un revólver. Concebía el Ejército igual que un buen conductor concibe su automóvil.»[3]

En el frente suroccidental, la censura militar interceptaba cartas mucho más agresivas que las que los soldados tendían a enviar justo después de la Revolución de Febrero. «Los oficiales son provocadores y contrarrevolucionarios —se decía en una—. Intentan recuperar el poder que tenían, pero es imposible. Habría que matarlos a todos, a esos hijos de puta. Nos han estado chupando la sangre, pero ahora las figuras centrales somos los soldados... Ahora yo soy miembro del Sóviet.»[4]

Shklovski observó con desazón que las tropas se negaban a prepararse y excavar las trincheras de comunicación. En un número cada vez mayor de regimientos se celebraron asambleas en las que se aprobaron mociones contrarias a la ofensiva. Lo que se ha dado en llamar «bolchevismo de trinchera» ponía toda clase de obstáculos con la intención de sentar las bases de lo que de veras le interesaba. Durante el mes de mayo los agitadores revolucionarios ya habían empezado a crear problemas. Los bolcheviques distribuían entre los soldados del frente ejemplares gratuitos del *Soldátskaya Pravda*, por medio de los reservistas que llegaban de Petrogrado.

El 4 de junio Lenin intervino en el Primer Congreso de los Sóviets de todas las Rusias. Se enfrentó a Tsereteli, quien acababa de afirmar, en defensa del amplio gobierno de coalición, que en Rusia no había ningún partido político preparado para asumir el poder en solitario. Lenin replicó que los bolcheviques estaban «listos para gestionar el gobierno en cualquier momento».[5] La mayoría del público, que no era bolchevique, rompió a reír despectivamente ante la idea de que un partido tan poco numeroso asumiera el poder en exclusiva.

Fue una revelación asombrosa de las intenciones de Lenin, pero los otros líderes políticos cometieron la imprudencia de quitarle hierro. Puso de manifiesto que Lenin desdeñaba con cinismo el lema de «Todo el poder para los Sóviets». Su meta era utilizar los Sóviets como caballo de batalla para hacerse con el control absoluto. Y como era consciente de que su intención de centrar toda la propiedad en manos del Estado era impopular, se limitaba a repetir de boquilla la idea de que los campesinos recibirían las tierras y los obreros, las fábricas. Tanto los colegas como los adversarios fueron objeto de sus frecuentes ataques de furia, que en ocasiones eran una explosión de obscenidades y groserías. Cuanto más cerca estaba Lenin del poder, mayor era su desprecio hacia cualquier noción de moralidad o hacia los derechos ajenos, y mayor era también su convicción obsesiva de que únicamente él sería capaz de hacer realidad la revolución total que ansiaba. Nadie, ya fuera bolchevique o de cualquier otra orientación política, podía aspirar a igualar su voluntad de hierro y confianza ciega en sí mismo.

Seis días después, los bolcheviques descartaron en el último minuto su proyecto de organizar una manifestación poderosa contra el gobierno de coalición. Algunos —como Sujánov, el social-revolucionario que formaba parte del Comité Ejecutivo— sospecharon más adelante que con ello se habría buscado provocar un ataque directo contra el palacio Mariínski. La propia Organización Militar secreta de los bolcheviques, después de infiltrarse en un número aún mayor de regimientos del acuartelamiento de Petrogrado, confiaba cada vez más en sus posibilidades. A finales de abril había convertido algunas milicias de obreros, que vigilaban las fábricas, en unidades de la Guardia Roja, que fueron el paso intermedio antes de que Trotski fundara el Ejército Rojo en la primavera de 1918.

En Moguiliov, el Stavka estaba resuelto a utilizar la ofensiva de verano para restaurar la disciplina en el Ejército. El éxito resultaba tan crucial que Brusílov, que había sucedido al general Alekséyev, concentró a la mayoría de las formaciones de artillería (incluidas brigadas de obuses pesados) en apoyo del frente suroccidental. Las unidades de ataque de élite —llama-

das batallones de asalto, o de la muerte— estaban integradas por voluntarios. Pero esta innovación era un arma de doble filo porque privaba a los
regimientos regulares de sus mejores oficiales y suboficiales, con lo cual se
podía confiar en ellos menos que antes.

Hubo también un batallón de la muerte femenino, encabezado por
la teniente «Yashka» Bochkariova. El zar había autorizado que Bochkariova se incorporara a los combates del ejército en 1915 y, habiendo sido
herida en varias ocasiones, se la había condecorado por su bravura. Los
comandantes confiaban en que su «batallón» de mujeres con la cabeza
afeitada, relativamente poco numeroso, valdría para avergonzar al resto
de la tropa y hacer que avanzaran en vez de seguir esquivando la responsabilidad en sus trincheras. Pero estos hombres interpretaron el despliegue de las mujeres como un simple signo de desesperación.

No había ninguna posibilidad de sorprender a las divisiones alemanas y austrohúngaras. Los grandes preparativos por todo el frente, y en
particular en los sectores de los ejércitos Séptimo y Undécimo, no podían ocultarse a los vuelos de reconocimiento y los globos de observación del enemigo. Además, sus oficiales de inteligencia estaban bien informados gracias a la confraternización entre los bandos.

El 16 de junio la artillería inició los bombardeos, que duraron dos
días, con una concentración de fuego nunca antes vista por el Ejército
Ruso. Locker-Lampson había recibido del general de división Frederick
Poole —el principal oficial de enlace de los británicos— instrucciones
de emplazar los morteros Stokes en las trincheras de la primera línea,
para incrementar el efecto. A continuación, antes del amanecer del 18 de
junio, los batallones de asalto ocuparon esas trincheras avanzadas. A las
diez de la mañana el cañoneo «dio un paso adelante» con una cortina de
fuego progresiva, los atacantes salieron de sus zanjas y, con banderas
rojas al viento y las bayonetas caladas, se adentraron en la tierra de nadie.

Los vehículos blindados británicos del Servicio Aéreo de la Royal
Navy se habían asignado al XLI Cuerpo del Séptimo Ejército, que atacaba a lo largo del eje principal, hacia Brzeżany. Se enfrentaban a buenas posiciones defensivas con tropas alemanas, no austrohúngaras. Había más británicos diseminados por el Cuerpo «con el fin de animarlos
y endurecerlos». Los blindados de Locker-Lampson recorrieron a toda
velocidad las carreteras de los dos flancos y batieron desde allí con su
fuego las trincheras enemigas. En su mayor parte Kérenski pudo ver
que la infantería avanzaba sin sufrir apenas bajas. Sin embargo, algunos

regimientos de la 74.ª División se negaron vergonzosamente a moverse. «Sus oficiales saltaron sobre el parapeto y se echaron adelante, pero de la tropa casi nadie los siguió, y murieron sin excepción —informó Locker-Lampson—. Uno de nuestros suboficiales, un australiano al que se le encargó manejar una Maxim en las trincheras con esos regimientos, no pudo contemplar el espectáculo sin protestar. Corrió hasta

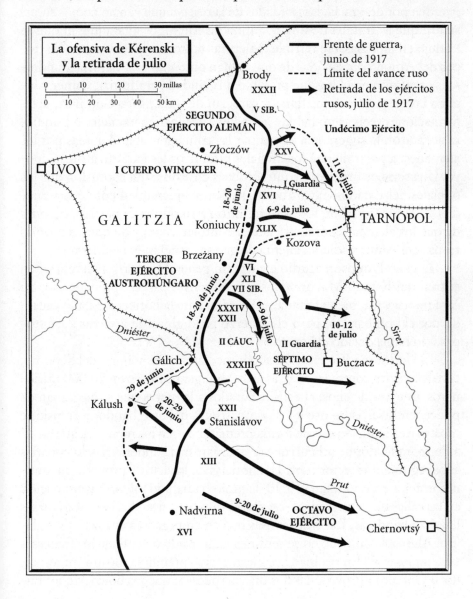

una sección y por la fuerza ayudó a un grupo de rusos reticentes a superar el parapeto.»[6]

La 3.ª y 5.ª Divisiones Trans-Amur, entre tanto, habían ganado terreno con un «impulso magnífico» que permitió a algunos hombres llegar hasta las mismas postrimerías de Brzeżany.[7] Apresaron a unos quinientos alemanes y los enviaron como presos en dirección a su propia retaguardia; por desgracia, las unidades de la reserva que venían en pos supusieron que se trataba de una columna de enemigos al ataque, lo que se tradujo en una masacre terrible. Mientras tanto las dos divisiones de tropas del Amur, convencidas de que habían obtenido una victoria grandiosa, se sentaron en el bosque próximo a la ciudad para fumar, comer y jugar a las cartas. Pero sus flancos carecían de toda protección porque las formaciones vecinas no habían acertado a avanzar en paralelo. Ni siquiera aceptaron la sugerencia de ocupar las trincheras abandonadas por los alemanes, a pesar de que los oficiales británicos les garantizaron su apoyo. Una serie de órdenes y contraórdenes crearon tanta confusión que los oficiales del Estado Mayor ruso se sintieron «increíblemente consternados».[8] Al día siguiente todos se retiraron a su punto de partida, después de que los alemanes bombardearan y contraatacaran y de que las propias tropas del Amur se dieran cuenta de que su posición era vulnerable.

Locker-Lampson acudió a visitar al general Gútor y a Kérenski, en el tren del Estado Mayor. «El señor Kérenski parecía preocupado. Su cara franca y fea, bien afeitada, se iluminó ante la noticia del daño causado por el bombardeo; pero el esfuerzo prodigioso de arengar a las tropas... lo había dejado exhausto.»[9]

El Undécimo Ejército, situado inmediatamente al norte del Séptimo, tuvo más éxito contra las fuerzas austrohúngaras. Hicieron 20.000 prisioneros, muchos de ellos, checos reclutados a la fuerza que se alegraban de poder rendirse y sumarse a los compatriotas del otro bando. Kérenski se mostró exultante —pero de forma prematura— en los mensajes que envió a Petrogrado, donde solicitó que se premiara con banderas revolucionarias a los regimientos victoriosos. Las noticias de la victoria provocaron grandes festejos en la ciudad. «El 20 de junio ha habido jolgorio y animación en las calles de Petrogrado —escribió Prokófiev en su diario—. Las masas llevaban banderas. Las tropas rusas habían empezado a avanzar. ¡Me alegro! Al menos uno que no se sentirá avergonzado delante de los franceses y los ingleses.»[10] En realidad la concentración pretendía mostrar su respaldo al Gobierno Provisional dos días después de que los bolcheviques hubieran tomado los mandos de una manifestación masiva que, convocada por el Sóviet, reunió a 400.000 participantes.

Por el sur, la tarea del Octavo Ejército se reducía en lo esencial a avanzar para proteger el flanco del ataque principal. A Shklovski le llamó la atención que las trincheras austríacas estaban mucho mejor construidas que las rusas. «Nuestros soldados iban hurgando en ellas con la esperanza de encontrar azúcar. Por suerte los miembros del comité habían podido destruir el vino; de lo contrario los soldados se habrían emborrachado.»[11] Shklovski se encontró a varios hombres que «se desayunaban tranquilamente gracias a las raciones austríacas, con las latas colocadas encima de los cadáveres». Retrocedió para comprobar si los reservistas les seguían. «Al atravesar el bosque me iba encontrando con soldados aislados, con sus fusiles, en su mayoría jóvenes. "¿Adónde vais?", les preguntaba. "Estoy enfermo." En otras palabras: desertaban del frente.»[12]

Paralelamente, mientras el resto del Séptimo Ejército regresaba hacia el punto de partida, las divisiones de Kornílov se abrieron paso inesperadamente y tomaron las ciudades de Gálich y Kálush. La noticia se acogió con gran regocijo en Petrogrado y consolidó la reputación de Kornílov. Por desgracia las tropas que conquistaron Kálush perdieron la cabeza y se dedicaron a saquear, beber y violar, con las familias judías como víctimas principales. En ese punto la 23.ª División se derrumbó y se dio a la huida. Kornílov, con el pleno apoyo de Sávinkov, ordenó bloquear la fuga con una línea de ametralladoras.[13]

La ofensiva principal concluyó a los pocos días. Los contraataques alemanes habían obligado a todas las formaciones a regresar a la línea de salida, y las tormentas ahogaron cualquier nuevo intento de ganar terreno. «Las trincheras son torrentes, y las carreteras, lagos de barro», escribió Locker-Lampson. Una división que se había negado a obedecer todas las órdenes de avanzar fue rodeada por la caballería cosaca y vehículos blindados rusos, y les quitaron las armas. Los regimientos polacos se pasaron en masa a los alemanes, porque su hogar, casi siempre, se hallaba justo por detrás del frente. Los voluntarios para los batallones «de la muerte» y «de asalto» habían acabado sufriendo bajas catastróficas en el terreno de los buenos oficiales y suboficiales. Para agravar más la situación, un repentino bombardeo alemán alcanzó un enorme arsenal de proyectiles cercano a la estación de Kozova. Las enormes explosiones y los incendios posteriores destruyeron casi todos los almacenes del Séptimo Ejército, con consecuencias devastadoras tanto material como moralmente. La estación y una parte de la ciudad quedaron arrasadas. Las tropas cosacas, convencidas de que el bombardeo había contado con la colaboración de espías, empezaron a masacrar a todos los judíos que encontraban, por lo que Locker-Lampson tuvo que enviar a sus blindados para restaurar el orden.

El plan general del Stavka incluía ataques posteriores contra otros sectores, que acarrearon aún menos buenas noticias. Una parte del Quinto Ejército, en el norte, cerca de Dvinsk, ni siquiera tomó las armas. Hacia mediodía llegó al cuartel general la noticia de un motín en uno de los regimientos de la primera línea. Los soldados habían salido de sus trincheras, pero se negaban a avanzar. Amenazaron a la artillería, exigiendo que cesara en su bombardeo para que cesara asimismo el fuego alemán. Pero los artilleros no se dejaron intimidar; amenazaron a su vez con disparar a bocajarro contra la infantería rebelde, y prosiguieron con el bombardeo.

«Se demostró que los que albergaban dudas estaba en lo cierto —escribió Maksim Kulik, un oficial cosaco que colaboraba con el comisario del ejército—. El segundo día se ordenó avanzar a la infantería cuando nuestra artillería ya había destruido la mayoría de los obstáculos alemanes. La primera línea se movió con éxito y se apoderó de las trincheras alemanas, pero cuando llegó la hora de contar con nuestras reservas, no salieron de las propias trincheras. Ni las órdenes de los oficiales, ni las protestas, ni las amenazas sirvieron para que se movieran. Entre tanto la artillería alemana afinó el alcance con precisión y empezó a batir las trincheras abarrotadas, lo que causó una masacre espantosa.»[14]

La gran ofensiva de junio había logrado el peor resultado posible: no solo no había impresionado a los aliados de Rusia, sino que confirmó la creencia de la mayoría de los soldados, de que el sufrimiento del frente era en vano. Esto reforzó inconmensurablemente la postura de Lenin, contraria a la guerra, lo que acarreó la destrucción del Gobierno Provisional y allanó el camino para el golpe de Estado bolchevique, cuatro meses más tarde.

Kérenski no acertó a percibir el peligro y volvió a Petrogrado con la determinación de instaurar de nuevo la pena de muerte en el Ejército. «Sin ella, las deserciones cuantiosas proseguirán y la desobediencia no tendrá freno», escribió Locker-Lampson. Preveía que se desarrollaría una contrarrevolución dirigida por «los cosacos, parte de la caballería, la artillería y la élite del ejército».[15] El candidato más obvio para liderar tal intento era el general Lavr Kornílov, tan diminuto de estatura como intensamente orgulloso de carácter. Más incluso que Kérenski, pronto se identificó a Kornílov como el futuro Bonaparte de la Revolución rusa; pero como sucede con no poca frecuencia, los paralelos históricos resultaron del todo engañosos.

Al leer los textos de los políticos socialistas en Petrogrado, el fracaso de la ofensiva suena tan solo como un eco de fondo, un eco remoto y apagado en contraste con las pugnas por el gobierno de coalición. El lunes 3 de julio el Comité Ejecutivo del Sóviet se hallaba a medio debatir en el Palacio de la Táuride cuando una llamada de teléfono, desde una fábrica, advirtió a Sujánov de que los bolcheviques, sin aviso previo, convocaban a los soldados y los obreros a una manifestación masiva y armada.

Lenin necesitaba con urgencia un descanso, y estaba en efecto reposando en una dacha situada a las afueras del pueblo finlandés de Neivola, situado a unas dos horas en tren de Petrogrado. No tenía ni idea de que la Organización Militar del partido, reputada por su mala disciplina, pretendía actuar por sí sola. Por otro lado, se ha sugerido que Lenin se había marchado a Finlandia porque un simpatizante que trabajaba en el aparato de seguridad le había avisado de que el coronel Nikitin planeaba una detención colectiva de los bolcheviques para el 7 de julio.[16] Se les acusaría de traición, por haber aceptado ayudas económicas de Alemania.

El 1.º Regimiento de Ametralladoras, que se había convertido prácticamente en una guardia pretoriana del Partido, estaba en la marcha, aunque nadie sabía con certeza por qué o dónde se dirigían. Los ametralladores se habían rebelado contra las órdenes de reforzar un frente que, después de la ofensiva fallida, corría el riesgo de derrumbarse. La Organización Militar bolchevique reunía en su apoyo a soldados de otros cuarteles y trabajadores de todas las fábricas más militantes. Distribuían enseñas con los lemas «¡Todo el poder para los Sóviets!» y «¡Abajo los diez ministros burgueses!». Los soldados tomaron las armas y empezaron a disparar al aire.

El Comité Ejecutivo tuvo entonces noticia de que el Regimiento de Ametralladoras y el de Granaderos de la Guardia marchaban hacia el Palacio de la Táuride. Esto sembró la consternación en la sala. De pronto

Kámenev saltó a la tribuna de oradores. «¡No hemos convocado ninguna manifestación —gritó, lo que sin duda sonó insincero—, pero las masas populares han salido a la calle a manifestar su voluntad! Y una vez que las masas han salido, nosotros estaremos a su lado.»[17]

Un teniente bolchevique guio a uno de los regimientos rebeldes por la Nevski Prospekt, pero a cierta distancia se oyeron disparos, y esto tuvo un efecto inesperado: el regimiento entró en pánico y huyó. El intento de la Organización Militar, mal concebido de entrada, estaba fracasando, aunque sin duda la propaganda con la que los bolcheviques atacaban a los socialistas más moderados del Comité Ejecutivo estaba empezando a calar. Una multitud amenazadora se reunió en torno del Palacio de la Táuride aquella noche, con gritos de: «¡Detened al Comité Ejecutivo! ¡Se han rendido a los terratenientes y la burguesía!».[18] Los instigadores, en su impaciencia, habían imaginado que podrían obligar al Comité Ejecutivo a dejar de sostener al Gobierno Provisional, que caería entonces por su propio peso, ante la falta de apoyos. Aunque de hecho Lvov y sus ministros apenas controlaban nada, era inevitable que se les culpara de la carestía de alimentos, el deterioro del transporte y una inflación muy gravosa para los pobres.

El Gobierno Provisional no solo había heredado, sino incrementado la gran deuda con los Aliados en cuestión de material bélico. Empezó a imprimir dinero con la introducción del rublo kérenski —que tomaba el nombre del nuevo primer ministro—, pero el kérenski infundía tan poca confianza que la gente optó por acaparar los billetes del zar. La inflación se aceleró mucho.[19] En los seis meses posteriores a la Revolución de Febrero, el Gobierno Provisional emitió billetes por valor de 5.300 millones de rublos. Durante el verano y principios del otoño, los precios se multiplicaron por cuatro.

La noche que se inició la agitación, Prokófiev estaba disfrutando de una buena cena en el restaurante Kontán. «Los precios son una locura, desde luego, pero el dinero vale cada día menos, así que ¿para qué ahorrar? —dijo, y añadió—: Mientras recorríamos las calles por la tarde, fuimos testigos de algo que no esperábamos. Las calles estaban llenas, los soldados marchaban con sus fusiles, las multitudes llevaban pancartas de "¡Libraos de los ministros capitalistas!". Hacían parar a los coches particulares, delante de nuestros ojos, pedían a los propietarios que salieran e inmediatamente instalaban ametralladoras en los coches.»[20]

Los debates del Palacio de la Táuride continuaron durante toda la noche, hasta el amanecer del martes 4 de julio. Sujánov se fijó en que, después de que se marchara Kámenev, no quedaba ningún bolchevique. Lenin no había tenido conocimiento del caos de Petrogrado hasta primera hora de aquella mañana, cuando un mensajero del Comité Central llegó a la dacha finlandesa para advertirle de que se iban a encontrar o bien con un fiasco sangriento, o bien con el derrocamiento del Gobierno Provisional. Aunque Lenin estaba impaciente por alcanzar el poder, también temía que se repitiera el caso de la Comuna de París, cuando los revolucionarios tomaron la capital, pero una contrarrevolución exterior los aplastó.

Lenin y sus compañeros se apresuraron a hacer las maletas. Volvieron a Petrogrado con el siguiente tren y bajaron en la estación de Finlandia con un sentimiento de optimismo bastante inferior al que habían albergado al llegar de Suiza tres meses antes. Si era cierto que Lenin se había escondido en Finlandia para escapar a la redada del coronel Nikitin, la decisión de volver suponía asumir un riesgo poco característico de él: no soportaba la idea de la prisión y, cuando esta posibilidad entraba en juego, su falta de coraje era notoria. Además, su monomanía no le permitía confiar en que nadie, aparte de él mismo, dirigiera la revolución. Así las cosas, ¿para qué iba a regresar, siendo consciente de que el coronel Nikitin pretendía detenerle?

Por otro lado, estaba furioso con los extremistas de la Organización Militar, por su apuesta tan arriesgada. Lo peor de todo era que, el día anterior, el 1.º Regimiento de Ametralladoras había hecho un llamamiento para que los marinos de Kronstadt acudieran en multitud. Lenin era consciente de que, por la presencia de una influyente minoría anarquista, los marinos de la Flota del Báltico eran incontrolables.

Aproximadamente a la misma hora que Lenin llegaba a Petrogrado aquella mañana del 4 de julio, una fuerza numerosa, de unos ocho mil marinos armados, se congregaba antes de embarcar en la gran Plaza del Ancla de Kronstadt. Los lideraba el joven guardiamarina Fiódor Ilín, de veinticinco años, que era hijo ilegítimo de un sacerdote y la hija de un general. Tras unirse al bolchevismo había cambiado el apellido por el *nom de guerre* de Raskólnikov: el asesino de Dostoyevski en *Crimen y castigo*. Más adelante Fiódor Raskólnikov insistió en que las intenciones de esta fuerza numerosa eran por completo pacíficas, aun a pesar de que se había pedido que todos los marinos acudieran armados. Con la intención de evitar que el desastre resultante perjudicara a los bolcheviques, añadió que los ametralladores que les habían pedido venir se hallaban «al parecer bajo la influencia de los anarquistas»,[21] pese a que de hecho los encabezaba un organizador bolchevique, el alférez A. Y. Semashko.

Raskólnikov había hablado primero por teléfono con Grigori Zinóviev para saber cuál era la postura del Comité Central bolchevique. ¿Los soldados de Kronstadt debían acudir a prestar su apoyo? Zinóviev fue a consultar y regresó haciendo hincapié en que tenía que ser necesariamente «una manifestación armada organizada y pacífica». La estrafalaria combinación de «pacífica» y «armada» quedó aún más en entredicho cuando Raskólnikov dio a entender que «el Partido siempre se guardó en la manga la posibilidad de transformar la manifestación armada en una sublevación armada».[22]

La masa de marinos militantes llegó en una flotilla heterogénea y desembarcó pasado el puente de Nikoláyevski. Con Raskólnikov a la cabeza marcharon hacia la mansión Kshesínskaya, con banderas rojas al viento y música de bandas. No cabía duda de que Raskólnikov disfrutaba del miedo que sus marinos inspiraban entre la burguesía de Petrogrado, que veía «Kronstadt como un símbolo del horror salvaje».[23]

«Los marinos —escribió— formaron ante la Kshesínskaya, la mansión de dos plantas donde no mucho antes la famosa bailarina, y favorita del zar, había celebrado con lujo banquetes y recepciones nocturnas, pero donde ahora se alojaba el Estado Mayor de nuestro Partido.»[24] No parecía haber rastro de Lenin, sin embargo. Cuando Raskólnikov entró le halló casi enfermo por la ansiedad. No le quedó más elección que salir al balcón para dirigirse a los marinos. Les instó a protestar sin violencia —para mayor confusión de los manifestantes— y se refugió de nuevo en el interior.

La fuerza de Raskólnikov continuó rumbo al Palacio de la Táuride, pero en el centro de la ciudad se produjeron enfrentamientos con tropas leales al Gobierno Provisional. Resulta imposible saber quién abrió fuego en primer lugar, pero el choque fue caótico y los marinos dispararon furiosamente en todas las direcciones. Cuando el intercambio de fuego se calmó los marinos, aún exasperados, empezaron a reventar escaparates y saquear las tiendas, o apalear a cuantos civiles bien vestidos se les antojaba que eran *burzhui*. Gorki, que fue testigo de lo ocurrido, se mostró mordaz. «Aquel intento aterrador de "revolución social" lo emprendió quien fuera de un modo apresurado e irreflexivo; *estupidez* es como se llama la fuerza que empujó a la gente a salir a la calle armada hasta los dientes. De pronto peta un disparo aquí o allá y cientos de personas vuelan convulsivamente en todas direcciones, impulsados por el miedo... Caen al suelo, se pisan unos a otros, chillan, gritan: "¡Los burgueses disparan!".» En realidad, según pudo ver Gorki, eran disparos cruzados entre grupos distintos de rebeldes.[25]

Cuando llegaron al Palacio de la Táuride y se unieron a las ingentes multitudes que pretendían obligar al Sóviet a hacerse con el poder, Raskólnikov entró para informar. Vio a Trotski, que aún no se había unido a los bolcheviques, y empezaron a hablar. De pronto un menchevique se les acercó a toda prisa y anunció: «¡Los de Kronstadt han arrestado a Chernov, lo han metido en un coche y se lo quieren llevar a no sé dónde!».[26] Víktor Chernov era el líder de los social-revolucionarios, además de ministro de Agricultura, y se había negado a autorizar que los campesinos se apoderasen de tierras antes de que se formara la Asamblea Constituyente. Algunos marinos habían empezado a disparar contra el palacio y otros trepaban y entraban por las ventanas. Afortunadamente, un aguacero extraordinario hizo que la muchedumbre se dispersara en su mayoría, porque de otro modo el derramamiento de sangre habría sido mucho mayor. Trotski y Raskólnikov lograron frenar a los marinos, que en efecto habían capturado a un Chernov conmocionado y estaban a punto de llevárselo en un coche.

Trotski subió al automóvil y se dirigió a los marinos, que, al reconocerlo, se quedaron en silencio, y escucharon con irritación cómo Trotski les decía que tenían que poner en libertad a Chernov. El ministro, confuso y magullado, con el pelo gris en desorden, necesitó ayuda para salir del coche y subir de nuevo al palacio. Al cabo de poco, con la aparición del Regimiento de la Guardia Izmáilovski, el orden se restauró y los marinos no tuvieron más alternativa que ir dispersándose en grupos. Aquella noche causaron muchos problemas en la ciudad. Unos 2.000 se apoderaron de la Fortaleza de Pedro y Pablo, lo que fue un gesto fútil, aunque a muchos les sirvió para refugiarse de la lluvia en las celdas sin cerrar. Como no se había logrado obligar al Comité Ejecutivo a tomar las riendas del gobierno, el levantamiento había fracasado; sin embargo, había bolcheviques que creían que se le debía dar continuidad.

En las primeras horas del 5 de julio, después de una discusión que duró toda la noche, Lenin terminó por convencer al Comité Central de que desconvocara las manifestaciones. Pero aquella misma mañana «los reptiles de la prensa» derechista gozaron de su venganza. El Departamento de Contrainteligencia del Ejército había estado reuniendo pruebas, para el Gobierno Provisional, sobre las fuentes de financiación de los bolcheviques y, sin contar con autorización, habían pasado los hallazgos más sensacionales a los periódicos, que acusaron a Lenin de recibir «oro alemán». Lenin nunca fue un agente de Alemania, en contra de lo que aquella prensa afirmaba; pero no habría tenido escrúpulos en aceptar cualquier suma de dinero alemán para desarrollar el propio imperio de la prensa bolchevique, cada vez más poderoso.*

La policía y varios grupos de cadetes de oficial (de las academias de yúnker) registraron las oficinas de *Pravda* aquella mañana y el cuartel general del Partido en la mansión de Kshesínskaya al día siguiente. Se tardó muy poco en detener a Raskólnikov, Lunacharski, Kámenev y Trotski, pero Lenin y Zinóviev lograron escapar. Irónicamente, Konstantín Globachov, antiguo jefe de la Ojrana y ahora preso del Gobierno Provisional, comentó que a algunos de los bolcheviques que se detuvo y trasladó a su prisión se los encarceló en una celda propia. Se hizo así porque el jefe de la guardia sospechaba que algunos de los vigilantes eran también bolcheviques. Cuando se registró a los detenidos, se halló que varios bolcheviques poseían billetes falsos de diez rublos, que supuestamente habían sido entregados al Partido por el gobierno alemán.[27]

Lenin, aprovechando que su cara era sorprendentemente poco conocida, pudo huir a tiempo. Se ocultó en un apartamento alquilado por Borís Alilúyev[28] y ocupó el dormitorio reservado para el inquilino habitual de la familia: Yósif Stalin, que más adelante se casó con la hija de Borís, Nadiezhda. Stalin llegó poco después y accedió a afeitar la barba y el bigote de Lenin. Esto modificó el aire centroasiático de su apariencia, heredado de una abuela kalmuka, a lo que había que sumar una rica mezcla de antepasados rusos, alemanes, judíos y suecos. Sin el vello facial —pensó Lenin con satisfacción— podían tomarlo por un campesino finlandés.

La imagen de Stalin afeitando a su líder resulta intrigante. Stalin era autodidacta y tenía claro que otras figuras de la revolución le desprecia-

---

* Las acusaciones del Gobierno Provisional no presentaban pruebas de forma irrevocable que los bolcheviques hubieran aceptado «oro alemán», pero cuesta ver cómo los bolcheviques habrían podido financiar todos sus periódicos sin alguna ayuda exterior (véase Jonathan D. Smele, *The «Russian» Civil Wars 1916-1926*, p. 25, n. 7).

ban, desde el punto de vista intelectual. Por ejemplo, Trotski nunca se molestó en ocultar su desdén hacia alguien que, a su juicio, era poco más que un gánster georgiano picado de viruelas. Pero el hecho de subestimar la pericia conspiratoria de Stalin acabó por costarle la vida.

Ante el temor a que lo detuvieran por alta traición, Lenin pasó los tres meses siguientes, hasta el golpe de Estado bolchevique, como un fugitivo disfrazado que iba escapando de un refugio a otro. Quizá en aquel momento pensó de nuevo en el principio de su viaje de regreso a Rusia, cuando le había predicho a Karl Radek que al cabo de seis meses estarían en el poder o colgando de una horca. A Lenin las medias tintas le provocaban tanta rabia y disgusto como los acuerdos con cesiones mutuas.

7

Kornílov

De julio a septiembre de 1917

El 7 de julio, mientras proseguía sin éxito la caza de los bolcheviques huidos, el príncipe Lvov presentó la dimisión como cabeza del Gobierno Provisional y Kérenski ocupó su lugar. El cese no tenía nada que ver ni con el levantamiento de julio ni con el fracaso de la ofensiva. Cinco días antes los ministros kadetes habían renunciado al cargo en protesta por la decisión de otorgar una cierta autonomía a Ucrania.

En el Gobierno Provisional reconstituido tanto los liberales como los socialistas querían mantener la unión del Imperio Ruso. En marzo habían aceptado que después de la guerra, Polonia —que en ese momento se hallaba detrás de las líneas alemanas— obtendría la independencia plena; pero estaban resueltos a no ceder el Gran Ducado de Finlandia, las provincias bálticas ni Ucrania. Entendían que las aspiraciones y los sentimientos de agravio de las minorías nacionales obedecían tan solo a la opresión zarista, sobre todo a los programas de «rusificación» introducidos en tiempos de Nicolás II, que iban en contra de la diversidad cultural o lingüística. Se creía que bastarían con hacer unas pocas concesiones hacia una autonomía limitada.

El 12 de abril, por ejemplo, el Gobierno Provisional ruso concedió cierto grado de autogobierno a Estonia; doce días después, el Stavka permitió que los soldados de ese origen pasaran al nuevo 1.º Regimiento de Fusilería de Estonia. Nadie imaginaba, en Petrogrado ni en Moguiliov, con cuánta celeridad esto sería la base de un ejército muy eficaz de un Estado independiente.

Finlandia había formado parte de Suecia hasta 1809, cuando el zar Alejandro I la ocupó como feudo personal y la convirtió en un Gran

Ducado. El país gozaba de una autonomía muy limitada, supervisada por el gobernador general del zar. Pero en 1899 Nicolás II aprobó medidas de «rusificación» de su cultura y su sistema educativo, que resultaron sumamente impopulares y contribuyeron a fomentar un sentimiento de patriotismo finlandés. Durante la primera guerra mundial no se reclutó a los finlandeses para el servicio militar, porque no se confiaba en ellos; unos 2.000 estudiantes nacionalistas huyeron a Alemania para unirse a un batallón de infantería ligera, el 27.º Real Batallón Prusiano de Jäger.

El régimen zarista estaba tan preocupado por la idea de que los alemanes pudieran utilizar Finlandia como base de operaciones para atacar Petrogrado que aumentó el XLII Cuerpo Independiente y el personal de la Flota del Báltico hasta un total de 125.000 hombres. Si tenemos en cuenta que la población era de tan solo 3,25 millones, se trata de una presencia colosal. Tras la Revolución de Febrero, las tropas rusas destacadas en el país tenían una relación complicada con los finlandeses, cuya lengua ellos ni hablaban ni entendían. Pero entre la izquierda, muchos empezaron a simpatizar con las ansias independentistas de Finlandia. Hacia el principio del verano de 1917 los obreros rusos de la región meridional del país, más industrializada, comenzaron a confraternizar con marinos y soldados rusos que eran favorables a su exigencia de reducir la jornada laboral a ocho horas.

La abdicación del zar, gran duque de Finlandia, y la instauración de un Gobierno Provisional en su lugar animaron a los nacionalistas finlandeses a creer que había llegado su hora. El Senado instituyó un comité constitucional con la misión de preparar el terreno para la independencia total. Pero el Gobierno Provisional de Rusia, en particular Kérenski mientras fue ministro de la Guerra, temía que Alemania pudiera sacar partido de la situación. Insistió en que a Finlandia no se le podía conceder la independencia antes de que lo aprobara la futura Asamblea Constituyente. El Parlamento finlandés —la Eduskunta— se aprovechó del caos de Petrogrado durante los «Días de julio» para asumir el poder supremo. Pero el mismo 18 de julio el Gobierno Provisional se vengó y destituyó a la Eduskunta.

Los socialistas finlandeses, que habían sido los que más se habían destacado en la defensa de la independencia, pidieron la ayuda de los camaradas rusos del acuartelamiento, para que la medida «reaccionaria» del gobierno petrogradense no se llevara a cabo. Y en efecto accedieron a ayudarles; pero la Eduskunta fue clausurada por cosacos, enviadosa Helsingfors por orden de Kérenski. Este también dio instrucciones para que las fuerzas rusas destacadas en Finlandia supervisaran unas nuevas elecciones. El resultado fue frustrante para la izquierda finlandesa: hubo un gran auge de los partidos conservadores, que pasaron a controlar el Senado.

El 13 de septiembre, el Sóviet de Helsingfors y los representantes del Ejército y la Marina rusos dieron un apoyo abrumador a una moción del bolchevique Vladímir Antónov-Ovséyenko, que censuraba al Gobierno Provisional y daba respaldo al afán independentista de los finlandeses. Irónicamente, según dieron en resultar las cosas, este intento de demostrar que el chovinismo nacional ruso había acabado con el zarismo permitió que, poco después, Finlandia escapara al gobierno comunista de Moscú.

La crisis inmediata que vivió el Gobierno Provisional en junio y julio la provocó la Rada Central ucraniana, en Kiev, al declarar la independencia. Los líderes del nacionalismo ucraniano Simon Petliura, Volodímir Vinnichenko y el presidente de la Rada, el historiador Mijailo Grushevski, habían intentado negociar en mayo con el gobierno de Lvov la concesión de cierto grado de autonomía; pero a su delegación no se le hizo prácticamente ningún caso. A cada argumento suyo se respondía con la insistencia en que solo la Asamblea Constituyente podía llegar a alguna decisión. No extrañará, pues, que tal terquedad únicamente contribuyera a intensificar el deseo de una independencia total. Eligieron la bandera de colores azul pálido y amarillo, una declaración «universal» basada en una carta del siglo XVII, del guetman de la Hueste Cosaca de Zaporozhia, que Grushevski había definido como un derecho ancestral. Petliura, que fue un periodista prolífico, se convirtió más adelante en teórico presidente y atamán supremo de una República Popular Ucraniana.

El Gobierno Provisional, que a la postre accedió a negociar, envió a una delegación propia a Kiev, encabezada por Kérenski y Tsereteli. Para calmar la situación ofrecieron reconocer parcialmente las exigencias ucranianas. Pero su propuesta ofendió a los nacionalistas rusos de Kiev, y estallaron disturbios. Tres kadetes que seguían en el gobierno, cada vez más derechizados, exigieron apoyar a los rusos de Ucrania (ellos preferían denominarla «Pequeña Rusia»). Se negaron a aceptar el pacto con el que Tsereteli y Kérenski habían regresado, y presentaron la dimisión el 4 de julio, es decir: el mismo día que los insurgentes bolcheviques habían intentado que el Sóviet de Petrogrado sustituyera al Gobierno Provisional.

Con la incorporación de representantes de otros lugares, ya había comenzado a llamarse Sóviet de los Diputados de Trabajadores y Soldados de todas las Rusias.

Kérenski se consideraba por encima de las disputas entre socialistas y liberales, pero no acertó a ver que el abismo que los separaba se estaba convirtiendo en algo muy peligroso. La mayoría de los socialistas, horrorizados por los ataques extremos de la prensa derechista contra los bolcheviques, empezaron a ponerse de parte de estos, con un temor exagerado a una posible contrarrevolución. Pero al mismo tiempo, había tantas algaradas por todo el país que no solo los oficiales o la clase media deseaban la presencia de un líder poderoso. Quizá no fue casualidad que el 7 de julio Kérenski tomara la fatídica decisión de enviar a la familia imperial de Tsárskoye Seló a Tobolsk, en Siberia. Temía que el levantamiento de la extrema izquierda, en los días inmediatamente precedentes, pudiera provocar una réplica abrupta de los monárquicos.

Entre los que habían recibido la Revolución de Febrero con esperanza y alegría, muchos estaban desilusionados por los caos y crímenes que la habían sucedido. «Ahora no hay mucha gente con conciencia —escribió Lakier—. No entienden que la libertad no significa violencia y usurpación del poder. Sin embargo, para la mayoría la libertad es sinónimo de atraco a mano armada. El pueblo ruso es como una panda de niños a lo loco, sin restricción ninguna.» El doctor Kravkov también dejó constancia de que, en su opinión, «solo un cambio radical en el poder puede aportar alivio a una Rusia que padece, una Rusia cuyas gentes, después de siglos de esclavitud, siguen en su mayoría inertes, ignorantes, capacitadas tan solo para ser un arma ciega en las manos de cualquier hipnotizador... Los robos y saqueos crecen a una escala colosal. Huimos del fuego para caer en las brasas: esta mañana han asaltado al comandante del cuerpo, anoche al jefe del Estado Mayor le quitaron todo lo que llevaba, ¡y eso delante de los centinelas! ¡El atrevimiento del bolchevismo no tiene fin!».

El 6 de julio, justo después de que la ofensiva rusa en el frente de Galitzia se agotara, una fuerza de asalto alemana, dirigida por el general Arnold von Winckler, abrió de pronto una brecha en las castigadas filas del

Undécimo Ejército. Se dirigió a Tarnópol, que cayó cinco días después. La vasta estepa ucraniana quedaba expuesta. Una Lakier angustiada escribió desde Odesa: «El ejército se ha dado a la fuga. La brecha es colosal. ¡120 kilómetros!». El hecho de que Kérenski hubiera reinstaurado la pena capital no pareció mejorar en nada la disciplina. «Es un sentimiento terrible, constatar que tu ídolo favorito tiene los pies de barro y se desmorona —escribió Lakier—. Yo tenía una fe ciega en Kérenski, pero ahora está cometiendo un error detrás de otro.» Incluso empezaron a correr rumores de que habría que evacuar Odesa y que los bancos locales ya estaban haciendo las maletas.

Al mismo tiempo, los alemanes avanzaron hacia Riga, en la costa del Báltico, lo que también dio pie a rumores de que sería necesario abandonar hasta la propia capital. «Un puño blindado se alzaba sobre Petrogrado —escribió Prokófiev en su diario—. [Riga] todavía estaba lejos, pero ¿las fuerzas revolucionarias poseían la solidez suficiente?, y ¿qué pasaría si tres millones de habitantes huían de Petrogrado? Además de que los zepelines pueden venir cualquier día de estos. En la estación se habían apiñado multitudes y trenes abarrotados llevaban hacia el sur a los residentes asustados.»

El linchamiento de oficiales se incrementó, con mutilaciones obscenas mientras aún estaban con vida; también aumentó el número de suicidios entre sus filas. La actitud de la tropa, de «ahora somos los amos», parecía reforzar el impulso de vengarse de cualquier humillación e injusticia pasada, ya fueran imaginarias o reales. «Todo se derrumba y en esta sociedad los oficiales han caído al fondo de un pozo —escribió un joven oficial de la artillería de la guardia—. Ahora somos enemigos de clase. Los suboficiales nos tratan como a una mierda. Tenemos que ir con cuidado porque miles de ojos nos observan.» Y añadió: «Nuestra generación está perdida sin remedio... Todo lo que nos queda es el exilio o la muerte».[1] La desmoralización del cuerpo de oficiales, a todas luces, contribuyó al hundimiento del frente suroccidental en julio; pero no todos perdieron el ánimo.

Vladímir von Dreier logró pasar a la 7.ª División de Caballería, cuyo mando fue asumido durante la retirada por el general de división Piotr Wrangel (o Vránguel), originario de una familia de barones del Báltico. Wrangel, un hombre delgado y extraordinariamente alto, de ojos hundidos y mirada penetrante, causaba tanta intimidación como se ganaba lealtades poderosas. Iba más allá de lo enérgico. «Siempre obligaba a todo el mundo a hacer lo que fuera, incluso si no había nada que hacer», apuntó Dreier. Iba galopando de un regimiento a otro, en los terrenos de su división, para comprobar por sí mismo el estado de las cosas. Como otras divisiones montadas, la 7.ª de Caballería de Wrangel tuvo que actuar como retaguardia, después del avance alemán. La división de caballería adyacente la comandaba el general de división Gustaf Mannerheim, un barón finlandés, de familia germano-sueca, que antes había sido oficial de los *chevaliers-gardes*.

«Al principio la infantería se retiró con un orden razonable y, de vez en cuando, fue oponiendo resistencia —dejó escrito Dreier—, pero luego simplemente abandonó las armas y huyó. Algunos días recorrían 70 kilómetros diarios, de tan ansiosos que estaban por alcanzar la frontera rusa. Durante la retirada estos soldados saquearon y prendieron fuego a todo lo que encontraban al paso: almacenes, pueblos, graneros, casas en las ciudades... Una noche, el cuartel general de la división se detuvo a pernoctar en la ciudad de Stanislávov, por la que estaban pasando los últimos grupos de la infantería. Yo estaba en la calle, al lado de Wrangel, viéndolos pasar. De pronto vimos que varios soldados se apartaban de la multitud para reventar el escaparate de un bajo en un edificio de cinco plantas. Entraron e intentaron prenderles fuego a los productos. Wrangel y [el coronel] Zýkov corrieron hacia allí inmediatamente a darle una buena tunda a esa chusma, Wrangel con la fusta, Zýkov con los puños.» Se suponía que la disciplina de los cosacos era mejor, pero estos podían ser tan temibles como la infantería. «¿Quién roba a los civiles? —se preguntaba un infante, en una carta a su familia—. Los cosacos. ¿Quién viola y mata a los civiles? Los cosacos.»

Víktor Shklovski, comisario en el Octavo Ejército de Kornílov, describió el castigo salvaje que los soldados corrientes infligían a los desertores y saqueadores. «Los desertores eran detenidos por comités *ad hoc* de las unidades que se habían mantenido firmes. Furiosos porque hubiera ocurrido tal cosa en territorio de Rusia, donde los pueblos de la Volinia estaban en llamas, azotaban a los hombres... Se ofrecía la posibilidad de que los desertores eligieran entre la ejecución y los azotes. Se inventó una especie de juramento monstruoso por el que estos renunciaban a sus derechos como ciudadanos y daban fe de que todo lo que se les hacía se hacía con su consentimiento.» Los azotes se asestaban con las varas de limpiar los fusiles, como era costumbre en el viejo ejército zarista.

Shklovski, herido en el estómago, fue trasladado a un hospital de campaña improvisado, en Nadvirna. Poco después de que Kornílov le condecorase con la Cruz de San Jorge, Shklovski se enteró de que los alemanes se acercaban. Tres regimientos rusos habían dejado una abertura entre las líneas y la caballería alemana había entrado en tropel. «Los almacenes del abastecimiento estaban en llamas. Los heridos, casi con las armas en la mano, luchaban por un asiento en el último de los trenes... La infantería se marchaba. La artillería también... El frente se había deshecho; solo nuestros vehículos blindados estaban reteniendo a los alemanes.»

El 16 de julio, Kérenski convocó una conferencia en el Stavka, con el fin de abordar el desastre. Se celebró en la neoclásica Mansión del Gobernador, que había sido la residencia de Nicolás II durante su estancia en Moguiliov. Además de Brusílov y el general Ruzski, también asistió Antón Denikin, quien más adelante sería comandante en jefe de los Ejércitos Blancos en el sur de Rusia, y tuvo el papel clave en la reunión. Acudieron igualmente los dos comisarios principales, Borís Sávinkov y Maksimilian Filonenko, ambos social-revolucionarios. Cuando Kérenski llegó a la estación de Moguiliov, en compañía del ministro de Exteriores Mijaíl Teréschenko, se enfureció al comprobar que no le recibía el comandante en jefe, sino solo un edecán, hasta el extremo de que se negó a moverse hasta que en efecto fue Brusílov hasta allí.

Una vez iniciado el encuentro, Brusílov habló poco y, por una vez, también Kérenski. Obviamente estaba conmocionado por las denuncias de los otros generales sobre la forma en que la política revolucionaria había destruido a las fuerzas armadas. Con Denikin en cabeza, exigieron derogar la *prikaz* n.º 1, que a su entender había puesto patas arriba la autoridad militar. Mientras escuchaba los informes sobre la retirada, Kérenski se quedó sentado en silencio, horrorizado, con la cabeza entre las manos; por su parte Teréschenko sencillamente no podía contener las lágrimas.

Kornílov, que no podía abandonar el cuartel general, felicitó a Denikin al saber qué había dicho. Cuando Sávinkov y Filonenko tomaron el tren de regreso a Petrogrado, en compañía de los dos ministros, aprovecharon la ocasión para promover el ascenso de Kornílov —en sustitución de un Brusílov exhausto—, porque era uno de los pocos generales que apoyaban la actuación de los comisarios en el frente. Kérenski accedió a la petición. Con lo fácil que era herir su vanidad, es además improbable que hubiera pasado por alto lo que, para él, había sido una ofensa en la recepción. Aquel mismo día nombró a Sávinkov viceministro de la Guerra.

El informe del Stavka sobre el hundimiento del frente suroccidental llegó a manos de la prensa de derechas, que de inmediato planteó una conexión entre las deficiencias de disciplina en el Ejército y los Días de julio. Hicieron hincapié en la necesidad de que un líder fuerte acabara con el desorden. Kornílov, de ascendencia siberiana y kazaja (o quizá buriata) parecía el candidato más obvio. Aunque no podía parecerse menos al arquetipo del general zarista de la guardia imperial, Kornílov no acertó a desarrollar un estilo de vida coherente con su humilde pretensión de ser «el hijo de un campesino cosaco». Se había rodeado de una escolta personal de trescientos lanceros tekintsy, con capas de color escarlata, que no recordaban en poco a los mamelucos de Napoleón. Sin lugar a dudas contaba con admiradores en el ejército; pero muchos oficiales destacados pensaban que Kornílov se caracterizaba más por el arrojo que por la inteligencia.

Kérenski, entre tanto, aún se imaginaba a sí mismo como el Bonaparte de la Revolución rusa. A pesar del terrible revés de la ofensiva, ocupó el Palacio de Invierno como cuartel general y las dependencias del zar Alejandro III como su residencia personal, lo que hizo que le apodaran «Alejandro IV».[2] Estos delirios de grandeza daban a entender que estaba perdiendo el buen juicio en un momento en que las simpatías contrarrevolucionarias se consolidaban. Si en febrero nadie había levantado un dedo para defender el viejo orden del zarismo, en aquel momento, sin embargo, los funcionarios, terratenientes y capitalistas estaban tan consternados por el hundimiento de la ley y el orden que creían llegado el tiempo de actuar, con los bolcheviques contenidos después del fiasco de los Días de julio. En realidad, habían desaparecido del panorama público, pero los bolcheviques seguían preparándose. Del 26 de julio al 2 de agosto celebraron, en secreto, su Sexto Congreso. Lenin, que seguía oculto en Finlandia, había empezado a escribir *El Estado y la revolución*, en paralelo a su intensa reprobación de los social-revolucionarios y mencheviques por dar apoyo al Gobierno Provisional de Kérenski. Según comentó acertadamente Shklovski, quizá se había «aplastado por completo» a los bolcheviques, «pero esto no significaba nada; se estaban reorganizando».

A principios de agosto, Kérenski empezó a preguntarse si había sido una decisión prudente nombrar a Kornílov, que se comportaba de un modo cada vez más autoritario. Además de exigir reformas para fortalecer la disciplina en los ejércitos de campaña, también quería hacer extensiva la pena de muerte a los destacamentos de la retaguardia, lo que sin duda apuntaba a los regimientos de reserva de Petrogrado, en los que se habían infiltrado los bolcheviques. En realidad, Kornílov aspiraba a instaurar la ley marcial en todo el país, así como a militarizar el transporte y las industrias de defensa para impedir las huelgas.

Las pruebas conocidas hoy indican que Kornílov, por sí mismo, no planeaba dar un golpe de Estado, en contra de lo que siempre han mantenido los historiadores soviéticos. Su objetivo principal era reforzar el Gobierno Provisional de modo que pudiera liberarse del Sóviet de Petrogrado y restaurar el orden. Sin embargo muchos de sus partidarios, tanto dentro como fuera del ejército, estaban convencidos de que debía asumir el poder en persona y expulsar a un Kérenski cada vez más volátil. El embajador británico recibió la visita de un banquero que le pidió que «los ayudara poniendo a su disposición los vehículos blindados británicos y, si la empresa fracasaba, les diera facilidades para huir». Buchanan rechazó

El general Lavr Kornílov y Borís Sávinkov.

la propuesta con tanta cortesía como firmeza, al contestar que era del todo ingenuo «pedirle a un embajador que conspire en contra del gobierno ante el cual se le había acreditado».[3]

Kérenski, con la confianza de recabar apoyos, convocó una Conferencia de Estado en Moscú, en el teatro Bolshói.[4] Su objetivo era situarse como la única figura capaz de mantener unido el país. Pero cuando la conferencia se inauguró, el 12 de agosto, la distancia política entre los bandos —que se reflejó hasta en la elección de los asientos— no invitaba al optimismo, entre las columnas y el oro de los vestigios de la decoración imperial.

Kornílov no se molestó en asistir el primer día, pero su llegada a Moscú tuvo el efecto de ser tanto una provocación como un avance triunfal.

El general Kornílov es recibido como un héroe por oficiales y partidarios de la derecha, al llegar a Moscú, para la Conferencia de Estado de Kérenski, el 12 de agosto de 1917.

Desde el momento en que llegó a la estación de Aleksándrovski, Kornílov fue agasajado con una lluvia de flores por señoras que lo adoraban e invitaban a «salvar Rusia». Varios oficiales lo sacaron en hombros de la estación, hasta un automóvil descubierto que se puso en ruta por la ciudad, seguido por varias decenas de vehículos ocupados por sus admiradores. Kornílov visitó el santuario de Iverski, donde los zares solían acudir a rezar al llegar a Moscú.

El segundo día, cuando el general Kornílov se sumó por fin a la conferencia, los derechistas —muchos de ellos empresarios industriales vestidos con levita— se pusieron en pie para ovacionarlo. En el sector de la izquierda, por el contrario, las caras eran de furia y nadie se movió. La derecha, que se congratulaba con la idea de volver atrás en el tiempo, estaba tan ciega como la izquierda moderada al peligro que suponía esta polarización política, que solo podía beneficiar a los bolcheviques. En la conferencia Kornílov dio un discurso breve y apenas impresionante, pero esto no pareció importar gran cosa a la claque numerosa que atronaba en el auditorio. Sujánov habló de los «arribistas de la derecha que gritaban sin moderación sobre el general "Puño" como su único recurso».[5] El discurso de clausura de Kérenski, en cambio, sonó interminable, disperso y cada vez más incoherente. El público, cada vez más avergonzado, acabó por romper en aplausos para indicar a las claras que ya habían tenido suficiente. Kérenski, como de costumbre, se dejó llevar por la emoción y se desmayó. La escena puso de manifiesto que su capacidad de controlar los acontecimientos había menguado mucho.

El 20 de agosto se celebraron elecciones al ayuntamiento de Petrogrado. Los resultados fueron sorprendentes. «¿Quién ha sido el único vencedor? —se preguntaba Sujánov, retóricamente—. Los bolcheviques, hundidos en el barro hace apenas unos días, acusados de traición y de venalidad, absolutamente corrompidos en lo moral y lo material, los que hasta ayer mismo llenaban las cárceles de la capital.» Atrajeron casi un tercio de los votos, justo por detrás de los social-revolucionarios. Pero los líderes del socialismo moderado, los verdaderos demócratas que habían defendido a los bolcheviques frente a los ataques de la coalición de Kérenski y la prensa derechista, seguían sin ver el peligro. Sujánov, como menchevique internacionalista, estaba exasperado por la incapacidad de los dos extremos de detectar las amenazas: «¿Veis ahora a los bolcheviques? *¿Ahora sí* lo enten déis?», exclamaba. Sujánov creía que la derecha tenía una idea mucho más clara de las consecuencias y optaría por un ataque preventivo.[6]

Kornílov, que despreciaba la política, apenas se fijó en todo esto. Con la ayuda editorial de Borís Sávinkov, el viceministro de Kérenski en la cartera de Guerra, había enviado la exigencia de aplicar la ley marcial al transporte ferroviario y las industrias de la defensa y la petición de restaurar la disciplina y la cadena de mando en el ejército. Kornílov había entendido que Kérenski estaba de acuerdo con todos estos puntos. Pero después de varios intentos frustrados de que el primer ministro firmara sus propuestas, le informaron de que este se negaba a hacer extensiva la pena de muerte a la retaguardia. Entre tanto, en algunos de los ejércitos destinados en el frente, los comandantes habían empezado a reinstaurar la disciplina y detener a los agitadores bolcheviques. En el Quinto Ejército, cuyo rendimiento en la ofensiva había sido indudablemente terrible, «se arrestó a no menos de 12.275 soldados y 37 oficiales».[7]

Kérenski contemplaba alarmado la posibilidad de que las exigencias y la influencia creciente de Kornílov dañaran su voluntad de equilibrio entre la izquierda y la derecha, más aún cuando el Sóviet seguía negándose a la pena de muerte, en cualquiera de sus formas. Kornílov, por otro lado, estaba intranquilo ante el fracaso de Kérenski a la hora de pasar cuentas a los bolcheviques por los Días de julio. Además sospechaba que otros ministros de la izquierda colaboraban en secreto con los bolcheviques. Kornílov consideró que tenía que obligar a Kérenski a tomar partido. Quería estar asimismo preparado ante la eventualidad de que los bolcheviques intentaran otra sublevación con el apoyo de los marinos de Kronstadt.

Según Sávinkov, el comisario supremo Filonenko había informado a Kérenski de que algunos oficiales del Stavka se habían conjurado en contra de él. El primer ministro quería que Sávinkov fuera a Moguiliov a investigar el asunto, pero también lograr que Kornílov accediera a transferir el distrito militar de Petrogrado de su propio mando al del gobierno. Además, para proteger al gobierno frente a insurrecciones como la de los Días de julio, Kérenski le dijo a Sávinkov que le pidiera a Kornílov que trasladara a la capital un cuerpo de caballería, como en efecto se hizo. Por desgracia no se dejó constancia de nada de esto.

Según otra versión, Kornílov le dijo a Sávinkov que ordenaba al III Cuerpo de la Caballería del general Krýmov que se desplazase al norte desde su posición en el frente de Rumanía hasta Velikie Luki, que se hallaba mucho más cerca de Petrogrado y Moscú. El cuerpo incluía dos divisiones de cosacos y una división del Cáucaso, la «Salvaje», que había sido dirigida por Miguel, el hermano del zar. Cuando el general Lukomski quiso saber la causa de este movimiento, Kornílov se lo explicó. Añadió que no tenía la intención de revivir el antiguo régimen, que siempre le había resultado odioso; pero sí estaba resuelto a restaurar la autoridad del gobierno con el fin de salvar a Rusia y asegurar la creación de una Asamblea Constituyente. El hecho de que los alemanes hubieran tomado Riga el 21 de agosto intensificaba su sentimiento de urgencia.

Kérenski, sin embargo, que no olvidaba los atronadores vítores que se habían dedicado a Kornílov en la Conferencia de Estado, estaba molesto con la prensa de derechas y su insistencia en otorgar plenos poderes al comandante en jefe. La desconfianza y rivalidad entre estos dos hombres había generado una serie de malentendidos desastrosos, por obra de un fabulador que se había situado como emisario entre los dos. Este ex-diputado de la Duma, V. N. Lvov —sin relación con el príncipe Lvov—, se acercó a Kérenski con una versión propia de la historia de la conjuración en el Stavka, según la cual los generales querían matar al primer ministro. Kérenski, que empezaba a desarrollar un complejo persecutorio, le escuchó. Es probable que no autorizara a Lvov a negociar con Kornílov, pero quizá sí le invitó a hacer averiguaciones sobre el asunto. Al parecer a Lvov se le metió en la cabeza la misión de forzar al comandante en jefe a tomar el poder. Se dirigió a Moguiliov el 24 de agosto y logró entrevistarse con Kornílov, quien cometió la ingenuidad de no pedirle ninguna prueba de que en efecto actuaba como representante de Kérenski.

Lvov planteó tres alternativas que, según dio a entender, procedían del propio «ministro presidente» (como había pasado a presentarse ahora Kérenski). Eran una dictadura de Kérenski; una dictadura conjunta, similar al *Consulat* francés; o una dictadura de Kornílov con Kérenski y Sávinkov como ministros principales. Al haber entendido que Lvov contaba con la autoridad necesaria para afirmar todo esto, Kornílov interpretó que Kérenski le invitaba, indirectamente, a tomar el poder. Después de reflexionar un tiempo contestó que en general prefería la tercera opción, pero que tampoco tenía problema en actuar como subordinado de Kérenski. Sugirió que el ministro presidente acudiera a Moguiliov para estudiar los detalles.

Dos días más tarde Lvov, que había vuelto a Petrogrado, visitó a Kérenski en el Palacio de Invierno, en un estado de gran agitación. Le dijo al ministro presidente que su suerte estaba echada; que los bolcheviques preparaban un golpe de Estado y que el general Kornílov exigía disponer del poder supremo. A Kérenski, que ya estaba suficientemente nervioso, se le agravó la paranoia al saber que Kornílov le pedía que viajara a Moguiliov. Llegó a la convicción de que el general preparaba un golpe con la colaboración de la Unión de Oficiales, una organización sin carácter formal que conectaba a miembros del ejército, en activo o ya retirados, que se oponían a democratizar las fuerzas armadas. En consecuencia, Kérenski se obcecó con el peligro de la derecha y creyó necesario aproximarse a la izquierda. Decidió que, para derrotar a su rival, se presentaría como el salvador de la revolución.

Todo el embrollo de malentendidos causados por V. N. Lvov podría haber sido cómico, de no haber producido consecuencias tan trágicas como de hecho tuvo. Durante aquella noche del 26 de agosto, mientras Kornílov debatía con el general Lukomski sobre nombramientos en el gabinete, Kérenski convocó una reunión urgente del consejo de ministros, para la medianoche. Denunció a Kornílov, le acusó de traición y reclamó poderes dictatoriales para enfrentarse a la conjura; en consecuencia, todos los ministros debían presentar la dimisión.

Sávinkov adivinó de inmediato que se había producido un error terrible, y tomó la palabra. Había conversado sobre el traslado del III Cuerpo de Caballería con Kornílov en el Stavka, el 23 de agosto, y al volver había conversado al respeto también con Kérenski. Sávinkov instó pues a Kérenski a tomar contacto directo con Kornílov, pero este se negó en redondo, alegando que era demasiado tarde (aunque esto no era cierto, en ningún caso). Kornílov no intentaba derrocar el gobierno. A las 2.40 del 27 de agosto, para confirmar el acuerdo al que él había interpretado que se había llegado, le envió a Kérenski, en su calidad de ministro de la Guerra, el telegrama n.º 6.394: «El Cuerpo se concentrará en la zona de Petrogrado en la tarde del 28 de agosto. Solicito que el 29 de agosto se declare la ley marcial en Petrogrado. General Kornílov».[8]

Kérenski, tenso por la sospecha, envió un cable propio a Kornílov, para informarle de que se le había apartado del mando de los ejércitos.

El telegrama no llegó al Stavka hasta las 7. Como no se podía cesar al comandante en jefe sin la participación del gabinete en pleno, y como él no había sabido nada de Sávinkov, al principio Kornílov supuso que los bolcheviques habían dado un golpe de Estado y los habían apresado. Cuando se constató que Kérenski no estaba preso, Kornílov creyó que le habían engañado deliberadamente. Aquel mismo día respondió, con una proclama para la nación, a la acusación de traición de Kérenski. Empezaba afirmando: «¡Ciudadanos rusos! El telegrama del presidente de los ministros contenía información falsa... Se ha emprendido una provocación tan grande que pone en peligro el destino de la Madre Patria». Kornílov se dejó arrastrar por la furia y llegó a acusar al Gobierno Provisional de «estar sometido a la presión de la mayoría de los Sóviets y actuar de forma plenamente coordinada con los planes del Alto Mando del Ejército alemán».[9]

La reacción de Kornílov se tradujo en una rebelión total. Pidió apoyo por telegrama a los comandantes del Ejército e incluso pidió que se desplegara a los escuadrones de vehículos blindados británicos. «Con posterioridad su personal atribuyó su fracaso a nuestra negativa a cooperar —informó el comandante Locker-Lampson al Primer Lord del Almirantazgo, sir Edward Carson—. Pasados siete días el señor Kérenski expresó una opinión muy similar.»[10] Sin embargo, los blindados británicos acudieron a Kiev y se entendió que evitaron un levantamiento bolchevique que se habría producido en respuesta a las maniobras de Kornílov.

Cuando llegaron de Moguiliov los telegramas de Kornílov, los comandantes del Ejército se encontraron ante un dilema. No sabían qué estaba sucediendo en realidad ni a quién debían creer. Wrangel y Mannerheim, que en ese momento dirigían un cuerpo cada uno y eran partidarios claros de Kornílov, discutieron por los nombres de los mandos militares a los que debían arrestar por su falta de coraje. Wrangel dijo que se ocuparía de Sokovnín, el nuevo comandante del Octavo Ejército, que estaba vacilante; pero cuando instó a su colega a detener al general Kelchevski, del Noveno Ejército, «Mannerheim respondió a la sugerencia con frialdad, como era de esperar en un finlandés».[11]

Mientras el cuerpo del general Krýmov, con la División «Salvaje» a la cabeza, avanzaba hacia Petrogrado, Kérenski ordenó llamar al general Alekséyev, que aceptó que le ascendieran de nuevo a comandante en jefe con la esperanza de poner remedio a la confusión. Mantuvo dos reuniones con Kérenski y pasó la noche del 28 de agosto en el Palacio de Invierno, pero la «actitud evasiva» del primer ministro no le tranquilizó.[12] Luego descubrió que Kérenski estaba al corriente del plan de desplazar el III Cuerpo de Caballería a Petrogrado para impedir cualquier ataque contra el gobierno.

El hecho de que Kérenski hubiera acusado a Kornílov de traición a la revolución suponía que el Sóviet de todas las Rusias —como había pasado a llamarse— le respaldaría. De hecho, el Tsentrobalt (el Sóviet de la Flota del Báltico) informó de que el «ministro Kérenski [...] colabora estrechamente con el Comité Ejecutivo» del Sóviet de todas las Rusias de los Diputados de los Trabajadores y los Soldados.[13] Lo mismo hizo el Tsentroflot, en representación de la totalidad de la Marina. Se fueron cruzando telegramas, como muestra clara de lo estrecha que era la colaboración. «Urgente. A ministro Marina Kérenski. Tsentroflot cree necesario traer inmediato dos destructores Petrogrado para defender revolución. Responda por favor.»[14] En su respuesta Kérenski pidió cuatro y les dio instrucciones de entrar por el Nevá y echar el ancla junto al puente Nikoláyevski.

El Tsentrobalt[15] informó asimismo a Kérenski de que «en el 2.º de Guardias del Báltico hay una compañía de marinos que durante dos años y medio ha servido con la División Salvaje. Este largo período de servicio compartido ha creado lazos de unión y algunos tienen buenos amigos allí. Teniendo en cuenta esta conexión entre los marinos y la División Salvaje el Tsentroflot solicita instrucciones urgentes para la reunión de las dos unidades. En opinión del Tsentroflot esto podría resultar extremadamente útil».[16]

Incluso la Flota del Mar Negro envió telegramas a Kérenski, que sostenían que «preferimos morir antes que permitir que los lamentables mercenarios del zarismo ahoguen en sangre nuestra amada libertad».[17] El estallido de indignación moral que se produjo entre la izquierda más dura en apoyo de Kérenski fue a todas luces llamativo. Hacía tan solo un mes que sus propios camaradas habían intentado derrocarlos a él y al Gobierno Provisional; y el 7 de julio Kérenski por su parte había intentado desmantelar el Tsentrobalt.

No da la impresión de que Kérenski comprendiera hasta qué punto estaba sirviéndole en bandeja de plata el poder a los bolcheviques. La

Guardia Roja, que después de los Días de julio había sido inhabilitada, se rearmó y desplegó de nuevo. El Tsentrobalt ordenó que hasta 5.000 marinos de Kronstadt se desplegaran en Petrogrado en defensa del Sóviet. Kérenski accedió incluso a que el Tsentroflot enviara a sus propios especialistas de correos y telégrafos, plenamente armados, «a ocupar y defender la Oficina Central de Correos para asegurar la eficiencia en el trabajo por la causa de la revolución».[18]

Al ver que Kérenski se mostraba tan obsequioso con la izquierda, el Sóviet de Kronstadt reclamó, «con el objetivo de avanzar con más fuerza hacia el órgano central de la revolución, la liberación de nuestros camaradas, que son combatientes magníficos e hijos de la revolución. En la actualidad, en este mismo momento, están padeciendo en la prisión cuando podrían ser útiles como los más excelentes defensores de la Revolución».[19]

Los trabajadores del ferrocarril ya se habían movilizado para impedir el paso de los transportes de tropas, igual que habían bloqueado al zar. Se informó a Kérenski de que «se han desmontado vías férreas en las líneas del Báltico, Vinava y Rýbinsk, en el camino de Kornílov. Se están tomando las medidas para detener sus tropas».[20] El comisario Onipko, de la Flota del Báltico, informó de que «entre Narva y Tamburgo se han parado siete trenes de cosacos del Don, partidarios de Kornílov, un total de 2.000 hombres con equipos de ametralladoras». Se logró arrancando tramos de vías. «Los cosacos están intentando arreglarlo para poder seguir adelante.»[21]

Que Kérenski denunciara a Kornílov provocó más ataques a oficiales por parte de soldados que estaban convencidos de que sus superiores, en secreto, eran contrarrevolucionarios. En Finlandia se apresó al comandante del XLII Cuerpo, el general Oganovski, junto con el grueso de su Estado Mayor. El oficial cosaco Maksim Kulik fue testigo de lo sucedido: «Se congregó una multitud de soldados, por alguna razón muy agitados, en el puente que conectaba las dos partes de Výborg. Llevaron a rastras al comandante del cuerpo y otros oficiales, se suponía que para hacer que declarasen ante la asamblea si pensaban respaldar al gobierno de Kérenski o al "traidor" de Kornílov. Después los soldados empezaron a arrojar a los cautivos al golfo y, si los oficiales intentaban salvarse a nado, les disparaban con los fusiles. Aquella multitud brutalizada acompañó las atrocidades con vítores y carcajadas feroces. Probablemente su propia bestialidad los conmocionó, porque poco después de la ejecución la multitud volvió al cuartel y el puente quedó vacío».*[22]

Como parte de este «frenesí de violencia»,[23] a cuatro oficiales del acorazado *Petropávlovsk*, a los que se hizo bajar a puerto «para quedar a disposición del Comité Revolucionario de Finlandia, los guardias que los custodiaban los mataron en el muelle». El delito de aquellos oficiales fue haber respondido «No» cuando se les preguntó si obedecerían al Comité Ejecutivo del Sóviet de los Diputados de los Trabajadores y los Soldados.[24]

El 1 de septiembre el Tsentroflot informó de que «los generales Kornílov, Lukomski, Romanovski y el coronel Pliuschevski han sido arrestados por el Sóviet de los Diputados de los Trabajadores y los Soldados de Moguiliov».[25] Se los encomendaría a una Comisión Especial de Investigación y «de acuerdo con las órdenes de esta, se procederá a más detenciones asociadas con el complot de Kornílov». El general Krýmov se rindió y lo llevaron al Palacio de Invierno, para que lo interrogara una Comisión Extraordinaria. Kérenski se negó a hablar con él. «Hemos jugado la última carta para la salvación de la patria, y hemos perdido —garabateó Krýmov en un trozo de papel—. Seguir viviendo ya no vale la pena.»[26] Se quitó la vida de un tiro en el corazón.

El general Alekséyev, cuya reputación de extrema decencia era innegable, presentó la dimisión disgustado por la mala fe con la que Kérenski había manejado todo el asunto. En una carta del 12 de septiembre a Pável Miliukov escribió:

¡Querido y respetadísimo Pável Nikoláyevich! No he tenido ocasión de verme contigo antes de marcharme de Petrogrado el 31 de agosto. Ahora he renunciado a mi puesto y no puedo venir a Petrogrado, así que no tengo más alternativa que molestarte con una carta. Se necesita la ayuda urgente, generosa y activa de ti y de otras figuras públicas; de hecho, de

* La versión del Tsentroflot fue mucho más lacónica: «El comandante del cuerpo, junto con el general Aranovski, comandante de la fortaleza de Výborg, el coronel Tiurenius y algunos otros, fueron detenidos por apoyar a Kornílov. A los tres primeros la multitud agitada les dio muerte mientras se les trasladaba a la fortaleza» (Abrámov, Tsentroflot, RGAVMF R-21/1/25/40).

cualquiera con posibilidades de ayudar. Mi dimisión se explica por mi rechazo absoluto a la línea que se ha adoptado en el asunto de Kornílov.

Hay miembros del gobierno que se esfuerzan sobremanera en convencer a toda Rusia de que los acontecimientos del 27 al 31 de agosto no fueron sino un motín iniciado por un puñado de generales y oficiales que aspiran a derrocar el régimen existente para acceder ellos al poder. Esta gente querría demostrar que el grupúsculo de rebeldes que traicionó a su país no contaba con el apoyo de ningún otro grupo, dentro de nuestra sociedad. Por lo tanto hay que someterlos al más primitivo de los juicios, esto es, el consejo de guerra revolucionario, y condenarlos a la pena capital. La enorme celeridad del juicio no pretende sino ocultar toda la VERDAD y los verdaderos objetivos del movimiento, así como la participación en él de varias figuras del gobierno.

La acción de Kornílov no era desconocida a los miembros del gobierno, pues se había hablado de ella con Sávinkov, Filonenko y, por mediación de estos, con Kérenski. Solo un primitivo consejo de guerra les permitirá ocultar la participación de esas grandes figuras en las negociaciones preliminares y la conclusión del acuerdo. No cabe duda sobre la participación de Kérenski. No sé decir por qué toda esta gente ha dado marcha atrás, cuando se inició el movimiento; por qué no han cumplido su palabra.[27]

Por fortuna, Kérenski desistió al menos del tribunal revolucionario. Su Comisión Extraordinaria, que llegó a Moguiliov el 2 de septiembre, determinó encarcelar a Kornílov (y a cerca de treinta generales y oficiales más) en Býjov, un monasterio cercano. A los generales Denikin y Márkov los conducirían también allí, escoltados por dos compañías de cadetes de la Academia de Tenientes del frente suroccidental. «Hicieron salir a los prisioneros —escribió un integrante de esta escolta—, los generales Denikin y Márkov en primer lugar, seguidos por un grupo de oficiales del Estado Mayor. Los comandantes de nuestra compañía ordenaron: "¡Presenten armas!". El grupo entró en el espacio comprendido entre las compañías que estaban en posición de firmes. Se dictó una nueva orden: "¡Armas al hombro!". Y luego se produjo una escena desagradable. Fue una auténtica *Via Dolorosa* para los generales y sus oficiales del Estado Mayor. La multitud de los soldados, desenfrenada, se burlaba, juraba y silbaba. Empezaron a volar piedras; una de ellas golpeó al general Márkov en la mejilla, y le hizo sangrar. Los comandantes de la compañía ordenaron: "¡Preparados!".» Los tenientes cadetes alza-

ron los fusiles al hombro y «la muchedumbre se apresuró a retroceder».[28] Kornílov no tuvo que hacer frente a esa clase de insultos. Se le
permitió acceder a caballo a la prisión improvisada, rodeado por su escolta de la caballería tekintsy.

No tardó en saberse que el general Wrangel apoyaba a Kornílov, y
por lo tanto le despidieron de la comandancia del cuerpo. Viendo cómo
evolucionaban las cosas tras el arresto de Kornílov, desapareció: bajó a
Crimea y se reunió con su esposa en la finca de la familia.[29] Cuando los
bolcheviques llegaron al poder, dos meses más tarde, se ocultó con unos
amigos, tártaros de Crimea.

De pronto, muchas personas se vieron pensando en el exilio. Después del fiasco de Kornílov, el futuro se antojaba muy amenazador. Rusia podía convertirse en una cárcel. El Comité Central de lo que había
pasado a conocerse como Congreso de los Diputados de los Soldados y
Trabajadores de todas las Rusias quería tomar una decisión urgente «sobre la imposibilidad de aceptar que los traidores al pueblo puedan escapar de Rusia».[30]

Si Kérenski albergaba alguna ilusión de que lo vieran como el salvador
de la revolución, esta no tardó en evaporarse. Los líderes del bolchevismo
ni siquiera le dieron las gracias cuando recuperaron la libertad. Después de
haber actuado contra la derecha, había colaborado con la izquierda; pero a
la izquierda ya no le resultaba útil y sus días estaban contados. A Lenin no
le cabía duda al respecto, aunque todavía le pareció necesario seguir es-
condiéndose en Finlandia. El 14 de septiembre escribió al Comité Central del Partido: «Se dan todas las condiciones objetivas para una insurrección exitosa».[31]

8

El golpe de octubre

De septiembre a noviembre de 1917

Para Kérenski, la derrota de Kornílov fue mucho peor que una victoria pírrica. A principios de septiembre abolió el Departamento de Contraespionaje Político. Era evidente que se había convertido en un objetivo central de los bolcheviques, y Kérenski tomó esta decisión o bien para intentar contentar a la extrema izquierda, o bien porque esta ya se había infiltrado. Durante la crisis de Kornílov el Tsentrobalt informó: «Sobre la cuestión del contraespionaje: la sección de Helsingfors se halla estrictamente bajo el control del recién creado Comité Revolucionario».

El 4 de septiembre, tan solo tres días después de que se detuviera al general Kornílov, León Trotski pudo salir de la cárcel en régimen de libertad bajo fianza. Ante la ausencia de Lenin, Trotski asumió el papel de liderazgo, a pesar de que acababa de unirse al Partido Bolchevique y de que en aquel momento Stalin se hallaba en una posición más fuerte. La arrogancia convertía a Trotski en una figura poco apreciada entre los colegas, en particular por alguien poco carismático como Stalin. Pero tenía un talento natural para los escenarios y no tardó en moverse como pez en el agua. Con su ingenio ácido, Trotski reunía en Petrogrado a audiencias numerosas, a las que arengaba en lugares como el vasto Cirque Moderne. Disfrutaba burlándose de cualquier asistente cuya forma de vestir lo delatara como burgués (*burzhui*). «Su cara delgada y afilada era sumamente mefistofélica en su expresión de la ironía maliciosa», escribió el periodista estadounidense John Reed.[1]

Al igual que Lenin, Trotski no tenía tiempo para la democracia y desdeñaba el «preparlamento» de los representantes de partidos que estaban sentando las bases para una Asamblea Constituyente. La lentitud de sus debates interminables jugaba a favor de los bolcheviques, porque hasta que concluyeran no se decidiría nada sobre la reforma agraria. Trotski despreciaba a los demócratas por su «actitud intelectual y pseudoaristocrática hacia el pueblo», y les reprochaba la desconfianza «hacia la oscura masa».[2] Pero ciertamente Lenin no tenía la menor intención de confiar en los no bolcheviques, y menos aún en «la oscura masa» que le había servido para barrer a los rivales y abrirles paso a ellos. Las huelgas en las fábricas urbanas y la destrucción irracional de las granjas y las fincas de las familias acomodadas ponían de manifiesto, día tras día, la impotencia del régimen de Kérenski.

Se trataba en efecto de un momento prometedor para los bolcheviques. Lenin accedió a recuperar el lema de «¡Todo el poder para los Sóviets!» desde el momento en que vio la posibilidad de infiltrarse en los comités y dominarlos para acceder al poder. El asunto de Kornílov y la oscura intervención de Kérenski habían socavado la confianza en la democracia parlamentaria. Los líderes del menchevismo y el social-revolucionarismo, que en su mayoría eran intelectuales idealistas, parecían cada vez más desconectados de la realidad. Habían formado parte de coaliciones con los kadetes que habían apoyado a Kornílov y en julio, cuando se les ofreció la oportunidad, se negaron a apartar del poder al Gobierno Provisional.

La «masa gris» de los soldados, que tendía a considerar como contrarrevolucionarios a todos los oficiales, sospechaba ahora que Kérenski y sus ministros pretendían prolongar la guerra para consolidarse en el poder. Se sumaron en gran número a los bolcheviques por la sencilla razón de que estos se oponían a la «guerra imperialista». Los social-revolucionarios habían perdido credibilidad en su intento de justificarla, y también los mencheviques partidarios del frágil punto medio del «defensismo».

«Los bolcheviques eran mucho más lógicos —defendía Iván Serébrennikov—. En su opinión, como la guerra servía a los intereses de los capitalistas, ¡fuera con la guerra! Clavad la bayoneta en el suelo y todos a casa. Era algo claro, sencillo, muy atractivo para los campesinos del sobretodo gris... El frente, que se derrumbaba a ojos vistas, estaba preparando ejércitos de millones de agitadores bolcheviques, los *frontoviki* que no tardarían en extenderse por toda Rusia.»[3]

En una época en que las masas apenas tenían formación política, una de las grandes ventajas de los bolcheviques era que sus oradores no intentaban convencer a la audiencia mediante argumentos, sino por la simple repetición de los eslóganes (una técnica que, dicho sea de paso, todavía parece funcionar). En un tren dirigido a Oriol, un derechista, pariente del compositor Rimski-Kórsakov, compartió vagón con un grupo de aprendices de agitador. Uno o dos llevaban las pequeñas perillas que el bolchevismo estaba poniendo de moda. «Repetían los eslóganes en voz alta para memorizarlos: "¡Paz para las isbas y guerra para los palacios!", "¡Paz sin anexiones ni reparaciones!", "¡La tierra para los que la trabajan!", "¡Nacionalización de fábricas y factorías!", "¡Muerte a los *burzhui*!", etc., etc. Eran delegados que iban a Moscú para algún congreso.»[4]

Durante el mes de septiembre, el respaldo a los bolcheviques creció de una forma extraordinaria entre los obreros y los soldados acuartelados en Petrogrado. El Partido pasó a controlar una mayoría en los sóviets tanto de Petrogrado como de Moscú. Lenin entendió que los bolcheviques ya se hallaban en condiciones de iniciar el asalto al poder. En la segunda semana de septiembre escribió dos cartas desde el escondite de Finlandia para el Comité Central. Partiendo de la infundada afirmación de que «la mayoría del pueblo está con nosotros», hizo hincapié en que los bolcheviques «pueden y *deben* hacerse con el poder estatal... Nuestras tareas deben ser, en este momento, un levantamiento armado en Petrogrado y Moscú (más sus regiones), tomar el poder y derrocar al gobierno. Debemos pensar cómo podemos crear agitación a este fin pero sin decirlo expresamente en los periódicos».[5]

El Comité Central, no obstante, estaba sumamente alarmado. Un intento prematuro tal vez permitiría a Kérenski acabar por completo con el Partido. Lenin le dio la vuelta al argumento e insistió en que precisamente la amenaza de morir aplastados debía instarlos a actuar de inmediato. Su verdadera preocupación era que, si aguardaban al Congreso de los Sóviets, en octubre, los bolcheviques quizá tendrían que compartir el poder con los mencheviques y social-revolucionarios, a los que despreciaba por su «pactismo». Más que nunca, Lenin aspiraba al control en solitario.

Sin embargo, incluso Trotski se sentía incómodo con la impaciencia de Lenin y su exigencia de asestar un golpe sin demora. «La desconfianza hacia los bolcheviques ha dado paso a la simpatía —escribió Trotski— o, en el peor de los casos, a una neutralidad vigilante. Pero no era una simpatía activa. El acuartelamiento, en el sentido político, seguía siendo extremadamente frágil y, como es propio de los mujik, suspicaz.»[6] Calculaba que no habría más de un millar de soldados «dispuestos a luchar en el bando de la revolución... entre las unidades más pasivas».[7] Ante todo él tenía puesta la esperanza en la Guardia Roja, que «ya no es una simple milicia de los barrios industriales y obreros, sino los cuadros de un futuro ejército insurrecto».[*8]

La desintegración del Ejército se aceleraba porque los oficiales desertaban para salvar la vida. El conde coronel Dmitri Gueiden, que venía del Stavka en Moguiliov, asistió a un espectáculo en Zhmérinka, durante un cambio de tren, que le dejó atónito. Los soldados empujaban e insultaban a los oficiales. «Era evidente que la bestia se había liberado de sus cadenas —escribió, de un modo revelador—. Después de tres años se habían acostumbrado a la sangre y hablaban de matar como si fuera lo más normal del mundo, algo tan necesario como el aire y la comida.»[9] Para aliviar un tanto la destrucción, lo único que las autoridades locales podían hacer era destruir las reservas de alcohol. «Una oleada de soldados que venían de la guerra se pararon en Braílov, a diecisiete verstas de nosotros, y asaltaron la destilería. En los tanques del alcohol murieron un montón de personas.»

El avance continuo de los alemanes, que remontaban la costa del Báltico en dirección a Petrogrado, también era un gran motivo de alarma. El gobierno de Kérenski empezó a tomar precauciones ante la posibilidad de tener que abandonar la capital. «Han empezado a llegarnos al museo cajas con las colecciones del Hermitage», escribió Oréshnikov, el conservador del Museo Histórico de Moscú, el 1 de octubre.[10] Pero el gobierno esperó al 6 de octubre antes de ordenar que una buena parte del destacamento de Petrogrado acudiera a defender la zona de acceso occidental. En el Sóviet, Trotski y los bolcheviques plantearon que se trataba de una conspiración tendente a privar a la capital de sus defensores revolucionarios. Le dieron la vuelta a la situación real —en la que ellos planeaban dar un golpe— y fingieron que la Revolución de Febrero aún corría peligro por el «asalto a plena luz del día de los kornilovistas, militares y civiles».[11] Era una estrate-

---

* Uritski calculaba que a mediados de octubre la Guardia Roja de Petrogrado contaba ya con 40.000 hombres; pero incluso Trotski reconocía que esta cifra era probablemente exagerada y daba a entender que no llegarían a los 20.000 (THRR, p. 755).

gia deliberada, pues, según reconocía Trotski: «Aunque una insurrección puede obtener la victoria a la ofensiva, cuanto más aparenta ser una acción de autodefensa, mejor se desarrolla».[12]

Entre tanto Lenin había pasado de Helsingfors a Výborg, en el lado finlandés de la frontera. Se había afeitado otra vez la barba y, desde allí, disfrazado con una peluca gris y ropas de pastor luterano, volvió en secreto a Petrogrado. Quería enfrentarse en persona al Comité Central bolchevique para obligarlo a acceder a sus exigencias con la mayor prontitud.

En la noche del 10 de octubre, Lenin, vestido aún con la peluca y la ropa de eclesiástico, se reunió en un apartamento con una docena de miembros del Comité Central. El piso pertenecía al menchevique Nikolái Sujánov y su esposa, que era bolchevique. Ella había convencido al marido de que pasara la noche cerca de su puesto de trabajo, para ahorrarse un viaje de vuelta que era agotador, por lo que él no sabía nada del encuentro. Entre los congregados figuraban Trotski, Stalin, Féliks Dzerzhinski, Moiséi Uritski (otro futuro chequista), Sverdlov, Aleksandra Kolontái, Kámenev y Zinóviev.

El improbable atuendo de Lenin causó una diversión que se apagó pronto. Su determinación de dar un golpe armado no había menguado. Reclamó que el tiempo de las palabras había pasado. Además estaba convencido de que estallarían revoluciones en toda Europa, si no en el mundo entero. Lenin habló durante una hora y luego empezaron los debates, que se prolongaron durante la mayor parte de la noche. A la postre, la mayoría de los presentes del Comité Central votó a favor de una insurrección; pero no Kámenev ni Zinóviev, que alegaron que con eso se ponía en peligro el futuro del Partido en su conjunto. Zinóviev añadió con voz queda que, si fracasaban en el intento, los ejecutarían a todos. La impaciencia de Lenin también se explicaba por las negociaciones abiertas entre los grandes partidos para una convocatoria de elecciones a la Asamblea Constituyente en noviembre. Sospechaba que los bolcheviques no obtendrían la mayoría en la totalidad del país, porque los campesinos seguirían votando por los social-revolucionarios.

Tres días después, el Sóviet de todas las Rusias, a instancias de Trotski, formó un Comité Revolucionario Militar (que no tardaría en conocerse con el acrónimo Milrevkom). Se le otorgaron tareas muy diversas con el fin de ocultar su propósito principal: preparar la sublevación. «Con este mismo objetivo de disimulo —escribió Trotski— se situó al frente a un social-revolucionario, no a un bolchevique», Pável Yevguénevich Lazimir, «uno de esos social-revolucionarios de izquierdas que ya estaban viajando con los bolcheviques».[13] Los mencheviques y los social-revolucionarios de derechas recibieron con alarma la creación de este Comité, que era una versión apenas velada de la propia organización de los bolcheviques. Pero les daba más miedo la posibilidad (inexistente) de un golpe contrarrevolucionario que el plan (muy real) de los bolcheviques para hacerse con el poder.

El 16 de octubre se celebró otra reunión del Comité Central bolchevique, a las afueras de Petrogrado. Esta también duró la mayor parte de la noche y resultó aún más conflictiva que la primera. Un Lenin exasperado martilleaba a los demás con el argumento de que tenían al pueblo a su lado y que la clase trabajadora de Europa les seguiría. Aunque empezó con el grueso de los asistentes en contra, acabó por doblegar, por la pura fuerza de su personalidad, a los críticos que alegaban que de hecho la mayoría de los obreros y soldados rusos todavía no quería participar en una insurrección. Así pues, su resolución se aprobó. Le concedía la libertad de acción que necesitaba, pero esto no mejoró el humor de un Lenin convencido de que estaba rodeado de inútiles y cobardes.

Lenin tuvo una suerte extrema al contar con un Trotski que preparó el golpe con una habilidad carente de escrúpulos. Después de tomar el control del Sóviet de Petrogrado, Trotski creó el Milrevkom y le proporcionó credenciales falsas para que pudiera supervisar las acciones del acuartelamiento. La planificación del levantamiento armado había comenzado, aunque no según los deseos de Lenin. La mayoría de sus colegas era partidaria de hacerlo por medio del Milrevkom, como planteaba Trotski. Este, desde su posición como presidente, firmó una orden para que una fábrica de armamento petrogradense distribuyera 5.000 fusiles entre la Guardia Roja.

Kérenski era consciente de los preparativos de los bolcheviques, pero ni siquiera esto bastó para que su complacencia flaqueara. Según le dijo al embajador británico sir George Buchanan: «Mi único deseo es que revelen sus intenciones para que yo los pueda aplastar».[14] El 20 de octubre se jactó ante Vladímir Nabókov de que prácticamente deseaba la revuelta de los bolcheviques, que resultaría en una derrota total. Ese mismo día, el ministro de la Guerra, el general Aleksandr Verjovski, advirtió a Kérenski de que el ejército no estaba en condiciones de seguir combatiendo, por lo que convendría abrir negociaciones con los alemanes, lo que desactivaría a su vez a los bolcheviques. Pero Kérenski rechazó la propuesta con enojo y despidió a Verjovski. Por su parte los comandantes militares tampoco se tomaban la amenaza con seriedad, con la tranquilidad de que una gran mayoría de los soldados de la capital se oponían a un golpe. El problema era que esto no suponía, en ningún caso, que estuvieran dispuestos a actuar para salvar al gobierno. Al saber que Kérenski se negaba a ilegalizar la organización bolchevique, por ejemplo, los cosacos consideraron inútil arriesgar la vida por aquel gobierno, y optaron por la neutralidad.

A partir de la información deficiente que la prensa derechista reproducía sin tregua, el gobierno se preparó para una sublevación, primero el 17 de octubre, luego el 20 de octubre, de nuevo dos días después. «Cada vez se hacen circular rumores más insistentes —escribió Gorki el 18 de octubre— de que el día 20 se producirá alguna clase de "acción de los bolcheviques"; en otras palabras, puede ser que se repitan las desagradables escenas del 3 al 5 de julio.»[15] Los gritos de «¡Que viene el lobo!» les favorecían. El 22 de octubre el Ministerio de la Guerra emitió un ultimátum: el Comité Revolucionario Militar debía retirar la orden de Trotski según la cual los regimientos de la ciudad solo debían obedecer al Milrevkom. Para evitar que los detuvieran, los bolcheviques se ofrecieron a negociar, aunque con el simple objetivo de demorar las cosas. La táctica funcionó. Kérenski prefería pensar que a los bolcheviques volvería a faltarles el coraje, como les había pasado en julio.

A medida que se formaban los nubarrones, la tensión fue creciendo también en otras ciudades rusas. En Moscú el Museo Histórico empezó a recibir de nuevo tesoros nacionales para su custodia.[16] La Academia de Ciencias envió sus manuscritos más valiosos, de Lérmontov y Pushkin, y el anillo de esmeraldas de este último. En Odesa, Yelena Lakier escribió en su diario: «Hoy no ha salido ninguna de nosotras, porque había una manifestación armada de los bolcheviques. Cada vez son más numerosos. Agitan sin descanso y consiguen resultados brillantes. Provocan a la población y la incitan a participar en disturbios y algaradas. Esto no acabará bien. En las calles se roba: le quitan a la gente los sombreros, los abrigos, incluso la ropa. Cuando se hace de noche los ciudadanos no tienen más remedio que quedarse en casa».[17]

Trotski exageró enormemente cuando describió la supuesta ronda nocturna de patrullas montadas de cosacos por los barrios proletarios de Petrogrado y los refuerzos del Palacio de Invierno. Formaba parte del relato falso según el cual el Comité Revolucionario Militar no había sido el instigador de la sublevación, sino que reaccionaba a una amenaza de la derecha. Era paralelo a su rumor falso, según el cual Kérenski planteaba rendir Petrogrado a los alemanes para poder aplastar la revolución.

Trotski habló de los fríos y duros vientos del Báltico, que soplaban desde Kronstadt y recorrían los muelles y las plazas de Petrogrado.[18] Era su forma de amenazar a la burguesía con los temidos marinos de la Flota del Báltico. En aquel período otoñal, la lluvia había convertido las calles en barrizales. En los mítines masivos imperaba un olor de lana húmeda, al estar empapadas las gorras de piel de carnero, los sobretodos grises de los soldados y los chales de lana con los que las mujeres se cubrían la cabeza. Entre tanto, según el general Alekséyev, un gran número de oficiales desmoralizados —de los que en Petrogrado habría habido una cantidad suficiente para resistirse al golpe, si se hubieran organizado— cayeron en la desesperación y la bebida.*

La idea de una Petrogrado rutilante era una caricatura que había perdido vigor desde febrero; pero a Trotski todavía le resultaba útil. «Los oficiales de la guardia todavía pican espuelas a la caza de aventuras —escribió—. Se celebran fiestas salvajes en los comedores privados de los restaurantes más caros. El hecho de que a medianoche se apaguen las luces eléctricas no impide que florezcan los clubes de juego donde el champán destella a la luz de las velas, especuladores ilustres estafan a espías alemanes no menos ilustres, conspiradores monárquicos igualan las apuestas de los contrabandistas semíticos, y donde las cifras astronómicas de lo que se juega indican tanto la escala del desenfreno como la escala de la inflación.»[19]

Como en la mayoría de los golpes de Estado exitosos, el resultado de Petrogrado dependería sobre todo de que la mayoría se mostrara apática y el gobierno existente perdiera la fe en sí mismo. La aristocracia y las clases medias, que no confiaban en Kérenski, aguardaban su destino con resignación o una desesperación inerme. En cuanto a Kérenski, no recuperó el contacto con la realidad y puso de manifiesto que no era ningún Bonaparte.

---

* A juicio de Alekséyev, en Petrogrado habría unos 15.000 oficiales, de los que quizá una tercera parte estaba dispuesta a luchar (Melgunov, *Kak bol'sheviki*, páginas 93-94, citado en Pipes, *Russian Revolution*, p. 489).

Trotski, entre tanto, prestaba una atención especial a la división de vehículos blindados y a la Fortaleza de Pedro y Pablo. En la tarde del lunes 23 de octubre fue a la fortaleza, donde el acuartelamiento organizaba una asamblea en el patio. Afirmó que la mayoría de los soldados estaban dispuestos a respaldarlos y habían prometido no aceptar más órdenes que las del Milrevkom. La fortaleza no le interesaba solo como símbolo, como una Bastilla de los zares. Además, se suponía que el arsenal adyacente, el de Krónverkski, albergaba 100.000 fusiles. También se procuró atraerse las voluntades de los regimientos cosacos de Petrogrado que, aunque en general era probable que se opusieran a un golpe, en ausencia de un liderazgo se mantuvieron neutrales. Aparte de la guardia Pavlovski, el 1.º Regimiento de Ametralladoras y unos pocos destacamentos de algunos batallones de la reserva, las tropas de la guarnición que dieron apoyo al golpe bolchevique fueron menos numerosas de lo que a menudo se ha afirmado.

A primera hora de la mañana siguiente, el martes 24 de octubre, el Estado Mayor de Petrogrado envió a una compañía de jóvenes cadetes de oficial (de las academias de yúnker) con la misión de clausurar las imprentas del Partido Bolchevique. También se emitió la orden de arrestar a los miembros del Comité Revolucionario Militar de Trotski; pero en ese momento ya era demasiado tarde. Lo único que el gobierno logró en efecto fue levantar los puentes del Nevá, para impedir que el centro de Petrogrado se viera inundado por manifestaciones masivas. A otros destacamentos de yúnker de la Academia Militar Ivanovski se les encomendó defender el Palacio de Invierno.[20] Contaron con la asistencia de una compañía de bicicletas, algunos cosacos y dos compañías reforzadas del batallón de la muerte femenino, hasta totalizar menos de 1.500 efectivos.

A las tres de la madrugada del miércoles 25 de octubre el crucero ligero *Aurora*, que venía de Kronstadt, entró en el Nevá y echó anclas justo debajo del puente Nikoláyevski. Todavía antes del amanecer, integrantes de la Guardia Roja empezaron a ocupar estaciones de tren y edificios principales, y a desarmar los piquetes de yúnker de los puentes. Trotski afirmó que la central telefónica cayó en manos de una compañía de infantería sin necesidad de plantear batalla, mientras un destacamento de soldados ocupaba el banco estatal.* En realidad en la central tele-

* El relato de Trotski pretende dar la impresión de que apenas hubo resistencia,

fónica de la Gorójovaya úlitsa, en dirección del Almirantazgo, se había apostado un grupo de yúnker.

Varios camiones cargados con soldados del Regimiento de Fusilería Letona, al mando del bolchevique Mijaíl Lashevich, aparcaron frente a la central. Los primeros letones que salieron de los vehículos mataron a los centinelas. Luego el destacamento se lanzó a la carga y abrió fuego contra los yúnker de la planta superior. Las telefonistas gritaban aterrorizadas.

Un joven aprendiz de sombrerero que vio el asalto desde el refugio de un callejón próximo apuntó que «a los letones y los yúnker, muertos y heridos, los arrojaban por las ventanas. Yo oía cómo se les rompían los huesos. Las mujeres que estaban a mi lado lloraban y le rezaban a la Madre de Dios. Un soldado letón que sabía hablar ruso me explicó que en la ciudad se había iniciado un levantamiento. Los obreros y los soldados se rebelaban contra el gobierno burgués ruso. Cuando todo acabó salimos a mirar los cadáveres. Estaban tirados con la cara ensangrentada y la cabeza abierta. Vimos que los cargaban en camiones y oímos que Lashevich ordenaba llevarlos al Nevá y lanzarlos al agua».[21]

Kérenski, disfrazado de oficial serbio, se había escapado poco después de las nueve de la mañana, dejando a sus ministros en la Sala de Malaquita del Palacio de Invierno. Un coche de la embajada estadounidense, que enarbolaba la bandera de las barras y estrellas, le sacó de la ciudad con destino al cuartel general del frente septentrional, en Pskov, donde esperaba hallar refuerzos. Resulta irónico que las únicas tropas a las que Kérenski halló dispuestas a actuar contra los bolcheviques eran cosacos del Don, del III Cuerpo de Caballería, mandado a la sazón por el teniente general Piotr Krasnov.

Ante un día tan trascendental, Lenin fue incapaz de seguir recluyéndose en el apartamento de Petrogrado en el que se había ocultado. Cogió a un compañero, tuvo la prudencia de disfrazarse con la peluca, unas gafas y un vendaje en la cabeza, y tomó un tranvía hacia el cuartel del Comité Revolucionario Militar. Este tenía la sede en el Instituto Smolny, un enorme palacio de estilo paladiano que había acogido una

---

ni durante el golpe ni después, y que prácticamente todos los regimientos de Petrogrado se habían pasado a los bolcheviques.

escuela para las hijas de la aristocracia. Ahora era más bien una fortaleza, con ametralladoras Maxim en la azotea y piezas de artillería ligera en la entrada.

Después de sustituir al Palacio de la Táuride como sede del Sóviet y su Comité Ejecutivo, el Smolny también fue ocupado por social-revolucionarios y mencheviques. Lenin entró por lo tanto con suma cautela y sin despojarse del disfraz. Al principio, sentado en el margen de una mesa, nadie le reconoció. Se cuenta que el líder menchevique Fiódor Dan entró en la sala con un par de amigos, para recoger su abrigo. Dan le reconoció de inmediato, a pesar del atuendo, y se apresuró a retirarse de la habitación, mientras Lenin rompió a reír desdeñosamente.[22]

Lenin redactó de inmediato su proclamación «¡A los ciudadanos de Rusia!». Empezaba con uno de sus anuncios típicamente prematuros: «El Gobierno Provisional ha sido depuesto. El poder estatal ha pasado a manos del órgano del Sóviet de los Diputados de los Trabajadores y los Soldados de Petrogrado: el Comité Revolucionario Militar, que dirige al proletariado y el acuartelamiento de Petrogrado».[23] A pesar de esta afirmación, de una fe inquebrantable, Lenin aún no bajó la guardia, ni siquiera cuando estaba estirado en el suelo, fingiendo dormir.

En la Sala de Malaquita del Palacio de Invierno los ministros de Kérenski aguardaban a que su jefe hiciera aparición en cualquier momento, a la cabeza de una columna de caballería al rescate. Pero el famoso asalto al Palacio de Invierno, que destaca en el mito bolchevique y ha perpetuado hasta nuestros días la película propagandística de Serguéi Eisenstein, distó de ser heroico.

La plaza del Palacio estaba defendida por cadetes de yúnker provistos de ametralladoras y artillería ligera, con las piezas emplazadas en pequeños reductos de troncos y sacos de arena. Con la primera descarga de los defensores, el tímido ataque de la Guardia Roja se vino abajo. Se pudo constatar que, aunque Lenin sostenía que contaban con el apoyo del acuartelamiento, esto no era verdad. A primeras horas de la tarde un numeroso contingente de marinos de la Flota del Báltico (con hasta 5.000 efectivos, según algunas fuentes) desembarcaron de una diversidad de navíos de Kronstadt con la misión de tomar el Palacio de Invierno. Pero ellos también se arredraron bajo el fuego de los yúnker y el batallón femenino.

Como los marinos de Kronstadt carecían de la preparación necesaria para atacar atravesando el espacio abierto de la plaza del Palacio, el crucero ligero *Aurora*, atracado en el muelle opuesto al Palacio de Invierno, apuntó con su torreta de cañones de 6 pulgadas. A las 6.30 de la tarde, Trotski y el Milrevkom dieron un ultimátum a los miembros del Gobierno Provisional. Si no capitulaban abrirían fuego con los cañones de la Fortaleza de Pedro y Pablo y del *Aurora*. En el interior del palacio los ministros solo podían apoyarse en la esperanza de que Kérenski apareciera a la cabeza de tropas leales. En realidad, el crucero había llegado sin proyectiles explosivos, por lo que a las nueve de la noche, cuando se dio orden de abrir fuego, solo pudo disparar un único proyectil sin carga. Los cañones de la fortaleza sí disponían de munición real, pero la puntería de sus artilleros era lamentable (más aún, teniendo en cuenta las dimensiones del blanco). De los más de treinta proyectiles que dirigieron contra el Palacio de Invierno, solo dos dieron contra la fachada de la orilla del Nevá. Las ametralladoras Colt de los muros de la fortaleza se sumaron al fuego, pero tampoco tuvieron gran efecto al otro lado del río.

Poco después, algunos guardias Rojos descubrieron un acceso no vigilado al Palacio de Invierno, pero se rindieron al poco de entrar, nada más encontrarse con algunos cadetes yúnker. Los defensores, no obstante, se desanimaron al ver que los refuerzos que les habían prometido no llegaban, y empezaron a darse a la fuga. Cuando se puso de relieve que la defensa se estaba evaporando, algunos marinos y soldados se aproximaron al palacio, se envalentonaron por la ausencia de reacción, y accedieron al interior a través de las ventanas. Al cabo de nada una multitud estaba saqueando las bodegas del palacio, por las existencias de vino y vodka; arrancaba el cuero de las sillas y los sofás, para repararse las botas; y hacía trizas los espejos. Vladímir Antónov-Ovséyenko, que en teoría estaba al mando del asalto, describió cómo los centinelas de la guardia Preobrazhenski, y luego de la Pavlovski, encargados de impedir el paso a las bodegas, se incorporaban a la borrachera. «Al llegar la noche se desenfrenó una violenta bacanal. "¡Bebámonos los restos de los Románov!".» Aunque luego intentaron anegar las bodegas, «los bomberos a los que habían enviado a tal fin también optaron por emborracharse».[24]

Después de rendirse a Antónov-Ovséyenko, se escoltó a los ministros hasta la Fortaleza de Pedro y Pablo. Se dice que unas pocas mujeres del batallón femenino fueron violadas después de la orgía de destrucción, cuando las llevaron al cuartel del Regimiento de Granaderos. Pero el principal oficial de enlace británico, el general de división Knox, que convenció a Antónov-Ovséyenko de que era mejor devolverles la libertad, informó: «Hasta donde se ha podido determinar, aunque las han apaleado e insultado de todas las maneras tanto en el cuartel de la Pavlovski como de camino al Regimiento de Granaderos, no se les causó otro daño».[25]

En el Instituto Smolny, los líderes bolcheviques aguardaban con impaciencia las noticias de la rendición. El Segundo Congreso de los Sóviets se había reunido en la grandiosa sala de baile, con su columnata de pilares blancos. Los llamamientos a una coalición de partidos socialistas demostraron ser populares, pero el asalto bolchevique al Gobierno Provisional fue objeto de condenas que lo equiparaban a una declaración de guerra civil. «Un partido detrás de otro —escribió el social-revolucionario Vladímir Zenzínov— fueron declarando que protestaban por las acciones de los bolcheviques y sus tácticas engañosas. Los representantes de los movimientos revolucionarios subieron a la tribuna en sucesión, expresaron su protesta en términos muy enfáticos y se marcharon del congreso para demostrar que no querían tener nada que ver con los bolcheviques.»[26]

Mártov, el líder menchevique, advirtió de que las acciones de bolcheviques iban a acarrear consecuencias temibles, generarían «inevitablemente, el hambre y la degeneración de las masas». Pero Trotski desdeñó su figura como la de «un pequeñoburgués asustado y superado por la magnitud de los acontecimientos».[27] Cuando Mártov abandonó la sala como protesta, Trotski le dirigió unos insultos que se hicieron famosos: «Dais pena, estáis en la ruina y aquí ya no os queda nada que hacer. Marchaos donde a partir de ahora os corresponde estar: ¡a la papelera de la historia!».[28]

Al abandonar el congreso dejaron el campo despejado para Lenin, que quería una guerra civil que destruyera a todos los opositores y rivales. Maksim Gorki, aunque había mantenido con Lenin una relación de amistad cordial, no se hacía ilusiones al respecto de su carácter; y tampoco tenía miedo de decir en voz alta lo que pensaba. El 7 de noviembre, después del golpe de Estado bolchevique, Gorki dijo en su columna «Pensamientos inoportunos», del *Nóvaya Zhizn*: «Ahora la clase trabajadora debería saber que en la vida real no se producen milagros; que tienen que prever que habrá hambre, un desorden total en la industria, problemas en los transportes y una anarquía sangrienta y prolongada a la que seguirá una reacción no menos sangrienta y cruda. Aquí es donde conduce al proletariado su líder actual, y debe entenderse que Lenin no es un mago omnipotente, sino un timador despiadado que no respetará ni el honor ni la vida del proletariado».[29]

9

La Cruzada de los Niños. Rebelión de los yúnker

Octubre y noviembre de 1917

En la noche del 26 al 27 de octubre, Lenin se dirigió a una asamblea abarrotada, reunida en el antiguo Instituto Smolny para Doncellas Nobles. Fue la sesión de clausura del Segundo Congreso de los Sóviets de toda Rusia. El aire era casi irrespirable por efecto del humo del tabaco majorka, del sudor corporal y de la falta de oxígeno; pero el entusiasmo era más poderoso que el sueño. Cuando Lenin declaró: «¡Y ahora procederemos a construir el orden socialista!», el clamor de triunfo fue verdaderamente ensordecedor.[1] Lenin no veía paradoja en pedir que los pueblos de todos los países beligerantes instasen a una paz inmediata y en luego añadir: «Pero confiamos en que esa revolución no tardará en estallar».[2]

Pocas horas más tarde, a las 2.30 de la madrugada del 27 de octubre, Kámenev le dijo al multitudinario público allí reunido que, hasta que la Asamblea Constituyente pudiera ocuparse de esta labor, el país estaría dirigido por un «Gobierno Provisional de trabajadores y campesinos»: el Consejo de Comisarios del Pueblo. Leyó en voz alta los nombres de los integrantes. Entre ellos figuraban Vladímir Ilich Uliánov (Lenin), como presidente del Consejo; Liev Davídovich Bronstéin (Trotski), como comisario del pueblo de Exteriores; Vladímir Antónov-Ovséyenko, con la cartera de Guerra; Aleksandra Mijáilovna Kolontái, en Bienestar Social; Anatoli Vasílievich Lunacharski, en Educación Popular e Ilustración; y Yósif Vissariónovich Dzhugashvili (Stalin) como comisario del pueblo para las Nacionalidades. Sin embargo este gobierno resultó ser permanente, no provisional, pues a la Asamblea Constituyente nunca se le permitió reunirse. Los delegados del Congreso se dispersaron, exhaustos, a las cuatro de la madrugada.

Aquella mañana, un biplano apareció sobre el centro de Petrogrado y siguió la Nevski Prospekt lanzando octavillas con una proclamación de Kérenski. Se afirmaba que sus tropas habían tomado Tsárskoye Seló y al día siguiente estarían en la capital. El general Krasnov, aunque después del asunto de Kornílov sentía desprecio por Kérenski, había avanzado hacia la capital desde Pskov, con poco más de un millar de hombres (en su mayoría, sus cosacos del Don, del III Cuerpo de Caballería), un vehículo blindado y un tren acorazado. Pusieron en fuga a una fuerza de la Guardia Roja y ocuparon Gátchina antes del amanecer; a la mañana siguiente continuaron hasta Tsárskoye Seló. En total desarmaron a 16.000 soldados, aunque no los hicieron prisioneros: los cosacos no tenían hombres suficientes para vigilarlos.

Trotski invocó a la Guardia Roja a salir de la ciudad en defensa de la revolución. Los que no tenían armas se llevaron palas para cavar trincheras. Una larga procesión de mujeres que se ofrecieron voluntarias para labores de enfermería emprendió la marcha hacia el suroeste. Las dirigía Nikolái Podvoiski, del Comité Revolucionario Militar bolchevique. Pero la tarea le resultaba abrumadora, a lo que no ayudaba que Lenin intentara supervisarlo todo desde el Smolny. Cuando Podvoiski amenazó con dimitir «Lenin le ordenó que permaneciera en el puesto, de lo contrario se le entregaría a un tribunal del Partido y se le fusilaría».[3]

Lenin mantenía un contacto constante con el Tsentrobalt, al que le pedía más marinos de Helsingfors y Kronstadt y más buques de guerra. Raskólnikov envió el crucero *Oleg* y el destructor *Pobedítel*. Desde Petrogrado también se enviaron otros refuerzos hacia el exterior, hacia la línea defensiva de las colinas de Púlkovo. El Regimiento de la Guardia Volynski tuvo una actuación poco distinguida.[4] Un teniente al que se le había encomendado el reconocimiento no cumplió bien con su deber y todo el avance resultó caótico. En las colinas de Púlkovo la Guardia Roja acusó al oficial al mando de haber sido monárquico y obligó al comisario del regimiento a presentar la dimisión. En total en Púlkovo se congregaron unos 5.000 marinos de la Flota del Báltico y unos 10.000 guardias Rojos.

Krasnov no desaprovechaba ninguna ocasión de enviar telegramas a los comandantes del frente, para solicitar refuerzos; pero no tuvo éxito en el empeño. Topó con las malas comunicaciones y la falta de cooperación de algunos oficiales destacados, en particular del general Cheremísov, en Pskov, que se había negado a ayudar a Kérenski en su huida de

Petrogrado. Los generales temían por un lado provocar a los bolcheviques, por el otro ser responsables de dar el primer paso hacia una guerra civil. Los líderes del sindicato ferroviario Vikzhel, entre los que había tanto mencheviques como social-revolucionarios, volvieron a bloquear las líneas para impedir la llegada de refuerzos de cualquiera de los bandos. Pedían una tregua y un gobierno de coalición que representara a todos los partidos socialistas.

La intensidad de la lluvia hizo que la carga de la caballería monte arriba, contra las colinas de Púlkovo, se complicara mucho, a pesar de que la Guardia Roja se caracterizó por la mala puntería. A través de los binoculares Krasnov podía ver a los marinos de la Flota del Báltico, situados en los flancos, con sus chaquetas negras y los gorros navales. Una *sotnia* de cosacos de la Guardia intentó atacarlos, pero se empantanaron con el barro y perdieron muchos caballos.

El lunes 30 de octubre, con una clara inferioridad numérica de casi uno contra veinte, Krasnov tuvo que renunciar a cualquier otro intento de asaltar las colinas de Púlkovo. Sus hombres, cuya determinación flaqueaba por el trato con los bolcheviques, andaban ya escasos de munición, raciones y paja para los caballos. Krasnov apenas pudo hacer nada cuando sus cosacos enviaron una delegación a negociar un alto el fuego con los marinos. Regresaron en compañía de cierto número de marinos, entre ellos, su líder, el bolchevique ucraniano Pável Dybenko. Este joven de barba negra era el amante de Aleksandra Kolontái, la comisaria del pueblo para Bienestar Social. Dybenko hizo gala de su encanto y planteó el subterfugio de que no había necesidad de seguir luchando, porque los líderes bolcheviques tenían la intención de acceder al gobierno de coalición que había propuesto el sindicato Vikzhel.

Para los soldados cosacos, lo único importante era poder volver a su casa, a las orillas del «Don apacible». Para tal fin estaban dispuestos incluso a entregar a Kérenski a los bolcheviques; pero el ex primer ministro logró huir justo a tiempo, disfrazado como un marino (no especialmente convincente). Después de haber perdido el apoyo de todos, el héroe de la Revolución de Febrero abandonó Rusia en dirección a París. En esto tuvo más suerte que la familia imperial, a la que él había enviado a Tobolsk.

Coincidiendo con el avance de Krasnov, una organización que se hacía llamar «Comité para la Salvación del País y la Revolución» (integrada ante todo por social-revolucionarios de derechas) pidió a sus partidarios que se alzaran en contra de la dictadura bolchevique. Sin embargo muy pocos oficiales zaristas se sumaron a esta rebelión, que en consecuencia acabó siendo una «Cruzada de los Niños», con cadetes de distintas academias de yúnker acudiendo a la batalla dirigidos por sus propios instructores. Algunos de estos chicos contaban poco más de catorce años y los fusiles que manejaban eran casi tan altos como ellos. El afán por demostrar su valía y sacrificarse por una causa con sus vidas apenas empezadas recordaba al héroe stendhaliano de *La Cartuja de Parma*, Fabrizio del Dongo.

El domingo 29 de octubre el centro de Petrogrado se despertó con el ruido de las ametralladoras. Los jóvenes cadetes de yúnker, procedentes de varias de las academias militares de la capital y los alrededores, se habían estado preparando durante toda la noche. La Academia Militar de Ingeniería había fortificado su sede, el castillo Mijáilovski, emplazado en la confluencia de los ríos Fontanka y Moika. Esta inmensa curiosidad arquitectónica —construida por el zar Pablo I, que fue asesinado allí— se había convertido luego en escuela para los cadetes de ingeniería, y por ejemplo Fiódor Dostoyevski se había formado allí, en la década de 1830, antes de ascender a teniente y escribir su primera novela.

La noche antes de la rebelión, los yúnker detuvieron a dos de los suyos, un bolchevique y un social-revolucionario de izquierdas, para impedir que advirtieran al Milrevkom del Smolny. Luego, a primera hora, una parte asaltó el *Manège* del Mijáilovski, que albergaba el destacamento de vehículos blindados. «Antes del amanecer un grupo de yúnker se acercó de pronto a la puerta trasera y eliminó a los centinelas sin resistencia —informó el comisario Zybin al día siguiente, descontento con la falta de disciplina—. El artillero de guardia no estaba en su puesto y no ofrecieron resistencia... La actitud de los soldados fue de poca firmeza. Solo una minoría tenía ideas revolucionarias sólidas.»[5] Por lo tanto, los yúnker pudieron regresar triunfalmente con varios vehículos, entre ellos tres coches blindados, a su fortín del castillo Mijáilovski, situado al lado mismo del Picadero.

Poco antes del amanecer, los instructores distribuyeron munición entre sus cadetes. Pronto un grupo de la Guardia Roja, con brazaletes rojos, llegó de la fábrica de Putílov en compañía de algunos marinos de Kronstadt y un cañón de artillería ligera. Contaron con el refuerzo de tropas ataviadas con escarapelas rojas. Entre tanto, otros grupos de cadetes habían tomado la central de teléfonos y el hotel Astoria, donde se alojaban tanto funcionarios bolcheviques como periodistas extranjeros. «De repente un oficial jovencísimo —informó una corresponsal estadounidense—, con un cigarrillo prendido despreocupadamente en las comisuras de la boca y un revólver en la mano, puso contra la pared a los guardias bolcheviques y los desarmó.»[6] En uno y otro caso, el plan consistía en defender el edificio hasta que Kérenski llegara con la caballería.

Junto a la central telefónica, en la calle, otro grupo de jóvenes apresó al miope Antónov-Ovséyenko, el nuevo comisario del pueblo para la Guerra. Según cierto informe bolchevique sobre la rebelión: «Llegaron en secreto oficiales que apoyaban al comité», y que les dijeron a los cadetes que «algunas unidades del acuartelamiento, como por ejemplo la guardia Izmáilovski, la guardia Semiónovski, el regimiento Volynski, cosacos y otros», eran partidarios de la insurrección; «pero esta información resultó ser falsa, una provocación grosera. Los yúnker, que no sabían gran cosa de política, se creyeron esas sucias mentiras».[7]

El general de división Knox, agregado militar de Gran Bretaña desde hacía muchos años, no se sintió impresionado por la reticencia de los exoficiales a dar respaldo a los cadetes. «Mientras podían oírse los disparos, me encontré por la calle de al lado a cierto oficial que conocía, paseando cogido del brazo de una dama. ¡Yo le expresé mi asombro ante su desinterés en los combates, pero me contestó que eso no tenía nada que ver con él!»[8]

Los marinos bolcheviques que cercaban la central telefónica se enfurecieron al saber que los cadetes habían apresado a Antónov. Sabían, porque Raskólnikov lo había descubierto, que los cadetes de yúnker escuchaban las comunicaciones de los bolcheviques. A la postre el instructor de los oficiales tuvo que admitir ante los cadetes que las tropas de Kérenski se hallaban lejos de la capital y que en el acuartelamiento de Petrogrado no había ni una sola unidad que estuviera a favor del Comité. Los instructores que habían dirigido a los cadetes a la lucha fueron los primeros en desaparecer: se arrancaron las hombreras de oficial y abandonaron la posición.

Los chicos, rodeados por un número abrumadoramente superior de marinos de Kronstadt, y sin esperanzas de recibir ayuda externa, empezaron a dejarse llevar por el pánico. Los marinos querían matarlos a todos porque a algunos los habían apresado en el Palacio de Invierno y, cuando se rindieron, habían dado su palabra de que no volverían a tomar las armas. Entonces los chicos ofrecieron la libertad a su rehén, a cambio de salvar la vida. Para disgusto de los marinos Antónov cumplió lo prometido y en lo que a él respectaba impidió que se matara a los cadetes.

La rebelión de los jóvenes cadetes llegó a su fin a las cinco de la tarde, en el castillo Mijáilovski. «Los yúnker se rindieron y se les condujo hasta la Fortaleza de Pedro y Pablo —informó Morgan Philips Price, del *Manchester Guardian*—. Pero no antes de que se apartara del grupo a unos cuantos y los mataran a culatazos.»[9]

En Moscú, el golpe de los bolcheviques no salió ni de lejos igual de bien. Ello se debió a que sus líderes se habían opuesto a la idea de tomar el poder por la fuerza (al igual que Kámenev y Zinóviev en Petrogrado). Además hubo una confusión considerable. «Los bolcheviques se han apoderado de los despachos editoriales de los periódicos "burgueses" —escribió Oréshnikov el viernes 26 de octubre, en su diario del Museo Histórico— y por lo tanto no hay noticias sobre los hechos de Petrogrado.»[10] Pero luego reveló que un destacamento de jóvenes yúnker de una de las academias militares de Moscú había pasado la noche —en secreto— dentro del Museo Histórico, que se hallaba junto al Kremlin.

Avanzada aquella mañana, dos representantes del Comité Revolucionario de Moscú acudieron al Kremlin para pedirle al 56.º Regimiento que entregara las armas que allí se custodiaban. Pero llegaron tarde: los cadetes escondidos en el Museo Histórico habían rodeado y tomado el Kremlin. Las fuentes bolcheviques hacen hincapié en que los cadetes habían convencido a los soldados de que salieran para presentar la rendición y entonces los ejecutaron. Esta acción en la que los partidarios del Gobierno Provisional ocuparon el Kremlin y el centro de Moscú supuso el principio de varios días de combates callejeros. El Sóviet de los Trabajadores y Soldados —situado en la residencia del antiguo gobernador general, en la Tverskaya, el gran bulevar que sale del Kremlin hacia el noroeste— se halló sitiado. Hubo tiroteos descontrolados que obligaron a los habitantes de los apartamentos de la Tverskaya a buscar refugio en las escaleras traseras.

Se cavaron trincheras y se levantaron barricadas en muchos lugares, por ejemplo, en una esquina de la plaza Lubianka, donde los cadetes de yúnker instalaron dos ametralladoras protegidas con «madera, muebles y toda clase de trastos».[11] Muchos estudiantes universitarios de Moscú se unieron voluntariamente a los yúnker, pero, al igual que había sucedido en Petrogrado, entre los antiguos oficiales pocos se atrevieron a arriesgar el pellejo.

Los dos bandos, tanto los yúnker como la Guardia Roja, organizaron constantes patrullas nocturnas. Se iban enfrentando en una ciudad que parecía cada vez más vacía y fantasmal. Las principales estaciones de tren, aunque estaban desiertas, seguían todas iluminadas. «No paran de oírse disparos —escribió un joven trabajador bolchevique— y parece como si estuviéramos rodeados de tiradores por todas partes.» Al principio solo disparaba contra las sombras desde la luz de las farolas. «La vista se había acostumbrado a la oscuridad, pero no era fácil distinguir qué teníamos por delante.»[12]

Durante la noche del 28 de octubre se oyeron los primeros proyectiles de la artillería, que al día siguiente fueron claramente más intensos. Los yúnker disparaban desde el Kremlin contra la fábrica Éinem, que era un bastión de los bolchevique, mientras estos devolvían el fuego desde las colinas de los Gorriones (y provocaron más destrozos en los monumentos antiguos que los que la Wehrmacht consiguió causarles durante la segunda guerra mundial). El escritor Iván Bunin quedó atrapado en el apartamento de su suegra, junto al distrito de Arbat. «Durante el día hubo muchísimos proyectiles de artillería —escribió—, explosiones constantes de granadas y metralla, los chasquidos incesantes de los fusiles. Ahora mismo estaba cayendo sobre el tejado una auténtica lluvia, no sé exactamente de qué clase de arma... Es casi medianoche. Da miedo ir a dormir. He atrancado la puerta de mi dormitorio con el armario de la ropa.»[13] Como no había periódicos, corrían toda clase de rumores, algunos de un optimismo ridículo. Un ingeniero que había llegado de Petrogrado le contó a Oréshnikov el 1 de noviembre, por ejemplo, que las tropas leales a Kérenski habían ocupado la capital y que «Lenin y compañía han huido a Kronstadt con el *Aurora*».[14]

Se creía que la central telefónica de Moscú estaba defendida por 300 cadetes de yúnker. La Guardia Roja y algunos soldados trajeron un mortero para poder destruir las barricadas del exterior y asaltarlas. Después de que una segunda bomba impactara contra la azotea, los guardias Rojos lograron entrar en el edificio. Gritaron exigiendo la rendición de los defensores y golpearon las puertas con las culatas. Algo más tarde apareció una bandera blanca por una ventana del tercer piso. Los disparos no se silenciaron del todo, pero al poco los chicos salieron para rendirse. Eran menos de doscientos. «Nos habían dicho que todos eran cadetes, pero vimos que había muchos civiles, entre ellos gente con la típica gorra de visera de los estudiantes. Parecían muy asustados.»[15] Cuando salieron, los soldados intentaron darles de palos y les amenazaron y maldijeron a gritos. Habían oído la historia de que al 56.º Regimiento del Kremlin, al rendirse, lo habían barrido con las ametralladoras. A la Guardia Roja aquellos jóvenes cadetes les daban lástima, pero los soldados no lo veían igual: «¿Y qué, si son niños? Todavía quieren llegar a ser "Su Excelencia"».

«Los yúnker estaban en filas, alrededor de la bandera que hay junto a la muralla del edificio —escribió Paustovski sobre su rendición, el 2 de noviembre—. Tenían las gorras aplastadas y los abrigos manchados de yeso. Muchos se habían quedado medio dormidos, apoyados en sus fusiles.»[16] Se acercó un hombre desarmado, que vestía un abrigo de cuero negro e iba escoltado por varios guardias Rojos. «El oficial que estaba al mando de los yúnker dio un paso adelante y tiró al suelo la gorra y el revólver. Los yúnker siguieron su ejemplo, hicieron una pila con sus fusiles y cartucheras y como el oficial, se alejaron caminando despacio... Entre la escarcha y el humo se alzaban los tilos, con las ramas destrozadas. En el bulevar, por todo el camino hasta el monumento a Pushkin, ardían las teas de las farolas rotas. En la calle había montones de toda clase de alambres rotos, que tintineaban quejosamente sacudidos contra el pavimento. Un caballo muerto, tirado entre los raíles de los tranvías, mostraba los dientes amarillos... Y aún no había nada de la amargura que vino después, con la guerra civil.»

El primer levantamiento contra el golpe de Estado bolchevique se produjo lejos de Petrogrado. El 26 de octubre —un día después de la toma del Palacio de Invierno— el coronel Aleksandr Dútov dirigió un grupo poco numeroso a la conquista de Oremburgo, en el extremo sur de los Urales. Contaba con una población de medio millón de personas y era la sede de la Hueste Cosaca de Oremburgo. Dútov declaró la ley marcial en la ciudad, y la guerra a los bolcheviques. Aunque tan solo disponía de 2.000 hombres —en su mayoría, oficiales—, estaba en condiciones de amenazar las comunicaciones con Siberia. Sin embargo, Dútov, que era quizá el único atamán cosaco razonable al este de los Urales, organizó concienzudamente unas elecciones a la Asamblea Constituyente.[17]

Más al este, en Verjneúdinsk (Siberia), el coronel Grigori Semiónov se alzó contra los bolcheviques el 18 de noviembre. Contó con el apoyo de algunos de sus cosacos de la Transbaikalia y un regimiento de la caballería buriata, que se había estado formando un barón aún más asesino: Román von Úngern-Stérnberg. Semiónov, una figura achaparrada, con los bigotes en forma de cuernos de búfalo, era un hombre brutal e iletrado; pero en su mirada suspicaz se percibía una gran astucia de campesino. En cuanto a Úngern-Stérnberg, que procedía de una familia de barones del Báltico, era un psicópata inteligente.

En 1913, un viajero ruso que se hallaba en Mongolia, cierto Burdukov, tuvo oportunidad de conocer al barón. Lo describió como un guerrero ascético y obsesivo: «Era un hombre flaco, dejado y desaliñado, con una barba de varios días, de un color amarillento, y los ojos desteñidos y helados de un maníaco. Llevaba un uniforme mugriento, unos pantalones raídos, las botas, con agujeros... Un oficial ruso que recorría a caballo toda Mongolia desde el Amur, sin ropa de cama ni más pertenencias con las que cambiarse, ni tampoco alimentos, era ciertamente algo extraordinario».[18] Todo el mundo parecía recordar sus ojos, que a menudo fueron calificados de fríos como el hielo, con la impresión de que podían ver a través de la persona que tenía delante. Por otro lado, también tenía una cabeza inusualmente pequeña, sobre unos hombros anchos de los que nacían unos brazos muy largos.

Cuando se evaluaban sus cualidades militares, el informe era en general mucho más favorable, aunque con un problema esencial al que se atribuía cualquier otra deficiencia: «Su único vicio grave es la bebida constante —se decía—. Cuando se ha emborrachado es capaz de comportarse de formas incompatibles con el honor de un oficial».[19] Además Úngern Sternberg despreciaba las regulaciones y la burocracia. Odiaba el papeleo hasta el extremo de que sencillamente lanzaba al fuego cualquier correspondencia oficial.

El 31 de diciembre, un tren del Ferrocarril Transiberiano se acercaba a Chitá. Varios bolcheviques, con la confianza de que controlaban la línea, estaban de fiesta en un compartimento reservado de primera clase, para celebrar la llegada del año nuevo de 1918. Su líder, un comisario bolchevique de la Armada, un marino llamado Kudriashov, se dirigía a Vladivostok provisto de 200.000 rublos para la organización local. Estaba tan borracho que se olvidó de cambiar de tren a la línea del Amur. No comprendió en qué peligro se había metido hasta después de que se detuvieran en la región de Dauria. Un oficial delgado, de pelo rubio, entró en el compartimento seguido de varios subordinados, y fijó los ojos pálidos en Kudriashov. «¿Es usted el vicecomisario de Marina?», preguntó. Kudriashov tembló de terror al admitir que sí. El barón Úngern examinó los papeles y dirigió a sus compañeros un gesto mordaz: «A estos mierdas —dijo, señalando a los demás integrantes de la fiesta de Kudriashov—, azotadlos y echadlos de aquí».[20] Según un testigo, Kudriashov se humilló hasta suplicar por su vida, mientras lo sacaban a la nieve, donde Úngern dio la orden de disparar. La gran suma de dinero que le encontraron encima se utilizó para pagar a los hombres del barón. Todos los productos que viajaban hacia la Rusia europea fueron incautados a instancias de Úngern, para subastarlos. Nunca gastaba nada para sí mismo y evitaba la compañía de las mujeres. En su casa de Dauria, en cambio, criaba lobos.[21]

En lo que ha pasado a la historia como la *atamánschina*, el reinado de terror de los atamanes cosacos, Siberia, al este del lago Baikal, sufrió más que ninguna otra región de Rusia por la crueldad inconcebible de caudillos como Semiónov, Úngern y Borís Ánnenkov.

De todas las regiones de Rusia, la que era más probable que se erigiera en centro de resistencia al gobierno bolchevique era el Don. En 1812, durante la guerra Patriótica contra Napoleón, los cosacos del Don habían proporcionado por sí solos veintiséis regimientos de caballería, hasta totalizar casi 50.000 sables. El general de caballería Alekséi Kaledín había sido elegido atamán de los cosacos del Don en junio. Varias semanas más tarde se alió con la derecha de un partido centrista, el de los kadetes; pero se arrepintió en cuanto sus líderes acudieron en manada a la capital del Don, Novocherkask, junto con oficiales de Moscú y Petrogrado que habían dejado de recibir cualquier salario. Los bolcheviques se enfurecieron al saber que la Rada ucraniana desarmaba a las tropas soviéticas pero permitía que los oficiales y los destacamentos cosacos del frente rumano atravesaran armados su territorio con el objetivo de reunirse con Kaledín.

Kaledín, como era de esperar, recibió con los brazos abiertos a los cosacos que se quejaban del trato que recibían con el nuevo régimen bolchevique. El comisariado de las tropas cosacas en el Stavka informó: «Los cosacos, en especial los cosacos que no reconocen el gobierno del

Sovnarkom, se han visto convertidos en forajidos. La masa de los soldados, bajo la influencia de los bolcheviques, insulta y odia a los cosacos. Las unidades cosacas son las últimas en recibir suministros vitales; algunas ni siquiera los reciben. Y por la carestía de forraje, han perdido la mayoría de sus caballos. A los regimientos cosacos destinados en Finlandia y Petrogrado se les ha obligado a quedarse ahí; Trotski les ha dicho a sus delegados que los consideran rehenes. Las nuevas autoridades usan la táctica del "divide y vencerás" y toman todas las medidas posibles para evitar cualquier concentración de unidades cosacas».[22]

La unidad era frágil, incluso dentro de la Hueste Cosaca del Don. Había tensiones entre los oficiales y la tropa, y cuando los cosacos más jóvenes volvían del frente a sus hogares, surgía una brecha generacional entre los «padres» tradicionalistas y los «hijos» que apoyaban muchos de los valores que la revolución representaba. También había hostilidad entre los cosacos y los campesinos no cosacos que habían migrado a la región, los denominados *inogorodnie*, que no poseían tierras y eran tratados como ciudadanos de segunda clase. Por otro lado, como no era de extrañar, los trabajadores industriales de Taganrog y Rostov del Don, al igual que los mineros del Dombás, identificaban a los cosacos como zaristas y reaccionarios.

Después de que el Círculo (*Krug*) del Don, el 20 de noviembre, se reuniera en asamblea en Novocherkask y declarase la independencia, la Guardia Roja del proletariado local se apoderó de Rostov y proclamó por su parte una República Soviética del Don. Los obreros industriales de la vecina Taganrog rodearon a cincuenta cadetes de yúnker que, después de haberse acordado que les perdonarían la vida, se rindieron. Pero se los llevaron a una fábrica metalúrgica, les ataron los pies y las manos y los fueron arrojando uno por uno a un alto horno.[23]

El 2 de diciembre, Kaledín y sus partidarios recuperaron Rostov del Don, que era la puerta de entrada al Cáucaso. La reacción bolchevique fue inmediata. La Academia Naval de Combate Aéreo comunicó al Comité Revolucionario de la Marina que «debido al levantamiento de Kaledín, el Comité de la Academia Naval de Combate Aéreo solicita... la asignación urgente de veinte bombas de un pud (16,38 kilos) y cuarenta bombas de medio pud».[24] El «Don apacible» se iba a convertir en uno de los campos de batalla cruciales de la guerra civil.

Hubo muchas otras insurrecciones contra el asalto bolchevique al poder, pero se rebelaron sin coordinarse, como ciudades-Estado independientes, y por lo tanto fueron aplastadas de forma individual. El 14 de
noviembre, se envió a la guardia Finliandski de Petrogrado a Nizhni
Nóvgorod, en tren, para sofocar un levantamiento contrarrevolucionario. Los soldados de la Finliandski querían abolir cualquier clase de
graduación militar, por lo que se opusieron incluso a las propuestas
de ascenso. También votaron, en asamblea, que toda la cubertería de
plata de la cantina de los oficiales se entregaría al banco estatal, e invi-
taron a las otras unidades de la guardia a hacer lo mismo.[25] Con esto se
quería ayudar a elevar el valor del rublo en el extranjero, que en tan solo
diez días, tras la noticia del golpe bolchevique, había perdido la mitad
de su valor en relación con el dólar.[26]

En Siberia los bolcheviques no tomaron Irkutsk hasta el 8 de diciembre, cuando los habitantes, al despertar, encontraron que las calles
estaban siendo patrulladas por grupos armados de soldados probolcheviques. Para que no cupieran dudas sobre quién estaba al mando, instalaron ametralladoras en la colina de Jerusalén, a las afueras de la ciudad,
y apuntaron piezas de artillería contra el centro desde detrás de la estación de tren. «De este modo los bolcheviques habrían podido hacerse
con Irkutsk sin derramar una sola gota de sangre —escribió el abogado y
etnógrafo Moiséi Krol— de no haber sido por varias docenas de cadetes
de yúnker, cosacos, oficiales y políticos que decidieron defender el nuevo régimen con las armas en la mano.»[27]

«Vi un pequeño destacamento de yúnker, con un oficial —escribió
Serébrennikov—. Iban pertrechados de todo el equipo de combate. Llevaban las *válenki* [botas de fieltro] siberianas, los gabanes de piel de cor-
dero por encima de las chaquetas, los fusiles al hombro y las granadas de
mano colgadas de los cinturones.»[28] Se instalaron en su academia militar
y empezaron tomando la iniciativa y sitiando a la Guardia Roja en la
residencia del gobernador general. La fuerza bolchevique «no había previsto ninguna batalla prolongada y no contaba con suministros suficientes, así que pronto empezaron a pasar hambre. Y tampoco tenían agua.
Cuando un valiente se atrevía a salir corriendo hacia el Angará con un
cubo, a coger agua o aunque fuera algo de nieve del patio, caía bajo las
balas de los yúnker, que tenían buena puntería. El primer día las ventanas habían saltado hechas pedazos y en el edificio hacía un frío muy intenso. Los Rojos usaban para calentarse todo lo que podían echar al fue-

go: tableros del suelo de parqué, los muebles del palacio, las pinturas... Al final no les quedó otra que rendirse».[29]

El fuego de las ametralladoras en las calles causó muchas bajas entre los civiles. «De vez en cuando podíamos ver desde nuestra ventana el paso de un trineo que enarbolaba una bandera de la Cruz Roja. Algunos valientes se atrevían a recorrer las calles para recoger a los muertos y heridos.» Los combates se prolongaron durante casi diez días, hasta que los bolcheviques de Krasnoyarsk enviaron refuerzos de consideración a Irkutsk, que cercaron a los yúnker y les obligaron a capitular.

«Los vencedores aseguraron que los derrotados gozarían de plena libertad personal: podían quedarse en Irkutsk o marcharse, sin represalias. El acuerdo fue suscrito por representantes de los dos bandos y tengo que decir que los bolcheviques de Irkutsk lo respetaron.»[30] Pero los antibolcheviques que se marcharon hacia el este con la intención de unirse al atamán Semiónov desconocían que otros grupos de Rojos habían instalado «puestos de control» a lo largo del ferrocarril Circum-Baikal «con el fin de atrapar a contrarrevolucionarios, y allí se perdieron muchas vidas».[31]

Se informó de disturbios y saqueos por prácticamente todo el país. «En Belets y Járkov están pasando cosas de locos —escribió Lakier— pero las algaradas más graves son en Besarabia. La oleada de pogromos todavía no ha llegado a Odesa pero aquí también se espera que haya disturbios.»[32]

En Irbit, en los Urales, no se produjeron asaltos hasta finales de noviembre. Como era de prever, el primer objetivo fue una destilería, La Taberna Siberiana, que casualmente estaba enfrente de la mezquita local. Los soldados salieron dando tumbos, con una botella de tres litros de vodka en cada mano. Pronto una de las tiendas del bazar estaba en llamas, según apuntó un estudiante. «Unas lugareñas le prendieron fuego para que se viera mejor, y se pusieron a coger de todo. En los saqueos no participaron más de una decena de soldados, la mayoría estaba mirándoselo desde fuera y, de vez en cuando, soltaban algún disparo al aire. Todos estaban borrachos. Al otro lado de la calle, en diagonal, había otra tienda con jamones, salchichas, aguardientes y varios tipos de vinos. Allí es donde se fueron los soldados, y yo les seguí. Entre la multitud que se reunió allí había una mujer de mediana edad que no paraba de repetir: "Tened, coged las llaves. No me lo reventéis". Era la propietaria del puesto. Pero lógicamente hicieron lo contrario, reventaron los escaparates y la puerta, para entrar. La mujer tiró las llaves al suelo y se marchó.»[33]

En aquel momento nadie tenía una tarea más desagradecida que el general Nikolái Dujonin, el último comandante en jefe del viejo Ejército, al que se había corrido a ascender después del asunto de Kornílov. Wavell, que llegó a conocerle bastante bien, le describió como «un hombre amable, bastante capaz, pero en ningún caso impresionante».[34]

El 8 de noviembre Lenin le ordenó a Dujonin que estableciera contacto con las autoridades militares alemanas para que cesaran las hostilidades y se pudiera negociar una paz. Dujonin, con la intención de ganar tiempo, afirmó que primero tendría que contactar con los Aliados; pero pronto tuvo que confesar que no reconocía la autoridad del Sovnarkom como gobierno central de Rusia. Lenin se apresuró a cesarlo de su puesto y envió un telegrama a todas las formaciones para anunciar que el alférez Krylenko sustituía al general Dujonin.

El 20 de noviembre, el bolchevique Krylenko llegó a Moguiliov con el apoyo de una fuerza de 3.000 hombres: marinos de la Flota del Báltico y soldados del batallón de reserva de las guardias Finliandski y Litovski. Los ferroviarios de Vikzhel habían dejado de bloquear el paso de las unidades bolcheviques. Dujonin, que había rechazado una propuesta de fugarse en un coche, se dirigió a la estación para rendirse ante Krylenko. Fue lo menos prudente; debería haber supuesto que los marinos estarían furiosos con él por haber permitido la huida de Kornílov, Alekséyev, Denikin, Lukomski y los demás generales encarcelados en el recinto del monasterio de Býjov.

Krylenko intentó refugiar a Dujonin en su carruaje, pero los marinos de Kronstadt querían sangre y lo asaltaron. Arrastraron a Dujonin hasta el andén, le dieron de palos, lo desvistieron, «lo clavaron y levantaron con las bayonetas»[35] y por último mutilaron el cadáver desnudo. Los bolcheviques convirtieron esta muerte en un chiste para entendidos: «verificar los documentos de X en el cuartel general de Dujonin» se usó en la jerga como sinónimo de ejecutar a un oficial.

Una semana después, el nuevo Stavka envió un aviso claro a todos los altos oficiales que pudieran simpatizar con «los generales Kaledín, Kornílov, Dútov y otros... Advertimos a los comandantes que toda actividad contrarrevolucionaria, por su parte o la de quienes simpatizan con ellos, será castigada sin piedad. Todo culpable será expulsado de su puesto y entregado a un tribunal revolucionario militar».[36] Krylenko también ordenó a todos los oficiales que se quitaran las hombreras, que desde la perspectiva indignada de los soldados se habían convertido en símbolos de la opresión.

A medida que se acercaba el invierno —y el hambre—, se produjo un cambio notorio en el estado de ánimo. El joven periodista Konstantín Paustovski escribió que «el nebuloso romanticismo» de la Revolución de Febrero, con su «creencia en la felicidad universal», se había evaporado.[37] Describió cómo el veterano escritor Vladímir Guiliarovski, con su gorra de piel de carnero, el extravagante mostacho cosaco y la voz ronca, entró en la sala de redacción y gruñó ante todos los presentes: «¡Mamones! ¡Socialistas! ¡Liberales putrefactos! No sabéis más del pueblo ruso que aquella vieja necia de *madame* Kurdiukova.* Yo sí que conozco al pueblo ruso. ¡Ya os enseñarán dónde pasan las langostas los inviernos!».[38]

---

* *Madame* Kurdiukova era la protagonista de una novela cómica de Iván Miátlev, *Sensaciones y observaciones de Madame Kurdiukova en el extranjero. Dans l'étranger* (1840-1844). A los lectores británicos les recordará a una especie de «señora Malaprop», el personaje de *The Rivals*, de R. B. Sheridan.

10

El infanticidio de la democracia
Noviembre y diciembre de 1917

Que Lenin ordenara al general Dujonin iniciar negociaciones con los alemanes tuvo una consecuencia inmediata: otra gran oleada de soldados abandonó el frente para volver a sus hogares. Si se iba a acordar la paz, ningún campesino quería perderse la redistribución de las tierras incautadas a los terratenientes y la iglesia.

«El ejército de soldados que se marchaban se fue extendiendo por las diversas líneas de ferrocarril de Rusia, destruyéndolo todo a su paso sin ninguna consideración. En los propios trenes, todo lo que alguien podía extraer o destruir estaba destruido o extraído. Incluso se habían llevado láminas de metal de los techos de los vagones. En el mercado de Sújarevski había un comercio activo con los lavamanos, espejos y tiras de terciopelo rojo arrancadas de los asientos.»[1] Los jefes de estación salían huyendo cada vez que una masa de soldados «entraba con alaridos de bandido, música de acordeón y fuego de ametralladoras».

Trotski justificó arrancar el terciopelo de los asientos de la extinta Primera Clase alegando que los soldados los empleaban para vendarse los pies y que ellos también merecían un poco de lujo en sus vidas. A Lenin, por su parte, la destrucción le satisfacía por sí misma. Hacía tiempo que tenía claro el hecho de que la única posibilidad de que los bolcheviques llegaran a controlar —y mantener bajo su control— la gran extensión territorial de Rusia pasaba por lograr una *tabula rasa* por medio de la violencia, de modo que resultara imposible volver al pasado.

En septiembre Lenin había escrito que «la guerra civil es la forma más aguda de la lucha de clases».[2] Defendía que «el proletariado había estado casi a punto de iniciar una guerra civil» durante los Días de julio, pero que la rebelión de Kornílov había sido «una conspiración con la cual era la burguesía la que de hecho había dado comienzo a la guerra civil». La propaganda bolchevique necesitaba sostener que la mecha del conflicto la habían prendido los reaccionarios. La clave, según reconoció Lenin con claridad, era que «el proletariado revolucionario es incomparablemente más potente en la lucha extraparlamentaria que en la parlamentaria, en lo que atañe a influir en las masas y atraerlas al combate. Esta es una observación muy importante, en relación con la guerra civil». Así pues, sabedor de que era probable que los bolcheviques no se alzaran con todo el poder en unas elecciones a la Asamblea Constituyente, Lenin contaba con que «la fuerza que pueden desarrollar en una guerra civil» sería muy superior. Desde el principio, por lo tanto, no cabe duda de que la guerra civil fue su forma de extender la política por otros medios. Sin embargo no se atrevía a cancelar las elecciones a la Asamblea Constituyente, porque esto habría unido a todos los partidos socialistas en contra de los bolcheviques. Sería más fácil desmantelar la Constituyente después, cuando tuvieran un dominio firme de la situación.

En noviembre, justo después de que los bolcheviques se hicieran con el poder en Petrogrado, Lenin empezó a dirigir el odio y la violencia contra los «enemigos de clase», a los que ya se había definido como «enemigos del pueblo».[3] Aquí empezó su estrategia deliberada de «terror de masas». «Lejos de limitarse a canalizar la violencia social —se afirma en un estudio francés—, el "terror de masas" surgió y se desarrolló como una medida resuelta, teorizada y afirmada sin ninguna clase de inhibición como un acto de regeneración del cuerpo social en su conjunto.»[4]

Lenin se enfurecía cada vez que se encontraba con oposición, que él veía como una traición o un sabotaje. El 29 de octubre se encolerizó al saber que los funcionarios públicos habían convocado una huelga general para protestar por el asalto bolchevique. En todos los ministerios se clausuraron los archivos, y las llaves se guardaron a buen recaudo, fuera de los edificios. Peor aún fue que el Banco Estatal y el Tesoro Estatal, al igual que los bancos privados, se negaran a emitir dinero y a reconocer la autoridad del Sovnarkom. Los bolcheviques tuvieron que hacer frente a este grave obstáculo durante un mes y medio. Al final se envió a la Guardia Roja a ocupar las instalaciones de todos los bancos y aquella misma tarde se anunció la nacionalización. Al día siguiente se fundó el Consejo Supremo de la Economía Nacional.

Trotski no acudió a su ministerio, en su calidad de comisario del pueblo para Exteriores, hasta el 9 de noviembre. En ese momento convocó a todos los empleados y anunció: «Soy el nuevo ministro de Asuntos Exteriores: Trotski»,[5] palabras que fueron recibidas con risas irónicas. Les pidió que todos volvieran al trabajo, pero se marcharon todos a sus casas. Como en otros ministerios, solo reaparecieron los porteros, mensajeros y algunos secretarios.

Trotski envió entonces un telegrama en francés a todas las embajadas rusas en el exterior, ordenando al personal que contestara de inmediato si consentía en seguir las órdenes del nuevo régimen. «Todos los que se nieguen a servir nuestras orientaciones tienen que dejar el empleo y entregar los documentos y el material a los subordinados que accedan a dar cumplimiento a las instrucciones del Sovnarkom»,[6] y lo firmaba «Commissaire du peuple pour affaires étrangères, Trotzky». Entre los diplomáticos principales, pocos eligieron permanecer en su puesto.

Al final los bolcheviques consideraron necesario imponer la presencia de sus propios comisarios en todos los ministerios y grandes departamentos gubernamentales. El funcionariado civil tenía que reincorporarse al trabajo después de firmar una declaración de lealtad al Sovnarkom, o bien enfrentarse a un tribunal revolucionario. En el lugar de los altos cargos que habían servido al régimen zarista se colocó a jóvenes arribistas y extraños caracterizados sobre todo por la ambición, que a menudo eran incultos e ignorantes. Lenin había previsto problemas a este respecto, pero incluso él quedó atónito por el caos y la corrupción resultantes. Los oportunistas solían ser administradores efectivos, pero no cabía contar con que fueran leales al régimen. Según reconoció Karl Radek ante uno de ellos, que se oponía en secreto al régimen: «Bueno, de mi gente, no me puedo fiar de nadie. Todos son derechistas. Pero los tengo bien controlados».[7]

Lenin se había resistido con firmeza a todos los llamamientos, incluidos los de los miembros del Comité Central del Partido, para llegar a un acuerdo con la clase de gobierno de coalición que reclamaba el sindicato ferroviario Vikzhel. Dominaba por completo todas las reuniones del gabinete del Sovnarkom y puso todo el empeño en dejar de lado al Comité Ejecutivo del Sóviet, a pesar de que el golpe se había efectuado bajo el lema: «¡Todo el poder para los Sóviets!». Kámenev, que era el presidente, quiso protestar y dimitió; pero esto no tuvo consecuencias. Lenin seguía adelante con la determinación de un rompehielos. En el puesto de Kámenev situó a Yákov Sverdlov, una figura que le garantizaba que el Sóviet aprobaría automáticamente cualquier iniciativa del Sovnarkom.

Se prohibió la circulación de todos los periódicos antibolcheviques, que renacían a la semana siguiente, bajo otra cabecera, hasta que los volvían a prohibir. La única excepción fue *Nóvaya Zhizn*, que, aunque Gorki se permitía atacar abiertamente a Lenin y la dictadura bolchevique, sobrevivió sin embargo de algún modo hasta el mes de julio siguiente. Luego Lenin lo clausuró alegando que con una guerra civil en marcha no podían permitirse más «intelectuales pesimistas».[8]

El 12 de noviembre se empezó a votar para las elecciones a la Asamblea Constituyente, un proceso al que, al menos de boquilla, incluso Lenin tuvo que invitar. Los bolcheviques habían atacado a menudo al Gobierno Provisional por la demora en la formación de la Asamblea, y entre sus miembros más moderados, no pocos tenían una confianza genuina en este organismo. Para la oposición, las elecciones representaban la última ocasión de frenar el desarrollo de lo que acabaría por convertirse en el primer Estado unipartidista, presidido por un líder todavía más autocrático que Nicolás II. No en vano un rival de Marx, Mijaíl Bakunin, había advertido de que «si coges al más ardiente de los revolucionarios y lo invistes de un poder absoluto, al cabo de un año será peor que el propio zar».[9]

La emisión de los votos necesitó de mucho tiempo, por la vasta distancia existente entre la Rusia europea y la Siberia oriental. Además, el acontecimiento no tenía precedentes en la medida en que era la primera vez que se permitía votar a las mujeres. En algunas áreas, no obstante, se intentó manipular las elecciones, ya fuera por parte de los sacerdotes reaccionarios o de la extrema izquierda. En el territorio del Don, Filip Mirónov, un teniente coronel cosaco que era también social-revolucionario de izquierdas, acudió a votar el 15 de noviembre, al colegio asignado. «Por supuesto habían dado la presidencia a un sacerdote —escribió—. Estaba allí sentado, con el pelo largo sin recoger, al lado de la urna, y le iba diciendo a todo el mundo: "Elige la cuarta lista" (que por descontado era la organizada por el general Kaledín y sus ayudantes). Yo dije: "Voto por la segunda lista, la de los social-revolucionarios". Y empezaron a gritarme como animales. ¡Hasta ese punto los habían intimidado aquellos haraganes melenudos [los sacerdotes]! ¡Y ahora me tienen por un bolchevique!»[10]

Como tales elecciones sin precedentes, era de esperar que se produjeran irregularidades y distorsiones. Pero aunque no fueron muchas, los resultados siempre han sido materia de debate. Los bolcheviques, a pesar de que el apoyo popular se había incrementado con rapidez, constataron desolados que solo habían recabado diez millones de votos, es decir: un poco menos de una cuarta parte del total. El partido más numeroso, el Social-Revolucionario, obtuvo unos dieciséis millones de votos, lo que representaba el 38 % de las urnas. Pero el dato hay que matizarlo porque existía una brecha insalvable entre los social-revolucionarios de izquierdas y los de derechas, hasta constituir virtualmente dos partidos distintos; solo que la división era demasiado reciente y no se podía reflejar normalmente en las urnas. Y como entre los social-revolucionarios de izquierdas, en ese momento muchos estaban dispuestos a trabajar con los bolcheviques, tampoco era una instantánea precisa de la distribución de la fuerza política. Sin embargo, sí que puso de manifiesto con claridad que los bolcheviques no gozaban, ni de lejos, del respaldo con el que afirmaban contar, en particular lejos de las ciudades del norte de Rusia.

Lenin comprobó irritado que el partido de los kadetes tuvo un resultado mejor de lo esperado, sobre todo en Petrogrado y Moscú. Obtuvieron apoyo no solo de las clases medias, sino también de muchos votantes más pobres horrorizados por el caos y el aumento de la criminalidad. «Son muchas las personas, también entre la gente humilde, que sienten nostalgia del zar y del orden —escribió Yelena Lakier en Odesa, tres días antes de que las elecciones echaran a rodar—. Se oyen disparos cada noche, pero nos hemos acostumbrado tanto que simplemente nos damos una vuelta en la cama y seguimos durmiendo... Yo me vuelvo cada día más de derechas. Quizá no tarde en ser monárquica. Ahora mismo soy una kadete de pura raza, aunque hace muy poco era social-revolucionaria. Nuestra doncella y nuestro cocinero firmaron por la lista electoral de los kadetes. Están seguros de que es la única forma de reinstaurar el orden.»[11]

La polarización política se tradujo en que el respaldo a los mencheviques y otros partidos de la izquierda moderada sufrió una caída drástica; pero en esto también influyó la vaguedad de su mensaje electoral. «Casi nadie tenía una idea clara de qué pretendían hacer los distintos partidos socialistas —escribió Globachov, el exjefe de la Ojrana—. Entre las masas de Rusia, el desconocimiento era total.»[12]

Los bolcheviques no perdieron un minuto en poder en duda la validez de los resultados y exigir la repetición de las elecciones. Afirmaban tener derecho a retirar a determinados diputados y dieron señales aún más claras de que pretendían sabotear la Asamblea Constituyente como tal. El 20 de noviembre el Sovnarkom anunció un retraso en la inauguración oficial. El día 23 varios bolcheviques del Comité Revolucionario Militar detuvieron a los tres integrantes de la presidencia electoral mientras mantenían una reunión en el Palacio de la Táuride. Los llevaron al Smolny y el Sovnarkom nombró en su lugar al bolchevique Moiséi Uritski, futuro jefe de la Checa (la policía secreta) de Petrogrado.

Estas intervenciones desvergonzadas llevaron a los partidos de la oposición a organizar manifestaciones frente al Palacio de la Táuride, que los bolcheviques calificaron de contrarrevolucionarias. Acusaron al partido de los kadetes, lo ilegalizaron y encarcelaron a sus líderes en la Fortaleza de Pedro y Pablo, como «enemigos del pueblo». Lenin también intentó atribuir a especuladores burgueses las culpas de la grave carestía de pan en muchas ciudades: la ración se había reducido a un cuarto de libra y ni siquiera era un pan razonable. «Han empezado a hacer pan de paja y salvado —escribió Lakier—. La corteza es tan dura que hasta con cuchillo cuesta cortarla. Y los trozos de paja se te quedan pegados entre los dientes.»[13] Lenin sabía que si el nuevo gobierno no lograba alimentar a las ciudades, no sobreviviría; menos aún un gobierno que requería el apoyo de los obreros urbanos.

El 4 de diciembre, encerrado en la seguridad de su despacho en el Smolny, que protegía una guardia personal de fusileros letones, Lenin se quejó amargamente ante Féliks Dzerzhinski de los problemas que causaban los sabotajes burgueses. El día 5, los bolcheviques crearon su propia policía secreta, la Checa (CheKá: «Comisión Extraordinaria» de todas las Rusias para el Combate de la Contrarrevolución, la Especulación y el Sabotaje), en sustitución del Comité Revolucionario Militar. Las instrucciones de Lenin a Dzerzhinski, que sería el jefe de esta nueva policía, empezaban diciendo:

La burguesía está preparada para cometer los crímenes más horrendos; sobornan a los elementos degradados y marginales de la sociedad y los atiborran a bebida para utilizarlos en disturbios. Los partidarios de la burguesía, en particular entre las capas altas del clero, la banca, etcétera, están saboteando su trabajo y organizan huelgas para frustrar las medidas con las que el gobierno aspira a hacer realidad las reformas socialistas. Han llegado al extremo de sabotear la distribución de alimentos, creando la amenaza de una hambruna que afectaría a millones de personas.[14]

No se explicaba exactamente cómo lograba la burguesía sabotear la distribución de alimentos, pero aquel mismo mes Lenin pronunció una declaración de guerra que difícilmente habría podido ser más meridiana: «¡Guerra a muerte contra los ricos y sus parásitos, los intelectuales burgueses!». Cuando Lenin los deshumaniza tildándolos de «piojos», «pulgas», «chinches», «alimañas», etcétera, en la práctica quiere provocar un genocidio de clase.[15]

Féliks Dzerzhinski, un polaco alto y demacrado, que procedía de una familia noble empobrecida, tenía un rostro pálido y ascético, como un personaje del Greco, una rala barba de mago y ojos de párpados caídos. Era un verdadero fanático, entregado a una causa por la que no vacilaba en sacrificarlo todo, incluida la propia salud y cordura. Entre los líderes bolcheviques se comentaba, con una mezcla de orgullo, temor y admiración, que «en nombre de la revolución Féliks no perdonaría ni a su propia madre».[16] Como el que más adelante sería su aliado, Stalin, Dzerzhinski había estudiado en el seminario sacerdotal antes de volverse violentamente contrario a la religión cristiana. Su afán de desenmascarar a cualquier enemigo o traidor era tan implacable como obsesivo, aunque, a diferencia de algunos de sus sucesores, no era adicto a la sangre. Los asesinatos y las torturas se los dejaba a otros. Era un hombre absolutamente incorruptible, que mortificaba la carne con la pureza de su posición en contra de toda forma de privilegio. Así, no tocaba ningún alimento que no fuera la más básica de las raciones, y su despacho, en cuyo suelo dormía, con un abrigo por cama, carecía de calefacción por su propia insistencia.

Aparte de fumar, Dzerzhinski solo tenía otra debilidad: la poesía. Aunque en la imaginación eslava se trataba de la forma superior del arte, resulta sin duda llamativa (como ha destacado Donald Rayfield) la fascinación mutua que emergió con rapidez entre los chequistas y poetas como Serguéi Yesenin, Vladímir Mayakovski y Aleksandr Blok. Para los chequistas, romantizar la violencia, al combinarse con el sacrificio personal, era un motivo de éxtasis. La propia Checa publicó antologías de poesía, con textos de sus verdugos, como el siguiente:

No hay gozo mayor, ni mejor música
que el crujido de las vidas y los huesos rotos.
Por eso yo, cuando los ojos languidecen
y la pasión empieza a bullir tormentosa en el pecho,
quiero escribir en tu sentencia
palabras sin temblor: «¡Contra la pared! ¡Fuego!».[17]

La Checa se hacía llamar «la espada y llama de la Revolución». Era un compendio del carácter implacable de los bolcheviques, una idealización que elevaba su causa por encima de cualquier preocupación humana como pudieran ser la justicia natural o el respeto a la vida. Dzerzhinski aspiraba a reclutar a hombres de su misma pureza espiritual, para crear una élite bolchevique. Equipó a sus hombres con chaquetas de aviador, de cuero negro, que los británicos habían dado para la bisoña fuerza aérea del zarismo. La ventaja del cuero era que, a diferencia de la lana, los piojos portadores del tifus no podían infestarlo.

Dzerzhinski afirmaba que el chequista ideal tenía «el corazón ardiente, la cabeza fría y las manos limpias».[18] Lenin, por el contrario, era consciente de que la Checa también iba a atraer a criminales, asesinos y psicópatas. Algunos se habían brutalizado en las trincheras, otros habían salido de la cárcel gracias a la revolución; en todo caso, la mayoría no eran de etnia rusa. Había transcaucásicos (azeríes, armenios, georgianos) y también polacos, letones y judíos. Los dos principales lugartenientes de Dzerzhinski eran letones: Yákov Péters (Jēkabs Peterss) y Martín Latsis (Mārtiņš Lācis). Péters, que antes de la primera guerra mundial había buscado refugio en Londres, ya atrajo la atención sobre sí en 1911, tras el asesinato de tres policías y el tiroteo conocido como «asedio de Sidney Street».

Durante el crucial período posterior al golpe, los letones interpretaron un papel vital como guardia pretoriana de Lenin. En agosto de 1915, durante la guerra con Alemania, el Stavka zarista había formado ocho batallones de fusilería con letones evacuados de Curlandia. Se les utilizó para defender Riga y la línea del río Daugava, lo que hicieron con especial bravura, a pesar de la gravedad de las bajas. Pero la forma en que los comandantes rusos los trataron hizo que una mayoría de la tropa, e incluso una parte de los oficiales, diera respaldo a los bolcheviques a finales del verano de 1917, cuando el ejército zarista ya se desintegraba. El avance del Octavo Ejército alemán durante el otoño, que ocupó Letonia y luego Estonia, les obligó a retroceder hasta Petrogrado, donde encajaban a la perfección con las necesidades de los bolcheviques. Entre los antibolcheviques no tardó en decirse que «Lenin hizo la revolución con los cerebros judíos, la estupidez rusa y las bayonetas letonas».[19]

El antisemitismo estaba muy extendido por la mayoría de las clases y regiones del país (incluso entre los propios rangos bolcheviques). En realidad, no era de extrañar que el antisemitismo zarista —cuya forma extrema la representaron los pogromos asesinos iniciados por las Centurias Negras— hubiera empujado a jóvenes judíos indignados a los brazos de los bolcheviques. Pero esto creo un círculo vicioso de odios, en la guerra civil, con más pogromos perpetrados por oficiales derechistas, cosacos y nacionalistas ucranianos.

Entre la derecha imperaba la convicción de que casi todos los judíos eran bolcheviques; nada más lejos de la realidad. En Smolensko, por ejemplo, los partidos socialistas judíos se unieron a social-revolucionarios y mencheviques para crear un bloque electoral contra los bolcheviques.[20] Los judíos sufrían el doble de robos que los gentiles, a menudo por parte de soldados del acuartelamiento local o desertores de paso, de ideario bolchevique. Además se les acusaba de ser *burzhui*, con los consiguientes insultos y agresiones, y no solo a los comerciantes ricos, sino también a los simples puesteros empobrecidos de los mercados.

A pesar de que el Gobierno Provisional decretó la emancipación de los judíos en marzo, en Bielorrusia muchos campesinos no abandonaron por eso sus prejuicios. Responsabilizaban de la carestía de harina y el incremento de los precios a los acaparadores y especuladores judíos. Daba la impresión de que «tácitamente las autoridades soviéticas condonaban la violencia contra los judíos».[21] A finales de noviembre y principios de diciembre, diversos grupos de soldados atacaron y destrozaron las oficinas de los partidos socialistas judíos, interrumpieron una reunión y a los presentes los «corrieron a baquetazos con las culatas de sus rifles, mientras les gritaban "burgueses" y "judíos de mierda"». Cuando la escasez de pan se agravó y la cólera popular se intensificó, no fue nada infrecuente que las autoridades bolcheviques desviaran las culpas hacia los judíos.

Aunque Lenin había vetado el plan de Vikzhel para un gobierno de coalición, en diciembre aceptó la idea de utilizar a los social-revolucionarios de izquierdas como compañeros de viaje. Esto ampliaba la base de la responsabilidad, cuando había que tomar decisiones difíciles; y Lenin no quería que el campesinado («la infantería de la revolución», en palabras del PSR) se distanciara del todo.

Los social-revolucionarios de izquierdas entendían la idea del pacto como un deber que protegería la «espontaneidad de las masas» después de la ruptura reciente con el sector derechista del partido.[22] Se sintieron animados por la forma en que Lenin había copiado, sin vergüenza ninguna, sus propuestas de reforma agraria. El 12 de diciembre los eseristas se incorporaron al Sovnarkom, pero los bolcheviques solo les dieron puestos menores. Otros partidos de izquierdas criticaron con vigor la colaboración, pero los eseristas la justificaron alegando que solo así podrían moderar el autoritarismo bolchevique y a la vez desarrollar partes de su propio programa. No comprendieron que los bolcheviques siempre harían hincapié en gobernar en solitario y por lo tanto malinterpretaron por completo la dinámica de la dictadura.

En la mayoría de los casos, a los pocos comisarios que el Sovnarkom seleccionó entre los eseristas de izquierdas no se les hizo ningún caso. En Ucrania, el eserista Mijaíl Muraviov se quejó amargamente de la manera en que Lenin animaba a Antónov-Ovséyenko a detener, en masa y sin consultarlo con sus socios, a los «kaledinistas» y «saboteadores capitalistas». Algunas figuras del PSR de izquierdas también lucharon a favor de distribuir la tierra entre los campesinos, en contra de lo que ya sospechaban que era un proyecto bolchevique de nacionalización pura y dura. Por encima de todo intentaron controlar a Dzerzhinski y sus redadas masivas de supuestos «enemigos de clase». Como posición más destacada, Isaac Stéinberg fue nombrado comisario del pueblo de Justicia.

Después de que la Checa arrestara a los políticos de la oposición que hacían campaña en apoyo de la Asamblea Constituyente, Stéinberg ordenó devolverles la libertad. Pero la mañana siguiente, el 19 de diciembre, Dzerzhinski atacó a Stéinberg en una reunión del Sovnarkom en el Smolny, y le reprochó que con su acción había «humillado y desmoralizado» a la Checa.[23] Stéinberg recibió una reprimenda por haber contravenido una decisión del Sovnarkom y se le indicó que solo el Sovnarkom estaba autorizado para revertir una orden de la Checa.

Stéinberg no cejó en el empeño e incluso se atrevió a pedir la entrada de eseristas de izquierdas en la Checa. Dzerzhinski lo rechazó, pero el Sovnarkom acabó por permitir la incorporación de cuatro miembros del PSR, con uno de ellos, Piotr «Viacheslav» Aleksándrovich, como segundo de Dzerzhinski.[24] El jefe de la Checa se sorprendió al constatar que surgía una relación cordial entre los dos. Pero cuando, al año siguiente, los social-revolucionarios de izquierdas se rebelaron finalmente contra los bolcheviques, Dzerzhinski asumió la responsabilidad de ejecutar él mismo a Aleksándrovich, casi como si este fuera un perro favorito que de pronto se ha vuelto peligroso.

Diciembre de 1917 también fue llamativo por la forma en que el foco de la guerra civil que se estaba forjando viró de pronto hacia el sur: el Sovnarkom declaró la guerra contra la Rada ucraniana y la revuelta del atamán Kaledín en el Don. Los generales que, justo a tiempo, habían logrado escapar de su encarcelamiento en el monasterio de Býjov también se habían dirigido hacia Novocherkask, la capital del Don. Kornílov, que con orgullo se proclamaba campesino cosaco, desdeñaba ir de incógnito. Además se negaba a viajar en tren. Antes bien solía montarse en su caballo gris, con el uniforme zarista y sus hombreras, y rodearse de toda su escolta de la caballería tekintsy, reconocible de inmediato por sus inmensas *papajas*, los gorros altos de piel.

Los demás generales, por el contrario, no tenían problema en disfrazarse. Lukomski se afeitó los exuberantes bigotes y la barba imperial, y empezó a hablar con acento alemán. Romanovski, a pesar de la edad, se vistió de alférez; Márkov interpretó el papel de un ordenanza impertinente; y el corpulento general Denikin, que sería el comandante en jefe de las fuerzas Blancas en el sur, fingió ser un noble polaco (pese a viajar en tercera clase).[25]

Con un trayecto de 1.400 kilómetros por delante, Kornílov y su caballería tekintsy tuvieron que hacer frente a numerosos combates y emboscadas, en un viaje que casi sería digno de la huida de Jenofonte a la orilla opuesta del mar Negro. Los guardias Rojos que los acometían sin apenas éxito telegrafiaban a la siguiente posición. Después de incontables escaramuzas, la tekintsy de Kornílov acabó por encontrarse con su igual en forma de tren blindado. El corcel del general perdió la vida y los supervivientes de su escolta quedaron tan desmoralizados que Kornílov les dijo que regresaran individualmente a sus hogares, al otro lado del mar Caspio. A él no le quedó más remedio que seguir el ejemplo de sus colegas y coger un tren hacia Novocherkask, con un atavío de campesino. Fue el último de los prisioneros de Býjov en llegar a la capital del Don.

Otro viajero que atravesó la región lo hacía con un destino bastante más lejano que Novocherkask. Víktor Shklovski, el comisario de Kornílov en el Octavo Ejército, había sido enviado al frente transcaucásico, en Persia, para supervisar la retirada y desmovilización de las tropas. «Cerca de Bakú vi el mar Caspio, de un verde frío que no tiene igual en ningún otro mar; y vi camellos, que caminaban con su paso fácil», escribió.[26]

Desde allí siguió hacia Tiflis (Tbilisi): «Llegué a Tiflis. La ciudad está bien, es como un Moscú de pobres. Por las calles se oían tiros; las tropas georgianas, exaltadas, disparaban al aire. No podían no abrir fuego, es el carácter nacional. Pasé una noche con los futuristas georgianos. Es gente maja, aunque con más nostalgia de Moscú que las hermanas de Chéjov».[27] Desde Tiflis el tren tardó otros dos días en llegar hasta Tabriz, desde donde continuó el viaje hacia el cuartel general del VII Cuerpo Independiente de Caballería, en Urmía, una zona de desiertos y marismas saladas.

El Cuerpo y el personal de apoyo totalizaban unos 60.000 hombres que ya llevaban algún tiempo sin recibir sus raciones. Optaron por incautarse de todas las ovejas y los cereales que necesitaban, lo que redujo a la indigencia a los locales. Durante la primera guerra mundial, un tercio de la población de Persia pereció a consecuencia del hambre y las enfermedades; se trata de un porcentaje superior al sufrido por ningún otro país, incluso durante la segunda guerra mundial.

Shklovski quedó horrorizado al comprobar qué le habían hecho diez años de ocupación rusa a una región que era en parte kurdistana y en parte azerí. La población era aún más heterogénea, con persas, armenios, tártaros, kurdos, aisores nestorianos (asirios) y judíos. «Todas estas tribus tenían mala relación entre sí desde tiempos inmemoriales. Cuando llegaron los rusos, esto cambió: empeoró aún más.»[28] Shklovski pudo ver con sus propios ojos los crímenes que sus regimientos perpetraban, sin temor alguno a castigos disciplinarios. Los peores eran los cosacos de la Transbaikalia: «En el comité del Ejército se referían a ellos como "el peligro amarillo", y no solo por el color de las bandas de la parte inferior de sus bombachos. Eran gente de caras anchas y tez muy morena, que montaban ponis que podían sobrevivir literalmente a base de raíces; los cosacos transbaikálicos eran valientes y crueles como los hunos... aunque yo creo que la crueldad de los cosacos transbaikálicos era menos deliberada. Según me dijo un persa: "Cuando sacuden con el sable probablemente no se dan cuenta de que están usando un sable; se creen que tienen el látigo en la mano"».[29]

El odio más intenso, y por lo tanto la crueldad más feroz de las tropas rusas, se dirigía contra los kurdos, que provocaban accidentes en los trenes para luego asaltar los vagones; la venganza era terrible. «Conocí a hombres —dejó escrito Shklovski— que me contaron que cuando nuestras tropas irrumpían en un poblado, las mujeres se untaban con excrementos la cara, los pechos y el cuerpo, de las rodillas a la cintura, para que no las violaran. Pero los soldados las limpiaban con harapos y las violaban igualmente.»[30]

«Por todo el camino iba viendo siempre lo mismo: aldeas asoladas y gente muerta. He visto un montón de cadáveres a lo largo de mi vida, pero estos me impresionaban por su aspecto cotidiano. No habían muerto en la guerra. No; los habían matado como a perros, alguien que quería probar el rifle... En la cara de uno de los muertos se sentaba un gato con todo el pelo erizado, que se esforzaba por mordisquear, con sus dientes menudos, las mejillas del cadáver».[31]

La tarea que le habían encomendado a Shklovski, desmovilizar las fuerzas rusas en Persia y enviarlas de vuelta a casa, se complicó por la negativa de los soldados a entregar las armas. Habían averiguado qué podían adquirir con ellas, en una cultura de una inhumanidad total hacia las mujeres. «Un fusil, en especial en fusil ruso, es todo un tesoro en el Este —explicaba un Shklovski horrorizado—. Al empezar la retirada, los persas pagaban entre 2.000 y 3.000 rublos por un fusil; por un cartucho pagaban tres rublos en el bazar... Para hacernos una idea, comparémoslo con el precio que se pone a las mujeres que nuestros soldados raptan en Persia y el Cáucaso. En Feodosia, por ejemplo, una mujer te cuesta quince rublos (usada) y cuarenta rublos (sin usar), y te pertenece para siempre. Así las cosas, ¿quién no vende un fusil?»[32] Gorki también describió este comercio bárbaro con esclavos, y contó que a las mujeres transcaucásicas se las vendía a tan solo 25 rublos la unidad.[33]

La corrupción de los círculos militares se hizo extensiva incluso a la flotilla rusa del mar Caspio, que se necesitaba para la retirada. Cierto oficial Jatchikov, bolchevique, ascendió a la comandancia después de varias intrigas con las que se ganó un apoyo suficiente de sus colegas. Luego consiguió apoderarse de los barcos que eran propiedad del servicio de ferrocarril, además de los barcos militares, y empezó a comerciar con fruta seca. Según le acabó contando a Shklovski el comisario de la Flota del Báltico «al final Jatchikov terminó por ayudar a entregar nuestra flotilla del Caspio a los ingleses».[34]

Los británicos tenían un gran interés en la región, por los yacimientos petrolíferos de Bakú y la presencia de fuerzas propias en los frentes de Persia y Mesopotamia, opuestas a los turcos. La retirada de los ejércitos rusos del general Nikolái Yudénich representaba una amenaza estratégica, porque el flanco derecho de las divisiones británicas e indias enfrentadas a los turcos pasaba a quedar expuesto por el norte. Los ejércitos turcos, al desaparecer el obstáculo de los 200.000 rusos de Yudénich, podían avanzar al sur del Caspio, entrar en Asia Central y superar a los británicos por el flanco; quizá incluso amenazar la India británica.

Sin consultar al cuartel general de Bagdad, la Oficina de Guerra británica (en Londres) y el cuartel general del ejército indio (en Shimla) acordaron organizar tres fuerzas especiales que entrenarían y mandarían a reclutas locales con el fin de bloquear el avance turco. Pero para lograr ese fin tendrían que reunir a armenios, azeríes, aisores, kurdos, georgianos, turcomanos y rusos, pueblos que se odiaban entre sí. La fuerza del general de división Lionel Dunsterville pretendía avanzar desde Basora, atravesar la Persia oriental hasta Enzelí, y por último tomar Bakú, ya en la costa occidental del mar Caspio. Las fuerzas del general de división Wilfred Malleson se encargarían de tomar la orilla oriental del Caspio, en particular el Ferrocarril Centroasiático a Bujará y Samarcanda, con el fin de proteger la ciudad persa de Mashhad (o Meshjed). Por su parte la fuerza más pequeña de las tres, la del general de división Macartney, tendría la misión de dirigirse a Tashkent, en el interior del Asia Central rusa.

Lionel Dunsterville, aunque tenía el aspecto típico de un general de división inglés de este período, incluidos los bigotes de militar, era sin embargo mucho más original que la mayoría de sus contemporáneos. En la infancia había sido amigo y compañero de escuela de Rudyard Kipling —quien de hecho basó su personaje de Stalky, en la novela de internado *Stalky & Co.*, en el propio Dunsterville— y era un personaje aventurero, además de un buen lingüista. Insistió en reclutar al mayor número posible de oficiales y suboficiales australianos, neozelandeses, sudafricanos y canadienses, porque a su entender mostraban más seguridad e iniciativa que los regulares del ejército británico. Por desgracia el proceso de seleccionarlos, hacerlos venir del frente occidental hasta la capital británica y luego trasladarlos de Londres a Basora fue mucho más largo de lo previsto. Así, el general Dunsterville y sus hombres no pudieron llegar a Bakú hasta los primeros días del verano de 1918. Aquí, como integrantes de una alianza tan sumamente improbable como la formada por bolcheviques, cosacos y armenios que habían huido de las masacres turcas, la «fuerza de Dunster» (*Dunsterforce*) combatió para defender la ciudad frente a una formación otomana muy superior en número.[35]

Segunda parte

1918

11

Romper el molde

Enero y febrero de 1918

En los primeros días del año nuevo, Lenin se fue poniendo cada vez más nervioso. Acababa de sobrevivir al primer atentado contra su vida: en la tarde del 1 de enero, dos asesinos frustrados habían disparado con revólveres contra su limusina. Pero su mayor preocupación era encontrar el modo de sabotear la Asamblea Constituyente, cuya inauguración estaba prevista para el 5 de enero. Vetar la apertura parecía un riesgo excesivo. Pero aún no había decidido cómo manejar el acto inaugural del Palacio de la Táuride, en el que se había improvisado una nueva (y poco brillante) decoración con rojos y marrones. Lenin no dejaba de pedir consejo —lo que era inusual en él—, así que Uritski y Serguéi Gúsev le plantearon algunas propuestas para estorbar la sesión de apertura. Primero Lenin reaccionó despachándolos con enojo, pero luego encontró que no eran malas ideas.

El 5 de enero, aunque hacía mucho frío y la nieve se acumulaba junto a las carreteras, fue un día hermoso. El cielo estaba despejado porque las fábricas habían interrumpido los trabajos por falta de combustible. Patrullas de guardias Rojos y de marinos de la Flota del Báltico, armadas con alfanjes y fusiles con bayonetas, impedían cualquier manifestación en apoyo de la Asamblea Constituyente. «De todos los que salieron a la calle aquel día... nadie lo va a olvidar nunca —escribió el diputado social-revolucionario Vladímir Zenzínov—. Para empezar la ciudad se convirtió en un campamento militar.»[1] Los fusileros letones que protegían el Smolensko recibieron refuerzos, ante la eventualidad de un ataque; pero no se desplegó a las tropas del acuartelamiento porque estas, en su vasta mayoría, estaban a favor de la Asamblea Constituyente. Así pues, para reventar todas las manifestaciones, se recurrió únicamente a guardias Rojos y marinos. El Sovnarkom declaró que el lema de «¡Todo el poder para la Asamblea Constituyente!» era contrarrevolucionario.

En la Liteiny Prospekt hubo enfrentamientos. El escritor y periodista Arthur Ransome calculó que se produjeron un centenar de heridos y unos quince muertos, entre ellos, un diputado electo. Gorki se enfureció y comparó esta matanza con el episodio en el que las tropas zaristas abrieron fuego contra la marcha del padre Gapón, en 1905. El Palacio de la Táuride estaba rodeado de barricadas y, en la entrada, unas ametralladoras y dos piezas de artillería amenazaban, antes incluso de que pudieran acceder al recinto, a los parlamentarios. Uno o dos periodistas extranjeros (entre ellos, Ransome) no podían entender por qué los quince kadetes electos no se presentaron a la inauguración. No se les pasó por la cabeza que los habían detenido a todos, al igual que a unos pocos social-revolucionarios de derechas.

Una joven bolchevique describió su papel en el plan de Gúsev: «Él reunió a chicas como yo —secretarias, mecanógrafas, mensajeras, limpiadoras— y nos dio toda clase de silbatos y sonajas. Nos instaló en el balcón de diplomáticos del Palacio de la Táuride y él se sentó por detrás de la cortina. Cuando los diputados empezaron a llegar, los recibieron los marinos; estos chaquetas azules iban todos armados y visiblemente provistos con cinturones para las ametralladoras. Se colocaron en el lugar de los porteros, eran los marinos los que se encargaban de dar la bienvenida. Entonces los diputados pasaban al guardarropa y, una vez más, eran marinos los que se encargaban de recogerles las prendas. Así que los delegados entraban en la sala sin quitarse los abrigos y con el miedo en el cuerpo. Se sentaban sin dejar de mirar a todos lados».[2]

Lenin se sentó al lado de la tribuna de los oradores, con su cabeza calva claramente visible para todos. Él mismo no tenía intención de participar; había designado a Sverdlov para que hablara en su lugar e inaugurara la sesión con la exigencia de que la asamblea reconociera el poder supremo del Sóviet de todas las Rusias. Todos los bolcheviques presentes, además de los marinos y la Guardia Roja, aplaudieron y rompieron en vítores; los eseristas de derechas, por el contrario, guardaron un silencio sepulcral, aunque no pudieron negarse a ponerse en pie para cantar con todos «La Internacional».

Después de un interminable período de espera, con un largo recuento de votos, el líder del PSR derechista, Chernov, fue elegido presidente de la Asamblea Constituyente. Era casi medianoche, y Lenin se desperezó teatralmente y fingió no poder aguantar el sueño. Chernov pronunció un discurso extraordinariamente largo y cauteloso, en el que puso cuidado de no reconocer a Sverdlov ni su insistencia en que el Sóviet de todas las Rusias gozara de autoridad sobre la Constituyente. Después habló el líder menchevique Tsereteli, que una vez más fue el orador más impresionante.

Gúsev dio entonces la señal. Entre sus reclutas y los marinos convirtieron el lugar en un pandemonio. «La sesión nocturna se desarrolló en una atmósfera insoportable —escribió Zenzínov—. Los diputados estábamos rodeados por una multitud enfurecida.»[3] La turba reunida por Gúsev en la galería empezó con sus «ruidos y silbidos y gritos. Gritaban a los delegados: "¿Cuánto os paga la Antanta?"* o "¡Acabad con la guerra!"». Chernov, con la intención de imponer la calma, les gritó a su vez: «Camaradas del balcón diplomático: si no acabáis con el ruido, ¡daré orden de que os expulsen!». Pero estos se lo tomaron a risa, porque «¿a quién iba darle esa orden? ¿A los marinos?».[4]

Uno de los diputados bolcheviques anunció que la Asamblea Constituyente era una organización contrarrevolucionaria, puesto que se negaba a reconocer la supremacía del Sóviet de todas las Rusias. Dicho esto, todos los bolcheviques abandonaron la sala, y los social-revolucionarios de izquierdas no tardaron en seguir el ejemplo. Por su parte los marinos empezaron a bostezar, rodearon a los diputados con los fusiles alzados, y les insultaron y tildaron de contrarrevolucionarios. Un parlamentario se apresuró a presentar una moción para posponer la sesión hasta las cinco de la tarde. Se aprobó y todos se dirigieron en fila hacia el Palacio de la Táuride. La Asamblea Constituyente quedó cerrada. A lo que Lenin calificaba despectivamente como «democracia burguesa» no se le había permitido vivir ni doce horas. Aquello supuso la muerte de la intelectualidad liberal y socialista. Las mentes abiertas nunca tuvieron nada que hacer frente a la implacable fijación de los bolcheviques.

Más tarde aquel mismo día, el 6 de enero, varios ministros del Gobierno Provisional dieron con sus huesos en la Fortaleza de Pedro y Pablo. A dos de los diputados kadetes que ya estaban allí, Shingariov y Kokoshkin, los trasladaron a la sección carcelaria del hospital Mariínski porque estaban enfermos. Pero la noche siguiente hicieron aparición

---

* «Antanta» era el nombre que los rusos daban a la Triple Entente de los Aliados.

diez marinos que, según se contaba, gritaron: «¡Hagámoslos pedazos y liberaremos un par de raciones de pan!». Luego sostuvieron que era la venganza por la represión posterior a la rebelión de 1905.

Como en la guerra, la buena o la mala suerte podían ser cuestión de unos segundos. Entre los parlamentarios de la Asamblea Constituyente que habían sido detenidos estaba Vladímir Dmítrievich Nabókov: el secretario ejecutivo del consejo de ministros del Gobierno Provisional y el jurista que había redactado el texto de la abdicación del gran duque Miguel. En aquellos tiempos caóticos, los guardias Rojos que escoltaban a Nabókov le dejaron solo en un pasillo durante un momento, y él consiguió huir a la calle a través de una puerta sin cerrar. El elegante Nabókov lo tuvo todo organizado en muy poco tiempo. Su ayuda de cámara Ósip preparó la ropa y el cocinero de la familia hizo unos emparedados de caviar. Nabókov ya había enviado a Crimea a la familia —incluido el hijo mayor, el escritor— para que la Guardia Roja no reclutara a los chicos. Él tomó un tren y se marchó igualmente hacia allá.[5]

El 8 de enero los bolcheviques —que habían protestado agriamente contra la decisión de Kérenski de reinstaurar la pena de muerte, en el verano— insistieron en aplicar la pena capital a los agitadores contrarrevolucionarios y cualquier burgués que se resistiera o intentara escapar al trabajo obligatorio. Entre las causas que justificaban una ejecución no tardaron en figurar las pegadas de carteles sin autorización, la falta de pago de impuestos, el incumplimiento de queda o la resistencia de un comerciante a la detención. Los bolcheviques alegaban que la cólera del proletariado era tan intensa que ellos no podían negarse a las exigencias de la «justicia popular».[6]

Un mes más tarde Lenin autorizó a la Checa a torturar y asesinar, sin juicio ni supervisión judicial. Cuando las causas se acumularon, a los chequistas les resultó más rápido y más fácil condenar a muerte a todos los prisioneros que investigar en todos los asuntos abiertos. Las muchas horas de trabajo, sin embargo, no disuadían a los candidatos atraídos por aquel poder ilimitado de torturar y matar. En tan solo dos años Dzerzhinski reunió bajo sus órdenes a 20.000 hombres y mujeres.

Los que lograban huir del hambre y el temor a ser detenidos en Petrogrado, si tenían la esperanza de que la vida en las provincias remotas les resultara más fácil, a veces sufrían decepciones agudas. Así, cuando por fin llegaron a Sarátov, los miembros de la familia Borel descubrieron que el Comité Revolucionario local imponía multas muy cuantiosas («contribuciones») a la burguesía, y que si alguien no pagaba, quizá sería detenido por la Checa del lugar.

«Se inventaban toda clase de torturas y ejecuciones. En Sarátov —que por entonces no era una ciudad grande— se encarcelaba a cientos de personas cada día. De hecho las prisiones estaban tan abarrotadas que se incautaron de varios grandes edificios privados, para convertirlos en cárceles. Los métodos de tortura a los que recurrían solo pueden calificarse de medievales. A la gente le "quitaban los guantes", es decir, le arrancaban la piel de las manos después de sumergírselas en agua hirviendo; se hacían cinturones con las tiras de piel que les arrancaban de la espalda; rompían los huesos, torturaban con fuego. Anclaron una barcaza en mitad del Volga, especialmente para los *burzhui*, con una gran vía de agua. Se llevaban allí a gente que estaba perdida sin remedio y no les daban de comer. Tenían que ir achicando el agua, pero nadie podía sobrevivir más que unos días. Algunos se volvieron locos y se mataron unos a otros, y otros siguieron achicando; pero iban perdiendo las fuerzas, la barcaza se hundía cada vez más, y al final se hundió del todo, con varios cientos de personas a bordo.»[7] Este sistema de ejecución —las *noyades* de la Revolución Francesa— se copió en muchos sitios. Los marinos de Kronstadt ataban a sus víctimas con alambre de espino antes de hundir las barcazas en las que habían encerrado a los condenados. Con el tiempo los cadáveres aparecían en las playas de Finlandia.

Prácticamente no había ningún control sobre la aplicación del Terror Rojo por parte de los marinos, ya fueran de las flotas del Báltico o del mar Negro. Se reunían formando destacamentos «antiespeculadores» que se dirigían a las estaciones de tren para incautarse de cualquier artículo, el que se les antojara. No se podía apelar. Un hombre al que le confiscaron los bienes describió con estas palabras al jefe de uno de esos grupos: «un marino de pómulos altos, con un Mauser en la cintura y un pendiente de peltre en una oreja. Comía pescado salado con una cuchara de madera, como si fueran gachas, y no decía una palabra si lo podía evitar».[8] Su tarea favorita era detectar a algún *burzhui* de incógnito y vengarse de él. Un grupo que registraba un tren apresó al general Abaleshev, que intentaba hacerse pasar por un obrero, pero ciertamente no daba el pego. Le obligaron a abrir la maleta y, en lo alto, vieron sus hombreras con las insignias zaristas. Lo fusilaron al lado de las vías.[9]

Muchos marinos tenían por misión una venganza de clase indiscriminada. A mediados de enero bolcheviques de la Flota del Mar Negro participaron en Odesa en unos combates confusos contra cadetes de yúnker, oficiales y nacionalistas ucranianos. Se calculaba que tan solo en Odesa había 11.000 oficiales sin empleo. «Acaban de llevarse detenido a un oficial —escribió en su diario Yelena Lakier—. Era alto y muy joven. ¡Pobre hombre! ¿Se lo llevarán a ese crucero anclado en el puerto, el *Almaz*? Porque se llevan a los oficiales allí, los torturan y luego tiran los cuerpos al mar.» Al día siguiente, cuando unos marinos registraron su apartamento, uno de ellos estuvo pinchando por debajo de las camas y armarios con una espada, y se jactó ante Yelena: «Esta espada se la quité a un oficial, en la colina de Chumnaya, y luego lo liquidé». «Pero ¿no te dio pena matarlo? —le preguntó ella—. A fin de cuentas, era un ruso, como tú.» «¿Y por qué le va a dar a nadie pena matar a un contrarrevolucionario. Ya hemos "bañado" a un buen montón desde el *Almaz*.»[10]

Los ecos de las atrocidades cometidas en el sur no tardaron en llegar a Moscú. Un amigo del escritor Iván Bunin, que acababa de volver de Simferópol, en Crimea, informó del «horror indescriptible» que se estaba produciendo allí. «Los soldados y los trabajadores "andan con la sangre hasta las rodillas". A un viejo coronel lo quemaron vivo en el fogón de una locomotora.»[11] El 14 de enero marinos bolcheviques de la Flota del Mar Negro mataron a unas 300 víctimas en Yevpatoria: las lanzaron al mar desde el vapor *Romania*, después de haberles roto los brazos y las piernas. «Al oficial superior, que había resultado herido, lo levantaron y lo echaron de cabeza a la caldera del barco. En el transporte *Truevor* fueron trayendo a los oficiales desde la bodega, uno por uno, los mutilaron vivos y luego los tiraron por la borda.»[12] Hubo actos similares en Feodosia y Sebastopol. En Yalta se fusiló a *burzhui* en el mismo embarcadero en el que se ambienta el cuento más famoso de Chéjov, «La dama del perrito».[13]

En Petrogrado y Moscú, el registro de apartamentos en busca de armas y oficiales no tardó en convertirse en saqueos con permiso oficial. En Petrogrado el líder chequista Péters afirmó que, cuando solicitó voluntarios para registrar las casas de la burguesía, «se sumaron hasta 20.000 obreros, marinos y soldados del Ejército Rojo».[14] Los guardias Rojos, los marinos y los soldados no vacilaban en dar el alto por la calle a cualquier ciudadano bien vestido para exigirle que les entregara la ropa. Todo hombre con cuello almidonado y toda mujer con sombrero eran definidos automáticamente como *burzhui*. En todas las grandes ciudades empezaba a resultar peligroso incluso llevar gafas por la calle, si no querías que te insultaran y robaran por ser burgués. «En aquellos tiempos violentos todo el mundo sospechaba de cualquier persona con gafas», escribió Paustovski en Moscú.[15] Las familias de clase media empezaron a salir vestidas con ropa vieja, para intentar ocultar su origen, y el *papa de famille* se dejaba crecer la barba al estilo de los campesinos. Aventurarse a salir de noche era excesivamente peligroso, por la cuestión de los ladrones; muchos de ellos, soldados desmovilizados. Al propio Uritski, que era el jefe de la Checa de Petrogrado, lo atracaron a punta de pistola.

Las autoridades bolcheviques ordenaron confiscar el vino. A veces un destacamento de soldados irrumpía al completo en una casa para buscar la bodega. Cuando descubrían una fuente de alcohol, no perdían un minuto en agarrar una cogorza fenomenal. A veces era necesario llamar a los bomberos para que los despertaran con la manguera de agua fría o cortaran las peleas entre los borrachos. Para frenar el tumulto, los bomberos reventaban cualquier botella que aún no se hubieran bebido.

Al principio los oficiales, aunque dejaron de recibir el salario, todavía podían hacer cola para recibir comida en las cantinas militares. Estas ofrecían una sopa de huesos y cabezas de arenque, o un guiso de carne de caballo y patatas podridas por la escarcha. Pero pronto se les retiró también este privilegio. Algunos oficiales se vieron obligados a trabajar como porteros en las estaciones de ferrocarril, porque se les vetó el acceso a cualquier empleo gubernamental. Entonces el régimen bolchevique tuvo noticia de que Borís Sávinkov estaba creando una organización clandestina. Al suponer que la inmensa mayoría de los oficiales eran hostiles, los bolcheviques decidieron atacarlos con una operación doble. Se les ordenó censarse en la Checa local, bajo pena de ejecución si no lo hacían; si lo hacían, se les arrestaba de inmediato. Las cárceles estaban tan abarrotadas que se las aligeró con algunas ejecuciones. Distrito a distrito se fue creando un registro de edificios, con sus arrendatarios, conserjes y porteros. Luego la Guardia Roja rodeaba cada uno de los bloques para que los chequistas entrasen a la carga y apresaran a cualquier oficial o toda persona sospechosa de ser *burzhui*. «Era frecuente escuchar salvas siniestras desde la Fortaleza de Pedro y Pablo —escribió un abogado que planeaba huir—. Los habitantes de la capital temían el mañana. Sabían que venía el hambre, que venía la Muerte con su larga guadaña.»[16]

La catástrofe económica hizo que unas 30.000 prostitutas trabajaran en la calle; entre una tercera parte y la mitad procedían de familias respetables. La anarquista estadounidense Emma Goldman quedó asombrada por la cantidad de chicas de buena educación que recorrían la Nevski Prospekt «vendiéndose por una hogaza de pan o un trozo de jabón o chocolate».[17] Otras se unieron al harén de los jóvenes comisarios, que celebraban orgías de cocaína en los grandes palacios dorados de San Petersburgo, donde unos inmensos osos disecados que sostenían bandejas para las tarjetas de visita contrastaban con los muebles Luis XVI.

A diferencia de las mujeres que se prostituían a su pesar, a las profesionales se las reconocía de inmediato por sus maneras triunfantes, «revolucionarias». En Odesa, el 22 de enero, Yelena Lakier escribió: «En el centro mismo de la ciudad, tres prostitutas pasan por delante de mí, muy maquilladas, atrevidas, temibles. Una joven bien vestida, una dama muy atractiva, caminaba hacia ellas con un abrigo de piel de foca. Una de las prostitutas le escupió en la cara y las tres siguieron su camino riéndose a carcajadas».[18]

Los bolcheviques se referían a los desposeídos de las clases medias y altas con el término «expersonas», versión deshumanizada del *ci-devant* empleado durante la Revolución Francesa. Casi todos tuvieron que vender o trocar sus propiedades en los mercadillos, cualquier cosa —desde joyas a medallas zaristas o uniformes de gala— por una ínfima fracción de su valor, para comprar algo de comida. En Moscú, Iván Bunin comentó: «En la Tverskaya, un pobre general viejo, con gafas plateadas y una gorra de piel negra, estaba vendiendo algo, con un aire tímido, apocado, de pordiosero».[19] Varias familias aristocráticas tuvieron la suerte de que los sirvientes les salvaran al traer de matute alimentos de sus fincas rurales o contar con ayuda de un excocinero al que se había dado trabajo en una cantina pública. No había forma de conseguir té —un elemento imprescindible en la cultura rusa—, por lo que se recurría a infusiones de pieles de zanahoria. Los que habían logrado sacar algo de dinero de los bancos antes de que los nacionalizaran tenían que hacer las mismas colas interminables que el resto de la población. En primavera las raciones de los obreros les proporcionaban poco más de 300 calorías diarias. Petrogrado, literalmente, se moría de hambre.

Pocos podían evitar que los seleccionaran para los trabajos forzados. La lista la elegía el representante de cada edificio, ahora todopoderoso, anteriormente por lo general un conserje o portero. Les «entregaban una

*Mujeres, de la clase categorizada por los bolcheviques como «expersonas»,
venden sus últimas posesiones en las calles de Moscú.*

pala o una azada y leían sus nombres en voz alta al empezar y acabar los
turnos».[20] Verlos por las calles, ver cómo limpiaban torpemente la nieve,
el hielo o la basura, era una humillación de la que disfrutaban especialmente sus vigilantes de la Guardia Roja y otros espectadores. Para la
antigua clase acomodada, era un atisbo de cuán duro iba a ser el futuro
bajo la guerra de clases del leninismo. Lo mismo ocurría con la pérdida
de la privacidad. Los bolcheviques aprobaron el traslado de familias pobres a los apartamentos de las zonas residenciales, pero no solo con el fin
de distribuir la vivienda de una forma más justa; también era una variedad de venganza popular, además de una posibilidad de introducir ojos y
oídos entre los enemigos *burzhui*.

Muchos miembros de la aristocracia y la burguesía de Petrogrado se
habían quedado en la ciudad con la convicción de que el régimen bolchevique se hundiría entre la anarquía que había fomentado. Pero el
cierre de la Asamblea Constituyente, y en especial el asesinato brutal de
dos kadetes en sus camas de hospital justo después, persuadió a muchos

de que sería preferible huir. Los que se habían marchado con rapidez, justo antes del golpe de los bolcheviques en octubre, o durante su desarrollo, tuvieron un viaje relativamente cómodo hasta Finlandia, de ahí a Suecia, más adelante a Berlín o París, cuando la guerra en el Oeste se acabó. Pero muchos de los que escaparon de Petrogrado y Moscú no sabían cuál era la situación real en el sur y confiaban en sobrevivir allí, por ejemplo, en Crimea, en Kiev o en Novocherkask. Corría el rumor de que en el Don los generales Kornílov y Alekséyev estaban formando un Ejército de Voluntarios. Esto permitiría —se decían— que la Rusia anárquica se salvara de sí misma.

Los bolcheviques eran conscientes del grave peligro que corrían si perdían el control sobre Ucrania y el sur de Rusia. Se creó un nuevo frente meridional cuya comandancia se confió a Antónov-Ovséyenko. Tenía el cuartel general en Járkov, junto a una improvisada «República Popular Ucraniana» concebida para sustituir a la Rada. Aunque Antónov tenía la intención de concentrarse contra el general Kaledín, también envió en dirección a Kiev a una fuerza de unidades de la Guardia Roja combinadas con marinos de la Flota del Báltico y algunos reclutas de infantería del viejo ejército. Los dirigía un eserista de izquierdas, que era asimismo oficial de profesión: el teniente coronel Mijaíl Muraviov. Primero tomaron Poltava, donde ejecutaron a todos los oficiales y cadetes de yúnker que apresaron. Luego siguieron hacia Kiev y, por el camino, en Kruty, derrotaron a una fuerza ucraniana bastante reducida, de poco más de 500 efectivos.

Los rusos no preveían que las fuerzas ucranianas de Kiev pudieran suponer un obstáculo difícil. A su entender el patriotismo ucraniano era apenas un chiste, y no le daban la más mínima importancia a la realidad de la cultura y la historia ucranianas. Según escribió el conde y general Dmitri Gueiden: «Era la perpetuación del mismo circo hasta en los detalles más pequeños. Vestían al ejército con uniformes fantásticos. Para el primer desfile que Grushevski organizó en la plaza de Sofía, utilizaron los vestidos del Teatro Ucraniano, que había llevado a escena una obra histórica titulada *Los cosacos de Zaporozhia en el Danubio*».[21] El escritor Iván Nazhivin se sintió igualmente divertido e irritado al mismo tiempo por «la opereta de tema histórico y vestuario fantástico que el profesor Grushevski, el escritor Vinnichenko y diversos agentes austríacos estaban intentando escenificar aquí. Aquí veías los rasgos de un cosaco de Zaporozhia, tomado directamente del libro de Gógol, allí un guerrero valeroso con una coleta que de hecho acababa de raparse. Todo aquello era motivo de burla general».[22]

El 15 de enero, el 1.º y 2.º «Ejércitos Revolucionarios» de Muraviov (como se les había dado en llamar), con un total de poco más de 4.000 hombres, llegaron a la orilla oriental del Dniéper y bombardearon la ciudad durante diez días. En un telegrama para Lenin, Muraviov se jactó de la destrucción de palacios e iglesias, y en particular de haber asolado la casa del propio Grushevski. La resistencia ucraniana quedó reducida a una bolsa diminuta. En la mañana del 27 de enero, el ministro de la Guerra de la República Ucraniana juró que «la situación de Kiev es estable y no hay nada que temer»,[23] al tiempo que la Rada Central, con Grushevski a la cabeza, huía hacia el oeste, a Zhitómir.

Los oficiales rusos destacados en Kiev se habían negado a participar en los combates. No obstante, por mucho que odiaran a los Rojos, tampoco iban a luchar bajo la bandera amarilla y azul de Ucrania, por la sencilla razón de que la Rada era proalemana. Esta neutralidad no les salvó, sin embargo. La Guardia Roja de Muraviov «empezó a sacar a rastras a los desafortunados oficiales de sus hoteles y apartamentos —escribió un testigo— y los llevaban literalmente a matar al "cuartel de Dujonin", que era el apelativo irónico que se dio al parque Mariínski. Ese fue el emplazamiento favorito para las ejecuciones».[24]

Durante las pausas de la masacre, los guardias Rojos de Muraviov emprendieron un frenesí de robos —bendecidos por el lema leninista de «Saquead a los saqueadores»— que demasiado a menudo degeneró también en asesinatos y violaciones.[25] Con tantos refugiados distinguidos como habían llegado de Petrogrado y Moscú, las ganancias podían ser cuantiosas. Nikolái Moguilianski, que era un miembro destacado de la Sociedad Geográfica Rusa, describió a la pareja que robó en su apartamento. Uno era un chico serio y de buena educación, situado claramente bajo el dominio de un hombre mayor, un guardia rojo de la fábrica de Putílov que se jactaba de las ejecuciones. «Llevaba cintas para la ametralladora cruzadas en el pecho, y desbordaba odio y venganza. Su boca, que apestaba a alcohol, no paraba de escupir amenazas. "Ah, pienso encontrarlos a todos. Los conozco bien, a esos oficiales contrarrevolucionarios", decía, y alzaba el revólver y lo apuntaba hacia una víctima imaginaria.»[26]

«Realizaban ejecuciones masivas y de la forma más brutal —afirmó el geógrafo—. A las víctimas, que tenían que desnudarse antes de la ejecución, les pegaban un tiro en la nuca, o las mataban a bayoneta, por no decir nada de las torturas previas. La mayoría de las ejecuciones tenían lugar en la plaza que hay delante del palacio donde Muraviov tenía su cuartel general, o detrás, en el parque Mariínski... La vista era espantosa. Había cuerpos desnudos repartidos por toda la plaza y los senderos del parque; los perros se paseaban entre ellos. Por todas partes la nieve estaba ensangrentada. Muchos estaban tirados con el "billete rojo" metido en la boca, y a no pocos cadáveres les habían doblado los dedos para hacer el signo de la cruz.»[27] Según la Cruz Roja ucraniana, de las 5.000 víctimas asesinadas por los hombres de Muraviov, dos tercios eran oficiales.

El general Gueiden, que logró escapar de la masacre, escribió: «El teatro anatómico de la Universidad estaba repleto de cadáveres, con los oficiales muertos apilados como troncos. La gente iba a buscar a los parientes y se llevaba en secreto los cuerpos al cementerio. De los que yo conocía en persona mataron al general Víktor Ivánovich y a su hijo; también al general Gúslevski, porque sus hijas habían logrado obtener el perdón del comandante Muraviov, pero ya era demasiado tarde; al joven coronel Domántovich; y al General Rydaevski, de ochenta años y ya retirado, al que sacaron de su apartamento y fusilaron en la calle».[28]

Toda la población de Kiev estaba aterrorizada. «Por la noche está oscuro, todo está vacío y es aterrador —escribió uno de los habitantes—. Hay soldados paseando por todas partes, astrosos, desaliñados, berreando canciones. Muy de vez en cuando pasa una patrulla armada. Se oyen disparos de fusil aquí y allá, o ráfagas breves de ametralladora. Los civiles están asustados y se quedan en sus casas, escuchando, angustiados.»[29]

12

Brest-Litovsk

De diciembre de 1917 a marzo de 1918

Después de que, en noviembre, Lenin se acercara por vez primera a los alemanes para solicitar un armisticio, el proceso dejó de atenerse pronto a las convenciones de la diplomacia tradicional. La delegación soviética que partió hacia la ciudadela de Brest-Litovsk —donde estaba el Ober Ost: cuartel general de los alemanes en el Este— era, por decir poco, inusual.

La partida incluía a un soldado de la tropa, que se quedaba mirando a todo el mundo sin apenas abrir la boca; a un marino corriente de la Flota del Báltico; un obrero joven, descarado y seguro de sí mismo, apellidado Obújov; y Anastasía Bitsenko, social-revolucionaria de izquierdas y exterrorista, que en 1905 había asesinado a un general zarista. Los líderes que iban a negociar con los oficiales prusianos eran tres judíos: Adolf Yoffe, un refinado intelectual revolucionario; Liev Kámenev, que era cuñado de Trotski; y Grigori Sokólnikov, que estuvo entre los acompañantes de Lenin en el «tren sellado» con el que se marchó de Suiza.

Mientras se dirigían hacia la estación de Varsovia, Yoffe y Kámenev cayeron en la cuenta, de pronto, de que no se habían acordado de incluir a un campesino en la delegación. Pararon el automóvil expropiado en una esquina y abordaron a un anciano adecuadamente andrajoso, llamado Román Stashkov. Como él también iba a la estación, se ofrecieron a llevarle. Pero como Stashkov tenía que corregirse porque siempre les llamaba *barin* («boyardo, señor») en vez de *továrisch* («camarada»), Yoffe consideró prudente preguntarle por sus simpatías políticas. Stashkov contestó que, como todos los habitantes del pueblo, era social-revolucionario. «¿De izquierdas o de derechas?» Stashkov hizo una pausa para asegurarse de que daba con la respuesta correcta. «De izquierdas, camaradas, por supuesto. Muy de izquierdas.» Stashkov se quedó atónito al saber que no iban hacia la estación de Nikoláyevski, que es la que él necesita para volver a su casa. Pero cuando se fueron acumulando los alicientes para que los acompañara a Brest-Litovsk a firmar la paz, al final se contentó y se decidió a disfrutar de aquel extraño cambio de fortuna.[1]

Los bolcheviques habían realizado una apuesta imprudente al demoler los restos del ejército zarista mientras el país todavía estaba en guerra con las Potencias Centrales. Pero a Lenin no le había cabido duda de que, para vencer en la batalla política, era imprescindible concluir los combates. En aquel momento, con la intención de gozar de un respiro para consolidar el poder bolchevique, tenía que cumplir esa promesa. La estrategia bolchevique se basaba además en la ferviente convicción de que, a su propia revolución y declaración de paz, le seguiría al instante la agitación en toda Europa.

Lenin y Trotski habían pedido que los gobiernos de Francia y Gran Bretaña se sumaran a las negociaciones con Alemania para concluir la guerra. Como era de esperar, la propuesta fue acogida con un silencio sepulcral. Lenin publicó entonces un «Decreto sobre la paz», concebido para un público internacional, que confiaba en que avergonzara a los Aliados y provocara huelgas y motines en Gran Bretaña y Francia.

Debido al estado de los ferrocarriles, la delegación rusa necesitó dos días para llegar a Brest-Litovsk. El titular de la comandancia en jefe de Alemania en el Este era un mariscal de campo con honores de Su Alteza Real, el príncipe Leopoldo de Baviera; pero el auténtico poder del cuartel general del Ober Ost recaía en su brillante jefe del Estado Mayor, el general de división Max Hoffman, un hombre corpulento y ávido, de piel suave, con quevedos. El líder de la delegación alemana era el barón Richard von Kühlmann, secretario de Estado de Asuntos Exteriores, un hombre de enorme encanto e inteligencia. Deseaba sinceramente cerrar una paz perdurable y era mucho más ilustrado que los generales de Berlín, obsesionados con la victoria.

Pasaron más días en los que fueron llegado las delegaciones de las otras Potencias Centrales: Austria-Hungría, Bulgaria y el Imperio Otomano. Desde el momento en que se había acordado un alto el fuego, la espera parecía actuar a favor de los bolcheviques, que confiaban en que por toda Europa estallaría una revolución que los salvaría. Distribuyeron panfletos revolucionarios entre las tropas alemanas, primero en la tierra de nadie, pero luego también en la misma Brest-Litovsk. Primero Hoffman se tomó la iniciativa como una gracia, pero la diversión no tardó en dar paso a la cólera.

La noche del 7 de diciembre el príncipe Leopoldo ofreció una cena para los delegados. Con unas maneras exquisitas, situó a su derecha a Yoffe, «un judío recién liberado de una prisión siberiana». Al otro lado de Yoffe se sentaba el ministro de Exteriores del emperador Carlos de Austria: el conde Ottokar Czernin von und zu Chudenitz. Yoffe, en «tono amable», se sinceró con él: «Confío en que también lograremos provocar una revolución en vuestro país». Czernin, al que no se le escapaba la condición desesperada del Imperio Austrohúngaro, comentó en su diario aquella noche: «Me temo que no necesitaremos especial ayuda del bueno de Yoffe».[2]

El viejo campesino Stashkov, de pelo cano y desordenado, engullía grandes cantidades de comida a través de su barba larga y estaba disfrutando como nunca en toda su vida. Cuando un ordenanza alemán quiso saber si prefería vino tinto o blanco, Stashkov se volvió hacia su vecino, el príncipe Ernst von Hohenlohe. «¿Cuál es el más fuerte? ¿El tinto o el blanco? Porque a mí lo del color no me importa, mientras sea fuerte.» Al otro lado del príncipe Hohenlohe, en aquella cena extraordinaria, se sentaba Anastasía Bitsenko, «la pequeña asesina de pelo cano, silenciosa y reservada».[3]

Al poco de haberse iniciado las negociaciones, Yoffe creyó haber obtenido un éxito importante: las Potencias Centrales parecían estar de acuerdo con su propuesta de paz sin anexiones. Pero pronto quedó claro que los alemanes no tenían intención de renunciar a la ocupación de los Estados bálticos y Polonia. Citaron la declaración bolchevique sobre la autodeterminación, confiando en que una promesa de futuras elecciones locales les permitiría mantener las posiciones del momento.

Como seguían sin verse indicios de la anunciada revolución de la Europa occidental, Lenin empezaba a inquietarse seriamente. Trotski no vaciló en dirigir a los británicos y franceses proposiciones bastante más sinceras, con la intención de atraerlos a la mesa de negociaciones. Los bolcheviques tenían que ganar tiempo a cualquier coste, y por eso Lenin decidió que Trotski se encargara en adelante de las conversaciones. Trotski llegó a Brest-Litovsk en tren, acompañado por «el duendecillo revolucionario de las gafas», Karl Radek, que anunció su entrada lanzando desde el vagón llamamientos insurreccionales a unos soldados alemanes que lo miraban divertidos.

Trotski era un orador brillante, capaz de darle vueltas a cualquier tema del derecho y del revés, tanto en alemán como en varias otras lenguas. Durante varios días logró entretener a Kühlmann con teorías abstractas y filosóficas, como parte de su táctica de demora. A largo plazo, la aspiración de Kühlmann era asegurar el control de las provincias del Báltico, Polonia y Ucrania como estados satélite de Alemania, so guisa de autodeterminación. Pero entonces apareció el alto mando pisando fuerte, con los mariscales de campo Paul von Hindenburg y Erich Ludendorff. Querían acelerar el traslado de las divisiones alemanas al frente occidental, para que estuvieran disponibles para la ofensiva de primavera, con el objetivo de dejar fuera de combate a los británicos y franceses antes de que los estadounidenses acudieran en su rescate. El pobre conde Czernin, por su parte, aspiraba tan solo a obtener la paz para un Imperio Austrohúngaro que se estaba derrumbando y sufría las consecuencias de una hambruna aún más grave que la de Alemania.

La posición de los bolcheviques se deterioró todavía más con la aparición inesperada de una delegación ucraniana, enviada por la Rada. En aquel momento la ofensiva de Muraviov contra Kiev era inminente y los nacionalistas ucranianos resolvieron que sería preferible vivir sometidos a una ocupación alemana que al gobierno bolchevique de Petrogrado. El 11 de enero se firmó un «tratado de paz entre Ucrania y las Potencias Centrales» por el que Ucrania se convertía en un protectorado de Alemania. Para los bolcheviques, era una novedad desastrosa. Alemania había recibido todo un balón de oxígeno, tanto en recursos esenciales como para la propia negociación. De inmediato pasaba a disponer de un millón de toneladas de alimentos. Esto sin duda consolidaría internamente a los gobiernos de Alemania y Austria-Hungría y, además, reducía mucho la probabilidad de que estallara una revolución.

El 5 de enero, justo cuando los bolcheviques estaban a punto de aplastar la Asamblea Constituyente en Petrogrado, el general de división Hoffmann presentó el mapa con las fronteras futuras que exigía para su país el alto mando alemán. Suponía una humillación absoluta para Rusia, que debería evacuar los Estados bálticos, Polonia, Finlandia y Ucrania. Fue un *Diktat* mucho más feroz que el que los propios alemanes, con una amargura muy duradera, se vieron obligados a aceptar más adelante en Versalles. Trotski intentó alegar que las naciones recién formadas necesitaban un referéndum por el que se expresara la voluntad del pueblo, con un argumento más bien cogido por los pelos, teniendo en cuenta la destrucción de la democracia que se había planeado para el Palacio de la Táuride aquella misma tarde.

Trotski volvió a Petrogrado con el mapa que mostraba esas fronteras. Para el Comité Central, supuso una conmoción muy desagradable. Lenin estaba dispuesto a aceptar casi cualquier circunstancia, por humillante que fuera, mientras sirviera para garantizar la supervivencia del poder bolchevique. En cambio, los opositores del Comité Central, con Bujarin a la cabeza, creían que las cesiones socavarían toda esperanza de una revolución internacional. Defendían la necesidad de una guerrilla de resistencia contra la ocupación alemana que sin duda serviría de inspiración para que los simpatizantes, en toda Europa, se alzaran a darle apoyo. Los eseristas de izquierdas, liderados por la incendiaria María Spiridónova, eran de la misma opinión. Pero se equivocaban.

Lenin, por otro lado, sospechaba que no podrían contar con ninguna ayuda exterior, al menos no durante un tiempo. A su juicio, había que descartar toda resistencia ante la maquinaria bélica alemana. Si se enfrentaban a ella no solo perderían el Báltico, sino también Petrogrado y la mayor parte de la Rusia central. El Comité Central se reunió en cuanto Trotski hubo regresado. Bujarin y los paladines de la guerra revolucionaria conformaban la facción más numerosa. En cuanto a Trotski, aunque se había visto obligado a reconocer la solidez de los argumentos de Lenin, sin embargo no se resignaba a perder la esperanza en una revolución internacional; por lo tanto adoptó una posición sin precedentes, bajo el lema «Ni guerra ni paz». Su táctica sería volver a Brest-Litovsk, declarar que la guerra había acabado, negarse a suscribir ningún documento con Alemania y salir de la ciudad para regresar a Petrogrado. Esto convertiría a Alemania —defendió— en agresor flagrante contra un país pacífico.

Lenin tenía claro que esta representación teatral no daría ningún fruto. Su obligación era salvar la revolución que sí había triunfado y mantenerla con vida, para lo cual habría que vencer en la guerra civil que habían iniciado. El propio Lenin lo afirmó con una frase inimitable: «Es necesario estrangular a la burguesía y para eso necesitamos tener libres las dos manos».[4] Ahora bien, para impedir que la mayoría de Bujarin impusiera su criterio, Lenin y el puñado de sus partidarios no tendrían más remedio que apoyar a la facción de Trotski.

Cuando Trotski volvió a Brest-Litovsk, el 15 de enero, se encontró a los alemanes con un estado de ánimo mucho más resuelto. Alegó ante ellos que al haber conquistado Kiev los bolcheviques, el tratado suscrito con la Rada ucraniana carecía de toda validez; pero los representantes de las Potencias Centrales negaron la idea frontalmente, y contestaron que si era preciso sus fuerzas podrían barrer sin esfuerzo a los marinos y guardias Rojos de Muraviov. El general Hoffmann se fue impacientando cada vez más con el atrevimiento de Karl Radek, quien sostenía que había que permitir a todos los polacos de los Ejércitos alemán y austríaco crear agitación a favor de la independencia de su país; para colmo se sentaba abusando del espacio y dirigía el humo de su tabaco a la cara de Hoffmann. Eran juegos infantiles, aún más inútiles que el intento de Trotski de negar la validez del tratado de las Potencias Centrales con la Rada.

Además Trotski no sabía que, en Petrogrado, los bolcheviques se dejaban llevar por el optimismo y dirigían mensajes de radio a Alemania desde la emisora de Tsárskoye Seló. La estación de radio alemana de Königsberg interceptó mensajes que «invitaban a las tropas alemanas a amotinarse, a asesinar al emperador Guillermo, los generales del alto mando y los oficiales de sus propios regimientos, y a firmar un tratado de paz independiente con los bolcheviques».[5] El káiser se enfureció y perdió la paciencia con los argumentos moderados de Kühlmann. Al saber que sin los regimientos de la fusilería letona el régimen de Lenin se hundiría, se puso a favor, sin reservas, de la línea dura de Hindenburg y Ludendorff.

El 9 de febrero el káiser ordenó a Kühlmann que le presentara a Trotski las condiciones de Alemania como un ultimátum riguroso al que se debía responder en un plazo de veinticuatro horas. De no haber contestación, el armisticio quedaba cancelado. El hecho de que tanto en Berlín como en Viena se hubiera iniciado una oleada de huelgas sirvió más para reforzar que para debilitar la determinación de los alemanes. Al día siguiente Trotski jugó el comodín que imaginaba que iba a resultar brillante, «ni paz ni guerra». Primero se lanzó a una diatriba feroz contra todos los que se oponían a la revolución bolchevique. Luego anunció que Rusia declaraba terminada la guerra contra las Potencias Centrales, pero se negaba a suscribir una paz con anexiones.

Los delegados no daban crédito a lo que estaba pasando, hasta que Hoffmann explotó: «¡Esto es inaudito!». Trotski encabezó la marcha de su equipo saboreando el efecto sorpresa de lo que acababa de hacer. Pero estaba a punto de comprobar que se equivocaba de medio a medio al confiar en que, como le dijo a Lenin, «los alemanes no podrán atacarnos después de que declaremos terminada la guerra».[6] Hindenburg y Ludendorff ordenaron a Hoffmann que preparase a los ejércitos del Ober Ost para una ofensiva.

Trotski y los miembros de su delegación fueron recibidos como héroes en su regreso a Petrogrado. Pero el 16 de febrero, aun a su pesar, Kühlmann tuvo que anunciar que las hostilidades se reanudarían al cabo de dos días, al mediodía. En cuanto Lenin lo supo, pidió suscribir de inmediato las condiciones de Alemania, si esto aún resultaba posible; pero Trotski insistió en aguardar por lo menos a que el Ober Ost iniciara el avance, para así poder condenar ante el mundo la agresión imperialista de los alemanes. Aún confiaba en que esto bastaría para prender la mecha de la revolución en Alemania. Lenin acertaba al ponerlo en duda; pero no dejaba de estar en minoría.

Durante todo el día siguiente, los aviones alemanes reconocieron la zona situada al este de la línea de alto el fuego. Luego, en la mañana del 18 de febrero, tanto las divisiones de infantería con sus uniformes *feldgrau* como los regimientos montados de ulanos, con sus característicos cascos *czapka* (que hacen pensar en un birrete en miniatura) y los pendones ondeando en las lanzas, avanzaron hacia el este por el extenso frente que iba desde el golfo de Riga, en el Báltico, hasta el delta del Danubio, en el mar Negro. En Ucrania entraron tropas tanto alemanas como austrohúngaras. La primera ciudad ucraniana en caer fue Dvinsk, que apenas resistió unas pocas horas de aquel primer día. Las botas militares alemanas resonaban a lo largo de unas calles vacías, ante un derrumbe total de la resistencia. Seiscientos cosacos se rindieron ante un teniente acompañado de seis soldados.

Al día siguiente, en la ciudadela de Brest-Litovsk, Hoffmann recibió un telegrama en el que Lenin y Trotski aceptaban las condiciones que antes habían rechazado. Cuando informó de ello al Cuartel Supremo, Ludendorff le dijo a Hoffmann que reaccionara con la mayor lentitud posible, para permitir que la ofensiva siguiera ganando terreno. Después de los irritantes juegos e insultos de las semanas precedentes, lo cierto es que el corpulento general de división se inclinaba ante todo a la *Schadenfreude*: a alegrarse por el mal ajeno. Se hizo famoso su comentario: «Esta es la guerra más cómica que yo haya visto nunca. Metemos a un puñado de infantes con ametralladoras y un cañón dentro de un tren, y los llevamos a la estación siguiente; la toman, hacen prisioneros a los bolcheviques, recogen a unos pocos soldados más, y adelante. Este procedimiento, en todo caso, tiene el encanto de la novedad».[7]

La aceptación oficial de las condiciones alemanas por parte del Sovnarkom se entregó en Moscú el 21 de febrero. Pero dos días después, cuando el Ejército alemán estaba remontando la costa báltica hacia Petrogrado y el interior de Ucrania, llegaron al Smolny exigencias aún más duras. Los alemanes reclamaban poseer todo el territorio que habían tomado hasta el momento. Para Lenin no era mucho consuelo el saber que había acertado al insistir en la conveniencia de aceptar el acuerdo original. Añadió que deberían pedir el apoyo militar de Gran Bretaña y Francia. Pero teniendo en cuenta que el Sovnarkom estaba repudiando todos los tratados y cancelando toda la deuda externa, la solicitud, por decirlo suavemente, resultaba inoportuna. Bujarin y sus partidarios censuraron a Lenin y presentaron la dimisión; los eseristas de izquierdas lo tildaron de «Judas». Lenin invocó la ley marcial, hizo organizar batallones de trabajos forzosos que abrirían trincheras, y dio orden de prepararse para evacuar Petrogrado. Esto provocó no solo una urgencia de sus habitantes por huir, llevados por el pánico, sino también una oleada de saqueos de última hora.

Finalmente, el 3 de marzo, se firmó el tratado de Brest-Litovsk. En Rusia se vio como una humillación, pero a Lenin este golpe brillante de *realpolitik* le sirvió para preservar el poder bolchevique. En Alemania representó la victoria más clara y más económica de la guerra; salvó al país de la inanición y le permitió seguir combatiendo. El tratado triplicaba el territorio alemán. Sin embargo, también tuvo el efecto trágico —para los dos países— de convencer a los nacionalistas alemanes, ya en la guerra siguiente, de que tanto la Rusia europea como Ucrania debían ser posesiones coloniales de su Imperio.

En el antiguo Gran Ducado de Finlandia se había estado cociendo una guerra civil desde que, en las elecciones de octubre ordenadas por Kérenski, la izquierda había perdido el dominio. El golpe de Estado de los bolcheviques en Petrogrado, poco después, aceleró el proceso en su con-

junto. El 2 de noviembre de 1917 Lenin había declarado que los pueblos de Rusia tenían derecho a la autodeterminación. Lo justificó ante los demás bolcheviques alegando que de otro modo se les acusaría de «enmascarar el chovinismo panruso bajo el nombre del comunismo».[8] De hecho él creía que, con el advenimiento de una revolución mundial, las fronteras y las identidades nacionales resultaban irrelevantes. El 15 de noviembre (ya según el calendario gregoriano; en adelante, *greg.* o *jul.*: juliano]), a instancias del Senado conservador, el parlamento finlandés declaró la independencia. Los nacionalistas de la derecha, por lo tanto, aprovecharon la ocasión generada por los bolcheviques.

No tardaron en producirse enfrentamientos entre la Guardia Civil finlandesa, partidaria del Senado, y la Guardia Roja. El 27 de enero de 1918 (*greg.*), los comunistas locales proclamaron en Helsingfors una República Socialista de los Trabajadores Finlandeses. La capital, junto con las ciudades más industrializadas del sur del país, proporcionaba la mayoría de los 70.000 guardias Rojos (de los que unos 2.000 eran mujeres). Grupos de la Guardia Roja asaltaron hogares de clase media para incautarse de los rifles que sus propietarios usaban para cazar ciervos y alces, pero la mayoría de su armamento provenía de Petrogrado, en el otro lado de la frontera, o de los soldados rusos destinados al país.

Los líderes conservadores huyeron de Helsingfors al norte, y en Vaasa (en la costa oeste de Ostrobotnia) se instaló un Gobierno Provisional Blanco, encabezado por el presidente del Senado, Pehr Evind Svinhufvud. Podía contar con la lealtad de la vieja casta gobernante, de lengua sueca; de cuantos temían el caos revolucionario; y de los granjeros y campesinos independientes del centro y el norte de Finlandia. Para la comandancia militar el gabinete de Svinhufvud eligió al teniente general Gustav Mannerheim, el barón que había servido en la Guardia de Caballería del zar y que, en la guerra, había ascendido a comandante de un cuerpo. Mannerheim ordenó que la Guardia Civil empezara a desarmar a las tropas rusas del oeste e introdujera el reclutamiento obligatorio.

Aunque el gobierno de Suecia tenía la intención de ser plenamente neutral, en este país había simpatizantes de los Blancos que organizaron en su apoyo una brigada de voluntarios, con cerca de un millar de integrantes sin experiencia bélica. En febrero el 27.º Batallón de Jäger alemanes cruzó el Báltico en rompehielos hasta llegar al golfo de Botnia. Otros Jäger finlandeses que habían prestado servicio en el Ejército alemán no solo reforzaron el Ejército Blanco de Mannerheim, sino que le aportaron líderes experimentados. En el sur de Karelia, dos antiguos oficiales de los Jäger formaron una fuerza para repeler a los bolcheviques rusos que acudían a socorrer a los Rojos finlandeses. Si los Blancos disponían de un núcleo de tropas experimentadas con las que instruir a sus hombres, los

Rojos estaban en desventaja porque a los finlandeses no se les había reclutado para la guerra europea.

Seis días después de la firma de Brest-Litovsk, la Royal Navy británica hizo desembarcar a un pequeño contingente de su infantería de Marina en Múrmansk, en el norte remoto, con la misión de proteger los depósitos y arsenales de material bélico enviado al ejército zarista durante la guerra. El Sóviet de Múrmansk, que está situada muy cerca de la frontera con Finlandia, había hecho esta petición ante el temor de que los Blancos aprovecharan esa proximidad para atacarlos. En cuanto a los británicos, les preocupaba la concentración de fuerzas alemanas en Finlandia. Este fue el primer paso de lo que acabaría siendo una intervención Aliada en la guerra civil rusa.

En la segunda semana de febrero, se autorizó por fin el regreso a Gran Bretaña de la Misión Militar con la que ese país había respaldado al Ejército del zar. Partieron de la estación petrogradense de Finlandia, la misma a la que Lenin había llegado hacía menos de un año, pero se encontraron ante las líneas de la guerra civil finlandesa, que enfrentaba a su bando rojo con el blanco. Los británicos tuvieron que pasar por una situación «algo embarazosa»:[9] para proseguir el viaje en tren hacia Estocolmo dependían de los oficiales alemanes que daban apoyo a los Blancos finlandeses. Al final pudieron tomar un barco en Noruega que los llevó hasta Aberdeen.

Los Blancos finlandeses lograron contener la ofensiva, mal planeada, que la Guardia Roja lanzó en febrero. Luego, a principios de marzo, la Guardia Blanca de Mannerheim —que ya contaba con unos 17.000 efectivos— contraatacó al sur de Vaasa hacia la capital, Helsingfors. La batalla crucial se libró por la ciudad industrial de Tampere, un bastón que los Rojos estaban resueltos a defender. A finales de mes Mannerheim había cercado Tampere y la batalla proseguía con ferocidad. Aunque los Jäger y los voluntarios suecos estaban sufriendo bajas cuantiosas, el jueves 28 de marzo los Blancos lograron irrumpir en la ciudad. Mannerheim ordenó hacer una pausa para reagruparse mientras su artillería iba bombardeando el centro de Tampere, que estaba repleta de refugiados. El 5 de abril dio comienzo la ofensiva final. Una fuerza mixta de la Guardia Roja, formada por hombres y mujeres, resistió hasta el final en el ayuntamiento; muchos de sus jefes, no obstante, huyeron a través de un lago helado.

Aunque el general Mannerheim había prometido que los Blancos no fusilarían a sus prisioneros, las represalias fueron brutales. Ambos bandos sufrieron unas ochocientas bajas en los combates, pero además los hombres de Mannerheim ejecutaron, después de que se rindieran, a otro millar de prisioneros finlandeses y unos doscientos rusos. A otros 10.000 se les hizo caminar hasta un campo rudimentario en el que otros 1.228 perdieron la vida por efecto del frío, las enfermedades y la malnutrición.

Por su parte el senador Svinhufvud había pedido ayuda a Berlín. Lo hizo en contra de los deseos de Mannerheim, pero el exgeneral zarista se sintió obligado a tragarse el orgullo y agradecer la asistencia de quien hasta hace poco había sido su enemigo. «De acuerdo con la petición del gobierno finlandés —declaró—, unos destacamentos del victorioso ejército alemán han desembarcado en territorio de Finlandia para ayudarnos en la batalla contra los canallas bolcheviques. Tengo la certeza de que la compañía en las armas, que en esta guerra se firmará con sangre, no hará sino consolidar la amistad y confianza que Finlandia ha demostrado siempre al káiser y el pueblo alemán.»[10]

Los 13.000 soldados alemanes que aseguraron una rápida victoria de los Blancos eran la División Ostsee, del teniente general Rüdiger, conde von der Goltz, y el destacamento del coronel Otto von Brandenstein. Goltz sostuvo que su misión consistía sencillamente en liberar Finlandia «del Terror Rojo».[11] El general Erich Ludendorff, por el contrario, que había sostenido que la decisión de intervenir en Finlandia la había tomado «a la vez con el corazón y la cabeza»,[12] tenía un plan dual. Quería ser capaz de amenazar Petrogrado desde el lado finlandés, por el norte, así como desde el flanco estonio, por el suroeste. En todo caso se impediría que el frente oriental de Alemania recibiera ninguna sorpresa desagradable mientras Ludendorff preparaba su gran ofensiva «Kaiserschlacht» contra los ejércitos británico y francés, por el oeste. Confiaba en que además Alemania podría incorporar bases permanentes en las cosas tanto norte como sur del golfo de Finlandia.

Las fuerzas de Goltz y Brandenstein desembarcaron en la costa finlandesa, al oeste de Helsingfors, y avanzaron sobre la capital, que tomaron el 13 de abril. La victoria blanca se completó en la batalla por Výborg, en el istmo de Karelia, al norte de Petrogrado. Výborg, que se había convertido en la capital de la Finlandia roja después de que sus fuerzas perdieran Helsingfors, también estaba llena de refugiados de izquierdas que de ese modo se quedaban sin ruta de huida. Los Blancos sitiaron la ciudad el 23 de abril, para impedir que Petrogrado la abasteciera con armas y refuerzos. Solamente los líderes Rojos lograron escapar a tiempo, por vía marítima. Tal como había sucedido en la batalla de Tampere, los Blancos sufrieron pérdidas graves, en particular entre los reclutas sin instrucción.

Poco antes de que los Blancos tomaran definitivamente la ciudad, el 29 de abril, unos guardias Rojos que se habían emborrachado fusilaron a un grupo de treinta prisioneros custodiados en la cárcel; entre ellos, dos parlamentarios conservadores de la Eduskunta. En las casas de la clase media se había producido también una masacre. La posterior represalia de los Blancos fue de nuevo tan brutal como en Tampere: se ejecutó a unos 1.200 prisioneros rusos y finlandeses y otros 800 murieron por las espantosas condiciones del campo en el que se les internó, a las afueras de la ciudad.

En total se diría que las atrocidades perpetradas por los Rojos fueron bastante inferiores a las de los Blancos, aunque según el general Von der Goltz, en Kouvola (al noreste de Helsingfors) se ató y enterró hasta el cuello a diversos derechistas. Luego se les echó paja sobre las cabezas y se les prendió fuego. Pero según se puso de manifiesto en el conflicto de Finlandia, el bando que acaba ejecutando al mayor número de víctimas, en una guerra civil, suele ser el bando vencedor. En total aquellos cuatro meses de enfrentamiento produjeron casi 40.000 muertes, de las que unos 12.500 eran prisioneros de guerra Rojos.

La combinación de Brest-Litovsk y la guerra civil finlandesa condujo a la acción más brillante de la Flota del Báltico y uno de los ejemplos más grotescos de la justicia bolchevique. A principios de abril una parte de la flota imperial alemana se dirigía hacia Helsingfors para tomar la capital finlandesa y, al mismo tiempo, apresar a una escuadra rusa de la Flota del Báltico, atrapada allí por el hielo. El agregado naval británico en Petrogrado, el capitán Francis Cromie, informó sobre la corrupción y apatía de los marinos rusos, según le contaban las tripulaciones de los submarinos británicos que estaban igualmente atrapados allí: «Ni siquiera se fingía un mínimo respeto a la moral: los barcos estaban llenos de chicas, de día y de noche; los oficiales se quedaban con el dinero público y organizaban la venta de los productos de los economatos, que eran muy buscados en tierra porque imperaban precios de hambruna. Nuestros marinos hallaban satisfacción por diez terrones de azúcar».[13]

El comandante local, el capitán Alekséi Schastny, tuvo que enfrentarse a la decisión de si hundir los barcos de guerra o bien intentar rescatarlos, para lo que tendría que atravesar el golfo helado hasta Kronstadt. Con la intención de espabilar a las tripulaciones desmoralizadas, les dio a entender que los alemanes, al llegar, los ahorcarían a todos. Recurrieron pues a los rompehielos de la flota y, en la noche del 12 de marzo, logró liberar los seis acorazados. Les siguieron cinco cruceros, luego cincuenta y nueve destructores y doce submarinos.

A Schastny se le ensalzó como «Salvador de la Armada», por la hazaña que se dio en llamar «Travesía del hielo»; pero el 27 de mayo fue detenido por orden de Trotski, después de haber mantenido un duelo de espadas con el nuevo, y arrogante, comisario del pueblo para la Guerra. Trotski le acusó de traición y le persiguió personalmente, afirmando que Schastny había intentado abrir una brecha entre la Flota del Báltico y Sovnarkom pensando en la pura gloria personal. «El tratado de Brest-Litovsk está impreso y todo el mundo puede leerlo —afirmó Trotski—. Todas esas afirmaciones sobre alguna clase de acuerdo secreto al respecto de la Marina son invenciones atrevidas de los Blancos. El tratado de Brest-Litovsk estipula que nuestra flota permanecerá en sus puertos.»[14]

Schastny fue declarado culpable. Según sostenía la sentencia del tribunal revolucionario: «Schastny, que había actuado heroicamente, se hizo popular con la intención de usar esa popularidad contra el gobierno soviético». Lo fusilaron el 22 de junio. Para el líder menchevique Mártov, se trató de «una comedia sangrienta que ha acabado con un asesinato a sangre fría».[15] El nuevo comandante en jefe de la Flota del Báltico informó a Trotski: «La ejecución de Schastny ha surtido un efecto depresivo sobre los comandantes, pero este desánimo no ha adoptado todavía ninguna forma en concreto. Las tripulaciones están tranquilas, tan solo quieren una explicación».[16]

En la primera semana de marzo, cuando se firmó el tratado de Brest-Litovsk, los ejércitos alemanes del lado sur del Báltico habían avanzado unos 200 kilómetros, hasta llegar a Narva, en la frontera estonia, a tan solo 150 kilómetros de Petrogrado. En consecuencia, una semana más tarde los líderes bolcheviques desplazaron la sede del gobierno de Petrogrado al Kremlin, en Moscú. A Lenin esta ciudad nunca le había gustado, pero la nueva capital ofrecía mejores comunicaciones con el resto del antiguo imperio y, por otro lado, Petrogrado estaba amenazada por dos flancos, según había previsto Ludendorff.

Otros dos cambios fueron más o menos simultáneos. Aquel mismo mes, en el Séptimo Congreso del Partido se abandonó el calificativo de «bolchevique»; esto también supuso abandonar la Segunda Internacional, de orientación socialista, y dar el primer paso hacia la Internacional Comunista o Komintern. En adelante los bolcheviques serían el Partido Comunista, aunque la palabra «bolchevique» permaneció en el vocabulario común. Entre tanto el Sovnarkom dejó de usar el calendario a la antigua usanza, el juliano. El país saltó trece días hacia delante, para adecuarse al calendario gregoriano que ya se usaba en el mundo occidental.

Petrogrado, muerta de hambre, oscurecida y abandonada por sus líderes, quedó en un estado lamentable. «Las cartillas de racionamiento solo valían para conseguir cantidades mínimas de un pan de la peor calidad, aceite de la peor clase y patatas podridas y estropeadas por la escarcha —escribió un polaco atrapado en la ciudad—. La gente se muere de hambre y los pobres buscan entre la basura buscando algo que llevarse a la boca. Los vertederos estaban infestados de ratas, que se habían multiplicado brutalmente, y en cambio los gatos y los perros habían desaparecido. Los caballos fallecían de inanición y agotamiento por las calles y en las plazas y los puentes.»[17]

«Vivimos en una ciudad muerta —escribió Teffi—. Por las calles hay cadáveres de caballos y, con no poca frecuencia, de personas... Cuando se hace de noche figuras asustadas se aproximan con sigilo a las carcasas de los caballos para cortarles un trozo de carne.»[18] Petrogrado había sufrido una transformación total, en tan solo dos meses de poder soviético. Todas las tiendas privadas estaban cerradas. Los escaparates estaban en parte rotos, en parte tapados con yeso. Las calles estaban vacías, sin vida. Las autoridades empezaron a eliminar las estatuas de las plazas. En su lugar «ponían en los antiguos pedestales feas esculturas de escayola, de las nuevas estrellas revolucionarias, y emblemas diversos. Las casas estaban llenas de basura; las calles, repletas de escombros; en las vías adoquinadas abundaban los boquetes, y los pocos tranvías y los coches de los comisarios tenían muchas dificultades para desplazarse por ellas».[19]

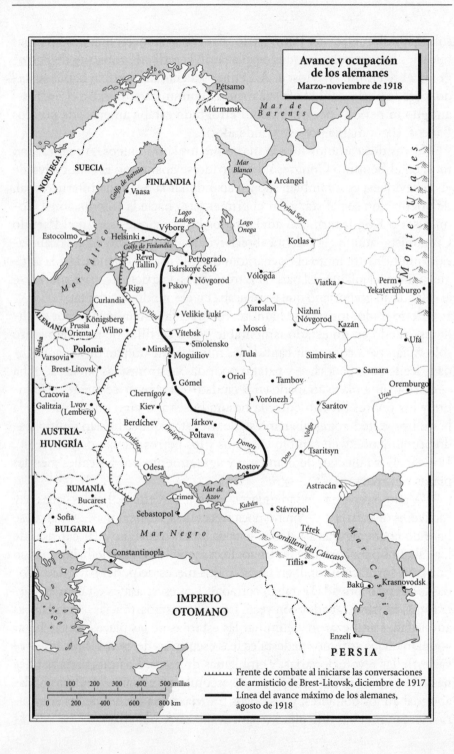

**Avance y ocupación
de los alemanes**
Marzo-noviembre de 1918

⊔⊔⊔⊔⊔ Frente de combate al iniciarse las conversaciones
de armisticio de Brest-Litovsk, diciembre de 1917
───── Línea del avance máximo de los alemanes,
agosto de 1918

0   100   200   300   400   500 millas
0   200   400   600   800 km

Las fábricas habían tenido que parar sus trabajos, por la falta de combustible, pero también porque el hambre hacía que los obreros robaran la materia prima para venderla. No había electricidad, ni petróleo, ni aceite para las lámparas. La gélida escarcha penetraba en los edificios a través de los vidrios rotos, y los únicos destellos de luz eran los reflejos de las estrellas en una nieve nada prístina. Victor Serge habló de una «penumbra prehistórica». «La gente dormía en viviendas heladas, en las que cada rincón habitable era como un rincón de madriguera: el hedor ancestral se quedaba prendido incluso de los abrigos de piel, que nunca se quitaban.»[20] A menudo el único combustible con el que hacer funcionar los pequeños fogones de hierro —conocidos como *burzhui*, por su forma barriguda— eran libros, muebles despedazados o fragmentos arrancados de las tarimas. A casi nadie le quedaba más remedio que robar madera de donde fuera, de una valla o una casa abandonada. «El fuego es la vida. Es como el pan», escribió Serge.

En aquella ciudad de granito sin calefacción, las cañerías y los aseos se habían congelado como piedras. Algunos marinos de Kronstadt que se habían incautado de un apartamento en la planta noble de un antiguo palacio se limitaron a abrir un agujero en el suelo y usarlo como letrina directa al piso inferior. Cuando llegó el deshielo trajo consigo no solo un insoportable hedor a alcantarilla, sino también enfermedades.

Resulta memorable la descripción que Victor Serge nos legó de cómo una clase marginal y anárquica se apoderaba de los magnos edificios vacíos, entre ellos las embajadas. «Los bandidos entran por los patios y se quedan a vivir allí, atentos a no encender luces que se vean desde fuera y revelen su presencia. Juegan a las cartas, beben coñac viejo birlado de los sótanos de las grandes casas. Chicas de labios furiosamente rojos —con nombres como "Katka la Manzanita", "Dunia la Serpiente" o "Marfa la Cosaquilla de la Nariz Chata", y vestidas con una ropa interior sucia y lujosa y trajes de las grandes costureras, que se han llevado de los apartamentos vacíos— a veces dirigen la mirada al exterior, invisibles detrás de las ventanas oscuras.»[21] La capital del imperio había muerto y la «ventana a Occidente» de Pedro el Grande se había cerrado. La clausura sería definitiva a finales del verano, cuando la Checa hubiera concluido su trabajo.

13

La Marcha del Hielo del Ejército de Voluntarios

De enero a marzo de 1918

El general Alekséyev, el último jefe del Estado Mayor del zar, era un hombre modesto, al que todos respetaban por su honradez. A diferencia de otros generales más atrevidos como Wrangel, era un hombre de la infantería y detestaba los caballos. En el ejército se había hecho famosa una anécdota de un período en que trabajó como instructor en una academia para cadetes de caballería. Cuando en cierto ejercicio le ofrecieron un caballo, contestó: «No, gracias; tengo prisa», y se marchó a pie.[1]

Desde la historia de Kornílov, Alekséyev había estado haciendo todo lo posible para ayudar a los oficiales arrestados y a sus familias. La posición de la que gozaba, unida a los contactos con políticos e industriales, le permitió recaudar fondos en una época en la que una mayoría pensaba solo en sí misma. Y logró convencer a algunos de esos conocidos de que había que formar un ejército para combatir la dictadura bolchevique.

Frente a la apatía que casi todos los oficiales habían exhibido tanto en la Revolución de Febrero como durante el golpe de Estado de octubre, la realidad de la nueva guerra de clases del régimen bolchevique empezó a cambiar actitudes. A los oficiales jóvenes de Petrogrado y Moscú no tardaron en llegarles las primeras advertencias clandestinas de que en el Don se estaba formando un ejército contrarrevolucionario. También tuvieron noticia de que la organización de Alekséyev, u otros, podían proveerles de documentos de identidad falsos, dinero y billetes con los que dirigirse al sur. Una enfermera especialmente valerosa e imaginativa se llevó a varios grupos en tren, con vendajes aparatosos, como si se tratara de soldados heridos de gravedad a quienes los médicos habían ordenado viajar al sur para una estancia de recuperación.

Al poco de llegar a Novocherkask, a mediados de noviembre (bastante antes de que aparecieran Kornílov y los demás generales encarcelados en Býjov), Alekséyev logró reunir a cuarenta oficiales, pero no a más; incluso a finales de noviembre, el Ejército de Voluntarios totalizaba poco más de 300 hombres. Al principio Alekséyev no les podía ofrecer ningún salario, tan solo alimentos, porque todos los rublos libres se gastaban en armas, munición y pertrechos.

Inicialmente, el general Kaledín, como atamán de los cosacos, había recibido con los brazos abiertos la idea del Ejército de Voluntarios. Pero los cosacos de la tropa, cansados de combatir, eran contrarios a la

El general M. V. Alekséyev.

presencia de Alekséyev porque iba a atraer la guerra al Don. Cuando la Guardia Roja se apoderó de Rostov y amenazó Novocherkask, Alekséyev se apresuró a ofrecerle a Kaledín la ayuda de su fuerza reducida. El 9 de diciembre, cuando los cosacos dispuestos a luchar eran pocos, los oficiales de Alekséyev lograron tomar la ciudad. Para muchos esta fue la acción que inauguró la guerra civil.

Aunque Kaledín tenía fama de reaccionario, introdujo reformas en el Krug para permitir que los *inogorodnie* (no cosacos) participaran en la política y el gobierno del Don. Entendía que la declaración de independencia del Don los había privado de derechos como el sufragio y que había que corregir esa injusticia. Pero la medida no fue suficiente para frenar la hostilidad de los *inogorodnie* ni las simpatías izquierdistas de los cosacos más jóvenes que aún estaban volviendo del frente.

Los combates que se produjeron en las estepas del Don siguieron un modelo extraño mientras los dos «ejércitos» Rojos de Antónov-Ovséyenko avanzaban sobre Rostov y Novocherkask. El Primer Ejército, dirigido por un eserista de izquierdas, Yuri Sablin, estaba integrado principalmente por guardias Rojos enviados desde Moscú, con el refuerzo de algunos marinos de la Flota del Mar Negro. Su misión consistía en bloquear la estepa del Don por el norte e ir descendiendo hacia Novocherkask. Por su parte el Segundo Ejército de Rudolf Sivers avanzaba desde el Dombás para recuperar Rostov por el oeste, en paralelo a la costa del mar de Azov.

Aquellos guardias Rojos, que no habían conocido más guerra que los choques con los cadetes de yúnker en Moscú, estaban lógicamente nerviosos ante la idea de combatir contra cosacos *frontoviki*; pero «muchos obreros tenían cuentas pendientes con ellos después de las expediciones de castigo de 1906 y 1907», según escribió el letón Eduard Dune.[2] Su comandante era un teniente ingenuo, que «no era en absoluto un bolchevique» y los sorprendió a todos al aparecer con botas relucientes y hombreras en la guerrera del uniforme. Tuvieron que advertirle con toda seriedad que no debía presentarse nunca más con hombreras. Pero demostró ser valiente en la batalla, y acabaron por aceptarlo.

La tarea inicial de Dune y sus trescientos camaradas era desarmar a los cosacos que regresaban del frente rumano. Como los cosacos eran los propietarios de sus caballos y sus armas, y ellos mismos se encargaban de

*La «Guerra de las Vías». La Guardia Roja (trabajadores armados)
y los soldados desmovilizados ayudaron a los bolcheviques a tomar el control
de la mayor parte de la Rusia Central en el invierno de 1917-1918.*

llevarlos a la guerra, la acción podía resultar explosiva; pero con algunos
rudimentos de diplomacia y el apoyo de los ferroviarios, que podían ais-
lar a los cosacos en una vía muerta, por lo general lograban su objetivo.
Numerosos mineros del Dombás se presentaron voluntarios para hacer
de refuerzo. En cambio, los campesinos *inogorodnie* les mostraban sus
simpatías llevándoles comida en ocasiones, pero eran reticentes a com-

prometerse porque daban por sentado que la victoria caería del lado de los cosacos y de sus oficiales, más experimentados.

Las grandes distancias de las estepas heladas del Don, unidas a la ausencia de una caballería Roja, hicieron que los combates se desarrollaran a lo largo de las vías del ferrocarril. Más que batallas hubo escaramuzas. Un tren cargado de Rojos avanzaba hasta que detectaba un tren de Blancos. Los hombres bajaban de aquellos vagones para el ganado y, como la estepa era llana, los fusileros podían tenderse sobre el suelo helado, en filas extensas. Dune dejó constancia escrita de su primer encuentro con los Blancos. Cuando las figuras del enemigo se acercaron, él y sus camaradas se pusieron tensos. Alguien gritó: «¡Son oficiales! ¡Fijaos en cómo les brillan las hombreras!». Para Dune había otros indicios de que eran en efecto oficiales: tenían la confianza necesaria para avanzar sin disparar y no se arrojaron al suelo cuando la Guardia Roja empezó a abrir fuego desordenadamente (con sus fusiles, porque las ametralladoras se habían encasquillado a las primeras ráfagas). «Fue la primera vez que vi al enemigo tan cerca —escribió Dune—. Yo estaba temblando por el ruido de las balas al pasar.» Pero entonces oyeron sonar tres veces la bocina de su tren y vieron que daba marcha atrás. Ante el terror de hallarse abandonados en la estepa, regresaron a toda prisa a los vagones, por mucho que su comandante maldijera con furia.[3]

Dune narró que poco después apresaron a dos jóvenes oficiales y una enfermera, que llegaban en un trineo sin estar al corriente del avance del Ejército Rojo. Todo fue muy civilizado: entregaron las pistolas y Dune les dejó marchar. Pero luego se preguntaba: «¿Ellos me habrían tratado igual? Recuerdo la batalla de Lijaya y lo que le sucedió a nuestros heridos». Los lugareños señalaron una colina, a lo lejos. «Allí arriba hay una fosa común de los vuestros», le dijeron. No había habido heridos ni prisioneros; solo muertos. «Los oficiales no hacen prisioneros», recordaron.[4] Estaban en lo cierto: el general Kornílov había dado órdenes expresas de no perdonar la vida de nadie a quien se capturara.

«En cierta ocasión, el tren se detuvo entre dos estaciones —anotó Dune— cuando divisamos los cuerpos de tres personas atadas a postes de telégrafo. Los cadáveres estaban cubiertos de sangre y solo vestían la ropa interior y harapos de sus camisetas de la Armada. Sin botas. A uno le habían apoyado la gorra de marino sobre la cabeza caída y ensangrentada. Los otros dos cadáveres tenían la misma clase de gorras al lado, en el suelo.» Los desataron y les dieron sepultura junto al terraplén del ferrocarril.

«Por descontado, sentíamos odio de clase, pero no era el mismo sentimiento que la cólera personal y furiosa que convierte a un ser humano en un carnicero y un salvaje brutal —escribió Dune—... En comparación con el enemigo nosotros teníamos una gran ventaja. Creíamos en la causa de la justicia universal, no en los privilegios personales de clase.»[5] No cabe duda de que Dune decía la verdad, en lo que a él atañía; pero no puede afirmarse que la distribución de las masacres fuera unilateral.

El 14 de enero, los obreros de Taganrog se rebelaron por detrás de las líneas del Ejército de Voluntarios. Se produjeron combates callejeros muy encarnizados. Los obreros apenas iban armados, pero eran muy superiores en número. Unos cadetes de yúnker atraparon a una docena de obreros. Estaban enfurecidos y se dice que les cortaron la nariz, les sacaron los ojos y los enterraron vivos junto con unos perros muertos. La Guardia Roja y los marinos de Sivers recuperaron Taganrog el 20 de enero y la venganza fue terrible. Los defensores, oficiales y cadetes, se rindieron a condición de que se les permitiera salir sanos y salvos de la ciudad; pero a los enfermos y heridos los sacaron a rastras de los hospitales y los mataron en la calle. Al parecer a cerca de cincuenta oficiales los ataron y luego arrojaron al horno de la metalúrgica del Báltico. A muchas víctimas las destrozaron a sablazos, ya fuera para ahorrar munición o para satisfacer la rabia de las tropas Rojas.[6]

A finales de enero el Ejército de Voluntarios de Alekséyev seguía siendo muy poco numeroso, hasta un extremo decepcionante. No más de 3.000 oficiales, cadetes y estudiantes se habían incorporado a sus filas; entre los miles de oficiales que habían buscado refugio en el sur, muchos se negaron a participar. Los voluntarios tendían a ser jóvenes y vengativos, por haber sufrido la destrucción de las haciendas familiares. Muchos eran monárquicos reaccionarios y aspiraban a restaurar la autocracia zarista. A su juicio, la minoría de voluntarios que creían en la Asamblea Constituyente eran prácticamente «unos Rojos».

Además estalló una pugna feroz por el liderazgo. Aunque el ejército lo había puesto en marcha Alekséyev, Kornílov insistía en ocupar la comandancia en jefe; de lo contrario, se iría a Siberia. Era incapaz de perdonarle a Alekséyev que le hubiera arrestado por orden de Kérenski, a pesar de que Alekséyev solo pretendía poner orden en un caos trágico y proteger a los oficiales principales de un tribunal revolucionario. A la postre se acordó que Kornílov sería el comandante de campo del Ejército de Voluntarios, mientras que Alekséyev, que ya padecía el cáncer que le mataría, sería el jefe político, económico y administrativo. Alekséyev confió en Borís Sávinkov la responsabilidad de las relaciones con los gobiernos extranjeros, a pesar de que no poseía contactos con nadie que estuviese fuera de Rusia.

Las relaciones entre Kornílov y Alekséyev no mejoraron nunca. Kornílov exhibía una arrogancia deliberadamente provocativa, no solo hacia Alekséyev, sino también hacia los políticos kadetes y en particular Miliukov, a quien detestaba. El gran error de casi todos los generales Blancos fue la terca convicción de que al par que luchar contra los Rojos, debían mantener la guerra ya muy prolongada contra Alemania. Esto hizo que casi todos los campesinos y exsoldados se les volvieran en contra, sin excluir a los cosacos.

El atamán Kaledín también estaba muy desazonado por el escaso número de cosacos dispuestos a alistarse en contra del avance de las fuerzas de Sablin y Sivers. En su abrumadora mayoría, lo único que deseaban era poder cultivar sus campos en paz. El 28 de enero Alekséyev escribió a Kaledín para advertirle de que sus hombres no se bastaban para seguir protegiendo el Don sin apenas ayuda. «El hecho de que los cosacos del Don estén absolutamente cerrados a defender su legado pone una carga insoportable sobre los hombros del Ejército de Voluntarios y complica sobremanera la prolongación de la lucha.»[7] Cuando la 39.ª División bolchevique se desplazó al norte desde el Kubán, amenazó la ruta de huida del Ejército de Voluntarios. Kaledín rogó a Alekséyev que no se marchara, pero tanto este como Kornílov estuvieron de acuerdo en que, para mantener con vida la causa antibolchevique, era imprescindible salvar a su ejército.

A Kaledín no le ayudó que diversos oficiales cosacos hablaran en contra de resistirse a los bolcheviques. El teniente coronel Filip Mirónov, que era un social-revolucionario de izquierdas, escribió el 25 de enero: «El suelo se tambalea bajo los pies del general Kaledín, su asistente Bogayevski y el Gobierno Militar. ¡No han logrado engañar a los *frontoviki*! En los poblados cosacos de Ust-Medvéditskaya, Kámenskaya y Uriúpinskaya ya hay comités revolucionario-militares que no reconocen el poder del general Kaledín ni su gobierno de militares y les exigen que dimitan».[8]

A finales de enero estaban amenazadas tanto Rostov, el cuartel general del Ejército de Voluntarios, como Novocherkask, la capital del Don. A un líder de la guerrilla cosaca, Chernetsov, lo despedazaron a sablazos, y su destacamento quedó destruido casi por completo después de que otro oficial cosaco rojo, el teniente coronel Gólubov, se pasara a los Rojos con varios cientos de hombres. La capital se quedó sin defensas y Kaledín sucumbió al desánimo. El 29 de enero (*jul.*) anunció al gobierno del Don: «Aquí ya se ha hablado suficiente», se marchó a la sala adyacente y se pegó un tiro en el corazón.[9] Se eligió a un nuevo atamán, el general Anatoli Nazárov, pero apenas contaba con posibilidades de defender el Don.

El general Mijaíl Svechín conocía a Nazárov de la academia del Estado Mayor. «Le felicité por el valor que había demostrado al aceptar el puesto. Sonrió con amargura y respondió: "No podía decir que no. Mientras quede algún reducto de tierra cosaca alguien tiene que asumir y preservar la maza del atamán".» Svechín le preguntó qué planeaba hacer. «He ordenado que el atamán de campaña, el general Popov, reúna a grupos reducidos de cosacos y emprenda camino hacia Zimovnikí, al otro lado del Don.» Svechín se ofreció voluntario para sumarse a Popov, que estaba a punto de partir con 1.500 hombres; pero Nazárov le advirtió de que las condiciones serían sumamente espartanas: «No habrá carros de abastecimiento, no habrá mensajeros, tendrás tan solo un caballo y una silla cosaca, con todos los pertrechos en las bolsas de la silla».[10] Luego Nazárov advirtió al Ejército de Voluntarios de que la resistencia había concluido y era hora de irse.

El 23 de febrero (*greg.*), las tropas de Sivers entraron en Rostov; dos días después, la Guardia Roja de Sablín avanzó definitivamente sobre Novocherkask. Bajaron de los trenes e incluso descargaron las cocinas de campaña. Mientras emprendían la marcha sobre la estepa nevada, en una larga columna, miraron alrededor. «Al enemigo no se le veía por ninguna parte —escribió Dune—. A lo lejos podíamos ver cascos cosacos. Había hombres y mujeres que nos observaban con prudencia. Pudimos ver la cúpula dorada de la catedral de Novocherkask y luego la propia ciudad. Entre el silencio había un aire de expectación.»[11] Por delante, la sección de reconocimiento había alcanzado las afueras de la capital y les hacía señas de que se acercaran.

Cuando el general Svechín salió aquella mañana, para averiguar qué pasaba, encontró las calles vacías. De camino a la catedral vio un destacamento de caballería que remontaba la colina. Resultó ser el del teniente coronel Gólubov, que se había unido a los bolcheviques. Svechín corrió a su casa, a esconder el uniforme, mientras su esposa ocultaba las joyas. El atamán Nazárov, que se había negado a abandonar la ciudad, se dirigió a la asamblea del Krug del Don. Gólubov irrumpió en la sala con una multitud de seguidores y, al constatar que Nazárov no se ponía en pie, le gritó: «¡Levántese cuando la autoridad del Estado entre en la sala!». «Yo soy el atamán del Don, elegido por todos los cosacos del Don», contestó Nazárov.[12] Gólubov se acercó a grandes zancadas, le arrancó las hombreras y lo detuvo. Dos días más tarde lo hizo fusilar.

Svechín describió cómo, a lo largo de los días posteriores, bandas de Rojos empezaron a saquear apartamentos. Muchos cosacos funcionarios regionales, oficiales y generales cosacos se habían quedado en la ciudad, y se produjeron varias ejecuciones. Al anciano general Iván Orlov lo pararon en la calle, aunque vestía un abrigo de piel de carnero sin hombreras. «No preguntaron quién era, le fusilaron *in situ*. Por toda la ciudad se oían disparos constantemente. Sacaban a los heridos de los hospitales, los lanzaban a camiones como si fueran troncos, se los llevaban al vertedero y los dejaban allí; a algunos les pegaban un tiro, a otros les dejaban que se murieran allá.»

Con la caída de Novocherkask, el Ejército de Voluntarios no tuvo más remedio que abandonar Rostov y retirarse al sur del Don, con la esperanza de recibir apoyo de los cosacos del Kubán. Sabían que en el Cáucaso se enfrentaban a la inanición, a unas condiciones invernales terribles y una superioridad abrumadora de las fuerzas rojas (incluida la 39.ª División); pero no les quedaba otra vía de escape.

El general Alekséyev le escribió a su esposa justo antes de retirarse de Rostov. «¡Mi querida, mi amada Niuta! Parece que a nuestro puñado de hombres, que no reciben apoyo ninguno de los cosacos, lo abandona ahora todo el mundo... Cuando nos marchemos del Don nos hallaremos en una situación extremadamente difícil. Muy probablemente tendremos que emprender una larga marcha a pie; solo Dios puede decidir hacia dónde. Podrás entender en qué estado me hallo, aunque aquí tengo que disimularlo y mostrarme tranquilo aun en medio de un caos considerable. Resulta especialmente duro porque no tengo noticias tuyas ni de las niñas. Me tengo que adentrar en lo desconocido sin poder verte antes de marcharme para darte mi bendición y mis besos. Pero no hay nada que hacer. Si mi destino es no volver y no ver nunca

La Marcha del Hielo
Primera Campaña del Kubán

más a las personas que más quiero y llevo en el corazón, tienes que saber que siempre pienso en vosotras, en ti y en mis hijas; y que pensando en vosotras es como viviré mi último minuto, si ahora mi destino es morir.»[13]

Aquel 23 de febrero (*greg.*), cuando la Guardia Roja de Sivers entró en Novocherkask, el Ejército de Voluntarios cruzó el Don helado. No tuvieron grandes problemas, pues dos aviones Rojos les atacaron, pero sin efectividad. Cuando llegaron al *stanitsa* (asentamiento cosaco) de Ólguinskaya. Su presencia en la zona causó una gran alarma entre los asentamientos vecinos, por el temor a las represalias de los Rojos.

Kornílov dirigía la que probablemente fue la formación más desequilibrada en la historia de la guerra. El Ejército de Voluntarios, con sus cerca de 3.700 efectivos, incluía a 36 generales (entre ellos Kornílov, Alekséyev, Denikin, Romanovski, Lukomski y Márkov); 199 coroneles; 50 tenientes coronel, 2.083 capitanes, tenientes y alféreces; y 437 yúnker. Solo 880, por lo tanto, no eran oficiales o cadetes de oficial.[14] Kornílov reorganizó lo que había sido una masa de grupos pequeños creando un Regimiento de Oficiales que dirigía Márkov; el Regimiento «Kornílov»; el Regimiento de Partisanos (principalmente cosacos del Don, a las órdenes del general Bogayevski), y un Batallón de Yúnker. También disponían de una batería de artillería con ocho cañones; dos de ellos, comprados a guardias Rojos a cambio de vodka. Sin embargo, contaban con un lastre importante: casi un millar de personas seguían al campamento, en buena medida políticos y esposas a los que no podían dejar en Rostov. Esto suponía que su larga columna nunca podía recorrer más de 30 kilómetros al día; y por lo general, durante aquel invierno, avanzó mucho menos. Contaban con un convoy de algunos carros de dos ruedas (*arbá*), pero solo se permitía viajar en ellos a los heridos o gravemente enfermos.

La deficiencia más grave del Ejército de Voluntarios era la caballería. El general Popov apareció en Ólguinskaya el 26 de febrero con sus cosacos del Don. Los generales del Ejército de Voluntarios le rogaron unir las fuerzas respectivas, pero él sabía que no podría mantener unidos a sus hombres si se alejaban en demasía del territorio del Don. Al día siguiente el Ejército de Voluntarios se marchó de Ólguinskaya hacia la región de Stávropol, en el interior del Cáucaso. Era una solución de compromiso porque los generales no lograron ponerse de acuerdo en dónde debían ir o qué debían hacer. Denikin, Alekséyev y otros confiaban en poder tomar la capital del Kubán, Yekaterinodar, para utilizarla como base y foco de atracción de fuerzas antibolcheviques.

Para los voluntarios, el viaje era una empresa heroica; pero si hubieran sabido cuán intenso sería el sufrimiento que les aguardaba, quizá les habrían temblado las piernas. En todo caso, su supervivencia representó una pifia colosal de parte de los bolcheviques, que habían permitido que huyeran tanto el Ejército de Voluntarios como la fuerza de cosacos de Popov, aunque fuera a territorios hostiles y desérticos. A pesar de la lentitud con la que esta larga columna serpeante avanzaba, los Rojos no lograron interceptarla hasta el 6 de marzo (*greg.*), en Lezhanka. La suma de guardias Rojos y soldados de la 39.ª División se llevó una sorpresa cuando el Regimiento de Oficiales de Márkov cruzó un río menor y los rebasó por el flanco. Huyeron, pero varios oficiales de la división cayeron presos. Kornílov ordenó someterlos a consejo de guerra, pero le convencieron de que les perdonara la vida si se incorporaban al Ejército de Voluntarios; sin embargo, algunos jóvenes oficiales azotaron cruelmente y mataron a unos sesenta campesinos. Tres días después el Ejército de Voluntarios marchó hacia el oeste y entró en el Kubán, donde encontró un apoyo mucho más claro de los cosacos locales, aun a pesar de que había unidades rojas en la región. En algunos de los *stanitsas* de la zona incluso se les incorporaron nuevos reclutas, aunque en otras ocasiones tuvieron que repeler a grupos de *inogorodnie* y cosacos pobres.

La batalla mayor tuvo lugar en Korenóvskaya, donde en vez de toparse con una fuerza menor, como esperaban, el Ejército de Voluntarios se encontró ante un total de 10.000 guardias y marinos Rojos. En vez de retirarse, Kornílov, entre cuyas fuerzas escaseaba la munición, asumió el riesgo de combatir con la esperanza de arrebatar al enemigo sus reservas. La batalla duró cuatro días y costó 400 hombres a los voluntarios; pero estos lograron imponerse, en contra de lo esperado, y el 17 de marzo tomaron la estación de Korenóvskaya, con todos los suministros que necesitaban. Unas pocas bajas ya solían suponer una dificultad, pues obligaban a ceder un número mayor de los de por sí escasos *arbás*; pero el índice de bajas que acababan de sufrir obligó a amontonar a los heridos graves, uno encima de otro. Los carros no tenían suspensiones y los repetidos baches del camino no hacían sino agravar el dolor de las heridas.

El Kubán había carecido de buenos líderes en un período crucial, después del golpe de los bolcheviques en Petrogrado. Además tenía que sufrir el paso de decenas de miles de soldados bolchevizados que se iban retirando de los frentes persa y turco (las mismas tropas a cuyo proceso de desmovilización se había enviado a Víktor Shklovski). Cuando los generales del Ejército de Voluntarios supieron que las tropas rojas habían obligado a los cosacos del Kubán a abandonar Yekaterinodar, su capital, no hubo consenso sobre qué hacer a continuación. Alekséyev y Denikin todavía querían atacar la ciudad, pero Kornílov insistía en que carecían de la potencia necesaria.

Kornílov dio la orden de proseguir hacia el sur, hacia Maikop; pero no sabía qué concentración de Rojos había en la zona. En vez de tener la posibilidad de recuperarse y reorganizarse, el Ejército de Voluntarios se encontró luchando una vez tras otra. Estaban físicamente exhaustos, pasaban hambre y las cifras de enfermos y heridos no paraban de crecer; el sufrimiento era terrible, tanto entre los soldados como entre los civiles. Las botas y otras formas de calzado se les pudrían; muchos carecían de pieles con las que abrigarse del feroz frío de las montañas. Hubo muchas congelaciones después de vadear ríos desbordados sin tener luego ocasión de secar las ropas o las vendas de los pies.

Estaban a punto de sucumbir a la desesperación, pero al final, el 22 de marzo (*greg.*), oyeron el sonido inconfundible de un cañón en la distancia. Con su ruta enrevesada habían tropezado por casualidad con el Ejército del Kubán, que dirigía un coronel notable, Víktor Pokrovski, que en la guerra contra Alemania había sido piloto y entonces estaba demostrando ser un gran jefe de la caballería para la causa Blanca. Sus éxitos recientes habían tenido tanto efecto como el más eficaz de los sargentos de reclutamiento. Después de las salvajadas y los saqueos perpetrados por los Rojos y los soldados desmovilizados que atravesaban el territorio, cada vez más cosacos del Kubán sacaban los fusiles de los graneros y establos donde los habían escondido, montaban en sus caballos y salían a incorporarse al ejército.

El Ejército de Voluntarios y los cosacos de Pokrovski eran aproximadamente equiparables, cuando se encontraron. A la postre Kornílov podía disponer de la caballería que necesitaba; pero estaba tan seguro de ser el futuro líder de Rusia que trató a Pokrovski y los miembros de la Rada del Kubán con una arrogancia rayana con el desprecio, hasta el extremo de que los líderes cosacos estuvieron a punto de negarse a servir a sus órdenes. Solo una gestión diplomática frenética pero discreta logró que se concertara otra reunión donde sí hubo acuerdo.

Con estas fuerzas combinadas, Kornílov avanzó con rapidez hacia Yekaterinodar, donde los Rojos habían logrado reunir a bastantes más de los 18.000 efectivos que los Blancos les calculaban. En esta ocasión los marinos y los obreros industriales de la Guardia Roja defendían posiciones fijas, por lo que no se sentían tan vulnerables como solía sucederles a campo abierto. El 11 de abril, en la mañana de su ataque, Kornílov no esperó a que la brigada de Márkov cruzara el río; este error se agravó por las malas comunicaciones y cierta confusión. El combate fue encarnizado y hubo bajas muy cuantiosas en ambos bandos, sobre todo porque los Rojos mantuvieron las posiciones con valentía. Los voluntarios, agotados, tuvieron un día de descanso después de la batalla. Kornílov planeaba retomar el asalto al día siguiente, a pesar de que Alekséyev y Denikin le rogaron que el ejército se retirase para recuperarse adecuadamente después de aquel baño de sangre. Alegó que habían gastado tanta munición que era imprescindible alzarse con la victoria y tomar la ciudad. Kornílov no cedió.

Su valentía personal era una forma de arrogancia, como si ningún enemigo fuera a atreverse a matarlo. Alekséyev había dicho en cierta ocasión que Kornílov poseía el arrojo del león, pero el cerebro de una oveja; y este fue su epitafio. Hizo caso omiso de todas las advertencias al respecto y estableció el puesto de mando en una granja encalada y situada totalmente a la vista de la artillería Roja. A la mañana siguiente, el 13 de abril, justo antes de que se emprendiera de nuevo el ataque, un proyectil hizo impacto directo. Kornílov murió bajo los escombros, junto con varios miembros de su Estado Mayor. Denikin empezó por ocultarle la noticia a la tropa, pero cuando empezó a correr, aquel mismo día, el Ejército de Voluntarios estuvo a punto de hacerse pedazos.

Alekséyev se apresuró a nombrar a Denikin como sustituto de Kornílov. En un mensaje a un amigo, le dijo que desde entonces las cosas iban mucho mejor: «Actúo en plena concordancia con Denikin, resolvemos los problemas juntos, para beneficio de todos». Añadió que si Kornílov hubiera seguido al mando «esto habría puesto en peligro todo lo que aún teníamos, y amenazaba con arruinar la causa por completo».[15] Aunque es cierto que la colaboración de estos dos hombres fue buena, el paternal y grandote Antón Denikin no pudo suplir nunca el carisma peligroso de Kornílov.

Denikin era consciente de que el ejército necesitaba recuperarse del doloroso golpe a su estado de ánimo, y ordenó una retirada rápida hacia el norte. Los Rojos celebraron la victoria quemando en público el cuerpo exhumado de Kornílov, en Yekaterinodar; pero no acertó a aprovechar la ventaja. «El ejército, medio destruido —escribió uno de los oficiales devotos de Kornílov—, pasó mucho tiempo vagando, en peligro constante, perseguido y rodeado por sus enemigos. Allí donde iba arrastraba tras de sí una cola terrible y sangrienta, un convoy de carros con los heridos que ocupaba ya varios kilómetros. Dejar atrás a los heridos era imposible. La guerra había sido igual de salvaje con los dos bandos. Los voluntarios habían estado fusilando a sus prisioneros y ejecutando a los heridos con tal brutalidad que en ningún caso podían confiar en la merced del enemigo. Y sin embargo la situación era tan mala, y aquel convoy de carros era tan agotador para un ejército ya exhausto, que al final varios cientos de los heridos más graves fueron siendo abandonados en distintos lugares. La gran mayoría murió; solo unos pocos lograron sobrevivir. Si el ejército consiguió romper el cerco y llegar hasta el Don, fue tan solo gracias a este sacrificio espantoso y a un empeño increíble.»[16]

Que el Ejército de Voluntarios no lograra hacerse con el poder en el Kubán fue menos importante que el hecho de que sobreviviera hasta que se animó a resistir a los cosacos del Don y el Kubán. La venganza de los Rojos, en lo que entendían que era un momento victorioso, fue sumamente contraproducente. Un destacamento Rojo llegó al *stanitsa* cosaco de Gúndorovskaya y, creyendo que podía actuar con toda impunidad, se dedicó a saquear, violar a las niñas y las mujeres, e incendiar las tiendas y las casas más grandes. Un grupo de cosacos, junto con varios estudiantes y oficiales, planeó un ataque de represalia, que a su vez prendió la mecha de la que se conoce como Rebelión de Gúndorovski, y tuvo asimismo por efecto la creación de su propio Regimiento Gúndorovski.

Como era inevitable, la violencia generó un círculo vicioso. «Nadie hacía prisioneros, ni los unos ni los otros», como descubrió pronto un recién llegado al Ejército de Voluntarios. «A nosotros nos habían prohibido fusilar a los prisioneros, se los exterminaba con el sable o con la bayoneta. Los cartuchos eran demasiado valiosos, había que reservarlos para el combate.»[17] En Odesa, un amigo que estaba en el Ejército de Voluntarios le contó a Yelena Lakier: «Los bolcheviques están enterrando vivos a los oficiales que capturan; por su parte los oficiales queman vivos a los bolcheviques».[18]

El escritor Iván Nazhivin, que había sido un buen amigo de Tolstói, habló con oficiales destacados del Ejército de Voluntarios sobre las batallas del sur de Rusia. «Por otro lado, los que mejor combaten son los marinos, están desesperados —le dijeron los comandantes Blancos—. Los chinos son feroces luchando. Los soldados del Ejército Rojo son débiles.»[19] Los chinos «internacionalistas» que combatían con los Rojos habían sido reclutados entre aquellos que el gobierno zarista, durante la guerra, había empleado para cavar trincheras y hacer labores de transporte. En el sur de Rusia el bolchevique Yona Yakir dirigió un batallón de 600 chinos.

«En los dos bandos —continúa Nazhivin—, el resentimiento ha llegado a una escala extrema, inhumana. Los Rojos, cuando toman un *stanitsa*, saquean todo lo que pueden, violan a las mujeres sean de la edad que sean y no ahorran balas... Los cosacos también están sumamente resentidos con los Rojos, en especial con los marinos y los chinos. Los azotan hasta matarlos con varas metálicas, los entierran hasta el cuello y luego les cortan la cabeza de un golpe de sable, o los castran, y los cuelgan por docenas en los árboles... Ya no se rinden ni los que tendrían ganas de rendirse. Al exterminar así a los Rojos, a menudo los Blancos acaban por matar amigos y personas que podrían ayudarles, que solo estaban en las filas de los Rojos porque les habían obligado.»

El general Alekséyev, en una carta a su esposa, escribió: «Una guerra civil siempre es cruel, en especial con una nación como la nuestra. Los bolcheviques están destruyendo todo lo que está por encima de un obrero o un campesino. La hostilidad hacia cualquiera que esté por encima de este nivel tan bajo es asombrosa. Es difícil impedir que los nuestros se venguen, que paguen con la misma moneda. Y esta clase de guerra, tan cruel, genera más horrores que una guerra exterior. Es duro, pero es inevitable».[20]

Las actitudes imperantes entre los cosacos más jóvenes también cambiaron por otras razones. Muchos de los que volvían a sus *stanitsas* desde el frente habían sido susceptibles a la propaganda bolchevique, pero cuando se hallaban de nuevo en sus hogares, la generación mayor empezaba a reafirmar los valores patriarcales. Y, si aún quedaba alguna simpatía por los bolcheviques, la hacían trizas los destacamentos Rojos que venían de las grandes ciudades a incautarse de los cereales y el ganado. Los pueblos más próximos a los núcleos urbanos sufrían más porque era muy complicado, y demasiado costoso, enviar a estos destacamentos a una gran distancia. Los cosacos dejaron de llevar productos a los mercados, ante la posibilidad de que se los quitaran. Además, había bandas que asaltaban los *stanitsas* fingiendo trabajar para las autoridades.

Mientras estaba en Sebastopol, a la espera de una oportunidad de unirse al Ejército de Voluntarios, el exoficial de artillería Aleksandr Majonin recibió una carta de su leal ordenanza, que había vuelto a su lugar de origen. Contaba que un grupo de bolcheviques había aparecido con la exigencia de que les entregara su vaca. «Les dije que la vaca era todo lo que me quedaba, y que mi hijo pequeño necesitaba la leche, así que no se la podía dar. "Muy bien —respondieron—, pues ahora nos ocupamos de que ese crío no necesite más leche." Y por mucho que me resistí, me arrancaron al niño de los brazos y le reventaron la cabeza contra una pared, y se llevaron la vaca y me dejaron con mi hijito muerto.»[21]

El resentimiento de los cosacos por los embargos llegó a ser muy intenso. En el pueblo de Kriviánskaya, a tan solo cinco kilómetros de Novocherkask, estalló una revuelta como en Gúndorovskaya. A finales de marzo, los cosacos expulsaron a los que venían a requisar la comida. El capitán cosaco Fetístov reunió a entre trescientos y cuatrocientos cosacos, los dirigió a Novocherkask y conquistó la ciudad por sorpresa. Los líderes comunistas y todos los guardias Rojos se dieron a la fuga.

«En la ciudad hubo una gran alegría, pero luego era necesario defenderla», escribió el general Svechín, que se reunió con algunos oficiales y comandantes cosacos que también habían sobrevivido escondidos. El Palacio del Atamán se convirtió en el cuartel general de la defensa, y la calle se llenó de carteles que pedían voluntarios para mantener la conquista. «Teníamos 5.000 cosacos a pie y unos pocos cientos montados, así que éramos más poderosos que la fuerza del general Popov, que solo tenía 1.500; pero la precedencia recayó en Popov, por ser el atamán de campaña.»[22] Poco después el Krug del Don se reunió para elegir a un nuevo atamán, y se decantaron por el general Piotr Krasnov, el comandante del III Cuerpo de Caballería en Gátchina. Pero Krasnov era un oportunista y se daba excesiva importancia, y provocó a los líderes del Ejército de Voluntarios, en particular cuando empezó a buscar un acercamiento con los alemanes que ocupaban Ucrania.

El coronel V. G. Buizin, comandante del regimiento al que daba nombre el general Alekséyev, con su esposa, V. I. Buizina, que hacía las veces de asistente.

Mientras los voluntarios sufrían con su Marcha del Hielo por el norte del Cáucaso, se creó otro relato heroico en torno del general Mijaíl Drozdovski. En el frente rumano, Drozdovski había tenido noticia, en diciembre, de que Alekséyev planeaba reclutar un ejército. Envió un mensaje ofreciéndose a reclutar tantos oficiales y soldados como fuera posible y atravesar Ucrania para reunirse con él. El 26 de febrero Drozdovski había partido con 1.100 hombres, en su mayoría oficiales, y logró eludir los intentos de desarmarlos de las tropas rumanas. El 21 de abril, después haber recorrido 1.200 kilómetros, los hombres de Drozdovski llegaron a Rostov y la capturaron. El momento era idóneo. La fuerza de Drozdovski se sumó entonces a los cosacos de Kriviánskaya para defender la capital del Don, Novocherkask. La Marcha del Hielo del Ejército de Voluntarios y el periplo de Drozdovski supusieron los mitos fundacionales de los Ejércitos Blancos en el sur de Rusia.

14

Entran los alemanes

Marzo y abril de 1918

Tras la firma del tratado de Brest-Litovsk, el 3 de marzo, los ejércitos alemanes y austrohúngaros empezaron a ganar terreno hacia el este para asegurarse de disponer de los recursos alimentarios que sus países necesitaban con urgencia. El 7 de marzo, cuando los alemanes estaban a tan solo 18 kilómetros de Odesa, la población temía que los marinos y la guardia Roja de Muraviov, antes de verse obligados a marcharse, tomarían represalias brutales.

«No hemos dormido desde el sábado —escribió Yelena Lakier—. Están deteniendo a los *burzhui* que no pueden pagar el "impuesto revolucionario".»[1] A los oficiales y otras personas sospechosas aún los estaban asesinando en el puerto, en el crucero *Almaz*. Los Rojos amenazaban con bombardear la ciudad desde sus buques de guerra. En los muelles, una multitud empezó a gritar a la Guardia Roja exigiendo la liberación de un anciano ferroviario de barba blanca y un soldado joven y aterrorizado a los que llevaban al *Almaz*. «De pronto se oyeron unas descargas ensordecedoras. Llegó un camión lleno de soldados y empezó a disparar contra la multitud. Vi cómo caía la gente. Un caballero pisó a una chica que había caído al suelo y estaba gritando histérica.»

El 12 de marzo un grupo de oficiales alemanes entraron en la ciudad para advertir al Comité Ejecutivo Central de los comunistas que todas las unidades Rojas debían abandonar la ciudad. Cuando los oficiales, con sus cascos *pickelhaube*, salieron de la reunión, se había congregado una gran cantidad de personas que rompieron en vítores. «Bajaban la escalera tiesos como una vela. De pronto la muchedumbre empezó a chillar "¡Hurrrraaa!" sin contenerse en lo más mínimo, y tiraban los sombreros al aire, y aplaudían. Los alemanes, más sorprendidos que otra cosa, respondieron con una leve reverencia y se marcharon... De repente salieron varios bolcheviques al balcón, y uno de ellos agitó el revólver y gritaba: "¡Como no os disperséis, pero ahora mismo, voy a empezar a disparar!". La multitud, presa del pánico, corrió a dispersarse en todas direcciones.» Dos días después los alemanes entraron en la ciudad. «Los alemanes están en Odesa. Han entrado con tranquilidad, como el que llega a casa, y han colocado los cañones de campaña en la avenida.»[2]

Marzo de 1918, divisiones alemanas del Ober Ost entran en Kiev como parte de la ocupación de las provincias bálticas, Bielorrusia y Ucrania, según lo dispuesto en el tratado de Brest-Litovsk.

En Kiev, Dmitri Gueiden estaba entre la multitud para ver «la masa metálica y bien organizada de alemanes que llevaban cascos y la orgullosa expresión de los vencedores. Por descontado era una alegría librarse de la autoridad bolchevique; pero la vista de las tropas alemanas —contra las que habíamos pasado tres años luchando y que ahora se instalaban cómodamente en la plaza de Sofía, cerca de la Duma del Estado— me horrorizaba».[3] El joven Vladímir Nabókov también expresó los sentimientos ambiguos de muchos. «Los bolcheviques desaparecieron y su lugar lo ocupó el ejército, singularmente silencioso, de los alemanes. Los patriotas rusos estaban divididos entre el alivio animal de haber escapado de unos verdugos nativos y la necesidad de quedar por ello en deuda ante un invasor extranjero; para colmo, los alemanes.»[4]

Para los que habían huido del territorio comunista y eludido los registros, el momento de cruzar la frontera en Orsha y entrar en la Ucrania ocupada por los alemanes fue un momento emotivo. «En cuanto el tren cruzó la barrera, un sonoro "¡Hurraaa!" se oyó en todos los vagones», escribió el general de división Vladímir von Dreier. Mucha gente lloraba y se abrazaba y saludaba con el pañuelo a los soldados alemanes, que los miraban a su vez impasibles con aquellos cascos negros como cubos del carbón. «Veían a los soldados como sus salvadores.»[5]

Después del empobrecimiento y la anarquía de Moscú y Petrogrado, la impresión de prosperidad calmada actuó como un elixir embriagador para los refugiados que habían huido del norte.[6] Para Teffi, el ajetreo de las calles de Kiev era «una escena maravillosa y sin precedentes, como un sueño de una vida olvidada, algo improbable, excitante e incluso alucinante. ¡En la puerta de una panadería hay plantado un oficial con charreteras, tomándose un pastel!».[7]

La ciudad estaba tan desbordada por la llegada de las clases medias y altas que era virtualmente imposible encontrar una habitación, se pagara lo que se pagara. Los antiguos cortesanos del zar daban las gracias si encontraban un sillón en el que dormir. «En aquellos días, la vida de Kiev fue como un banquete en mitad de una epidemia —escribió Paustovski—. Encontrabas abiertos un montón de cafeterías y restaurantes. En su apariencia externa, la ciudad daba la impresión de una riqueza raída... Las bellezas kievitas, con sus ojos de vaca, patinaban por las pistas de hielo de la ciudad en compañía de los oficiales. De la noche a la mañana aparecieron garitos de juego y casas de citas. En el mercado de la Besarabka se vendía cocaína sin disimulo y prostitutas de diez años se ofrecían a los viandantes.»[8]

Una vez más, hubo más oficiales que optaron por entregarse a una existencia libertina, de juego y bebida, que oficiales que intentaran unirse al Ejército de Voluntarios. Pedían prestado dinero sin apenas vergüenza y vivían vidas paralelas (aunque separadas) a las de la intelectualidad de los poetas, escritores, cantantes y actrices que podían disfrutar de la vida nocturna de los clubes y cafés sin temor a que les robaran.

Entre tanto, cada mañana, según apuntó el geógrafo Moguilianski, los soldados alemanes «se reunían delante de los escaparates de las tiendas de comida, que exhibían cochinillo frito, gansos, patos, pollos, tocino de cerdo, mantequilla, azúcar y varios productos dulces que se podían comprar a buen precio y sin cartilla de racionamiento. Por la mañana a los alemanes les atraía en particular el tocino. Iban al mercado y masticaban con ansia gruesas rodajas de la deliciosa panceta ucraniana. Sus cuerpos debían andar locos por recuperar algo de grasa».[9]

Las autoridades militares alemanas decidieron hacer caso omiso del tratado suscrito con la Rada ucraniana porque se había demostrado que esta no era capaz de proporcionar el abastecimiento prometido. El 18 de abril, en un golpe preparado que contó con la ayuda del príncipe Kochubéi (de la Asociación de Productores de Cereales), escogieron a un hombre de paja como nuevo representante, el guetman Skoropadski. «Toda esta comedia, bien preparada de antemano, se desarrolló sin contratiempos», escribió el conde Dmitri Gueiden, que era uno de los productores.[10] Skoropadski, vestido con galas de cosaco, fue aclamado al mismo tiempo que los alemanes detenían a los líderes ucranianos Petliura, Vinnichenko y Golubóvich.

Pavló Skoropadski procedía de la familia de este nombre, que en 1708 había sucedido a Iván Mazepa como guetman (líder) de la Hueste Cosaca de Zaporozhia. Tenía una conciencia muy aguda de ese legado: «al pequeño Pável lo llamaban "el Guetman" desde que se sentaba en la falda de su niñera».[11] Había seguido una carrera bastante típica entre la alta nobleza, al integrarse en el Cuerpo de Pajes de San Petersburgo y luego como oficial de la Guardia de la Caballería del zar (como los generales Svechín y Mannerheim). Skoropadski era un hombre elegante y sumamente cortés, pero no muy inteligente; en consecuencia era un candidato idóneo para que los alemanes lo utilizaran como un títere. Su esposa era una mujer muy rica, una Durnova, y había quedado atrapada en territorio soviético; pero los alemanes presionaron con éxito al Sovnarkom para que la liberasen. Skoropadski se negó a vivir en el palacio real del Dniéper y optó en su lugar por la residencia del antiguo gobernador general de Ucrania; pero el séquito todavía se dirigía a él como «Su Ilustrísima el Guetman».[12]

El general Svechín, haciendo las veces de embajador informal del Ejército de Voluntarios, fue a visitar a su antiguo compañero. Svechín se dio cuenta de que Skoropadski se sentía incómodo cuando los centinelas alemanes presentaban armas. «Ya veo que estáis bien protegido», comentó.[13]

«Solo soy un prisionero —se lamentó Skoropadski—. Me eligió la que llaman "Asociación de Productores de Cereales", formada por terratenientes y agricultores ricos; pero no puedo negar que también me eligieron los alemanes, que preferían un Estado con un guetman, antes que el experimento socialista de Petliura. Sin embargo, tenemos que soportar la mano de los alemanes, que es una mano de hierro. Son los bolcheviques los que les han permitido gobernarnos. Yo personalmente pienso que esta guerra acabará con una victoria absoluta de los alemanes.» Le parecía que no daría tiempo a que los estadounidenses trajeran sus armas y sus hombres desde la otra orilla del Atlántico.

Al ser un viejo amigo, Svechín pudo abordar las acusaciones de traición que muchos de los oficiales rusos de Kiev habían dirigido contra Skoropadski. «A ellos los protegen las mismas botas altas que a mí, las mismas *Marschstiefel* por las que a mí me condenan —contestó—. ¿O es que ellos no se han vendido también a los alemanes por el mero hecho de estar aquí? ¿Y por qué a ellos la conciencia no les pide irse a luchar por Rusia?»

Hablaron de la exigencia alemana de disponer de cereales y grasas. «Es cierto que pagan por todo —dijo Skoropadski—, pero ahora el dinero tiene menos valor que los cereales. Los alemanes han permitido que cada soldado envíe a su casa un paquete semanal de tres kilos, para alimentar a la familia. Nuestros campesinos aceptan sus marcos con más alegría que nuestra divisa.»

Era evidente que Skoropadski no tenía ni idea de cuál era la situación real en las zonas rurales, pero el general de división Hoffmann, jefe del Estado Mayor de Alemania en Brest-Litovsk, se expresaba sin reparos. «Ucrania nos interesa solo hasta la próxima cosecha. Luego podéis hacer con Ucrania lo que os apetezca.»[14] El problema era que la confiscación de cereales con los que alimentar al Reich se complicaba mucho más porque además los soldados saqueaban para sí mismos y para sus familias. Según el geógrafo Moguilianski, «hubo muchos casos en los que los terratenientes utilizaron a las tropas alemanas para recuperar las haciendas que les habían saqueado. A veces esto provocó enfrentamientos tan graves que los alemanes se vieron obligados a utilizar la artillería». En la mayoría de las ocasiones los campesinos obedecieron, al darse cuenta de la propia impotencia. «¿Qué podemos hacer, señor? —le había dicho un campesino—. Los alemanes nos exigen que les vendamos paja a un precio de 1 rublo por pud, pero cada pud cuesta 8 rublos. Se llevan el tocino y lo pagan a 1 rublo por libra, pero en Chernígov la libra cuesta 5 rublos.»[15] A Moguilianski le dijeron que las tropas austrohúngaras eran aún peores, en lo que respectaba a recurrir a la violencia.

La impresión de que en Kiev imperaban la normalidad y la buena vida no podía durar, desde el momento en que el régimen de Skoropadski dependía por entero de unas bayonetas extranjeras. «En cuanto los alemanes se marchen, su administración se derrumbará como un castillo de cartas», comentó Globachov, el exjefe de la Ojrana.[16] Había logrado escapar a Kiev y volvía a trabajar con algunos de sus antiguos agentes. Globachov sabía que los bolcheviques que vivían en la clandestinidad se estaban preparando para ese día y que Ucrania también se vería engullida por una guerra civil. Era improbable que en las zonas controladas por los Blancos hubiera ninguna clase de permanencia.

La atmósfera irreal del protectorado alemán favoreció las ilusiones, y hubo sueños extraordinarios de construcción de imperios en el sur de Rusia. Svechín contempló con asombro que en los suelos del palacio del guetman había un mapa de mármol que representaba Ucrania con la inclusión tanto del Don como del Kubán. Expresó su sorpresa y cuando Skoropadski alegó que en el Kubán se hablaba ucraniano, Svechín contestó que solo una ínfima minoría de los habitantes. Por su parte, en Novocherkask, el atamán Krasnov fantaseaba con reunir todas las huestes cosacas en una federación que encabezarían los cosacos del Don.

Para mayor rabia de Rodzianko, el expresidente de la Duma del Estado, así como de los líderes del Ejército de Voluntarios, Krasnov se mostraba adulador con los alemanes. Su avance por Ucrania hacia Rostov del Don desplazó a las fuerzas Rojas de Antónov-Ovséyenko desde la Ucrania oriental y el Dombás hacia el territorio cosaco. Para ofrecer más resistencia a los Rojos, Krasnov quería apoderarse del contenido de los arsenales rusos establecidos en Ucrania durante la guerra para atender a los frentes rumano y suroccidental. Estaba completamente dispuesto a compartir lo obtenido con el Ejército de Voluntarios y afirmaba, en tono divertido, que había salvado a Denikin de cualquier contaminación porque las armas que recibía habían sido purificadas por las aguas del Don. En ese momento Krasnov escribió al káiser Guillermo II para pedirle ayuda en la batalla contra los bolcheviques, casi como si él también fuera soberano de un Estado independiente.

SU REAL E IMPERIAL EXCELENCIA:

Hoy nueve décimas partes de las tierras del Gran Ejército del Don se hallan libres de las bandas de Rojos... Nos hemos aliado con los ejércitos de Astracán y del Kubán... Cuando estos hayan expulsado de su tierra a los bolcheviques, podremos formar un Estado federado estable con el Gran Ejército del Don, el Ejército de Astracán, con los kalmukos de Stávropol, y el Ejército del Kubán, y más adelante, después de haber limpiado sus territorios, también con el Ejército del Térek y los pueblos del Cáucaso Norte. El atamán Zimovói goza de mi autorización para pedir a Su Excelencia que reconozca el Gran Ejército del Don como un Estado independiente, y haga lo mismo con los Ejércitos de Astracán, el Kubán y el Térek, así como de los territorios norcaucásicos en cuanto sean liberados. Este Estado se llamará Unión del Don y el Cáucaso.

Quisiéramos pedir a Su Majestad que Kamyshin y Tsaritsyn, de la región de Sarátov, se unan al Gran Ejército del Don, así como Vorónezh. Esto resulta necesario por razones de estrategia... El Gran Ejército del Don dará prioridad a Alemania en la extracción de los excedentes de pan, cereales y harina, después de haber satisfecho la demanda local de esos productos, así como de cuero, derivados del pescado, lanas, grasas vegetales y animales, tabaco, ganado y vino; a cambio de lo cual, Alemania proporcionará maquinaria agrícola, productos químicos, extractos para la producción de cuero y equipos para las plantas químicas y de otras clases, incluidos los necesarios para producir billetes de banco, etc.[17]

Esto fue demasiado para Rodzianko, cuyo concepto de sí mismo era tan formidable como su barbado corpachón. Escribió: «Al atamán del Gran Ejército del Don. He recibido una copia de la misiva que habéis dirigido al emperador alemán. La persona anónima que me la ha proporcionado me asegura que el original se ha enviado a Berlín por medio del duque de Liechtenstein. Si esta misiva al emperador alemán ha sido realmente escrita y enviada por vos, entonces vos, al igual que el guetman Skoropadski, os habéis puesto en situación de vasallaje de Alemania y en ningún caso estáis prestando servicio a la causa de Rusia».[18]

La contestación llegó dos días después: «Al ciudadano de la República Democrática Rusa Mijaíl Vladimírovich Rodzianko. De acuerdo con las órdenes del atamán de los cosacos del Don, quiero pediros, estimado señor, que abandonéis los territorios del Gran Ejército del Don en el plazo de tres días».*[19]

---

* Resulta muy tentador incluir toda la correspondencia entre Krasnov y Rodzianko, porque es sumamente divertida, pero nos ocuparía páginas y páginas.

El agente británico Robert Bruce Lockhart, establecido en Moscú, era bastante más realista en su valoración de Krasnov. «Al igual que la mayoría de los miembros de la clase acomodada de Rusia, es un oportunista: hoy es partidario de los alemanes, mañana, de los Aliados.»[20] En Kiev el mariscal de campo Hermann von Eichhorn, comandante en jefe para Ucrania, no puso reparos a que Skoropadski le permitiera a Krasnov apoderarse de las armas de los arsenales rusos, pero sí se mostró del todo contrario a que las redistribuyera entre el Ejército de Voluntarios «porque estos rechazaban cualquier idea de paz con Alemania».[21]

Los social-revolucionarios de izquierdas, que habían sido aliados de Lenin, también se negaban a negociar nada con los alemanes. «Todos los destacamentos del Ejército Rojo obedecían las órdenes de la autoridad soviética, excepto los eseristas de izquierdas —escribió Eduard Dune, que estaba con el ejército de Sablin—. No les parecía bien. Entre ellos, al comandante de nuestro Ejército, Yuri Sablin.»[22] Pero por supuesto, allí donde los eseristas de izquierdas se enfrentaban a los alemanes, estos los derrotaban.

Los eseristas de izquierdas y el coronel Mirónov, de los cosacos Rojos, denunciaban a Krasnov tan rotundamente como a Rodzianko. «Nuestros eternos enemigos de ayer, los austríacos y alemanes, han entrado en el territorio del Don... Ahora sobre las cabezas de los cosacos cuelgan la disciplina alemana y el bastón del general, junto con la servidumbre.» Pero Mirónov también advirtió a los líderes del Ejército Rojo de la inconveniencia de cualesquiera «acciones que los revolucionarios dirigen contra las casas y las propiedades de la gente, y por lo tanto contra las mujeres y los niños. Es habitual ver poblados en llamas por el capricho de algún camarada que, en lo que respecta a las emociones, es un ignorante».[23] A su juicio esto solo favorecía a los reaccionarios.

Entonces Mirónov contactó con el Distrito Militar del Cáucaso Norte, en Tsaritsyn, y solicitó que le pasaran sus preguntas al camarada Trotski: «Necesito saber cómo se ve la Región del Don desde el Comisariado Militar, en el sentido político. La cuestión es que Moscú envía sin cesar comisarios que no tienen la más mínima idea de cómo es la vida diaria ni cómo es la mentalidad en la óblast del Don... Quizá haya que dar las "gracias" a esos comisarios de que la mitad de la óblast del Don esté ahora en manos de contrarrevolucionarios. Por eso quiero pedir que el camarada Trotski nos dé una respuesta definitiva: ¿Qué planeáis hacer en la óblast del Don? ¿Vais a conceder a los cosacos el derecho a crear sus propias fuerzas para perseguir la contrarrevolución con el apoyo de la autoridad central? Si eso es lo que el Sovnarkom ha decidido, insisto en que retiréis a todos esos "comisarios extraordinarios" y le concedáis a nuestro Comité Ejecutivo Central el derecho a trabajar independientemente».[24]

En Moscú, los social-revolucionarios de izquierdas han dimitido del Sovnarkom para protestar por la firma del tratado de Brest-Litovsk y le negativa de Lenin a proseguir con una «guerra revolucionaria» contra los alemanes. Pero varios de sus miembros conservaron sus puestos en la Checa y otras instituciones. Además de su odio implacable hacia la ocupación alemana, los eseristas de izquierdas también estaban descontentos con el recurso creciente a destacamentos alimentarios que hacían incursiones en los pueblos para incautarse de los supuestos «excedentes» de cereales. Como representantes de los campesinos, los eseristas de izquierdas habían acogido con entusiasmo las palabras de Lenin sobre la distribución de la propiedad de las tierras. No tenían ni idea de que se trataba de una simple estratagema táctica, antes de situar todas las tierras bajo el poder estatal absoluto. Pero sí sabían que la idea comunista de la lucha de clases, que en los pueblos se reducía a campesinos pobres frente a kulaks ricos y era sin duda demasiado esquemática para una realidad que era mucho más compleja. Y a medida que fueron teniendo noticias de los enfrentamientos repetidos entre los aldeanos y la Guardia Roja, cada vez se fueron distanciando más de la retórica leninista de lucha sin cuartel y castigos sin piedad.

Desplazar la capital de Petrogrado a Moscú ante la eventualidad de que los alemanes siguieran ganando terreno puso de manifiesto los contrastes entre las dos ciudades. A Lenin no le gustaba el aspecto de Moscú, muy propio de la vieja ortodoxia rusa, casi eslavófilo. Era un modernizador a ultranza, y temía la perspectiva de vivir y trabajar en el Kremlin, con los bulbos dorados de sus cúpulas y con las antiguas almenas. A Trotski también le parecía una decisión paradójica, para una dictadura revolucionaria.

Después de un año de abandono total, y de los combates que tuvieron lugar allí el otoño anterior, el Kremlin se hallaba en un estado terrible; por un breve período de tiempo, por lo tanto, Lenin vivió y trabajó en un hotel próximo, el Natsional. Cuando el edificio kremlinita del Senado estuvo listo para el Sovnarkom, con un apartamento adyacente para Lenin, la hermana de este y Krúpskaya, se mudaron a esta ubicación, siempre con la protección de los fusileros letones. Esto no impidió que Lenin se reuniera también con Inessa Armand, ya fuera en el propio Kremlin o en el piso de ella en las inmediaciones del Arbat, donde podían charlar sin interrupciones. Armand, como los «comunistas de izquierdas» de Bujarin, se había opuesto frontalmente al tratado de Brest-Litovsk; pero Lenin nunca se lo reprochó. Sentía demasiado respeto por el criterio y el pensamiento de Armand.

Al volver al apartamento del Kremlin, a Lenin le divirtió un tanto que el sirviente del antiguo régimen le trajera la sopa de verduras y las gachas (*kasha*) en una vajilla de los Románov, con sus águilas bicéfalas cuidadosamente alineadas. En lo que a la música respectaba, por el contrario, sí que exigió un cambio: insistió en que las campanas del reloj de la Torre Spáskaya tocaran la «Internacional», y no el «Dios salve al zar».

Tanto Lenin como Trotski eran pragmáticos, además de ideólogos. Los dos se habían dado cuenta de que les convenía reclutar antes a «expertos» de dudosa lealtad que a inexpertos, por muy fanáticos que fueran. Otros muchos comisarios también creían que elegir a la gente más cualificada y brillante era la única posibilidad de que el régimen sobreviviera. Entre los reclutados para los niveles superiores de la burocracia comunista figuraba cierto Borman, una persona que, en secreto, era partidaria de los Blancos. Trabajó al lado de Manuilski, Rakovski, Radek y otros desde marzo de 1918.

Manuilski, como tantos otros de la jerarquía, no creía que el dominio de los bolcheviques fuera a durar mucho. Al parecer le dijo a Borman en varias ocasiones: «Nos van a masacrar a todos, pero antes de irnos cerraremos la puerta como es debido y haremos que los *burzhui* lo pasen mal». Cuando Borman quiso saber por qué había que exterminarlos, Manuilski contestó: «Para que sea más sencillo volver a hacerse con el poder en el futuro y porque, en cualquier caso, cuanto menos *burzhui* haya en el mundo, mejor».[25]

Borman comentó que, en el hotel Metropol, cercano al Kremlin, se había instalado una «clase de burócratas completamente nueva»: «Los atraían las habitantes baratas y la cantina barata de la planta baja, donde la comida era mala, pero aun así, mejor que en el resto de la ciudad».[26] En la frenética atmósfera de las reuniones del Kremlin, que podían prolongarse hasta mitad de la noche, la mayoría de los comisarios vivía con bastante frugalidad; pero se dice que el economista Yuri Larin vivía a lo grande en la habitación 305. «Yuri era algo completamente distinto —apuntó Borman—. Su alimentación era abundante y refinada. Dos señoras de ojos negros cuidaban delicada y fervorosamente de este hombre repulsivo, que tenía manos de paralítico y una boca espantosamente torcida.» (Quizá Kurt Riezler, el segundo del nuevo embajador alemán, estuviera pensando en Larin cuando se refirió a «la corrupción general de los funcionarios comunistas, con sus hábitos libertinos, en particular la insaciable exigencia de mujeres».)[27]

A Borman le llamó la atención que la mayoría de los comunistas a los que encontró en el Metropol no eran rusos: «Habían venido a un país extranjero, o por lo menos a un país por el que no sentían nada, para poder llevar a cabo su experimento. Trataban a la gente como si fuera algo material, como los conejos de un laboratorio. Se notaba que estaban completamente alejados de la vida real. En aquel momento las grandes figuras del comunismo no preveían que sus experimentos fueran a durar mucho. Muchas veces oí que se les escapaba admitir: "Deberíamos probar esto y aquello, ahora que aún estamos en esta silla"».[28]

En por lo menos un par de ocasiones, a Borman le permitieron asistir a una sesión del Sovnarkom: «Las mesas estaban dispuestas como un cuadrado abierto y cubiertas con un tapete verde. Se sentaban allí entre dieciséis y veinte personas. Otros estaban sentados en sillas y bancos, a lo largo de las paredes. Lenin ocupaba la presidencia de la mesa, en solitario; Trotski estaba detrás de él, junto a la pared. Chicherin se apoyaba en el alféizar de la ventana y miraba absorto hacia las cúpulas de las iglesias, iluminadas por el crepúsculo... Lenin daba la impresión de una persona que, sin lugar a duda, sabe qué está haciendo y sabe qué quiere. Sus ojos sonríen con astucia. De alguna forma me recordaba a los mercaderes del norte de Rusia. Dirigía las sesiones con seguridad, explicaba los temas, dirigía preguntas a los asistentes y luego le dictaba al secretario su versión de la resolución».[29]

Aunque los bolcheviques eran el único partido político disciplinado de Rusia, también podían ser espontáneos e improvisar. A mediados de marzo, Borman se encontró con el búlgaro Jristián Rakovski en el hotel

Metropol. Este le preguntó si le gustaría acompañar a Manuilski y Stalin, el comisario del pueblo para las nacionalidades, como parte de una delegación que iba «a Kursk a negociar la paz con los ucranianos».[30] Era justo después de la ocupación alemana, cuando aún se reconocía a la Rada.

Borman se presentó, según le dijeron, en la estación de Kursk, preparado para el viaje. «La cara de Stalin era anodina —escribió—. Sus ojos son desagradables, airados. Tiene las mejillas picadas de viruela. Por debajo de la chaqueta vestía una camisa de terciopelo azul oscuro. Se quedó sentado en silencio, sin moverse. Manuilski es un hombre bajo, ágil, cetrino. Es ruso, aunque no paraba de intentar convencerme de que era un campesino de la gubérniya kievita. Los "expertos" dan la impresión de estar bastante confusos. No saben cómo comportarse. Abundan las caras de mediana edad. Hay un joven judío que no se separa de Rakovski. Lleva una guerrera, bombachos y botas altas. Era el chequista Záitsev, el secretario de la delegación.»

Se quedaron un rato en los andenes, a la espera, hasta que se supo que nadie había avisado a los gestores del ferrocarril y, por lo tanto, no se había preparado ningún tren especial. «Al final Stalin llamó por teléfono al Kremlin. Por alguna razón habló con el comandante de los fusileros letones. Aunque el Kremlin hizo presión, aún tuvimos que esperar otras dos horas. Podvoiski [exjefe de la Organización Militar bolchevique] vino también al tren, a la estación de Kursk, y subió a bordo. Era el comandante del sector local del frente contra los alemanes y los *gaidamaki*.* Nos dijo que, para restaurar la disciplina en las unidades, había tenido que volver a fusilar a los hombres. Pero le acompañaba un marino enorme, un pelirrojo de apariencia aterradora. Estábamos sentados en un vagón restaurante que aún tenía el aspecto cuidado de antaño. El marino corrió a reñirnos por usar un mantel blanco. Declaró: "¡Ya es hora de abandonar estas costumbres burguesas! Por ejemplo, el camarada Podvoiski y yo vivimos como proletarios. Quien está sirviendo a la autoridad soviética no tiene por qué comer de un mantel". Fue la prime-

---

* Los gaidamaki [también llamados jaidamakas, o haidamaks, según el sistema de transliteración y el término original que se use] eran soldados ucranianos. En origen habían sido campesinos que, en el siglo XVIII, se habían rebelado contra sus señores polacos. Llevaban la cabeza medio afeitada, con el copete de pelo largo, al estilo tradicional de Ucrania, que sobresalía de sus gorros de piel de carnero.

ra vez que me encontré con los marinos. Pero la situación no tardó en complicarse. Los destacamentos de marinos —por no hablar de bandas independientes— no reconocían ninguna autoridad y se molestaron mucho con nuestra llegada. "¿Qué clase de paz queréis firmar? —exigieron saber—. Porque nosotros aquí estamos matando a *burzhui* y gaidamaki, y vosotros intentáis meteros en medio. Pues tendremos que comprobar quién sois en realidad."»[31]

El resentimiento y la suspicacia de los marinos no menguaron. «Al día de haber llegado, solo un día después, se informó a Manuilski de que algunos destacamentos navales iban a atacar a la delegación. El hecho de que hubiera varios cientos de marinos en la ciudad no frenó a Manuilski. Cogió de inmediato a veinte letones de la escolta y se marchó directo a su cuartel. Probablemente fue muy duro con ellos. Corren rumores de que se fusiló a varios marinos allí mismo... De hecho, después de este incidente ya ningún otro destacamento de marinos intentó interferir con los trabajos de la delegación.»[32]

Al final, la delegación pasó poco tiempo en Kursk porque tuvieron noticia de que los alemanes habían detenido a Petliura y la Rada, y habían puesto en su lugar al títere de Skoropadski. Al regresar a la estación moscovita de Kursk, quedaron bloqueados por un destacamento de alimentos del Ejército Rojo, que insistía en registrar a fondo los equipajes. La escolta letona cerró filas y les gritó a su vez: «¿Qué permiso necesitamos nosotros? ¡Si nosotros fuimos los que pusimos en marcha la Revolución!». Los soldados pidieron el apoyo de su comandante, pero «los letones se comportaron como si fueran los amos», anotó un Borman divertido. «¡Andad a quejaros al Kremlin, si queréis!», dijeron, mientras apartaban de un empujón al comandante del destacamento.[33]

15

Enemigos en la periferia
Primavera y verano de 1918

Después de la desastrosa pérdida de territorios, cedidos a las Potencias Centrales, a lo que habría que sumar la creciente oposición en gran parte del país, no es de extrañar que en Moscú los cuadros comunistas estuvieran nerviosos. La carestía de alimentos, especialmente grave en las ciudades, empezó a restarles apoyos incluso entre el proletariado. Pero el intento de atribuir los problemas exclusivamente «al hambre y a la ignorancia de las masas» suponía negarse a reconocer los errores propios.[1]

Mucho antes de que los países de la entente hubieran sopesado cómo iban a actuar en el futuro, Lenin ya no se hacía ilusiones al respecto de qué podría esperar un país rebautizado como República Soviética Socialista de Rusia una vez que la guerra del Oeste se terminara. Estaba convencido que su naturaleza capitalista e imperialista los llevaría a estrangular al niño comunista antes de que pudiera crecer y adquirir la fuerza necesaria para defenderse. Pero aparte de los 20.000 soldados de la División de Fusilería Letona, el Sovnarkom carecía de tropas entrenadas para hacer frente a un posible enemigo exterior, ni siquiera para enfrentarse a múltiples revueltas repartidas por la ingente periferia del país.

Según se ha indicado ya, la Royal Navy había hecho desembarcar a infantes de Marina en Múrmansk para que protegieran los arsenales militares que se habían enviado anteriormente a los ejércitos del zar. Pero en mayo, cuando este pequeño acuartelamiento se reforzó —con la llegada de otros 370 infantes de Marina y 600 infantes de Tierra—, Lenin y Trotski reaccionaron en contra de la presencia de fuerzas extranjeras en el territorio soviético. Irónicamente la primera acción de la infantería de Marina británica fue para respaldar a los guardias Rojos que repelían a una fuerza de Blancos finlandeses que se habían apoderado de cierta extensión entre Múrmansk y la frontera.

La fuerza británica del norte de Rusia, que protegía Múrmansk y Arcángel, creció hasta alcanzar los 18.400 hombres. Durante el transcurso del año se les unieron destacamentos de otras naciones Aliadas, por ejemplo, de Estados Unidos, Canadá, Francia, Serbia e Italia. El presidente Woodrow Wilson se había mostrado resueltamente contrario a intervenir en los asuntos de Rusia, al principio de 1918; pero bajo la influencia de su secretario de Estado, Robert Lansing, aceptó defender Múrmansk. Los peligros de una intervención fueron expuestos de antemano, y con claridad, por el jefe del Estado Mayor británico, el mariscal de campo sir Henry Wilson: «Cuando una fuerza militar comienza a participar en operaciones terrestres —escribió Wilson en un informe de evaluación—, resulta casi imposible limitar la magnitud de su compromiso».[2] Más adelante, más de un año después de la primera acción, justificó la demora en la retirada de las tropas alegando que no se podía abandonar a los aliados rusos locales a la merced de los bolcheviques. Lo cierto es que, desde entonces, no ha habido grandes cambios en las expediciones militares. Wilson, aunque era del Ulster, hablaba en Londres con acento irlandés, como una cuestión de orgullo. Se negaba a presentarse como británico. Tenía la fama de ser el oficial más feo de todo el ejército, por una herida facial recibida en Birmania. Pero a Wilson la vanidad le interesaba tan poco como halagar a los políticos.

Los desembarcos originales de Múrmansk tenían una intención completamente defensiva, incluso cuando se recibieron los refuerzos de las tropas dirigidas por el general de división Maynard. Pero la conquista de Arcángel en agosto, unida a un golpe anticomunista, derivó en una estrategia mucho más agresiva. El general de división Poole, al mando de los británicos, dio una interpretación muy caballeresca a sus órdenes: declaró la ley marcial, trató despectivamente a los jefes del gobierno independiente de la Región Septentrional, y se preparó para iniciar la invasión de Vólogda, hacia el sur. Luego se desarrolló un plan —basado en una fantasía cartográfica— con la idea de que las fuerzas antibolcheviques que atacaban hacia el Oeste desde los Urales pudieran unirse en Vólogda a las tropas Aliadas que venían de Arcángel.

Las autoridades locales, ni en Múrmansk ni en Arcángel, no habían recibido ninguna clase de apoyo de Moscú, y carecían de fondos para pagar los salarios. La región de Múrmansk, que solo contaba con algunas minas y pesquerías, informó al Kremlin de que para sobrevivir necesitaba cincuenta millones de rublos. Pero el Sovnarkom hizo caso omiso de la petición y se limitó a ordenarles que resistieran ante los Aliados (a pesar de no disponer de tropas ni armas). «Si no recibimos ayuda —le dijeron a Moscú—, nos veremos obligados a pedirle la ayuda a los Aliados.»[3]

La debilidad del régimen de Lenin quedó de manifiesto en abril, en los informes del embajador de Alemania en Moscú, el conde Wilhelm von Mirbach-Harff. Este transmitió a Berlín que el control bolchevique de la capital dependía por entero de los regimientos de la fusilería letona. Por su parte Yoffe, que había encabezado la delegación bolchevique en Brest-Litovsk, se mudó como «embajador» a la antigua embajada de los zares, en Unter den Linden. Allí, por su condición de judío bolchevique con intenciones de derribar el orden tradicional, se lo tomaron más bien a broma.

Lenin estaba fascinado por Alemania, y no solo porque lo considerase el país más crucial en la difusión de la revolución universal. Sentía una envidia menos predecible —hasta el extremo de elogiarlo— por el capitalismo de Estado que la Alemania guillermina había adoptado durante la primera guerra mundial. (Para los británicos, por el contrario, se trataba de un «socialismo de guerra», porque habían oído que estaba prohibido poseer más de dos pares de botas.) Lenin contemplaba el sistema alemán como un buen modelo para el socialismo estatal. Ensalzó sus «principios de disciplina y organización, de sólido trabajo conjunto sobre la base de una industria mecanizada sumamente moderna, y un control y una contabilidad estrictos».[4] Se trataba de cualidades con las que él solo podía soñar, dado el caos imperante en Rusia, pero que estaba resuelto a imponer por la fuerza.

Un año antes, el Gobierno Provisional del príncipe Lvov había permitido que los estonios dieran un primer paso hacia la independencia nacional, con fronteras y una asamblea provincial, la Maapäev. En Estonia los bolcheviques conservaban el poder *de facto*, por la gran cantidad de soldados rusos destinados allí. Sin embargo, a finales de 1917 el apoyo al bolchevismo había empezado a declinar. Cuando llegó la hora de celebrar elecciones, los bolcheviques optaron por anular directamente los resultados, que a su entender no respondían al «interés de la masa trabajadora».[5] Además

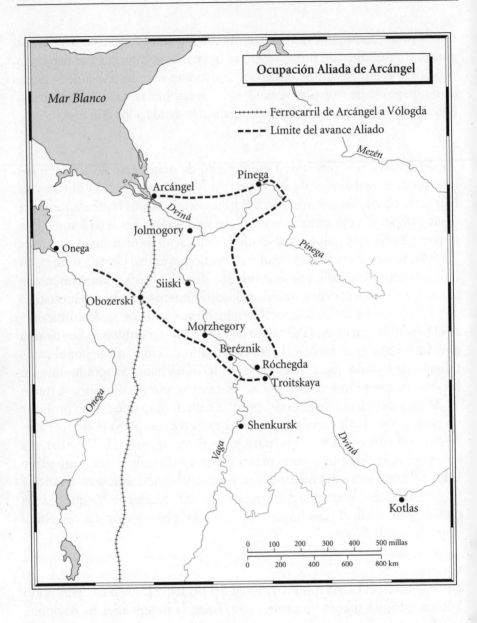

Ocupación Aliada de Arcángel

Mar Blanco

┉┉┉┉ Ferrocarril de Arcángel a Vólogda

╴╴╴╴ Límite del avance Aliado

Mezén

Pínega

Arcángel

Dviná

Jolmogory

Onega

Pínega

Siiski

Obozerski

Morzhegory

Beréznik

Róchegda

Troitskaya

Onega

Shenkursk

Vaga

Dviná

Kotlas

| 0 | 100 | 200 | 300 | 400 | 500 millas |
| 0 | 200 | 400 | 600 | 800 km |

envolvieron la excusa en referencias a una supuesta conspiración de los terratenientes alemanes y los *burzhui* estonios. A continuación se produjo una oleada de detenciones, pero a la postre las fuerzas rusas tuvieron que retirarse cuando los alemanes pasaron de Letonia a Estonia, en su camino hacia la frontera con Rusia, situada en Narva.

La ocupación militar alemana de Estonia, como era de esperar, fue recibida con los brazos abiertos por los barones del Báltico; pero por debajo de la superficie también exacerbó el patriotismo estonio y cierto resentimiento. Los «barones del Báltico», cuyos antecesores a menudo se remontaban a los Caballeros Teutónicos de la Edad Media, poseían casi la mitad de todas las tierras de cultivo del país.

Con un gesto netamente simbólico, la independencia de Estonia se declaró el 23 de febrero de 1918, y el poder pasó a un Gobierno Provisional. Este contaba con el respaldo de la División Nacional de Estonia, que se había formado en secreto, para enfrentarse a los bolcheviques. Cuando el Octavo Ejército alemán ocupó la mayor parte de Estonia, a finales de mes, empezó por permitirse que las unidades estonias, junto con una Fuerza de Autodefensa para la capital, Tallin (la antigua Revel), se quedaran en sus puestos a condición de que se mantuvieran neutrales; pero en abril se las desarmó. El Gobierno Provisional, a su vez, cedió el lugar a una administración de «barones» que soñaban con crear un Ducado Báltico alemán, que constase de las tres provincias. Sin embargo esta fantasía —fomentada por el general Von der Goltz y por Ludendorff— se derrumbó poco después, cuando los ejércitos alemanes fueron derrotados en el Oeste de Europa. Lo mismo ocurrió con los sueños de establecer en Finlandia una monarquía germánica.

El 5 de abril, a más de 9.000 kilómetros de distancia, en el extremo oriental del antiguo Imperio Zarista, la Marina Imperial japonesa desembarcó a un batallón de su infantería en Vladivostok. Oficialmente se respondía con ello al asesinato de tres civiles nipones. De hecho, no obstante, las muertes fueron un simple pretexto para el primer paso en la consecución de las ambiciones japonesas en la región. Dos divisiones de infantería ya estaban en Corea, y dos cruceros abarrotados con más infantería de Marina aguardaban en la bahía de Vladivostok. El crucero británico HMS *Suffolk* dejó en tierra a cincuenta infantes de Marina y chaquetas azules, en apoyo de quien entonces era su aliado; y el USS *Brooklyn* también cedió a un grupo de sus infantes de Marina. Estados Unidos, que era el gran rival de Japón en el Pacífico, ya había establecido cierta presencia en Rusia al ofrecer asistencia técnica al Gobierno Provisional del príncipe Lvov para mejorar el Ferrocarril Transiberiano con ingenieros de su Cuerpo de Servicio de Ferrocarriles.

El Ferrocarril Transiberiano adquirió importancia en el episodio siguiente —del todo inesperado— de lo que con gran rapidez estaba pasando a ser una guerra civil internacional. El Imperio Zarista había sido tan multinacional como su homólogo austrohúngaro. En 1914, en Rusia, numerosos checos se habían ofrecido voluntarios para luchar junto con sus compañeros eslavos contra el ejército austríaco, que por su parte incluía a un notable número de checos reclutados en contra de su voluntad, que aprovechaban cualquier ocasión para rendirse. Una vez apresados se ofrecían voluntarios para incorporarse a las formaciones checas que, con uniforme ruso, estaban destinadas en Ucrania.

En otoño de 1917, mientras el viejo ejército zarista se desintegraba, los checos mantuvieron la cohesión y la disciplina. El inminente hundimiento del Imperio Austrohúngaro les hacía albergar la esperanza de que el país obtendría la independencia una vez que la guerra concluyera con el triunfo de los Aliados. Los Aliados, sin embargo, no se ponían de acuerdo en qué hacer con todo un cuerpo checo de unos 40.000 efectivos. Los franceses querían acercarlos para que reforzaran el Frente Occidental en Francia, mientras que los británicos preferían mantenerlos en Rusia por si surgía una posibilidad de reanimar un Frente Oriental contra Alemania. Por su parte el cónsul general de Estados Unidos en Irkutsk estaba plenamente de acuerdo con la posición británica: «Es absolutamente necesario que las tropas checoslovacas se queden en Rusia —informó a Washington— y no se las envíe a Francia, según se pretendía hacer en un principio... Todos hablan ruso y, si no se les ponen obstáculos, formarán la espina dorsal de la intervención aliada y lograrán crear un frente contra Alemania en Rusia».[6]

El general Pierre Janin —que más adelante encabezaría la Misión Militar de Francia en Siberia— supo, por una conversación posterior con el líder checo Tomáš Masaryk, que el general Alekséyev había pedido transferir a las fuerzas checas al territorio del Don. Pero Masaryk, que «de ninguna manera quería cooperar con una restauración del zarismo», se había negado.[7] Además él temía que resultaría muy difícil sacarlas de la región del mar Negro mientras el Imperio Otomano continuara en la guerra.

En marzo, mientras los alemanes seguían avanzando sin oposición, Lenin y el Sovnarkom eran plenamente conscientes de su propia debilidad militar. Querían que los checos se marcharan del país, por lo que accedieron a permitirles viajar con el Transiberiano a Vladivostok, donde los barcos Aliados podían recogerlos para llevarlos a la Europa occidental. Una lanzadera empezó a trasladarlos hacia el este, con formaciones checas repartidas por toda la ruta. Pero entonces los checos descubrieron que los soviéticos de cada lugar retrasaban deliberadamente sus trenes. Parecían estar apoyando a los prisioneros de guerra alemanes y austríacos, con la esperanza de que se convirtieran al comunismo. Según el cónsul general Harris en Irkutsk, Gueorgui Chicherin —el nuevo comisario del pueblo para Asuntos Exteriores— había enviado un mensaje el 20 de abril, que decía: «Transportad hacia el Oeste a los presos alemanes, tan rápido como se pueda. A los escalones checoslovacos, retenedlos».[8]

Las autoridades soviéticas querían desarmarlos, pero los checos sospechaban de las relaciones de los bolcheviques con las Potencias Centrales. Temían que los entregaran a los austríacos y estos los trataran de traidores. Trotski, que entonces era comisario del pueblo para la Guerra, cometió una pifia extraordinaria: ordenó detener a todo soldado checo que no entregara el arma. Esto transformó el conflicto por entero y lo extendió por toda la masa continental euroasiática.

Más al sur, en el Don y el Cáucaso Norte, los Rojos estaban bajo presión. Según la advertencia que Mirónov ya le había intentado dirigir a Trotski, los saqueos repetidos de los *stanitsas* cosacos, por parte de guardias Rojos y destacamentos de la infantería, habían despertado la furia de las Huestes del Don y del Kubán.

El atamán Krasnov, con un sueño de una federación cosaca ampliada, reunió un ejército de 40.000 hombres. Sabedor de que el flanco occidental (hasta Rostov del Don, en su extremo superior) estaba protegido por los alemanes, sus fuerzas cabalgaron hacia el norte, hacia Vorónezh, mientras que un destacamento poderoso, dirigido por el general Konstantín Mámontov, montó hacia el noreste, a través de la estepa, para atacar Tsaritsyn, a la orilla del Volga. Mámontov era un líder experto en materia de caballería (y sus bigotes eran los más largos y victorianos de todos los comandantes Blancos, solo por detrás de Yudénich), pero como la caballería ligera no suele ser la fuerza más idónea para tomar una ciudad, sus hombres se toparon contra una pared. La misión militar británica informó sobre él con los mayores elogios dignos de un caballero inglés: «Es un gran deportista y solía tener una jauría de sabuesos en Moscú».[9] Luego hubo más intentos, y ya con Yósif Stalin como comisario en jefe, el «sitio de Tsaritsyn» —la futura Stalingrado— acabó por convertirse en un mito heroico de la propaganda soviética.

Yósif Stalin como comisario del Décimo Ejército en Tsaritsyn.

El 22 de junio, el Ejército de Voluntarios, a las órdenes del general Denikin —y sin haber superado todavía los 9.000 efectivos— entró de nuevo en el Kubán, con el fin de renovar el asalto a su capital, Yekaterinodar, donde Kornílov había perdido la vida. El general Alekséyev y otros habían intentado convencer a Denikin de que marchara hacia el norte, remontando el Volga hacia Samara, para enlazar con los checos; pero Denikin se mantuvo firme en su idea. Quería establecer el Kubán como una base sólida para el Ejército de Voluntarios, y crear una asociación estrecha entre sus regimientos cosacos. Quizá estaba asimismo resuelto a corregir el resultado de «la brutal batalla de cinco días, a las afueras de la ciudad, cuando el Ejército de Voluntarios dejó tras de sí a tres cuartas partes de sus fuerzas, así como el cuerpo de su líder, el heroico general Kornílov».[10] Sea como fuere, son muchos los que creen que el hecho de que Denikin no acertara a concentrar fuerzas en el curso medio del Volga en 1918, según Alekséyev le instaba a hacer, supuso la pérdida de su gran oportunidad, para la causa Blanca.

En la ciudad industrial de Armavir, los comunistas no masacraron solo a los Blancos, sino también a los refugiados persas y armenios. Denikin no era un general aventurero y es obvio que los 80.000 guardias y marinos Rojos que aún seguían en el norte del Cáucaso le preocupaban. A pesar de la evidente inferioridad numérica, el Ejército de Voluntarios recibió un refuerzo de cosacos del Kubán —tan ansiado por Denikin— y a mediados de agosto se hallaba a un tiro de piedra de Yekaterinodar. «En esta ocasión —comentó uno de los oficiales— el ejército tuvo el respaldo de la población local, cuya actitud hacia los voluntarios había cambiado radicalmente después de conocer de cerca a los bolcheviques.»[11]

Después de una sucesión de derrotas, las fuerzas Rojas, cuya disciplina era deficiente, se retiraron de la capital kubanesa de Yekaterinodar en condiciones de completa confusión. Seis oficiales Blancos que estaban presos en una cárcel próxima a un puente del río Kubán contemplaban la escena con nervios y emoción. Estaban entre los heridos a los que se había dejado atrás durante la Marcha del Hielo. Habían recibido un buen trato, milagrosamente, si tenemos en cuenta que su propio bando había estado matando a todos los Rojos presos o heridos. Sin embargo en ese momento algunos marinos se enteraron de que estaban en la cárcel.

«En la interminable caravana de carros, todo estaba mezclado sin ningún concierto —escribió uno de esos oficiales, Pável Konstantínov—. Había cañones de campaña, carros con samovares y camas de plumas, cocinas de campaña, automóviles de lujo, cajas de proyectiles y atados de cosas útiles. Por todas partes mandaban el caos y la desesperación. La única fuerza impulsora de esta masa era la seguridad absoluta de que los voluntarios serían implacables con ellos. Por supuesto los partidarios de los Blancos contemplaban aquella agonía de pánico creciente con un placer malicioso y aguantaban el aliento a la espera de la hora... El ruido de la artillería, que ya estaba muy cerca, lo escuchábamos con tanta esperanza como desesperación.»[12]

Cuando ya se veía la cola de la columna que se retiraba, los seis oficiales se atrevieron a pensar por fin que, después de todo, su historia acabaría bien. Pero en ese punto volvieron a aparecer los marinos, que no se habían olvidado de ellos. Los hicieron salir, los escoltaron al otro lado del puente y, cuando cayó la noche, los guiaron hasta una cuneta en la que pensaban fusilarlos. Konstantínov cayó malherido después de que una bala le atravesara el hombro. Paralizado por el dolor, logró disimular cuando los marinos hicieron la ronda repartiendo bayonetazos en las nalgas para asegurarse de que todos habían muerto. Se quedó allí estirado hasta que los marinos se marcharon, y en las primeras horas del día siguiente se arrastró hasta la cabaña de un campesino, coincidiendo con la entrada de las fuerzas de Denikin en la ciudad. Los demás oficiales y el comandante de la Marcha del Hielo apenas le reconocieron, después de todo lo que Konstantínov había tenido que pasar.

La victoria de Denikin, que obligó a los Rojos a retirarse Cáucaso adentro hasta Stávropol y Piatigorsk, contó con la ayuda de la fuerza de caballería del coronel Andréi Shkuró, que actuaba como una guerrilla por detrás de las líneas rojas. Shkuró, de treinta y un años, era un oficial tan astuto como cruel, cuyos adeptos le seguían con devoción. A su escolta personal se la conocía como la Sotnia del Lobo, porque llevaban papajas de piel de lobo y su estandarte personal lucía la imagen de una cabeza de lobo. Shkuró era efectivo como reclutador. «Solía coger a cinco o seis cosacos de confianza y a un trompeta, se presentaban en un *stanitsa* y reunían a los lugareños. Les anunciaba; "Cosacos, hago un llamamiento a filas en vuestra *stanitsa*. En un plazo de dos horas todos los cosacos deben presentarse montados donde la iglesia".»[13]

El coronel Andréi Shkuró con su papaja de piel de lobo.

A quienes criticaban su estrategia, Denikin les contestaba que a finales de la segunda campaña del Kubán, en septiembre, el Ejército de Voluntarios había multiplicado por cuatro sus efectivos y los Rojos habían perdido el control del Cáucaso. ¿Habría podido cambiar el resultado de la guerra si se hubiera dirigido al norte, en vez de al sur? Por supuesto, es imposible saberlo con certeza; pero es improbable.

Si los estadios finales de la primera guerra mundial produjeron ramificaciones complejas por la periferia del Imperio Ruso, también hubo consecuencias de gran alcance en el Medio Oriente, con el hundimiento del Imperio Otomano. El foco habitual en la guerra de trincheras de la Europa occidental tiende a oscurecer los combates que se produjeron en Iraq, en el frente mesopotámico, así como la ocupación de Persia por turcos, rusos y británicos.

El general de división Lionel Dunsterville, que lideró una de las tres fuerzas especiales que los británicos desplegaron en el sur del Cáucaso y la Transcaspia, había seguido por delante de sus tropas durante el invierno. Reunió a un pequeño grupo avanzado de la Fuerza Expedicionaria Mesopotámica y se puso a atravesar las montañas nevadas de la Persia oriental, con furgonetas y motores Ford. El grupo, que no llegaba a los sesenta efectivos, alcanzó Enzelí, en la costa del Caspio, en la segunda mitad de febrero de 1918. La recepción fue hostil. Aunque era una ciudad persa, el comandante bolchevique de Enzelí, con 4.000 hombres a sus órdenes, insistió en que después del tratado de Brest-Litovsk el Estado soviético ya no estaba en guerra con Turquía y Alemania y que, por otro lado, los imperialistas británicos no eran bienvenidos. Dunsterville no tuvo más remedio que retirarse a Hamadán, a la espera de refuerzos. Durante este período de inactividad forzosa, aprovechó la generosa dotación de oro británico y plata persa para aliviar el hambre y reconstruir carreteras en la región.

El grueso de la Dunsterforce tardó más de tres meses en llegar desde Basora, por lo que no pudieron ocupar Enzelí hasta el 27 de junio. Por entonces la vanguardia turca se hallaba a tan solo 70 kilómetros de Bakú, cuya defensa constaba ante todo de guardias Rojos de Armenia, con una instrucción escasa.

Aunque los bolcheviques todavía controlaban Bakú, a mediados de julio Dunsterville envió a un grupo avanzado a la ciudad. La amenaza del movimiento turco era tan importante que los bolcheviques se mostraron dispuestos a cooperar en la defensa, aun con reticencias, tanto con los imperialistas británicos como con un atamán cosaco local, el coronel Lázar Bicherájov. La fuerza de Dunster iba equipada con un escuadrón de vehículos blindados Rolls-Royce, cuatro de los cuales se asignaron como apoyo a los cosacos.

El gobierno soviético de Bakú, liderado por Stepán Shahumián, no era ni de lejos tan brutal como el de otros lugares. Incluso la Checa se mostraba llamativamente moderada, pues solo había ejecutado a dos hombres, acusados de un desfalco. Entre los comisarios militares de Bakú figuraba el joven Anastás Mikoyán, uno de los poquísimos dirigentes comunistas que sobrevivieron a todos los cambios de liderazgo de los sesenta años posteriores y murió pacíficamente en la cama.

La Comuna de Bakú no fue capaz ni de mejorar la carestía de alimentos ni de impedir que las tropas armenias bebieran y maltrataran a los musulmanes locales. Al final, el 25 de julio, un grupo de eseristas de derechas, mencheviques y *dashnaks* armenios que se hacía llamar Dictadura Centrocaspia organizó un golpe de Estado contra los bolcheviques, sin derramamiento de sangre. Contaron con el apoyo de Bicherájov y los blindados. A los bolcheviques se les apartó del poder pero no se les privó de la libertad.

Hacia estas mismas fechas, en la costa oriental del Caspio, los alemanes, en cooperación con los bolcheviques, acaparaban toda la producción de algodón del Turkestán en el puerto de Krasnovodsk. Pero un oficial de la inteligencia británica, el capitán Reginald Teague-Jones, logró impedir que se llevaran la carga con la ayuda de algunos simpatizantes locales. Falsificaron un cable cifrado que daba a los barcos la orden de descargar las pacas de algodón y volver vacíos a Astracán. Luego se apresuraron a sabotear el transmisor para que nadie pudiera enviar una contraorden.[14]

Más al este, más allá del mar de Aral, los uzbekos y kirguises, aislados por los combates del sur de los Urales, estaban padeciendo con intensidad. «Los pobres nativos de la zona se han visto reducidos a comerse a los gatos y los perros, para seguir con vida», según oyó contar a uno de sus asistentes el cónsul general Harris, en Irkutsk. «Después del tratado de Brest-Litovsk, los bolcheviques liberaron a los prisioneros de guerra alemanes y austríacos para que ellos también se murieran de hambre. La escasez de comida es tan grave que los kirguises nómadas de los desiertos de Syrdariá (o Sir Daria) crearon un mercado de esclavos en Tashkent. Vi que exhibían para la venta a no menos de quince chicas; una se vendió por 1.500 rublos.»[15] Al parecer, las vendían las propias familias, para reducir el número de bocas que alimentar.

Cuando las fuerzas británicas empezaron a concentrarse en la costa occidental del Caspio, al cuartel general de Bagdad le surgió la duda de si la Royal Navy debería participar también en los combates de aquel mar interior. Preguntaron si la Armada podía traer una cañonera de la clase Fly, armada con un cañón de cuatro pulgadas, y transportarla por tierra. La idea se descartó, pero se sopesó trasladar solamente los cañones y montarlos en embarcaciones locales. Sin embargo el reabastecimiento de la munición sería limitado, porque cada camello podía portar solo ocho proyectiles de 4,7 pulgadas. En julio se decidió armar mercantes como cruceros e instalar una base de hidroaviones en Enzelí. El objetivo era «negar a los otros el poder marítimo» como parte de la defensa de los yacimientos petrolíferos de Bakú, de la que se encargaba la Dunsterforce frente a los embates de turcos y alemanes.[16]

A finales de mes, el comodoro David Norris se marchó de Bagdad con un grupo de oficiales y marinos de la flotilla que la Royal Navy tenía en el río Tigris (entre ellos, el suboficial Dickason, que había formado parte de la expedición de Scott a la Antártida). Los cañones, expedidos de Bombay a Basora, les seguirían en una caravana de camiones. Norris se reunió con el general Dunsterville en Kazvín, donde se encontró también con la exploradora Gertrude Bell.

El 26 de julio las tropas turcas —unos 14.000 efectivos, contando el refuerzo de las tribus tártaras— rodearon la península de Bakú. Cinco días más tarde, los turcos retomaron el avance y sembraron el pánico en la ciudad. La mayoría armenia de los defensores se dio a la fuga, y dejó solos a los cosacos. Mientras los civiles armenios de Bakú se concentraban por millares en el puerto, con la esperanza de hallar plaza en un vapor que les permitiera escapar a la venganza turca, Bicherájov sabía que sus hombres no podrían mantener la plaza por sí solos. Se preparó pues para una retirada, aunque al final la situación se salvó de una forma inesperada.

Los bolcheviques habían llevado los cañones de campaña al puerto, con la intención de evacuarlos a Astracán, cuando uno de sus comisarios, Grigori Petrov, recibió el aviso de que las tropas enemigas avanzaban a pie hacia la ciudad. El comisario, que era un personaje volátil, cambió de opinión y, en lugar de embarcar los cañones, dijo a sus hombres que abrieran fuego. El efecto fue asombroso: los turcos se dieron la vuelta y huyeron. Bicherájov espoleó a sus cosacos y salió a perseguir al enemigo en retirada.

Una semana después el grupo avanzado de Dunsterville llegó a Bakú. Los oficiales y suboficiales, tanto británicos como de los Dominios, se esforzaron duramente en conseguir que la Guardia Roja, de origen principalmente armenio, se convirtiera en una fuerza de combate capaz de repeler a un enemigo que duplicaba sus efectivos. Les sorprendió encontrar a armenias entre las trincheras. «Las mujeres preferían correr el riesgo al lado de sus maridos, en vez de quedarse atrás, desprotegidas», apuntó el capitán William Leith-Ross, de los Fusileros de la Fuerza Fronteriza.[17] En diversas ocasiones las armenias demostraron ser bastante más valerosas que sus colegas varones. «La ciudad es una mezcolanza pintoresca, que refleja la población de rusos, tártaros y armenios

—escribió un oficial de la Marina—. El lugar está a medio construir: aquí ves un edificio que no desentonaría en el Strand y, al lado mismo, una hilera de chamizos.»[18]

Cuando llegaron los refuerzos británicos de la 39.ª Brigada de Infantería, la Dunsterforce rondaba el millar de hombres. Los utilizaron para espolear y fortalecer a las unidades armenias. Stepán Shahumián, Petrov y los otros líderes bolcheviques intentaron escapar a Astracán una noche, a bordo de una diversidad de embarcaciones; pero el vapor armado *Esterabad* no les dejó pasar. Después de darles un ultimátum que no recibió respuesta, el *Esterabad* disparó y alcanzó uno de los barcos. El convoy regresó a Bakú. Al llegar a puerto se sometió a las naves a un registro que descubrió que cargaban un botín abundante y algo tan necesario como armas y municiones. Esta vez la mayoría de los líderes bolcheviques sí que dieron con sus huesos en la cárcel; pero no así Mikoyán, por la razón que fuera.

El 17 de agosto, el general Dunsterville hizo su entrada en el puerto de Bakú a bordo del vapor armado *Kruger*, que un mes más tarde se convertiría en el buque insignia de la flotilla británica del Caspio. Dunsterville había izado la bandera tradicional de Rusia, la tricolor de blanco, azul y rojo. Pero cuando alguien comentó que tal vez se entendería que era una bandera contrarrevolucionaria —no en vano era la que usaban los Blancos del general Denikin—, la izó vuelta del revés, para que la franja roja ocupara la parte superior. En aquel momento no le dijo a nadie que, de esa manera, estaba izando la bandera nacional de Serbia. Las paradojas de la situación le divertían: «Un general británico en el Caspio —escribió Dunsterville—, el único mar nunca surcado por las quillas británicas, a bordo de un navío que lleva el nombre de un presidente sudafricano, [y antiguo] enemigo nuestro, que zarpa de un puerto persa, bajo la bandera de Serbia, para liberar de los turcos a un contingente de armenios en una ciudad revolucionaria rusa».[19]

El domingo 1 de septiembre los británicos tuvieron que decirle al comité centrocaspio que gobernaba en Bakú «que salvo que los armenios pusieran más empeño y exhibieran más valor, los turcos podrían entrar en la ciudad cuando se les antojara... y si los habitantes no querían, o no podían, defender la ciudad, pues lo mejor era despedirse amistosamente y que los británicos evacuaran la plaza». Al comité, estas críticas le sentaron mal. Intentaron alegar que, si acaso, tenía que ser culpa de los británicos, porque «no había nadie más valeroso que un armenio».[20]

El 14 de septiembre, cuando se acababan de cumplir seis semanas de combate, la fuerza turco-tártara logró quebrantar por fin la línea defensiva de Bakú, por mucho denuedo que la Dunsterforce pusiera en mantener unidos a aquellos batallones tan poco preparados. En total habían fallecido 180 de sus efectivos: una quinta parte del total. El general Dunsterville había recibido órdenes de sacar de allí a sus hombres en cuanto el puerto quedara sometido al fuego directo de la artillería. Así pues, protegidos por una retaguardia del 7.º Batallón del Regimiento de North Staffordshire, su Estado Mayor dirigió la retirada por la ciudad y la evacuación naval a Enzelí (en la que los acompañaron varios miles de refugiados armenios).

Entre el caos, parece ser que unos soldados armenios liderados por Mikoyán liberaron justo a tiempo a los comisarios bolcheviques que estaban presos en Bakú. Subieron al vapor *Turkmén* e indicaron al capitán que se dirigiera hacia el norte, hacia el bastión comunista de Astracán; pero este temía que allí le arrestarían, de modo que, sin decir nada, puso rumbo al este, hacia Krasnovodsk, en la Transcaspia. Esta decisión desencadenó una masacre tristemente famosa, la de los «veintiséis comisarios» (dos de los cuales eran amigos de Lenin). Moscú denunció que era «un crimen de guerra de los británicos» y, aunque la acusación carecía de todo fundamento, este incidente se convirtió en un artículo de fe para los comunistas, en los años siguientes.

Las escenas de violación y asesinato que se vivieron durante el saqueo de Bakú fueron atroces. «Los turcos y los tártaros entraron en la ciudad indefensa —escribió en su diario el capitán Teague-Jones— y aplicaron su salvaje afán contra la desdichada población armenia... sin perdonar a nadie, hombre, mujer o niño.»[21] Los cálculos del total de personas masacradas varían mucho, entre 5.000 y 20.000, pero lo más probable es que la cifra real estuviera cerca de los 7.000. Los tártaros sentían un intenso deseo de venganza. Aquel mismo año, las tropas armenias habían masacrado en Bakú a la mayoría de los tártaros musulmanes que vivían en la ciudad; y los turcos les aconsejaron aplicar unas represalias que triplicaran la cifra de asesinados. Entre tanto Bicherájov y sus cosacos habían huido hacia el norte por la costa, hasta llegar a Petrovsk (hoy Majachkalá, la capital del Daguestán), donde lograron concentrar la mayor parte de sus barcos.

A pesar de la derrota de Bakú, el capitán Teague-Jones, que no era especialmente amigo de los oficiales de mayor graduación, se deshizo en elogios de Dunsterville y sus hombres por haber logrado contener durante tanto tiempo a unas fuerzas tan netamente superiores. La labor, simplemente, resultó excesiva para su número real de efectivos.

La victoria turca en Bakú, en cualquier caso, tuvo una validez efímera. La gran victoria del ejército del general Allenby en Meguidó (Palestina), a la semana siguiente, impidió que los turcos explotaran los yacimientos petrolíferos; y un mes más tarde, la guerra de Medio Oriente se cerró con un armisticio. Cuando los turcos se marcharon de Bakú, los líderes locales solicitaron de nuevo la ayuda de los británicos. La 27.ª División India no tardó en establecerse allí, con la misión de proteger los campos petrolíferos; y se izó el pabellón blanco de la Royal Navy cuyos improvisados buques de guerra zarparon para combatir a la flotilla Roja, cuya base estaba en la desembocadura del Volga, cerca de Astracán.

16

Los checos y la rebelión de los social-revolucionarios de izquierdas

De mayo a julio de 1918

Después de que, en enero, los bolcheviques cerraran la Asamblea Constituyente de Petrogrado, los eseristas de derechas huyeron hacia sus feudos del este, en especial hacia la región del Volga. Allí sufrieron la decepción de constatar que, aunque los campesinos hubieran votado por ellos, mostraban pocas ganas de rebelarse. El equilibrio del poder no empezó a decantarse contra los comunistas hasta el mes de mayo, con el movimiento del cuerpo checo a lo largo del Ferrocarril Transiberiano.

El 14 de mayo, en Cheliábinsk, ya en el extremo oriental de los Urales, hubo un duro enfrentamiento entre prisioneros de guerra húngaros y soldados checos, que dejó varios muertos. Los prisioneros de guerra alemanes y austrohúngaros estaban enfadados porque, de acuerdo con el tratado de Brest-Litovsk, entendían que podían volver a sus hogares. Y los checos que ocupaban trenes a lo largo de todo el Transiberiano parecían estar bloqueando el regreso. El Sóviet de Cheliábinsk detuvo a varios checos, pero sus camaradas los liberaron a golpe de pistola y se apoderaron de la ciudad.

Trotski montó en cólera. Primero ordenó arrestar a los representantes del Consejo Nacional Checo en Moscú y luego dio instrucciones de parar los trenes de la Legión Checa. Sus integrantes tendrían que elegir entre incorporarse al Ejército Rojo o ser reclutados en batallones de trabajo. El 22 de mayo los checos se negaron a entregar las armas. Trotski envió un telegrama fatal el 25 de mayo. «Todos los Sóviets del ferrocarril tienen la obligación, so pena de grave responsabilidad, de desarmar a los checos. Todo checo al que se encuentre armado en la línea férrea debe ser fusilado *in situ*. Todo escalón en el que se encuentre a un solo hombre armado debe ser expulsado de los vagones y se confinará a los hombres en un campo de prisioneros de guerra. Los comisariados militares locales deben ejecutar esta orden de inmediato... Se están enviando tropas de confianza contra la retaguardia de los escalones checos, para darles una lección a los amotinados. Aquellos checos que depongan las armas serán tratados como hermanos. Trotski.»[1] Para los checos, sin embargo, no había vuelta atrás. No confiaban en el concepto de «hermandad» de Trotski.*

En toda la extensión del Transiberiano, una ciudad tras otra fue cayendo en manos de los checos, empezando con Novo-Nikoláyevsk (Novosibirsk), en la Siberia central, un día después del mensaje de Trotski. En los últimos días de mayo los comunistas fueron expulsados de Penza, al oeste del Volga, de Syzran, en el Volga, y de Tomsk, en la Siberia occidental.

Gracias al telégrafo de los ferrocarriles, las noticias corrieron como el fuego, y tanto desde el PSR de la derecha como desde varios grupos de oficiales se empezó a establecer contacto con los checos para coordinar sus acciones. Las novedades también espolearon a más eseristas de derechas y otros antibolcheviques de Moscú y Petrogrado a dirigirse hacia el Volga y los Urales para unirse al gobierno que pudiera llegar a emerger.

A la tranquila ciudad de Kurgán, entre Cheliábinsk y Omsk, llegaron desde el oeste dos trenes con checos. «Aparecieron en las calles unos soldados altos, jóvenes y guapos —escribió un antibolchevique—, cuidadosamente vestidos, con sobretodos grises y cintas rojas y blancas en las gorras. Contrastaban claramente con las tropas de seguridad soviéticas, que vestían uniformes harapientos y sucios.» Un grupo local de 120 hombres, interesado en derrocar a los comunistas, trabó contacto de inmediato. Los checos les dieron armas. «Nos dividimos en grupos de quince a veinte hombres y se empezó a avanzar con rapidez hacia las posiciones de los Rojos. Los atraparon por sorpresa y apenas opusieron resistencia, salvo los defensores del puente del ferrocarril en el río Tobol y los de la cárcel, que los Rojos ya habían abarrotado con muchos de los que no simpatizaban con ellos.»[2]

---

* El «cónsul en misión especial» de Estados Unidos informó a Lansing, en Washington, más de un año más tarde, de que «el gobierno alemán, por medio de su embajador Von Mirbach, instó a Trotski a desarmar a los checoslovacos y con ello precipitó la crisis antes de lo previsto» (nota de Alfred R. Thomson al secretario de Estado, 16 de agosto de 1919, HIA XX 072-9.23, caja 2).

De las ciudades del Volga que los checos liberaron, la más importante fue Samara. «Las noticias de la intervención checa en Penza y Syzran se difundieron como el rayo», escribió Yákov Dvorzhets, figura destacada entre los eseristas.[3] Los checos entraron a las cinco de la mañana del 8 de junio. Enseguida empezaron a fusilar a cualquiera que les señalaban como comunista. «Había cadáveres por toda la ciudad —escribió Dvorzhets—. Cadáveres de figuras bolcheviques, bien conocidas, por los jardines de la Catedral... Alguien tenía que poner fin a aquella barbaridad. Agotado, fui al cuartel general, donde vi que se había establecido comunicación con los líderes checos.» Desde aquel primer día se evidenció una profunda división entre los oficiales reaccionarios y los antimonárquicos del PSR de la derecha, que contaban con el respaldo sin fisuras de los trabajadores del ferrocarril; su lema era: «¡Fuera con los bolcheviques en nombre de la Asamblea Constituyente!». En cambio, los oficiales más reaccionarios no creían en la democracia y aspiraban a instaurar sencillamente una dictadura militar.

Frente a la Duma de Samara, Dvorzhets encontró que un grupo de oficiales y ciudadanos acomodados celebraban su liberación arrancando los tableros con los que los Rojos habían tapado la estatua del zar Alejandro II. La multitud gritaba: «¡Hurrrra!». Cuando llevaron a la Duma a diversos presos bolcheviques, las amenazas e insultos fueron tales que Dvorzhets temió que los lincharan. «Abrí la puerta y ordené a los soldados checos que los escoltaban que se llevaran dentro a los presos. Yo me situé en lo alto de la escalera y dirigí a la multitud un discurso en el que les decía que en ese momento, cuando estábamos restableciendo la ley y el orden, los excesos no eran aceptables. De los presos tenían que ocuparse los tribunales.»[4] Los reaccionarios no se lo tomaron especialmente bien, menos aún por el hecho de que Dvorzhets era judío.

«Una multitud de oficiales, encabezada por el teniente Zybin, me rodeó en la sala. Con gritos y amenazas Zybin exigió saber quién me había permitido tomar la palabra. Dio a entender que ese había dejado de ser un sitio para judíos. Yo me sentí fatal, me enfurecí y le dije en voz bien alta que no aceptaba sus interferencias. Yo hablaba como miembro destacado de los eseristas de derechas y como parte del comité. Él debía saber que yo —y no ellos— tenía derecho a hacer declaraciones... A mí esto me confirmó que no podíamos confiar en los oficiales.»[5]

Los social-revolucionarios de derechas crearon en Samara un gobierno que se conoció con el nombre de Comité de Miembros de la

Asamblea Constituyente (el Komuch, en su forma abreviada). Pero según acertaba a temer Dvorzhets, la facción militar no tardó en hacerse con el poder. El contraste entre los uniformes brillantes de los oficiales y «las chaquetas raídas y los pantalones con rodilleras» de los representantes del Komuch le pareció muy revelador. «En cuanto dieron el golpe, al día siguiente, los oficiales se dejaron ver en las calles con el atavío al completo del viejo régimen, con todas sus medallas, con las gorras de uniforme y con las hombreras.»[6]

El 10 de junio apareció otro grupo de oficiales que empezó a formar el embrión de un Ejército Popular; por entonces, con solo 350 hombres. Había un intrigante, el turbio coronel Galkin, que se negó a dejar que el comité estuviera al corriente de lo que se planeaba; pero también uno de los líderes más impresionantes de toda la guerra, el coronel Vladímir Káppel. Según Dvorzhets, en el Ejército Popular «la tropa estaba claramente molesta con sus comandantes. No solo los reclutas, sino también muchos de los voluntarios. Muchos de ellos simpatizaban con el Ejército Rojo y los bolcheviques porque sus propios oficiales habían reinstaurado los castigos corporales».

Káppel no podía haber sido más distinto. Era uno de los escasísimos comandantes Blancos al que sus hombres apreciaban sinceramente por su sencillez y la resolución con la que compartía el peligro con la tropa. Siendo un joven oficial de caballería, de una familia empobrecida, se había escapado con Olga, la hija de un consejero estatal que se negaba a aceptarlo como posible yerno. El suegro de Káppel no tardó en reconocer el error, porque durante la primera guerra mundial el joven oficial ascendió con rapidez. Como *shtabs-kapitán* («capitán ayudante») había aprendido mucho de estrategia y, al regresar al frente de combate, supo aplicar efectivamente ese conocimiento. Káppel creía en la guerra psicológica, por ejemplo, en avanzar en silencio contra el enemigo, sin abrir fuego, porque esto generaba mucha más inquietud. Creó escuela y sus seguidores adoptaron el nombre de *káppelevtsy*. Incluso cuando le destinaron a Siberia como general, en 1919, Káppel seguía armándose únicamente con un fusil y vivía de las mismas raciones que sus hombres.

El Komuch, como es lógico, estaba ansioso por tener noticias de otros grupos antibolcheviques de cualquier lugar de Rusia, y establecer contacto con ellos. El atamán Dútov, de los cosacos de Oremburgo, visitó la ciudad y fue recibido por el bando militar, que le organizó un desfile en la estación de tren y una cena de gala en el cuartel. «El cuartel general del Ejército Popular consideraba que tenía el deber sagrado de "combatir con valor contra los bolcheviques"», pero Dvorzhets temía que soñaran con Dútov como «un futuro dictador napoleónico».[7] En realidad, este presidente electo del gobierno de Oremburgo era, probablemente, el menos asesino de todos los líderes cosacos. Resultó ser «una figura bajita y rechoncha, vestido con una chojá azul con las hombreras plateadas de coronel. Llevaba un sable cosaco, la cabeza baja y unos ojos que alzaban la mirada enfadados desde debajo de sus cejas». Lo primero que Dútov pidió fue dinero y armas. «Afirmaba que todo lo que hacían, él y los demás cosacos, era en beneficio de la Asamblea Constituyente. Que los cosacos eran los auténticos guardianes de la revolución.»

Los primeros 12.000 checos en llegar a Vladivostok se situaron bajo el mando del general ruso Mijaíl Díterijs.[8] Afirmaron que la munición de artillería que se estaba usando contra la formación checa del general Radola Gajda procedía de unos arsenales de material Aliado, situados a las afueras de la ciudad y utilizados por los Rojos.

En el bando Aliado, la concentración de tropas también cogía velocidad. En total desembarcaron tres divisiones japonesas, dos regimientos de infantería estadounidenses (con base en Manila), un batallón colonial francés (de Indochina) y dos unidades británicas; el 25.º Batallón del Regimiento de Middlesex (que vino de Hong Kong) y el 9.º Batallón del Regimiento de Hampshire (de Qüetta). Luego se les sumó también una brigada canadiense. La presencia en el Extremo Oriente de todo este contingente antibolchevique animó al general Dmitri Jorvat, que estaba en Harbin, como responsable del ferrocarril chino. Se declaró jefe de otro «Gobierno Provisional de todas las Rusias», en este caso con el apoyo de los cosacos de Usuri, del atamán Iván Kalmykov. Estaban en competencia con un «Gobierno Provisional de Siberia» encabezado por un social-revolucionario, Piotr Dérber.

En cuanto a la propia Vladivostok, los Aliados se apoderaron de ella con un golpe solapado. La concentración de tropas checas en la ciudad, unida a las acciones de los checos contra los bolcheviques a lo largo del Ferrocarril Transiberiano, movió a los representantes Aliados a librarse de la administración soviética de la ciudad. El 29 de junio, en una batalla que tan solo duró unas horas, «los checos asaltaron el cuartel general del fortín, donde se escondían los líderes soviéticos que no habían logrado huir de la ciudad».[9] Una semana después «los Aliados anunciaron que habían tomado bajo su protección Vladivostok porque la ciudad y las fuerzas Aliadas concentradas en ella estaban amenazadas por los austríacos y alemanes con sus prisioneros de guerra, espías y emisarios». Era simplemente absurdo, en ausencia de tales enemigos. La proclamación no hizo la más mínima referencia a los bolcheviques, que eran el auténtico objetivo de la operación Aliada.

Los cosacos de Kalmykov se unieron a los checos bajo el mando del general Díterijs. Colaboraron para limpiar de unidades rojas el resto de la región de Vladivostok y luego siguieron avanzando hacia el oeste para reunirse con la fuerza de Gajda, que se acercaba a Irkutsk. Díterijs, que había adoptado el uniforme checo, era un hombre profundamente religioso y en el tren que les servía de cuartel general tenía una capilla propia, con iconos y velas. Un oficial de enlace británico, el comandante Leo Steveni, se pegó a Díterijs en los dos sentidos de la palabra, al enganchar su propio vagón al del general.

Los comunistas de Irkutsk —la gran ciudad siberiana próxima al extremo suroccidental del lago Baikal— se pusieron muy nerviosos al ver que los checos se aproximaban por los dos lados. Solo contaban con una unidad fiable, un batallón reclutado entre los prisioneros de guerra magiares. «Su presencia desagradaba enormemente a la población local, que no se conformaba con el hecho de que unos exprisioneros de guerra fueran ahora casi los amos de la ciudad.»[10]

Irkutsk también era la base Roja desde la que se quería contestar a los ataques del atamán Semiónov, cuyo cuartel estaba en Chitá. «Los bolcheviques de Irkutsk se alarmaron cuando el atamán inició una ofensiva exitosa desde Manchuria y se apoderó de la estación de Borzia, en el ferrocarril de la Transbaikalia. En aquella época sus periódicos andaban repletos de artículo sobre la "hidra de la contrarrevolución, que está alzando la cabeza". Se dejaban llevar fácilmente por el pánico... y empezaron a registrar todos los trenes que venían del oeste y a controlar a todos los pasajeros. Se había difundido el rumor de que el zar y el zarévich habían escapado de la cárcel de Tobolsk y estaban de camino al Extremo Oriente.»[11]

La organización clandestina local de los oficiales de Irkutsk había intentado dar un golpe el 14 de junio. Emprendieron un asalto simulado al puente del ferrocarril del extremo sur de la ciudad, y mientras otro grupo se apoderaba de la prisión, en el norte, y liberaba a un centenar de oficiales rusos y de presos políticos. «Las sirenas de las fábricas llamaron a los trabajadores a tomar las armas, pero en cuanto aparecían, grupos de Blancos los desarmaban.»[12] Sin embargo, el levantamiento fracasó cuando los prisioneros de guerra magiares y alemanes que se habían unido a los bolcheviques contraatacaron por medio de automóviles con ametralladoras. Después de derrotar esta amenaza los bolcheviques empezaron a requisar los suministros de alimentos, incluidos los que los daneses daban para los prisioneros de guerra alemanes y austríacos. El vicecónsul danés protestó enérgicamente, pero en aquella fase ya solo quedaban en los campos presos que se habían negado a incorporarse a la Guardia Roja y los bolcheviques dejaron que se murieran de hambre.

El 11 de julio, las tropas cosacas y checas de Gajda tomaron Irkutsk sin topar apenas con resistencia. La Guardia Roja, «formada principalmente por prisioneros de guerra armados y con uniforme alemán y austríaco»,[13] se había retirado de la ciudad un día antes, no sin antes haberla saqueado y haber dinamitado el puente del río Irkut. Radola Gajda, por detrás de la apariencia netamente checa, era hijo de la compleja heterogeneidad nacional del Imperio Austrohúngaro. Había nacido en el Reino de Dalmacia, con el nombre de Rudolf Geidl; su padre era oficial en el Ejército *Kaiserlich und Königlich* («imperial y real») del emperador Francisco José y él siguió las huellas de su padre hasta que cayó preso en Bosnia, en 1915. Aquí se apresuró a cambiar de bando y se sumó al ejército de Montenegro, con el rango de capitán. Un año más tarde, cuando el ejército montenegrino se derrumbó, huyó a Rusia y se incorporó a un batallón serbio. Este también resultó destruido, por lo que entró como oficial en la Legión Checa: su cuarto ejército en tres años. Gajda ascendió con rapidez, pues demostró ser un comandante capaz; pero no era en ningún caso un demócrata, como reveló su posterior admiración por el fascismo.

Para las fuerzas antibolcheviques, el mayor desastre de esta fase de la guerra fue la rebelión frustrada de Yaroslavl (en el curso superior del Volga, al noreste de Moscú), el 6 de julio, organizada por Borís Sávinkov.[14] Un año antes, la ciudad ya había exhibido resistencia a los bolcheviques, y no hacía mucho que había llegado allí un gran número de oficiales de Moscú. Podían sumarse a otras revueltas de ciudades cercanas como Rýbinsk y Kostroma, pero los checos estaban demasiado lejos, al sur, y no les podrían ayudar. La Unión para la Defensa de la Patria y la Libertad, de Sávinkov, contaba asimismo con el respaldo de una fuerza francesa que iba a desembarcar en Arcángel. Sávinkov había mantenido contacto en secreto con Robert Bruce Lockhart, y le dijo que su organización estaba lista para

El general Radola Gajda.

matar a los líderes bolcheviques en cuanto se produjera una intervención de los Aliados; pero los franceses no querían dar el primer paso. Bruce Lockhart informó de todo esto a Londres: «[Sávinkov] fundamenta su esperanza de éxito, sobre todo, en el descontento de la población por la hambruna. Propone ganarse las simpatías de los campesinos declarando la libertad de comercio entre todos los gobiernos y eliminando el impopular monopolio del pan. Su política agraria consiste en dejar la tierra a los campesinos y compensar a los propietarios».[15]

Aunque a la rebelión de julio, capitaneada por el coronel Aleksandr Perjúrov, se le sumaron unos 6.000 voluntarios, solo había armas para poco más de un millar de hombres.[16] Los trabajadores del ferrocarril fabricaron un tren blindado en los talleres de la ciudad, pero el chequista letón Martín Latsis trajo otro tren blindado y mucho más potente que bombardeó la ciudad e hizo que fuera pasto de las llamas. Los combates duraron solo quince días, pero la destrucción fue aterradora. Se cortó el abastecimiento de agua y los defensores cayeron en la desesperación. Los líderes comunistas querían que este trato sirviera de advertencia clara y general. El 21 de julio los rebeldes se rindieron ante el teniente Balk, de la comisión de prisioneros de guerra alemanes, después de haber recibido garantías de que no sufrirían represalias. Sin embargo, más adelante la Checa se jactó de que muy pocos lograron escapar de allí con vida.

Otra revuelta pilló por sorpresa al Kremlin; en esta ocasión, mucho más cercana. Aunque los eseristas de izquierdas abandonaron el Sovnarkom para protestar por el tratado de Brest-Litovsk, Lenin se mostró llamativamente impertérrito ante esta decisión. Le pareció que se trataba de poco más que un gesto, y varios miembros del PSR conservaron sus posiciones en puestos clave. Muraviov, que había conquistado Kiev en enero y luego Odesa antes de que entraran allí los alemanes, fue nombrado comandante en jefe del Grupo de Ejércitos Oriental, en el Volga. Piotr «Viacheslav» Aleksándrovich, el campesino de Riazán que a sus treinta y tres años era segundo de Dzerzhinski, no dio señales de resentimiento. En la Checa, en particular en el Departamento de Combate Paramilitar, siguió habiendo no pocos integrantes que eran social-revolucionarios de izquierdas.

Pero muchos eseristas de izquierdas estaban cada vez más irritados, y no solo con los ocupantes alemanes. Odiaban la arrogancia de la dictadura de Lenin, las ejecuciones de opositores y la brutalidad con la que los destacamentos de comida de los comunistas se incautaban de los cereales de los campesinos. María Spiridónova, la líder del PSR de izquierdas, quizá tuviera una figura pequeña y delicada, pero también se caracterizaba por una voluntad de hierro. Desde su perspectiva, el régimen que el mes de octubre anterior habían contribuido a alzar al poder se había transformado en algo peor aún que el gobierno de Kérenski al que habían derrocado. Los eseristas de izquierdas buscaban un acto de provocación espectacular, que hiciera temblar los cimientos de la cooperación del Sovnarkom con los imperialistas alemanes; sin arredrarse siquiera ante una guerra, llegado el caso. No buscaban el poder para sí mismos; de hecho en ese momento se sentían más cercanos al anarquismo que a la Oposición de Izquierda de Bujarin. Esto suponía volver al terreno de sus antecesores políticos, los naródniki

Mujeres revolucionarias. A la izquierda, María Spiridónova,
la que sería audaz líder de los social-revolucionarios de izquierdas,
en 1907, en la cárcel zarista de Nérchinsk, con cinco camaradas.

que en el siglo XIX asesinaban a los funcionarios zaristas. Eligieron como blanco al embajador de Alemania en Moscú, el conde Von Mirbach.

La Checa no tuvo conocimiento de la trama porque los tres hombres elegidos para ponerla en práctica eran eseristas de izquierdas que formaban parte de su propia organización. Cuando se inauguró el Quinto Congreso de los Sóviets, en el gran teatro Bolshói, el escenario aún estaba dedicado a *Borís Godunov*. A los periodistas se los situó apiñados en el foso de la orquesta, desde donde podían contemplar cómo Lenin hablaba mientras caminaba arriba y abajo, iluminado por los focos, «a veces con las manos hundidas en los bolsillos de sus pantalones, a veces sujetándose con las dos manos las sisas de su chaleco negro».[17]

El conde Von Mirbach estaba sentado como observador en un palco lateral. Era un hombre alto, de calvicie incipiente, con bigote y un cuello alto blanco y almidonado que le daba un aire de altivez. Cuando un eserista de izquierdas, Kamkov, empezó a denunciar la represión de las revueltas campesinas en Ucrania por parte del ejército alemán, el embajador cogió su periódico y fingió estar leyéndolo. Kamkov se acercó al palco de Mirbach y exigió combatir la ocupación alemana. «¡Larga vida a la rebelión de Ucrania! ¡Abajo la ocupación alemana! ¡Abajo Mirbach!»[18] Todos los social-revolucionarios de izquierdas presentes se pusieron en pie, lanzaron vítores y gritos y levantaron los puños en el aire. Entre todo aquel pandemonio, Mirbach se alzó de su asiento, dejó el periódico en la baranda de latón de la parte frontal del palco, y se marchó de allí con una parsimonia deliberada.

Trotski rechazó con firmeza la petición del PSR-I de ayudar a los obreros ucranianos a resistirse a la ocupación alemana. Más aún, comunicó que a cualesquiera social-revolucionarios de izquierdas que intentaran tal cosa se los denunciaría «como *agents provocateurs*».[19] Como los bolcheviques se beneficiaban de una mayoría inflada artificialmente, el Congreso votó a favor de una moción según la cual «todos las cuestiones relativas a la guerra y la paz las decidirán en exclusiva el Consejo de Comisarios del Pueblo y la ejecutiva central de los Sóviets».[20] Los eseristas de izquierdas alegaron que esta moción fue lo que les obligó a actuar.

Al día siguiente, el 6 de julio, el Bolshói se llenó rápidamente. Entre los periodistas de la orquesta imperaba la emoción. Se esperaba alguna clase de estallido, aunque, sorprendentemente, fuera de los conspiradores nadie acertó a adivinar de qué se trataría. La apertura del congreso se demoró repetidamente. Nadie sabía qué estaba sucediendo. Los delegados del PSR-I constataron la ausencia de su líder, Spiridónova, y sus socios más inmediatos.

Poco después de las 2.15 del mediodía, un coche de la Checa se presentó ante la embajada alemana. Salieron dos jóvenes chequistas que eran a su vez eseristas de izquierdas, Yákov Bliumkin y Nikolái Andréyev. Nada más entrar en el edificio anunciaron que necesitaban entrevistarse urgentemente con el embajador y mostraron un pase redactado por Aleksándrovich (el eserista de izquierdas que era subjefe de la Checa) con la firma falsificada de Dzerzhinski. Riezler, segundo de Mirbach, conversó con ellos en el vestíbulo, para decirles que él resolvería lo que fuera menester; pero ellos insistieron en la necesidad de ver al embajador en persona, con cierta historia sobre la detención de un familiar. Mirbach bajó las escaleras y los dos asesinos sacaron las pistolas y empezaron a disparar. Pero estaban tan nerviosos que no acertaron a darle ni a Mirbach ni a Riezler, a pesar de tenerlos muy cerca. Lanzaron también una bomba improvisada, que no causó grandes daños.

Mirbach empezó a correr hacia la planta superior, pero Andréyev le persiguió y le pegó un tiro en la nuca. Luego él y Bliumkin saltaron al jardín por una ventana abierta, lograron escalar la valla de seguridad, encontraron al chófer que les esperaba en el exterior y huyeron sin más dificultad.

Antes de que Mirbach falleciera —no sobrevivió ni una hora al atentado—, el agregado militar alemán corrió al hotel Metropol a informar a Chicherin, el comisario del pueblo para Asuntos Extranjeros. Lenin recibió una llamada de teléfono en el Kremlin. Según su secretario, Vladímir Bonch-Bruyévich, «se quedó no pálido, sino blanco».[21]

Los líderes comunistas, conmocionados por el asesinato, se dirigieron a la embajada a presentar sus condolencias. Radek fue el primero; luego Chicherin y Dzerzhinski. Lenin no quería salir del Kremlin, ni siquiera con la poderosa protección de su escolta letona; pero Riezler insistió y, dadas las circunstancias, no podía negarse. Al contarle Riezler a Dzerzhinski que habían participado eseristas de izquierdas de la Checa, el soviético fue directamente al cuartel de Pokrovski, sede de la sección de combate de la Checa. Aquí era donde se había reunido el comité central de los social-revolucionarios de izquierdas. La repentina aparición de Dzerzhinski fue una acción temeraria, a tenor de lo que podía imaginar que le pasaría; pero esto no le impidió amenazar con fusilarlos a todos si no le entregaban de inmediato a los terroristas. Quedó retenido como rehén, para asegurarse de que Spiridónova, que se había marchado al Bolshói, no sufriera daño.

Al llegar al teatro Spiridónova se apresuró a subir al escenario para ondear una pistola por encima de la cabeza y gritar: «¡Larga vida a la rebelión!».[22] Pero ni la acción teatral ni el discurso posterior dieron ningún fruto porque el Bolshói quedó pronto rodeado por los fusileros letones, y los eseristas de izquierdas, atrapados en su interior. Solo habían conseguido apoderarse de la oficina de telégrafos, para transmitirle al mundo su oposición a la ocupación alemana.

La rebelión de Spiridónova, que nunca aspiró a hacerse con el poder, representó una variante sumamente inútil de la política de gestos, costó la vida a muchas personas y generó muchos sacrificios para nada. Según comentó Ioakim Vatsetis, comandante de los regimientos de la fusilería letona, a los social-revolucionarios de izquierdas les habría resultado sencillo apoderarse de la ciudad. Habían reunido en secreto una fuerza de unos 2.000 efectivos, en su mayoría marinos de la Flota del Báltico, armados con «ocho cañones de artillería, sesenta y cuatro ametralladoras y entre cuatro y seis vehículos blindados».[23] Vatsetis, por el contrario, solo tenía en la ciudad a menos de la mitad de sus batallones, más una unidad menguada de prisioneros de guerra húngaros, que capitaneaba Béla Kun. Las tropas del acuartelamiento de Moscú, por su parte, eran reticentes a actuar contra los eseristas de izquierdas. Según Stéinberg, el excomisario del pueblo de Justicia, Lenin estaba angustiado ante la eventualidad de que los letones no fueran capaces de defender Moscú. Hizo venir a Vatsetis y le preguntó a bocajarro: «Camarada, ¿resistiremos hasta la mañana?».[24] Lenin sospechaba incluso del propio Vatsetis, por lo que insistió en destinar más comisarios a su vigilancia. Vatsetis, un personaje de enorme dureza, con una cabeza redonda y calva, no era político ni fue un traidor, pero por alguna razón inspiró desconfianza tanto en Lenin como en Stalin.

La mañana siguiente, el 7 de julio, se levantó brumosa. Las compañías de la fusilería letona tomaron posiciones en los alrededores del cuartel de Pokrovski. Arrastraron un cañón de campaña desde la academia de artillería, que estaba allí cerca, hasta una distancia no mayor de 300 metros. Los artilleros dispararon diecisiete proyectiles. Uno explotó en la sala adyacente a la que el comité central de los eseristas de izquierdas estaba utilizando para reunirse. Habiendo sobrevivido al bombardeo, sus líderes decidieron que ya podían rendirse con honor.[25]

Se produjo una oleada de detenciones que, sin embargo, no logró dar con los dos asesinos. Hubo una docena de ejecuciones, entre ellas la de Aleksándrovich, el segundo de confianza de Dzerzhinski, al que este mató con su propia arma. Lenin empezó a sospechar que el propio Dzerzhinski estuviera también implicado, en secreto, en la conjura eserista. Algunos de los detenidos acabaron en la Lubianka de la Checa. Sus pasillos mal iluminados, junto con el sonido de las puertas metálicas de las celdas, hacían pensar en la bodega de un gran navío, por lo que los presos la llamaban «el Barco de la Muerte». Había incluso una escalera de hierro por la que se bajaba a los sótanos, más conocidos como «Sala de máquinas». Las ejecuciones tenían lugar aquí, con un tiro en la nuca de cada víctima arrodillada. Pero en su conjunto las represalias fueron bastante menos salvajes de lo que tal vez habría sido de esperar. Los comunistas temían provocar al grueso de los militantes del PSR-I, en un momento en que ya tenían que enfrentarse a muchas otras revueltas.

Muraviov, el comandante del Ejército Rojo en el frente del Volga, corrió a cortar con los eseristas de izquierdas. A pesar de sus sospechas, esto pareció ser suficiente para satisfacer a Lenin, y se limitó a indicar a los comisarios que no perdieran de vista a Muraviov, de modo que el Ejército Rojo pudiera seguir «recurriendo a sus excelentes cualidades de combate».[26] Pero el 10 de julio, cuando solo habían pasado tres días desde que se sofocara la rebelión de Spiridónova en Moscú, Muraviov y un millar de hombres leales siguieron su desdichado ejemplo. Viajaron río abajo, de Kazan a Simbirsk, la población natal de Lenin. Muraviov exigía retomar la guerra contra Alemania y llamó a los checos a sumarse a la batalla. Pero le atrajeron a una emboscada y le mataron antes de que pudiera sacar siquiera su pistola. «Se informó de que Muraviov se había suicidado —apuntó Evan Mawdsley—, pero dado que su cuerpo tenía cinco balazos y varias heridas de bayoneta, parece un tanto improbable.»[27] Lenin y Trotski se pusieron de acuerdo fácilmente en quién reemplazaría a Muraviov en la comandancia del Volga: Vatsetis, cuyos letones habían salvado al régimen.

Aunque la rebelión de Spiridónova en Moscú fracasó, los social-revolucionarios de izquierdas no abandonaron la campaña que pretendía provocar una reacción de Alemania. El 20 de julio, en Kiev, uno de sus miembros, Borís Donskói, asesinó con una bomba al anciano mariscal de campo Hermann von Eichhorn, comandante en jefe de Ucrania. Eichhorn no destacaba precisamente por su agresividad. Le gustaba fumar cigarros en su despacho mientras charlaba sobre el pasado. «¿No es una lástima que la guerra haya cambiado tanto? —había lamentado ante Svechín—. Antaño las tropas iban a la batalla con sus uniformes de gala.»[28]

La muerte de Eichhorn no fue el último acto terrorista en la tradición de los viejos naródniki, pero los social-revolucionarios de izquierdas empezaron a fragmentarse. En su mayoría se unieron a los comunistas, sin que esto sirviera para protegerlos en el futuro, bajo el régimen paranoide de Stalin.

Aquel mes se produjeron también asesinatos bastante más famosos que los de Mirbach y Eichhorn. El último día de abril, los exzares habían llegado a Yekaterimburgo, en los Urales, la frontera simbólica entre Europa y Asia. Había sido además una de las paradas en la larga *via dolorosa* que debían recorrer los presos condenados al exilio siberiano durante el régimen de los Románov. En el trayecto de Tobolsk a Yekaterimburgo, la familia imperial había pasado por el poblado natal de Rasputín, Pokróvskoye.

La antigua zarina, sometida a una estrecha vigilancia, había insistido en detenerse durante un tiempo largo, para contemplar la casa de Rasputín. Desde las ventanas, algunos parientes de este la contemplaban a ella a su vez, sin atreverse a salir.

En principio los bolcheviques planeaban traerlos de Tobolsk a Nicolás y ella, de vuelta a Moscú, donde serían sometidos a un juicio propagandístico presidido por Trotski; pero durante la primavera, las amenazas interiores al régimen se habían intensificado mucho, al igual que los rumores de complots de rescate por parte de grupos monárquicos. El peligro más grave había surgido con la revuelta del cuerpo checo, a finales de mayo, que se había iniciado en Cheliábinsk, a poco más de 200 kilómetros al sur de Yekaterimburgo.

La pareja real, y sus cinco hijos, estaban custodiados en la Casa Ipátiev, que era la residencia, más bien lúgubre, de un ingeniero de ferrocarriles. Había sido rebautizada como «Casa de uso especial» —una designación siniestramente poco específica— y se la convirtió en una prisión improvisada, con una empalizada de madera que bloqueaba la vista en ambas direcciones y en todo el perímetro. En comparación con el arresto domiciliario que habían soportado en Tobolsk, el exzar no tardó en escribir en su diario: «¡Este es desde luego un régimen carcelario!».[29] Aun así era un lugar mucho más confortable que una auténtica prisión de la Checa. Disponían de habitaciones propias y, después de la cena, el exzar solía leer para su esposa y sus hijas, o jugaban todos al *bésigue*. En la Casa Ipátiev el zar también tuvo ocasión de descubrir las novelas satíricas de Saltykov-Schedrín. Se leyó ocho de un tirón y quedó sorprendido por lo mucho que le gustaban. Comentó que era una pena no haberlas encontrado antes, en la juventud.

Dejaron atrás el sol y las nevadas suaves de la primavera y no tardaron en experimentar el calor creciente del verano siberiano, con sus noches húmedas. La escasez de agua contribuyó a la expansión de una epidemia de tifus en la ciudad. La familia real había notado la atmósfera de hostilidad, pero no les hablaron de los marinos de Kronstadt que habían llegado a finales de mayo y habían matado a 45 integrantes del clero ortodoxo local, además de haber «asaltado y violado a mujeres, atacado y asesinado a miembros de la burguesía, y saqueado la destilería local para obtener vodka que repartieron entre el populacho».[30] El exzar tampoco sabía que el 12 de junio la Checa había sacado de la cárcel de Perm a su hermano menor, el gran duque Miguel —a cuyo favor había abdicado, en teoría— y lo había fusilado en un bosque cercano. El cadáver lo arrojaron a un horno de fundición. La Checa hizo correr la historia de que había sido raptado por «guardias Blancos».

A finales de junio se podían oír disparos en la lejanía, porque los checos ganaban terreno en esa dirección. El 29 de junio el exzar escribió que, en los días precedentes, «hemos recibido, una detrás de otra, dos cartas que nos advertían de que nos preparásemos a ser rescatados por personas devotas de nosotros. Pero han transcurrido varios días sin novedad; ha sido una tortura esperar en esta atmósfera de incertidumbre».[*31]

El avance de los cosacos se acogió con pánico en toda la región. En Irbit (al noreste, a menos de 200 kilómetros) el comité militar revolucionario anunció, el 6 de julio, que si se producía cualquier intento de levantamiento se apresaría y fusilaría a un determinado número de residentes acomodados. Uno de sus carteles anunciaba: «La contrarrevolución cobra fuerza en todos los frentes mientras andan libremente por nuestras ciudades los amos de las fábricas, los terratenientes, los comerciantes y otros parásitos. Los traidores no deberían olvidar que, por cada uno de nosotros que muera, morirán 100 de los suyos».[32]

La última entrada del diario de Nicolás se escribió el 13 de julio. Hablaba de su hijo y la intensidad del dolor que este padecía: «Aleksis se ha bañado por primera vez desde Tobolsk; su rodilla va mejor, pero aún no la puede doblar del todo. El tiempo es suave y agradable. Ninguna noticia del exterior».[33]

Su destino, como el de otros familiares que estaban presos en esta región, ya se había decidido. Lenin, Dzerzhinski y Sverdlov habían acordado, en una reunión celebrada en el Kremlin, que a la vista del avance checo no se podían permitir que los Blancos dispusieran de una «bandera». No supieron ver que en realidad los Románov muertos les resultarían mucho más útiles a sus enemigos, que los podrían presentar como mártires. Lenin no quería asumir ninguna responsabilidad por esta decisión, en particular por el asesinato de los niños, de modo que se la atribuirían al Sóviet del Ural. En las primeras horas del 17 de julio, los guardias de la Casa Ipátiev —la mitad de ellos, internacionalistas húngaros, capitaneados por Vasili Yurovski— despertaron a la familia y la hicieron bajar al sótano. El

---

* Nicolás optó por hacer caso omiso de la reciente adopción del calendario gregoriano por parte de los bolcheviques y siguió contando las fechas de acuerdo con el calendario juliano, el de sus antecesores; por lo tanto él habla del 16 de junio.

exzar tuvo que llevar a su hijo en brazos porque el chico era incapaz de bajar las escaleras por sí mismo. Yurovski les leyó la sentencia de muerte y el fusilamiento empezó. Alekséi, el exzarévich, cayó en un charco de sangre, pero seguía vivo, por lo que Yurovski le descerrajó otros dos tiros de su Colt en la cabeza.

Durante la noche siguiente, en Alapáyevsk (130 kilómetros al norte de Yekaterimburgo), se sacó de su cárcel improvisada a otros presos Románov, entre ellos la hermana de la zarina, la gran duquesa Isabel Fiódorovna. En este caso, la mitad de los guardias eran internacionalistas austríacos. Escoltaron a los presos hasta una mina inundada, donde mataron de un tiro al gran duque Serguéi, porque se estaba resistiendo. A los compañeros los arrojaron al pozo. Pero poco después oyeron salpicaduras y el cántico de himnos, por lo que lanzaron granadas al fondo, para rematarlos. Una vez más se hizo correr la historia de que habían sido raptados por «miembros de la Guardia Blanca». El asesinato de todos estos Románov y sus diversos familiares y amigos representó una declaración de guerra total, en la que carecerían de cualquier valor tanto «el carácter sagrado de la vida humana»[34] como los conceptos de culpa o inocencia.

17

Terror Rojo

Verano de 1918

En el debate ineludible sobre los orígenes de la guerra civil y la responsabilidad por su carácter cruel, los comunistas sostuvieron que no tuvieron elección. Se vieron obligados a responder con el Terror Rojo. Culparon de lo sucedido, de distintas maneras, a la contrarrevolución (que según ellos mismos la definieron, se refería a cualquier persona que no estuviera de acuerdo con ellos), a los atentados contra las vidas de sus líderes y a la intervención extranjera. Pero en las guerras civiles, la política del terror casi siempre es la respuesta de quienes son más conscientes del hecho de que están en minoría. Empieza como una reacción refleja, pero el régimen se aferra a ella mucho después de haber derrotado la amenaza. En el caso de Lenin esta mentalidad estaba presente desde el principio, con la fundación de la Checa en diciembre de 1917, mucho antes de que la guerra civil adquiriera una forma clara y reconocible. La coerción comunista por medio del terror era pues una medida preventiva, pero a finales de agosto de 1918, dos ataques contra líderes comunistas, en el mismo día, desencadenaron una escala explosiva de la violencia.

En la mañana del viernes 30 de agosto, Leonid Kanneguíser, un joven de veintidós años que había sido cadete en la academia de artillería Mijáilovski, disparó contra Moiséi Uritski, jefe de la Checa de Petrogrado. Kanneguíser había ido a la sala de espera del cuartel general de la Checa en el día asignado para que Uritski tomara nota de denuncias. Uritski llegó media hora más tarde y, nada más entrar en la habitación, Kanneguíser le pegó un tiro en la nuca, a quemarropa, con su revólver Colt. Según el padre del joven, este solo pretendía vengarse de la muerte de su mejor amigo, cierto Perelstveyg, por órdenes de Uritski. Sin embargo las autoridades soviéticas se mostraron convencidas de que el ataque formaba parte de una conspiración.

Kanneguíser salió a toda prisa del edificio, saltó sobre su bicicleta y se marchó perseguido por varios chequistas furiosos. Al llegar a la Miliónnaya úlitsa, tiró la bicicleta, corrió al patio del número 17 y se lanzó escaleras arriba. Se metió en la primera puerta que logró abrir y, tratándose del antiguo apartamento del príncipe Mélijov, se puso un abrigo que encontró tendido con la esperanza de confundir a sus perseguidores. Desde el rellano los vio en la planta baja y abrió fuego. Sangailo, el principal de los chequistas presentes, quería atraparlo con vida para sacarle quién más estaba implicado en la trama. Vistió un muñeco con su abrigo y lo metió en el ascensor, para que el asesino gastara las balas en vano. Pero el joven desnudó al muñeco, se puso la prenda y bajó las escaleras diciendo que el hombre al que buscaban había seguido camino hacia las plantas superiores. Como Sangailo reconoció su propio abrigo, le detuvo y lo llevó a interrogar.

Lenin estaba angustiado porque la rebelión de los eseristas de izquierdas, en julio, había demostrado que los comunistas eran muy vulnerables incluso en su propia capital. Si por lo general Lenin ya estaba especialmente preocupado por su propia seguridad, resulta casi extraño que decidiera cumplir con una visita programada a una fábrica de Moscú, más cuando acababa de recibir la noticia del asesinato de Uritski en Petrogrado. Tanto su hermana como Krúpskaya le rogaron que no fuera.

Después de un mitin en la Lonja de Cereales, un coche se llevó a Lenin a la fábrica Mijelsón, en el sur de Moscú. Mientras pronunciaba la charla habitual en el interior, una joven se acercó al chófer para preguntarle si de veras había venido Lenin. Era Fania Kaplán, hija de un profesor de hebreo. Se había unido a los eseristas de izquierdas después de haber compartido prisión con Spiridónova. Kaplán procedía del anarquismo y, a los dieciséis años, la habían condenado a una pena perpetua de trabajos forzados por una explosión terrorista. Después del golpe de los bolcheviques, y la supresión de la Asamblea Constituyente, se decidió a asesinar a Lenin y se ofreció voluntaria para la Organización de Combate de los social-revolucionarios.

Cuando apareció el público, concluida la charla, Kaplán siguió a Lenin de cerca. El político hizo una pausa justo antes de subir a su coche, porque una mujer le preguntó por las incautaciones de alimentos en las estaciones de tren. Kaplán disparó por tres veces con su pistola Browning. Dos balas alcanzaron a Lenin: una en un brazo, otra en el cuello, tocando la mandíbula; la tercera dio en la mujer que le había hecho la pregunta. Kaplán se dio a la fuga, pero fue detenida cuando hizo un alto junto a unos árboles.

Mientras el coche trasladaba hacia el Kremlin, a toda velocidad, a un Lenin inconsciente, a Kaplán se la llevaron directamente a la Lubianka para que el chequista letón Yákov Péters la sometiera a un interrogatorio. Kaplán admitió haber disparado contra Lenin pero se negó a decir quién le había dado la pistola y a admitir que hubiera otros conspiradores. La Checa, convencida de que era un complot de los ingleses, arrestó aquella noche al representante británico Robert Bruce Lockhart y lo encerró en una celda de la Lubianka. Luego metieron a Kaplán en la misma celda, para verificar si se conocían. Como no hubo ningún indicio de reconocimiento, al poco se llevaron a Kaplán al sótano del Kremlin. El 3 de septiembre la fusilaron, en un patio lateral, mientras aceleraban unos motores de automóvil para ocultar el ruido de la ejecución.[1]

En Petrogrado, mientras seguían interrogando a Kanneguíser el sábado 31 de agosto, un importante contingente de la Checa asaltó la embajada británica. Buscaban al capitán Francis Cromie, del Departamento de Inteligencia de la Royal Navy, que en efecto estaba conspirando con el fin de derribar al gobierno de Lenin. Cromie, con la intención de cubrir la huida de dos de sus agentes rusos (uno de los cuales quizá fuera un espía chequista), se resistió hasta que su revólver se quedó sin balas y fue abatido en la gran escalera de mármol. También se arrestó a otros varios oficiales y miembros del personal de la embajada, que pasaron mucho tiempo recluidos, hasta un posterior intercambio de prisioneros.

Aquel mismo día Dzerzhinski llegó a Petrogrado para interrogar a Kanneguíser en persona. El joven seguía negándose a decir si tenía cómplices o cómo había obtenido el revólver. La Checa afirmó haber encontrado en su apartamento las direcciones de 467 personas: integrantes del Gobierno Provisional de Kérenski, generales zaristas y eseristas de derechas; sin embargo Kanneguíser se había afiliado al diminuto Partido Socialista Popular. Los «nueve gramos de plomo» destinados a Kanneguíser no se dispararon hasta el 21 de diciembre. Solo cabe imaginar qué torturas tuvo que padecer durante aquel intervalo.

Lenin sobrevivió a las heridas, aunque los médicos temían por él, y este «milagro» marcó el principio del culto a la personalidad que creció a su alrededor. Fue elevado a una santidad secular, incluso se le comparó con Jesucristo; a Kaplán, por el contrario, se la despreciaba tildándola de Charlotte Corday —la asesina de Marat—, pero en su caso frustrada. El escándalo moral, entre el régimen y sus partidarios, adquirió tintes histéricos. «¡Es necesario vengarse de las heridas que han infligido a nuestro amado líder del proletariado mundial, el camarada Lenin!»[2]

Se celebró como a un mártir incluso a un personaje tan siniestro como el policía secreto Uritski. «El funeral de Uritski ha sido muy pomposo. Pasearon el cadáver por la calle, durante varias horas, bajo un baldaquín de lujo», escribió un testigo.[3] Los bolcheviques de la procesión vestían uniformes diversos y portaban toda clase de carteles amenazadores: «¡Miles de cabezas vuestras por cada cabeza de nuestros líderes!», «¡Una bala en el pecho de cada enemigo de la clase obrera!», «¡Muerte a los mercenarios del capital anglo-francés!».[4] Todos los periódicos del Partido expresaron los mismos deseos de venganza.[5]

Las amenazas no eran vacuas. En Petrogrado la Checa ejecutó de inmediato a quinientos rehenes como venganza ciega por el asesinato de su jefe.[6] Montaron a esos rehenes en dos barcazas que se remolcaron mar adentro, al golfo de Finlandia, y se hundieron allí. Algunos de los cadáveres que luego fueron arrastrados hasta la costa revelaron que les habían atado las manos con alambre de espino. Algunos autores afirman que los asesinatos perpetrados en Kronstadt y en la Fortaleza de Pedro y Pablo costaron la vida a 1.300 represaliados, y la detención de otros 6.229 reclusos.[7] Las Checas provinciales se jactaron de sus propias represalias en Yaroslavl, Sumy, Piatigorsk, Pskov o Smolensko. No se limitaron a ejecutar a social-revolucionarios, sino a cualquiera al que se considerase antibolchevique. En Nizhni Nóvgorod afirmaron haber fusilado a 41 personas y detenido a otras 700.

La Checa parecía gozar de la reputación de terror nocturno que adquirió. «Dzerzhinski solo trabaja de noche —escribió el historiador judío Grigori Áronson—. Lo mismo ocurre con Péters. Los investigadores corrientes imitan a sus jefes. Y también, como sabemos, los verdugos. Los interrogatorios los realizan de noche. Deliberan de noche. Anuncian de noche la sentencia definitiva. Fusilan a la gente de noche en distintos lugares de Moscú y en cobertizos y sótanos de la Checa.»[8]

Los que ya estaban encarcelados solían hablar de «la visita nocturna del Comisario Muerte».

En un anticipo de lo que, al cabo de algo menos de veinticinco años, harían en Rusia los escuadrones de la muerte nazis, la Checa obligó a los prisioneros a desnudarse por completo, para reutilizar sus ropas. Luego hacía que se arrodillaran en los sótanos, o ante las fosas abiertas, de modo que los verdugos solo tenían que levantar sus pesadas pistolas Mauser con culatín de madera para dispararles en la nuca. Algunos de estos justicieros disfrutaban del año de sangre, pero otros enloquecieron por la matanza continua, según descubriría también más adelante Himmler con sus propios Einsatzgruppen.

El Terror Rojo, por descontado, no se limitó a las sedes de la Checa en las ciudades o a las detenciones. En las regiones del Don, el miedo y el odio a los cosacos contrarrevolucionarios adquirieron formas aún más indiscriminadas, casi genocidas. Un antiguo miembro de la Checa informó sobre lo acontecido en el distrito de Morózovski (220 kilómetros al oeste de Tsaritsyn). «La población de todo este distrito pasó por un período increíblemente sangriento que, en general, consistió en el exterminio de los cosacos que tenían cuarenta y cinco años o más, sin que por arriba existiera un límite de edad. "¡Exterminad sin excepciones!", esta fue la resolución de los miembros del Comité Revolucionario del Poblado Cosaco de Morózovskaya, presidido por cierto Boguslavski... Después de acabar su jornada en las instituciones, algunos miembros del Comité Revolucionario... se reunían al anochecer en casa de Boguslavski, se emborrachaban del todo, tenían orgías inimaginables y, después, iban trayendo a los cosacos desde la cárcel local, para ir practicando con ellos. Practicaban el tiro al blanco, les daban golpes con espadas, los acuchillaban con dagas, etcétera [...]. Luego se supo que no se había juzgado a nadie, y más adelante hallaron enterrados en el jardín de Boguslavski sesenta y siete cadáveres.»[9]

Un miembro del Partido Comunista de Moscú informó: «A veces matan a cincuenta o sesenta personas al día. El principio rector era: cuanta más semillas cosacas fusilemos, más fuerte será la autoridad soviética en el Don. No hubo ni el más mínimo intento de buscar un acuerdo con los cosacos... Casi cada día se podía ser testigo de una escena demencial en la que se guiaba hacia la ejecución a otro grupo más de prisioneros. A los sanos se les obligaba a llevar a los enfermos. Los guardias, armados con rifles, alejaban a los transeúntes e iban despejando el camino. Todo el mundo sabía que esas personas estaban condenadas a muerte. A menudo veía que hasta los cosacos que apoyaban al régimen soviético lloraban al contemplar esas escenas. Se indignaban y preguntaban: "¿Acaso puede ser verdad que el régimen soviético comporta esta clase de horrores? ¡No nos lo podemos creer!...". Cuando se hacían registros, los funcionarios del tribunal revolucionario se incautaban de los vasos, las cucharas, los platos, y con frecuencia se los quedaban... Alguna gente confiaba en que habría una inspección de Moscú; otros, como es natural, aguardaban a una rebelión de los cosacos».[10]

Lo cierto es que Dzerzhinski apenas controlaba a las Checas locales, pues muchas habían empezado por constituirse a sí mismas. Un informe de la Checa, de agosto de 1918, puso de manifiesto el caos y la corrupción que imperaban en Kursk: «En Kursk, la población lleva unas tres semanas sin recibir su ración de pan. Ha habido enfrentamientos entre las patrullas de aprovisionamiento que se encargan de requisar los cereales. Esto puede suponer que una patrulla desarme a otra y que haya tiroteos y muertes. Grupos de algunas patrullas, o patrullas enteras de la incautación, venden los cereales allí mismo, en la estación de tren, lo que provoca el descontento de las masas. La disciplina media de las unidades del Ejército Rojo en Kursk es deficiente. Suelen confraternizar con la población local y entregarse a la bebida y el libertinaje. A menudo se han apoderado de las mejores casas de la ciudad y van conduciendo por ella en automóviles [confiscados]».[11] Muchos otros informes de Kursk confirmaron que tanto los integrantes de la Checa como las patrullas de aprovisionamiento utilizaban su poder para robar cereales que luego se quedaban o revendían.

En Kiev, Péters creó un falso consulado de Brasil donde sus agentes de la Checa vendían visados, por cantidades ingentes, a refugiados que estaban locos por huir; y luego los detenían. Cuando los Blancos conquistaron Kiev afirmaron haber encontrado 5.000 cadáveres y estimaron que había otros 7.000 desaparecidos. La Checa tenía dos grandes prioridades: incautarse del dinero y objetos de valor de sus víctimas, para financiar la causa roja, y aplastar a toda posible oposición por medio de una implacable guerra de clases. Latsis, en sus instrucciones a los chequistas, no dejó duda al respecto: «Cuando estéis interrogando no busquéis testimonios o pruebas materiales de las palabras o los actos del acusado contra el poder soviético. La primera pregunta que debéis plantear es: ¿a qué clase pertenece, qué educación ha recibido, cuál es su formación, su origen o su profesión? Estas son las preguntas que deben determinar el destino del acusado. Este es el sentido y la esencia del Terror Rojo».[12] Las pruebas que se hallaran en un registro servían para demostrar la culpa; la inocencia, nunca.

En su uso más generalizado, el Terror Rojo se empleó para forzar la sumisión de las zonas rurales, porque las ciudades se morían de hambre. Durante el verano de 1918 se introdujo en Petrogrado y Moscú un sistema de racionamiento diferencial, con tres categorías —trabajadores manuales, otros trabajadores y burgueses— en una relación de 4:3:1. El nivel de la ración máxima estaba «blindado» para los soldados del Ejército Rojo y los obreros industriales. La ración establecida para los *burzhui* que no trabajaban era —ya fuese de forma deliberada o no— insuficiente para la supervivencia. No les quedaba pues otro remedio que trocar sus bienes más preciados a cambio de comida, en el mercado negro de «la Sújarevska» (porque tenía lugar en la plaza Sújarevskaya). En cambio, los miembros destacados del Partido, los cuadros y en particular los comisarios, dispusieron pronto de sus propias cantinas privilegiadas. La estratificación fue volviéndose más compleja, pues se dio prioridad a los «trabajadores intelectuales» y a los «especialistas burgueses».

En mayo de 1918 una delegación de obreros de la Putílov fue a hablar con Lenin sobre la desastrosa situación alimentaria en Petrogrado. Este respondió invitándoles a prestar servicio en los destacamentos de incautación de comida, para salvar la revolución y afirmando que la revolución necesitaba multiplicar por diez el número de tales destacamentos, si querían vencer al hambre. En realidad, lo que estaba agravando sobremanera el problema eran los propios destacamentos, que habían empezado a confiscar las semillas de la cosecha siguiente y aterrorizaban a los campesinos, que optaban por esconder las reservas o consumirlas antes de que se las quitaran.

Los campesinos quizá no hubieran sacado un gran partido de su educación, pero no se les pasó por alto que los bolcheviques los estaban convirtiendo en los siervos del proletariado industrial: «Se prohibieron los mercados y se perseguía a los que compraban en ellos. En consecuencia las poblaciones de las ciudades se morían de inanición y los campesinos tenían que dar otras salidas a sus excedentes de cereales, por ejemplo alimentar al ganado o producir alcohol».[13]

Este desafío deliberado a todas las fuerzas económicas produjo su propio círculo vicioso. Un pud de harina (16,38 kg) costaba entre 25 y 30 rublos en la región del Volga, en 1918; pero en Petrogrado podía llegar al millar de rublos. Los destacamentos de alimentos comunistas empezaron a confiscar todos los cereales, y no solo los supuestos «excedentes», que no se habían definido bien. Lenin se negó a reconocer que la incautación forzosa reducía de una forma desastrosa la producción posterior. Se enfureció por la resistencia que hallaba y reaccionó intensificando la represión. Se indicó a los destacamentos de alimentos que reclutaran a campesinos pobres como informadores contra los agricultores ricos (los «kulaks»). Pero los grupos estaban formados ante todo por comunistas de orígenes urbanos y no sabían diferenciar entre un campesino pobre, uno «medio» o el «enemigo de clase» supuestamente rico. Tampoco prestaban atención a la necesidad de reservar una parte para la siembra de la cosecha del año siguiente. Su único interés era reunir el total que se les pedía confiscar. En consecuencia, al año siguiente muchos campesinos decidieron no sembrar más que lo que necesitaban, y escondían las reservas en grandes vasijas cerámicas que sellaban y enterraban. Los destacamentos replicaron recurriendo a la tortura de los familiares, para obligarles a revelar los escondrijos. Surgió un ciclo de violencia en el que los campesinos también atacaban a los miembros de los destacamentos, y a veces llegaban a matarlos, abrirles el vientre y rellenarlo de cereal, como advertencia.

Europa no había visto una crueldad tan conspicua, utilizada como arma de terror, desde las guerras de religión. Esto pone sobre la mesa la pregunta de si el equivalente moderno de aquellas, la guerra civil política, fue una evolución predecible. El 23 de agosto, antes incluso de que Kaplán atacara a Lenin, el chequista Latsis publicó un artículo en *Izvestia* que afirmaba que «las costumbres establecidas para la guerra» resultaban irrelevantes: «masacrar a todos los heridos que han combatido contra ti no es sino una ley de la guerra civil». Pero ¿de dónde vinieron los extremos de sadismo: hacer pedazos con el sable, cortar con cuchillos, quemar y hervir, arrancar las cabelleras en vivo, clavar las charreteras a los hombros, sacar los ojos, empapar a las víctimas en invierno para que mueran congeladas, castrar, eviscerar, amputar? ¿Era un elemento atávico e inevitable en el carácter «sin sentido ni compasión» que Pushkin atribuyó a la rebelión rusa?* ¿O acaso la retórica del odio político había intensificado hasta un extremo inaudito el furor de la venganza?

* «Ojalá Dios nos proteja de ver una rebelión rusa, sin sentido ni compasión. Los que entre nosotros planean levantamientos imposibles o bien son demasiado jóvenes y no conocen a nuestro pueblo, o bien son gentes duras de corazón a las que no les importa un comino ni su propia vida ni la de los demás.» Para las reflexiones de Pushkin sobre la rebelión, increíblemente violenta, de Yemelián Pugachov (1773-1774), véase *La hija del capitán* (*The Captain's Daughter*, Londres, 2009, p. 203).

18

Los combates del Volga y el Ejército Rojo

Verano de 1918

El mes de julio fue malo para el Ejército Rojo. Salvo al aplastar el levantamiento de Sávinkov en Yaroslavl, sufrió una derrota detrás de otra. El 21 de julio los checos tomaron Yekaterimburgo, cuatro días después de la masacre de la familia imperial. Al día siguiente el coronel Káppel informó de que sus hombres y un regimiento checo habían ocupado la ciudad natal de Lenin: Simbirsk (Uliánovsk). Consiguieron este hito después de recorrer 140 kilómetros, lo que les permitió sorprender a las tropas rojas. El telegrama de Káppel, el 22 de julio, anunciaba: «A las 8.00, después de una batalla en la zona, las unidades del 1.º Destacamento de Samara han entrado en Simbirsk. Nos hemos apoderado de una gran cantidad de equipamiento militar y de artillería, muchas locomotoras de vapor, un tren blindado y varios elementos que aún no se ha podido inventariar».[1]

En Moscú hubo otra oleada de pánico. En el Volga, la moral del Ejército Rojo se había derrumbado y Vatsetis, desde su nuevo puesto de mando, no podía hacer gran cosa al respecto. Se ordenó a Fiódor Raskólnikov, que había sido nombrado vicecomisario de Marina, que hiciera bajar por el Volga, desde Nizhni Nóvgorod, diversas cañoneras y cruceros ligeros en apoyo de las fuerzas que se sentían abrumadas por los checos. Le acompañó la que hacía pocos días que era su esposa, Larisa Reisner, su «Diana guerrera».[2] Esta hermosa poeta de veintidós años fue la primera mujer que actuó como comisaria en el frente. Aunque no iba armada más que con una pequeña pistola Browning, Reisner actuó como exploradora y espía con una valentía temeraria, por no decir nada de su papel como instructora política de los marinos más duros del Bál-

La flotilla Roja del Volga, dirigida por Fiódor Raskólnikov,
con su esposa, la escritora Larisa Reisner, como comisaria.

tico. Murió de tifus, aún muy joven, pues no pasaron ni doce años más; Trotski se sumó a ensalzar su leyenda heroica como «una diosa olímpica que combina el ingenio sutil e irónico con la bravura de un guerrero».[3]

La flotilla de Raskólnikov descendió por el Volga hacia Kazán sin tener apenas idea de qué iban a encontrarse. Hallaron a los guardias Rojos absolutamente desmoralizados. «La ciudad aún no ha caído —escribió Reisner—, pero la derrota es segura. Las puertas de las habitaciones abandonadas golpetean. Los suelos están repletos de papeles y posesiones dispersas. Nada es peor que una retirada.»[4] El 5 de agosto, Vladímir Zenzínov estaba a punto de salir de la ciudad cuando oyó unas salvas de artillería que venían del Volga. «De pronto corrió el rumor de que habían llegado desde Samara unos vapores con tropas antibolcheviques y checas... Los bolcheviques quedaron anonadados por lo repentino del ataque. Todas las dudas se desvanecieron cuando empezaron a estallar por la ciudad las primeras explosiones de metralla. También se oían los primeros fusiles y el ratatá de las ametralladoras.»[5] La defensa de la ciudad estaba encomendada al 5.º Regimiento de la Fusilería Letona y otra unidad, pero esta, el «Batallón Internacional Serbio, que ocupaba la fortaleza de Kazán, se pasó al enemigo»,[6] según el Stavka Rojo. En la caótica huida posterior, Vatsetis, el comandante en jefe de los Rojos, estuvo a punto de caer preso; si logró escapar fue porque varios de sus hombres lograron abrirle paso a la fuerza entre la multitud de refugiados.

El coronel Káppel volvía a estar en la vanguardia, con su Destacamento de Samara, del Ejército Popular antibolchevique. Iban en seis vapores armados. «Las unidades de cabeza entraron en la ciudad al mediodía. Hubo una batalla en la calle Mayor de la ciudad, contra infantes y vehículos blindados del enemigo. Nosotros no teníamos balas antiblindaje ni apoyo de la artillería.»[7] Debido al calor y al agotamiento —sus hombres no habían comido, porque el abastecimiento seguía a bordo de los vapores fluviales de los que habían desembarcado—, hizo que se retirasen a los márgenes de la ciudad. Entraron de nuevo a las cuatro de la mañana del día siguiente. «Eliminados los bolcheviques de la ciudad —informó al Komuch al concluir el día—. Nuestro destacamento se ha incautado de todas las reservas de oro: 645 millones, más una gran cantidad de metálico, en cajas de dinero que pertenecían a las unidades soviéticas.»*

Vladímir Liébedev, el exministro de Marina de Kérenski al que Dvorzhets describió como «el genio maligno del Komuch»,[8] puso a buen recaudo las reservas de oro a la noche siguiente, con un vapor que bajó hasta Samara. Liébedev también suscitaba disgusto en Prokófiev. Unos meses más tarde, después de que unos amigos lo llevaran «a visitar a unas furcias de las caras», Prokófiev se encontró con Liébedev en una velada musical. «Le pregunté si habían ahorcado a alguien después de tomar Kazán», escribió Prokófiev en su diario. «Me contestó: "Fusilé a doscientos". "¡A doscientos!", exclamé yo. "Canallas", añadió él. Y luego le pidió a Shíndler [el anfitrión] que tocara algo de Kalínnikov. Le gusta la música delicada.»[9]

La humillación del tratado de Brest-Litovsk, agravada por la superioridad militar de los checos, representó una lección amarga para los líderes comunistas. Tanto los seguidores de Bujarin en la Oposición de Izquier-

---

* Es habitual dar por sentado que fueron los checos quienes se apoderaron de las reservas de oro, pero de hecho parece que fueron los hombres de Káppel. En cualquier caso supuso asestar un golpe tremendo al Sovnarkom, en un momento en que el rublo valía tan solo una quinta parte de lo que había valido justo antes de que se derribara a Kérenski.

da como los eseristas de izquierdas que habían abogado por una guerra revolucionaria contra los alemanes seguían rechazando visceralmente todo concepto de un ejército profesional. Su ideología solo les permitía aceptar una milicia irregular y ciudadana basada en armar como guardias Rojos a los obreros de las fábricas.

Para empezar, los comunistas ascendieron a los suboficiales de talento. Varios continuaron esta carrera hasta alcanzar puestos de soberanía en la segunda guerra mundial, en especial los asociados con Stalin y Kliment Voroshílov en Tsaritsyn. Entre ellos figuraban Gueorgui Zhúkov y Semión Budionny, ambos sargentos de dragones; Semión Timoshenko, e Iván Kónev, de las filas de la artillería.* Pero tanto Lenin como Trotski eran conscientes de que para que el comunismo sobreviviera necesitarían no solo disciplina y organización, sino también expertos que formaran a un Ejército Rojo efectivo, que no solo fuera capaz de derrotar a grupos de campesinos rebeldes. Por lo tanto reclutaron a miembros del cuerpo de oficiales del zarismo, en contra de toda su propia retórica sobre la eterna desconfianza hacia los enemigos de clase. Un primer paso en esta dirección se dio al contratar a diversos expertos económicos y de otros ámbitos comerciales. Sin embargo, como el término «oficial» era un anatema para sus seguidores, se les dio el título de «especialistas militares». Stalin, con el respaldo de Dzerzhinski, se opuso con todas sus fuerzas a esta medida.

Trotski se irritó mucho con Stalin por su interferencia en los asuntos militares. Lenin había enviado a Stalin a Tsaritsyn para que incrementara la incautación de cereales en la región del Bajo Volga; pero Stalin asumió un papel de comisario y empezó a actuar como si fuera comandante del frente. Además reforzó la Checa de Tsaritsyn y la empujó a perpetrar masacres aterradoras.

Algunos comandantes del Ejército Rojo nombrados en estas fechas habían sido oficiales de rango bajo o medio durante la guerra, como por ejemplo Mijaíl Tujachevski o Aleksandr Vasilevski. Otros ya eran generales. Por ejemplo, el hermano menor del general Mijaíl Svechín, Alek-

---

* Budionny era famoso por su vanidad. Sus bigotes típicos de la caballería fueron creciendo a medida que ascendía, y vestía bombachos rojos con bandas plateadas. Timoshenko sirvió de modelo al personaje de Savitski en el relato «Mi primer ganso» de Isaak Bábel.

sandr, ya había sido general en tiempos del zar. En la década de 1920 acabó por convertirse en el principal teórico militar del Ejército Rojo, y fue el padre del «arte operativo» soviético, hasta que murió ejecutado en las purgas de Stalin, casi veinte años más tarde, en compañía de Tujachevski.* Al concluir la guerra civil, no menos de 75.000 oficiales zaristas habían servido con el Ejército Rojo. Muchos se habían visto obligados a sumarse a sus filas porque o bien no podían encontrar otros trabajos o bien les habían forzado a ello tomando como rehenes a sus familiares; aun así en su mayoría demostraron lealtad y colaboraron bien con sus comisarios.

El Ejército Rojo de Trabajadores y Campesinos no logró reclutar a más de un tercio de los voluntarios que Trotski daba por supuesto que tendría. A medida que la guerra civil avanzaba y el número de frentes se multiplicaba, se introdujo el servicio militar obligatorio. Pero a estos reclutas forzosos también era necesario animarlos, pues de lo contrario desertaban a la primera oportunidad. Entre los métodos que las autoridades probaron estuvo ofrecerles más atractivos que tan solo las raciones y el uniforme, en particular cuando se trataba de reclutar a campesinos, además de a obreros. En consecuencia, crearon un «documento de protección» para las familias de los soldados del Ejército Rojo, donde se estipulaba que los destacamentos de alimentos «no pueden confiscar ni sus tierras, ni su ganado ni las semillas». Aunque probablemente este documento no valía ni el papel en el que se había impreso.[10]

Los Rojos necesitaban una caballería que respondiera a la Blanca, en especial por las vastas estepas del sur de Rusia y el oeste de Siberia. Para Trotski los regimientos montados eran un juguete anticuado de la aristocracia, pero tuvo que reconciliarse con la idea por pura necesidad. Se pegaron multitud de carteles que mostraban a un obrero soviético cabalgando con una espada desenvainada en la mano y una estrella roja en el sombrero. Se podía leer, escrito en grandes letras: «Proletarios, ¡al caballo!».[11] Pero no muchos obreros de las fábricas se atuvieron a esta exhortación. La caballería Roja tuvo más suerte reclutando a *inogorodnie* y a cosacos pobres.

---

* Wavell contó que Tujachevski no le gustaba. «Tujachevski, con el que almorcé un día, era un elemento bastante desagradable, que me provocó un disgusto instantáneo; pero sin duda era un hombre capaz, ambicioso y enérgico.» Véase WiR, p. 72.

M. N. Tujachevski, que a los 25 años ya era comandante del Ejército,
ascendió luego a mariscal y murió ejecutado por orden de Stalin, en 1937,
durante la purga estalinista del Ejército Rojo.

En aquella época apenas existían los uniformes, así que cada soldado se inventaba el suyo. Estaban obsesionados por el color rojo. Hasta
los mandos más expertos no veían problema en vestirse con abrigos de
mujer, si eran rojos. Los soldados buscaban telas rojas con las que hacerse camisas o guerreras. Al parecer hubo algunas unidades cuyos soldados
vestían enteramente de rojo.[12]

Trotski también se había dado cuenta pronto de que los dos millones
de prisioneros de guerra alemanes, austrohúngaros y búlgaros que seguían
recluidos en Rusia podían suponer una buena fuente de reclutas para su
Ejército Rojo. Por un lado, eran soldados ya formados; por el otro, se podría atraer a muchos a la causa comunista y, más adelante, cuando regresaran a sus países, ayudarían a difundir la buena nueva revolucionaria. Algunos destacaron luego como comandantes u organizadores de las Brigadas
Internacionales en la guerra civil española, como por ejemplo Gal, Kléber,
Lukács y Josip Broz «Tito». A los prisioneros de guerra que fueron repa-

triados en 1918 les dieron folletos de la propaganda comunista, para que los distribuyeran en Alemania. En Viena fue motivo de alarma para el Alto Mando del Ejército *Kaiserlich und Königlich*: «Se considera imperativo instaurar una "cuarentena moral" para que el "veneno bolchevique" que los hombres puedan haber absorbido en Rusia no se importe a Austria».[13]

A Rudolf Rothkegel, un prisionero de guerra alemán que era comunista, lo llamaron a Moscú a finales de enero de 1918. Le dieron instrucciones de visitar campos para convencer a los prisioneros de guerra alemanes de que se unieran a la Guardia Roja. Él y otro como él usaban los eslóganes: «¡La patria socialista está en peligro!» y «La Revolución rusa es también nuestra revolución y nuestra esperanza».[14] El empeño por adoctrinar a los prisioneros de guerra fue incansable. Según informó un comandante austríaco: «En el campo [de Jabárovsk] la agitación y los discursos propagandísticos a favor del comunismo y de la conversión al bolchevismo estaban al orden del día, por muy intensamente que se protestara. Los hombres eran vulnerables porque muchos oficiales no se atrevían a hablar en contra de los agitadores, por miedo a la persecución».[15]

Los reclutadores comunistas hicieron cuanto estuvo en su mano para convencer a los prisioneros de que se quedaran en Rusia, en lugar de volver a sus países. En Viena, el Ministerio de la Guerra tuvo noticia de que «entre los prisioneros de guerra que están en Rusia se difunde una propaganda según la cual se exigirá el servicio militar activo e inmediato a todos los que vuelvan al país. Así que entre los hombres impera la depresión y hay pocas ganas de regresar».[16] Otra forma de ejercer presión era ofrecer raciones del Ejército Rojo, en un momento en que los que se quedaban en los campos morían de inanición, como había sucedido en Irkutsk y el Turkestán. En el campo de Tsaritsyn unos 4.000 prisioneros de guerra austrohúngaros murieron de hambre en el plazo de unas pocas semanas, porque los guardias Rojos que los vigilaban ni siquiera les permitieron comprarse alimentos.[17]

Antes de que los comunistas subieran al poder, las condiciones ya habían sido terribles.[18] En un campo para prisioneros de guerra próximo a Krasnoyarsk había perdido la vida el 54 % de los reclusos. En Novo-Nikoláyevsk el 80 % de los internos sucumbió al tifus en el invierno de 1915; en Omsk, durante los diez primeros meses de la guerra, perecieron 16.000. No era pues de extrañar que tantos prisioneros de las Potencias Centrales acogieran la revolución con alivio, pues odiaban al régimen zarista. También es preciso recordar que el káiser se había sentido tentado por la idea de matar de hambre a los prisioneros rusos, como un antecedente de la crueldad de la Operación Barbarroja.

Los Blancos y varios historiadores se han esforzado por defender bien que los internacionalistas eran mercenarios, bien que el régimen soviético era en lo esencial una «invasión extranjera»[19] o una «ocupación internacionalista».[20] Ya en la primavera de 1918, antes de la campaña de conversión, hubo grupos de prisioneros alemanes y austrohúngaros en unidades de combate improvisadas en Siberia, en el Volga y en el sur. En la Checa de Kazán había habido incluso 160 comunistas alemanes. Los cálculos sobre cuántos prisioneros de lengua alemana se sumaron al Ejército Rojo como *Internationalisten* oscilan enormemente, entre los 40.000 y los 250.000. Además, por descontado, debemos acordarnos de los 25.000 fusileros letones, por no decir nada de los chinos que prestaron servicio en el Ejército Rojo y la Checa.

Después del estallido de la Gran Guerra, en 1914, el gobierno zarista había reclutado, por la fuerza o voluntariamente, a más de 150.000 jornaleros chinos que asistían a sus ejércitos en el frente y en la retaguardia. Casi 10.000 chinos trabajaron en el ferrocarril de Múrmansk al Círculo Polar Ártico. Aún eran muchos más los que vivían ilegalmente en el país, en especial en el Extremo Oriente. Como los chinos habían sufrido malos tratos y condiciones espantosas a manos de las autoridades militares zaristas, los bolcheviques comprendieron que sería una buena fuente de reclutamiento. Pocos chinos hablaban ruso o entendían la ideología bolchevique, pero muchos estaban dispuestos a combatir en las filas del Ejército Rojo a cambio tan solo de recibir comida y ropa.[21] En Siberia, por el contrario, los residentes chinos eran poco partidarios de los bolcheviques: «La autoridad soviética, desde el momento en que llegó a la región, tuvo necesidad de iniciar labores políticas y de propaganda, para conquistar la voluntad de los migrantes».[22]

Después del golpe bolchevique, la mano de obra china quedó sin trabajo, en su mayoría. En mayo de 1918 se estableció un centro de reclutamiento en Moscú, dirigido por el comisario bolchevique Shen Chenho. La idea de implicar a los chinos en el Ejército Rojo también había sido de Trotski. El pelotón de ejecución que fusiló al capitán Alekséi Schastny —víctima de Trotski— estaba formado por chinos en su totalidad. Pronto demostraron que eran «no solo soldados fiables en el frente, sino que se les utilizó, a escala de masas, para realizar funciones de castigo en la supresión de unidades rebeldes del Ejército Rojo, ejecución de rehenes, sofocación de levantamientos de campesinos en la retaguardia e incautaciones forzosas de alimentos a los campesinos».[23] También se les usó en destacamentos de bloqueo encargados de arrestar o derribar a tiros a cualquier soldado del Ejército Rojo que se retirase sin autorización.

Las fuentes rusas indican que durante la guerra civil la tropa bolchevique incluyó a entre 30.000 y 40.000 chinos; pero esta cifra está cerca de duplicarse si nos atenemos a los cálculos de los diplomáticos chinos. Shen Chenho sostuvo que el total se acercaba a 100.000. Hubo incluso algunas unidades formadas por entero por «internacionalistas chinos». En la fase culminante de la guerra civil, la Checa de Kiev tuvo un «destacamento especial» exclusivamente chino, capitaneado por Li Xu-Liang. A varios, la Checa los reclutó porque no parecían tener inconveniente en matar o torturar a los prisioneros Blancos en un momento en que el personal ruso no podía tragar más sangre.[24] Se dice que fueron torturadores chinos los que inventaron ideas tales como clavar las charreteras a los hombros de los oficiales apresados. Tanto si es del todo cierto como si no, se generó un terrible círculo vicioso de crueldades, con la venganza de los cosacos y Blancos a cualquier chino que tuviera la mala suerte de ser capturado con vida. «Me daba más miedo caer preso que morir —contaba el ametrallador Yao Sin-Cheng— porque los bandidos Blancos sentían un odio especialmente intenso por los soldados chinos. En cuanto un chino caía en sus manos lo torturaban: le cortaban las orejas y la nariz, le sacaban los ojos, y solo entonces lo mataban.»[25] En abril de 1918, la embajada china informó a Pekín (Beijing) de que «en el área controlada por el Ejército del Don, los cosacos arrestan a todos los chinos, sin excepciones, y los mandan no sabemos adónde. Lo mismo ocurre en las áreas controladas por el Ejército de Voluntarios».[26]

El comandante bolchevique Yona Yakir formó un batallón chino con casi 500 efectivos. Admiraba su disciplina y su valentía, y afirmó que solo se les podía desequilibrar mediante una carga de caballería con los sables desenfundados. También comentó: «Los chinos se tomaban muy en serio la cuestión de su salario. No tenían miedo a sacrificar la vida, pero querían que se les pagara a tiempo y se les diera de comer bien».[27] Además reclamaban que se pagara al batallón en su conjunto, independientemente de quién moría en combate, para así enviar a sus familias el sueldo de los fallecidos. Yakir aceptó la petición sin que estos soldados supieran que, a sus soldados rusos, Yakir les pagaba como mínimo treinta veces más.

La debilidad del gobierno soviético era tan extrema que, en verano, los alemanes se sintieron obligados a apoyar al régimen para evitar que se hundiera. Temían que, de lo contrario, los Aliados reactivarían el frente oriental. En Francia debían lidiar con el despliegue de tropas estadounidenses recién llegadas, y el 8 de agosto se inició la inmensa ofensiva general Aliada conocida como «Ofensiva de los Cien Días». Además de escandalizarse llamativamente poco por los asesinatos de Mirbach y Eichhorn, el gobierno alemán ofreció garantías de que no atacaría Rusia. Esto permitió a Trotski desplazar los restantes batallones letones desde el Oeste hasta el Volga, en concreto a la batalla por reconquistar Kazán.

Justo después de que los Blancos tomaran Kazán, el 7 de agosto, las fuerzas rojas —incluida Larisa Reisner— retrocedieron unos 20 kilómetros, al oeste de la población y la estación de tren de Sviyazhsk. A Raskólnikov lo habían apresado pero consiguió escapar. Trotski, al saber de la pérdida de Kazán, reaccionó con una actividad frenética. En menos de cuarenta y ocho horas desde la caída de la ciudad organizó su tren blindado y se marchó al frente. Era mucho más que un puesto de mando sobre ruedas: llevaba a 200 voluntarios comunistas de Petrogrado y, por la misma vía férrea pero en otros vehículos, una emisora de radio, generadores de electricidad, imprentas y cinco automóviles con una gran reserva de combustible. Otros vagones trasladaban armas de recambio, munición, botas y uniformes; uno se destinó a las funciones de tribunal revolucionario, para juzgar a los desertores y cobardes. Otro tren posterior llevaba caballos en vagones de ganado e incluso un avión por piezas, listo para su montaje. Para demostrar a las claras que tenía la intención de quedarse en el frente, al lado de las tropas, Trotski ordenó que su locomotora regresara a Moscú.

A los pocos días de que Kazán cayera, Trotski y Vatsetis ordenaron que el Tercer Ejército avanzara a lo largo de la vía férrea que conectaba Perm con Yekaterimburgo. Su cuartel comunicó, en un tono de triunfo que aún resultaba prematuro: «El enemigo está dinamitando las vías al paso de su retirada. ¡Muerte a los enemigos del proletariado!».[28] El Tercer Ejército, en el frente Septentrional de los Urales, estaba dirigido por Réingold Berzin, que tuvo muchos problemas con los marinos, de mala disciplina y formación escasa, del 1.º Destacamento Expedicionario de la Flota del Báltico. Desde Perm se les ordenó adelantarse y tomar una posición en

Sargá. Pero el destacamento dedicó la mayor parte del tiempo a organizar manifestaciones de protesta por la comida y el trato que recibían. De hecho eran reticentes a salir del tren y muchos de sus miembros habían pedido la baja por enfermedades venéreas. Afirmaban que, ante la amenaza de un ataque Blanco, habían solicitado ayuda a una unidad vecina: «Pero el destacamento de Velikie Luki nos dijo: "Tenemos hambre, hemos combatido durante siete días sin el respaldo de nadie. Nadie puede ir a apoyar a otro con las manos vacías y a nosotros no nos queda munición". Entonces alegaron que sus comandantes se habían dado a la fuga llevándose todos sus documentos y su dinero. Dijeron que era un caso evidente de traición, así que ellos no vendrían a ayudar».[29]

Los marinos del Báltico celebraron otro mitin de protesta y aprobaron una resolución por la que regresarían a Petrogrado para retomar la instrucción. «Así se comunicó al comandante del Tercer Ejército, el camarada Berzin, por lo que Berzin reunió a todos los marinos e intentó convencerles de que siguieran en el frente, no como fuerza de combate, sino como unidad de bloqueo para impedir que nadie huyera del frente. Los marinos no estuvieron de cuerdo y le dijeron que primero irían a continuar con su instrucción y solo después volverían a combatir. Entonces el camarada Berzin les dijo: "Yo no puedo reteneros por la fuerza, marinos; lo único que me queda es informar a los camaradas de Petrogrado".»[30]

Lograr que los soldados del Ejército Rojo y los marinos no se marcharan del frente no solo fue problemático en el frente septentrional de los Urales, según Trotski descubrió pronto. Larisa Reisner sentía devoción por Trotski, que a su juicio había aparecido en Sviyazhsk como un *deus ex machina*: «Al lado de Trotski —escribió— podríamos morir combatiendo hasta gastar el último cartucho, sin caer en la cuenta de nuestras heridas; pues Trotski encarnó la santa demagogia de la batalla, con palabras y gestos que resumían las páginas más heroicas de la historia de la Revolución Francesa.»[31] Los sentimientos eran así de intensos no solo por las armas y suministros que Trotski traía para elevar la moral, sino por su fuerte liderazgo y genio organizador. Por «fuerte liderazgo» hay que entender ejecutar a los comandantes y comisarios de regimientos, así como a cualquiera a quien se atrapara escapando del frente.

Cuando el coronel Káppel lanzó un ataque sorpresa contra la retaguardia de sus posiciones, «el pánico se apoderó de las fuerzas rojas», escribió Victor Serge.[32] Trotski se horrorizó al saber que, de los casi 10.000 efectivos de Vatsetis, poco más de 500 permanecieron en sus puestos de combate. Entre los que se dieron a la fuga, muchos intentaron subir a los barcos de la flotilla del Volga, llevados por la desesperación. Se fusiló por cobardía a no menos de veintisiete de los doscientos voluntarios del Partido Comunista que habían acompañado a Trotski. La ejecución de los cuadros comunistas por parte de Trotski se hacía, sin lugar a dudas, *pour encourager les autres*. Además ofreció una recompensa de 50.000 rublos por la cabeza del coronel Káppel.[33] Sin embargo, el relato de Reisner no hace referencia a nada que pudiera arrojar la mínima sombra sobre las imágenes de gloria de aquellos días.

En aquel punto Trotski abogaba por las mismas medidas —incluida la instalación de ametralladoras por detrás de las líneas— por las cuales los bolcheviques habían condenado a Kornílov durante la ofensiva de Kérenski. Los «destacamentos de bloqueo», integrados por cuadros comunistas con la finalidad de impedir cualquier retirada no autorizada, se convirtieron en una práctica habitual en el Ejército Rojo. Esta dureza, unida al apoyo de más cañoneras que se sumaron a la flotilla de Raskólnikov en el Volga, de artillería adicional y de algunos bombarderos, empezó consolidar la resistencia de las tropas en el frente de Kazán. Ahora bien, esto no supuso acrecentar la confianza en la cualidad militar de los marinos a los que se destinaba al frente. El comandante en jefe de la Flota del Báltico envió este cable para Raskólnikov, en el cuartel general del Quinto Ejército: «500 comunistas de Marina, de la División de Minas, parten para Sviyazhsk hoy, 26 de agosto, a las 20.00 h. Hoy se enviará también a diez oficiales; pero ni el comandante de la Marina ni el comisario de Marina de Kronstadt puede responder por ellos. Os recomendamos mantenerlos bajo un control estricto. Todo lo que os podemos ordenar que hagáis es fusilar a por lo menos cinco oficiales por cada traidor».[34]

El comisario del pueblo para la Guerra se habría sentido conmocionado de haber sabido más cosas sobre su escolta de caballería. El teniente Raczyński había decidido, en una prisión de la Checa, que «el camino de la libertad pasaba por el ejército bolchevique», y por eso se había presentado voluntario, al igual que otros legionarios polacos.[35] Las autoridades soviéticas se habían congratulado al enviar a esos «camaradas con conciencia» a un Regimiento de polacos rojos, el de Ulanos Mazovianos. Raczyński, que tenía experiencia como oficial de caballería, no tardó en ascender, y ordenó que se transfiriera a los otros legionarios secretos a su tropa. Todos acordaron tomarse un «permiso en Polonia» en cuanto se presentara una oportunidad de volver a su país. Cuando se les encomendó escoltar a Trotski se les ocurrió un plan temerario: «Trotski, que intentaba impresionar a las tropas con su papel de "comandante supremo en combate", solía salir con su escolta personal a hacer patrullas de reconocimiento por el frente e incluso aprovechaban huecos para hacer incursiones en la retaguardia del enemigo». Sin embargo, el día en que los polacos pretendían secuestrarlo, todo salió mal, debido a un avance inesperado de los Rojos. Raczyński evitó el desastre por los pelos, e incluso consiguieron ocultar el rastro de su intento. Más adelante encontraron la ocasión que buscaban, para irse «de permiso a Polonia», donde acabaron por unirse al 1.º Regimiento Kościuszko.

En toda la vasta extensión continental euroasiática, la evolución de la guerra civil tendía a sufrir cambios radicales en las suertes respectivas. Antes que nada por la inmensidad de las distancias implicadas, podía ocurrir que un bando gozara de toda una serie de victorias, se extendiera excesivamente y descubriera de pronto que le era necesario retirarse. Después de los éxitos asombrosos de mayo, junio y julio, ahora las unidades checas estaban exhaustas y desmoralizadas. En parte ello se debía a que les disgustaba haberse aliado con oficiales reaccionarios. Preferían a los social-revolucionarios, pero como era evidente que los días del Komuch estaban contados —sobre todo por la falta de apoyo de los campesinos—, los checos empezaron a pensar en volver a su país.

Al mismo tiempo, el sólido e imperturbable Vatsetis había estabilizado su mando del Volga y reorganizado el despliegue de sus tropas. Una vez reabastecido el Quinto Ejército, Trotski fomentó su cólera y determinación mediante discursos entusiastas que exigían venganza. Había que ahogar a los enemigos en el Volga. «¡Adelante! ¡A Kazán!» El 4 de septiembre, cuando los combates llegaron hasta las afueras de la ciudad, los trabajadores del arsenal kazanita se rebelaron contra los Blancos. Se produjo una masacre, en la que muchos murieron. El asalto final entró en Kazán seis días más tarde, y los Blancos que aún quedaban en la ciudad huyeron en vapores, Volga abajo.

El 11 de septiembre, el día después de que los Rojos reconquistaran Kazán, Trotski se dirigió a una enorme multitud apiñada en el teatro más amplio de la ciudad. Refiriéndose a sí mismo en tercera persona, se mostró obsesionado por la idea de que la rebelión checa y las revueltas del Volga habían sido organizadas en su totalidad por los británicos y franceses. «El plan del cuartel general de los Aliados y de los kazanitas era como sigue: matar a Lenin y capturar a Trotski con vida, junto con su tren, que en ese momento estaba en la estación de Sviyazhsk. Se envió a Káppel a matar a Lenin. En cuanto a Trotski, quien se asignó la misión fue Sávinkov, en colaboración con Liébedev.»[36] En realidad, quien había estado a punto de apresar a Trotski había sido el coronel Káppel, y no Sávinkov, en los combates de las inmediaciones de Tiurlemá, cuando logró destruir su tren de municiones. Trotski no pudo resistirse a vincular el fracaso a la hora de matarle o apresarle con lo que para él fue el punto de inflexión en la guerra civil.

«En ese momento, sin lugar a dudas, lo más probable es que el camarada Trotski hubiera muerto —siguió diciendo el propio Trotski—. Y no solamente el camarada Trotski... Me parece que, si cerca de Tiurlemá nos hubieran derrotado, esto no solo habría supuesto la perdición de la Revolución rusa, sino en general de la revolución social. Una victoria en Tiurlemá habría multiplicado por diez las fuerzas de nuestros enemigos. Habrían seguido avanzando desde Kazán, habrían conquistado un buen número de ciudades, habrían organizado una rebelión en Moscú y Petrogrado... En Tiurlemá, nosotros no perdimos poco, pero la Guardia Blanca lo perdió todo.»

Al día siguiente, el 12 de septiembre, el Primer Ejército de Tujachevski tomó una cabeza de puente en la orilla oriental del Volga, en Simbirsk. Había costado muchas bajas que sus hombres lograran atravesar aquel puente, de un kilómetro de longitud, sometidos a un intenso fuego enemigo. Pero esto les abrió las puertas del camino de Samara, bajando por las dos orillas. Fue el principio del fin, para el Komuch. En aquel momento una masa de desertores de su Ejército Popular empezó a pasarse a las filas Ejército Rojo.

La irregularidad de los combates en tierra se reprodujo igualmente en la guerra fluvial entre las flotillas Roja y Blanca. El 18 de septiembre, la flotilla de Raskólnikov, con sus refuerzos, descendió por el Volga más allá de Kazán, a lo largo de 70 kilómetros, hasta alcanzar la confluencia con el Kama. Según apuntó un miembro de la escuadrilla Blanca del Kama: «la flotilla de los bolcheviques, que estaba mejor armada y mejor organizada, constaba de lanchas acorazadas que habían traído del Báltico; pero en los ríos pequeños tenían dificultad para maniobrar, por lo que preferían mantenerse a cierta distancia. Además, tenían miedo de las minas flotantes que utilizábamos aprovechando que ellos siempre estaban aguas abajo, con relación a nosotros».[37]

Los barcos Blancos eran en su mayoría remolcadores, armados con un cañón en la cubierta de proa, con un escudo improvisado. Los capitaneaban oficiales de la Marina zarista, con los operadores de artillería en cubierta, mientras que los ingenieros y carboneros de la bodega eran del lugar. Después de repostar combustible en Perm, río Kama arriba, seguían camino hacia abajo «hasta el frente, para ayudar a nuestras tropas e impedir que la Flota Roja del oponente se adueñe de Kama».[38] Pero tuvieron que admitir que solo raramente servían de especial ayuda a las tropas terrestres, porque las comunicaciones no eran buenas y resultaba difícil saber siquiera dónde estaba la línea del frente cada día.

En los momentos de respiro de las batallas del Kama, Larisa Reisner seguía escribiendo el que sería su libro más conocido: *El frente*. En Chístopol, en el curso bajo del Kama, un grupo de marinos Rojos que desembarcaron del *Kashin* consiguieron tomar la ciudad, incluida una caballeriza. La notable Reisner, que también había aprendido a montar bien, se apropió de algunos caballos y formó a varios de sus marinos como tropa de caballería de reconocimiento.

Los Rojos habían dejado atrás el momento más crítico de la guerra civil, y habían sobrevivido. «De los emplazamientos más importantes que el enemigo había logrado tomar, en otoño se habían recuperado todos. Una vez que se reconquistó el tramo medio del Volga, el Estado soviético respiró aliviado», se decía en un informe.[39] La ventaja principal radicaba en su posición estratégica, algo que volvería a ocurrir en 1919, cuando parecía de nuevo que los Blancos acabarían por vencer. «Gracias a la buena red de ferrocarriles, que iba del centro a la periferia, nuestros líderes podían trasladar tropas de un frente a otro. Utilizaron la táctica de Napoleón: concentraban todas las fuerzas en un lugar dado, aplastaban a los ejércitos del enemigo y les impedían concentrarse.»

19

Del Volga a Siberia
Otoño de 1918

Justo después de que los checos y la fuerza de Káppel tomaran Kazán, el 7 de agosto, estalló otra rebelión contra los bolcheviques: al noreste, en dirección a Perm. Para vergüenza de los Rojos, los que se alzaron en armas fueron los obreros de las fábricas de munición de Izhevsk y Vótkinsk. Se les había ordenado alistarse en el Ejército Rojo, pero no se les permitía prestar servicio juntos. Eran en su mayoría social-revolucionarios y mencheviques, y se les unieron los oficiales zaristas de la zona. En las dos ciudades había una minoría bolchevique que salió huyendo.

Al Tercer Ejército de Berzin, al norte del río Kama, se le encomendó la tarea de aplastar la rebelión; pero en esa fase de debilidad de los Rojos, poco podía hacer. Se creó un Komuch de la región del Kama, con la idea de que se uniera al Komuch de Samara, de la Asamblea Constituyente. Después de que Vatsetis reconquistara Kazán en la segunda semana de septiembre, se ordenó a Berzin resolver la cuestión de las dos ciudades municioneras, Izhevsk y su aliada Vótkinsk. Trotski estaba resuelto a impedir que los Blancos se hicieran con el control de esas factorías.

Berzin envió una fuerza heterogénea, de guardias Rojos, marinos del Báltico e internacionalistas chinos, dirigidos todos por un letón, Yuri Aplok. La Guardia Roja y los marinos hicieron un desembarco desastroso en la orilla septentrional del Kama, perdieron a muchos hombres y hubo que retirarlos. Aplok solicitó refuerzos, a lo que Berzin contestó que enviaría a 80 hombres de inmediato y, al día siguiente, a sus 350 chinos. Desembarcaron en el poblado de Babki, corriente arriba con respecto a Vótkinsk. Pero aunque su disciplina era muy superior, descubrieron que los rebeldes habían instalado ametralladoras en el campanario de la iglesia, por lo que los chinos se vieron obligados a regresar a los barcos y huir.

El hecho de que los Rojos recibieran refuerzos por encima del Volga medio complicó bastante la vida a los rebeldes de Izhevsk y Vótkinsk. Al ser insuficientes los voluntarios tuvieron que introducir el reclutamiento forzoso, pero muchos de los reclutados desertaron y se pasaron a los Rojos. Además, al perder el enlace con las materias primas, sus fábricas eran incapaces de producir la munición suficiente siquiera para su propio uso. A principios de octubre el Ejército Rojo conquistó la ciudad de Sarápul, en el Kama, al sur de Izhevsk. A la hora de la batalla crucial, el 7 de noviembre, los rebeldes —al parecer, con bandas de música— avanzaron en orden de revista con los fusiles descargados. Entre la tropa roja hubo quien perdió los nervios y escapó, pero no cabía dudar del resultado, e Izhevsk se tomó al día siguiente. Los rebeldes se retiraron a Vótkinsk, que también cayó, el 11 de noviembre. Aquel día las armas guardaron silencio en toda la Europa occidental.

Berzin y otros mandos comunistas del frente de Siberia y el Volga seguían teniendo problemas con sus refuerzos navales. «Han llegado más de 300 marinos de la movilización —decía un informe enviado a Moscú—. En su mayoría son hombres de unas cualidades extremadamente bajas. Es imposible asignarlos a ningún destacamento. Aparte muchos están enfermos o en mala condición física... ¿Podéis dar instrucciones de que los comisarios realicen exámenes médicos *in situ*, antes de despacharlos a ninguna parte?»[1] De un grupo de cuarenta, por ejemplo, hubo que remitir al hospital a no menos de veintiocho.

A los burócratas comunistas solo les interesaba cumplir con las cantidades de refuerzos exigidas, sin prestar especial atención a sus cualidades. Flerovski, el comandante en jefe de la Flota del Báltico, se sintió obligado a advertir a Antónov-Ovséyenko, en Moscú. «Han llegado más de 4.000 movilizados, y siguen llegando, cada día. La Armada del mar Negro y del mar Blanco genera una impresión particularmente negativa, al igual que el destacamento armado que se envió desde Moscú. Resulta imposible dirigirlos al frente sin una formación política y disciplinaria, y ahora estamos concentrando todas nuestras energías en esta labor.»[2] Si dejamos a un lado las deficiencias de la infantería naval, el Ejército Rojo había logrado concentrar en el frente del Volga una fuerza

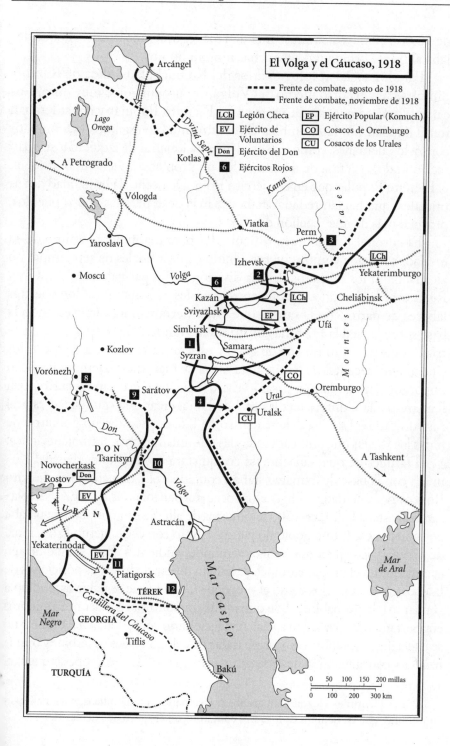

El Volga y el Cáucaso, 1918

- - - - Frente de combate, agosto de 1918
───── Frente de combate, noviembre de 1918

LCh	Legión Checa	EP	Ejército Popular (Komuch)
EV	Ejército de Voluntarios	CO	Cosacos de Oremburgo
Don	Ejército del Don	CU	Cosacos de los Urales
6	Ejércitos Rojos		

de 70.000 efectivos. Aquí se incluían los regimientos letones, lo que dejaba al frente occidental sin apenas ningún hombre.

Para los social-revolucionarios del Komuch, la pérdida de Kazán y Simbirsk, en el curso medio del Volga, supuso un golpe muy duro. Los campesinos se negaban a unirse a su Ejército Popular y consideraban inútil batallar por la Asamblea Constituyente (no digamos ya, combatir contra los alemanes, como los social-revolucionarios de izquierdas seguían reclamando). La tasa de deserción fue un problema mucho más grave en el Ejército Popular que en el Ejército Rojo. De hecho, la brutalidad de sus oficiales, que hacían redadas cada vez más desesperadas en los pueblos, provocó más de una rebelión directa.

El coronel Káppel tuvo dificultades para mantener el ánimo de su unidad, conocida como «Cuerpo Unido», que a finales de septiembre no alcanzaba ni los números de una división. «¡Tropas valerosas! La Gran Rusia está renaciendo, aunque entre grandes sufrimientos. Con vuestras labores de parto, con la sangre que estáis derramando, estáis creando la base sobre la cual la Historia construirá la grandeza de vuestra madre patria... Vuestro éxito hinche de gozo y esperanza el corazón de todos los ciudadanos decentes de Rusia. Esta racha de mala suerte, temporal y poco importante, no tardará en pasar.»[3] Evitó mencionar el colapso del Komuch llamando a la Conferencia Estatal de Ufá a crear una «autoridad estatal rusa unitaria». La idea del encuentro de Ufá era acordar un gobierno de todas las Rusias que unificara todas las administraciones antibolcheviques.

Después de que Tujachevski conquistara Simbirsk, los días del Komuch con la base de Samara estaban contados: el 7 de octubre el Ejército Rojo tomó la ciudad y obligó a los social-revolucionarios a huir. Se desplazaron al este, a Ufá, a casi 500 kilómetros de allí. Su única esperanza pasaba por unirse a ese futuro gobierno panruso junto con el Gobierno Provisional de Siberia y los «Janatos» cosacos semiindependientes. Pero si tenemos en cuenta que en el propio Komuch se habían infiltrado hasta las posiciones de liderazgo reaccionarios como el «general» Galkin (que se había ascendido a sí mismo), la probabilidad de que pudieran controlar los acontecimientos era ciertamente escasa. Un social-revolucionario como Yákov Dvorzhets no se hacía ilusiones sobre cómo sería tratar con «los oficiales soberbios y brutalizados y con la reacción de las Centurias Negras».[*4] Llegó a sopesar quedar-

---

* Las Centurias Negras eran grupos reaccionarios, monárquicos, nacionalistas y antisemitas, que en tiempos de los zares contaron con el apoyo de Nicolás II.

se en Samara, con los Rojos, antes que marcharse a Ufá para ser testigo del «final de esta aventura desgraciada». Pero como sabía qué destino le aguardaba si en efecto se quedaba allí, partió hacia Ufá, donde fue «testigo de la agonía del vergonzoso hijo bastardo del Komuch».[5]

La Conferencia Estatal de Ufá se inauguró el 8 de septiembre, aunque muchos de los delegados todavía estaban por llegar. Una guardia de honor del Ejército Popular de Samara y otra de los cosacos de Oremburgo, enviada por el atamán Dútov, recibió algunos de los trenes. La cumbre tuvo lugar en el hotel Siberia, y fue ruidosa, pues había más de 200 delegados de los «diversos grupos gubernamentales, partidistas, nacionales y públicos que habían ido surgiendo en los territorios liberados del dominio bolchevique».[6] También había una delegación del cuerpo checoslovaco, aunque como tal no participaba.

Serébrennikov era plenamente consciente de que, para llegar a un entendimiento, habría que superar muchas tensiones. A la izquierda estaban los social-revolucionarios que habían perdido Samara y el Volga pero controlaban las reservas de oro y tenían el respaldo de los checos. «En el flanco derecho había representantes del gobierno siberiano y los gobiernos militares de siete ejércitos cosacos: de Siberia, los Urales, Oremburgo, Semiréchensk, Astracán, Yeniséi e Irkutsk.»[7] Estos, por descontado, contaban con el apoyo de los comerciantes y terratenientes que deseaban recuperar sus empresas y fincas. «Nunca olvidaré la pareja de guardias que estaban firmes, con las espadas desenvainadas, frente a la puerta del general Galkin, comandante del Ejército Popular del Komuch. Las malas lenguas afirmaban que los eseristas del Komuch tenían tanto miedo de Galkin como los eseristas siberianos solían tenerlo de Grishin-Almázov; y por eso habían organizado una vigilancia tan estrecha.»

El general Alekséi Grishin-Almázov era el más joven, y más capaz, de los líderes del Gobierno Provisional de Siberia en Omsk. Los social-revolucionarios temían que se convirtiera en un dictador militar. Además le odiaban porque los había utilizado como bandera de conveniencia para alzarse a su posición y luego los había abandonado. Así las cosas, volvieron a sus poderosos partidarios checos en contra de Grishin-Almázov. Algunos oficiales rusos Blancos ya habían empezado a distanciarse de los checos porque les parecía que se comportaban como si hubieran conquistado Siberia y se negaran a combatir el botín. Como muchos otros rusos Blancos, Grishin-Almázov tampoco apreciaba a los checos, ni a los Aliados occidentales en general, porque sentía que le trataban con condescendencia.

En Cheliábinsk, después de haberse tomado varias copas de vino de más, Grishin-Almázov hizo un anuncio tan imprudente como ciertamente inexacto: «Los rusos necesitan a los Aliados menos que los Aliados a los rusos, porque en este momento Rusia es la única que puede reunir un ejército nuevo que decidirá la suerte de la guerra».[8] También le dijo al jefe de los representantes checos en Siberia: «Vosotros, los checos, si no os gusta lo que hay aquí, ya os podéis marchar». A la postre la presión de los checos y los Aliados, respaldada por los eseristas, forzó su dimisión; pero como pasó tan a menudo en la política militar de los Blancos, quien ocupó su lugar fue un oficial todavía más reaccionario.

La Conferencia de Ufá se caracterizó por una división creciente entre los polos opuestos de Samara y Omsk o, lo que era lo mismo, entre los ideales de la Asamblea Constituyente y los instintos de una dictadura militar. Concluyó el 23 de septiembre, con un acuerdo poco convincente, de un Directorado formado por cinco miembros: dos liberales siberianos, Vologodski y Vinográdov; dos social-revolucionarios, Avkséntiev y Zenzínov; y el general Bóldyrev, al que se tenía por partidario de los eseristas. En apariencia el compromiso favorecía a los social-revolucionarios, pero no por mucho tiempo.

A Vologodski se le encargó organizar el consejo de ministros del nuevo gobierno de todas las Rusias. El proceso se alargó durante casi quince días, con una serie inacabable de conflictos e intrigas. Una vez más, la atmósfera se cargó de tensión. Los siberianos estaban molestos por la ventaja teórica de los social-revolucionarios. En cuanto el general Ivanov-Rinov sustituyó a Grishin-Almázov en la comandancia del Ejército Siberiano, dio orden de recuperar las hombreras de los oficiales, sin haberlo hablado con el nuevo gobierno. A esta siguieron otras muchas órdenes que «en muchos casos poseían un significado no solo militar, sino también político».[9]

Recuperar las hombreras no contribuyó en gran cosa a mejorar el rendimiento militar de las fuerzas Blancas. En la primera semana de noviembre, el Ejército Rojo había avanzado desde Samara hasta Bolshaya Ustiuba, un poblado que distaba poco más de 100 kilómetros de Ufá. En su retirada, los Blancos ardían en deseos de atribuirse algún éxito, por pequeño que fuera. Cuando la *sotnia* de cosacos de Oremburgo del *esaúl* («capitán») Shein atacó la zona de retaguardia del enemigo y le hizo «retirarse a toda prisa»,[10] lo presentaron como una gran victoria, aunque esto no frenara el avance. Incluso el coronel Káppel sintió la necesidad de celebrar cualquier cosa como una hazaña. Por ejemplo, una misión de reconocimiento del 1.º Regimiento de Fusilería de Kazán, que «se apoderó de una ametralladora Maxim y cinco fusiles, y regresó».[11] El Ejército Siberiano emitió una advertencia contra los Rojos, para que dejaran de utilizar las balas expansivas («dum-dum») que improvisaban. «Los soldados del gobierno siberiano están resultando heridos por balas explosivas, y se han encontrado algunos cartuchos con la punta recortada en manos de soldados del Ejército Rojo. A todo prisionero que se capture con tales cartuchos, se le fusilará sin piedad.»[12] En Siberia, tanto los Rojos como los Blancos colgaban los cadáveres de sus víctimas en las ramas de los árboles, a los lados de las carreteras. Una población creciente de lobos empezó a devorarles los pies.

La guerra traería aún horrores mucho más espantosos. Los cosacos de Siberia entrenaban la crueldad desde el momento en que los reclutaban; por lo general, la iniciación era una matanza: «En octubre de 1918 me llevaron a servir a las órdenes del atamán Ánnenkov —escribió S. A. Zaborski en un testimonio, nueve años más tarde—. Los nuevos reclutas se repartían entre las *sotnias*... A nuestro regimiento lo enviaron a la zona de Semipalátinsk. Allí hubo una batalla menor, mientras nos dirigíamos al poblado de Tróitskoye. Después de la batalla el capitán de nuestro desarrollo, el *esaúl* Zótik, nos ordenó hacer pedazos a todos los habitantes y luego prender fuego al poblado; y su orden se cumplió».[13]

El atamán Ánnenkov, que había prestado servicio en el 1.º Regimiento Cosaco de Siberia, empezó su carrera durante la guerra civil organizando un pequeño destacamento en las inmediaciones de Omsk. En otoño de 1918 Ánnenkov emprendió camino hacia el sur, atacando los poblados rebeldes que encontraba con una gran brutalidad, asesinando a sus habitantes y saqueando sus posesiones. Sus costumbres eran muy informales. El saludo era poco más que un gesto rápido de la mano y los oficiales «se daban mutuamente el trato de *ty*, no el [más formal] de *vy*, y lo mismo con el atamán».[14] Aun así era obvio que Ánnenkov tenía delirios de grandeza, pues creó regimientos con títulos grandilocuentes como «Húsares de la Muerte», «Ulanos Azules» o «Guardia Real del Atamán». Los oficiales adoptaron «el peinado al estilo de los atamanes, con un flequillo que por un lado les llegaba hasta el ojo».

«Ánnenkov era un caballero magnífico, de excelente puntería con el fusil y el revólver y magistral con la espada; poseía una fuerza física descomunal y era delgado, joven, atractivo, en suma: un militar de la cabeza a los pies —escribió, más adelante, uno de sus oficiales—. Siempre le veías tranquilo y equilibrado, y el visitante, seducido por su encanto, nunca adivinaría que el atamán que escuchaba con atención su solicitud quizá enviaría de inmediato a un par de asesinos para que lo siguieran y liquidaran. Como estratega, por el contrario, no destacaba.» También debería haber añadido que Ánnenkov era un psicópata espeluznante, según pondría de manifiesto su comportamiento posterior.

El atamán Semiónov, con su mirada suspicaz y bigotes colosales, no disfrutaba de la feliz apariencia de Ánnenkov. En ese momento había establecido su base en Chitá, en el Ferrocarril Transiberiano, casi 500 kilómetros más allá de la orilla meridional del lago Baikal. El régimen de Semiónov era de una corrupción hedonista: al parecer, el champán era ilimitado, organizó una orquesta propia con prisioneros de guerra austrohúngaros y tampoco faltaban las amantes. Su favorita, Masha, era una cantante de un club nocturno de Harbin, y era judía, lo que quizá indicara que él no compartía el antisemitismo obsesivo de su gran aliado, el barón Von Úngern-Stérnberg.

Las refugiadas que huían de los bolcheviques quedaron atrapadas en Chitá. Incluso las mujeres o las hijas de los orgullosos oficiales zaristas se veían obligadas a prostituirse y a menudo desarrollaban dependencia del opio o la cocaína. En lo esencial Semiónov era un bandido a la vieja usanza, que financiaba su régimen al apoderarse de una parte de todos los bienes que se transportaban por medio del ferrocarril. Sabedor de que nunca podría mantener esa situación sin ayuda, trabó alianza con el Ejército Imperial de Japón, que lo tuvo a su servicio hasta que fueron derrotados en la región en 1945, y el Ejército Rojo conquistador ejecutó a Semiónov.

Los cosacos de Siberia no solo eran reaccionarios, sino que estaban orgullosos de serlo. Despreciaban a los civiles y en particular a los judíos. El atamán Krasílnikov —al que el social-revolucionario Zenzínov describió como «persona violenta e ignorante»—[15] solía entonar el «Dios salve al zar» cuando se emborrachaba en una cena. Los oficiales Aliados, tanto británicos como franceses o checos, preguntaban al Directorado, que en teoría estaba comprometido con la restauración de la Asamblea Constituyente, cómo toleraba aquella clase de manifestaciones monárquicas.

Como el Ejército Rojo seguía ganando terreno hacia el este, el Directorado se vio obligado a marcharse de Ufá, que corría el peligro de quedar situada en el frente. Al Gobierno Provisional de todas las Rusias tan solo le quedaban otras dos bases posibles: Yekaterimburgo y Omsk. El 7 de octubre eligieron Omsk y el Directorado llegó a la ciudad dos días después.

«La recepción no fue especialmente festiva —rememoraba Serébrennikov—. Creo que en la estación levantaron un arco sencillito. Un grupo no muy numeroso aguardaba en el andén, donde iba a parar el tren, y también la guardia de honor. Recibí oficialmente al Directorado en nombre del gobierno de Siberia. El Directorado tuvo que pasar cierto tiempo viviendo en vagones, en la misma estación. En aquel momento Omsk, que tuvo que improvisar el papel de capital, estaba llena a rebosar y era extraordinariamente difícil encontrar un apartamento o siquiera una habitación. No paraban de llegar a Omsk misiones diplomáticas y militares de los Aliados, que exigían instalaciones muy espaciosas; y también había un flujo incesante de refugiados.»[16]

Las distintas facciones del Directorado se entregaron a conjuras e intrigas que resultaron destructivas. Mientras que los social-revolucionarios cifraban sus esperanzas en la Asamblea Constituyente, los siberianos y los militares creían que solo una dictadura podría funcionar. El nombre más repetido para las funciones de ministro de Defensa fue el del almirante Kolchak, que estaba acudiendo a Omsk desde Vladivostok, en el tren del líder checo, el general Gajda. También se apuntó el nombre de Borís Sávinkov. Coincidía que el ubicuo Sávinkov estaba en Omsk, pero se le consideraba un «hombre peligroso»,[17] por lo que el Directorado optó por enviarle en misión diplomática ante los Aliados.

Al poco de llegar, el almirante Kolchak decidió presentarse ante el gobierno siberiano y Serébrennikov le recibió oficialmente en el consejo de ministros. Kolchak apareció vestido de civil, en compañía de su secretario. Hablaba con frases cortas y abruptas. El conjunto impresionó a Serébrennikov. Pero Valentín Fedulenko, que encabezaría la guardia personal de Kolchak, sospechaba que el propio almirante era consciente de que no estaría a la altura del magnífico papel que se le dibujaba. «Era un marino brillante, un gran explorador, un hombre de raros talentos... [Pero también] era muy irascible, apenas paciente, y se molestaba si sus subordinados no le entendían.»[18]

Kolchak asistió como observador al siguiente consejo de ministros del Directorado. Por lo tanto estaba presente cuando Vologodski «declaró, con voz cansada, que todo su empeño por organizar la nueva autoridad gubernamental no había dado ningún fruto positivo, que se sentía absolutamente agotado desde un punto de vista tanto moral como físico y que se negaba a emprender más negociaciones o continuar con su misión». Dicho esto, Vologodski se puso en pie, pasó la presidencia a Serébrennikov y se marchó de la sala. «Se hizo un silencio siniestro.» En aquel momento el Directorado era poco más que un chiste, y se lo había motejado como «la Trayectoria».[19]

«Todos dirigieron la mirada hacia el almirante Kolchak —escribió Serébrennikov—, como diciendo: "¡He aquí al único que persevera! Ahora todo depende de él". Me volví hacia el almirante y le propuse, en nombre de toda la Conferencia, que salvara la situación incorporándose al consejo de ministros... Después de unos segundos de espera atormentada, al final el almirante cedió, entró en el consejo, y la crisis se resolvió.»

Durante la noche del 17 al 18 de noviembre, aparecieron patrullas cosacas en las calles de Omsk y detuvieron a diversos miembros de un Directorado que les parecía excesivamente liberal. También arrestaron a Serébrennikov, aunque el oficial de otra patrulla le dejó en libertad, y le comunicaron el santo y seña que le permitiría regresar a su casa sin incidentes. Se trataba de «Yermak», el nombre de pila del atamán cosaco Timoféyevich, que en el siglo XVI había iniciado la conquista de Siberia para Iván el Terrible. A la mañana siguiente Kolchak se arrogó el título de «Gobernante Supremo». A este «golpe criminal» se respondió con denuncias y amenazas. Los ministros del Komuch enviaron un telegrama advirtiendo de que informarían a los Aliados.[20]

Los social-revolucionarios a los que, la noche antes, los oficiales cosacos de Krasílnikov detuvieron a punta de pistola se enfurecieron, pero no se sintieron del todo sorprendidos. «Nada más llegar a Omsk, el mismo día de nuestra llegada, ya notamos la influencia reaccionaria del antiguo gobierno siberiano —escribió Vladímir Zenzínov—. Era como si viviéramos en un bosque de chismorreos e intrigas políticas. Resultaba evidente que los círculos militares de Siberia eran antidemocráticos y algunos, incluso monárquicos.»[21] Dos días después, Zenzínov y otros social-revolucionarios fueron conducidos hasta la frontera china, custodiados por una guardia cosaca. Allí se les puso en libertad con la advertencia de que no volvieran.

La política bizantina de Siberia hizo que el presidente Woodrow Wilson evaluara la situación con suma cautela. Su secretario de Guerra ya había avisado al comandante de la Fuerza Expedicionaria estadounidense, el general de división William S. Graves: «Vigila cada paso. Te encontrarás andando sobre huevos cargados de dinamita. ¡Que Dios te bendiga!».[22] La misión de Graves, según un memorando redactado por el propio presidente, se limitaba a facilitar que la Legión Checa saliera sana y salva de Rusia, proteger el equipo militar estadounidense almacenado en Vladivostok y Múrmansk (cuyo valor ascendía a casi 1.000 millones de dólares), y ayudar a los «demócratas rusos» a organizar su nuevo gobierno.

Graves, que recordaba a un maestro a la vieja usanza, con su bigotito recortado y las gafas sin montura, llegó a Vladivostok el 1 de septiembre, un mes por detrás de las primeras unidades estadounidenses. Pero la conclusión de la guerra en Europa, en el mes de noviembre, no supuso que la Fuerza Expedicionaria de Siberia pudiera regresar a Estados Unidos.[23] Wilson quería mantener una política de «espera y verás» hasta que se cerrase la conferencia de paz de París y se pudiera decidir a cuál de los distintos gobiernos rusos se reconocía y si la Fuerza Expedicionaria debía retirarse o no de Vladivostok.

Aparte del deterioro de la situación militar, el primer problema que Kolchak debía resolver era el del Ferrocarril Transiberiano y los trenes checos. El almirante pasó por alto el hecho de que los trabajadores del ferrocarril del Baikal estaban en huelga porque no habían «recibido paga alguna durante cuatro meses».[24] Lo que hizo fue quejarse ante el principal oficial de los Aliados en Siberia, el general francés Pierre Janin, así como ante el general de división Knox, ante el cónsul general Harris y los japoneses de que «el tráfico organizado se estaba viendo obstaculizado por la interferencia de los trenes checos en el funcionamiento del ferrocarril. Los checos han exigido que solo se autorice el paso de sus trenes... Si esta situación se mantiene, provocará la paralización total de los trenes rusos. En este caso me reservo el derecho a adoptar medidas extremas».[25] Kolchak había llegado a Omsk como invitado del general Gajda, en un tren de los checos; pero sus peleas con estos al respecto de quién controlaba el Ferrocarril Transiberiano acabarían por conducir a su propia traición y ejecución.

Tropas estadounidenses desembarcan en Vladivostok.

Otro problema era el atamán Semiónov, en Chitá. «No puedo reconocer al almirante Kolchak como Gobernante Supremo del Estado —escribió Semiónov en un telegrama para Omsk, que llegó el 25 de noviembre—. Para este puesto de extrema responsabilidad propongo a los siguientes candidatos, aceptables todos ellos para mí: los generales Denikin, Horvath y Dútov.»[26] Varios diplomáticos estadounidenses, tanto el embajador Morris, en Tokio, como el cónsul general Harris, en Irkutsk, entraron a conjeturar quién era el motor de esa provocación, más cuando ya estaban preocupados por el «exceso de fuerzas japonesas en Siberia».[27] Japón, a juicio de Morris, «parece estar intentando por lo general que no pueda establecerse en Siberia ninguna clase de gobierno ordenado y unido». El general nipón Kuroki —según le habían dicho— había aconsejado a Semiónov y otros atamanes que no cooperasen con Kolchak. Además los japoneses empezaban a tomar el control del Ferrocarril Oriental de China (o Transmanchuriano).

El general Knox, como representante de Gran Bretaña, ordenó al comandante Steveni que averiguara lo posible sobre la negativa de Semiónov a reconocer a Kolchak. Steveni lo halló «sentado a horcajadas del Ferrocarril Transiberiano e interfiriendo con el movimiento de los trenes de municiones, y trasladando ya depósitos militares a las fuerzas del almirante Kolchak, que actuaban en la Siberia occidental, más allá de Omsk».Semiónov, que había resultado herido en un ataque con bomba, se había retirado a la cama con su amante, Masha. Prometió no interferir en el funcionamiento de los trenes, pero Steveni no le creyó y se marchó a visitar al general japonés Ōba, comandante de la 3.ª División de Infantería de Nagoya, que tenía la sede central en Chitá. Acordaron que, en el futuro, los trenes de municiones viajarían con la escolta de personal militar británico.

La furia de Kolchak contra Semiónov sorprendió a Serébrennikov: «si el atamán Semiónov hubiera caído en sus manos ahora, el almirante no habría vacilado en fusilarlo allí mismo».[28] El obsequioso séquito de Kolchak también dio impulso a la cólera del almirante, hasta el extremo de que emitió una orden por la que relevaba a Semiónov de todas sus posiciones. Con el apoyo tácito de los japoneses, no obstante, Semiónov siguió negándose a obedecer órdenes y cortó la comunicación con Omsk. En suma, se trató de una maniobra mal concebida, que solo sirvió para socavar la autoridad del propio Kolchak.

El general de división Graves (sentado, en el centro) se reúne con el atamán Semiónov (sentado, a la izquierda), al que aborrecía.

Por otro lado, se puso de manifiesto que Kolchak, al igual que los demás comandantes militares Blancos y los caudillos cosacos de Siberia, no tenía ni idea de cómo lidiar con el supuesto aliado japonés o con las autoridades chinas, por el flanco sur. China representaba una fuente esencial de alimentos y materias primas para todo el conjunto de la Siberia oriental: la Transbaikalia, el Amur y las provincias marítimas. Los caudillos Blancos —como Semiónov en Chitá, Kalmykov con sus cosacos de Usuri en Jabárovsk, Rózanov en Vladivostok y Úngern-Stérnberg en la frontera mongola— actuaron con una actitud imperialista que provocó un intenso resentimiento entre los chinos. Su «militarismo anárquico», que dejó una «estela de caos y devastación», desde la perspectiva de los chinos era un regreso a los rusos zaristas que habían impuesto «tratados desiguales» y humillado repetidamente al frágil imperio Qing, a finales del siglo xix.[29] Los Rojos, en cambio, demostraron ser mucho más inteligentes en su acercamiento a las autoridades chinas, ante las que hicieron hincapié en su ideología antiimperialista.

La cuestión que Kolchak, como Gobernante Supremo, debía resolver con más urgencia era la del personal. Si el jefe del Estado Mayor imaginaba un ejército de 700.000 hombres. Fedulenko, el asistente de Kolchak, comentó que los granjeros siberianos eran «enormemente ricos», pero del todo reticentes a sumarse a la guerra contra los bolcheviques. «Su riqueza me asombraba y, aun así, a pesar de eso, se quedaban en la pasividad total, como si nuestra lucha no les concerniera.»[30] Kolchak tuvo que introducir el servicio militar obligatorio, pero la mayoría de los reclutas desertaron en cuanto tuvieron oportunidad.

Recibieron el refuerzo inesperado de una Legión Polaca que se incorporó al Cuerpo Integrado de Káppel, recién ascendido a general de división. «¡Tropas valerosas, hermanos de Polonia! —los saludó, a su llegada—. Vuestra adición a nuestro frente se ha asociado con un importante éxito militar, logrado gracias a cinco días de duros combates en los que habéis demostrado vuestro arrojo de caballeros y vuestra gran fortaleza de espíritu.»[31] La comunidad polaca de Siberia se había animado mucho con la proclamación de la independencia de su país, y desconfiaba del gobierno comunista. «La prensa bolchevique hablaba de los polacos como de unos extranjeros, con una gran dosis de sarcasmo», denunciaron.[32] Lo que pronto se conoció como «el Ejército Polaco de Siberia» reclamaba que los trasladaran de regreso a su país, para defender las nuevas fronteras.[33]

El general Pierre Janin no se sintió impresionado por el jefe del Estado Mayor de Kolchak, al que «había visto por última vez cuando era un capitán del Stavka, en Moguiliov, y pensaba por lo tanto que lo habían ascendido en demasía». Tampoco tenía en gran consideración a los que rodeaban a Kolchak: «la gente de fiar parece infrecuente hasta un extremo que me pasma, aun con la experiencia de tantos viajes». Y en cuanto al Gobernante Supremo en sí, a Janin no le convencían sus «pretensiones de competencia militar... en lo que atañe a la táctica de los Ejércitos de tierra».[34]

Durante la noche del 22 de diciembre se produjo en Omsk un levantamiento de los bolcheviques. Diversos grupos de trabajadores armados —entre ellos, una unidad a la que la propaganda bolchevique había convencido— intentaron dar un golpe. Los rebeldes se apoderaron de la prisión y liberaron a todos los presos, y tomaron también la estación y se apoderaron de las armas de la policía ferroviaria. Pero como era de esperar, los cosacos sofocaron el alzamiento con suma brutalidad: mataron a casi todos los obreros rebeldes.

Entre los que recuperaron la libertad con el golpe había muchos presos políticos, y no solo bolcheviques, sino también algunos socialistas destacados que poco antes se habían negado a aceptar a Kolchak con el título de gobernador supremo. El comandante del acuartelamiento, el general Brzhezovski, emitió la siguiente orden: «Todos los que han sido liberados ilegalmente de la cárcel deben volver de inmediato a la prisión; a los que no lo hagan, si se les detiene, se les ejecutará ipso facto».[35] Esto causó especial alarma entre los excarcelados, que en muchos casos habían estado trabajando para el Directorado. Algunos rogaron a los amigos que preguntaran al ministro de Justicia del gobierno de Kolchak qué debían hacer. Se les contestó que lo más seguro era que regresaran a la prisión, como en efecto hicieron al día siguiente. Sin embargo, aquella noche, algunos oficiales borrachos se presentaron en sus celdas, sacaron a una docena de presos, se los llevaron al río Irtysh, que estaba helado, y los mataron a golpe de sable. Siete eren eseristas de derechas que habían sido integrantes de la Asamblea Constituyente. El cadáver de uno de ellos, Iván Fomín, exhibía trece sablazos, cinco de los cuales se los habían infligido en vida. El líder de aquellos asesinos borrachos fue detenido, pero por poco tiempo. Cuando lo soltaron fue a unirse a los cosacos siberianos del atamán Ánnenkov.

Este incidente espantoso fue un motivo de profunda vergüenza para Kolchak, en un momento en que intentaba convencer a británicos y franceses de la seriedad de sus credenciales democráticas. El general Janin se ausentó poco después, para visitar en Yekaterimburgo al general Gajda, quien acudió a recibirlo a la estación con una guardia de honor de las fuerzas checas. Janin —un hombre alto, que lucía el quepis rojo y dorado de los generales franceses, y un enorme abrigo de piel de oso con una espada ceremonial a la vista— se encontró con unas condiciones de suciedad que no le causaron ninguna buena impresión. «Hay estiércol de caballo y cagadas de cabra por todas partes», anotó en su diario, sin sorprenderse al saber que estaban sufriendo una epidemia de tifus.[36] Sí le sorprendió en cambio la juventud de Gajda. Le contaron que aquel hombre de nariz prominente no era de trato fácil, pero poseía cualidades militares naturales en él. Gajda, que después de tomar Yekaterimburgo eligió como cuartel general la malhadada Casa Ipátiev, organizó un colosal desfile al aire libre, a pesar de la nieve. Tuvo lugar en una vasta plaza ante los muros de un monasterio, con bandas de música, exhibición de colores y ametralladoras Maxim sobre ruedas, alineadas por delante de la tropa. Sus soldados checoslovacos llevaban una mezcolanza de uniformes. La mayoría portaban ya sobretodos rusos y las papajas altas de los cosacos, de piel de carnero; pero muchos seguían luciendo los quepis altos del ejército austrohúngaro.

Otro de los comandantes de Siberia que poseía buenas cualidades como militar era el general Anatoli Pepeliáyev, de veintisiete años. Era el hermano menor de Víktor Pepeliáyev, que fue primer ministro de Kolchak y murió ejecutado con este. Antes del golpe de octubre de los bolcheviques había sido teniente coronel; luego reclutó una gran fuerza de voluntarios en su ciudad natal, Tomsk. En verano había avanzado con rapidez al este de Krasnoyarsk, hasta Chitá, donde enlazó con el atamán Semiónov. Luego condujo su Cuerpo Siberiano hacia el oeste, hasta el frente de los Urales. Aquí tuvieron que enfrentarse con el Tercer Ejército de Berzin, que disponía de un regimiento chino capitaneado por Zen Fu-Cheng. Su destacamento de municiones estaba bien provisto de ametralladoras Maxim, Colt y Lewis. Hubo combates violentos en los paisajes cubiertos de nieve de Nízhniaya Turá, 250 kilómetros al norte de Yekaterimburgo, que cambiaron de manos en varias ocasiones. «Teníamos que ahorrar munición, así que disparábamos en ráfagas cortas —recordaba uno de los ametralladores—. Una sección de fusiles de

China nos cubría los flancos. Exactamente treinta minutos después cargamos las ametralladoras en los carros y nos retiramos al bosque. El comandante Li Tse-hen me dijo: "No queremos morirnos. Aún tenemos que derrotar a los Blancos, así que te ordeno que nos lleves bosque a través hasta el poblado de Aleksándrovka, para reunirnos con el 17.º Regimiento de Petrogrado".»[37]

Al Tercer Ejército de Berzin, en el flanco septentrional del frente de los Urales, lo obligaron a retroceder hacia Perm en el mes de diciembre, en uno de los escasos éxitos de los Blancos en el frente oriental. Las fuerzas rojas adolecían además de una escasez de ropa de abrigo, en particular de botas de fieltro (*válenki*). Regimientos enteros quedaron reducidos a poco más de 120 hombres a consecuencia de «congelaciones y enfermedades».[38] Incluso una compañía Roja de voluntarios finlandeses perdió a 70 de sus 160 hombres. La artillería roja se quedó sin proyectiles y la retirada degeneró en un caos. El comisario de la brigada tuvo que obligar al comandante a volver a su cuartel general y le sustituyó en el acto. Encontró unidades que se estaban retirando por la autopista, bajando en columnas hacia Perm. Vasili Bliújer, un mando partisano que con el tiempo ascendió a mariscal de la Unión Soviética, asumió el control y ordenó que la 5.ª Brigada se replegara en Perm, desde donde se desplegaría de nuevo. Como la unidad no se mostró dispuesta a cumplir con sus indicaciones detuvo al comandante de la brigada y confió el mando al jefe del Estado Mayor.

El regimiento chino sufrió tantas bajas durante la retirada a Perm que tuvo que reforzarse con reclutas locales y se lo rebautizó como Batallón Internacionalista Chino. El Cuerpo Siberiano y las unidades checas continuaban ganando terreno. «La artillería de la Guardia Blanca disparaba metralla contra las calles de la ciudad; entre los habitantes locales, los enemigos de la Revolución empezaron a disparar con sus fusiles... Algunos de los exoficiales zaristas que servían con los Rojos nos traicionaron, desertaron y se sumaron a las filas del enemigo junto con sus unidades. Los traidores tomaron el arsenal de la ciudad, instalaron ametralladoras en los edificios altos y abrieron fuego contra los Rojos. Las unidades del Tercer Ejército se apresuraron a salir de Perm y el enemigo corrió a atacar a las tropas que se retiraban. Las pérdidas fueron cuantiosas. Cientos o quizá miles de combatientes Rojos perdieron la vida cruzando el río Kama.»[39]

El Cuerpo Siberiano apresó a 20.000 reclutas desmoralizados entre los restos lastimeros del Tercer Ejército de Berzin. Esta victoria, que en

Moscú conmocionó a la jefatura comunista, en Omsk convirtió a Pepeliáyev en un gran héroe, y ello en un momento oportuno. Kolchak y su administración deseaban distraer la atención de la masacre de los diputados social-revolucionarios, así como de la pérdida de Ufá, en el sector sur. Por su parte Pepeliáyev quería seguir avanzando hasta Viatka, el objetivo de los británicos que se movían hacia el sur desde Arcángel, aunque era una meta excesivamente optimista. Pero la temperatura descendió tanto que habría sido una locura. Pepeliáyev sabía —a casi nadie se le escapaba, en realidad— que el año siguiente sería testigo de las batallas decisivas por el futuro del antiguo Imperio Ruso.

20

La salida de las Potencias Centrales

Otoño e invierno de 1918

El 11 de noviembre de 1918, después de más de cuatro años de fango y matanzas, un silencio fantasmagórico descendió sobre todo el frente occidental. Los términos del armisticio impuesto por la entente en el bosque de Compiègne obligaban a Alemania a renunciar asimismo al tratado de Brest-Litovsk y retirar todas las fuerzas de ocupación del este de Europa, hasta limitarse a las fronteras que el país tenía antes de 1914. La única salvedad permitida fueron las provincias bálticas, con el fin de que los bolcheviques no se apoderasen de Estonia, Letonia y Lituania. Dos días más tarde el Sovnarkom anunció que renunciaba igualmente al tratado, pero reclamaba la autoridad sobre las tres provincias.

Precisamente la semana anterior Bruce Lockhart había escrito a Arthur Balfour, el secretario de Exteriores: «Hoy resulta evidente, en primer lugar, que incluso si Lenin aceptó dinero del gobierno alemán, lo utilizó para sus propios fines y no para los fines de Alemania, y, en segundo lugar, que el bolchevismo ha crecido hasta escapar definitivamente de cualquier control exterior. Quizá no sea exagerado decir que hoy el bolchevismo supone para Europa un peligro bastante mayor que el militarismo alemán».[1]

Para los líderes comunistas, la costa del Báltico era la ruta esencial para conectar con la Revolución alemana, que se expandía desde la Flota de Altamar, en Kiel y Wilhelmshaven, hacia Berlín y Múnich. El tratado de Brest-Litovsk había representado el triunfo más destacado de Alemania en toda la primera guerra mundial. Pero en aquel momento —ocho meses después, tan solo— todas sus esperanzas de poseer un imperio oriental que se extendiera del mar Negro al Báltico se habían venido abajo. Veintitrés años más tarde, Adolf Hitler ardía en deseos de revivir este sueño.

En toda Ucrania y Crimea se inició un interregno difícil. La retirada alemana empezó desde el extremo oriental: la península de Tamán, en la orilla norte del mar Negro. «Desaparecieron de noche, en silencio, como si nunca hubieran estado allí», comentó Maksim Kulik, del Regimiento Blanco de Tamán, que había contado con respaldo de los alemanes.[2] «Una mañana —escribió Nadiezhda Dubákina, en Crimea—, la criada que nos traía el samovar nos dijo que los alemanes habían desaparecido. Cuando salí había un silencio siniestro. En Simferópol hubo una calma absoluta durante dos o tres días, pero luego empezaron a correr rumores de que los bolcheviques se acercaban y era hora de escapar.»[3] En Odesa la población local bromeaba diciendo que conociendo a los alemanes sin duda habrían barrido el suelo de sus oficinas antes de marcharse; pero con ello solo se disimulaba el miedo a lo que sucedería a continuación.

La marcha repentina de las fuerzas alemanas del sur dejó a muchas personas expuestas de nuevo al regreso primero de los nacionalistas ucranianos de Petliura, luego a las tropas rojas. Los terratenientes que habían utilizado a los soldados alemanes para vengarse de los campesinos que se habían apropiado de sus tierras tenían que enfrentarse ahora a las represalias. Hubo varios casos de oficiales Blancos que utilizaron un grupo de cosacos montados, supuestamente en misión de reconocimiento, para vengarse. Uno, cuando se le preguntó qué había estado haciendo durante sus tres días de ausencia, contestó: «Pues bien, fuimos con el capitán a su finca, para azotar a los mujik por haber arado sus tierras».[4] El castigo se imponía a la usanza del ejército zarista: azotando con las varas de limpiar los fusiles.

El 14 de diciembre, cuando las fuerzas de Petliura estaban ya cerca de Kiev, el guetman Skoropadski se dio a la fuga, fingiendo ser un oficial alemán herido. Se estableció en Berlín y adquirió una propiedad junto al Wannsee. La villa contaba con amplias paredes en las que colgar todos los retratos de sus antecesores en el cargo de guetman, y además se aficionó a cultivar verduras y mostraba su huerto con orgullo. Pero a diferencia de otros generales Blancos refugiados en Alemania, él procuró no tener nada que ver con los nazis. En la primavera de 1945, mientras huía por segunda vez del avance de las fuerzas soviéticas, resultó mortalmente herido en un bombardeo de los Aliados.[5]

La llegada de buques de guerra británicos y franceses a las aguas de Odesa despertó una gran esperanza entre la población; pero al principio no hubo ningún desembarco de tropas. Los oficiales del Ejército de Voluntarios contraatacaron, al igual que un destacamento de la Legión Polaca, que había quedado atrapada allí. La artillería ucraniana bombardeó el hotel Passage, el parque central y el puerto. Los franceses les dieron un ultimátum y, al caer la noche, la batalla había concluido.

Al día siguiente Yelena Lakier salió a observar los daños junto con su abuela. «De pronto vimos un carro fúnebre medio lleno de cadáveres —escribió Lakier en su diario—. Vimos las piernas desnudas, que sobresalían. Eran hombres de Petliura de camino a la morgue.»[6] Las fuerzas francesas desembarcaron. Había marinos, con sus camisas de rayas y boinas azules de la Armada con borlas rojas; también zuavos y algunos infantes de la 156.ª División. En la ciudad corrió el rumor de que Ucrania se convertiría en otro *département* de Francia y el presidente Poincaré vendría en persona a inaugurarlo.

Al principio los franceses no se entremetieron mucho en los asuntos internos de la administración rusa, pero a medida que iban llegando tropas y oficiales, el comandante francés, el general Philippe d'Anselme, intentó ampliar la zona ocupada en todo lo posible. En Odesa, el Ejército de Voluntarios estaba capitaneado por Grishin-Almázov, que había venido de Omsk. Sus relaciones con los franceses se complicaron por la voluntad de D'Anselme de negociar con el representante de Petliura.[7] También desembarcaron dos batallones de soldados griegos.

Globachov, el exjefe de la Ojrana que dirigía el servicio de inteligencia de los Blancos, se mostraba muy preocupado por la efectividad que la propaganda bolchevique tenía entre las tropas francesas. «Las fuerzas de ocupación de Francia en Odesa eran indisciplinadas —escribió—. Los soldados se pasaban el tiempo bebiendo con judíos y judías. Había una gran cantidad de agitadores bolcheviques que sabían hablar francés. En febrero hubo disturbios entre los soldados Aliados y los marinos, que estaban cansados de la guerra y querían volver a sus casas. Además algunos adoptaron abiertamente la bandera bolchevique y la contrainteligencia francesa hizo poco por combatir la propaganda de los bolcheviques.»[8]

La actividad criminal también había alcanzado «proporciones monstruosas». La fortísima subida en los precios de los alimentos convirtió a los especuladores del azúcar en «los dictadores económicos de Odesa».[9]

El Ejército de Voluntarios decidió adoptar medidas extremas. A cualquier ladrón pillado con las manos en la masa, se le fusilaba en el acto; a la policía se le pidió que matara a los ladrones conocidos como si fueran perros, en cuanto se cruzaran con ellos. Mischka *Yaponchik* (lo apodaban «el Japonés», aunque en realidad se llamaba Moiséi Vinnitski) y su extensa banda aterrorizaban la ciudad, colaborando en secreto con Rojos clandestinos. Los comunistas le dieron el mando de un regimiento propio, más adelante, cuando les ayudó a tomar el poder; pero la Checa montó una emboscada y le mató en cuanto dejó de resultarles útil.

Al este, el Ejército Rojo concentró sus fuerzas entre Vorónezh y Sarátov para impedir por todos los medios que las unidades de Kolchak se unieran con las de Denikin. A Eduard Dune, el joven guardia Rojo letón que venía de Moscú, lo enviaron como comisario al cuartel general del Noveno Ejército en el frente sur, en Balashov, al oeste de Sarátov. Se asombró al ver que el ejército no tenía un aire nada proletario. «El personal del cuartel general iba bien vestido y sin rastro de barba. Se dirigían unos a otros usando el nombre y el patronímico y, con visitantes como yo, eran de una cortesía extrema. Aquí no había ni humo de *majorka* ni colillas sobre el parquet», escribió.[10]

Mientras almorzaba en la cantina le dijeron que se le asignaba al 1.º Regimiento de Nizhni Nóvgorod. Se puso en camino y al día siguiente, ya tarde, atrapó la caravana de carros y cocinas de campaña. «La unidad marchaba como si estuviera en un desfile. El comandante del regimiento me presentó a los jefes de los batallones.» También le pareció que «los soldados del Ejército Rojo tenían una forma de hablar que no era nada soviética. Cuando se dirigían al comandante del regimiento lo trataban de "coronel" y, a cualquier otro, de "nuestro capitán". Era evidente que aquello estaba al cargo de militares del Ejército del zar, y no habría podido establecer con ellos ninguna familiaridad, incluso si lo hubiera querido».[11] Los soldados eran campesinos que solo hablaban del hogar, o se admiraban de la riqueza del suelo de los territorios por los que pasaban. «Blancos o Rojos, revolución o contrarrevolución, nacionalización o socialización, todo esto era para ellos pura jerga, y ni les interesaba ni la entendían más que un sermón lanzado desde un púlpito. Empecé a sentirme muy incómodo, como un extraño. No había nada de lo que yo pudiera hablar con los soldados, menos aún con los mandos, que habían sido oficiales [zaristas].»

En el cuartel del Noveno Ejército, Dune no tardó en oír rumores de traición, centrados en la 15.ª División. El comandante, un exoficial de la Guardia, llamado Gusarski, fue ejecutado por órdenes de Trotski; pero los que le conocían estaban convencidos de que era inocente. «Trotski se equivocó de culpable», escribió Dune más adelante. Él tenía la certeza de que el traidor era en realidad el comandante del Noveno Ejército, Kniagnitski, quien «en otoño de 1919 abandonó a sus tropas y se unió al avance del ejército de Denikin».[12]

En noviembre, mientras el Ejército de Voluntarios se adentraba en el Dombás aprovechando la retirada de los alemanes, el general Vladímir Mai-Mayevski estaba al mando del frente occidental. Era un hombre de carrillos gruesos, una enorme «nariz de ciruela»,[13] bigote enmarañado y quevedos, que hacía pensar más bien en un director de circo disoluto, a

El general Vladímir Mai-Mayevski

pesar de que justo antes del golpe bolchevique había capitaneado el 1.º Cuerpo de la Guardia del ejército zarista. Mai-Mayevski no era únicamente un glotón: era un pachá pervertido que viajaba en compañía de un burdel. También era un general valiente y extraordinariamente efectivo, en aquella guerra librada en las vías férreas, en cuyo transcurso la estación de Konstantínovka cambió de manos en 28 ocasiones. Aunque era desgarbado y sudaba con profusión, nunca se alejaba del frente ni se ponía a cubierto de unas balas que, inexplicablemente, no acertaban a impactar en un blanco tan grandón y tentador. Destacaba ante todo por la habilidad con la que utilizaba a los aviones para tareas de reconocimiento y desplazaba con toda rapidez a sus fuerzas, muy reducidas, de un punto a otro de la red ferroviaria del Dombás.

Su mando incluía un Regimiento del Samur, basado en el 83.º Regimiento de Infantería, que constaba casi por completo de cautivos del Ejército Rojo que sin embargo lucharon con bravura por los Blancos. Mai-Mayevski también colaboró estrechamente con Andréi Shkuró, el cruel e insolente cosaco del Kubán. Ahora bien, cuando este le informó sobre su batalla contra las guerras anarquistas de Néstor Majnó, cerca de Yúzovka o Hughesovka (llamada más tarde Stálino y, en nuestros días, Donetsk). «Los hombres de Majnó huyeron presas del pánico, dejando atrás las armas, los abrigos de piel e incluso las botas», le había escrito Shkuró. «Me temo que Andréi está exagerando un tanto», comentó secamente Mai-Mayevski a su jefe de comunicaciones radiofónicas, Yerast Chevdar.[14]

Según uno de sus ordenanzas —Pável Makárov, que en secreto era bolchevique—, Mai-Mayevski sentía más miedo de Majnó que del Ejército Rojo. «Majnó siempre aparecía de forma inesperada e interfería con la ofensiva de Mai-Mayevski —escribió Makárov—. El general asignó a la lucha contra Majnó unas unidades especiales dirigidas por el general Revishin, cuyo cuartel general se hallaba en la estación de Volnovaja. El general Mai-Mayevski acudió a verle allí varias veces, y solía sonreír y decirle: "No pongo en duda tu capacidad pero no es probable que consigas atraparle. Estoy siguiendo sus operaciones muy de cerca y no me importaría tener en mi bando a alguien tan experto en el liderazgo de la tropa".»[15]

Néstor Majnó fue uno de los líderes más extraordinarios de la guerra civil. Aunque era bajito y parecía joven para su edad, sus hombres y los campesinos del sureste de Ucrania lo conocían como «Batko», o «Padre». Algunos lo veían como un atamán anarquista; otros, como un

Néstor Majnó.

gánster a caballo; muchos, como un Robin Hood de las estepas. Había nacido en el seno de una familia de campesinos empobrecidos, en la pequeña
ciudad de Guliai-Polie, en la gubérniya de Yekaterinoslav (Dnipró).
Guliai-Polie, donde en 1917 lo eligieron presidente del Sóviet local, se
convertiría luego en su base de operaciones contra los Blancos, Petliura
y el Ejército Rojo.

La rebelión contra los alemanes y austríacos que saqueaban el campo
se había iniciado en el verano de 1918. Bandas de guerrilleros a caballo
asaltaban tanto a los ocupantes como a los propietarios de la Asociación
de Productores de Cereales, que dirigía el guetman Skoropadski. Majnó,
que regresó de Moscú en julio, demostró pronto sus dotes de organizador
brillante y persuasivo, pues logró reunir una fuerza considerable con la
unión de bandas distintas. Pronto se convirtió en una figura legendaria
gracias a su valentía temeraria y la astucia táctica. El círculo vicioso de las
represalias y la represión se intensificó. A los oficiales (ya fueran alemanes,
austríacos o ucranianos) los mataban, mientras que a los soldados de a pie,

o a los integrantes de la milicia Varta, los desarmaban y les devolvían la libertad (salvo que hubieran cometido actos de crueldad).

En noviembre las fuerzas de Majnó tomaron la ciudad de Yekaterinoslav, de manos petliuristas, gracias a una de sus estratagemas. Llenó un tren de soldados disfrazados de obreros y lo mandó directamente a la estación central. Sus hombres salieron a la carga y se apoderaron del centro de la ciudad. Al cabo de tan solo tres días, la fuerza de Majnó se retiró de nuevo. Recurrió a menudo al ferrocarril, cuando quería que sus hombres se trasladaran lejos. Paustovski describió su paso desde el andén de una estación: «Podía ver las caras risueñas de chicos jóvenes cargados de armas: espadas curvas, alfanjes navales, dagas de mango plateado, revólveres, fusiles y cartucheras de tela impermeable. Llevaban una serie muy diversa de gorros y gorras de piel de carnero, pero siempre con cintas enormes, negras y rojas».[16]

El Ejército Insurrecto Revolucionario de Ucrania no representó una fuerza menor. Muchos lo denominaban «Ejército Negro» por las banderas anarquistas. También podrían haberlo tildado de ejército volador, por la rapidez con la que atravesaba el país con la caballería y sus armas al estilo de los partos, que después de un asalto los protegían de las posibles persecuciones. Se trataba de la *tachanka*, un carro ligero y descubierto (*drozhki*) tirado por dos caballos o incluso una *troika*, con una ametralladora pesada montada en la parte posterior. La *tachanka* se usaba como equivalente de las cuadrigas de la Antigüedad y llevaban a un cochero, un fusilero y un ametrallador. Era una advertencia clara para los enemigos, ya fueran Rojos, Blancos o nacionalistas ucranianos.

Aunque empezaron siendo aliados de los Rojos, Majnó y sus seguidores se volvieron luego contra el comunismo de Estado, por su carácter dictatorial. A medida que la suerte de la guerra oscilaba hacia un bando u otro, tanto Blancos como Rojos enviaban una fuerza para ocupar Guliai-Polie. Tenían la esperanza de apresar a aquel rebelde legendario, pero a menudo acababan sorprendidos por un repentino ataque nocturno.

La esposa de Majnó, Galina Kuzmenko, describió en su diario uno de estos contraataques: «Los soldados del Ejército Rojo no se resistían mucho: enseguida rendían las armas. En cambio, sus comandantes luchaban hasta el final, hasta que los mataban *in situ*. Por la mañana se había desarmado ya a casi tres cuartas partes del 6.º Regimiento. Una parte del regimiento emprendió un tiroteo valeroso, pero cuando supieron que ya habíamos desarmado a sus camaradas, nos entregaron las armas por su propia iniciativa. Los nuestros estaban cansados y tenían frío, pero a todos les compensó al darse cuenta que hasta un grupo tan poco numeroso, con cuerpos débiles pero gran fortaleza de espíritu, inspirados por una gran idea, puede lograr auténticas hazañas. En unas pocas horas, 70 o 75 de los nuestros habían apresado a más de 450 o 500 enemigos, habían matado a casi todos sus mandos y se habían apoderado de un buen montón de fusiles, cartuchos, ametralladoras, carros y caballos».*[17]

Un oficial de artillería de la caballería Blanca, integrado en la fuerza especial reunida para cazarlo, admitió que «Majnó tenía a toda la población de su parte».** También reconoció que le daba tanto miedo que los majnovistas le apresaran que, cuando finalmente regresó sano y salvo a su batería, después de haber tenido que cabalgar en solitario, «las piernas me temblaban tanto que casi me caí de la silla».[18]

En cierta ocasión, al entrar en un pueblo, este oficial —Mámontov— le preguntó a un campesino de qué lado estaba. «No voy con nadie. Los Blancos saquean, los Rojos saquean, los "majnós" saquean. ¿A quién te parece que podríamos apoyar?» Mámontov descubrió que los soldados no robaban solo para comer. Una vez le convencieron de ir de saqueo con algunos camaradas, para que viera con sus propios ojos lo que era. La experiencia le disgustó, pero además «me fue invadiendo otra mala sensación: la intoxicación del poder absoluto. Aquella gente estaba aterrada y quedaba del todo a tu merced. Podías hacer con ellos lo que quisieras».[19]

Bastante más al sureste, la Dunsterforce se había retirado del Cáucaso y se había desbandado, después de que se firmara un armisticio con el Imperio Otomano. Pero las otras dos misiones militares británicas, al otro lado del mar interior, en la Transcaspia (más conocida en adelante como Turkmenistán), entró en combate con el Ejército Rojo. En julio, la organización social-revolucionaria de Ashjabad había firmado

---

* Se han planteado dudas sobre la autenticidad del diario de Kuzmenko. Hay en efecto partes que se añadieron y convencen poco, pero esto no significa necesariamente que el diario sea falso en su totalidad.

** Esta fuerza especial constaba de tres escuadrones del 2.º Regimiento Montado de Oficiales, dos compañías del Regimiento de Infantería Drozdovski, más el 11.º de Húsares de Ingermanlandia (vestigio de un regimiento regular del ejército zarista).

un acuerdo de ayuda militar con el general de división Malleson, que estaba en Mashhad. El Comité de Ashjabad, que aspiraba a formar gobierno, estaba encabezado por Fiódor Fúntikov, un maquinista del Ferrocarril Centroasiático que, según el capitán Teague-Jones, pecaba de falta de sutileza, de ampulosidad (para colmo, era tartamudo) y la tendencia a beber en demasía (quizá para superar la tartamudez). Su segundo era otro ferroviario, cierto Kuriliov, un personaje más extremo que nunca iba a ninguna parte sin un revólver especialmente grande y una cartera de cuero. Otros miembros de esta singular administración social-revolucionaria eran el conde Alekséi Yósifovich Dorrer, un bígamo múltiple apellidado Dojov, y un tipo extraño y misterioso, que acababa de aparecer en Ashjabad: Semeón Lvóvich Drushkin. Fúntikov, pensando que era un jurista y compañero eserista, le nombró jefe de la policía de seguridad. Como el Comité de Ashjabad carecía de experiencia profesional, sus finanzas se hundieron en el caos. Pronto ni hubo combustible ni se pudo seguir pagando a los trabajadores del ferrocarril.

El comandante del diminuto Ejército de la Transcaspia era «un viejo turcomano de buena apariencia, Oraz Sardar».[20] Muchos de sus compañeros turcomanos llevaban *papajas* de astracán, tan grandes como las de piel de oso de los guardias. La fuerza bolchevique avanzaba desde el norte y era muy superior, pues contaba con un ingente refuerzo de magiares, prisioneros de guerra del ejército austrohúngaro. El 25 de agosto hubo combates feroces en Kaaka, al sureste de Ashjabad. Los Rojos atacaron, pero una sección de ametralladoras del 19.º Regimiento de Punyabíes, que apoyaba a los hombres de Oraz Sardar, les causó muchas bajas. El resto del batallón y un escuadrón del 28.º de Lanceros se apresuraban hacia la escena, con todos los oficiales protegidos del intenso brillo del sol por los salacots normativos. Los cipayos del Ejército indio llevaban sus característicos turbantes caquis, y al principio quedaron algo confundidos porque en los dos bandos eran muchos los que llevaban gorros similares de piel de cabra. Pero rindieron muy bien y los Rojos se retiraron, para reorganizarse. Luego hubo una tregua.

Al amanecer del 15 de septiembre, Mikoyán, Shahumián, Petrov y los otros líderes bolcheviques que habían huido de la caída de Bakú en el vapor *Turkmén* llegaron a las aguas de la bahía de Krasnovodsk, en la Transcaspia, a pesar de que habían ordenado al capitán del barco que los llevara al bastión rojo de Astracán. Cuando se aproximaban, el capitán alertó a la guardia marítima con la sirena, y al acudir esta, los bolcheviques de a bordo se tuvieron que rendir. Los detuvieron a todos y los condujeron a la cárcel local.

El comandante envió un cable al Comité de Ashjabad para solicitar instrucciones. Este a su vez contactó con su representante en Mashhad —Dojov, el que decían que era bígamo— y le pidió que preguntara al general Malleson si los británicos podían llevarse a los prisioneros en su regreso a la India. Según Teague-Jones, el 18 de septiembre Malleson contestó que sencillamente no disponía de guardias ni transporte para hacer tal cosa. Por otro lado, Malleson y el jefe del Estado Mayor de Shimla creían que los comisarios podían resultarles útiles como rehenes, para intercambiarlos por cualquier británico que los bolcheviques tuvieran en sus manos; pero Teague-Jones no hizo mención al respecto ni en su diario ni en su posterior informe oficial para el Foreign Office.

Aquella tarde, Teague-Jones asistió a una reunión en casa del conde Dorrer, con Fúntikov (el presidente de la administración de Ashjabad), Kuriliov (el del gran revólver) y un maestro de escuela, Zimín, que hacía las veces de «ministro de Exteriores». Teague-Jones, que iba con muletas después de haber resultado herido en el muslo durante la batalla de Kaaka, estaba agotado. Su función de oficial político al tiempo que de oficial de inteligencia parecía cubrir cualquier tarea imaginable en la zona, desde lidiar con los heridos británicos e indios a hacer de intérprete tanto en el hospital como para cualquier trato anglo-ruso. Afirmó tener tan solo «un recuerdo muy difuso» de lo hablado en aquella ocasión, pero reconoció que no intervino cuando Fúntikov y Kuriliov sugirieron fusilar a los presos, una idea con la que Zimín y Dorrer no estuvieron de acuerdo. «Me mantuve en una estricta neutralidad, sin participar activamente en el debate», escribió.[21]

Al atardecer del día siguiente, el 19 de septiembre, Teague-Jones tuvo noticia de que habían decidido fusilar a los «veintiséis comisarios», como pronto se les conocería. Es prácticamente seguro que, de haber insistido, habría podido detener esas ejecuciones, porque el Comité de Ashjabad dependía de los británicos. Durante la tarde posterior, el día 20, Kuriliov dispuso que los veintiséis hombres (entre ellos, Shahumián, el amigo de Lenin) subieran a un vagón de tren. Inexplicablemente, Anastás Mikoyán no figuraba entre ellos. Los trasladaron hasta un punto situado a unos sesenta kilómetros de Krasnovodsk y los ejecutaron por turnos, junto a las vías.[22]

Cuando la noticia de la matanza llegó a Moscú, los bolcheviques explotaron con furia. Trotski acusó a Teague-Jones de haber ordenado los asesinatos en persona y Stalin, en abril de 1919, calificó a los británicos de «caníbales». Los comisarios de Bakú se convirtieron en víctimas del sistema soviético. Sus muertes se conmemoraron en monumentos, sellos y otras formas de iconografía, así como en un poema de Serguéi Yesenin («La balada de los veintiséis») y una versión pictórica sumamente imaginativa de Isaak Brodski, que mostraba la escena a plena luz del día y con espectadores como el general Malleson y Teague-Jones. En realidad Teague-Jones estaba a más de 300 kilómetros de distancia y Malleson se hallaba en Mashhad, en Persia. No hace demasiado, en 2004, un historiador ruso todavía afirmó que todos los prisioneros habían sido decapitados por un gigante turcomano con ayuda de un sable colosal.

La flotilla de la Royal Navy en el Caspio, por su parte, parece haber contemplado los asesinatos como una divertida muestra de tipismo. Según les dijeron, el líder del pelotón de fusilamiento se había quejado ante Fúntikov: «Se han cumplido tus órdenes, pero no había suficiente con las cinco palas». Y desde entonces, jugando con el doble sentido de la palabra inglesa *spades*, bautizaron a Fúntikov como «el cinco de picas».[23]

El frente transcaspio quedó inactivo, en buena medida porque los bolcheviques que estaban al norte de la línea centroasiática estaban convencidos de que las fuerzas indias que Gran Bretaña había destinado a la zona eran mucho más poderosas de lo que en realidad eran. Los dos bandos contaban con un tren blindado que realizaba acciones relámpago de ataque y fuga: avanzaban por la vía hasta una posición adecuada, disparaban un proyectil y se apresuraban a retroceder.[24] Las tropas británicas tenían órdenes de no ir más allá de Bairam Ali; expresamente, de no llegar hasta el curso del río Oxo (Amu Dariá), como habrían deseado los transcaspios. En Moscú tenían la convicción de que en secreto los británicos planeaban ocupar toda la Transcaspia, pero la realidad era muy distinta.

El general Malleson estaba asentado en su cuartel de Mashhad y aquel año solo pasó una vez la frontera, hasta Ashjabad, durante unos pocos días de mediados de noviembre. Entre los cuarteles indo-británicos de Bagdad, Mashhad y Enzelí, las comunicaciones nunca habían sido buenas; y no mejoraron cuando la Royal Navy organizó la flotilla del Caspio para contribuir a defender Bakú y la Transcaspia frente a los turcos y plantear batalla a la flotilla roja que operaba desde Astracán y el delta del Volga. El comodoro David Norris, que tenía el mando, trajo varios cañones navales de cuatro pulgadas desde Bagdad, por carretera, para que se montaran en los barcos del Caspio. El vapor *Kruger* se convirtió así en el HMS *Kruger* e hizo de buque insignia. En la flotilla había cinco mercantes armados que hacían las veces de cruceros auxiliares con la Enseña Blanca enarbolada. Más adelante, una docena de motoras de costa de la Royal Navy, que eran especialmente rápidas, llegaron por tren desde Batumi, en el mar Negro. Después de la salida de las fuerzas turcas, el Caspio no tardó en ver tres flotillas en acción: una Roja, una Blanca y por último la Royal Navy, que en esa fase tenía la sede en Bakú, defendida por la 27.ª División India.

Los acontecimientos de la región del Caspio adquirieron a veces una apariencia superficial, como de opereta, pero nunca estuvieron lejos de la tragedia y la violencia implacable. Los turcomanos, que históricamente realizaban incursiones en las regiones persas fronterizas para luego vender como esclavos a los cautivos —en su mayoría, mujeres—, ahora temían por el futuro. Según comentó Teague-Jones, cuando los británicos se retirasen «no se hacían ilusiones de qué destino les aguardaba a manos de los Rojos».[25]

21

El Báltico y el norte de Rusia

Otoño e invierno de 1918

Al suroeste de Petrogrado la retirada alemana dejó al Cuerpo Septentrional, la pequeña fuerza Blanca del general Aleksandr Rodzianko, muy expuesta en la ciudad de Pskov, cerca del extremo meridional del lago Peipus. Cuando el Séptimo Ejército Rojo llegó a las afueras, la fuerza de Rodzianko —con un total de unos 5.000 efectivos muy heterogéneos: oficiales zaristas y reclutas poco entusiastas— se escabulló a Estonia, cruzando la frontera. Rodzianko, que era sobrino del expresidente de la Duma del Estado, había sido integrante de la Guardia de Caballería del zar, además de jinete olímpico, un currículum que no contribuía precisamente a granjearle el favor de los estonios. Al igual que la mayoría de los oficiales zaristas, consideraba Estonia como una parte más de Rusia. Pero en aquel momento, los estonios eran sumamente vulnerables y necesitaban apoyo. El 405.º Regimiento de Infantería de Alemania se había marchado y el 4.º Regimiento de Infantería de Estonia, con un armamento muy ligero, se enfrentaba a un enemigo muy superior.

El 18 de noviembre el Gobierno Provisional de Estonia resurgió y anunció la formación de un ejército nacional. Tres días después, para intentar frenar la invasión rusa, proclamó la movilización universal. También se revivió la Liga de la Defensa, como milicia de reserva; y se enviaron delegados a Londres por mar, para rogar la ayuda militar del Gobierno británico.

El 22 de noviembre Lenin ordenó que el Séptimo Ejército atacara hacia la capital, Revel (Tallin), en apoyo de los grupos bolcheviques locales. Como era consciente de que se vería al Ejército Rojo como un invasor extranjero, Lenin quería que su fuerza incluyera al mayor número de estonios posibles, pero solo pudieron hallar a unos 2.300. El plan preveía empezar tomando Narva, luego ocupar Estonia y después intentar tomar Riga, la capital de Letonia. Este sería el primer estadio del proyecto de establecer contacto con los revolucionarios de Alemania. La 6.ª División de Fusilería Roja, que incluía a algunos estonios bolcheviques como voluntarios, se apoderó de Narva el 28 de noviembre, después de combatir durante casi una semana.

La legalidad del Gobierno Provisional se confirmó por medio de un voto decisivo sobre la independencia, en el Parlamento estonio, la Maapäev. Como protesta, los bolcheviques locales, leales a Moscú, convocaron una huelga general. Aunque respondieron positivamente menos de 4.000 trabajadores, el Kremlin procedió a reconocer el Estado que estos se inventaron, la «República Soviética de Estonia». Desde un punto de vista nacional, sin embargo, ese reconocimiento «equivale a una declaración de guerra civil desde el extranjero».[1] Cuando los bolcheviques de Tallin proclamaron una Comuna —el 7 de diciembre, cuando el Ejército Rojo ya estaba cerca— el Gobierno estonio no vaciló a la hora de aplastar la rebelión.

El gobierno estonio estaba formado en buena medida por personas de clase media. La primera vez que llamó al reclutamiento voluntario, los estudiantes se alistaron en masa, pero el campesinado se mostró muy reticente. En consecuencia, el 20 de diciembre la Maapäev aprobó, casi por aclamación universal, un programa de reforma agraria: las haciendas más extensas, propiedad de los «barones del Báltico» de cultura alemana, se parcelarían, y se prometía la entrega de tierras a todos los soldados. En ese momento los campesinos corrieron a ofrecerse voluntarios.

Aunque el estado de ánimo imperante era contrario a los germanos, un batallón de lo que luego se convirtió en el *Baltenregiment* («Regimiento Báltico», en alemán) estaba formado por estudiantes de la minoría alemana y otros voluntarios antibolcheviques. El coronel Johan Laidoner —un oficial zarista de ideas liberales, que demostró ser un líder ejemplar— logró desarrollar una estructura de mando notablemente efectiva. Aunque había nacido en una familia de jornaleros de Livonia, había ido labrándose el ascenso por medio del empeño y el puro talento, hasta convertirse en jefe del Estado Mayor de una división. Arreglado impecablemente, con un bigote pequeño y cuidado, poseía una autoridad innata. Fue la elección más natural a la hora de escoger a un comandante en jefe para las fuerzas estonias en su guerra de independencia.

Laidoner formó otros tres regimientos, equipados con arsenales alemanes. También recibieron ayuda de Finlandia: un cargamento de 5.000 fusiles y veinte cañones de campaña, más cierto número de voluntarios, entre los que luego se incluirían los Hijos Septentrionales del Regimiento de Finlandia. Llegaron asimismo voluntarios de Dinamarca, que a la postre formarían una compañía dano-báltica, y de Suecia, a las órdenes del comandante Carl Axel Mothander, un veterano de la guerra civil finlandesa.

En Londres, el Gabinete de Guerra había rechazado la solicitud urgente de los estonios, que en noviembre rogaron que les enviaran tropas terrestres. Sí ordenó en cambio que el 6.º Escuadrón de Cruceros Ligeros de la Royal Navy acudiera a Tallin cargado de fusiles, ametralladoras Lewis y artillería de campaña para su Ejército bisoño. El escuadrón estaba capitaneado por el contralmirante Edwyn Alexander-Sinclair, un escocés imponente, cuyo barco había sido el primero en avistar la Flota de Altamar alemana en Jutlandia.

En la última parte de diciembre de 1918, Petrogrado recibió la noticia de que un escuadrón británico había amarrado en aguas de la capital estonia. Ninguno de los submarinos de la Flota del Báltico estaba en condiciones de atravesar el golfo de Finlandia en misión de reconocimiento, «debido a su mal estado técnico».[2] Por lo tanto se envió un escuadrón que incluía entre otros buques el acorazado *Andréi Pervozvanny*, el crucero *Oleg* y tres destructores: *Spartak, Avtroil* y *Azard*, al mando de Fiódor Raskólnikov, que dejaba atrás tanto la flotilla del Volga como a Larisa Reisner. Raskólnikov interpretó que las emisiones de radio interceptadas a la Royal Navy eran simplemente una estratagema por la que los británicos querían mantener a la flota británica encerrada en Kronstadt. Así pues, con la ayuda de un gran rompehielos, pusieron rumbo a la costa estonia. El *Azard* tuvo que regresar a puerto porque había olvidado cargar carbón antes de zarpar, «¡una falta de orden intolerable, que solo pudo darse durante el caos de 1918!», según comentó el propio Raskólnikov.[3]

Los otros dos destructores siguieron adelante. Querían poner a prueba las baterías de costa estonias, disparando contra ellas para provocar una respuesta que no se produjo. Animado por esto, Raskólnikov, en el *Spartak* y el *Avtroil*, continuó hacia el puerto de Tallin. Al acercarse, no obstante, divisaron el humo de otros vapores que aceleraban hacia ellos. Se dieron la vuelta para huir de regreso a Kronstadt, pero los destructores y cruceros ligeros británicos eran demasiado ágiles. Para complicar más las cosas, el *Spartak* se encalló. Según Raskólnikov el capitán no dejaba de repetir con enojo: «¡Pero si todo el mundo sabe que esto son bajíos! ¡Está en todas las cartas! ¡Qué vergüenza!».[4]

Un comando de abordaje del destructor HMS *Wakeful* los apresó, y al poco estaban tomando galletas y té fuerte en la bodega. Algo más tarde les hicieron subir a cubierta para que fueran testigos de la captura del *Avtroil*. Raskólnikov protestó y lamentó que actuaran así, «para herir nuestro orgullo revolucionario».[5] Los dos buques de guerra soviéticos fueron entregados a los soviéticos, que los convirtieron en el núcleo de su propia Armada, y a Raskólnikov lo llevaron a Londres con la intención de intercambiarlo luego por oficiales británicos apresados por el Ejército Rojo.

En tierra, no obstante, la superioridad del Ejército Rojo era incontestable y la Royal Navy no podía hacer gran cosa al respecto. El 22 de diciembre la División de Fusilería Letona Roja tomó la ciudad de Tartú, la segunda en importancia de Estonia. Para fin de año, el Séptimo Ejército, con unos 7.000 efectivos, había ocupado la mitad oriental del país; pero los estonios demostraron ser un rival mucho más resuelto y efectivo que el Cuerpo Septentrional de los Blancos. En el sur del país Laidoner formó otra división a partir de nuevos regimientos y reclutó a un batallón de partisanos que en la gorra lucían una calavera como enseña.

El patriotismo estonio tuvo como símbolo la escarapela azul, negra y blanca. Prácticamente era el único elemento estandarizado en los uniformes. Tanto los estudiantes como los campesinos llevaban una mezcolanza de chaquetas de piel de carnero, sobretodos, cascos alemanes, gorras de campaña rusas o shapkas de piel de borrego, botas de montar o polainas. Durante la Navidad y la última semana del año, los estonios empezaron a preparar su contraataque, que utilizaría unos trenes que se habían apresurado a blindar y desplegaría a los 3.800 voluntarios finlandeses Blancos cuya lengua compartían. Animados por la escuadra de cruceros británicos, que recorría la costa exhibiendo su apoyo, el gobierno estonio ilegalizó la presencia de soviéticos en Tallin, con el Séptimo Ejército Rojo a escasa distancia. El 6 de enero de 1919 los estonios lanzaron su contraofensiva.

El 1 de diciembre empezó asimismo la guerra civil de Letonia, con la invasión del Ejército Rojo. Tres de los regimientos de la fusilería letona bolchevique capturaron Daugavpils, en el sur, y otros tres giraron desde Pskov, pasando por el sureste de Estonia. Cuando se dirigían a Riga, Moscú proclamó la República Socialista Soviética de Letonia, el 17 de diciembre, dieciocho días antes de entrar en la capital. El Gobierno Provisional letón organizó una milicia nacional. Aparte solo contaba con la esperanza de la fuerza de defensa de los alemanes del Báltico, la *Baltische Landeswehr*, cuyo objetivo principal era establecer la hegemonía teutónica en la región. Mientras las unidades alemanas y letonas se preparaban para el contraataque, tan solo resistió la parte occidental de Curlandia.

La guerra civil de Lituania fue aún más complicada porque acabó por implicar a fuerzas rusas, alemanas y polacas. Dos divisiones de fusilería Rojas, que enseguida recibieron refuerzos, iniciaron la invasión desde Bielorrusia el 12 de diciembre 1918. Mediado el mes de enero de 1919, los Rojos habían ocupado dos tercios del país, pero aquí también se encontrarían con una resistencia bastante superior a la esperada. La insistencia del Kremlin en que los tres países siguieran sometidos a su voluntad demostró ser claramente prematura, y el término de «guerra civil» parecía cada vez menos adecuado para describir el conflicto. Las provincias del Báltico luchaban por su identidad nacional y por ser independientes de Moscú.

En noviembre el general Nikolái Yudénich —que había sido el comandante en jefe del frente transcaucásico en los años del zar— llegó a Finlandia. Quería ver al general Mannerheim, pues había decidido reclutar un ejército con muchos de los 2.500 oficiales rusos que habían huido al territorio finés. También estableció contacto con el almirante Kolchak, que financió la empresa con un millón de rublos; varios rusos acaudalados de la región del Báltico le proporcionaron otros dos millones de rublos. Dado que Kolchak reconocía a Yudénich como comandante en jefe del Ejército noroccidental, y además controlaba la bolsa del dinero, el general Rodzianko, muy a su pesar, tuvo que aceptarlo como superior. A Mannerheim tampoco le causó una gran impresión.

Mientras Estonia se apresuraba a defenderse contra el poder alemán y la incursión bolchevique, el Báltico se convirtió de pronto en objeto de interés tanto para el Gobierno francés como para el británico,

El general Nikolái Yudénich (con la gorra en la mano)
parece un enano al lado del general Aleksandr Rodzianko,
el más reticente de sus subordinados en el Ejército noroccidental.

a pesar de que la situación era endemoniadamente compleja. Las fuerzas alemanas del conjunto de la región báltica proporcionaban la barrera más efectiva contra la expansión bolchevique y, de acuerdo con el Artículo XII del Armisticio de Compiègne, todavía disponían de autorización para seguir en la zona. No había garantía de que los Estados bálticos pudieran defenderse por sí mismos. Aunque al mismo tiempo las fuerzas Blancas de Rusia planearan atacar Petrogrado, ni los fineses ni los estonios recibían con agrado a unos antibolcheviques que eran también supremacistas rusos y se negaban a reconocer su independencia. La aventura Blanca de la invasión del territorio soviético no solo era probable que fracasara, sino que provocaría un contraataque Rojo. Y para complicar más el embrollo del Báltico, a la vez que Yudénich solicitaba el apoyo militar de Gran Bretaña y Francia, otra fuerza Blanca rusa, la del coronel Pável Bérmondt-Aválov, estaba financiada por Berlín.

Al otro lado de las líneas, Petrogrado seguía castigado por la hambruna, a la que se añadía el frío de otro invierno. Todos los que habían podido salir de la ciudad lo habían hecho, y los habitantes que permanecieron allí vivieron un anticipo de los horrores que generaría el sitio de Leningrado por los nazis, una generación más tarde. Los hornos que funcionaban con libros y muebles no eran suficientes para impedir que la gente muriera congelada en sus propios apartamentos. Muchos improvisaron tiendas en mitad de los suelos, con viejas alfombras o lonas que rodeaban sillas como en una cueva infantil. Los días se sucedían como una búsqueda desesperada de comida. Incluso la alimentación que podía basarse en las raciones oficiales era del todo insuficiente, y la falta de grasa acarreó dificultades hasta para que las heridas se curasen. La gente carecía de la fuerza precisa para arrastrar los cadáveres hasta los cementerios, siquiera en un trineo, con lo que muchos cuerpos continuaron en sus lechos de muerte hasta la primavera. «Fuera hacía tanto frío —escribió Víktor Shklovski— que se te congelaban las pestañas, se te helaban las fosas nasales. El frío se te metía por debajo de la ropa como si fuera agua. Y no había luz en ningún lado. Pasábamos muchas horas sentados a oscuras.»[6]

El frente septentrional era el teatro menos volátil de la guerra, en gran parte por la existencia de marismas y bosques densos que restringían los movimientos a los ríos o las vías férreas, así como por el clima extremo del Círculo Ártico. Aquí el Sexto Ejército Soviético del general Samoilo se enfrentó a unos Aliados que tenían la base en Múrmansk y Arcángel, en combate directo con unidades terrestres de fuerzas multinacionales situadas bajo el mando británico.

Desde que Trotski, durante las negociaciones de Brest-Litovsk, había optado por una política deliberadamente confusa de «ni paz ni guerra», las autoridades locales de Múrmansk y Arcángel presintieron que nunca recibirían ayuda de su propio Gobierno. En julio el Sóviet de Múrmansk «renunció a la lealtad al Gobierno soviético de Moscú» y el 1 de agosto «se produjo en Arcángel un golpe de Estado tras el cual se estableció un Gobierno Provincial del Norte de Rusia».[7] Fue un golpe sin derramamiento de sangre, que no habría triunfado de no haber contado con el apoyo de los cañones de la Royal Navy en aguas del mar Blanco y, en tierra, el de las bayonetas de la Infantería Ligera de la Marina Real británica. Se instaló como líder a un eserista de derechas de talante moderado, Nikolái Chaikovski, pero bajo la rigurosa tutela del general de división Poole.

Los desembarcos iniciales, concebidos para establecer un baluarte contra el ataque alemán, habían sido aceptados tácitamente por los bolcheviques; pero en este punto, la presencia Aliada despertaba una hostilidad clara en Moscú. Poole, que era optimista, quería reclutar un ejército numeroso en la región y avanzar hacia el sur, hasta Vólogda, con la intención de enlazar con las tropas checas de los Urales. Desconocía que Vólogda era el cuartel general del Sexto Ejército de Samoilo. También coincidía que Vólogda era la ciudad en la que los Aliados habían instalado sus misiones y a sus embajadores después de que los bolcheviques abandonaran Petrogrado. Hasta el 25 de julio las autoridades comunistas no permitieron que los diplomáticos extranjeros se marcharan a Arcángel para, desde allí, tomar un barco de regreso a sus países de origen.

El empeño Aliado por revivir un frente oriental contra los alemanes podría considerarse justificado porque los bolcheviques, en 1918, volvían a recibir un apoyo considerable desde Berlín. Este argumento fue suficiente para convencer al presidente Woodrow Wilson de que enviara a un regimiento de infantería estadounidense para reforzar a las tropas británicas en la Rusia septentrional; pero después del armisticio de noviembre, esto no se podía mantener. En vez de formular un plan definido para derrocar al régimen comunista, el Consejo Supremo de Guerra de los Aliados, en Versalles, había mantenido abiertas sus opciones en una fase complicada. A fin de cuentas, lidiaba con las consecuencias aún no resueltas de la Gran Guerra y pretendía dar una nueva forma a la Europa de los vencedores «buenos» y los perdedores «malos».

También llegaron refuerzos franceses, canadienses, polacos e italianos, con lo que la fuerza Aliada de Múrmansk ascendió a unos 6.000 efectivos, y la de Poole, a casi 10.000. El mes anterior Poole ya había iniciado la marcha hacia el sur. Una parte de su fuerza, con el apoyo de un tren blindado, seguía la vía férrea de Vólogda, mientras que la Fuerza Fluvial se desplazó por el Dviná Septentrional, con el respaldo de embarcaciones de la Royal Navy (monitores y cañoneras) y algunos hidroaviones obsoletos y bombarderos de la RAF.

Aunque los bolcheviques podían minar el río con proyectiles que flotaban hacia los barcos británicos, los Rojos eran muy inferiores en la potencia de cañoneo. El 4.º Destacamento Expedicionario Naval del Báltico envió un mensaje urgente a Kronstadt en el que solicitaba el envío de cañones de 120 milímetros para armar los vapores que los Rojos tenían en el río, «pues nuestras naves disponen de una cantidad suficiente de esas armas. De hacerse así, los delegados coinciden en que tomaremos Arcángel en un plazo de dos semanas, a lo sumo».[8]

La Fuerza C de la Fuerza Expedicionaria del Norte de Rusia, que equivalía a una brigada, incluía el 2.º batallón del 10.º Regimiento de Royal Scots más un destacamento ruso. El 18 de agosto, después de una marcha nocturna hasta Troitka, lograron asaltar por sorpresa una batería de artillería Roja, que tomaron con éxito, y luego volvieron los cañones contra la flotilla Roja que navegaba por el río.

El viernes 13 de septiembre, mientras avanzaban por la orilla del Dviná junto con dos compañías estadounidenses, tuvieron más suerte de lo que la tradición supersticiosa atribuye a esa fecha de viernes y 13. Su nuevo comandante llegó en un hidroavión, con la intención de inspeccionar el frente; pero lo hizo sin anunciarse y todos abrieron fuego contra su aparato, incluido el monitor del Dviná. «De pronto nos sorprendió ver que el general Finlayson bajaba del avión —escribió un oficial— y dimos gracias a nuestra buena fortuna de que los artilleros no hubieran acertado.»[9] Cuatro días más tarde se produjo un incidente mucho más desagradable. «Los bolcheviques asesinaron a sangre fría» a tres jóvenes soldados de los Royal Scots que habían caído presos.

Durante la estación de las lluvias, en otoño, las tropas británicas sufrieron una epidemia de disentería que trataron con aceite de ricino. Era momento de empezar a buscar un cuartel de invierno. Tomaron un convento aguas arriba del río Vaga, afluente del Dviná Septentrional. El lunes 21 de octubre el capitán William Serby, de los Queen's, apuntó en su diario: «Está claro que el invierno ha comenzado. La mayor parte del terreno estaba cubierta por las primeras nieves y el tiempo era mucho más frío». La Fuerza C recibió ropa de abrigo: «gorras de piel, abrigos con forro de piel de carnero y botas de lana Shackleton». La artillería canadiense, que acababa de llegar en su apoyo, estaba aún mejor preparada para las bajas temperaturas y las noches prolongadas que los aguardaban. A mediados de diciembre había menos de cuatro horas de luz diurna, lo que afectaba a la moral. Como era de esperar tanto los marinos como las tropas Aliadas habían empezado a preguntarse qué hacían allí. La guerra había concluido y ellos esperaban que los desmovilizaran y regresar a casa.

«Con la derrota de Alemania —le había escrito Lockhart a Balfour, para el Gabinete de Guerra— resulta evidente que nuestra intervención en Rusia ha entrado en su fase más peligrosa. Nuestras victorias sobre Alemania no solo han eliminado el pretexto inicial de la intervención, sino que han consolidado la posición de los bolcheviques, al reforzar sus esperanzas de que se produzca una revolución en Austria y Alemania;

además han incrementado su poder en Ucrania, Polonia y los otros distritos rusos que en la actualidad ocupa Alemania.»[10]

«Sin el apoyo activo de las tropas extranjeras —añadió en otro despacho para Balfour— las fuerzas contrarrevolucionarias de Rusia carecen de la fortaleza necesaria para derrotar a los bolcheviques. Al financiar a estas organizaciones, pero sin darles un respaldo activo, nos arriesgamos a que nos acusen de lo mismo que harían si interviniéramos por la fuerza y, al mismo tiempo, tan solo prolongamos la guerra civil de Rusia, con un derramamiento de sangre innecesario.»[11]

Lockhart, sin embargo, utilizaba los argumentos en contra de implicarse a distancia en la guerra civil para reclamar una intervención directa, con tropas terrestres: «Si restauramos de inmediato el orden en Rusia, no solo impedimos que se difunda el peligro del bolchevismo político, sino que además salvamos para el resto de Europa las ricas y fértiles extensiones cerealistas de Ucrania, que en el caso de que se adopten medidas parciales, o ninguna medida, quedarán estériles por efecto de la anarquía y la revolución. Después de la guerra Europa necesitará todos los cereales que pueda conseguir, la cuestión del orden en el sur de Rusia y en Rumanía adquiere una importancia extrema».[12]

Aunque era consciente de algunos de los problemas —en especial, la enorme cantidad de hombres que se necesitarían durante varios años—, al parecer Lockhart subestimaba los peligros, ciertamente reales, de que se produjeran disturbios civiles en su propio país y motines entre las tropas destacadas en el exterior. Incluso Churchill, el nuevo secretario de Estado para la Guerra, quedó sorprendido por lo que el mariscal de campo sir Henry Wilson definió como «un estado incipiente de amotinamiento general» en el ejército británico durante enero y febrero de 1919.[13]

En Calais se produjo un levantamiento de 4.000 soldados británicos cuya represión requirió del despliegue de dos divisiones de infantería. También hubo algaradas en Glasgow y Liverpool, y una gran cantidad de tropas enfurecidas por no recibir la licencia asaltaron la propia Oficina de Guerra. «Los cimientos de la sociedad británica fueron más inseguros, en aquel momento, de lo que nunca habían sido», escribió Churchill poco después.[14] Sin embargo él estaba resuelto a derrotar al bolchevismo, costara lo que costase.

Tercera parte

1919

22

Una fatal solución de compromiso

De enero a marzo de 1919

El año nuevo de 1919 se abrió con una escena extraña en el interior de los muros del Kremlin. El jefe de la Checa, Féliks Dzerzhinski, que por lo general era un hombre con un autocontrol férreo, cogió una cogorza descomunal y les rogó a Lenin y Kámenev que lo fusilaran. «¡He derramado tanta sangre que ya no tengo derecho a seguir viviendo!»,[1] exclamó. En realidad el genocidio de clase con el que Lenin y la Checa amenazaban tan solo acababa de empezar.

Los comunistas ya habían vencido, en la guerra civil interior, en aquellas áreas que controlaban, como afirmó Lenin; pero después del armisticio con Alemania temían a las fuerzas reaccionarias de la entente. Sin embargo en París, en el Consejo Supremo de Guerra de los Aliados, no había cohesión alguna sobre el tema. Se propuso organizar una conferencia de paz para poner fin a la guerra civil, que se desarrollaría en la isla de Prínkipos (o del Príncipe), en el mar de Mármara, a menos de 20 kilómetros de Constantinopla. A la idea contribuyeron motivos diversos. Woodrow Wilson, que envió las invitaciones al Sovnarkom y las diversas administraciones antibolcheviques, confiaba sinceramente en acabar con el conflicto. Otros pensaban que el proceso de las mociones les permitiría lavarse las manos con respecto al embrollo ruso. Pero Georges Clemenceau, el primer ministro francés, odiaba al bolchevismo y ansiaba aplastar su poder. Creía incluso que el gobierno soviético no debería acudir a la conferencia porque la firma del tratado de Brest-Litovsk era una traición de gravedad a la entente. Winston Churchill, el secretario de Estado británico para la Guerra, también confiaba en que Lenin rechazaría la propuesta, y esto legitimaría sus propios planes para acudir en ayuda de los ejércitos Blancos.

Para los Blancos de Rusia, los bolcheviques eran usurpadores y criminales, por lo que acudir a una conferencia de paz les pareció una ofensa inaceptable. Sazónov, el antiguo ministro de Exteriores del zar, le preguntó a un diplomático británico cómo confiaban los Aliados en que él se sentara a una misma mesa con las personas que habían asesinado a su familia. Borís Sávinkov hizo cuanto estuvo en su mano para frustrar la propuesta de Prínkipos. Sospechaba que los Aliados se interesaban más por los recursos naturales de Rusia que por el bienestar de sus habitantes. En sus planes «reconocí el olor del petróleo»,[2] rememoró más tarde.

Nunca hubo posibilidades reales de paz. El Sovnarkom contestó que asistiría, pero se negó a hacer efectivo el alto el fuego que se solicitaba. El presidente Wilson estaba enfermo y planeaba regresar a su país, por lo que en buena medida renunció al proyecto. Con una satisfacción apenas disimulada, Churchill escribió que «las últimas palabras de Wilson antes de marcharse el viernes fueron para decir que aunque tenía muchas ganas de salir de una vez de Rusia y estaba dispuesto "a reunirse con los bolcheviques a solas en Prínkipos", no obstante si toda negociación fracasaba él haría "lo que le correspondiera hacer con los demás Aliados en todas las medidas militares que se considerasen necesarias"».[3]

El 16 de febrero, un día después de que expirase el plazo de la conferencia, Churchill le escribió a Lloyd George: «No veo que nos convenga mostrar nuestras cartas de inmediato. Será un rumbo más prudente nombrar acto seguido una Comisión Militar que evalúe la situación en su conjunto y prepare, con los recursos disponibles, un plan de guerra contra los bolcheviques».[4]

Tres de las palabras, «plan de guerra», provocaron una reacción de alarma en Lloyd George. «De parte del primer ministro. Me alarma mucho vuestro telegrama sobre una planificación de guerra contra los bolcheviques. El Gabinete nunca ha autorizado tal clase de propuesta... Si Rusia es realmente antibolchevique, podrá redimirse sola con un abastecimiento de material. Si en cambio Rusia es favorable a los bolcheviques, no solo no debemos interferir en sus asuntos internos sino que sería claramente perjudicial: reforzaría y consolidaría la opinión bolchevique. Una guerra agresiva y onerosa contra Rusia serviría para apuntalar el bolchevismo en Rusia y crearlo en nuestro país... Los franceses no son guías de fiar, en este asunto. Su opinión está muy sesgada por la gran cantidad de pequeños inversores que depositaron su dinero en préstamos rusos y no ven perspectivas de recuperarlo jamás. Nada les gustaría más que ver cómo nosotros les sacamos las castañas del fuego».[5] Lloyd George, como Woodrow Wilson, era de la opinión de que el viejo orden zarista había recibido su merecido. El «mago galés» (como se apodaba a George) llegó a decir de Churchill que «su sangre ducal se rebelaba contra la eliminación global de los grandes ducados en Rusia».[6] Pero Churchill no erraba al afirmar: «Detrás de todas estas aventuras no hay ninguna "voluntad de ganar". En todas y cada una de ellas nos falta lo necesario para lograr un éxito real... En París las potencias Aliadas no han decidido si desean hacer la guerra contra los bolcheviques o buscar la paz con ellos. Están haciendo una pausa a mitad de camino de los dos rumbos, con un desagrado idéntico por los dos».[7]

Se trató de una solución de compromiso que resultó fatal. Incluso Churchill se creyó obligado a buscarla, con la esperanza de que tendría ocasión de acabar impulsando a los Aliados hacia una intervención total; pero solo sirvió para prolongar la agonía. Los hechos de Odesa deberían haber sido suficientemente reveladores. En marzo los comandantes franceses decidieron distanciarse del Ejército de Voluntarios y organizar una nueva administración, con el general Schwarz como nuevo comandante en jefe de la región de Odesa.

El jefe del Estado Mayor de Grishin-Almázov, el general Aleksandr Sánnikov, había sido nombrado por el general Denikin; por lo tanto acudió a ver al general Philippe d'Anselme, al que halló abrigado con un casquete y con la Legión de Honor al cuello. «D'Anselme era muy cortés, pero no supo entender la razón de mi presencia. En lo que a él respectaba esta ciudad estaba bajo el control de Francia», escribió Sánnikov.[8] El general Grishin-Almázov había contribuido poco a mejorar las relaciones con los franceses. La escritora Teffi, que lo conocía bien, lo describió como «un pequeño Napoleón».[9] Aquel hombre ostentoso, enérgico y arrogante, que se acompañaba de un séquito numeroso y una guardia personal, no acertó a convencer a los franceses de que ayudaran al Ejército de Voluntarios permitiéndoles introducir el reclutamiento obligatorio y utilizar los arsenales de Odesa y las inmediaciones. La negativa de D'Anselme comportó que todo el material militar cayó en manos de los bolcheviques.

En febrero llegó el general Henri Berthelot, que, aunque parecía hallarse más abierto al Ejército de Voluntarios, no disipó la impresión de que a los oficiales franceses les ponía nerviosos apoyar a los Blancos porque temían que sus propios soldados y marinos simpatizasen con el bolchevismo. No les faltaba razón, sobre todo después de los amotinamientos del ejército tras la desastrosa ofensiva de Nivelle, en 1917. Después de evacuar Odesa, en la segunda mitad de abril se sucedieron los motines entre los buques de guerra franceses del escuadrón del mar Negro, entre ellos el acorazado *Jean Bart*. La serie empezó en el puerto rumano de Galats (Galați), impulsada por el comunista francés André Marty, que más adelante contribuyó a organizar las Brigadas Internacionales en la guerra civil española. En Sebastopol, las tripulaciones de los buques franceses empezaron a cantar «L'Internationale» y se negaron a trabajar.

En enero de 1919 las fuerzas rojas habían reconquistado tanto Járkov como Kiev. El atamán Grigóriev, que se les había unido, tomó Jersón en marzo y obligó a los franceses y griegos a retirarse. Se dijo que los griegos habían luchado con valentía, pero no así los soldados franceses, incluidos los zuavos, que actuaron con desgana. A la hora de defender Voznesensk, hasta los zuavos se negaron en redondo a combatir. En Berezovka las tropas francesas se dieron a la fuga y abandonaron cinco tanques Renault y los cañones de campaña. Los mandos franceses se sintieron avergonzados y asombrados por el hundimiento, y pidieron al Ejército de Voluntarios que enviara sus fuerzas al frente, a pesar de haberles negado, poco antes, las armas y municiones. Entonces Grigóriev tomó Nikoláyev y, a finales de marzo, los franceses tuvieron que marcharse de Mariúpol, junto al mar de Azov, el punto más remoto de su ocupación.

En Ucrania los combates generaron pogromos antisemitas de una escala sin precedentes, por parte de la horda de Grigóriev y de los ucranianos de Petliura. El escritor Iván Nazhivin describió el asalto de las tropas de Petliura a Zhitómir y Berdíchev, donde «organizaron un pogromo profesional, con el apoyo no solo de las ametralladoras, ¡sino de los blindados y la artillería!... Luego se produjo un saqueo demencial en el que no sufrieron solamente los judíos, sino todos los residentes adinerados. Mataron a cientos de judíos».[10] No pudo sino acordarse de una conversación mantenida en Moscú, en un despacho editorial: «Un cínico astuto nos dijo, en ese momento: "Os puedo contar una historia muy breve de nuestra revolución... Seguiremos así por un tiempo, con este caos idiota y sanguinario, y luego la gran Revolución rusa concluirá con un pogromo judío de una magnitud nunca vista en la historia"».

Al llegar a Odesa, Nazhivin fue a visitar a Iván Bunin para charlar sobre sus respectivos pensamientos y experiencias. «Bunin, que era uno de mis autores favoritos, recordó aquellos días en los que se había congratulado de cualquier indicio de que el régimen zarista pudiera derrumbarse, sin haber llegado a imaginar cuáles serían las consecuencias reales. "Iván Fiódorovich —dijo Bunin—, ¡mira que fuimos imprudentes! Recuerdo cuando me llegó la noticia del asesinato de Stolypin. Yo estaba en el pueblo y, aunque ahora cueste de creer, ¡me encontré corriendo por la terraza, dando saltos de alegría!"».[11]

Cuando los franceses controlaban tan solo poco más que Odesa y los alrededores, Clemenceau ordenó que el acuartelamiento defendiera la plaza a cualquier coste, aunque de hecho era muy escéptico. El 1 de marzo, el mariscal de campo Wilson notificó, después de una conversación, que el mariscal Foch tampoco «tenía gran fe en Kolchak ni Denikin» y estaba «descontento con la situación de Odesa, pues la división francesa está muy débil, la moral de los hombres es bastante floja y no cree que las tropas griegas vayan a ser de mucha ayuda».[12] Aquel mismo día Lloyd George escribió a Churchill para quejarse sobre el general Franchet d'Esperey, el comandante en jefe de los franceses para la región del mar Negro: «Los franceses están adoptando una actitud muy intolerable. Son la tercera potencia, por su fuerza, y quieren dar la impresión de que son la primera, en autoridad. No podemos permitir que les vayan dando órdenes a nuestros hombres en el Este, donde el prestigio, para nosotros, es más importante que en ninguna otra región del globo».[13]

El 20 de marzo, Franchet d'Esperey llegó a Odesa en un buque de guerra, desde Constantinopla, para evaluar la situación por sí mismo. Al constatar que las tropas estaban totalmente desmoralizadas y la ciudad, en un estado de caos y sin alimentos, pidió permiso para evacuarla. Clemenceau accedió, aunque con suma reticencia, el 1 de abril. Para evitar que se produjera una estampida hacia los barcos del puerto, Franchet no advirtió ni a la población civil ni al Ejército de Voluntarios. Las embarcaciones escaseaban tanto, de hecho, que el grueso de las tropas francesas y griegas emprendió el camino del oeste a pie, por Besarabia, en dirección a Rumanía. Los buques de guerra y demás navíos empezaron a embarcar al resto de las fuerzas Aliadas.

Al día siguiente se conoció la noticia de la retirada francesa y se dio inicio a un exilio colosal. La oficina de pasaportes quedó inundada por miles de personas que hacían cola con la esperanza de hacerse con un visado de salida. Otros sitiaron los bancos, pero en vano: el Sóviet de Diputados de los Trabajadores de Odesa había prohibido retirar cualquier suma. Yelena Lakier y su abuela, con la certeza de que no podrían vivir en el extranjero sin recursos, optaron por quedarse. A las cinco supieron que el Ejército Rojo ya había entrado en la ciudad.

Los marinos bolcheviques de los barcos que se iban a llevar a los refugiados a Constantinopla sabotearon los motores y se negaron a zarpar, por lo que sus naves se quedaron varadas ante la bahía, incluso una semana. Los pasajeros sufrían ataques de nervios, ante el temor a ser devueltos a los bolcheviques. Los especuladores actuaron sin vergüenza: por un trozo de pan se pedían 200 rublos, por un vaso de agua, 300.

El 6 de abril varias unidades del Ejército Rojo atravesaron el istmo de Perekop y provocaron el pánico en Crimea. Al día siguiente, por órdenes del rey Jorge V, el acorazado HMS *Marlborough*, de la clase *Iron Duke*, ancló en aguas de Yalta. Tenía la misión de rescatar a la emperatriz María Fiódorovna —madre del zar asesinado y hermana de Alejandra de Dinamarca (la reina consorte de los británicos en los años de Eduardo VII)—, junto con otros siete integrantes de la familia Románov.

«Hoy se está evacuando Yalta —escribió el comandante Goldsmith, capitán del destructor escolta HMS *Montrose*— y con esta ciudad de cuentos de hadas cae la última casa de los antiguos grandes de Rusia. La pobre emperatriz y ese buen hombre que es el gran duque Nicolás han embarcado en el *Marlborough* esta tarde. Han tenido suerte, ellos solamente perderán su país. Pero ¿y los demás?»[14]

El *Montrose* puso rumbo a Sebastopol. Aquí Goldsmith observó con gran interés que se trasladaba a varios bolcheviques, bajo una bandera blanca, al buque insignia de Francia, el acorazado *Jean Bart*. «Los delegados daban la impresión de ser unos tipos bastante poco de fiar. Uno era una ratilla vestida de caqui; el otro era un hombre pequeño y de ojos negros, de la caballería, vestido de azul oscuro, con un gran sombrero de húsar de astracán negro y una cimitarra con engastes de plata. Los franceses se negaron a permitir que el ejército entrara en la ciudad y los bolcheviques se negaron a quedarse fuera, así que al día siguiente, a las cuatro de la tarde, el *Jean Bart* se puso a atronarlo todo con sus cañones de 12 y de 6 pulgadas, de modo que, por lo menos, no quedó un cristal sano en todo Sebastopol.»[15] En el HMS *Iron Duke*, el teniente Webb-Bowen dejó constancia de que se intensificaron los ejercicios de formación en el uso de las armas: «Por la tarde todos los marinos del barco tuvieron instrucción de fusilería y todos los artilleros de Marina ajustaron y dispararon sus Lewis».[16]

Dos días después, Webb-Bowen apuntó que los buques de guerra franceses de la bahía, incluidos los acorazados *Jean Bart* y *France* «izaron la bandera roja en los mástiles». «Los hombres habían lanzado vítores y en general se volvieron locos. Bajaron a tierra y recorrieron la ciudad en procesión, en compañía de los pintorescos habitantes del lugar, que por supuesto ahora también son bolcheviques, en su mayoría. Al llegar al cuartel griego, los griegos salieron y abrieron fuego contra esta turba, que huyó a toda prisa hacia sus barcos y contestó dirigiendo sus torretas contra un buque griego de la bahía, de pequeño tamaño.»[17] Como el *Iron Duke* no se fiaba de los marinos franceses amotinados, hizo que «dos oficiales pasaran la noche de guardia, con hombres en todos los reflectores y en los cañones de seis pulgadas, y una lancha patrullando en torno del buque».

A la familia del escritor Vladímir Nabókov la rescataron aquel día. «Ha empezado una evacuación tumultuosa de los grupos antibolcheviques. Sobre el cristalino mar de la bahía de Sebastopol, y bajo el fuego intensísimo de las ametralladoras de la costa, mi familia y yo hemos puesto rumbo a Constantinopla y el Pireo, a bordo de una barquilla griega, la tosca *Nadiezhda* ["Esperanza"], que lleva un cargamento de fruta seca», escribió Nabókov.[18]

El HMS *Montrose*, como escolta del *Centaur* y el *Emperor of India*, rodeó Crimea para entrar en el mar de Azov, en cuya península de Kerch se había ido a retirar el Ejército de Voluntarios. En una carta a la familia, Goldsmith escribió: «He ido a ver al coronel Rimski-Kórsakov, un conde» que dirigía un remanente de la guardia real del zar. «Me ha pedido que envíe sus saludos al coronel de nuestro 1.º Regimiento de la Guardia Real. ¡Pobre gente! No es de extrañar que parecieran una panda de rufianes, sentados en el comedor de aquella cabaña sencilla, con una ventana pequeña y sucia que apenas iluminaba la mesa repugnante en la que comían... La guerra ha convertido en desalmados a los campesinos rusos, incultos, simples, supersticiosos, y en diablos a la aristocracia imprudente, ebria y hedonista que aquellos ansían exterminar... Los dos bandos son igualmente bárbaros y la tortura que aplican a los prisioneros es tan inhumana que no puedo contarla aquí. Todos los hombres llevan una granada sujeta a un botón de la guerrera, con la que volarse ellos mismos la cabeza si los apresan.»[19]

El año de 1919 se abrió, desde luego, con un período de suerte heterogénea. Si bien el Ejército Rojo logró expulsar de golpe de Tsaritsyn a los cosacos del Don, de Krasnov, que eran numéricamente inferiores, y avanzó con rapidez por Ucrania, por el contrario, en el Cáucaso sufrió una derrota muy importante. Una vez más, Denikin había dirigido hacia el sur al cuerpo principal del Ejército de Voluntarios, para asegurar que el Cáucaso norte les sirviera de base sólida. En enero el general Wrangel aplastó al Undécimo Ejército, que había quedado aislado y ya estaba debilitado por una epidemia de tifus, cuando se ordenó que este marchara hacia el norte, hacia Rostov. Un Wrangel impasible y calculador les infligió una derrota sin paliativos.

La batalla principal se inició cerca de Petróvskoye, cuando Wrangel desplegó la mejor parte de sus 8.000 sables. Las fuerzas Rojas del Undécimo Ejército daban por sentado que su posición, a lo largo de una sierra cercana, era inexpugnable, hasta que los regimientos cosacos remontaron las laderas inclinadas en silencio, bajo un fuego errático al que no respondieron. Esto inquietó más aún a los defensores. Los reclutas Rojos, de formación escasa, se dieron a la fuga, y fueron perseguidos a lo largo de 18 kilómetros por los cosacos del Kubán, que les cortaron el paso a la altura del pueblo de Spítsevka. Regresaron a Petróvskoye con unos cinco mil prisioneros. «Fue la primera vez, desde que había empezado la guerra civil, que no se fusiló a los prisioneros. ¡Eran demasiados!», escribió un joven oficial de la artillería montada.[20]

En una parada los regimientos formaron en cuadro, en un gran despliegue abierto por el centro, y se escuchó un grito repentino de «¡Smir-na!». La artillería montada y la división de caballería del Kubán se pusieron firmes en sus monturas para recibir a su comandante. Un Wrangel triunfante, sobre un corcel magnífico, galopó hasta el centro. Vestía el uniforme cosaco al completo: el caftán o *cherkeska* con la panoplia de cartucheras cosidas diagonalmente sobre el pecho, el gorro alto de piel negra (la *papaja*, que llevaba de lado, casi caída sobre la nuca) y un capote de lana (*burka*).* «¡Gracias, mis águilas!», gritó.[21] Replicaron con un «¡Hurrrra!» ensordecedor. Algún asistente contó que el efectismo del desfile provocó incluso los vítores de algunos prisioneros.

---

* La *burka* caucásica, que no debe confundirse con el *burka* que visten las mujeres en algunas tradiciones islámicas. (*N. del t.*)

La victoria de Wrangel obligó al Duodécimo Ejército a regresar a Astracán, lo que permitió que el Ejército de Voluntarios, durante el mes de febrero, tomase todas las ciudades principales comprendidas hasta la cadena montañosa y trabara contacto con los cosacos del Térek. Trotski quedó conmocionado por este desastre que su frente Caspio-Caucásico sufrió ante una fuerza mucho menor. Los reclutas del Ejército Rojo sentían terror frente a los cosacos.

Al norte del Cáucaso, por el contrario, el Ejército Rojo resistía bien. Las tropas soviéticas que se adentraban en Ucrania eran básicamente el Ejército Especial (con unos 30.000 efectivos) y uno de sus primeros regimientos de caballería.[22] En el sur de Rusia las fuerzas Rojas incluían también al Octavo Ejército, con base en Vorónezh; el Noveno Ejército, en Balashov; y el Décimo Ejército, en Tsaritsyn. Se calculaba que en total eran unos 160.000, una cifra aproximadamente similar a la suma de los cosacos del Don y el Ejército de Voluntarios. Se decía que casi 20.000 eran chinos.

Un batallón chino de la 1.ª División de Trabajadores de Moscú interpretó un papel especialmente destacado en enero de 1919, durante los combates en la zona de Lugansk. Este batallón, atrapado en el *stanitsa* de Lugánskaya, se quedó sin munición, por lo que algunas unidades del Ejército de Voluntarios lograron apresar a los supervivientes. Cuando los Rojos reconquistaron el lugar, tres días más tarde, hallaron que se había ejecutado a todos los prisioneros chinos: doscientos. Sus cadáveres colgaban de árboles y faroles, con el vientre rajado, los ojos arrancados y las lenguas cortadas. Esta atrocidad hizo que la Guardia Roja china, cuando entró en Odesa en abril, tomara represalias sanguinarias contra los oficiales del Ejército de Voluntarios que estaban en la ciudad.

El cosaco Filip Mirónov, eserista de izquierdas al mando de la 23.ª División, siguió atacando la estupidez que suponía la brutalidad del Ejército Rojo en el área del Don. El 18 de enero le envió a Trotski otro telegrama sobre este asunto, en el que instaba a las autoridades soviéticas a respetar «la forma de vida, las creencias y las tradiciones» de los cosacos.[23] Tres días después emitió la siguiente orden para sus hombres: «En nombre de la Revolución, desde ahora se os prohíbe requisar sin autorización el ganado, los caballos u otras propiedades de la población... ¡En el Ejército Rojo no hay lugar para bandidos! Si esta orden no basta para detener el mal, tendré que tomar medidas más drásticas y no me temblará la mano».[24]

El Comité Central respondió a los pocos días, con instrucciones propias, muy distintas: «Debe considerarse que el único rumbo correcto pasa por la lucha implacable contra la élite cosaca hasta su exterminio completo. No son aceptables las soluciones intermedias ni las medidas tintas». Había que desarmar a los cosacos sin excepciones, y solo se les confiarían armas «a los elementos fiables de la población no cosaca». Había que confiscar todos sus cereales y entregarles sus tierras a pobres que no fueran cosacos. Trotski, sabedor de que Mirónov tenía muchos adeptos entre los cosacos, le hizo acudir a Sérpujov (al sur de Moscú, a un centenar de kilómetros de la capital) «para que el Cuartel de Campaña y yo tengamos ocasión de conocerle mejor».[25]

En cuestión de unas pocas semanas, las advertencias previas de Mirónov, sobre la reacción que provocarían las medidas opresivas de «descosaquización», se hicieron realidad. El 16 de marzo el frente meridional emitió órdenes para los ejércitos Octavo, Noveno y Décimo: «Es necesario recurrir a las medidas más drásticas contra los poblados que están detrás del levantamiento: (a) prender fuego a las aldeas; (b) fusilar sin excepciones a todas las personas que hayan participado de forma directa o indirecta en el levantamiento; (c) fusilar a uno de cada cinco o uno de cada diez varones de la población adulta; (d) hacer rehenes en masa entre los poblados próximos a las aldeas rebeldes; (e) difundir en todos los pueblos y poblados cosacos la noticia de que todo aquel varón adulto que se sepa que ha ayudado a los rebeldes será exterminado sin compasión y su asentamiento será reducido a cenizas».[26]

Las consecuencias de tal clase de guerra no eran difíciles de prever. Según comentó el comandante Goldsmith en una carta a casa: «Para este año se predice una hambruna grave. Los campesinos tienen claro que, planten lo que planten, el ejército que tengan más cerca prácticamente se lo robará; y por lo tanto no se molestan ni siquiera en sembrar la tierra».[27]

Stalin pidió constantemente refuerzos para Tsaritsyn, el objetivo central de los cosacos del Don, por la necesidad de que no les cortara el paso por el Volga, por donde bajaban hasta el bastión bolchevique de Astracán, base de la flotilla Roja. El 10 de marzo, no obstante, se inició en Astracán una protesta obrera que contó con el apoyo de algunos soldados del

45.º Regimiento de Infantería. Aunque se trató de una manifestación perfectamente pacífica, las autoridades comunistas locales ordenaron aplastarla sin piedad. El 1.º Destacamento Chino Independiente de la Checa, dirigido por Pu Qisan, abrió fuego con sus fusiles, luego con ametralladoras y por último lanzó granadas a la multitud. «Murieron decenas de obreros, pero aquello era solo el principio. Los chinos perseguían a la gente sin descanso.»[28]

El Comité Revolucionario que encabezaba Serguéi Kírov escribió a Moscú para solicitar instrucciones. El 12 de marzo Trotski, al que cabe suponer furioso por las huelgas que se producían también en otras ciudades como Tula, Briansk y Petrogrado, contestó: «Resuélvase sin contemplaciones».[29] Primero se fusilaba a los prisioneros, pero luego, ante la escasez de cartuchos, los chinos empezaron a ahogarlos. Los testigos contaron que se ataba a los prisioneros de pies y manos y se les colgaban piedras del cuello, para luego lanzarlos al Volga desde barcazas. Uno de los obreros logró ocultarse en la bodega y sobrevivir. Más adelante dijo que en tan solo una noche «se había lanzado al agua a unas 180 personas desde el va-

Vladímir Lenin y (saludando) León Trotski, en la Plaza Roja, en 1919.

por _Gógol_». En la propia Astracán se fusiló a tantas personas en la oficina de la Checa que el destacamento tuvo dificultades para trasladar todos los cuerpos al cementerio, donde fueron arrojados a una fosa común con la excusa de que habían sido víctimas de unas fiebres tifoideas. Distintos autores han calculado que hubo entre 2.000 y 4.000 muertos. Durante el mismo mes de marzo, hubo protestas en la fábrica de Putílov, en Petrogrado, otro bastión bolchevique; la reacción de la Checa, a instancias de Lenin, fue asimismo salvaje, con 900 detenidos y 200 fusilados.

En los Estados bálticos, enero de 1919 vio el principio de los contraataques al Séptimo Ejército soviético, que contaba con unos 8.000 efectivos. Durante la primera semana de enero, el comandante en jefe estonio, que era el general Laidoner, utilizó a sus nuevos regimientos para detener el avance de las fuerzas bolcheviques. Por el norte, el 7 de enero, llegó la respuesta de la 1.ª División Estonia, con el apoyo de voluntarios finlandeses y las nuevas unidades de trenes blindados. Dos días después se recuperó la ciudad de Tapa. Hubo desembarcos en la costa, con la cobertura de los dos destructores apresados, que sorprendieron a las fuerzas Rojas; y el 19 de enero los voluntarios estudiantes y los finlandeses los expulsaron de Narva.

En el sur, el 14 de enero, los trenes blindados estonios y el batallón de partisanos de Kuperjanov obligaron a los Rojos a huir de Tartú, mientras que la 2.ª división inició una contraofensiva que recuperó Torva y Valga a lo largo de las dos semanas siguientes. A mediados de febrero, el territorio estonio había quedado libre de fuerzas del Ejército Rojo.

El Gobierno Provisional de Letonia no ordenó una movilización general hasta el día de fin de año, por lo que dependió casi por entero de la _Landeswehr_ alemana y los 4.000 voluntarios Freikorps de la 46.ª División Sajona, que eran sobre todo oficiales y soldados furiosos con el Armisticio. El 2 de enero varios miembros del Gobierno huyeron de Riga a la costa de Curlandia, con la esperanza de hallar refugio en los buques de guerra británicos. El 16 de enero, un contraataque del 1.º Batallón Independiente de Letonia, la «Brigada de Hierro» del Freikorps alemán y un batallón Blanco obligó a replegarse a la División de Fusilería Letona Roja. Esto les dio a los letones algo de tiempo adicional para incrementar las fuerzas que tenían a las órdenes de su comandante en jefe, Jānis Balodis.

En el Báltico, el 6.º Escuadrón de Cruceros de Alexander-Sinclair cedió el puesto al 1.º Escuadrón de Cruceros Ligeros del contralmirante Walter Cowan. Uno de sus destructores, el HMS _Seafire_, estaba capitaneado por el comandante Andrew Cunningham, que en la segunda guerra mundial destacaría como líder de la Royal Navy. La fuerza de Cowan no tardó en dominar la costa, mantuvo a la Flota del Báltico encerrada en la base naval Roja de Kronstadt y protegió el flanco de las fuerzas antibolcheviques en la región.

Después de reconquistar Pskov, cerca de la frontera soviético-estonia, los Rojos informaron a Petrogrado de la existencia de problemas inesperados, aun a pesar de haber hecho una «limpieza a fondo de todos los contrarrevolucionarios y enemigos del pueblo».[30] Descubrieron que los maquinistas eran «traidores» y habían saboteado las locomotoras de forma deliberada. «A muchos hubo que sacarlos a rastras de debajo de sus camas, para obligarlos a volver al trabajo. El sabotaje de los maquinistas fue un golpe colosal a la autoridad soviética, que tuvo por resultado la pérdida de un millar de vagones de carga (unos llenos, otros vacíos) así como noventa y ocho locomotoras.» Estos trabajadores del ferrocarril fueron entregados a la Checa: «la negra camarilla de los maquinistas sabía que los comunistas no tienen compasión con los contrarrevolucionarios».

Un problema aún más grave fue que se enfrentaban a la tercera revuelta en el distrito de Luga, después de que las tropas del Ejército Rojo saquearan las reservas de cereales de los campesinos. En junio del año anterior «el destacamento de caballería de Balajóvich, conocido por sus soluciones radicales, se mostró particularmente activo en la supresión de este levantamiento. Por ejemplo, Balajóvich y sus hombres mataron a sablazos a poblados enteros. Solo a unos pocos se les fusiló después de un juicio».[31] Se culpó de la rebelión a «desertores y personajes sospechosos» que se aprovechaban del «bajo nivel cultural de los campesinos locales, que genera muchas posibilidades de provocación. Hay una falta absoluta de progreso cultural, ignoran por completo la política real de la autoridad soviética». Para culminar la represión tuvo que intervenir también la artillería. Como no era, quizá, de extrañar, la Checa estaba totalmente a favor de las represalias salvajes dictadas por Balajóvich.* «La rebelión de la Guardia

* Balajóvich (en la grafía polaca: Stanisław Bułak-Bałachowicz) dirigía una unidad de caballería de la guerrilla, que durante la guerra actuó por detrás de las líneas alemanas. Se había unido al Ejército Rojo con la aprobación de Trotski, pero muy pronto cambió de bando y se incorporó a las fuerzas Blancas del general Yudénich.

Blanca de los kulaks del distrito de Luga se eliminó gracias a la firme actuación del destacamento revolucionario conjunto independiente que capitanea el camarada Balajóvich», escribió.[32]

El comisario jefe del Séptimo Ejército estaba a todas luces nervioso por la cólera de los campesinos, a la que tuvo que hacer frente en toda la región del golfo de Finlandia y el lago Ladoga. Mandó un escrito a Yelena Stásova, del Comité Central, sobre la necesidad «de luchar contra los apetitos depredadores y ladrones y contra las conspiraciones de la sanguinaria burguesía finlandesa, espoleada por los capitalistas británicos y estadounidenses. Es necesario crear una atmósfera de odio que nos gane la lealtad de la población hacia la Rusia socialista soviética».[33] El consejo militar del frente de Karelia también informaba de «muchos casos de soldados del Ejército Rojo asesinados por lugareños».[34]

El terror engendró más terror, lo que, a su vez, generó una crueldad aún más extrema. En Gran Bretaña y Francia, quienes eran reticentes a abandonar a su suerte a sus protegidos Blancos solo podían encogerse de hombros y pensar que eran horrores inevitables en una guerra civil. Lloyd George, por otro lado, sentía una profunda desconfianza hacia el entusiasmo de Churchill por la causa antibolchevique. Desde la conferencia de paz de París, le escribió: «He mantenido una larga entrevista con Chaikovski y Paderewski* sobre la situación de Rusia, y lamento que ninguno de ellos comparte vuestras opiniones sobre Kolchak, Denikin y su entorno; antes al contrario, están ciertamente alarmados ante la posibilidad de que su victoria suponga el triunfo de la reacción... Si nuestro empeño acabara sencillamente por establecer un régimen militar reaccionario en Rusia, la democracia británica nunca nos perdonará».[35]

---

* Nikolái Chaikovski (1851-1926) había sido el líder de los social-revolucionarios en Arcángel. En cuanto a Ignacy Paderewski (1860-1941), se cuenta que durante la Conferencia de paz de Versalles, Clemenceau le preguntó a un miembro de su séquito quién era. Le explicaron que se trataba del famoso pianista Paderewski, pero que en ese momento se había convertido en el nuevo primer ministro de Polonia. «Quelle chute!», («¡Qué fracaso!»), fue la réplica inimitable de Clemenceau.

23

Siberia

De enero a mayo de 1919

La extensión casi interminable de Siberia, de Vladivostok a los Urales, contenía una variedad de tropas Aliadas muy superior a la de cualquier otra región que viviera la guerra civil. Las ambiciones de Japón en la Región Marítima del Extremo Oriente habían derivado en la fuerza extranjera más numerosa de todas, distribuida entre Chitá, Harbin, el Amur y Novo Nikoláyevsk. Este era el único contingente nacional que no estaba sometido al general francés Pierre Janin, comandante supremo de los Aliados por nombramiento del Consejo Supremo, en París.

La formación más numerosa a las órdenes de Janin era la Legión Checa, que pasó a llamarse Ejército Checoslovaco en Rusia. El almirante Kolchak ascendió a Gajda al rango de teniente general y la comandancia del frente de los Urales.[1] Había dos batallones británicos, el 1.º Batallón del 9.º Regimiento de Hampshire, en Yekaterimburgo, y el 25.º Batallón del Regimiento de Middlesex, repartido entre Omsk, Krasnoyarsk y Vladivostok. Los de Hampshire no tuvieron una impresión favorable de los oficiales de Kolchak, con sus múltiples novias. Un capitán escribió sobre los «trenes de su Estado Mayor, cuya descripción más adecuada, en pocas palabras, sería de "burdeles ambulantes"».[2] Un batallón canadiense, y parte de una fuerza de 1.600 italianos, también estuvieron destinados en Vladivostok, mientras que a un batallón colonial francés se lo envió a Cheliábinsk, y a 3.000 rumanos, a Irkutsk. Además estaban los 8.500 soldados estadounidenses del general Graves, distribuidos entre Vladivostok y el distrito del Amur.

La experiencia de Siberia abrió los ojos a los estadounidenses. El capitán William S. Barrett, del 27.º Regimiento de Infantería, dirigía un destacamento en Jabárovsk, en la tundra más gélida, a un millar de kilómetros al norte de Vladivostok. Daban gracias por contar con gorros de piel y guantes y abrigos de piel de carnero, porque la temperatura era inferior a 30 grados bajo cero. Barrett quedó sorprendido al ver que las tropas japonesas destinadas en la ciudad «se llevaban consigo a sus propias *yoshiwara* o prostitutas. A cada soldado le entregan cierta cantidad de billetes para las *yoshiwara*, y los usan, o venden, o se los juegan, según les parece. Al parecer la tasa de enfermedades venéreas es muy baja, con este sistema. Nuestra tasa en cambio era muy alta».[3]

El caudillo local era el coronel Kalmykov, atamán de los cosacos de Usuri. Actuaba como el jefe de una panda de gánsteres, matando a cualquier «ciudadano que tuviera la mala suerte de disgustarle» y obligando a los bancos a pagar por su «protección».[4] Además tenía una banda de música propia, unos cosacos que tocaban su marcha favorita en cuanto él entraba en algún lugar (momento en el cual se esperaba, además, que todos los presentes se pusieran en pie).

El primer personal de Estados Unidos en Siberia —poco más de trescientos ingenieros de ferrocarriles del Ejército estadounidense, con el nombre de Servicio de Ferrocarriles de Rusia— había llegado al principio de 1918. La administración de Woodrow Wilson se lo había ofrecido al gobierno de Kérenski. Su tarea consistía en reorganizar el Ferrocarril Transiberiano para ayudar a mantener el abastecimiento de los ejércitos rusos en la guerra contra Alemania. En aquella fase, ya en el caos de la guerra civil, resultaban aún más necesarios que nunca, para mantener las líneas en funcionamiento; pero requerían de la escolta de una compañía del 31.ª Regimiento de Infantería. La segunda gran aportación de Estados Unidos llegó de la misión de la Cruz Roja del país en Rusia. Trabajó para mejorar la espantosa condición de los hospitales para prisioneros de guerra, así como para atender a las tropas Aliadas; pero también formó a la plantilla local, en las funciones de enfermería y asistencia médica, y cuidó de los niños a los que se había enviado a Siberia, sin compañía de adultos, para que escaparan de la hambruna de Petrogrado.

No tardaron en producirse tensiones entre Estados Unidos y Japón. El 25 de febrero, un destacamento japonés enviado desde Jabárovsk cayó hecho pedazos en una emboscada. De una fuerza de 311 oficiales y soldados, murieron 302, y los otros nueve resultaron heridos de gravedad. Los mandos japoneses se ofendieron porque el general Graves se negó a enviar

Tren hospital de la Cruz Roja de Estados Unidos, en la Siberia occidental.
Probablemente no formó parte del «Gran Tren Blanco» en el que se atendía
a las víctimas del tifus.

en su ayuda al 27.º de Infantería. Lo justificó alegando que «los japoneses habían matado a tiros a mujeres y niños, y que él no reconocía que los rusos contra los que se había enviado los japoneses fueran el auténtico enemigo».[5]

Las relaciones de franceses y estadounidenses en Rusia no eran mucho mejores. Estaban marcadas por «la frialdad y la insatisfacción», al parecer sobre todo porque los oficiales franceses entendían que sus Aliados habían echado al olvido que Francia «había tenido que soportar sobre sus hombros el peso principal de la guerra».[6]

La presencia de tantos destacamentos y misiones militares extranjeras contribuyó a que en el cuartel general de Kolchak en Omsk, al empezar 1919, imperase el optimismo; la moral también se había reforzado mucho con la victoria del joven general Anatoli Pepeliáyev en Perm. El primer ministro de Kolchak, Vologodski, estaba claramente feliz con la situación nacional e internacional, aunque el propio Kolchak convalecía aún de una neumonía, debida probablemente a la pandemia de la gripe «española» y agravada por su afición a la bebida.

«Los militares confían en que recuperaremos Ufá en un plazo máximo de unas tres semanas —dijo Vologodski al jefe de la provincia de Irkutsk, en una llamada de teléfono, el 23 de enero—. La importancia de nuestro gobierno en la escena internacional ha crecido considerablemente. El hecho de que Denikin haya reconocido al almirante Kolchak como "Gobernante Supremo" de Rusia, y a Sazónov como ministro de Exteriores, ha generado una impresión muy favorable entre los Aliados. La gente de París, que usaba como su fuente de noticias las entrevistas que Avkséntiev [uno de los eseristas de derechas exiliados a la fuerza] había concedido a periodistas japoneses y estadounidenses, solían considerarnos como un gobierno reaccionario; pero es evidente que esta perspectiva ha cambiado. También ha influido el hecho de que hayamos autorizado que Borís Sávinkov y Chaikovski, junto con el príncipe Lvov, definan las necesidades de Rusia y se las expongan en la conferencia de paz.»[7]

Vologodski también tenía la tranquilidad de que las querellas por la cadena de mando parecían haberse resuelto: «¡Cuánta energía se ha perdido en definir la relación entre el Gobernante Supremo, que es también el sumo comandante en jefe del Ejército Ruso, y el general Janin, al que los Aliados han nombrado para la comandancia de las fuerzas Aliadas! Ahora esta cuestión ha quedado resuelta sin conflicto, como sabéis por los telegramas».[8] Hubo más novedades positivas, a medida que la primavera se acercaba. En el norte, el ejército de Gajda avanzó sobre Kazán y planeó dirigirse hacia Kotlas, con la esperanza —no muy realista— de establecer contacto con las fuerzas Aliadas de Arcángel, en el Dviná Septentrional. Pero las botas de sus hombres se pudrían con el deshielo y con la lluvia y el fango estacionales que en Rusia se conocen como *raspútitsa*. Los oficiales Blancos rusos se rebelaron contra la idea de que Gajda conservara el mando de campaña, después de ser expulsados a palos de Kazán; pero este fracaso se debió en parte a la ventaja que el Ejército Rojo poseía en materia de líneas interiores y mejores comunicaciones. Además, las flotillas fluviales Rojas les daban más libertad de acción que a los Blancos, atados a las líneas del ferrocarril, por lo que les resultó relativamente fácil rodear y superar por el flanco las posiciones Blancas. En todo caso, las fantasías de Churchill, que soñaba con amenazar Moscú a la vez que evacuaba a los checos por Arcángel, quedaron en nada.

En los Urales y Siberia, los Blancos contaban con 220.000 hombres, en teoría; pero más de la mitad estaban lejos de los frentes de combate. Además, imperaba la desunión por los egos de los atamanes cosacos. Un gran número de tropas permanecían en la reserva o eran necesarias para proteger la extensa línea del Ferrocarril Transiberiano de los ataques de los grupos de guerrilleros Rojos, cada vez mayores y más atrevidos.

Estos partisanos solían emerger de los bosques para prender fuego a los puentes de madera, sabotear las vías y atacar los trenes. El 20 de mayo una banda de unos 400 guerrilleros asaltó un tren e incendió un puente cercano a Adriánovka, al sureste de Chitá. Les hicieron retroceder soldados japoneses armados con ametralladoras. La 14.ª División nipona sufrió otros ataques a lo largo del mes. Su comandante, el teniente general Kurita, anunció que estaban «firmemente resueltos a exterminar al enemigo».[9]

Los partisanos también aterrorizaban a los aldeanos para obtener comida y alojamiento. En Belebéi, la nieve, al fundirse, reveló la masacre que se había producido durante el invierno, cuando los guerrilleros tomaron el poblado. Los cadáveres mostraban «cráneos rotos, heridas abiertas e indicios de torturas».[10] Entre las víctimas había una chica de dieciséis años a la que, según se dijo, habían «matado por rechazar los amores de un comisario». Un grupo se infiltró en las minas de carbón de Suchán para provocar huelgas y amenazar a los mineros. «En la mayoría de las minas de oro de la región del Amur, debido a los ataques sistemáticos de los bolcheviques», el trabajo se interrumpió.

Los 14.000 efectivos de Semiónov nunca se alejaron mucho de Chitá. El atamán los vigilaba refugiado en un complejo amurallado y protegido por ametralladoras pesadas. Muchos de sus hombres trabajaban para la sección de contrainteligencia que dirigía el coronel Sipáilov, un sádico psicópata. Se decía que tan solo en mayo, en el emplazamiento que usaba para sus masacres, cerca de Adriánovka, mató a 350 prisioneros.[11]

La división de Ánnenkov, con sus mercenarios afganos, uigures y chinos, dedicó más tiempo a aterrorizar a la población local que a perseguir a guerrilleros Rojos. Los oficiales Blancos del ejército regular estaban furiosos por el odio que engendraban. Además, estaban molestos por el hecho de que Ánnenkov, aunque supuestamente estaba al mando del frente de la Estepa, desobedeciera las órdenes de desplazar a sus hombres hacia el oeste, para luchar contra los Rojos. Alegó que los kirguises y chinos de su división eran «contrarios a alejarse de la frontera ruso-china, mientras que los cosacos de Semiréchensk no querían dejar desprotegidos sus *stanitsas*».[12] Los pocos regimientos a los que sí envió al frente se caracterizaban por una falta extrema de disciplina, entre ellos sus húsares Negros y ulanos Negros. En Petropávlovsk sus saqueos fueron tan brutales que dieciséis de sus hombres acabaron ejecutados después de ser sometidos *in situ* a consejos de guerra.

El 25 de febrero, Semiónov inauguró un Congreso Panmongol en Chitá, con representantes del Tíbet y Mongolia. Semiónov ansiaba crear un Estado independiente, con el nombre de Daúrski (por una montaña próxima).[13] En China sus pretensiones fueron acogidas con especial desconfianza. Al parecer Semiónov se concedió a sí mismo el título de gran duque, pero la prensa china lo tildaba de «califa efímero y juguete de los japoneses».[14] Semiónov quería un ejército propio y una milicia popular. En origen se había trasladado a Chitá con el barón Von Úngern-Stérnberg, quien estaba a favor de su plan de establecer una división de caballería mongola-buriata que incluiría a cosacos de la Transbaikalia, buriatos y mongoles. El problema era que muchos buriatos vivían al otro lado de la frontera, en la Mongolia Exterior, controlada por China. Sin embargo, al crear una academia de formación de oficiales no tardaron en disponer de una brigada de caballería con 4.500 sables.

La contrainteligencia también fue una de las grandes preocupaciones del cuartel general de Kolchak en Omsk. Por todos los Urales y Siberia se expandían células bolcheviques clandestinas, en algunos casos con participación de eseristas de izquierdas. A finales de marzo, el Departamento de Investigaciones Especiales de los Blancos realizó «arrestos multitudinarios de comunistas en Cheliábinsk, Yekaterimburgo, Kurgán, Petropávlovsk y Omsk».[15] Tan solo en la noche del 3 de abril, por ejemplo, la contrainteligencia Blanca detuvo a sesenta y seis comunistas en Cheliábinsk. Los llevaron a Ufá (que acababan de reconquistar) y los sometieron a un interrogatorio brutal. «Un consejo de guerra condenó a muerte a 34, algunos, en la horca, otros, fusilados. Sin embargo, todos murieron igual. Durante la noche del 16 al 17 [de abril], unos cosacos borrachos los destrozaron a sablazos.» Se cree que esto formó parte de una masacre general de 670 prisioneros, muchos de ellos eseristas de izquierdas.[16]

El comité comunista clandestino de Omsk dio por sentado que sus redes habían sido delatadas por un agente doble conocido como «Karlóvich», alias Stanislav Rogozinski, que había acudido a Omsk desde Cheliábinsk como delegado en la Tercera Conferencia Siberiana Clandestina del Partido, en marzo.[17] Lo eliminaron con rapidez después de la denuncia, pero Karlóvich era inocente de cualquier traición. Los Blancos habían atrapado a tres comunistas que realizaban una «expropiación» sin la autorización del Comité local del Partido. Los «frieron» a los tres, y uno de ellos, cierto Obraztsov, «a fuerza de palizas, dio a conocer a toda la organización».[18]

El Ejército Occidental del general Mijaíl Janzhín[19] había reconquistado Ufá el 13 de marzo, después de atravesar el río Biélaya, que estaba congelado, y sorprender al Quinto Ejército de Blumberg. Trotski estaba en su tren blindado y logró escapar por los pelos. El 17 de abril Janzhín capturó Buguruslán, pero tuvo que detenerse y desviar a una división hacia el sur, hacia el Turkestán, para salvar al atamán Dútov y sus cosacos de Oremburgo. El Primer Ejército de Tujachevski, con 14.000 efectivos, acababa de tomar precisamente Oremburgo y estaba a punto de amenazar la retaguardia de Janzhín. La debilidad de los cosacos oremburgueses de Dútov, en la parte más meridional del frente de los Urales, se convirtió pronto en una deficiencia fatal.

Las tropas reclutadas por obligación en ambos bandos ya se habían mostrado poco dispuestas a sacrificarse innecesariamente. El jefe del Estado Mayor de Kolchak en Omsk, el general de división Liébedev, se enfureció al saber que «algunos nuevos reclutas de unidades activas están solicitando a la administración del distrito que les proporcione una prueba documental de que no se han presentado voluntarios para el ejército, sino que los han reclutado. Lo hacen para que, si los bolcheviques les apresan, no les persigan por eso. Por lo tanto, ORDENO que nunca se les proporcione tal clase de documentos. Los comandantes y oficiales deberán explicar que los soldados que hacen tal solicitud no son dignos del elevado título de GUERRERO RUSO como los que defienden su madre patria con decisión y honor».[20]

No mucho después, el Gobernante Supremo en persona emitió otra orden que ponía de manifiesto el pánico creciente en el cuartel general de Kolchak: «Soldados jóvenes y recién reclutados para nuestro ejército se están rindiendo al enemigo o pasándose a sus filas antes de la batalla. Durante la batalla hay casos de acciones hostiles por parte de miembros de la población local».[21] Se decidió confiscar, a beneficio del Estado, todas las tierras y propiedades de las familias implicadas. «En el transcurso de las operaciones, los traidores antes mencionados no deben ser apresados; deben ser fusilados en el acto y sin juicio.»

Los Rojos también estaban hallando poca simpatía entre la población civil. Un comisario del Ejército Rojo en el frente de los Urales se lamentó, en una misiva para Stásova, de encontrar «sabotajes en casi todas las instituciones».[22] Los lugareños mostraban una actitud muy negativa hacia la autoridad soviética y odiaban a los agitadores del Partido, a quienes calificaban de «caimanes». Poco después se instalaron campos de trabajos forzados para los civiles condenados por los tribunales revolucionarios.[23]

Al sur de Oremburgo existía una vulnerabilidad aún mayor. El Ejército Cosaco de los Urales, dirigido por su nuevo atamán, el general Vladímir Tolstov, intentó reconquistar la capital, Uralsk (hoy Oral, en Kazajistán). Una incursión de la 25.ª División de Vasili Chapáyev, que acudía de Ufá, obligó a huir a esta fuerza; pero otro contraataque repentino, en Lbischensk, atrapó descuidados a los hombres de Chapáyev, y el general murió.* Los cosacos de los Urales regresaron en su mayoría a sus *stanitsas* de origen, para defender sus casas y a sus familias. El 5 de febrero Tolstov ordenó que la posición ofreciera resistencia: «El ejército se retirará. Hay que cortar de inmediato esta retirada guiada por el pánico. Todo cosaco que abandone el combate para volver a su asentamiento debe regresar a su unidad del frente, de lo contrario se le castigará con sumo rigor. Los *stanitsas* tienen la obligación de ayudar a los cosacos a regresar a sus unidades».[24]

Habían perdido tantos caballos que Tolstov ordenó trasladar a los cosacos en trineos y carros, cargados con cinco soldados cada uno. Además, todos los cosacos de más de cincuenta años se alistarían en la Milicia de la Santa Cruz, de Kabáyev, que tenía el título de «Anciano». «Aunque ahora sufrimos una desintegración de unidades, y la tropa está tomando la iniciativa de marcharse, los oficiales deben permanecer en sus puestos, incluso si son los últimos que quedan. Los oficiales deben volver a sus unidades en el plazo más breve posible. Se crearán departamentos especiales para buscar a los desertores y las armas que se retienen en los *stanitsas*.»[25] Sin embargo para el general Tolstov, lo peor de todo

---

* Vasili Chapáyev fue uno de los héroes Rojos más famosos de la guerra civil. En 1934 se rodó una película sobre su vida y muerte.

era «el vergonzoso fenómeno de los cosacos que venden fusiles y ametralladoras».

Su fuerza menguante se retiró hacia el sur en la segunda semana de marzo, a Gúriev (Atyráu), a orillas del Caspio.[26] Aquí enfurecieron a la población local al abandonar a los heridos y enfermos de tifus para luego escapar al noreste, con la intención de reunirse con las fuerzas de Kolchak. El calvario que los restos del Ejército de los Urales sufrieron en las extensiones desérticas del Turkestán fue uno de los horrores menos conocidos de la guerra civil.

Debido a la falta de comunicaciones fiables en la vastedad de la masa continental euroasiática, los líderes Aliados tenían poco conocimiento sobre cuál era la situación real sobre el terreno, en particular cuando las tornas se volvían contra los Blancos. A menudo sus propias misiones militares eran reticentes a admitir en sus informes la auténtica gravedad de la situación. Aunque no parecía haber grandes esperanzas de resolver el conflicto con prontitud, las Potencias Aliadas, en París, afirmaron a finales de mayo que estaban dispuestas a continuar ayudando a las fuerzas de Kolchak «suponiendo que les satisfaga, esto contribuirá en efecto a que el pueblo ruso alcance la libertad, el autogobierno y la paz».[27] En consecuencia sus condiciones para proseguir con el abastecimiento de munición, pertrechos y alimentos incluían la exigencia de garantías de que los Blancos iban a «convocar una Asamblea Constituyente elegida como Suma Asamblea Legislativa de Rusia por medio de sufragio libre, secreto y democrático» y de que «no se intentará reinstaurar el régimen que la revolución ha destruido».

Otras condiciones hacían hincapié en que se mantuviera la declaración por la que el almirante Kolchak se comprometía a responder de la deuda extranjera de Rusia; y que «se reconozca la independencia de Finlandia y Polonia», así como la de los Estados bálticos y los países transcaucásicos y transcaspios (cualquier desacuerdo territorial lo resolvería la Sociedad de las Naciones). Las Potencias Aliadas y Asociadas también «tomaban nota con satisfacción de la declaración solemne del almirante Kolchak y sus socios según la cual no tenían intención de restaurar el sistema agrario anterior». Este comunicado lo firmaron Georges Clemenceau, David Lloyd George, V. E. Orlando (en nombre de Italia), Woodrow Wilson y, por parte de Japón, Saionji Kinmochi.

El 4 de junio, el conde Damien de Martel, representante de Francia en Omsk, transmitió las garantías absolutas del almirante conforme, en cuanto resultara posible, convocaría elecciones a la Asamblea Constituyente. Kolchak sostuvo, de un modo más bien poco convincente, que «en la actualidad una comisión está trabajando directamente en su preparación sobre la base del sufragio universal».[28] Luego se sacudió la responsabilidad de reconocer las fronteras y la independencia de los Estados vecinos que habían roto con el Imperio Zarista, alegando que la decisión final sobre las fronteras territoriales solo sería democrática si se confiaba a la Asamblea Constituyente. El 12 de junio los líderes de las Potencias Aliadas se mostraron satisfechas por el hecho de que Kolchak hubiera aceptado todas sus condiciones. Sin embargo, no consta que ningún representante Aliado en las fuerzas Blancas ejerciera presión para que sus homólogos rusos honraran las obligaciones que habían contraído.

Para Churchill resultó frustrante que el Gobierno británico se negara a reconocer a Kolchak como jefe del «Gobierno ruso»,[29] pero lord Curzon, el secretario de Exteriores, le advirtió de que «se desconfía mucho de la inclinación imperialista de Kolchak». Por su parte no estaba dispuesto a ir más allá de «la fórmula más modesta del Gobierno Provisional de Siberia». Churchill, con su optimismo, no acertó a prever con qué rapidez podían estropearse las cosas.

El Ejército Rojo estaba incrementando su potencia y en mayo logró un hito que ni siquiera las fuerzas mejor entrenadas de Káppel pudieron impedir. El Ejército Occidental de Janzhín se vio obligado a emprender una retirada brusca, pero Gajda, que estaba resuelto a seguir avanzando, se negó a hacer tal cosa. La situación política también se deterioró. El 20 de mayo, el general Sájarov, de ideas reaccionarias, aceptó convertirse en jefe del Estado Mayor del Ejército Occidental a condición de prescindir de todos los social-revolucionarios. Esto, por descontado, benefició a los comunistas. Tres días más tarde las fuerzas Rojas se lanzaron hacia Ufá. Los cosacos de Oremburgo, de Dútov, fueron derrotados cerca de Sterlitamak y continuaron hacia el sur. Káppel, sin embargo, aprovechó que los Rojos carecían de caballería, lanzó un contraataque y forzó su retirada. El respiro, no obstante, tan solo fue temporal. Se ordenó a la caballería de Vólkov que desmontara para ayudar a la infantería en la defensa de Ufá, pero no sirvió de nada. El 8 de junio tuvieron que abandonar Ufá.

24

El Don y Ucrania

De abril a junio de 1919

Los repetidos y costosos fracasos de los asaltos de los cosacos del Don a Tsaritsyn hicieron caer al general Krasnov en el mes de febrero. Los éxitos de Denikin en el Cáucaso, más la promesa de ayuda británica, comportaron que el Ejército del Don tuviera que unirse al Ejército de Voluntarios en una posición subordinada. También se crearía una tercera formación, un Ejército del Cáucaso integrado mayoritariamente por cosacos del Kubán y dirigido por el barón Wrangel, el general que había sido el héroe de la campaña en esa región. Denikin sería el comandante en jefe de lo que pasó a llamarse Fuerzas Armadas del Sur de Rusia y tuvo la sede central en la capital del Kubán, Yekaterinodar.

La relación entre los ejércitos de Voluntarios y de los cosacos del Don empezó siendo un matrimonio por necesidad, más que de conveniencia. El Ejército del Don se hallaba en un estado de colapso y Krasnov presentó la dimisión a mediados de febrero. El nuevo atamán de los cosacos del Don fue el teniente general Bogayevski, antiguo comandante zarista del I Cuerpo de la Guardia de Caballería, quien, a diferencia de su predecesor, colaboraba sin mayor problema con los Voluntarios. Sin embargo, los dos ejércitos mantuvieron unas expectativas del todo distintas. El Ejército de Voluntarios seguía considerándose parte de la entente y, por lo tanto, en guerra con las Potencias Centrales. Sus líderes y oficiales no perdonaban a los cosacos del Don haber colaborado con la ocupación alemana y, desde su perspectiva, la aspiración krasnoviana a una federación cosaca independiente representaba un desafío separatista contra el nacionalismo ruso.

La primera prioridad, en la primavera de 1919, era recuperar territorios del Don. La desintegración parcial del ejército de Krasnov supuso que hasta la propia Rostov del Don se vio amenazada por los contraataques Rojos. Rostov, no obstante, fue preservada por aquella figura extraña y obesa del general Mai-Mayevski, que supo combatir y maniobrar para contener a los Rojos en la cuenca del Donets, con la ayuda de su protegido, el aterrador Andréi Shkuró.

Shkuró era un comandante aguerrido y astuto, por el que sus hombres sentían devoción, pero también era arrogante y temerario y no mostraba respeto alguno por la autoridad. Chantajeó descaradamente tanto a Denikin como a Mai-Mayevski para que lo ascendieran a teniente general a la edad de treinta y dos años. Sus ideas debieron de causar pavor en muchos de quienes le conocieron. Shkuró no era tan solo ferozmente anticomunista, sino también antisemita y sádico. Disfrutaba contemplando las sesiones intensas de castigos corporales y se entregaba a ebrias orgías con prostitutas. Según un oficial que llegó más adelante con la misión militar británica, Shkuró era «sumamente popular entre la tropa porque permite los saqueos» y «muy disoluto en sus hábitos, pues tiene un harén de diez concubinas».[1]

Cuando los ciudadanos prósperos de Rostov se reunieron para agradecerle su liberación, aportaron también una sustanciosa suma de dinero como muestra de su aprecio. Shkuró se limitó a pasar el fajo de billetes a uno de sus escoltas cosacos y le dijo en voz alta: «Ten, ¡vete de putas!». Luego se dirigió a los burgueses: «Yo estoy derramando sangre para que vosotros tengáis una vida tranquila. ¿De verdad esperáis que esta miseria va a ser suficiente?».[2] Esperaba que le entregaran diez millones de rublos.

El escritor Iván Nazhivin contó cómo celebró Shkuró su dudosa promoción. «El tren de Shkuró disponía de varios vagones buenos, con dos orquestas: una orquesta sinfónica y una banda de viento. En el vagón de Shkuró había toda una comparsa de cabareteras emperifolladas con orgías de noche y de día».[3] Cuando el tren frenó al acercarse a una estación de la zona minera reconquistada en el Donets, un Shkuró borracho salió a una ventana abierta a cantar sus versos favoritos:

¡Cien ciudades saquearé con mi banda!
¡Que el vodka fluya,
el precioso vodka,
el vodka de mi corazón!

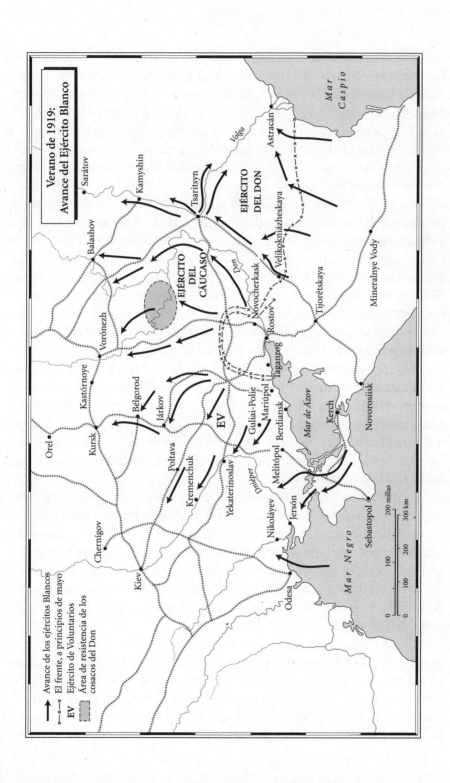

Verano de 1919:
Avance del Ejército Blanco

Mar Caspio

Astracán

Volga

Sarátov

Kamyshin

Tsaritsyn

EJÉRCITO
DEL DON

Balashov

EJÉRCITO
DEL
CÁUCASO

Don

Velikoknázheskaya

Novocherkask

Mineralnye Vody

Voronezh

Rostov

Tijorétskaya

Kastórnoye

Bélgorod

Járkov

Guliai-Polie

Taganrog

Kursk

Mariupol

Berdiansk

Kerch

Orel

Poltava

Mar de Azov

Novorosiisk

Kremenchuk

Yekaterinoslav

Melitópol

Chernígov

Dniéper

Nikoláyev

Jersón

Sebastopol

Kiev

Odesa

Mar Negro

200 millas

300 km

100   200

100

Avance de los ejércitos Blancos

El frente, a principios de mayo

EV   Ejército de Voluntarios

Área de resistencia de los
cosacos del Don

«Una multitud de mineros, sucios y polvorientos —siguió contando Nazhivin— no tuvo más remedio que quedarse allí escuchando los cánticos de los oficiales borrachos, los defensores de la Rusia unida e indivisible. Shkuró levantó la copa y gritó: "¡Obreros y campesinos! ¡Larga vida a la Gran Rusia! ¡Bebo a vuestra salud, hurra!". Vació la copa y la estrelló contra el andén. Los trabajadores guardaban silencio con expresión sombría mientras la Sotnia del Lobo de Shkuró cantaba: "¡Hurra! ¡Hurra! ¡Hurra!".»

En abril, el Ejército de Voluntarios de Mai-Mayevski avanzó rápidamente hacia el norte, en dirección a Járkov, después de haber vencido en las inmediaciones de Pavlograd. Sus fuerzas profesionales no tuvieron grandes dificultades para dispersar por el camino a la caballería de las guerrillas de Majnó. Después de tomar Izium, el general Shkuró hizo una breve pausa. Los vencedores fueron recibidos con un aplauso estruendoso, según escribió el oficial de radio de Shkuró: «Las chicas y las señoras sujetaban flores en el pecho de los voluntarios y yo no tardé en convertirme en un ramo andante».[4]

Sucedió no mucho antes de que la ciudadela bolchevique de Járkov empezara a oír el trueno distante de la artillería Blanca. «Las caras de los comunistas que corrían por toda la ciudad con sus chaquetas de cuero transmitían que se sentían perdidos —apuntó con satisfacción el jurista Valentín Lejnó, que formaba parte de la Duma de la ciudad, en representación del Partido Kadete—. Era fácil ver que no se tardaría nada en expulsarlos de Járkov.»[5]

Lejnó había pasado la noche anterior oculto en un jardín descuidado, para evitar que lo apresaran ya fuera como rehén o para obligarle a cavar trincheras en el sector sur de la ciudad. A mediodía pudo oír la artillería de los combates en torno de Merefa, limítrofe por el sur. Poco después se vio huir a soldados del Ejército Rojo, del Regimiento de Drozdovski: «corrían y abandonaban los fusiles, las cartucheras y el resto del equipamiento militar, lanzándolos a cualquier jardín por encima de las verjas».

Como integrante de la Duma de la ciudad, Lejnó se sumó a un grupo que iba a entrevistar y liberar a ciudadanos inocentes retenidos como rehenes en la cárcel Jolodnogórskaya. «Dijeron el nombre de Preobrazhenski.[6] Lo habían detenido por "contra[rrevolucionario]". Entró en la sala un hombre joven, con ropa medio militar. Tenía el pelo completamente cano. Resultó que, la noche antes, los bolcheviques habían fusilado a un gran número de rehenes y contrarrevolucionarios. Hacia las dos de la madrugada, Saenko, el verdugo de la Checa, al que todo Járkov conocía,[7] se presentó en la cárcel. Como de costumbre, iba borracho como una cuba. Se paseó por las celdas llamando a la gente de una lista. Se los llevaba fuera y los fusilaba en el acto, en el patio de la cárcel. Llamó a dos personas de la misma celda de Preobrazhenski y luego dijo el nombre de este. Preobrazhenski, sin perder la calma, contestó: "Pero si a ese lo fusilasteis ayer...". En la celda, todos guardaron silencio. "Aha", musitó Saenko. Los otros reclusos no delataron a Preobrazhenski, pero aquella noche el pelo se le quedó completamente blanco.»*

Lejnó trabajó luego con unos patólogos de la comisión de la Duma encargada de examinar los crímenes de la Checa. Le condujeron a tres grandes fosas repletas de cadáveres de rehenes, que se habían encontrado por el Instituto Tecnológico, en la Chaikovski *úlitsa*: «Inspeccionamos la escena, que era absolutamente aterradora. Por todas partes, en las múltiples plantas del edificio, hallamos vestigios de las atrocidades perpetradas por los bolcheviques. Había rastros de sangre por casi todo el lugar. La gente había escrito en las paredes, en los alféizares, dondequiera que podían escribir. Muchos de esos mártires lo hacían para que se informara de su muerte a sus familias, y ponían la dirección. Estaba claro, a la vista de los escritos, que muchas de las víctimas no eran, en ningún caso, *burzhui*. En el sótano que habían usado para las ejecuciones, las paredes estaban cubiertas de sangre, de trozos de piel y de pelo, de sesos. En una sala adyacente a este sótano, encontramos un "guante" intacto, despellejado de la mano de alguien mientras aún estaba vivo, y otros dos "guantes" rotos... Cuando pasamos a examinar los más de trescientos cadáveres que encontramos allí se me pusieron los pelos de punta. Apilados unos encima de otros había cadáveres, cadáveres amontonados sin distinción ninguna de edad, sexo, condición social o nacionalidad, víctimas todos ellos del "nuevo

---

* Saenko, jefe de la Checa local, era a la vez alcohólico y adicto a la cocaína. Era tristemente famoso por su sadismo patológico. Disfrutaba clavando un cuchillo en la carne, sin mucha profundidad, para luego girar la hoja; también le gustaba coger a los presos, mientras aún estaban vivos y arrancarles la cabellera o un «guante». Un eserista de izquierdas que logró sobrevivir a Saenko lo describió como un hombre «bajo, de ojos brillantes y rostro nervioso y maníaco».

régimen"».[8] En otras fosas hallaron a víctimas de torturas. «Estaban todas desnudas y les habían arrancado tiras de piel de los hombros, de la espalda, de las piernas. No logramos determinar quiénes eran aquellos infortunados.»

El general Mai-Mayevski, que se había instalado cómodamente en el hotel Astoria, no se interesó por la vida de la ciudad, salvo como fuente de ingresos. La eliminación de los controles comunistas hizo que la vida económica reviviera al instante. «Los comerciantes volvían al mercado con productos que era impensable encontrar tan solo unos días antes.»[9] Sin embargo, muchos comerciantes tuvieron que solicitar al Ejército de Voluntarios que se les devolvieran los bienes que el Ejército Rojo les había requisado y seguían guardados en almacenes. Cuando Valentín Lejnó se acercó con este fin al oficial responsable del personal de Mai-Mayevski, le contestaron: «Sí, hemos salvado tu propiedad, y eso cuesta dinero». Lejnó preguntó cuánto y le indicaron «una cifra increíble. Tuve que regatear hasta que llegamos a un acuerdo».

Los Blancos recibieron una gran ayuda en mayo, cuando el atamán Grigóriev, en Ucrania, desertó del bando Rojo para embarcarse en su propia campaña de pogromos antisemitas y de saqueos. En el frente oriental, donde los cosacos confiaban en recuperar territorios más allá del río Don, los combates eran más duros. Al 15.º Regimiento de los cosacos del Don se le ordenó enviar a agentes a esos lares, que ofrecieran recompensas a cambio de información importante.[10] El Noveno Ejército Rojo estaba teniendo dificultades con las revueltas cosacas en su retaguardia, provocadas por los ataques contra sacerdotes e iglesias, así como por el salvaje programa de «descosaquización» que aspiraba a destruir su cultura tradicional (según Mirónov había denunciado ante Trotski).* «Los cosacos se pertrecharon con armas que habían escondido (por ejemplo en el río, o en ataúdes, en el cementerio) y atacaron al Comité Revolucionario», decía un informe de la Oficina del Don

---

* El 16 de marzo, Vatsetis, comandante en jefe del Ejército Rojo, autorizó a Mirónov a reclutar una división de cosacos Rojos. Al día siguiente, la Oficina del Don informó al Comité Central del Partido de que habían «tomado la decisión de expulsar a Mirónov de la óblast del Don» porque les resultaba demasiado conflictivo (sobre Vatsetis, TsA FSB RF S/d N-217. T.8. S. 127; para la cita, RGASPI 17/6/81/18).

para el Kremlin, sobre uno de los levantamientos. «Una parte del comité murió en la revuelta, pero otros, junto con algunos pequeños grupos de defensa, lograron abrirse paso hasta nuestras tropas.»[11]

Lenin, consciente del daño que la «descosaquización» provocaba, envió un telegrama al Comité Revolucionario Militar del frente meridional: «Quiero llamar vuestra atención sobre la importancia de ser especialmente cauto en lo que refiere a desarticular aspectos menores de la vida diaria que, sin interpretar ningún papel en de importancia en la política general, sin embargo, irritan a la población. Mantened el rumbo firme en los temas principales y haced concesiones en los retrocesos arcaicos a los que la población está habituada».[12]

Pero los comisarios hicieron caso omiso de tales instrucciones y emprendieron una campaña prácticamente genocida. Yona Yakir, que había pasado a formar parte del Consejo Revolucionario Militar del Octavo Ejército, no estaba nada de acuerdo con Lenin: «Hemos derrotado a batalla descubierta a ese hediondo y putrefacto monstruo de las tropas de Krasnov y ahora toleramos y acogemos en nuestro pecho la serpiente traicionera de los cosacos, eternos lacayos del zar».[13] Pero también había enfado por otro peligro: «Majnó es un foco de atracción peligroso para las unidades del Octavo y el Décimo Tercer Ejército —informó el comisario del Duodécimo Ejército—. Hay desertores que se pasan a sus filas».[14]

Se suponía que la 14.ª División, en el flanco izquierdo del Noveno Ejército, se uniría al Décimo Ejército, con base en Tsaritsyn. «Este Décimo Ejército saltó a la fama veinte años después —escribió el comisario Eduard Dune— porque Yósif Dzhugashvili había sido miembro de su consejo revolucionario; pero en aquel momento solo era famoso porque aterrorizaba la ciudad con ejecuciones masivas.»[15] En cierta fase «el cuartel general del Noveno Ejército se dio a la fuga de una forma vergonzosa»[16] y toda la orilla izquierda del Don, a lo largo de 300 kilómetros, quedó pelada porque «el Décimo Ejército no se atrevía a aventurarse lejos de Tsaritsyn».[17]

Las unidades de caballería del Décimo Ejército constaban sobre todo de cosacos Rojos y debían aún mucho menos a la campaña de reclutamiento del año anterior, con el lema de «Proletarios, ¡al caballo!». Un sargento cosaco del ejército zarista, Borís Dumenko, había formado la 1.ª Brigada de Caballería del Décimo Ejército, con Semión Budionny como segundo. Budionny, que era tan famoso por su bigote de caballería, que no cesaba de crecer, como por su afición a la bebida, astucia de campesino y arrojo, no era cosaco, sino uno de los *inogorodnie*. Los dos hombres se distanciaron: Budionny contó con el apoyo de Stalin, y Dumenko, con el de Trotski. Los soldados de Dumenko sentían devoción por él. «Los soldados hablaban de él con una voz reverencial, orgullosos de su coraje», escribió uno de sus hombres.[18] La campaña de Wrangel en el Cáucaso le dejó cortado junto con sus tropas, pero Dumenko supo guiarlos hasta reincorporarse al Décimo Ejército, en una marcha heroica que incluso amenazó Rostov por el camino. Al llegar descubrió que, en su ausencia, los Blancos habían matado a su esposa y su hija.

Dumenko y Budionny encabezaron formaciones distintas después de su enfrentamiento, y empezaron a construir la sección de caballería de los Rojos; pero Dumenko no sobrevivió a la fosa de serpientes de las rivalidades comunistas. Después de que su Cuerpo de Caballería tomara la capital del Don, Novocherkask, en enero del año siguiente, se le acusó de haber asesinado a un comisario enviado para investigar sobre él, y a los pocos meses lo fusilaron.

Durante el mes de mayo el Noveno Ejército Rojo se dividió en grupos pequeño a lo largo de la vía de ferrocarril de Mílerovo. «Los restos castigados de las divisiones 14.ª y 23.ª y la Brigada de Kamyshin se están retirando al pueblo cosaco de Ust-Medvedítskaya —informó la 1.ª División de Infantería Cosaca del Don—. Pequeñas unidades de combate del Ejército Rojo y algunas unidades de retaguardia están defendiendo la zona comprendida entre el Don y la vía férrea de Tsaritsyn».[19] Se ordenó que la división continuara hasta «despejar de Rojos toda la zona, movilizar al grueso de la población cosaca (de los 18 a los 48 años) y detener a todos los que hayan estado trabajando para los Rojos». El levantamiento de los cosacos del Don, en la retaguardia del Noveno Ejército, estaba empezando a asestar un gran golpe a los Rojos. Numerosos soldados, oficiales e incluso el comandante del Noveno Ejército desertaron y se unieron a los Blancos.

La suerte de la guerra había virado de pronto a favor de los Blancos. Ucrania quedaba expuesta, después de que Grigóriev desertara de los Rojos. Al oeste del Ejército del Don, los Voluntarios de Mai-Mayevski, encabezados por el Cuerpo de Caballería de Shkuró, habían despejado el Donets, avanzaron con rapidez hacia Járkov, luego tomaron Poltava y más adelante Yekaterinoslav. Para proseguir con los combates quedaba poco más que la fuerza guerrillera de Majnó. La amenaza de que los Blancos dejaran aislada Crimea llevó a los Rojos a retirarse con precipitación. Entre tanto, en los frentes de los Urales y Siberia, el hecho de que los Blancos reconquistaran Ufá, más la amenaza que supuestamente representaba Gajda para Kazán, habían desviado del frente meridional la atención del Kremlin, lo que tuvo consecuencias graves. Unos 80.000 efectivos de refuerzo, y el grueso de los suministros, fueron enviados a los Urales.

En la tercera semana de mayo, los cosacos del Kubán, del general Wrangel, infligieron una derrota grave al Décimo Ejército, al suroeste de Tsaritsyn. Quien sin duda era una espina en el costado del Ejército Rojo, Filip Mirónov, pudo ver las consecuencias en la estación de Tsaritsyn: «Los soldados del Ejército Rojo gemían abandonados y rogaban que les ayudaran, tirados por los alrededores de la estación, junto a las vallas, y en la propia estación. Entonces me topé con el tren médico... Hacía dos días que había cadáveres en los vagones, con los enfermos al lado. Las moscas iban de los cuerpos de los difuntos a los de los vivos. Hablé con un médico señalado, Dmitrovski, que me dijo que no había nadie para asistir a los

El tren blindado Blanco «Rusia Unida» que ayudó
a tomar la ciudad de Tsaritsyn, junto al Volga.

heridos; pero de hecho el tren estaba lleno de personal con sus brazaletes en la manga. La verdad es que las cosas no pueden seguir así, o la revolución se ahogará en la sangre de los trabajadores».[20]

Un mes más tarde, las tropas de Wrangel estaban a las afueras de Tsaritsyn, a punto de lograr lo que a Krasnov se le había escapado. Su Ejército del Cáucaso contaba con ayuda británica, y no solo de abastecimiento. El 47.º Escuadrón de la Real Fuerza Aérea, con bombarderos D. H. 9 y cazas Sopwith Camel, tenían una base en una pista de aterrizaje improvisada cerca de Beketovka. Los cazas despegaron a primera hora de una mañana, después de que se avisara de que la caballería de Budionny se preparaba para atacar. Les dijeron que los wrangelitas cosacos del Kubán que se enfrentaban a ellos adoptarían una formación en X para que les identificaran desde el aire. Cuando los Sopwith Camel volaron hacia el norte, vieron claramente que una parte de la caballería Blanca formaba una X dentro de una formación cuadrada abierta. Más allá pudieron ver que la caballería Roja preparaba una trampa para los cosacos del Kubán. Una fuerza menor avanzó hacia ellos para provocar una respuesta, mientras el grueso de la tropa se ocultaba algo más lejos, en un terreno bajo. Los pilotos de los cazas amartillaron sus ametralladoras dobles Vickers y se lanzaron en picado. El ametrallamiento a baja altura hizo huir enseguida a la caballería Roja.

Justo antes del ataque principal contra las defensas de Tsaritsyn, los Sopwith Camel reconocieron el camino y derribaron un globo de observación de los Rojos, que podría haber detectado los seis tanques británicos que se estaban alineando para el asalto. Pero cuando llegó la hora de la acometida principal, al día siguiente, se descubrió que solo había combustible para uno de los blindados. Por lo tanto, el comandante Ewen Cameron-Bruce, del Cuerpo de Tanques, encabezó el ataque a bordo de un Mark V (a pesar de que había perdido un brazo en la batalla de Messines, dos años antes). Este solitario monstruo de hierro, que pasó por encima de las barreras alambras y la primera línea de trincheras, bastó para poner en fuga a los defensores Rojos. El botín militar que conquistaron fue considerable. Además de las fábricas de munición de Tsaritsyn y grandes cantidades de ametralladoras y piezas de artillería de campaña, los Blancos capturaron trenes blindados y muchas locomotoras y vagones, que necesitaban con urgencia.

El coronel Dmitri Gueiden llegó a Tsaritsyn justo después de la conquista. El general quedó impresionado porque la ciudad parecía muerta:

*Vehículos blindados británicos en Tsaritsyn (más adelante, Stalingrado),
en agosto de 1919.*

«Las calles estaban vacías. Los residentes habían quedado tan intimidados por el gobierno bolchevique que tenían miedo de salir de sus casas. El mercado estaba prácticamente desierto, las casas tenían las ventanas bloqueadas con tablones, los puestos estaban cerrados, tampoco abría ningún restaurante, ni en la estación ni en la ciudad, y el Volga estaba vacío, sin un solo barco».[21]

Denikin había pedido a Gueiden que estudiara la situación de abastecimiento y pertrechos de sus distintos ejércitos. En el puerto de Novorosíisk se estaba desembarcando material británico en gran cantidad (por ejemplo, uniformes caqui) y había que redistribuirlo. Gueiden fue a informar directamente a Wrangel, al que no había visto desde la retirada de la Bucovina, en 1917: «El general Wrangel no había cambiado mucho en esos dos años, todavía parecía alegre, vivaz e impulsivo, a la vez que transmitía la impresión de ser una persona hecha para mandar».[22] El ejército de Wrangel constaba de los Cuerpos I y II del Kubán y el 4.º Cuerpo de Caballería, además de tres divisiones independientes: la División Cosaca de Astracán y las Divisiones de Infantería 6.ª y 7.ª. Wrangel aconsejó a Gueiden que prestara mucha atención a las condiciones de la División Cosaca de Astracán. Al menos el suministro de alimentos

—le explicó— no era tan deficiente como lo había sido, gracias a las reservas que encontraron al tomar Tsaritsyn de manos de los Rojos.

Gueiden quedó en efecto impresionado al visitar a los cosacos de Astracán en Ráigorodok, cincuenta kilómetros río abajo, donde sufrían las incursiones repetidas de la flotilla Roja del Volga y el Caspio. «La tropa tenía un aspecto absolutamente mísero. Muchos iban descalzos o en zapatillas. Menos de la mitad tenían botas altas o al menos botas con cordones. Muchos llevaban las camisas y los pantalones hechos unos harapos, igual que los prisioneros del Ejército Rojo.»[23] De pronto Gueiden pensó que «durante la guerra civil, todas las transacciones habituales entre el frente y la retaguardia se habían invertido por completo. En el pasado la retaguardia satisfacía las necesidades del ejército. Ahora los papeles se habían invertido. Todas las transacciones se basaban en lo que fuera que pudiera tomarse de manos del enemigo, incluidos los hombres». Era cierto. Ambos bandos, al menos durante parte de la guerra, tendieron a compensar los números propios haciendo redadas de enemigos después de una batalla. Si no podían reclutarlos para el combate, por heridas o enfermedades, los despojaban de sus ropas o botas. Gueiden se desanimaba al ver tanta «carne a través de los sietes de la ropa», pero solo contaba con tres mil conjuntos de uniformes británicos para distribuir entre dos divisiones de infantería.

El comandante Goldsmith, del HMS *Montrose*, tuvo noticia de que los Blancos de Novorosíisk se mostraban tan «apáticos y holgazanes» que la Royal Navy tuvo que utilizar a los prisioneros de guerra turcos para desembarcar los suministros destinados a las fuerzas de Denikin.[24] Pero desembarcar solo era una parte del problema. La fuente principal de pérdida de materiales era el robo y la corrupción, en todos los estadios. Las camas y sábanas asignadas a los hospitales de campaña desaparecían de inmediato y la escasez de ropa entre la población civil hizo que las mujeres remodelaran los uniformes caqui para hacer prendas para sí mismas o sus hombres.

En sus conversaciones, Gueiden constató que Wrangel era feroz en la crítica a Denikin: a su estrategia y a que lo fiara todo a una base sólida en el Cáucaso. Aunque su Ejército del Cáucaso constaba en buena medida de cosacos del Kubán y del Térek, a juicio de Wrangel, que Denikin defendiera tan celosamente las regiones cosacas obstaculizaba la única oportunidad que tenían de ganar la guerra para Rusia en su conjunto. Desde su perspectiva, toda esperanza de victoria pasaba por establecer contacto con las fuerzas de Kolchak. Los dos hombres no podían haber sido más distintos, tanto en el carácter como en la apariencia física. El robusto y paternal Denikin era de orígenes humildes, mientras que el tieso barón del Báltico, de ojos hundidos pero penetrantes, se caracterizaba por una determinación gélida.

Denikin le había dado a Wrangel el mando del Ejército del Cáucaso no con el fin de obtener su apoyo, sino sencillamente porque era el mejor de los generales de caballería entre el bando Blanco. Pero Denikin, sin llegar a ser un cobarde moral, prefería evitar el conflicto con los otros oficiales de alto nivel, según se había demostrado en sus concesiones al infame Shkuró. Su jefe del Estado Mayor, el general Romanovski, le dijo en cierta ocasión a Denikin, en una reunión con otros generales: «¡Antón Ivánovich, en el cuerpo del general Shkuró se saquea, se bebe, se desobedece! ¡Los excesos son terribles! ¡Las cosas no pueden seguir así!».[25] Pero Denikin, aunque avergonzado, no tomó ninguna iniciativa,

El general Antón Denikin.   *El general y barón Piotr Wrangel.*

a pesar de que era consciente de que Shkuró incumplía todas sus órdenes y se centraba en saquear y hacer pogromos antisemitas.

Denikin tenía cierta debilidad por los desfiles y las ceremonias victoriosas, en las ciudades que conquistaba. En Poltava, la burguesía se mostró sumamente agradecida y no paró de lanzar flores hacia su coche descapotado. Le murmuró al general Mai-Mayevski, que se sentaba a su lado: «Vladímir Zenónovich, me preocupa un poco que puedan lanzarnos una bomba, en vez de ramos de flores».[26] Pero Denikin fue recibido frente a la catedral por la totalidad del clero, que le saludó como si fuera el zar.

El 3 de julio se celebró el desfile de la victoria más importante de todos, en Tsaritsyn. A las puertas de la catedral, Denikin dio a conocer su «Directiva de Moscú», por la que anunciaba su intención de «conquistar nuestro objetivo último: tomar el corazón de Rusia».[27] Su plan era que los distintos ejércitos siguieran las vías férreas principales en dirección a Moscú. En el flanco occidental, el Ejército de Voluntarios de Mai-Mayevski avanzaría hacia el norte dejando a su izquierda el gran río Dniéper. Por el centro, el Ejército del Don, del general Sidorin, continuaría hacia el norte desde Vorónezh. Por último, en el frente oriental, el Ejército del Cáucaso, de Wrangel, seguiría aproximadamente en paralelo al Volga, hasta Nizhni Nóvgorod, y luego viraría hacia el oeste. Wrangel expresó con gran énfasis las dudas que la operación le suscitaba. No había concentración de fuerzas y el optimismo era excesivo. Le parecía crucial lidiar primero con el bastión Rojo de Astracán. Dejar ese fortín en la retaguardia, sin haber derrotado a la flotilla del Volga y el Caspio, le parecía un error grave.[28]

En realidad, la Royal Navy tenía el Caspio muy controlado gracias a los ocho mercantes armados, las doce lanchas costeras y los hidroaviones. Abastecían a los cosacos de los Urales, en Gúriev, en la costa nororiental, y encerraban a los buques Rojos en el estuario del Volga. En marzo habían desarmado la flotilla centrocaspia, que no era de fiar y estaba dirigida por «un exoficial de la caballería, un canalla de primer orden» llamado Voskerenski. Cuando por fin se rompieron los hielos del norte empezaron a atacar los buques de guerra Rojos, que ahora tenían la base en Fort Aleksándrov, en una bahía situada al sur de Gúriev. La flotilla Roja constaba de ocho destructores, un mínimo de seis mercantes armados, tres submarinos y una diversidad de embarcaciones adicionales.

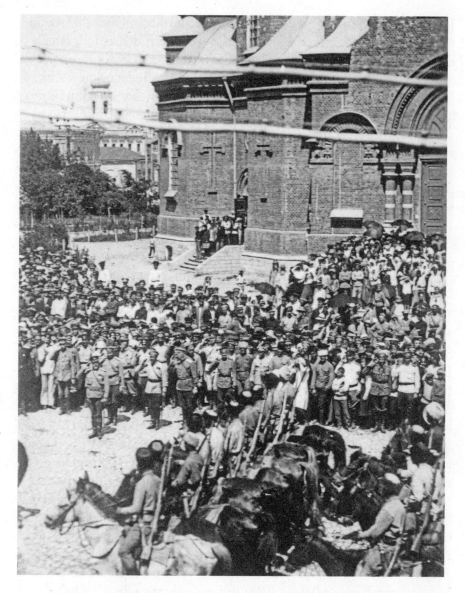

3 de julio de 1919: Denikin anuncia la «Directiva de Moscú»
en la Tsaritsyn conquistada por Wrangel.

El 20 de mayo, el comodoro Norris reunió sus barcos y, al día siguiente, aprovechando que al menos no había niebla, salieron de la boca de la bahía, que tenía forma de V, para echar un vistazo. Norris, que iba en el

HMS *Kruger*, recordó la famosa máxima de lord Saint Vincent* según la cual hay momentos que conviene no desaprovechar[29] y lanzó a la batalla su escuadrón de cinco barcos, justo después de mediodía, con sus cañones de seis y cuatro pulgadas. Las baterías de costa de los bolcheviques abrieron fuego desde corta distancia pero mostraron una gran falta de puntería. Solo alcanzaron a dos de los barcos y las bajas fueron increíblemente escasas, en comparación con la destrucción que sufrieron los buques Rojos. «Nueve embarcaciones, incluido un gran destructor torpedero, se fueron a pique o saltaron por los aires, y podemos decir que el enemigo recibió una buena paliza.»[30] Se congratularon en particular por haber dejado fuera de combate el *Revel*, que abastecía a los submarinos. La Armada Roja abandonó Fort Aleksándrov en el plazo de unos pocos días. Todas las embarcaciones supervivientes se retiraron a las aguas poco profundas del estuario del Volga, donde los buques británicos, de mayor calado, no podían seguirlas. En palabras del Stavka del Ejército Rojo, su flotilla del Caspio «evitó colisionar en combate en circunstancias poco favorables».[31]

En una visita posterior a Gúriev, para ver a los cosacos de los Urales, el comodoro Norris tuvo noticia de que su rival bolchevique, el comandante de la flotilla Roja, había sido ejecutado por la derrota de Fort Aleksándrov. Le sustituyó Fiódor Raskólnikov, que había bajado por el Volga con su flotilla en el momento en que Tsaritsyn caía en manos de Wrangel y había pasado a liderar también los restos del escuadrón del Caspio. Los oficiales británicos también tuvieron noticia de que la sección de las lanchas Rojas quedaba al mando de la señora Raskólnikov: Larisa Reisner. Poco después, los oficiales Blancos del cuartel general de Denikin en Yekaterinodar empezaron a visitar a los británicos, solicitando el apoyo de la artillería naval. Estos rusos querían, como el general Wrangel, capturar Astracán antes de la gran ofensiva hacia el norte. Pero como carecían de cartas del Caspio y sabían poco de barcos y calados, no lograban comprender por qué la Royal Navy no podía ayudarles en las aguas poco profundas del delta del Volga. En cualquier caso, el 20 de julio Norris recibió la orden de retirar a todo su personal, por la vía de Bakú y Batumi, a pesar de que Churchill había rogado al Almirantazgo que los mantuviera allí.[32] Sus barcos se confiarían a las fuerzas navales —bastante poco cualificadas— del general Denikin. Era la última vez que la enseña Blanca se enarbolaba en aquel mar interior.

---

* John Jervis, el almirante británico que el 14 de febrero de 1797 derrotó a la flota española en el Cabo de San Vicente. (*N. del t.*)

25

Múrmansk y Arcángel

Primavera y verano de 1919

En un intento de elevar la moral, un grupo de actores, cantantes y bailarines de la organización artística ProletKult se trasladó al frente Septentrional para entretener al Sexto Ejército soviético. En origen esta *troupe* de 51 artistas iba a dirigirse a Perm, pero la aplastante derrota del Tercer Ejército, en diciembre, cuando la ciudad pasó a manos de los Blancos, enterró el proyecto. En enero los desviaron a Vólogda y luego a Plesétskaya. «Entre el coro ha habido resentimiento y protestas», se lamentó, con enojo, el comisario al cargo del festejo, en una nota para Petrogrado. Se habían puesto a «gimotear» porque no les daban comida caliente, solo las mismas raciones que al Ejército Rojo. «Algunas mujeres del coro dejaron claro que solo habían venido a coquetear.»[1]

En Plesétskaya dieron dos conciertos en la iglesia, no sin protestar porque el intenso frío les dificultaba cantar. «El mismo día en que se hacía el funeral de un camarada que había caído en combate —seguía diciendo el informe— nuestro glorioso ProletKult, representado por varias jóvenes del coro, organizaron una fiesta con baile durante toda la noche. A la vista de los soldados del Ejército Rojo, empezaron a colgarse del cuello de los oficinistas del cuartel general. Por mi parte opté por tomar medidas muy estrictas y les dije que estaban desgraciando el nombre del ProletKult, que eran corruptas y estaban fuera de lugar. Les prometí que, si no se reformaban, las mandaría a Petrogrado.» También les dijo que eran una desgracia para los «soldados del Ejército Rojo que están conteniendo a los imperialistas de cuatro países en unas condiciones de frío extremo».

Esos imperialistas, debido a su mejor higiene, no habían sufrido tanto como el Ejército Rojo en las oleadas de disentería, cólera, escorbuto, fiebres tifoideas y viruela, aunque en Arcángel hubo unos diez mil casos de gripe española. Pero el estado de ánimo de las tropas Aliadas no era mucho mejor. Las tropas francesas y estadounidenses de Múrmansk se amotinaron, aunque no tan a menudo como los rusos Blancos. Y según Churchill informó a su primer ministro, «en nuestras filas ha habido cuatro o cinco incidentes desagradables».[2]

Con la luz diurna reducida a tan solo tres o cuatro horas de cada veinticuatro, un frío paralizante y ausencia de comidas calientes, los oficiales no lograron convencer a muchos soldados de que la misión del norte de Rusia estaba justificada; menos aún, cuando parecía que todos los demás, en los ejércitos respectivos, volvían a sus casas. Para los Rojos resultaba fácil preguntar a voz en grito, dirigiéndose al otro lado de las líneas entre el silencio helado, qué estaban haciendo en Rusia. Lo cierto es que la prensa británica empezó a plantear la misma pregunta con una frecuencia creciente. En su mayoría, las tropas enviadas al norte de Rusia para proteger los depósitos de abastecimiento eran de una «categoría médica inferior».

El 19 de enero, las fuerzas Rojas lanzaron una serie de ataques contra Shenkursk, en el río Vaga, unos 200 kilómetros al sur de Arcángel. Los defensores estadounidenses sufrieron muchas bajas y hubo que abandonar la ciudad. El 8 de marzo Churchill, que en secreto aún confiaba en utilizar la presencia Aliada en Múrmansk y Arcángel para enlazar con las fuerzas de Kolchak, logró convencer al Gabinete de Guerra de que los acuartelamientos británicos, que estaban desmoralizados, debían ceder el puesto a dos grupos de brigadas, con 4.000 efectivos cada uno, que cubrieran la eventual retirada. Estas brigadas estarían «formadas por voluntarios reincorporados a las fuerzas armadas».[3] Se le autorizó a disponer todo lo necesario.

Churchill no renunciaba a su sueño, que solo cabe calificar de poco realista, y le insistió repetidamente a Lloyd George para que le permitiera aprovechar la ocasión, si se les presentaba. «En lo que respecta a la acción de Gajda sobre Viatka y Kotlas —informó el mariscal de campo Wilson, desde París—, el primer ministro tan solo ha querido comprometerse a decir que, si Gajda llega a Viatka y establece allí una base sólida, y luego asciende por la vía del ferrocarril en dirección a Kotlas, no habrá objeción a que [el general de brigada William] Ironside lo tenga todo preparado para asestar un golpe en el Dviná, en Kotlas; pero antes de llevar a cabo de hecho tal clase de acción, sería imprescindible consultar al Gabinete.»[4] Pero tal como señaló Harris, el cónsul general de Estados Unidos en Irkutsk, Gajda, «incitado por la entente, quería seguir avanzando hacia el noroeste, cuando lo que en verdad se necesita es que se dirija al suroeste, para proteger el flanco de Janzhín. Algunos le acusaron de que el deseo de entrar en Moscú le llevaba a una ambición desmedida».[5]

Solo se logró un contacto meramente simbólico en el río Pechora, unos 850 kilómetros al norte de Perm: una unidad menor de Arcángel enlazó con un grupo, equivalente por efectivos a una compañía, del ejército septentrional de Gajda.[6] Pero la distancia era tan vasta, y el territorio, tan hostil, que desde un simple punto de vista logístico el proyecto era del todo irrealizable. El mariscal de campo sir Henry Wilson se mostró mucho más pragmático que Churchill: «A la vista de la enorme extensión del país, de la pobreza de sus habitantes, de las graves deficiencias de las comunicaciones, el deplorable estado del ferrocarril y el agotamiento militar de los Aliados —había escrito el 24 de febrero—, en este momento no se considera que invadir y ocupar Rusia sea una propuesta militar practicable».[7]

La esperanza de Churchill, de crear en Rusia un Ejército Blanco eficaz y capaz de derrotar al bolchevismo, no parecía muy viable a finales de marzo y principios de abril. Primero un batallón del 3.º Regimiento de Fusilería del Norte de Rusia, y luego el 8.º Regimiento de Fusilería de Rusia en su totalidad, se pasaron a los comunistas. Los oficiales, ya fueran británicos o rusos, dormían con un revólver cargado a mano. Fue un alivio que llegara el grupo del general de brigada Grogan, el 26 de mayo, y que el 10 de junio desembarcara el del general de brigada Sadleir-Jackson. La evacuación de las tropas descontentas que habían padecido los rigores del invierno ártico empezó con los estadounidenses y franceses, que subieron a bordo de los primeros barcos, junto con dos baterías de la artillería canadiense. Los oficiales que acababan de llegar, por el contrario, se sintieron interesados por las iglesias blancas y pintorescas, de cúpulas verdes, y gozaban de cazar patos y practicar la puntería por el estuario del Dviná.

El Ejército Rojo fue atacando los sistemas fluviales del Dviná y el Vaga por intervalos mensuales. Como el Dviná fluía hacia el Círculo Ártico, el curso superior se descongeló antes que el inferior, con lo cual la flotilla Roja pudo actuar, pero los barcos británicos siguieron varados en los hielos de Arcángel hasta el 13 de mayo. La flotilla de la Royal Navy constaba de cuatro cañoneras —con nombres de insecto: las *Cockchafer*, *Cicada*, *Cricket* y *Glow-worm*— y dos monitores como artillería flotante. Todos los barcos se dirigieron río arriba en la segunda mitad de mayo, en cuanto se quebraron los hielos. «Había esperanzas de ayudar a los rusos a llegar hasta Kotlas y darle la mano a Kolchak»,[8] escribió el comandante Lund, que repetía la fantasía de Winston Churchill, tan inviable como asombrosamente persistente.

El 19 de junio se produjo un duro enfrentamiento en el que la flotilla británica respaldó a la brigada de Grogan en Tróitskaya (hoy Zherlyguínskaya): sus monitores se encargaron del bombardeo inicial, mientras las cañoneras repelían a la flotilla Roja. Al día siguiente, el 2.º batallón del Regimiento de Hampshire y el 3.º Regimiento del Norte del Rusia atacaron los pueblos de Róchegda y Tonsa, en la orilla derecha del Dviná. Hicieron 400 prisioneros y se apoderaron de tres cañones de campaña y muchas ametralladoras. La ayuda de la flotilla de la Royal Navy y los hidroaviones de la RAF, que colaboraron estrechamente, fue muy importante.

El Gabinete de Guerra autorizó al general de brigada Ironside a atacar hacia el sur, hacia Kotlas, aun cuando en aquel momento ya era evidente que el Ejército siberiano de Kolchak nunca conseguiría su objetivo. Era fácil detectar a Ironside —un lingüista notable, pues hablaba siete lenguas— en una multitud, por su enorme altura. Esto le había valido el mote escolar e irónico de «Tiny» («Menudo, Diminuto»), que le acompañó toda la vida. El nuevo plan consistía en aplastar la base de la flotilla Roja en Kotlas para que las fuerzas Rojas no pudieran seguir a las Aliadas en el descenso del Dviná mientras se retiraban. De vuelta en Londres, Lloyd George aún temía que Ironside pudiera avanzar todavía más al sur, dejando atrás Kotlas. Quería que supiera que, bajo ninguna circunstancia, debía quedar «enredado en el sur hasta el extremo de necesitar que se le envíe desde Inglaterra una columna de socorro que le saque de allí, porque no había forma ni voluntad de enviar tales tropas». Además, tenía que asegurarse de que su fuerza se hallaba en una posición tal que pudiera ser evacuada «antes de que el hielo se consolide».[9]

A finales de junio, Ironside disponía de 22.000 soldados rusos, incluida la Legión Eslavo-Británica, con suboficiales y oficiales británicos al mando de prisioneros y desertores del bando bolchevique. Pero decir que este incremento de tropas era un arma de doble filo sería quedarse corto. La noche del 7 de julio varias unidades rusas Blancas se amotinaron otra vez, entre ellas el Batallón de Dyer, de la Legión Eslavo-Británica, que incluía a exsoldados Rojos, y el 4.º Regimiento de Fusilería del Norte de Rusia. Asesinaron a tres oficiales británicos y cuatro rusos, e hirieron a otros varios. «El enemigo, que sin duda era plenamente conocedor de la situación, aprovechó la situación para atacar», escribió el comandante Lund. Las fuerzas Rojas llegaron a menos de «1.200 yardas del punto de anclaje de la flotilla y la base de los hidroaviones».[10]

Un destacamento de chaquetas azules e infantes de Marina tomó tierra para asegurar la posición hasta que llegaran refuerzos británicos. Los hidroaviones también ayudaron, con incursiones de bombardeo, mientras un monitor y el HMS *Humber* (con su torreta de doble cañón de 6 pulgadas) obligaron a la flotilla Roja a retirarse. Pero dos dragaminas (en este caso con nombre de bailes: el *Sword Dance* y el *Fandango*) se hundieron por el efecto de minas lanzadas río abajo por los bolcheviques (o *bolos*, como los llamaban los británicos y estadounidenses). Luego hubo que destinar grupos de tierra a tender redes sobre el río, para limpiarlo de otras minas. Algunos de los amotinados fueron sometidos a consejos de guerra y fusilados, pero los líderes huyeron.

El 19 de julio se retiró el contingente italiano. Tres días más tarde, el regimiento ruso establecido cerca del lago Onega también se rebeló, y les abrió el frente a los bolcheviques. En la línea de ferrocarril de Vólogda, las tropas rusas iniciaron igualmente un motín, pero en este caso fue sofocado con rapidez por un destacamento de la Legión Polaca y tropas británicas. El contagio se había extendido a casi todas las unidades rusas y fue necesario retirarlas. Una vez que la prensa británica publicó noticias que confirmaban que los Aliados emprendían una evacuación general, las autoridades militares británicas no pudieron hacer nada contra la propaganda bolchevique en el frente. Los rusos que habían prestado servicio en los regimientos Blancos temían que se los dejara a su suerte, en manos de los comunistas. Se había planeado que la evacuación británica se desarrollara entre el 15 de octubre y el 10 de noviembre, justo antes de que el Dviná se helara; pero dada la condición de las tropas rusas, pareció imprudente esperar.[11]

En agosto, el general lord Rawlinson asumió la comandancia en jefe del Norte de Rusia. Tenía la misión de supervisar la retirada con la ayuda de dos nuevos batallones de infantería, alguna artillería de campaña y cinco tanques. Además, se envió un batallón de la infantería de Marina a

Múrmansk, una base que debía conservarse por más tiempo, hasta que la flotilla fluvial se reacondicionara para regresar a las aguas británicas. El plan consistía en administrar un golpe duro en el curso alto del Dviná para que las fuerzas del Ejército Rojo se echaran atrás y ellos gozaran de cierto margen.

El 10 de agosto, la brigada del general Sadleir-Jackson atacó las posiciones del Ejército Rojo en Puchega y Borok, en el Dviná Septentrional. Un globo de observación, controlado desde una barcaza, ayudó a precisar los disparos de la artillería. En total se apresó a 2.000 hombres y se ganaron 18 cañones de campaña. Este avance permitió que la Royal Navy preparase la operación de minado para bloquear el paso fluvial de la flotilla Roja cuando la retirada se iniciara. Rawlinson y Ironside intentaron convencer al líder del Gobierno del Norte de Rusia, el general Yevgueni Míler, de que abandonara Arcángel para centrarse en Múrmansk, pero se negó, amparándose en una orden del almirante Kolchak: había que «conservar Arcángel como fuera».[12] Por petición de Míler, el 29 de agosto se hizo un último ataque en la línea de ferrocarril de Vólogda.

El 6 de septiembre las fuerzas Rojas contraatacaron, pero fueron repelidas por las tropas de Sadleir-Jackson, que seis días más tarde se retiraron río abajo. Diez días después, el comandante Lund, asistente militar de Rawlinson, apuntó en su diario: «Tiempo frío y ventoso. ¡Parece que empieza el invierno!».[13] Aquel mismo día el mariscal de campo Wilson puso a Churchill al corriente de las noticias de Rawlinson. El general Míler afirmaba que iba a defender Arcángel hasta el final, pero desde el punto de vista de Rawlinson «en realidad no tiene ni la intención ni el coraje para intentar nada parecido... Sus soldados son un desastre. Anoche un batallón del 4.º [Regimiento del Norte del Rusia] se dirigía al frente del ferrocarril y tuvo que transbordar del vapor al tren. Pero cuando el tren se puso en marcha, los oficiales se habían ausentado y solo se presentaron 250 hombres. Los oficiales estaban todos en la ciudad, borrachos, y el capitán preboste tuvo que hacer una redada general».[14] Míler pidió entonces que los británicos les dejaran los cinco últimos tanques, pero Rawlinson advirtió a Londres: «Si le dejo con lo que pide, sé, no me cabe duda, que se lo estoy entregando a los *bolos*». Al final, los Blancos se enfurecieron porque los británicos solo les dejaron dos blindados y los otros tres los destruyeron, para impedir que cayeran en manos del Ejército Rojo.

El 23 de septiembre casi todo el personal británico había alcanzado ya el perímetro defensivo interior de la zona de Arcángel. «La evacuación final, el 27 de septiembre, se realizó en un orden perfecto, los monitores han regresado» al crucero HMS *Fox*, anclado en las aguas mismas de Arcángel. Con la evacuación acabada, el general Ironside y su Estado Mayor zarparon. También el crucero francés *Condé*, como gesto de apoyo Aliado.

Entre tanto la fuerza de Múrmansk también empezó a retirarse después de un ataque exitoso. El general de brigada Jackson sucedió en el puesto a Maynard, que había sufrido un ataque al corazón. El 4 de octubre todas las tropas británicas estaban al norte de Kandalaksha. La evacuación última de Múrmansk se completó el 12 de ese mismo mes. Solo 6.535 antibolcheviques de nacionalidad rusa —muchos menos de los esperados— se embarcaron en buques británicos para trasladarse a los Estados bálticos o el sur de Rusia. El total de bajas británicas, incluidos los heridos y los muertos por enfermedad, ascendió a 106 oficiales y 877 soldados de la tropa, de los que 41 y 286 perdieron la vida en combate.

El mariscal de campo Wilson estaba sin duda en lo cierto cuando concluyó: «En ningún país Aliado la opinión pública ha ejercido una presión que justificara una intervención armada contra los bolcheviques a escala decisiva, con el resultado, inevitablemente, de que las operaciones militares han adolecido de una falta de cohesión y de propósito».[15]

26

Siberia

De junio a septiembre de 1919

El gran brote de optimismo que se vivió en el cuartel general de Kolchak tras la reconquista de Ufá en marzo no tardó en apagarse. La reacción del Kremlin a la amenaza de los ejércitos Blancos de Siberia había transformado el frente oriental, por mucho que fuera a costa de debilitar al Ejército Rojo en el sur de Rusia. Mijaíl Frunze, del 4.º Ejército, asumió el mando en el sur de los Urales y, en la segunda semana de abril, empezó a avanzar en dirección a Ufá. Frunze, bolchevique desde 1903, demostró ser un comandante sumamente competente. Los refuerzos que el Kremlin envió al Frente Oriental incluían a un gran número de cuadros comunistas, con el fin de reforzar la determinación de las tropas del Ejército Rojo, en particular del Tercer Ejército, en el norte, que había sufrido un castigo muy severo. Esto les concedió la superioridad numérica, con 81.000 hombres frente a los 70.500 de los Blancos.[1]

Las fuerzas de Frunze ocuparon Ufá el 9 de junio, a pesar de que las tropas de Káppel defendieron la ciudad con un arrojo suicida. El Grupo Meridional de Frunze informó de que había capturado a 25.500 prisioneros y desertores Blancos, a costa de 16.000 bajas propias, entre muertos y heridos.[2] El Quinto Ejército de Tujachevski siguió avanzando hacia Cheliábinsk y en el camino conquistó Zlatoúst. El 1 de julio, justo dos días antes de que Denikin anunciara en Tsaritsyn la ofensiva por Moscú, los ministros de Kolchak recibieron la noticia de que en el norte se estaba retirando también el ejército de Gajda.

Los distintos ejércitos de Kolchak en Siberia —Denikin en el sur, Yudénich en el Báltico— nunca fueron capaces de coordinar sus operaciones. Si entre ellos había poca comunicación, además pasaba por París, con lo cual tardaba varias semanas en llegar. La gran desventaja de los Blancos fue el hecho de estar dispersos en torno del núcleo central del territorio comunista; el Ejército Rojo, por el contrario, se beneficiaba enormemente de las líneas de comunicación interiores y de una estructura de mando más centralizada. Pese a todo, entre los líderes Rojos también había potentes querellas internas.

Las líneas de fractura se habían establecido el año anterior, después de que Trotski criticara de forma fulminante el papel de Stalin en Tsaritsyn, y de que Stalin a su vez atacara a Trotski por desplegar a antiguos oficiales zaristas con el fin de profesionalizar más el Ejército Rojo. A continuación, se produjo un choque fundamental en materia de estrategia. Serguéi Kámenev, el comandante del Frente Oriental, defendió con decisión que sus victorias sobre los ejércitos de Kolchak debían culminar con la destrucción total de estos, sin pausa. Stalin apoyó a Kámenev (a pesar de que era un antiguo oficial zarista). Vatsetis, comandante en jefe del Ejército Rojo, contó con el respaldo de Trotski para insistir en que la amenaza más grave procedía de los ejércitos de Denikin. El Ejército Rojo, en consecuencia, debía hacer un alto en el frente oriental y consolidar las fuerzas del sur. Lenin se puso de parte de Kámenev y Stalin, lo que llevó a Trotski a plantear su cese como presidente del Comité Revolucionario Militar. Lenin lo apaciguó con la promesa de que podría emitir cualquier orden por propia iniciativa, y contaría con su respaldo automático. Trotski se rindió y accedió a quedarse, pero Stalin logró introducir en el comité a más partidarios suyos.

La retirada de Gajda fue una consecuencia directa de la retirada del Ejército Occidental de Janzhín. Pero también tuvo su influencia el poderoso resentimiento de los oficiales Blancos de Rusia contra los checos, según comentó el ministro de Exteriores de Kolchak, Víktor Pepeliáyev: «Aquí tienen tantas ganas de acabar con Gajda que distorsionan por completo el panorama. Esto tiene que acabar».[3] El propio Kolchak acusó a Gajda, a la cara, de «tener tendencias democráticas, preferir a los social-revolucionarios y rodearse, tanto en su ejército como en el Estado Mayor, de hombres de ideas avanzadas».[4]

Gajda contestó que era mucho más peligroso tener un punto de vista reaccionario y recordó al almirante que a los Aliados les había dado promesas de democracia. Entonces Kolchak le acusó de ser un ignorante en la

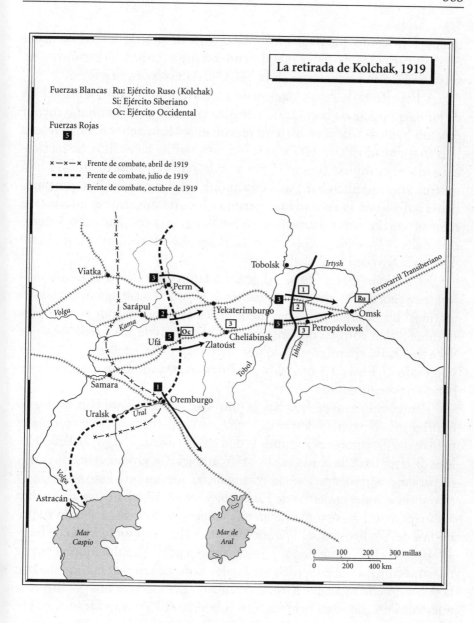

La retirada de Kolchak, 1919

Fuerzas Blancas Ru: Ejército Ruso (Kolchak)
Si: Ejército Siberiano
Oc: Ejército Occidental

Fuerzas Rojas
5

×—×—× Frente de combate, abril de 1919
- - - - - Frente de combate, julio de 1919
——— Frente de combate, octubre de 1919

materia militar. Gajda replicó que no por haber mandado en tres barcos
en el mar Negro debía atreverse a fingir que sabía nada del tema. Kolchak
le amenazó con un consejo de guerra, y Gajda respondió que él era checo
y no le debía obediencia. Gajda acudió entonces a ver a Pierre Janin, para
pedirle apoyo, ante el temor a que lo detuvieran; el general francés le tran-

quilizó afirmando que estaba completamente de su lado. Pero los checos estaban cansados de tener que defender a unos zaristas acérrimos y no veían sentido en permanecer en Rusia. Querían volver a su país.

A Pepeliáyev le resultó especialmente doloroso recibir, a principios de julio, la noticia de la caída de Perm, la ciudad que su hermano menor Anatoli había tomado en diciembre, con el aplauso general. «Las tropas han abandonado Perm esta tarde. Nuestra flotilla ha ardido. Se ha descargado el combustible en el río y se le ha prendido fuego. Se han destruido veinticinco barcos»,[5] escribió. El regimiento chino que tanto había sufrido en la retirada de Perm, el mes de diciembre anterior, se reformó con la incorporación de Fu I-Cheng en la comandancia y cierto camarada Spiridónov en la comisaría.[6] Para ellos, la reconquista de Perm fue un motivo de especial alegría.

El 14 de julio, en Omsk, el general Janin escribió en su diario: «El frente se está desintegrando a ojos vistas. Hay una serie de hechos sintomáticos: un número excesivo de oficiales asesinados [por sus propios hombres]. Un coronel que intentó detener a uno de sus batallones, que iba a pasarse al enemigo guiado por un oficial; y el oficial sacó el revólver y lo mató».[7] En la 1.ª División de Infantería, ya habían cambiado de bando tres regimientos.

Para el gobierno de Kolchak la prioridad era el «asunto checo», según Pepeliáyev. «No tienen deseos de luchar. En consecuencia, se ha propuesto invitar a los japoneses a asumir la defensa al oeste del [lago] Baikal.»[8] La idea de traer hasta la Rusia central a los ambiciosos nipones parecía extraña para una administración tan nacionalista, que por otro lado se negaba a reconocer la independencia de Finlandia y los Estados bálticos. En cuanto a los japoneses, no se molestaban en ocultar sus intereses. Cuando su periódico de Vladivostok, el *Vladivo-Nippo*, analizó el posible envío de fuerzas japonesas al frente de los Urales, argumentó: «Resulta idóneo enviar nuestras tropas directamente a los Urales, para así reforzar la confianza de la población de todas las Rusias. Al mismo tiempo esto nos garantizaría nuestros derechos excepcionales en Siberia y el Extremo Oriente».[9] Un oficial estadounidense quedó boquiabierto cuando un agente de la inteligencia nipona, cierto capitán Yamamoto, admitió: «Dentro de diez o quince años el mundo estará hablando en japonés. Tendrá que hacerlo si no quiere perder el paso frente a nuestro progreso nacional».

La inteligencia estadounidense calculaba que los japoneses disponían en Siberia de no menos de 85.000 hombres y 14.550 caballos.[10] En el conjunto de sus batallas y escaramuzas habían perdido a 831 muertos y 376 heridos, una inversión llamativa con respecto a la relación habitual de tres heridos por cada muerto. A principios de julio las tropas japonesas y estadounidenses lucharon codo con codo para proteger las minas de Suchán de un ataque Rojo. Los estadounidenses estaban dirigidos por el coronel Robert L. Eichelberger, al que los japoneses otorgaron varias condecoraciones, incluida la Orden del Sol Naciente. Pero 26 años más tarde fue precisamente el Octavo Ejército de Eichelberger el que infligió la derrota definitiva a los nipones en las Filipinas.

Además de un «asunto checo» había también un asunto polaco. La 5.ª División Polaca en Siberia se había armado y defendía un tramo del ferrocarril, de un millar de kilómetros de longitud; pero se negaban a combatir en el frente e insistían en que su misión era volver a Polonia para protegerla. Para los Blancos era un motivo de ira.[11] La intensidad de las críticas era tan extrema que Janin se sintió obligado a tomar partido por los polacos, pues el almirante Kolchak y sus ministros los acusaban de «todos los pecados de Israel».[12] Uno de los consejeros de Kolchak dijo a Janin que si los polacos no querían ir al frente, había que desarmarlos. Pero este replicó que solo podrían entrar en combate si recibían una orden de su gobierno, el mismo que los Blancos se mostraban reticentes a reconocer.

El 9 de julio, Kolchak regresó de visitar al ejército del norte. «El Gobernante ha vuelto del frente. En su vagón nos ha estado contando sus impresiones. La situación es desesperada»,[13] escribió Pepeliáyev en su diario, aquella tarde. El general Díterijs advirtió de que «es probable que Yekaterimburgo y Cheliábinsk se rindan». A Pepeliáyev no le pasó por alto que Kolchak era cada vez más inestable. El 20 de julio escribió: «De pronto el Gobernante ha dicho: "Oye, ¿a ti no te parece que una dictadura tendría que ser realmente una dictadura?". No ahondó sobre el tema». Era cada vez más habitual que Kolchak sufriera ataques de cólera aterradores, en especial cuando alguien sugería que la población civil vería con buenos ojos esta o aquella reforma progresista. También se enredaba en peleas constantes con el comandante de los Aliados, el general Pierre Janin, sobre todo con relación a los checos, a los que Kolchak acusaba de plantear *«exigences insolentes»*. Después de una de estas broncas recurrentes, Janin apuntó en su diario: «Resulta un esfuerzo agotador mantener la compostura cuando se intenta razonar con un hombre que no es capaz de controlarse a sí mismo».[14]

El almirante Kolchak, Gobernante Supremo.

El jefe de la misión militar británica, el general de división Knox, había llegado a la convicción de que en Siberia la causa Blanca estaba perdida sin remedio. El mariscal de campo Wilson se hizo eco de un informe de Knox para el Gabinete de Guerra, el 23 de julio: «La incompetencia del Estado Mayor y los oficiales de los regimientos rusos, que solo igualan su vanidad y su impaciencia ante cualquier consejo de un extranjero, ha dado por fruto malgastar tanto hombres como materiales en empresas prematuras y mal concebidas, de forma que en la práctica apenas quedan recursos para el futuro. El general Janin, que se había arrogado la responsabilidad de ser el consejero de Kolchak en lo tocante a las operaciones militares, ha demostrado ser un don nadie sin capacidad de influir en la situación... El Estado Mayor ruso no parece haber aprendido nada ni olvidado nada».[15]

Knox no estaba solo en esta opinión. El 25 de julio el general Anatoli Pepeliáyev habló por teléfono con su hermano menor, el titular de

Exteriores. «A su modo de ver —escribió el ministro— la situación es casi desesperada, a no ser que el "Ejército", que es necesario crear de cero, escuche a la gente y acceda a combatir. Él querría marcharse.» Aquella tarde Víktor Pepeliáyev recibió la noticia de que los Rojos ya habían tomado Cheliábinsk. «Desintegración por desánimo... El Gobernante Supremo parece ciertamente quemado.» El desastre de Cheliábinsk se debió a un proyecto mal concebido: el inexperto general Sájarov soñaba, sin ningún fundamento, que sería capaz de cercar al Quinto Ejército Rojo.[16] Tanto Kolchak como su jefe del Estado Mayor, el general Liébedev, se negaron a atender a las advertencias de que esa maniobra resultaba demasiado compleja para las unidades Blancas intervinientes. El plan salió fatal y los Blancos no solo perdieron a 15.000 hombres que cayeron presos —un perjuicio insostenible— sino también la una ciudad industrial de importancia. El Ejército Rojo había puesto el pie con firmeza más allá de los Urales.

Cuando los comunistas tomaban una ciudad siberiana no perdían un minuto. Emitían una orden para reclutar en sus filas a todos los «exoficiales Blancos, hasta la edad de 50 años, oficiales de Estado Mayor, hasta los 55, y generales, hasta los 60, tanto de la región como que vivan aquí temporalmente».[17] Tal era el grado de confianza en sí mismo: el caso de oficiales propios que se pasaran al bando Blanco se estaba convirtiendo en un fenómeno mucho más raro.

El desánimo imperante en las filas Blancas se debió, en parte, a la inutilidad del ministerio de la Guerra, con sede en Omsk. La institución no había acertado a sustituir las botas del ejército de Gajda, que estaban pudriéndose, o a mejorar la conducta de los oficiales Blancos reaccionarios. Gajda, al que se culpó de la caída de Perm, se había vuelto impopular por condenar las prácticas heredadas del ejército zarista que los oficiales Blancos habían reinstaurado en Siberia, tales como azotar o abofetear a los soldados que habían cometido un error.

Quizá el problema más gravoso de todos era la corrupción absoluta de la retaguardia, que superaba incluso la podredumbre que imperaba por detrás de los ejércitos de Denikin. Los oficiales con puestos de Estado Mayor o administración, en su mayoría, pensaban solo en sí mismos: vendían raciones, materiales e incluso armas para compensar lo que habían perdido con la revolución o costearse un nido en el exilio. Muchos se hacían acompañar de sus esposas y familias y se aseguraban de que recibían un tratamiento preferencial, usaban el transporte militar y tenían acceso a las raciones y suministros. «Justo en la misma retaguardia hay multitudes formadas por las familias de los oficiales, que se desplazan en los carros de las fuerzas armadas mientras las unidades se lamentan... de que no pueden disponer de carros para evacuar a los enfermos y los heridos.»[18] Se proclamó una orden que desautorizaba el paso de las familias más allá «de la zona del cuartel general del Ejército». Cuando los Blancos empezaron a retirarse, se generó un mercado negro de billetes de tren, de un carácter despiadado.

El cinismo con que los estadounidenses reaccionaban a los intentos de Kolchak de impresionar a los Aliados se incrementó cuando leyeron en la prensa el anuncio de que en Omsk se había detenido entre otros al general Kasatkin, jefe de las comunicaciones militares. Sucedió que «se estaban vendiendo vagones para el transporte de suministros y tropas, a personas privadas, por un precio de entre 25.000 y 50.000 rublos por coche. Los detenidos han quedado a disposición de un consejo de guerra y quizá se los condene a muerte».[19] Pero dos meses más tarde, no les extrañó saber que Kasatkin no solo no había sido ejecutado, sino que se le había nombrado... director de la intendencia militar.

En las zonas de retaguardia, muchos oficiales recurrían a una ingesta constante de alcohol y drogas para frenar el pensamiento racional. (Aunque no deja de resultar sorprendente que se pudiera disponer de cocaína —al parecer, en Omsk el consumo era muy abundante— en zonas tan remotas de Siberia.) En cambio, los artículos básicos de comida empezaron a escasear en la superpoblada capital de la Rusia supuestamente libre. Esto provocó una inflación acelerada en una ciudad que, por lo que fuera, no disponía del dinero necesario para pagar a sus trabajadores y ferroviarios. Los miembros del Gobierno llegaron a la convicción de que el problema tenía que ser que los Aliados especulaban contra el rublo. La única razón por la que el sistema económico no se había hundido en su totalidad eran las reservas de oro de las que los hombres de Káppel se habían apoderado en Kazán; pero Kolchak se negó a gastarlas.

En la retaguardia, los bolcheviques que pasaron a la clandestinidad formaron más grupos guerrilleros que se dedicaban a sabotear el Ferrocarril Transiberiano, prender fuego a los puentes de madera y derribar las líneas telegráficas. Al mismo tiempo el salvajismo de los destacamentos cosacos, en sus redadas antipartisanas, volvió en contra de los Blancos incluso al campesinado, que por lo general tendía al conservadurismo. El atamán Semiónov, aunque volvió a afirmar delante de Kolchak que reconocía «el Gobierno ruso encabezado por Su Excelencia y me atendré a vuestras órdenes»,[20] sin embargo como era de esperar no hizo el más mínimo caso de ellas. Fue precisamente la *atamánschina* —el reinado del terror y la tortura por atamanes bandidos tales como Semiónov, Úngern-Stérnberg, Kalmykov, Krasílnikov y Ánnenkov, además de los generales Ivanov-Rinov y Rózanov— lo que acabó por asegurar la victoria Roja en Siberia. El teniente general Serguéi Rózanov, al mando de la región del Cis-Amur, era tristemente famoso por ejecutar a los rehenes (independientemente de que Kolchak hubiera ordenado lo contrario) y ahorcar a las víctimas en los palos de telegrafía paralelos al Ferrocarril Transiberiano.[21]

En fecha tan reciente como el 1 de junio, Vologodski, el primer ministro de Kolchak, había anunciado que «la sede del Gobernante Supremo no tardará en trasladarse a Yekaterimburgo».[22] El 1.º Batallón del 9.º Regimiento de Hampshire, que había sucedido a los Middlesex en Omsk, se desplazó a Yekaterimburgo para actuar como guardia del cuartel general de Kolchak (que sin embargo permaneció en Omsk). Churchill tuvo que tranquilizar a Lloyd George conforme el propósito de la unidad no era combatir, «sino que su presencia otorga un cierto apoyo moral al gobierno de Omsk».[23]

En Yekaterimburgo también había un equipo de instrucción de oficiales y suboficiales, con el intento de crear una brigada anglo-rusa a partir de 2.500 reclutas que, en muchos casos, carecían hasta de botas. El joven capitán Brian Horrocks era el segundo en la jerarquía de mando. Hablaba un poco de ruso, pero la tarea de formar a campesinos analfabetos sin disponer apenas de intérpretes se demostró que era imposible. El general Gajda había prometido enviar a algunos de sus suboficiales, pero nunca aparecieron. Los más enojados eran un núcleo de oficiales Blancos de Rusia que eran del todo contrarios a recibir asistencia alguna de los británicos, y hasta de que estuvieran allí. En ese punto, cuando la instrucción empezaba a dar algún fruto, el general de división Knox ordenó, desde Omsk, que todo el personal británico debía retirarse de Yekaterimburgo junto con el batallón de Hampshire.

Su marcha coincidió con un rápido avance del Segundo Ejército Rojo, que llegó a las inmediaciones de la ciudad. Los oficiales Blancos acusaron de cobardía a los británicos, e incluso el general Janin se mostró conmocionado. Pero cabe la posibilidad de que los británicos fueran doblemente afortunados por haber huido de allí a tiempo: se marcharon justo antes de que los Blancos desataran un pogromo horripilante contra los habitantes judíos, cinco días antes de que los Rojos tomaran la ciudad, el 15 de julio. Esta atrocidad costó la vida a unas 2.200 personas, sobre todo por efecto del mito vengativo de la extrema derecha según el cual todo judío era por necesidad un bolchevique. Los Blancos afirmaron que después de que los Rojos tomaran la ciudad, mataron a más de 3.000 habitantes; pero bien podría ser que se tratara de un intento de ocultar su pogromo.

El 11 de julio, justo cuando Yekaterimburgo estaba a punto de caer, Kolchak había nombrado a Díterijs como sustituto de Gajda en la comandancia del Ejército Siberiano. Dos semanas más tarde se produjo otra reorganización: el 26 de julio se dividió en un Primer y Segundo Ejército, dirigidos por el teniente general Anatoli Pepeliáyev y el teniente general N. A. Lójvitski, mientras que el Tercer Ejército (anteriormente: Ejército Occidental) se le asignó al general Sájarov. La designación de ejércitos, cuerpos y divisiones empezó a carecer de sentido porque, durante la retirada, la tasa de deserciones se multiplicó. Un maestro local dejó constancia de ello: «Los soldados de a pie del ejército de Kolchak, que habían sido reclutados a la fuerza, no querían combatir contra las tropas revolucionarias. Te los podías encontrar por cualquier parte: en el bosque, en las marismas, junto a los lagos, entre el trigo crecido... Kolchak organizó expediciones de castigo para encontrarlos, pero a la población civil se le dio un trato tan riguroso que la desintegración del ejército se incrementó, en vez de frenarse».[24]

Incluso en los regimientos de la Fusilería Siberiana de Káppel empezaron a verse heridas autoinfligidas para escapar de la batalla: «Se ha registrado cierta cantidad de incidentes vergonzosos: se huye del combate gracias a las heridas, en particular heridas que ellos mismos se causan en los dedos. Lamento señalar que el número más elevado de heridas en los dedos se ha producido en las unidades que se supone que deben dar ejemplo a las demás, como las unidades de asalto o los equipos de instrucción. El concepto de "siberiano" es incompatible con el de "disparadedos"».[25] Cuando un médico informaba de esa situación, había un consejo de guerra. El capitán estadounidense William Barrett, cuya misión era proteger el Ferrocarril Transiberiano, escribió que los trenes hospitalizados que pasaban por la zona parecían ir llenos de soldados que se habían infligido las heridas a sí mismos para librarse de la guerra. «Se disparan poniendo en medio un chusco de pan, para que la pólvora no emponzoñe la herida.»[26] Cuando el intento era tan obvio, podían considerarse afortunados de que no les ejecutaran en el acto.

En el Ejército Meridional se temía también que el uso continuado de los prisioneros de guerra austríacos y alemanes representara un peligro. «Es evidente que los efectos corruptores de esta cohabitación y cooperación facilitan el espionaje y el crecimiento de las ideas internacionalistas.»[27] El Ejército Occidental, por su parte, advirtió que «a todos los que se rindan voluntariamente al enemigo o deserten se les desposeerá de cuantas propiedades tengan, como traidores; se les quitarán las tierras y quedarán reducidos a la pobreza. Cuando la región esté libre de los bolcheviques ninguno de estos traidores podrá vivir en sus lugares de origen, se les entregará a un tribunal militar y se les ejecutará como corresponde a las personas que cometen el peor de los crímenes imaginables. Así pues, cuantos estén sopesando ideas criminales o cobardes, de rendición o traición, que piensen en las consecuencias: la pérdida irrevocable de todas sus propiedades y del derecho a la tierra y la ejecución ineludible».[28]

A principios de agosto era cada vez más fácil ver a refugiados en carros, en las mismas columnas que las tropas de Kolchak. El 10 de agosto el almirante intentó disimular la gravedad de la situación, pero sin resultar muy convincente: «Nuestros ejércitos están combatiendo desde marzo. Necesitan un descanso y les he dado orden de que se retiren y no participen en grandes batallas con el enemigo... el ejército y yo estamos seguros de que nos alzaremos con la victoria final».[29]

Justo antes de retirarse, algunos Blancos furiosos fingieron ser Rojos para darle una lección al primero que simpatizara en secreto con los bolcheviques: «Un grupito de soldados apareció, un día de sol, en la carretera de Máloye Béloye —escribió el maestro A. Astáfiev—. Cuatro iban montados en un *drozhki*, uno portaba una bandera roja. Luego se supo que eran soldados de Kolchak disfrazados... Mijaíl Ivánov, del pueblo de Pestereva, salió a saludarlos con un "¡Hola, camaradas!". Lo ataron a un abedul y lo torturaron. Le perforaron el pecho con una bayoneta, le cortaron la nariz con un sable, luego le destrozaron la cabeza. Sobre el cadáver irreconocible escribieron: "¡Muerte a los bolcheviques!". El cuerpo lo encontraron, tres días más tarde, unos soldados del Ejército Rojo».[30]

El capitán Barrett, en Mysovaya, en la costa meridional del lago Baikal, tuvo que enfrentarse a una tarea horrible. El 4 de agosto había llegado un tren con 2.200 prisioneros bolcheviques, capturados en el frente. «En su mayoría parecían estar enfermos de tifus y a punto de morir de inanición. A varios los sacaron ya muertos de los vagones. Al parecer en cada estación hay que sacar cadáveres.»[31] La compañía de Barrett tuvo que proteger el tren de camino a Chitá, donde los hombres de Semiónov se ocuparían de ellos: los llevarían a Adriánovka, donde los obligarían a cavar sus propias tumbas y quitarse las botas, para luego fusilarlos.

En agosto, la retirada de los Urales tuvo su paralelo en el sur. Justo después de que Wrangel tomara Tsaritsyn, envió al sur al coronel Izerguín, a Gúriev, en el Caspio, como oficial de enlace con el ejército de los cosacos de los Urales, del atamán Tolstov. Izerguín, sin embargo, se encontró que estos cosacos se habían desplazado al este, a los desiertos del Turkestán, con la esperanza de unirse a los cosacos de Oremburgo (dirigidos por Dútov) o alguna otra formación de las fuerzas de Kolchak. Izerguín también descubrió que las familias cosacas, ante el temor a la venganza de los Rojos, habían hecho caso omiso del atamán Tolstov, que les había pedido que no se marcharan de sus asentamientos. Aunque muchos estaban enfermos de tifus, habían abandonado sus *stanitsas* con sus pertenencias y su ganado.

La fuerza de Tolstov siguió hacia el este, hacia el extremo septentrional del mar de Aral, donde no tardaron en verse rodeados por unidades Rojas. La única ruta de escape hacia el Ferrocarril Transiberiano atravesaba un paso estrecho que salía al desierto de Turgái. Los camellos tiraban de la artillería y los carros de dos ruedas, de los suministros menguantes y de los enfermos y heridos. Cuando el verano desapareció soportaron vientos gélidos y nubes de polvo que les azotaban la cara con la gravilla. Las tormentas de nieve obligaban a los conductores a usar gafas, según apuntó Serguéi Hitoon, el comandante de su columna motorizada. «Se les requisaban los caballos, camellos, el ganado y todos los alimentos posibles a los campesinos de los pueblos circundantes.»[32] Los pueblos se habían vaciado, por temor a esta fuerza que se aproximaba cargada de enfermedades. Ante la carestía de alimentos y agua, robaban los melones que plantaban los lugareños, pero esto contribuyó a difundir el cólera y la fiebre tifoidea.

Pronto tuvieron que abandonar cualquier cosa que les frenara, incluida la artillería y a los miles de enfermos y heridos. «Los escasos vehículos a motor se empantanaban en la arena y por combustible había que usar alcohol.» Para que un motor se descongelara y empezara a funcionar, a veces había que esperar una hora entera. Su vehículo más fiable era un camión hospitalizado, conocido como «el hotel Benz». Solo unos pocos destacamentos cosacos estaban en condiciones de librar acciones de retaguardia contra los Rojos perseguidores.

Al saber que la retirada de las fuerzas de Kolchak se aceleraba, los cosacos de los Urales tuvieron claro que no llegarían a alcanzarlos, si emprendían una marcha en diagonal al noreste, hacia el Ferrocarril Transiberiano, por lo que siguieron hacia el este. Al haber fuerzas Rojas muy poderosas entre ellos y el ferrocarril, su única oportunidad pasaba por atravesar la mayor parte de Asia central hasta llegar a la frontera china. «La retirada apresurada dejó a su paso un rastro espantoso de cadáveres congelados. Los camellos, exhaustos sin remedio por el exceso de penalidades, también yacían aquí y allá, con las jorobas caídas.»[33]

En agosto se produjo una batalla de importancia entre el río Tobol y la ciudad de Petropávlovsk. Comenzó con combates intensos en el sector por el que el Ferrocarril Transiberiano cruzaba el Tobol. Luego, hacia finales del mes, el Quinto Ejército Rojo logró cruzar el río mientras los Blancos preparaban un contraataque que iba a ser dirigido por Anatoli Pepeliáyev. «El papel [de su punta de lanza] se iba a confiar a un cuerpo de cosacos siberianos que totalizaba 7.000 sables», se escribió en la posterior evaluación del Ejército Rojo.[34] Mientras estos atacaban el flanco del Quinto Ejército, el Tercer Ejército Blanco debía acometer de cabeza. Pero en reunir y desplegar la caballería se tardó más de lo esperado y el contraataque desde Petropávlovsk no se inició hasta el 1 de septiembre. A lo largo de otro mes de combates, el Quinto Ejército tuvo que retroceder casi un centenar de kilómetros, hasta el otro lado del Tobol, donde el frente quedó estabilizado un tiempo por el agotamiento de los dos bandos. Pero si las pérdidas de los Blancos eran insostenibles, el Ejército Rojo recibía refuerzos constantemente.[35]

Al tener noticia de este contraataque, algo más adelante, Churchill sintió renacer sus esperanzas. Envió un mensaje para Kolchak por medio del general de división Knox: «Me alegra lo indecible saber que el esfuerzo supremo del ejército de Su Excelencia por fin ha sido gratificado con un éxito tan colosal». Luego explicó que los británicos se habían centrado en apoyar a los ejércitos de Denikin, en el sur, porque eran más accesibles y se partía de la expectativa de que el Gobierno de Estados Unidos ayudara al almirante Kolchak en Siberia: «A Estados Unidos le hemos indicado por varios canales que, mientras nosotros cumplimos con nuestra parte en el sur, confiamos en que ellos asumirán la carga de Siberia».[36] Pero el general Graves y sus jefes políticos de Washington no tenían intención de hacer tal cosa.

El mensaje de felicitación de Churchill había llegado demasiado tarde porque una sucesión de reveses había anulado ya aquella esperanza efímera. Los ataques partisanos aumentaron extraordinariamente, animados por el avance continuo del Ejército Rojo. Según Fedulenko, el comandante de la escolta de Kolchak: «el general cosaco Ivanov-Rinov prometió al almirante que movilizaría a todos los cosacos y detendría la retirada. No ha sido así».[37] Díterijs despidió al jactancioso Ivanov-Rinov, que optó por pasarse a los bolcheviques. El gran error de Kolchak —y el que le costaría la vida— fue negarse a escuchar al general Díterijs cuando este le instó a abandonar Omsk y emprender una retirada hasta Irkutsk, ya cerca del lago Baikal.

Incluso Víktor Pepeliáyev, a pesar de su talante más racional, compartía el sentimiento de furia contra Estados Unidos que predominaba en el cuartel general de Kolchak. «¡El comportamiento de Estados Unidos es intolerable! —escribió, el 22 de septiembre—. Ha exigido que apartemos de sus puestos a Semiónov y Kalmykov. El general Graves ha bloqueado las armas que nos enviaban y por las que ya habíamos pagado en oro.»[38] En realidad los estadounidenses tenían una idea de los horrores perpetrados por los cosacos del atamán bastante más precisa que la del gobierno de Kolchak en Omsk, que prefería mirar hacia otro lado. El general Knox también advirtió a Pepeliáyev de que los checos seguían muy enojados por el despido de Gajda. En Vladivostok hubo algaradas y «durante la noche del 18-19 de septiembre se intentó dar un golpe». La comisión interaliada reclamó que las tropas del general Rózanov se marcharan de Vladivostok, pero Kolchak y sus ministros se negaron en redondo.

El general de división Knox se hacía pocas ilusiones al respecto de las fuerzas de Kolchak. Estaba furioso porque el 80 % de los reclutas Blancos, con toda la ropa y el equipamiento proporcionado por los británicos, se pasaban a las filas Rojas en cuanto tenían oportunidad. Se lamentó amargamente ante el general Janin porque se habían desperdiciado 200.000 uniformes completos.[39] Para añadir sal a la herida, Trotski envió una carta a Knox en la que le agradecía su generosidad. A Knox no le sorprendió que Tobolsk cayera en manos de los Rojos, en la primera semana de octubre. Poco después pasó lo mismo con Omsk.

El Ejército Rojo no era la única amenaza que ganaba terreno en Siberia. En Harbin había empezado a expandirse el cólera y en Vladivostok había un gran brote de viruela y de cólera. Corrían rumores sobre la llegada de «la muerte negra», la peste; y en Tomsk había una pandemia de tifus. «La congestión es tal que es probable que en invierno la epidemia adquiera proporciones espantosas. Aquí no dejan de llegar refugiados», escribió la Fuerza Expedicionaria de Estados Unidos.[40]

Para los oficiales estadounidenses, era un motivo de diversión leer que los periódicos rusos parecían más preocupados por el comportamiento de las jóvenes del país, que sin lugar a dudas confiaban en huir, cogidas del brazo de un «soldadito americano», de la catástrofe inminente. Su sección de inteligencia reunía recortes que denunciaban a las «buscadólares» y las «damas de la vergüenza» que siendo rusas se emparejaban con los infantes de Estados Unidos: «A cada paso es fácil ver ejemplos repulsivos de comportamientos indecentes de las mujeres rusas», «Y aún falta tragar los posos de la copa de la humillación. La implacable mano del destino amenaza el honor de las rusas», «Las llaman "mujeres", pero estas no ven ni a los soldados enfermos y heridos que regresan del frente ni a los fugitivos que escapan del otro lado de los Urales por la "pestilencia" insoportable».[41] En Vladivostok, el 6 de septiembre, el *Dalni Vostok* describió escenas del restaurante Zolotói Yákor [«Ancla de Oro»]: «Las mujeres ebrias y medio desnudas y los caballeros estadounidenses se sienten aquí muy cómodos y organizan orgías con las ventanas abiertas y las luces eléctricas encendidas». Vladivostok también tenía fama de ciudad espía, en la que las mujeres jóvenes que trabajaban para los Rojos intentaban seducir a los oficiales para obtener detalles sobre los envíos por medio del Ferrocarril Transiberiano.

El 6 de septiembre estuvo a punto de estallar un tiroteo en la estación de tren de Imán, cuando uno de los oficiales del atamán Kalmykov acusó a un sargento estadounidense de abusar de una mujer rusa. Lo amenazó con una pistola y afirmó que los cosacos «no podían tratar como amigos a los que forzaban a sus esposas e hijas».[42] El sargento sacó su Colt y la tensión se acumuló. Varios soldados de Estados Unidos acudieron en su rescate y el «atamán ordenó a los cosacos que trazaran una línea, montaran un cañón y respondieran a la fuerza con la fuerza». Kalmykov, que insistía en viajar escoltado por dos trenes blindados, podía recurrir a cañones pesados casi al instante, por lo que fue preciso recurrir a un trabajo serio y riguroso de diplomacia.

La desconfianza y los celos de los rusos se hicieron extensivos incluso a la Cruz Roja de Estados Unidos: «Cuando el combate estaba en marcha —escribió uno de sus miembros destacados—, nos traían a los heridos por montones, en un estado lamentable. No les habían proporcionado ni siquiera los primeros auxilios. La Cruz Roja quería ocuparse de ellos, pero rechazaron su ayuda. Hemos gastado millones de buenos dólares estadounidenses en esta panda de desagradecidos. Toman nuestros regalos con suspicacia, buscándoles un motivo».[43]

En su mayoría, los oficiales estadounidenses pensaban que no valía la pena seguir allí porque era irremediable que el país se convirtiera al bolchevismo. En la única ocasión en que se combatió con ganas fue después de que un destacamento estadounidense fuera sorprendido en sus tiendas, en Románovka, justo antes del amanecer. Hubo diecinueve muertos y cuarenta heridos. Pero en lo que tenía que ver con la guerra civil entre Rojos y Blancos, imperaba el desaliento: «Kolchak tiene poca disciplina en su ejército y los hombres son jovencísimos, no son más que niños. Les dan un fusil, ropa, una hogaza de pan negro, algo de sal, y los envían al frente... Los estadounidenses, sin embargo, quieren marcharse de allí sin excepción, porque no es un combate entre hombres».[44]

27

Verano báltico

De mayo a agosto de 1919

Trasladar la capital bolchevique a Moscú, lógicamente, iba reducir la importancia de Petrogrado; pero no ocurría lo mismo con la relevancia estratégica de su posición. El extremo oriental del Báltico había quedado flanqueado por naciones potencialmente hostiles que el Kremlin quería someter de nuevo bajo su control, en parte para que funcionaran como puente terrestre hacia Alemania. El sueño bolchevique de que la revolución se extendiera por toda Europa mostró una persistencia llamativa, a tenor de los reveses que iba sufriendo. Después de que el levantamiento espartaquista de Berlín fuera aplastado en enero, y que unos integrantes del Freikorps de la Guardia de Caballería asesinaran a Rosa Luxemburgo y Karl Liebknecht, las esperanzas bolcheviques pasaron a centrarse en Baviera y Hungría.

En Hungría, en marzo de 1919, se estableció una República Soviética liderada por Béla Kun. Surgió tras un golpe de Estado, inicialmente incruento, al que contribuyeron las consecuencias amargas de la derrota y el odio hacia el viejo orden imperial. Kun, que ya estaba comprometido con el socialismo, se había radicalizado en un campamento ruso para prisioneros de guerra, y el prototipo de su Partido Comunista de Hungría lo formó en Moscú. Luchó por los bolcheviques en la guerra civil, como internacionalista, en 1918, y volvió a Budapest a finales de año, con fondos proporcionados por Lenin. Kun se alzó con el poder esquivando con sus maniobras a un partido mucho más numeroso, el Socialdemócrata.

A principios de abril se formó en Múnich una *Räterepublik* («república de Sóviets»), después de que se hubiera asesinado a Kurt Eisner, un socialista que era ministro presidente del Estado Popular de Baviera. La versión inicial era ante todo una fantasía anarquista y bohemia, que duró apenas seis días, hasta que se hizo con el mando una administración comunista de línea mucho más dura. Cuando las fuerzas contrarrevolucionarias (entre ellas, un contingente de Freikorps) avanzaban sobre Múnich, a finales de mes, los comunistas mataron a diez rehenes, incluido el príncipe Von Thurn und Taxis. Las fuerzas Blancas —varios de cuyos miembros se unirían en el futuro al nazismo— utilizaron los asesinatos como excusa para masacrar a todo izquierdista que caía en sus manos.

Entre tanto, la rabia de los húngaros porque la conferencia de paz de París decidió transferirle a Rumanía una extensa franja de territorio contribuyó mucho a reforzar el dominio de Kun y sus comunistas. Cuando las fuerzas rumanas entraron en Transilvania, el internacionalismo comunista se convirtió en beneficiario de esa ofensa patriótica. Los voluntarios —incluidos exoficiales— se alistaron en masa al nuevo Ejército Rojo de Hungría. Los Gobiernos francés y británico se sintieron seriamente alarmados ante la posibilidad de que la enfermedad del bolchevismo pudiera contagiarse a toda la Europa central y los Balcanes. En junio imperaba el caos económico y un Terror Rojo salvaje, dirigido tanto contra la burguesía como contra el campesinado. Esto provocó el ascenso de un movimiento Blanco, que estuvo encabezado por el almirante Miklós Horthy. En agosto, el régimen de Béla Kun se derrumbó, en una situación de desastre humanitario agravada por el colapso de las infraestructuras y por la hambruna. Kun huyó a Moscú. El posterior Terror Blanco mató a muchas más personas que su predecesor Rojo, con escuadrones de la muerte antibolchevique a la caza de enemigos. El almirante Horthy se nombró a sí mismo «Regente» y gobernó como tal hasta que Hitler le depuso, ya en 1944, por no cooperar suficientemente con la «Solución Final».

En mayo, el general Yudénich, en Helsinki, estaba solicitando a los Aliados una ingente cantidad de armamento, e incluso de aviones, para su ejército de Estonia. El general Aleksandr Rodzianko, el jinete olímpico que —muy a su pesar— estaba subordinado a Yudénich, lanzó una ofensiva conjunta con los estonios del general Laidoner. Sin embargo, fue la fuerza de la caballería guerrillera de Bułak-Bałachowicz, que ahora había abandonado a los Rojos, la que tomó Pskov durante una incursión en territorio ruso. Rodzianko no fue capaz de controlar a Bułak-Bałachowicz, que se mostró tan brutal en el control de la ciudad como lo había sido en la supresión de la revuelta de Luga para los Rojos. Emprendió pogromos contra los judíos que no le entregaban su dinero y colgaba de las farolas de la ciudad a cuantos le parecían sospechosos de ser Rojos.

Laidoner siguió avanzando hacia Petrogrado, para apoyar el Cuerpo Septentrional Blanco y un batallón de Ingria. Planeaba crear una zona de colchón en territorio soviético, porque los ingrios de la región, que eran luteranos, se identificaban más con los finlandeses y estonios que con los rusos. Al cabo de menos de diez años, en tiempos de Stalin, estuvieron entre los primeros grupos étnicos de la Unión Soviética que sufrieron la deportación. La idea de Laidoner era que el Ejército Noroccidental se estableciera en esa zona intermedia, en vez de continuar destacado en Estonia, donde los oficiales de Rodzianko, reaccionarios y soberbios, proclamaban su convicción de que la región debía seguir formando parte del Imperio Ruso. No les hizo más populares entre sus anfitriones, que tanto habían sufrido, el hecho de que entonaran el «Dios salve al zar» por las calles de Tallin y en los restaurantes donde habían bebido de más.[1]

El general Johan Laidoner, comandante en jefe de las fuerzas estonias, visita a Bułak-Bałachowicz (a la izquierda) en Pskov, el 31 de mayo de 1919, poco después de que este tomara la ciudad.

Lenin ordenó que Stalin asumiera el mando en Petrogrado, para asegurarse de que el símbolo sagrado de su revolución no caía en manos del enemigo. Después del reinado del terror que había impuesto en Tsaritsyn, Stalin había pasado a investigar la pérdida de Perm, conquistada por el ejército de Anatoli Pepeliáyev en diciembre. Con su posterior llegada a Petrogrado, toda la ciudad quedó militarizada y aterrorizada. Los trabajadores recibieron instrucción militar y formación en el manejo básico de las armas y se detuvo a quienes se tenía por enemigos potenciales. Stalin pidió refuerzos del Ejército Rojo, pero aquel verano si algo amenazaba a Petrogrado eran las fuerzas navales, por mucho que en Kronstadt la Flota del Báltico tuviera unas defensas inmensas.

El 13 de mayo, la 1.ª División Estonia y el Ejército Noroccidental atacaron hacia el este desde Narva, con el apoyo, cuando era posible, de los cañones de seis pulgadas de los cruceros ligeros de Cowan. La infantería de Marina estonia, con los dos destructores tomados a Raskólnikov, desembarcó por detrás de la línea ocupada en el frente por el Ejército Rojo. Los líderes bolcheviques sintieron pánico ante la posibilidad de que Petrogrado pudiera llegar a caer con la ayuda de los Blancos que seguían ocultándose en la ciudad. En la noche del 12 al 13 de junio, Stalin y Yákov Péters, de la Checa, después de reunir en secreto una fuerza de 15.000, emprendieron arrestos masivos en Petrogrado: de los exoficiales, de sus familias y de los desertores del Ejército Rojo. Se fusiló a varios cientos de personas.[2]

El temor de Stalin a una posible traición se incrementó. Con la asistencia del amotinamiento de algunos defensores, el batallón de Ingria capturó la gran fortaleza de Krásnaya Gorka, que protegía el camino meridional de acceso a la base naval de Kronstadt. El acuartelamiento, en su mayoría, eran ingrios reclutados localmente. Por orden de Stalin las baterías de la artillería costera que defendían la base empezaron a vengarse con un bombardeo intensivo al que se sumaron dos acorazados, el *Petropávlovsk* y el *Andréi Pervozvanny*, cuyo armamento principal era de 12 pulgadas. Víktor Shklovski —que estaba escribiendo en una dacha de Lajta, en la orilla norte de la bahía de Narva, a casi 30 kilómetros de distancia— se distrajo porque con el estallido sordo de los proyectiles a través del estuario sus ventanas no paraban de temblar.[3]

Aquel día, la Flota del Báltico informó así a Petrogrado: «A las 8.50 Krásnaya Gorka empezó a responder a nuestro bombardeo. Los proyectiles caían en la Bahía Menor [de la base naval de Kronstadt] y hasta ahora no han causado daños. Tenemos buen ánimo. El *Andréi* y el *Petropávlovsk* nos cubren sin pausa».[4]

La revuelta de los ingrios de Krásnaya Gorka hizo que Stalin ordenara también una caza de brujas inmediata contra los oficiales de la Flota del Báltico. «Os adjuntamos para vuestra consideración la lista de oficiales del acorazado *Gángut* y el crucero *Aurora* —afirmaba un informe para el Consejo Militar Revolucionario—. Quisiera informaros de que hemos recibido del camarada Gan, comisario del Guenmor [Estado Mayor de la Armada], la lista de ciertos miembros de la comandancia de distintos barcos que figuran en las listas de la Checa de todas las Rusias como miembros de organizaciones contrarrevolucionarias.»[5] Se ejecutó a unos setenta oficiales. Entre los sospechosos figuraron el comandante del crucero acorazado *Oleg*, que no tardó en ser blanco de Augustus Agar, el teniente al mando de las motoras de gran velocidad de la Royal Navy que se ocultaban en la costa finlandesa.

El miércoles 18 de junio, con una tripulación de tres hombres en una lancha rápida, Agar logró hundir el *Oleg* mientras este bombardeaba Krásnaya Gorka. Pero el éxito de la motora no tuvo gran efecto. El cañoneo de las baterías de costa y de los acorazados fue tan intenso que el batallón de Ingria y los amotinados no tuvieron más remedio que entregar la fortaleza.

Aunque el *Oleg* se fuera a pique, los Blancos siguieron quejándose de que los buques de guerra británicos no les ayudaban. Se negaban a aceptar el hecho de que el escuadrón de cruceros que Cowan tenía en el golfo de Finlandia no podía penetrar en los campos de minas que protegían Kronstadt. Fue la excusa utilizada por Rodzianko para justificar que su Cuerpo Septentrional fuera incapaz de tomar Gátchina y seguir avanzando hacia Petrogrado. Sus oficiales también culparon de su falta de éxito a la poca fiabilidad de sus tanques británicos. De hecho, incluso afirmaron que los seis monstruos de hierro les habían llegado saboteados, con arena en el motor. Esta idea estrafalaria se explicaba, supuestamente, porque los británicos estaban descontentos con el modo en que aquellos oficiales zaristas proclamaban sin manías que Estonia siempre formaría parte del Imperio Ruso. Fuera cual fuese la verdad, su precipitada retirada de Gátchina les acarreó el desprecio de los estonios.

La 2.ª División Estonia, por su parte, había tenido bastante más éxito: derrotó a la División de la Fusilería Estonia Roja y logró que su 1.º Regimiento de Fusilería cambiara de bando. Pero la amenaza principal, en el caso de Estonia, no se limitaba a los bolcheviques. En cuanto se repelió a los Rojos, resurgieron las ambiciones de los nacionalistas alemanes. Entendían que sus derechos sobre la región se remontaban a la Cruzada Báltica iniciada por el papa Celestino III en 1193. Los consejos unidos de Livonia, Curlandia y Estonia, en representación de los alemanes del Báltico, habían accedido en el tratado de Brest-Litovsk a la independencia de esas provincias como Estados; pero los nacionalistas alemanes seguían reclamando derechos sobre la región desde la Cruzada Báltica. Su duque, un título de nueva creación, no llegó a asumir el cargo por la derrota de las fuerzas alemanas en el oeste de Europa; pero su fuerza armada, la *Baltische Landeswehr*, siguió intentando ejercer la autoridad alemana.

A principios de febrero de 1919, el *generalleutnant* Rüdiger von der Goltz, que había tenido un papel tan importante en el éxito de los Blancos finlandeses, había desembarcado en Curlandia para reorganizar el Freikorps como VI Cuerpo de la Reserva, reforzado ahora por la División de Reservistas de la Guardia. El 16 de abril, los alemanes derrocaron el Gobierno letón de Kārlis Ulmanis e instalaron una administración propia con la función de simple marioneta. Después de reconquistar Riga de manos de los Rojos, la «División de Hierro» (ahora ampliada) y la Baltische Landeswehr avanzaron hacia el noreste y se adentraron en Livonia, desatendiendo las advertencias del Consejo Supremo de los Aliados, en París. Aquí —en junio, en Cēsis, a la vista de la gran fortaleza de los Caballeros Teutónicos— se enfrentaron con la 3.ª División de Estonia y una brigada letona. Gracias en gran medida al brillante liderazgo del general Laidoner, así como a la oportuna intervención de tres trenes blindados estonios, la Baltische Landeswehr sufrió una derrota decisiva. Estonios y letones siguieron camino hacia Riga y, con el apoyo absoluto del Consejo Supremo de los Aliados, instauraron de nuevo en el poder al gobierno de Ulmanis. Después de esta victoria hubo en Estonia un estallido de optimismo y de orgullo nacional.

Para complicar más las relaciones de aquel período en el Báltico, en Letonia se formó un «Ejército de Voluntarios Occidental», encabezado por el general de división Pável Bérmondt-Aválov. Sus hombres eran en su mayoría soldados rusos reclutados en los campos para prisioneros de guerra alemanes. Estaban armados y pertrechados por el general Von der Goltz, que utilizó esta fuerza —de menos de 10.000 efectivos— para ocultar en lo posible a sus propias tropas, incluida la División de Hierro y la Legión Alemana, que en teoría debían haber abandonado el Báltico por orden de la Comisión Interaliada.

Después de la derrota de los alemanes en Cēsis, la Baltische Landeswehr quedó bajo la supervisión del teniente coronel Harold Alexander, un irlandés de la Guardia que más adelante también destacaría en la segunda guerra mundial. Ordenó que todos los oficiales que no procedían del Báltico regresaran a Alemania, pero muchos optaron sencillamente por unirse a la Legión Alemana de Bérmondt-Aválov. Los restos de la Landeswehr se incorporaron al Ejército letón del general Jānis Balodis. La independencia de Letonia quedó a salvo de este modo, al menos hasta que Stalin, con la ayuda de Hitler, forzó la sumisión de los Estados bálticos en junio de 1940, tras la firma del pacto de no agresión entre nazis y soviéticos.

La tarea —nada envidiable— de establecer alguna clase de lógica y orden en la región báltica se había encomendado al general Hubert Gough, en mayo, cuando el Consejo Supremo de los Aliados, en París, le nombró jefe de la misión militar. Gough fue una elección controvertida. Los políticos británicos desconfiaban en él por el papel que había interpretado en el «Incidente de Curragh», justo antes del estallido de la primera guerra mundial, cuando numerosos oficiales del Ejército de tierra presentaron la dimisión en masa antes que aceptar las órdenes de marchar contra los unionistas del Ulster. Además, se le había acusado —injustamente— del colapso del Quinto Ejército, cuando la ofensiva de Ludendorff lo hizo pedazos, en marzo de 1918. Sin embargo, Lloyd George no pudo hacer nada para impedir el nombramiento, porque la decisión se había tomado en París; por otro lado, Churchill y el general Wilson (asimismo del Ulster) le apoyaban.

Gough se enfrentaba a unas contradicciones imposibles en la definición de su tarea. Se le pedía mantener en el Báltico a las tropas alemanas, para detener a los bolcheviques; pero al mismo tiempo, controlarlos y repatriarlos sin disponer del apoyo de fuerzas terrestres Aliadas. Para complicar más la situación, lord Curzon, el secretario de Exteriores británico, había convocado a Gough justo antes de que se marchara. Le pidió que no permitiera que Churchill le empujara a intervenir en la guerra civil de Rusia y que impidiera que las fuerzas a las que Gran Bretaña respaldaba capturasen Petrogrado.

Gough se sintió especialmente impresionado por el comandante en jefe de Estonia, el general Laidoner, que había derrotado a la Baltische Landeswehr y otras fuerzas alemanas en la batalla de Cēsis. La victoria de Laidoner dio a los estonios la confianza necesaria para expresar su intenso disgusto para con sus opresores tradicionales —los barones del Báltico— así como por el aliado por el que sentían poco aprecio: el Ejército Noroccidental.

En junio el general Yudénich, teórico comandante en jefe del Ejército Noroccidental, envió al cuartel de Kolchak un borrador de acuerdo entre él y el general Mannerheim, de Finlandia. Por consejo del general Wilson, Churchill había convencido a Yudénich de consultar con Kolchak sobre esta cuestión. Churchill ansiaba crear una coalición antibolchevique en la región, que pudiera contar con el apoyo del 1.º Escuadrón de Cruceros Ligeros, de Cowan. Sin embargo, la Marina era una cosa, y el despliegue expreso de fuerzas terrestres, en cambio, otra muy distinta. Churchill sabía que la opinión pública de su país nunca lo aprobaría.

El posible acuerdo con Finlandia se debatió en una sesión del consejo de ministros, en Omsk. «Los finlandeses piden, a cambio de participar en la toma de Petrogrado, que reconozcamos la independencia total de Karelia y Olónets», apuntó Víktor Pepeliáyev.[6] Esto representaba un área muy vasta del noroeste de Rusia, limítrofe con Finlandia, desde el lago Ladoga hasta el mar Blanco. Cuatro días más tarde —para frustración de Churchill— Kolchak y sus ministros rechazaron la propuesta al considerarla «del todo inaceptable».[7]

Después de su humillante retirada, las tropas de Rodzianko exhibieron en la zona de protección de Ingria un comportamiento espantoso: pogromos antisemitas, saqueos y una brutalidad irracional dirigida contra todo aquel de quien se sospechara que simpatizaba con el bolchevismo. Esto destruyó cualquier ilusión de que el Ejército Noroccidental viniera como libertador. Durante el verano sus soldados —que estaban desmoralizados, no les pagaban la soldada y no recibían comida suficiente— empezaron a pasarse al bando enemigo cada vez en mayor número, a pesar de que las «noches blancas» dificultaban que nadie huyera sin ser visto.

Stalin, entre tanto, había logrado aumentar la fuerza de los Ejércitos Quinto y Séptimo hasta un total de cerca de 40.000 hombres. El 1 de agosto atacaron y empezaron a forzar la retirada tanto del Ejército Noroccidental como de las dos divisiones estonias, que no veían muchas razones para sacrificarse en suelo extranjero. Regresaron pues a Estonia y el 5 de agosto los Rojos tomaron Yamburgo. Los Blancos ya solo controlaban Pskov.

El general Gough, disgustado con la conducta de los Blancos, se dejó llevar por su entusiasmo por todo lo estonio y advirtió a Yudénich de que la misión militar británica cortaría el abastecimiento si no reconocía la independencia del país. Él y su jefe del Estado Mayor, el general Marsh, estaban de acuerdo con la fórmula estonia de una «República de Pskov». Esta ciudad se convertiría en la sede de un teórico Gobierno Noroccidental, responsable de cualquier zona que se conquistara a los bolcheviques al este de la frontera estonia. Tanto Lloyd George como Curzon se enfurecieron por el modo en que Gough se había excedido en sus funciones. El secretario de Exteriores condenó lo que dio en calificar de «experimento ruritano», pero poco más podían hacer.[8]

Gough, que tenía la base en Helsinki, estaba seguro de que Mannerheim quería tomar Petrogrado. No se hacía ilusiones al respecto de los puntos de vista poco liberales del finlandés.[9] A Lloyd George y Curzon, en cambio, el tema les generaba mucha más inquietud. Pensando en la captura de Petrogrado no tenían claro quién causaría más problemas, si Mannerheim o Yudénich.[10] Churchill confiaba en que fuera Yudénich, aunque solo fuese porque le había nombrado Kolchak y esto daría más vigor a una victoria Blanca. Quería que los Aliados se apresurasen a reconocer a Kolchak como jefe del Estado ruso, aun cuando el Gobernante Supremo seguía huyendo de reconocer abiertamente la independencia de los países fronterizos. Kolchak recurrió de nuevo al argumento hipócrita de que las fronteras de Rusia solo podía decidirlas una futura Asamblea Constituyente, cuando era del todo consciente de que la inmensa mayoría de los oficiales Blancos no tenía ninguna intención de permitir la existencia de tal clase de organismo democrático.

El 4 de julio, el Gabinete de Londres, aunque rehuía la declaración formal de hostilidades, sí reconoció en privado que entre la Rusia soviética y Gran Bretaña se había abierto una guerra. El general Wilson no coincidía con las esperanzas que Churchill depositaba en un ataque trimembre contra la Rusia soviética. «Deberíamos anular nuestro esfuerzo militar en todos los frentes salvo en el sur de Rusia, con el objeto de concentrar todos los recursos disponibles en la asistencia a Denikin», defendió.[11]

Lloyd George se expresó con más causticidad de la habitual en referencia al entusiasmo de Churchill por la causa Blanca. «¡Rusia no quiere que la liberen! —escribió en un mensaje para los miembros del Gabinete, el 30 de agosto—. Sea lo que sea que Rusia piense sobre los bolcheviques, no cree que valga la pena sacrificar más sangre para colocar en su lugar a hombres de las características de Yudénich... Y en cuanto a las "grandes oportunidades" de capturar Petrogrado, que se nos reprocha que no nos hemos dado cuenta de que teníamos "al alcance de la mano", ¡lo hemos oído ya tan a menudo! ¡Nos han hablado ya tantas veces de otras "grandes oportunidades" en Rusia que nunca se han materializado a pesar de lo mucho que hemos invertido en el intento!» Calculaba que aquel año ya habían gastado más de 100 millones de libras. «El general Yudénich nunca ha estado cerca de tomar Petrogrado... Es bien conocido por su carácter reaccionario y desconfían de él tanto los estonios como el pueblo ruso. Si el norte de Rusia estuviera lamentándose por la tiranía bolchevique y los estonios y letones ardieran en deseos de unirse a una guerra de liberación, ahora tendríamos allí a un ejército de cientos de miles de hombres que barrería el noroeste de Rusia. El hecho de que, entre una población de varios millones, los antibolcheviques solo hayan reclutado a 20.000 o 30.000 hombres es otro indicio de que la situación de Rusia se está interpretando muy mal, y por desgracia la política militar se ha basado en esta confusión.»[12] La lógica de Lloyd George tenía defectos importantes. Una guerra civil no era unas elecciones con matices militares porque la inmensa mayoría del pueblo prefería mantenerse alejada de los problemas. Sin embargo, con su intuición sobre el futuro resultado fallido estaba en lo cierto.

Justo cuando Lloyd George quería reducir la implicación de su país en la guerra civil rusa, se produjo el ataque más audaz de las fuerzas británicas. El 12 de agosto el contralmirante Cowan convocó a los oficiales de la flotilla de lanchas costeras de la Royal Navy a bordo de su buque insignia. Esta flotilla de motoras de costa —que tenía la base nada más iniciarse el territorio de Finlandia, en Teriyoki, 20 kilómetros al norte de Kronstadt— había sido enviada al Báltico bajo el mando del teniente Augustus Agar, con la misión de transbordar dentro y fuera de Petrogrado a los agentes secretos británicos. Ahora Cowan quería ir mucho más allá de lo conseguido al enviar a pique el crucero *Oleg*. La flotilla había aumentado en otras siete «sobrevoladoras», como se conocía a estas lanchas capaces de prácticamente sobrevolar los campos de minas. Los mecánicos trabajaron toda la noche para ajustar sus motores, que requerían de mucha precisión.

Cowan estaba resuelto a asegurarse de que la flota báltica no se aventuraba fuera del complejo de bahías de Kronstadt —cuya defensa era muy poderosa— para atacar a su escuadrón de cruceros. Según les dijo a los oficiales allí reunidos, había elegido cinco blancos principales. Los dos más importantes eran los acorazados: el *Andréi Pervozvanny* y el *Petropávlovsk*. En segundo lugar, un buque nodriza, el *Pámiat Azova*, a cuyo lado amarraban dos submarinos. Cowan quería neutralizar asimismo el *Riúrik*, un crucero convertido en barco de minado. Por desgracia este buque acababa de recibir un cargamento de 300 minas, por lo que un ataque con torpedos, de tener éxito, podría destruir no solo la zona de la bahía en su totalidad, sino probablemente también todas las embarcaciones de la Royal Navy. El último objetivo eran las puertas del dique seco, así como el destructor *Gavriíl*, que hacía las funciones de guardián, a la entrada de las tres bahías.[13]

Las lanchas «sobrevoladoras» podían alcanzar los 45 nudos, por lo que sin duda, contaban con la ventaja de la velocidad; pero el ruido de sus motores también se oía desde gran distancia. Para disimularlo, Cowan accedió a lanzar un ataque aéreo de distracción, justo antes de que las motoras llegaran a las defensas de Kronstadt. Lo llevarían a cabo cuatro hidroaviones Short y cuatro cazas biplanos, con un único Sopwith Camel. Habían llegado a bordo del portaaviones improvisado de la flota, el HMS *Vindictive*, un viejo crucero al que se le había colocado una cubierta superior plana de madera. El otro gran problema al que la flotilla se enfrentaba era la zona restringida del interior de la bahía triple. Aquí el riesgo de colisión era extremo porque disparar el torpedo requería alcanzar la velocidad máxima. Era así porque el torpedo se portaba en una bodega, en el centro de la lancha, y el proceso de lanzamiento exigía poner el motor en funcionamiento y activar un ariete que empujaba desde atrás. Y en cuanto el torpedo tocaba el agua, la motora debía acelerar con gran rapidez para apartarse de su trayectoria.

Una tormenta demoró el ataque y la flotilla esperó a que cayera la oscuridad del domingo 17 de agosto, en la breve noche de aquel punto septentrional. El golfo de Finlandia estaba en calma cuando las ocho lanchas costeras encendieron los motores para asumir las posiciones previas al ataque aéreo. Mientras estaban «balanceándose sobre el agua, con el motor al ralentí, los artilleros verificaron los tambores de munición y los mecánicos hicieron los ajustes de última hora a sus máquinas, ciertamente temperamentales».[14] Justo antes de la medianoche una luz verde destelló, los motores cobraron vida ruidosamente y el teniente Agar zarpó en cabeza de la flotilla, con esta por detrás, alineada a popa.

Las cosas empezaron mal: la columna se dividió y el grupo más numeroso tomó una ruta distinta. Por su parte los aviones tuvieron problemas para despegar, por lo que las lanchas —que habían sobrepasado la línea de los fuertes sin sufrir bajas— tuvieron que detenerse y esperar a muy corta distancia de la entrada de la bahía. Para su sorpresa, no vieron ninguna luz por delante, ni siquiera en el destructor *Gavriíl*. Al no disponer de radios, no tenían ni idea de qué había sucedido con la distracción aérea; así pues, incapaces de esperar más, iniciaron el ataque. Este se produjo en el momento exacto en que los aviones llegaron por fin. En vez de empezar con el *Gavriíl*, la primera motora aceleró, generando un efecto de dispersión del agua que hacía pensar en dos alas, y accedió a la boca misma de la bahía, pasado el destructor. Avanzó directamente hacia el *Pámiat Azova*, el buque nodriza, bajo el fuego de las ametralladoras soviéticas; y la tripulación disparó su único torpedo. La explosión, las llamas y el humo confirmaron que habían logrado un impacto pleno y el buque empezó a zozobrar.

El ataque contra el *Gavriíl*, cerca de la boca de la bahía, tuvo que abortarse, porque otra lancha impactó contra su proa de camino a la ensenada, y esto dio a la tripulación del destructor el tiempo necesario para encontrar a su blanco: apuntaron los reflectores sobre los restos de la frágil embarcación y empezaron a disparar contra los supervivientes que luchaban por no ahogarse. Las otras dos motoras tuvieron más éxito: la primera alcanzó al *Andréi Pervozvanny*, y la segunda, al *Petropávlovsk*, aunque el fuego de las ametralladoras mató a su timonel.

Entre el caos de las balas trazadoras y las explosiones, dos lanchas chocaron en la bahía interior y una de ellas se hundió. El hecho de no eliminar el *Gavriíl* pasó una factura muy gravosa a los británicos: la artillería del buque, con la ayuda de la iluminación proporcionada por los reflectores y las llamas de los barcos alcanzados, demostró una puntería impresionante. Una de las motoras emprendió un ataque de valentía suicida, y disparó desde muy corta distancia; pero el torpedo adquirió un rumbo descendente que lo hizo pasar justo por debajo del casco. Los fuertes también se estaban concentrando más en las lanchas que en los aviones que sobrevolaban la bahía. El último en atacar fue Agar. Lanzó su torpedo contra un grupo de barcos, con el fin de distraer a las tripulaciones de la artillería enemiga.

Dos tripulaciones de las motoras salvaron la vida gracias a los pilotos de los aviones: un hidroavión y el Sopwith Camel, que se quedaron en la ensenada cuando los otros biplanos se habían marchado. Hostigaron los fuertes y ametrallaron sus reflectores hasta quedarse sin munición. Aun así, el total de bajas fue elevado. Casi la mitad de los que zarparon en las motoras no regresaron a su base: ocho murieron y nueve cayeron presos. Se repartieron muchas condecoraciones, entre ellas dos Cruces Victoria, por una incursión cuyo arrojo suicida no pasó por alto. El almirante Cowan informó al Almirantazgo de que el daño causado a la Flota Roja en la zona contribuiría en mucho a garantizar la independencia de los Estados del Báltico.

28

La marcha sobre Moscú

De julio a octubre de 1919

El 3 de julio, el día en que el general Denikin anunció en Tsaritsyn la
«Directiva de Moscú», se nombró comandante en jefe del Ejército Rojo
a Serguéi Kámenev (sin parentesco con Liev Kámenev).* Aunque había
sido coronel del ejército zarista, fue elegido a instancias de Stalin, que
llenó de aliados el Consejo Revolucionario de Guerra con el fin de contar con más votos que su presidente, Trotski.

Cinco días más tarde, el anterior comandante en jefe —Vatsetis,
que había sido nombrado por Trotski— fue detenido por una acusación
amañada según la cual pertenecía a una organización secreta de «Guardias Blancos».** El agrio enfrentamiento se había iniciado el año anterior, cuando Kámenev insistió en que el contraataque a las fuerzas de
Kolchak debía mantenerse sin tregua.

Vatsetis y Trotski habían apostado por luchar contra Denikin atacando por el Donbás porque su población, de obreros industriales, apoyaba a los Rojos. Kámenev y Stalin, en cambio, defendían la necesidad
de reconquistar Tsaritsyn. Aunque la reputación de Stalin estaba aso-
ciada a esta ciudad, acertaba al argumentar que sería más fácil transferir

* Por una curiosa coincidencia, Serguéi Kámenev falleció de resultas de un in-
farto el 25 de agosto de 1936: el mismo día en que se ejecutó a Liev Kámenev en una de
las primeras acciones de las purgas de Stalin.

** Pronto se demostró que la acusación contra Vatsetis era falsa y se le devolvió la
libertad; pero Stalin no se olvidaba de las víctimas, igual que no se olvidaba de los enemigos. Durante el Gran Terror, se acusó de nuevo a Vatsetis de ser en secreto un fas-
cista, y en 1938 lo fusilaron.

tropas a ese flanco desde la posición victoriosa del Ejército Rojo en Siberia.

En el sur de Rusia, el Ejército Rojo que se enfrentaba a la ofensiva de verano de Denikin se hallaba en una situación de clara desventaja, después de que Kámenev insistiera en priorizar el frente siberiano. El Décimo Cuarto Ejército, en la costa norte del mar de Azov, quedó hecho trizas por el avance hacia Járkov del Ejército de Voluntarios, a las órdenes de Mai-Mayevski; y esto dejaba a Ucrania en condiciones de especial vulnerabilidad. En el flanco oriental, la victoria del general Wrangel en Tsaritsyn supuso además perder una ingente cantidad de armamento, suministros y vehículos. Las fábricas de municiones del territorio comunista no tardaron en ser incapaces de producir al ritmo en que el Ejército Rojo las gastaba; los Blancos, por el contrario, recibían el abastecimiento de los británicos.

Los comunistas sí gozaban de una ventaja: una extensa red de espías e informantes clandestinos, por detrás de las líneas Blancas, que se comunicaba con la Oficina del Partido en el Don. Uno de ellos había enviado algunos detalles sobre la situación de Tsaritsyn desde la conquista Blanca: el general Wrangel estaba muy satisfecho con el apoyo de los pilotos británicos; los prisioneros de guerra del Ejército Rojo estaban demacrados y rogaban que les dieran un pedazo de pan. La propaganda comunista los había asustado haciendo hincapié en la brutalidad de los cosacos, pero se habían rendido igualmente.[1]

Otro informe del clandestino Comité Revolucionario del Don se mostraba de acuerdo con Mirónov en sus advertencias sobre los riesgos de maltratar a los cosacos: «Nuestro fracaso en el frente meridional no obedece solo a los errores estratégicos, sino también a las medidas imprudentes que se han tomado contra los cosacos, a las confiscaciones e incautaciones, y a los fusilamientos, que a veces se han convertido en una fea forma de diversión. Esto no podía contribuir de ningún modo a que los cosacos tuvieran un concepto positivo de la actitud soviética. Por supuesto no se trata de contar con los cosacos como un puntal fiable de la autoridad soviética; pero creemos que necesitan la zanahoria, no solo el palo».[2]

Las redes comunistas clandestinas habían empezado a reorganizarse en verano, después de que la contrainteligencia Blanca hubiera aplastado a varios grupos, en particular su célula más importante de Taganrog. Entre sus miembros y agentes, muchos eran mujeres. Pero en aquel momento «la detección de agentes se ha parado. En el distrito de Rostov casi hemos restaurado la organización. En el distrito de Novocherkask, solo encontraron a los agentes de la ciudad, pero el resto de la organización está intacta».[3]

No toda la inteligencia que llegaba a la Oficina del Don era positiva: «Queremos informaros de lo siguiente porque probablemente no tenéis una imagen muy definida de la situación, a nivel local. Entre los obreros y campesinos cunde el desánimo por la retirada de nuestro ejército y la gran cercanía del ejército de Majnó. Esto, desde la perspectiva de los obreros y los campesinos, ha puesto en entredicho la autoridad soviética».[4] En la región también se asesinaba a traidores y «provocadores». Por otro lado, se reconocía haber recibido 250.000 rublos pasados de contrabando para contribuir a sus misiones, entre las que figuraba infiltrarse en el Ejército Blanco y también entre los grupos de Verdes del norte del Cáucaso. Estos «Verdes» eran partisanos, en su mayoría desertores de uno u otro bando, que los odiaban y atacaban a los dos por igual. Este fenómeno se fue incrementando a medida que transcurría la guerra.

El plan de Denikin para la marcha sobre Moscú, que había anunciado delante de la catedral de Tsaritsyn, incluía cuatro elementos principales. El ejército del Cáucaso, de Wrangel, avanzaría hacia el norte entre el Don y el Volga, luego continuaría hasta alcanzar Nizhni Nóvgorod y desde aquí giraría hacia el oeste, hacia Moscú. Por su derecha, el Ejército del Don, del general Sidorin, remontaría el Volga hacia Sarátov. En el centro, el Ejército de Voluntarios de Mai-Mayevski atacaría hacia el norte, tomando como línea central la vía de ferrocarril que se dirigía a Moscú pasando por Járkov, Kursk, Oriol y Tula. También enviaría fuerzas hacia el oeste, subiendo por el curso del río Dniéper, y tomaría Kiev. Por último, el general Dobrovolski debía adentrarse en Ucrania hasta capturar Jersón y Nikoláyev.

El general Wrangel se mostró muy crítico con el plan de Denikin. Le parecía no solo demasiado optimista, sino peligroso por la dispersión de las fuerzas. Wrangel acertaba en lo relativo a la concentración, pero una vez más, también insistió en que todos los refuerzos y suministros se dedicaran a su propio ejército. Para esto no había justificación. Los ejércitos siberianos de Kolchak, muy castigados, se estaban retirando lejos del Volga, de modo que ya no habría oportunidad de reunir las fuerzas.

La lógica militar dictaba por lo tanto conceder la prioridad al avance central, responsabilidad del Ejército de Voluntarios.

El general Mai-Mayevski no dio señales de que avanzar hacia Moscú le pareciera una necesidad urgente. Cuando Gueiden llegó a Járkov para inspeccionar las reservas, fue a ver al comandante en jefe. «La primera sorpresa desagradable fue el comandante en sí mismo, una masa rechoncha e informe, de ojos saltones y palabras arrastradas, sin duda señal de que la noche anterior había sido salvaje y habían bebido sin mesura ninguna. En los varios días que pasé en Járkov todo eran almuerzos, comidas o cenas, en este o aquel restaurante, del comandante y todo un séquito de oficiales y hasta una banda militar. Las fiestas más alegres coincidían con la presencia en la ciudad del famoso general Shkuró y su Sotnia del Lobo.»[5]

En ese momento, el Ejército de Voluntarios de Mai-Mayevski estaba integrado por el I Cuerpo del general Kutépov; el II Cuerpo del general Prolítov; el III Cuerpo de Caballería, del general Shkuró, con sede en Prójorovka;* y el V Cuerpo, del general Yuzéfovich, en Poltava. A Gueiden le preocupaba mucho la situación de los suministros justo antes de una ofensiva tan importante. Al pasar revista a los almacenes, constató que solo se podía disponer de la mitad de la ración de pan y que faltaban por completo las grasas, la carne, el té, la leche, las cerillas y —quizá el problema de más consecuencia— el forraje. Las regiones que habían conquistado y que estaban a punto de atravesar no podían cubrir las necesidades del Ejército de Voluntarios.

Después de tomar Poltava el 31 de julio, los restos de las fuerzas Rojas en Ucrania se fueron poniendo cada vez más nerviosos, pues los regimientos del Ejército de Voluntarios estaban cada vez más cerca. Los buques de guerra franceses volvieron a anclar en aguas de Odesa y, con el apoyo de campesinos ucranianos, estalló también una revuelta tierra adentro, en las comunidades alemanas. Según le dijeron a Yelena La-

---

* En Prójorovka, según la propaganda soviética, tuvo lugar la gran victoria de los tanques del Ejército Rojo en la Batalla de Kursk, en 1943; pero en realidad la victoria no fue siquiera pírrica, pues ha quedado demostrado que los tanques Tiger de las Waffen SS destruyeron la mayor parte del Quinto Ejército Acorazado de la Guardia, debido a las deficiencias de planificación de su contraataque.

kier, la Checa realizaba ejecuciones noche tras noche y «para tapar el ruido de los disparos aceleran los motores de los camiones».[6]

El 5 de agosto, cuando un monitor francés se acercó a la costa para rescatar a personas que habían salido a nado en su dirección, los bolcheviques abrieron fuego contra el barco. En la ciudad había una escasez de agua terrible: se vendía a 15 rublos el cubo. Yelena Lakier, que tenía que hacer cola cada noche, se sentía tan debilitada por la falta de comida que apenas se veía capaz de cargar el cubo sin desmayarse. La libertad de Odesa requirió de un desembarco de 2.000 soldados del Ejército de Voluntarios y una batalla corta el 23 de agosto. Al día siguiente, Lakier escribió: «¡Hurrrrraaa! Ahora no queda ni un solo bolchevique en Odesa. ¡Por fin! ¡Cuatro meses y medio sometidas a estos opresores de la estrella de cinco puntas [la estrella roja]!». Dos días después apuntó asimismo que todos los judíos se habían escondido.[7]

Las tropas del Ejército de Voluntarios avanzaron desde Crimea y viraron al oeste en paralelo a la costa. El 18 de agosto se habían apoderado de Jersón y Nikoláyev. Por su parte los cosacos del Térek y del Kubán, de Shkuró, se acercaban a Yekaterinoslav; en las inmediaciones del puente del Dniéper, se vieron sujetos a un fuego intenso. Pero una *sotnia* de la caballería Blanca emprendió una carga repentina, el puente cayó y los Rojos se retiraron. Los sables cosacos despedazaron a todos los presos que eran soldados del Ejército Rojo o sospechosos de ser comunistas.

El 10 de agosto, el general Konstantín Mámontov y su IV Cuerpo de la Caballería del Don, con unos 8.000 sables, había emprendido una incursión en las zonas de retaguardia del Ejército Rojo y, sin carácter oficial, saqueó varias ciudades por el camino. Tenían la capacidad de cubrir distancias enormes. A diferencia de la caballería convencional de Rusia —que montaba al estilo europeo, con la posición erguida y el trote, pesado— los cosacos, que conocían bien a sus caballos, se inclinaban hacia delante para repartir mejor el peso. Además, montaban a lo largo, con las piernas estiradas. En consecuencia, podían aguantar en la silla bastante más que la caballería regular, que usaba estribos más cortos y doblaba las rodillas. Mámontov, aunque luciera un bigote victoriano a la vieja usanza, era impredecible y saqueaba cuanto podía. A juicio del general Wrangel distaba poco de ser un simple criminal, y más adelante reclamó el mérito de haberlo despedido.

El Cuerpo de Caballería de Mámontov se abrió paso a través de una brecha existente entre el Octavo Ejército y el Noveno, rodeó Vorónezh y, ocho días después, conquistó Tambov. «El eje de Tambov era tanto más peligroso cuanto que el cuartel general del frente meridional estaba allí cerca, en la ciudad de Kozlov», evaluó el Stavka Rojo.[8] Kozlov (actualmente, Michúrinsk), se hallaba a tan solo 50 kilómetros al noroeste. Al saber que el Cuerpo de Caballería de Mámontov se acercaba, el comandante del frente y el personal del cuartel general huyeron a Oriol, y dejaron la defensa en manos de unos pocos grupos de irregulares.

«En la ciudad no quedaba nadie para mantener la ley y el orden, pero tampoco era necesario —escribió Antonina Maksímova-Kuláyev, cirujana del hospital local—. Los ciudadanos se ocultaban en sus casas, atemorizados. Los cables [telegráficos] habían caído y no nos llegaban noticias. Estábamos aislados del resto del mundo.»[9]

El 23 de agosto, mientras trabajaba en la sala de vendajes quirúrgicos, entró un miembro de la plantilla: «¡Doctora! ¡Mire por la ventana! ¡Cosacos!». Ella vio una masa de jinetes congregados en la plaza y vestidos con uniformes cosacos. Los oficiales llevaban hombreras doradas, que la cirujana no había visto desde la Revolución de Febrero, dos años y medio antes. Eran la guardia avanzada del general Mámontov.

Por temor a un pogromo, dos médicos judíos del hospital tuvieron la prudencia de esconderse en el ático. Maksímova tuvo que presentarse ante el jefe del destacamento médico de los cosacos, para informar. Sabía que corría peligro por los dos lados. Los cosacos la tratarían como una Roja en una posición de influencia; pero los ordenanzas del centro eran todos bolcheviques, de modo que, si cooperaba con los Blancos, se arriesgaba a que al regresar el Ejército Rojo la denunciaran como traidora. Por fortuna el médico cosaco era un hombre decente que no la empujó a una situación imposible.

En el exterior, las iglesias hicieron sonar las campanas como muestra de celebración. Los ciudadanos más acomodados, que hacía tiempo que soñaban con la aparición de los Blancos, salieron a saludar a los salvadores. Los oficiales cosacos abrieron las puertas de los almacenes gubernamentales donde se custodiaban los bienes requisados por los bolcheviques. Esto degeneró en una rapiña frenética que se hizo extensiva al saqueo de otros lugares, en particular de las casas que eran propiedad de familias judías. Según las fuentes comunistas, en aquel pogromo cosaco perdieron la vida 101 judíos.[10] Empezaron a llegar campesinos de los pueblos cercanos, provistos de carros y resueltos a hacerse con una parte. Los suministros de queroseno desaparecieron, a veces en simples vasijas lecheras suspendidas a los dos lados de un yugo. Posteriormente el Stavka del Ejército Rojo acusó a Mámontov de practicar una «demagogia cruda, distribuyendo propiedad robada entre la población para ganarse su favor».[11]

Para mantener las apariencias Mámontov había dado la orden de que sus hombres no saquearan: «No se autoriza a la tropa cosaca a enviar a sus hogares el botín reconquistado. Cuando nuestras tropas entren en distritos rusos ordeno que, siempre que sea posible, no haya incautaciones».[12] Al parecer dio poco fruto. Entre el caos se prendió fuego a varias casas y se colgó a cierto número de personas, de las que se sospechaba que eran bolcheviques, en patíbulos o de los faroles de la plaza mayor. Mámontov hizo mucho más hincapié en la obediencia cuando descubrió que el tren de abastecimiento iba desbordado de cosacos, porque suponía un método muy práctico para transportar el botín. Y se enojó más aún al toparse con «carros tirados por caballos excelentes» que deberían haber estado en el frente, como monturas de la caballería.

Algunos oficiales se emborracharon, entraron en el hospital y emprendieron una juerga. Las enfermeras hicieron lo que pudieron para continuar con su trabajo a la vez que rechazaban las insinuaciones de los oficiales. Como las escenas de los cubículos fueron adquiriendo tonos cada vez más violentos, Maksímova retiró a las chicas más jóvenes y las escondió en una sala de almacén, al fondo del edificio. Aquella noche se marchó a dormir sintiéndose absolutamente agotada. A la mañana siguiente, al despertar, la ciudad estaba en un silencio inquietante. Varios escuadrones de Mámontov se habían puesto en marcha con la salida del sol, para continuar con su misión de destrucción y caos.

Las fuentes divergen con respecto al tiempo que la ciudad estuvo ocupada por los cosacos, pero coinciden en que no duró más de una semana. Al cabo de un día o dos, según Maksímova, se oyeron voces de alegría: «¡Los cosacos han vuelto!». Los simpatizantes Blancos corrieron de nuevo a la calle para darles la bienvenida con exclamaciones de «¡Larga vida a los cosacos! ¡Larga vida a la Rusia nacional!».[13] Pero estos eran cosacos Rojos, parte del Primer Ejército de Caballería de Budionny, y no perdieron tiempo en matarlos con el sable o el fusil. Los comisarios del 1.º de Caballería colgaron carteles que advertían: «A toda persona que se encuentre en posesión de bienes robados se la fusilará en el acto». Aquella noche se lanzaron a la calle sacos de harina y se vertieron a las alcantarillas litros de queroseno, fruto del terror.

En el flanco oriental del avance Blanco por el sur de Rusia, el general Wrangel, que había incordiado a Denikin con su exigencia constante de refuerzos, necesitó de pronto a todos los hombres de los que pudiera echar mano: a mediados de agosto Kámenev lanzó un contraataque doble. Los Ejércitos Noveno y Décimo atacaron al Ejército del Cáucaso y obligaron a este grupo de Wrangel a bajar por el Volga, de Kamyshin hacia Tsaritsyn, hasta que los cosacos del Kubán los repelieron. El otro ataque, por el norte, fue menos poderoso, de modo que la acción conjunta del ejército de Voluntarios y los cosacos del Don lo aplastó con rapidez. Al recibir la noticia, Churchill exultaba de alegría: «¡Denikin lo está haciendo cada día mejor! —le escribió a lord Curzon—. Ha rechazado con firmeza al enemigo en Tsaritsyn, sin necesidad de desplazar tropas desde otros puntos de su frente. Ha repelido por completo el contraataque bolchevique en la cuenca carbonera del Donets. Ha ampliado extraordinariamente los dominios en Ucrania».[14] Churchill pensó que a finales de año la guerra tal vez habría concluido; al mismo tiempo, no obstante, estaba muy preocupado por las novedades del Cáucaso, al sur.

Al igual que otros generales Blancos, Denikin estaba comprometido con la causa de la integridad del Imperio Ruso. Esto era un obstáculo que le acarreaba su propia derrota, porque distanciaba a Finlandia, los Estados bálticos y Polonia. Churchill minusvaloraba esta obsesión imperial que impedía forjar las alianzas necesarias para derrotar a los comunistas. Había pedido al general Briggs, que acababa de regresar de una visita a Denikin, que convenciera al líder polaco Józef Piłsudski de que se sumara al avance de Denikin. Cuando Briggs se marchó, Piłsudski, poco convencido, habló con el general de brigada Adrian Carton de Wiart. Entre otras cosas, predijo que «Denikin no conseguirá llegar hasta Moscú y, lo que es peor: no tardará en volver a estar en el mar Negro».[15]

Denikin se habría horrorizado de haber sabido que, en privado, Lloyd George apostaba por dividir Rusia en Estados independientes y menores, tales como Ucrania, una república cosaca y varios otros territorios. A Churchill tampoco le complació lo más mínimo saber que el primer ministro «pensaba que ya habíamos hecho bastante para lograr el equilibrio entre los dos bandos y ahora debíamos soltar a Rusia y dejar que ganara el mejor; que de hecho no había forma de saber cuál de los dos bandos *era el mejor*».[16]

La obsesión de Denikin con la Gran Rusia también causaba un problema en el Cáucaso, que los británicos consideraban dentro de la esfera de su interés. El Gobierno menchevique de Georgia, que en el año anterior había recibido ayuda de los alemanes, chocó con Denikin cuando sus tropas ocuparon la ciudad de Sochi, en la costa del mar Negro. A continuación se produjeron algunas batallas menores. Denikin se sintió muy decepcionado al saber que los británicos consideraban que Sochi pertenecía a Georgia.

El Foreign Office había enviado a la capital, Tiflis, a Oliver Wardrop, un apasionado de los georgianos, con el cargo de Comisario en Jefe de la Transcaucasia. Churchill temía que el Gobierno georgiano, que se hallaba en la retaguardia de Denikin, se estaba volviendo por un lado cada vez más favorable a los bolcheviques y por el otro, más hostil con los armenios. Según le escribió a Curzon: «¿No es acaso un gran peligro que Wardrop desarrolle su punto de vista con exclusión de todos los demás y hostilidad directa hacia Denikin, al que nosotros habíamos decidido respaldar? Si no vamos con cuidado nos las veremos con batallas en las que habrá oficiales británicos en los dos bandos, cada uno de ellos, animando a combatir a sus propios gallos de pelea».[17]

A Churchill ya le intranquilizaba que la decisión del Almirantazgo de retirar a su personal del Caspio pudiera permitir a la flotilla Roja dominar este mar interior y, en consecuencia, facilitar que la Transcaspia pasara a manos bolcheviques. «El bolchevismo podría arrasar en estas regiones tan vastas, desde el Caspio hasta la frontera con la India», le escribió a Curzon.[18] Esta pesadilla imperial era sin duda exagerada, pero las revueltas contra los Blancos —que los georgianos favorecieron y armaron, primero en Chechenia y luego en Ingusetia y Daguestán— obligaran a Denikin a desviar una gran cantidad de tropas en una fase crucial del avance hacia Moscú.

En Ucrania Denikin ganó terreno sin encontrar mucha resistencia. El 31 de agosto las fuerzas ucranianas de Simon Petliura, que se habían mantenido ocultas en los pueblos del oeste de Kiev, emergieron en el preciso momento en que los Rojos se retiraban y las tropas de Denikin estaban a punto de entrar desde el punto contrario. Los ucranianos aparecieron en la calle principal y marcharon con la bandera azul y amarilla hasta la Duma Municipal. Por Kiev corrió el rumor de que Denikin entregaba la ciudad a Petliura mientras los Blancos seguían hacia Moscú. Pero entonces llegó un destacamento de la caballería del Ejército de Voluntarios, por delante de un regimiento de cosacos del Don. Atónitos por la presencia de los hombres de Petliura, los cosacos desenfundaron los sables y se echaron a la carga con sus gritos salvajes. Los ucranianos se retiraron a toda prisa y abandonaron la ciudad.

El general Mai-Mayevski fue recibido en Kiev con una producción del *Fausto* de Gounod en el Teatro Estatal. Al aparecer en el palco regio, el público se puso en pie y le ovacionó. Los más ricos de la ciudad, agradecidos, empezaron a enviar ramos de flores al palco dorado. Mai-Mayevski, sin tomar asiento, gritó a los asistentes: «¡Kievitas! ¡Os saludo y os felicito por haber quedado libres de la escoria Roja!».[19] Los cantantes le dedicaron una reverencia, la misma que solían hacer ante Nicolás II. Mai-Mayevski no le prestó gran atención al recital. Estuvo charlando con el general Yefímov sobre el asesinato, en 1911, del primer ministro Piotr Stolypin, en aquel mismo teatro y no lejos de sus butacas. Mai-Mayevski pasó a hablar de las atrocidades perpetradas por la Checa en la ciudad y le dijo a Yefímov: «Por favor pásele esta información a la OSVAG, para la propaganda. Denle toda la publicidad posible, sin eludir ningún detalle».*

Una vez más, la Checa regional había cometido una masacre justo antes de que los Blancos tomaran la ciudad. En la noche del 28 de agosto se asesinó a 127 prisioneros en el garaje de hormigón de su sede, en la Sadóvaya úlitsa. «Las cabezas de muchos de los cadáveres parecían machacadas», según un informe.[20] «Se hallaron otros setenta cuerpos en la Checa del distrito de la Yelizavétinskaya úlitsa; un número similar en la "Checa china"; y otros cincuenta y un cadáveres, de ferroviarios, en la Checa de los ferrocarriles, junto a la estación central.» En esa «Checa

---

* La OSVAG, acrónimo de *OSVedomítelnoye-AGitatsiónnoye otdelénie*, era la sección de propaganda de las Fuerzas Armadas del Sur de Rusia y tenía la sede en Rostov. Como en el frente político tenía pocas novedades positivas que ofrecer —porque los Blancos se negaban a contemplar ninguna reforma— su éxito fue muy limitado. Tampoco la ayudó la carestía de papel.

china» la comisión descubrió que un rumor horripilante era cierto: a una de las víctimas le habían sujetado un tramo corto de cañería en el vientre; entonces metían una rata en la cañería y encendían fuego en el extremo descubierto para forzar al animar a abrirse paso a mordiscos entre los intestinos del torturado, hasta dar con una vía de escape.

En la cárcel solo sobrevivió un puñado de los reclusos. «Eran muertos vivientes que arrastraban los pies y nos miraban sin mover los ojos, apagados del todo», según las notas de la comisión del general Reberg. Durante los días siguientes se descubrieron más fosas comunes.

Pável Makárov, el edecán de Mai-Mayevski que en secreto era comunista, describió el momento en el que, el 12 de septiembre, el general hizo por fin una demostración para lanzar el asalto del Ejército de Voluntarios a Moscú, desde la estación de Janzhénkovo. Bajó de su vagón y analizó los detalles conversando en francés con el oficial británico responsable de los tanques de apoyo. Según los británicos, «cumplidos tres ataques ya no resultaba necesario ni siquiera bajarlos del tren: los bolcheviques ya no esperaban a ser atacados».[21] El general Shkuró, que lideraba la Sotnia del Lobo, caracterizada por las sillas bajas y los arneses ostentosos, no pudo resistirse a participar en la representación: «¡Valerosos cosacos del Kubán y del Térek!», gritó, alzando la voz todo lo posible. «¡Adelante! ¡Seguidme!», añadió, como si fueran el grupo de vanguardia.[22] La verdadera punta de lanza del Ejército de Voluntarios era el I Cuerpo de Kutépov, con sus divisiones de élite: las de Kornílov, Márkov y Drozdovski.

El 20 de septiembre —el día en que el general Kutépov conquistó Kursk— Churchill envió un cable «personal y secreto» al general de división Herbert Holman, jefe de la misión militar británica en el sur de Rusia. «Me parece desaconsejable que en las circunstancias presentes se utilice a los aviadores británicos en un bombardeo de Moscú», afirmó.[23] Luego envió sus felicitaciones a los oficiales y la tropa del 47.º Escuadrón de la RAF, cuya base estaba cerca de Tsaritsyn. Dos días más tarde, un Churchill en tensión evidente escribió de nuevo a Holman: «Comuníqueme su opinión personal sobre si hay alguna posibilidad de que Denikin llegue a Moscú este año».[24] También le preguntó si la artillería del general Wrangel necesitaba proyectiles antiblindados para someter a la flotilla Roja del Volga al sur de Tsaritsyn. Churchill engañó repetidamente a la Cámara de los Comunes, dando a entender que la asistencia británica se limitaba a proporcionar equipos, armas y asesores de instrucción. La implicación activa en los combates, por parte de los pilotos, artilleros y personal del cuerpo de tanques, se negó una y otra vez.

Los líderes del Kremlin se encontraban ya bastante nerviosos después de haber perdido tanto territorio y tantas ciudades en el sur. El 25 de septiembre, unos anarquistas pusieron una bomba en un edificio de la calle moscovita de Leóntiev, ocupado por figuras del comunismo, varias de las cuales perdieron la vida. La Checa fingió que la explosión era obra de los «Blancos», no de ningún anarquista, y emprendió otra oleada de represalias por todo el país, similar a la ocurrida un año antes, tras el atentado contra Lenin y el asesinato de Uritski. «Dzerzhinski llegó a la Checa pálido como el papel, directamente de la escena de la explosión —escribió el líder de la Checa moscovita—. Ordenó que se ejecutara a todas las personas anotadas como miembros del Partido Kadete, oficiales de policía, funcionarios de la monarquía y toda clase de príncipes y condes encerrados en las cárceles de Moscú y los campos de concentración.»[25]

Por detrás de las líneas Rojas, Mámontov seguía desbocado. Cuando sus cosacos del Don cruzaban la provincia de Tambov, los campesinos salían a saludarlos y les ofrecían gavillas de trigo. Pero la sensación de alegría no duraba mucho, al ver que los jinetes se quedaban con todo lo que les apetecía. El cuerpo de caballería giró hacia el noroeste, pero como la fuerza Roja que les perseguía resultaba cada vez más amenazadora, viraron en redondo y se dirigieron hacia Vorónezh, en tres columnas. Su avance se había ralentizado por la descomunal acumulación de botín, que llevaban tanto colgado de las sillas como amontonado en los carros de abastecimiento. El 19 de septiembre volvieron a abrirse paso entre las líneas Rojas y se unieron al III Cuerpo de cosacos del Kubán y del Térek, de Shkuró. Esto hizo que el comandante del frente meridional del Ejército Rojo jurara que iba a poner fin a esa «pesadilla montada».[26] Para desazón de Shkuró, no obstante, tres cuartas partes de los hombres de Mámontov siguieron camino hacia sus tierras de origen en el Don, cargados con el botín. De los 8.000 sables originales, menos de 1.500 se quedaron en el frente.

Martin Alp, un joven oficial de caballería letón, reclutado a la fuerza por el cuerpo de Mámontov, escribió un breve relato de sus experiencias, después de que estuvieran a punto de fusilarlo al sospechar que se trataba de un comisario: «En los pueblos cogíamos por sorpresa a los miembros de los Sóviets locales. A los comisarios y a los comunistas se los fusilaba en el acto, o se los colgaba de la polea de un pozo. En cuanto a las mujeres, normalmente se les perdonaba la vida, pero a las jóvenes se las violaba. El contenido de cualquier almacén pasaba entero a nuestros carros».[27] Alp sentía fascinación por los «Ángeles de la Muerte», como se conocía también a la famosa Sotnia del Lobo, de Shkuró: «No me cansaba de mirarlos. Ellos, en cambio, nunca nos miraban a nosotros; y si lo hacían, era con arrogancia. Estaban muy orgullosos del hecho de que nunca hacían prisioneros y tampoco aceptarían nunca que los hicieran prisioneros a ellos».

Durante el breve período de descanso, después de la incursión, Alp se alojaba en compañía de varios oficiales que le reprochaban habitualmente: «Has luchado con nosotros, codo con codo, pero a la hora de divertirse no quieres unirte a nosotros». Él contestaba con el mayor de los cuidados: «Os aprecio mucho, sois mis camaradas de armas y me alegra sentarme con vosotros a la mesa. Pero no quiero beber con vosotros».[28]

«No fui capaz de modificar su comportamiento —explicó Alp—, pero me resistí a beber con ellos y participar en sus orgías con mujeres, en especial con las comunistas a las que detenían, entre las que había algunas mujeres rusas rectas y buenas, aunque fueran comunistas. Verlas entre las manos de aquellos perros me hacía sentir una gran compasión. Pronto se me hizo insoportable» y logró que lo trasladaran a un regimiento de infantería.[29]

El 30 de septiembre Shkuró condujo a su Cuerpo al otro lado del Don y, a los pocos días, tomó la ciudad de Vorónezh. El frente seguía siendo muy inestable: las incursiones de las fuerzas Rojas llegaban hasta el límite mismo de la ciudad. El oficial de comunicaciones Yerast Chevdar contó que Shkuró y sus oficiales estaban disfrutando de una representación de una ópera cómica de Planquette, *Les Cloches de Corneville*, cuando los avisaron de otro ataque. Todos los oficiales corrieron a la calle, sembrando el pánico entre el público; pero se trataba de una falsa alarma, los oficiales regresaron a sus puestos y la representación continuó. Luego Shkuró invitó a todo el elenco a cenar en el hotel en el que se había instalado. Más de un centenar de personas se sentaron a beber sin mesura y entonar canciones en solitario o a coro. En cierto momento Shkuró se puso en pie y pronunció un discurso patriótico, que concluyó brindando emocionado por el éxito de los Ejércitos Blancos y «los sacrificios que realizan combatiendo por el libre y brillante futuro de Rusia».[30]

Algunas de las mejores descripciones del avance del Ejército de Voluntarios en los primeros días de octubre las hallamos en los diarios del capitán John Kennedy (que en la segunda guerra mundial llegó a ser jefe asistente del Estado Mayor de las Fuerzas Armadas). Al poco tiempo de llegar, a principios de septiembre, se sintió impresionado por el paisaje, un espacio aparentemente ilimitado. Era «un país de grandes llanuras ondulantes. Aquí y allá había un poblado con una iglesia de cúpula pintoresca, pero en su mayoría aquella gran extensión no estaba interrumpida por habitantes humanos. La llanura se cultiva solo en parte: a veces una franja de rastrojos, con el trigo ordenado en montoncitos, a veces una parcela de maíz indio o de melones, y luego grandes extensiones de hierba hasta donde la vista podía alcanzar. Había pocos signos de vida, salvo algún carro campestre ocasional, sin ballestas, o una bandada de gansos, un rebaño de ganado, una recua de caballos».[31]

Kennedy no estaba satisfecho con los demás oficiales de la misión militar británica, que en buena parte venían de Salónica. Después de llegar a la base de Taganrog, el 7 de septiembre, escribió: «los oficiales de la misión con los que he podido tratar hasta ahora son de la peor ralea y, sin duda, ineficientes».[32]

Su primer destino fue Kursk, donde el general Mai-Mayevski —«que me hizo pensar en un sapo»—[33] estaba a punto de celebrar la conquista de la ciudad. Kennedy desdeñaba el modo en que los generales Blancos se adornaban con todos los atavíos de la realeza: «Mai-Mayevski hizo desplegar una alfombra especial en la estación, por la que atravesaba el andén hasta llegar a su vagón personal, que estaba dotado de todos los lujos... Decenas de oficiales del Estado Mayor y de centinelas armados hasta los dientes formaban en el andén a la espera del gran hombre. ¡Qué contraste se establecía entre esta escena de lujo y la condición de los campesinos miserables, que se apiñaban para dormir en los andenes y las salas de espera!».[34] Incluso un general de segundo rango, como lo era Belayáev, disponía de un tren con vagones especiales para llevar «los corceles del general; su carro de bagaje, con los dos caballos que tiraban de él; y su equipo de guardaespaldas, de unos veinte o treinta cosacos».

Kennedy llegó al frente el 1 de octubre y se incorporó al I Cuerpo, al mando de Kutépov. «De noche, todas las tropas se juntan en el pueblo más próximo. Por la mañana salen las baterías y toman posiciones, con la infantería en pos. Los cañones disparan hasta su alcance máximo, al vacío, como ejercicio preparatorio, y se ponen en marcha cuando se da la señal de avanzar. Los sigue la infantería, a la que no le gusta ir por delante de la artillería.»[35]

«El avance prosigue. Hace mucho más frío, por las noches hiela un poco. Mediado el día aún hace calor», escribió al día siguiente. Kennedy, que era oficial de artillería, apuntó que los cañones de campaña que los británicos habían dado estaban «fuera de combate por el descuido con que los manejan. Nunca engrasan los muelles. Y si algo funciona mal los rusos, en vez de repararlo, esperan que los británicos les entreguen otro cañón».[36]

De vuelta en el cuartel general del Cuerpo, el 6 de octubre, Kennedy vio al general Kutépov. Regresaba del frente para entrevistarse con el hijo del general Brusílov, «que acababa de ser apresado, después de haberse visto obligado a luchar para los bolcheviques». Al regresar a la Kursk liberada, al día siguiente, asistió a un funeral colectivo en la plaza de la catedral, en recuerdo de «varios cientos de víctimas de los bolcheviques, a las que se había desenterrado».[37] Un sacerdote enfureció a muchos de los oficiales presentes al afirmar que «no debemos guardar rencor a los asesinos y torturadores bolcheviques porque no han sido sino la explosión de la bomba depositada por los liberales».

Tres días más tarde Kennedy volvía a estar en el frente, junto con una batería de artillería que se enfrentaba a un escuadrón de la caballería Roja. «Galopan hacia delante en dos líneas (lo que significa, según me contaron, que la primera línea es la de los soldados movilizados, y la segunda, la de los comunistas, que fusilan a los primeros si intentan retirarse). También apareció un *drozhki*, que atravesaba los campos por detrás de la caballería; en él era probable que viajaran, según me dijeron, el comandante o un comisario.»[38] Los proyectiles de la batería pusieron en fuga a la caballería. Unos veinte minutos después aparecieron algunos infantes Rojos, pero se esfumaron cuando una batería de obuses de seis pulgadas abrió fuego. Mediada la mañana, Kennedy observó que un coche blindado subía por la carretera hacia el enemigo, seguido por una tropa de treinta jinetes Kornílovski con lanzas y pendones al viento. «Por detrás de estos, a su vez, va una compañía de oficiales del

2.º Regimiento Kornílovski, que marchan con un estilo excelente, con las bayonetas caladas y entonando con orgullo una canción de guerra.»

Los prisioneros y los desertores del Ejército Rojo se apelotonaban de vuelta, sin vigilancia. A juicio de Kennedy estos soldados iban lamentablemente mal vestidos y armados, y su fortaleza residía solo en el número. También le impresionaba —y sorprendía— lo bien que estaban colaborando en ese momento la artillería y la infantería Blanca.

En Londres, en la Oficina de Guerra, cundió el optimismo. «Los bolcheviques se hunden y quizá el final no esté lejos. Sin duda caerán, no solo su sistema, sino también su régimen. Su aventura militar se está derrumbando en prácticamente todos los puntos del círculo inmenso que forma su frente», escribió Churchill para Curzon.[39] Pero la información de Churchill era pésima. Sostenía que las fuerzas antibolcheviques disponían de 630.000 hombres que oponer a un Ejército Rojo de 450.000 efectivos, cuando los comunistas duplicaban a los Blancos. Al menos en teoría, porque las cifras de uno y otro bando nunca fueron fiables por el porcentaje de desertores, en particular, cuando las cosas estaban saliendo mal.

El 12 de octubre las fuerzas del general Dragomírov, que atacaban hacia el norte desde Kiev, llegaron a Chernígov, en el límite con Bielorrusia. Aquel mismo día el comandante del Regimiento Kornílovski le dijo a Kennedy que tomarían Oriol en un plazo de dos días. En aquel momento el rublo zarista había ascendido, en los mercados de cambio, a un valor que multiplicaba por sesenta el del rublo soviético. Después de lo mucho que habían sufrido por los saqueos bolcheviques, los campesinos dieron la bienvenida al Ejército de Voluntarios con un entusiasmo que a Kennedy le pareció bastante genuino. Las gentes del campo contaban que los bolcheviques habían destruido sus iconos y robado hasta el último grano de sus reservas de cereal. Al cabo de un día o dos Kennedy podía incluso quejarse de que nunca, en toda su vida, había comido tanto ganso.

Según había predicho el comandante del Kornílovski, los Blancos entraron en Oriol dos días después: el 14 de octubre. Kennedy tuvo noticia de que los comunistas habían fusilado a 120 rehenes antes de abandonar la ciudad; pero el Kornílovski había capturado a 10.000 prisioneros. Fusilaron a todos los líderes, incluido el comandante de la 13.ª División; a la tropa le quitaron los sobretodos y las armas, pero la pusieron en libertad. Kutépov celebró un curioso desfile triunfal:

«La ceremonia empezó con un tanque que aplastaba y demolía el tribunal de madera de los bolcheviques, en la plaza mayor, entre los vítores de una multitud no poco asustada».[40]

La prensa Blanca afirmó que la población de Oriol había salido a recibir al Ejército de Voluntarios portando iconos religiosos, y que se había arrodillado para cantar: «¡Jesucristo ha resucitado!». En Vladivostok, el periódico *Volia* sugirió que los bolcheviques estaban a punto de ofrecer una propuesta de paz que comportaría «abolir el Gobierno soviético, cesar en el Terror, interrumpir las ejecuciones y dar libertad para que los líderes bolcheviques se marchen a Suramérica». Incluso alguna prensa extranjera se dejó llevar por la idea. En periódicos suecos se afirmó que los bolcheviques estaban evacuando Moscú y trasladándose a Viatka.[41]

El siguiente paso, después de Oriol, era Tula; y después de Tula, Moscú. «¡Oriol para las Águilas!», exclamó Mai-Mayevski al enterarse de la noticia (en ruso, *oriol* significa precisamente «águila»).[42] Pero en privado se mostraba menos exuberante y musitaba: «Aunque hasta ahora solo hemos agarrado al Águila por la cola».

29

La sorpresa báltica

Otoño de 1919

A finales del verano de 1919, después de que el Ejército Noroccidental se retirase de Gátchina hasta entrar en Estonia, se reorganizó para formar dos «Cuerpos de Fusilería». El nombre, sin embargo, era muy optimista: los dos juntos totalizaban menos de 15.000 hombres, con un destacamento de caballería de 150 cazadores y cuarenta cañones de campaña de tres pulgadas. Los éxitos de Denikin en el sur de Rusia eran, en ese momento, el mayor motivo de inquietud para el Kremlin; aun así Lenin decidió que era prudente recurrir a medios diplomáticos para anular la amenaza a Petrogrado.

El 31 de agosto, justo cuando los Blancos estaban a punto de perder Pskov, el ministro de Exteriores soviético, Gueorgui Chicherin, propuso conversaciones al Gobierno estonio. El mariscal de campo Wilson advirtió a Churchill de que, por esta parte, era probable que los estonios «intentaran llegar a algún acuerdo con los bolcheviques».[1] Lo cierto es que los estonios —y Yudénich debería haberse dado cuenta de ello, antes de despreciar con grosería su afán de independencia— se hallaban en una posición bastante sólida. Como herramienta de negociación, a cambio de que el Kremlin reconociera su independencia, podían ofrecer la disolución del Gobierno Noroccidental y la negativa a ayudar a su Ejército Blanco. Yudénich se enfureció por lo que, a su juicio, era una traición de los estonios; pero también era consciente de que el respaldo británico tenía los días contados.

Churchill sentía una profunda frustración por el hecho de que no se hubiera comprendido que en verano, con ayuda de los finlandeses, habían existido «grandes oportunidades» de capturar Petrogrado. La culpa era de Kolchak y Yudénich, que seguían negándose, el uno como el otro, a garantizar la independencia de Finlandia. Churchill insistió con frecuencia en saber por qué los británicos no eran más fructíferos en la forja de coaliciones antibolcheviques; pero nunca reconoció que, a la hora de tratar con posibles aliados, su peor enemigo siempre habían sido los propios Blancos. El representante británico en Estonia informó de que los líderes Blancos del Ejército Noroccidental habían llegado a jactarse de que «después de Petrogrado conquistarían Revel [Tallin]».[2]

La esperanza de Churchill de que los polacos atacaran al Ejército Rojo para ayudar a Denikin también se frustró. Denikin se negó a alcanzar ningún acuerdo sobre las futuras fronteras de Rusia con Polonia, por lo que el jefe de Estado de este país, Józef Piłsudski, no veía muchas razones para acudir en su socorro. Esto permitió que el Ejército Rojo llevara el resto de sus tropas hacia el oeste, incluida la División de Fusilería Letona, para enfrentarse con Denikin. Churchill, entre tanto, seguía justificando el apoyo de Gran Bretaña a Yudénich porque esto «contribuía al avance de Denikin y alejaba de nosotros la presión mientras emprendíamos la peligrosa retirada desde Arcángel». Lloyd George no se sintió muy impresionado por el argumento. Sospechaba que la obsesión antibolchevique de Churchill le había llevado a informar sin plena sinceridad al Gabinete.

Ante la probabilidad de perder la base segura de Estonia, y con el invierno cerca, Yudénich consideró necesario hacer un último intento, algo desesperado, de tomar Petrogrado. Para aumentar los efectivos de su minúsculo ejército buscó una alianza con el general Von der Goltz y su ejército de matones del Freikorps (muchos de los cuales estuvieron luego entre los primeros miembros del Partido Nazi y sus organizaciones paramilitares). Esta unidad, denominada «Ejército de la Rusia Occidental», mantenía una estrecha relación con la formación —de mayoría alemana— del enjoyado y perfumado príncipe Pável Bérmondt-Aválov. Los dos seguían saqueando por el Báltico, sin hacer caso de la orden del general Gough, que les instaba a desbandarse y volver a Alemania. Pero para decepción de Yudénich, el blanco que las tropas tanto de Goltz como de Bérmondt-Aválov decidieron atacar fue Riga; el almirante Cowan y su escuadrón de cruceros se vieron obligados a acudir en su auxilio.

Era del todo evidente que la aventura de Yudénich era irresponsable. En el improbable caso de una victoria, el Ejército Noroccidental sería incapaz de controlar —no digamos ya, de alimentar— a la famélica población de Petrogrado. Yudénich se despreocupó del asunto y daba por sentado que los Aliados (en especial, los británicos) ya se encargarían de esta tarea.

«En la ciudad sitiada solo había repollo para comer —contaba el escritor Víktor Shklovski—. Yo me mantuve con vida comprando en San Petersburgo clavos que luego llevaba al campo a trocarlos por pan.»[3] Un anciano sumamente debilitado por el hambre salió de la ciudad para intercambiar su último objeto de valor, un reloj de oro, por un saco pequeño de harina: «De camino a su casa se encontró con un joven mujik, de aspecto amable, que se ofreció a cargar con el saco, al ver que él estaba agotado y que los dos tomaban la misma ruta. Cuando llegó la hora de separarse, y el anciano pidió el saco, el mujik se quitó la gorra y le dijo, entre risas: "¡Muchas gracias, abuelo! Hacía mucho tiempo que no caía en mis manos nada de harina, ¡y así de milagrosamente!". El pobre anciano llegó a casa con las manos vacías y al poco tiempo murió de inanición».[4] Muchos no tuvieron más remedio que atrapar y comer palomas, incluidos los que en secreto habían mantenido la fe ortodoxa y por lo tanto las consideraban un símbolo del Espíritu Santo.[5]

Yudénich se enorgullecía de su desprecio por el «gobierno» que el general Gough le había obligado a crear. En teoría él era el ministro de la Guerra, pero nunca asistió a ninguna de las sesiones ni se molestó en informar de nada a los titulares de las otras carteras. El 23 de septiembre el ministro de Interior comunicó a sus colegas que Yudénich había ordenado iniciar una movilización «por la difícil situación del ejército».[6] Los demás ministros pidieron explicaciones, pero se quedaron sin respuesta. Ni siquiera sabían que Yudénich tenía la intención de disolver el gobierno «en el mismo momento en que sus tropas entraran en Petrogrado».[7]

El 26 de septiembre, el Kremlin transfirió algunas de las mejores unidades del Séptimo Ejército para que se enfrentaran a Denikin, que avanzaba desde el sur. Parecía inconcebible que el Ejército Noroccidental pudiera atacar desde el territorio estonio, cuando la propuesta de paz de Chicherin era tan reciente. Dos días más tarde Rodzianko empezó la campaña de conquista de Petrogrado con un asalto simulado al flanco meridional, por debajo del lago Peipus, donde estaba el Décimo Quinto

Ejército; sus planes contaban con la asistencia secreta del jefe del Estado Mayor del Séptimo Ejército. La Checa de Petrogrado había exhibido una lentitud sorprendente a la hora de desmantelar las dos organizaciones clandestinas de los Blancos en la ciudad: el Centro Nacional y la Unión por la Regeneración de Rusia. Solo el efecto del motín de Krásnaya Gorka, en mayo, había llevado a la Checa a actuar, con registros de apartamentos y redadas constantes.

Yudénich, aunque oficialmente era el comandante en jefe del Ejército Noroccidental, ejercía una influencia curiosamente menor sobre los planes y la dirección de operaciones de Rodzianko. A este último —«un hombre alegre, un aristócrata sin preocupaciones»—[8] se le daba bien bromear con sus soldados, pero todo lo que podía aportar, como líder militar, era la elegancia sobre la silla de montar. Entre sus principales oficiales, algunos actuaban por motivos descaradamente cínicos. «Yo ya he acumulado 300.000 rublos —se jactaba el comandante de la 2.ª División, probablemente cuando estaba borracho—. Seguiré con esto hasta que redondee el millón, y entonces listos. Con dinero tendré respeto, las mujeres me amarán, tendré todo lo que necesite.» La 4.ª división, por su parte, estaba capitaneada por el príncipe Dolgoruki, «que se creía más brillante y más capaz que nadie en el ejército, y en consecuencia no se molestaba en seguir las órdenes». En cuanto a Yudénich, el Ejército Noroccidental «no reconocía la autoridad de un comandante en jefe del que no sabían casi nada, al que apenas habían visto y por el que no sentían respeto». El rechoncho y fofo Yudénich, con sus ostentosos bigotes de caballero extendidos hasta los propios hombros, pasó la campaña en su cuartel general bien protegidito por su Estado Mayor.

Churchill, que a todas luces desconocía lo que se avecinaba, pidió a la dirección de operaciones militares de Londres que sopesara qué podía hacerse con el Ejército Noroccidental en el caso de que los Estados bálticos firmaran la paz con Moscú. «¿No sería posible que se desplazaran al sur, hasta entrar en el sector polaco, y de este modo se fueran acercando paso a paso al flanco izquierdo de Denikin?»[9]

El 10 de octubre, el general Rodzianko lanzó el asalto principal de la Operación Espada Blanca, desde Narva. Logró sorprender a los Ejércitos Séptimo y Décimo Quinto, y casi tres cuartas partes de los reclutas forzosos del Ejército Rojo, que habían recibido una instrucción muy escasa, se rindieron o desertaron. El antiguo Regimiento de la Guardia Semiónovski se pasó en conjunto a los Blancos. Aunque sus líderes eran corruptos e incompetentes, los hombres de Rodzianko combatieron bien. Al cabo de seis días tomaron Gátchina. Cuatro días después llegaron a Tsárskoye Seló, que solo distaba 25 kilómetros del centro de Petrogrado. Al saber que la vanguardia de Yudénich contaba con cinco tanques británicos, los reclutas del Ejército Rojo huyeron, presas del pánico. La facilidad con la que ganaban terreno, sin embargo, se subió a la cabeza de los generales Blancos. El comandante de la 3.ª división de Rodzianko hizo caso omiso de sus órdenes. Le habían instado a cortar la principal vía férrea de Moscú a Petrogrado en un cruce de vías especialmente relevante; pero él quería que su fuerza fuese la primera en entrar en la ciudad. Según una tradición militar rusa, que se remontaba a los tiempos del mariscal Suvórov, esto le otorgaría privilegios singulares como comandante.

Los estallidos sordos de la artillería podían oírse desde el otro lado del golfo de Finlandia. Víktor Shklovski, desde la costa norte, observó que la Fortaleza de Pedro y Pablo estaba envuelta en el humo de sus cañones, lo que la asemejaba a un gran buque de guerra en una batalla naval. Las «explosiones de los proyectiles se quedaban colgando en el aire, como nubes en el cielo», escribió.[10] Cundió el temor a que los finlandeses aprovecharan la ocasión para atacar desde el norte, cruzando el istmo; también se creía posible que se formara otro motín, como el de los ingrios en la fortaleza de Krásnaya Gorka, cinco meses atrás. Grigori Zinóviev, el líder de los comunistas de Petrogrado, sufrió un colapso nervioso.

Con una proclamación extraordinaria, que no se llegó a hacer pública hasta después del hundimiento de la Unión Soviética, Lenin declaró: «Si la ofensiva ha empezado, ¿no sería posible movilizar a 20.000 trabajadores y 10.000 burgueses de Petrogrado, situar la artillería por detrás de ellos, fusilar a varios cientos y conseguir un impacto verdaderamente masivo sobre Yudénich?».[11] Al ver que las fuerzas Rojas se desintegraban, Lenin sopesó abandonar Petrogrado a manos enemigas (como haría también Stalin, veintidós años más tarde, durante el asalto alemán). Trotski no desaprovechó la oportunidad. Argumentó que había que defender a toda costa «la cuna de la Revolución». Lenin accedió y Trotski ordenó que su tren blindado emprendiera de nuevo el viaje a Petrogrado.

La llegada de Trotski a la antigua capital, el 17 de octubre, fue tan teatral y dramática como era de prever. Desplegó su considerable habilidad oratoria y arengó a una población fatalista con la predicción de que los Blancos harían una masacre en la ciudad de granito, convirtiéndola en «un laberinto de piedra».[12] Por un lado prometió duplicar la ración de alimentos, por el otro advirtió con severidad sobre qué trato podrían esperar a manos de los Blancos. Trotski se movía como pez en el agua, arengando a públicos numerosos con su retórica revolucionaria. En un momento dado montó un caballo para convocar a las tropas en retirada. Por muy escéptico que uno sea con la «teoría histórica del "gran hombre"», caben pocas dudas de que Trotski logró convertir un pánico de masas en arrojo de masas.

Para reducir el temor de sus tropas a los tanques afirmó que los blindados británicos eran falsos, simples cajas de madera pintadas. También pidió a los metalistas de la Putílov que fabricaran unos pocos vehículos con el aspecto de tanques, para fomentar la moral. La gravedad de la situación convenció a Lenin de la necesidad de desviar tropas del frente contra Denikin, si en efecto quería salvar Petrogrado. Kámenev dijo de estas que eran su comodín, su «Reina de picas». Lograron atravesar las líneas Blancas gracias al egotismo de aquel comandante de división que, por la impaciencia de ser el primero en entrar en Petrogrado, no había cumplido la orden de bloquear el ferrocarril. Este oficial había rechazado también la oferta de unos prismáticos con los que observar el centro de la ciudad desde las colinas de Púlkovo. A esto contestó que no las necesitaría porque la tarde siguiente estaría paseando por la Nevski Prospekt.

El mismo día que Trotski llegó a Petrogrado, Churchill envió un mensaje para Yudénich, a través de la misión de Helsinki, para felicitarlo «por la más que notable medida de éxito que ha logrado el inicio de su ofensiva».[13] Prometió enviar otro cargamento con «fusiles, ropa y pertrechos para 20.000 hombres»; veinte cañones de 18 libras con 3.000 proyectiles por pieza; doce obuses de 4,5 pulgadas, con 2.000 balas por pieza; y cuatro obuses de seis pulgadas, con 1.000 proyectiles por unidad, «además de varios aviones y algunos otros tanques», y también a 400 oficiales rusos formados en Gran Bretaña.

Cuatro días más tarde, Churchill —que de nuevo iba por detrás de los acontecimientos, debido a la lentitud de las comunicaciones— aseguró a Curzon que «aquí nuestros oficiales siguen confiados en que sin duda, mirando la situación en su conjunto, se derrocará a los bolcheviques».[14] Había enviado al general Haking «para que acompañe a Yudénich en el momento de entrar en Petrogrado», pues «de otro modo tal vez se nos reprocharía que no hayamos hecho nada para impedir las lamentables represalias posteriores a la caída de la ciudad».

Aquel mismo día, algo más tarde, el avance de Rodzianko se interrumpió de forma brusca. Trotski contraatacó con los refuerzos moscovitas que habían llegado a Petrogrado en tren. El Ejército Noroccidental se vio obligado a abandonar primero Púlkovo y luego, seis días más tarde, Gátchina. Los hombres de Rodzianko luchaban esforzadamente, pero eran muy inferiores en número y empezaban a sucumbir a una epidemia de tifus. El 31 de octubre Churchill se comunicó con el general Haking para que este evaluara el estado del ejército de Yudénich. «En [el] golfo de Finlandia podría formarse hielo [en] cualquier momento, después [del] 12 [de] noviembre, y [el] Gabinete ha decidido que [la] Flota Británica debería abandonar [las] aguas finlandesas en cuanto se forme hielo.»[15]

En la primera semana de noviembre, el Ejército Rojo hizo que los restos de las fuerzas de Yudénich retrocedieran todo el camino hasta Narva. Reconquistaron Luga y Yamburgo un 7 de noviembre, aniversario del golpe bolchevique. La retirada fue patética. Miles de refugiados civiles, que habían confiado en regresar a Petrogrado con los trenes de bagaje del Ejército Blanco, se habían unido a las tropas y obstaculizaban todos sus movimientos. Hubo numerosos casos de fiebre tifoidea y muchos de los que lograron llegar hasta la frontera estonia acabaron en campos de cuarentena. La situación de los que seguían atrapados en el lado oriental de la frontera se tornó aún más difícil con el empeoramiento del tiempo. Pero cuando el general Yudénich recibió un informe que describía el espanto de la situación, se negó a aportar fondos para ellos, alegando que su presupuesto solo se podía gastar para las necesidades del ejército.[16]

Algunos oficiales de Rodzianko no dejaron perder la ocasión de saquear antes de retirarse. Varios miembros del cuartel general del I Cuerpo de Fusilería «se llevaron dos o tres vagones llenos de las propiedades de palacio, entre las que había plata y vajillas de porcelana con las insignias reales, además de otros objetos de valor».[17] El Departamento de Contrainteligencia de Estonia no tardó en identificar dónde se habían escondido la mayoría de los artículos.

Los estonios, que no olvidaban las amenazas de Trotski, en el supuesto de que volvieran a acoger a las fuerzas de Yudénich, solo admitieron en el país al personal militar que rendía las armas. Mientras una parte del Ejército Noroccidental se aferró a una franja de territorio ruso, su «gobierno» intentó negociar con sus antiguos huéspedes. Yudénich, el ministro de la Guerra, no se había molestado a asistir a ninguna sesión desde septiembre.[18] El general Kóndyrev, segundo en el ministerio, informó de que «es evidente que los estonios desean desarmar nuestro ejército, que no quieren contemplarlo como un aliado ni quieren que permanezca en su territorio».[19]

Yudénich siguió exasperando a los otros ministros al hacer caso omiso de ellos y «desarrollar una política completamente distinta a la del Gobierno». Cuando por fin tuvo que verse las caras con ellos, el ministro de Agricultura, Bogdánov, no aguantó más: «O bien el general Yudénich informa al Gobierno, en cuyo caso tiene que unirse a la comisión que negociará con el Gobierno estonio y no puede practicar una política autónoma, o bien el general Yudénich no informa y por lo tanto el Gobierno tiene que elegir otra estrategia. Es hora de acabar con el engaño».[20]

El engaño no duró mucho, en efecto. En noviembre, el oficial que estaba al mando del Ejército estonio en la ciudad de Tallin escribió para recordar al «antiguo "Ejército del Noroeste"» que «según el Derecho internacional, el personal militar de otro país no tiene derecho a vestir de uniforme, menos aún, el de un ejército que ha cesado por completo de existir».[21] El 13 de diciembre Estonia firmó un armisticio con la Rusia soviética, al que siguió el tratado de Tartú, del 2 de febrero de 1920, que reconocía la independencia del país. Letonia, Lituania y Finlandia siguieron el mismo camino poco después, tras firmar acuerdos similares con Moscú.

La esperanza churchilliana de crear una gran alianza antibolchevique en el Báltico había muerto definitivamente. Lo mismo ocurrió con el sueño Blanco de restaurar la «Rusia Una e Indivisible».[22] Las tropas de Yudénich acabaron las reservas de comida y tuvieron que alimentarse de lampreas, que les provocaban un gran disgusto. Pero la situación aún iba a empeorar. Hasta que llegara el momento de trasladarlos a Polonia, el Gobierno estonio se negó a alimentar a los que no trabajaran. Los enviaron a talar y acumular leña para el invierno. La humillación del imperialismo de la Gran Rusia fue total.

30

Retirada siberiana

De septiembre a diciembre de 1919

El 17 de septiembre, Churchill escribió un mensaje urgente para el jefe del Estado Mayor del Aire. Temía que el hundimiento del frente sur de Kolchak hubiera «abierto el acceso al Turkestán»[1] y que el poderoso avance bolchevique animara a los afganos a atacar la India británica. «Ayer el primer ministro —siguió diciendo— me dio instrucciones totalmente explícitas de dar los pasos necesarios para asegurarse de que la aviación india se encuentra en el estado de eficiencia máxima y que posee aparatos capaces de golpear las ciudades de Afganistán, incluida Kabul, a las pocas horas de un estallido de hostilidades... En la India deberíamos contar sin demora con nuestros mejores aparatos, incluidos los mejores bombarderos.»

Si Churchill estaba preocupado por la amenaza al Raj británico, en cambio los rusos, chinos y estadounidenses contemplaban con inquietud las ambiciones de Japón en la Siberia oriental. Los japoneses habían mostrado un interés especial por la isla de Sajalín, a la que habían enviado expediciones para estudiar sus recursos naturales y depósitos petrolíferos. «Algunos japoneses expresan abiertamente la suposición de que la isla no tardará en pertenecerles», informó el cónsul general de Estados Unidos en Irkutsk.[2] Además, los nipones vigilaban las bahías y los golfos de las costas del Pacífico, y la desembocadura del gran río Amur. Se tenía la firme sospecha de que las fuerzas armadas japonesas querían ocupar Manchuria, el Amur y las Provincias Marítimas, Vladivostok incluida.[3] El coronel William J. Donovan, comandante del 165.º Regimiento de Infantería —el fundador de la Oficina de Servicios Estratégicos, más conocido por el apodo de «Bill el Salvaje Donovan»— habría dicho, según algunas fuentes: «Es bien sabido que Kalmykov y Semiónov son simples agentes de Japón. Japón sueña con establecer una autoridad militarista y levantar barreras económicas en el norte de Manchuria y Siberia».[4]

El Ejército japonés no dejaba de enviar refuerzos, a pesar de que nipones y estadounidenses, en principio, habían acordado limitar las fuerzas respectivas a no más de 7.000 hombres cada nación. El general Tanaka admitió que en total se había enviado a 145.000 soldados, pero hizo hincapié en que muchos eran el simple reemplazo de los que volvían a casa. Sin embargo, el periódico *Yamato Shimbun*, al parecer, había declarado que «Japón no tiene más salida que enviar su exceso de población a Manchuria y Siberia»,[5] y por eso nadie pensaba en retirar a las tropas. Japón rechazó una propuesta estadounidense según la cual los dos países retirarían a sus hombres al mismo tiempo.

El atamán Semiónov seguía reteniendo los trenes que pasaban por Chitá. El 24 de octubre sus hombres detuvieron uno que llevaba 68.000 fusiles a Irkutsk, y Semiónov reclamó para sí una cuota de 15.000. El teniente Ryan, que capitaneaba la sección de escolta del tren, insistió en entregar el cargamento al completo, tal y como se le había ordenado. Los cosacos de Semiónov rodearon el tren, pero el coronel Morrow envió una advertencia clara al atamán: «Libere inmediatamente el tren del teniente Ryan o atacaré ipso facto sus fuerzas con mi regimiento».[6] Semiónov sabía que no se trataba de un farol y autorizó el viaje del tren de Ryan.

Por su parte, las fuerzas del atamán Ánnenkov, que se hacían llamar Ejército Independiente de Semiréchensk, siguieron aplastando las rebeliones que su pillaje había provocado.[7] En octubre sus hombres sofocaron disturbios en doce pueblos campesinos del distrito ruso de Lepsinsk. Después de capturar Cherkáskoye, los hombres de Ánnenkov masacraron a unos 2.000 aldeanos; a otras 700 personas, en Kolpakovka, y a 200 en Podgórnoye. El pueblo de Antónovka quedó arrasado por completo; en la pequeña ciudad de Kara-Bulak mataron a todos los varones. Otro grupo de Verdes, denominados Águilas de la Montaña, de la región de Urdzharsk, también cayó aplastado por los hombres de Ánnenkov. Estos utilizaron sus métodos típicos: «un día el destacamento Blanco entró en Kyryk-Orshak, que constaba de cuarenta casas. Reunieron a toda la población en una yurta grande y los abatieron a todos con los sables». Solo sobrevivió una niña de tres años, a la que los annenkovistas no vieron.

Después de que el éxito del contraataque de septiembre se disolviera con rapidez, las tropas de Kolchak se vieron obligadas a retroceder de nuevo por la línea del Ferrocarril Transiberiano. El 30 de octubre el general Knox organizó una cena festiva en su tren, para celebrar su quincuagésimo aniversario. El Gobernante Supremo acudió a la fiesta con su amante, mucho más joven que él: la poeta y pintora Ana Timiriova, de veintiséis años, a la que Kolchak describió más adelante como «una persona a la que conozco desde hace mucho y que tiene la voluntad de compartir conmigo mi destino».[8] La celebración de Knox quedó empañada por la noticia, conocida aquel mismo día, de que el Ejército Rojo acababa de tomar Petropávlovsk y por lo tanto contaba con un bastión pasado el río Ilmen.

El almirante Kolchak y su amante, la poeta Ana Timiriova, rodeados de oficiales británicos. Detrás de ellos, con una pipa, se halla el general de división Knox.

El general Díterijs volvió a insistir ante el Gobernante Supremo para que abandonara Omsk y se retirase a Irkutsk, en el extremo meridional del lago Baikal. Algunos regimientos cosacos se habían reducido a menos de un centenar de hombres. Pero Kolchak se negó. «Si perdemos Omsk, ¡lo perdemos todo!», se lamentó, con enojo.[9] El 4 de noviembre los Rojos tenían dos cabezas de puente en el río Ilmen. Aunque el enemigo se encontraba ya a menos de 200 kilómetros de Omsk, Kolchak seguía negándose a marcharse de la que consideraba su capital. Se aferró a la idea de que la suerte de la guerra podía cambiar y a las noticias de prensa del mes anterior, sobre los éxitos de Denikin y Yudénich y la posibilidad de que el Gobierno soviético «estaba viviendo sus últimos días».[10]

El cónsul general Harris informó de que las relaciones entre los checos y el almirante Kolchak se habían deteriorado aún más. Los jefes checos con tropas en Siberia protestaron ante los Aliados por el hecho de que se obligara a sus tropas a defender el Ferrocarril Transiberiano «en contra de lo que les dicta la conciencia, para ayudar a unas autoridades que actúan a capricho e ilegalmente. Bajo la protección de las bayonetas checoslovacas las instituciones militares rusas locales cometen actos que horripilan a todo el mundo civilizado. Incendiar aldeas, asesinar por cientos a ciudadanos rusos pacíficos, ejecutar a demócratas sin juicio por una simple sospecha de falta de lealtad política».[11] Exigieron que se les permitiera volver a su país y se les liberase de la responsabilidad de participar en tales crímenes.

Kolchak contestó con un estallido de cólera y les dijo a los generales Janin y Knox que estaba «claro que los representantes checos depositan sus simpatías» en elementos «prácticamente indistinguibles de los bolcheviques», en referencia a los social-revolucionarios.[12] A su entender tales actitudes, «en días de pruebas muy arduas, cuando el ejército ruso experimentaba infortunios», no eran sino el intento de los representantes checos «con todo su poder, de socavar la autoridad del gobierno y el prestigio de la obra nacional de Rusia».

El 5 de noviembre Kolchak insistió de nuevo en que Omsk no se rendiría. Se prohibió la salida de todo hombre de menos de treinta y cinco años. El pánico se apoderó de la ciudad. La población se había cuadruplicado, hasta alcanzar el medio millón de habitantes, pues los refugiados Blancos se habían esforzado por llegar hasta el que suponían que sería un puerto seguro. En cambio, se encontraron con miseria, degradación y falta de cobijo. Las calles estaban intransitables por el fango helado y era muy complicado obtener algo que echarse a la boca. «Los soldados y sus familias pasaban de casa en casa mendigando por pan. Las esposas de los oficiales tuvieron que dedicarse a la prostitución para esquivar el hambre. Unos miles de personas sí contaban con dinero, pero lo gastaban en los cafés, en depravación y bebidas. Las madres y los bebés morían heladas en las aceras. Se separaba a los hijos de los padres y los huérfanos fallecían en la búsqueda vana de alimento y calor.»[13] Si los refugiados más ricos habían cambiado su dinero por la divisa siberiana, también se halla-ban virtualmente en la miseria. El valor del rublo Blanco se había hundi-do, después de que en Harbin el Ferrocarril Oriental de China hubiera anunciado que dejaba de aceptarlo.

El general Knox y su Estado Mayor partieron hacia Vladivostok el 7 de noviembre. Era el segundo aniversario del golpe bolchevique, que los Blancos designaban como «Día de la Pena Popular» o «Día de la Peni-tencia».[14] Con humor negro, Knox comentó que estaba retirándose des-de la batalla de Tannenberg, en 1914, cuando lo habían asignado al Es-tado Mayor del infortunado general Samsónov. Horrocks partió a los pocos días, junto con la Misión Ferroviaria británica. El capitán Hodges y el teniente Moss, adscritos a los cosacos de Oremburgo, del general Dútov, no pudieron llegar a la estación de Omsk a tiempo y necesitaron tres meses para llegar a un lugar seguro: la provincia de Sinkiang, ya en China. Las otras misiones militares se marcharon de Omsk dos días después que Knox.[15]

Antes de partir, el general Janin fue a ver a Kolchak. Lo describió como «flaco, demacrado, con la mirada aturdida y aspecto de estar ex-tremadamente nervioso. En cierto momento dejó de hablar, el cuello se le fue hacia atrás con un espasmo, lo torció un poco y se quedó rígido, con los ojos cerrados. ¿Serán ciertas las acusaciones de que es adicto a la morfina? En todo caso lleva varios días muy agitado. El domingo, según me dicen, destrozó cuatro vasos contra la mesa».[16] El 8 de noviembre el frío fue tan intenso que los ríos —incluido el Irtysh, que pasa por Omsk— empezaron a cubrirse de hielo. Pronto, el avance Rojo dejaría de estar contenido por ninguna barrera natural. Dos días más tarde el cuartel general del Gobernante Supremo anunció: «La evacuación de Omsk se desarrolla de una forma espléndida, de acuerdo con un plan lógico. En la ciudad imperan el orden y la paz. La voluntad de hierro y la energía inagotable del almirante Kolchak generan un efecto favorable sobre los soldados y la población. El almirante Kolchak ha declarado solemnemente que defenderá la ciudad hasta el final y participará en persona en los combates».[17]

El 10 de noviembre los ministros de Kolchak partieron de Omsk hacia Irkutsk, casi 2.500 kilómetros al este. Para esto tuvieron que so-bornar a funcionarios y ferroviarios que llevaban meses sin cobrar su sa-lario. El Gobernante Supremo no combatió hasta el final, en contra de lo prometido. Se marchó dos días después, con las reservas de oro que las tropas de Káppel habían conquistado en Kazán adjuntas a su tren. Pero la demora le acabó costando muy cara. El cuello de botella de los tramos siguientes del Ferrocarril Transiberiano, sumado a la determinación de los checos de obstaculizarle los movimientos, terminó por conducir a su captura.

Un par de intentos prematuros de revuelta local, por parte de los obreros y los chinos, fueron sofocados por los cosacos; pero al día siguiente el Ejército Rojo entró en la ciudad sin apenas oposición.[18] Su Stavka se jactaba de que el Quinto Ejército había «recorrido 600 kilómetros en treinta días».[19] Los Rojos se apoderaron de tres trenes blindados, 4.000 vagones, 38.000 prisioneros, un centenar de cañones de campaña, medio millón de proyectiles de artillería, un millar de ametralladoras y 200.000 uniformes del ejército británico que aún no se habían distribuido entre las tropas Blancas, a pesar de que su ropa andaba hecha jirones.

La toma de la ciudad se caracterizó por un número relativamente bajo de actos de venganza y muy poco saqueo, con la excepción de los abrigos, de los que se desposeía a quien se encontraba por la calle. Los comisarios no tuvieron ningún problema en permitir que los refugiados y demás población civil siguieran su camino hacia el este. Un alto funcionario de los ferrocarriles llegó al trabajo sin haberse enterado de que la ciudad había cambiado de manos y encontró a un extraño en la oficina. «El extraño se presentó como comisario y se mostró sorprendido por las hombreras del funcionario. Sacó una navaja plegable del bolsillo, cortó las hombreras y eliminó igualmente la insignia de una gorra que había allí. Al saber que el funcionario prefería marcharse de Omsk, para seguir a su familia, el comisario le extendió el pase necesario.»[20]

En lo relativo a los militares apresados, se reunió a los oficiales jóvenes y se les ofreció la posibilidad de unirse al Ejército Rojo: «La mitad de los oficiales se negaron y fueron encarcelados —se leía en otro informe Blanco—, pero al cabo de tres días aceptaron la propuesta bolchevique y recuperaron la libertad. Según nuestra información los Rojos están enviando hacia el frente de Denikin, con los documentos necesarios, a los oficiales capturados y reclutados».[21] La desintegración de los ejércitos de Kolchak, unida a la pérdida de Omsk, posibilitó que el Stavka dejara al Quinto Ejército en persecución de los restos y trasladara una gran parte de sus fuerzas al frente meridional.[22]

Justo después de la caída de Omsk se inició en Vladivostok —una ciudad del Extremo Oriente que distaba unos 6.275 kilómetros por ferrocarril, y era famosa por su carácter anárquico y peligroso— una revuelta contra Kolchak. A los oficiales Aliados se les «aconsejó no salir nunca a solas por la noche y llevar siempre consigo un bastón pesado y un revólver».[23] Sobre todo debían evitar el barrio de la prostitución, que no en vano se conocía como «el Cubo de Sangre», pues promediaba un mínimo de un asesinato por noche.

El domingo 16 de noviembre las tropas checas, que seguían apoyando al general Gajda aunque le hubieran apartado de su cargo, dio a conocer una proclamación que afirmaba que el régimen de Kolchak era intolerable. Exigían o bien la repatriación inmediata o bien «la libertad y el poder de actuar en Siberia para impedir las ilegalidades y la delincuencia». Gajda estaba especialmente enfadado porque interpretaba como un insulto a su honor militar el hecho de que Kolchak le hubiera desposeído del rango de teniente general. A la mañana siguiente, Gajda y un grupo de eseristas de derechas anunciaron un levantamiento armado, con I. A. Yákushev como líder y Gajda en la comandancia militar. (Luego los eseristas de izquierdas y los mencheviques sostuvieron que nunca habían dado apoyo a Gajda.) Por la tarde hubo tiroteos intensos alrededor de la estación central de ferrocarriles, que resultaron en seis muertos y veinte heridos; los partidarios de Gajda tomaron el control de la estación y patrullaron por los depósitos. Los japoneses respondieron instalando un potente cordón armado y la artillería del general Rózanov empezó a bombardear la estación. Las tropas estadounidenses y británicas se mantuvieron estrictamente neutrales. Otros checos recibieron el aviso de que o guardaban distancia o se les trataría como desertores. La revuelta se derrumbó con rapidez. Gajda, que fue capturado y sufrió heridas leves, tuvo que abandonar Rusia. Pero a Kolchak debería haberle servido de advertencia clara sobre lo que se avecinaba.

Según el capitán William Barrett, que acababa de llegar a Vladivostok, todo el asunto costó algo más de mil vidas.[24] La cifra parece demasiado elevada, sin duda, si se limita a los combates de los alrededores de la estación; pero en los disturbios hubo otra faceta.[25] El atamán Kalmykov había enviado a sus cosacos —y su mala disciplina— al interior de la ciudad, en contra de las órdenes de los Aliados. Según fuentes militares de Estados Unidos, el capitán preboste de este país reunió prontamente una gran fuerza multinacional, de 4.000 hombres: «El comandante Johnson ordenó fusilar sin juicio a todo ladrón y asesino atrapado con las manos en la masa. Gracias a estas medidas cautelares no se produjeron robos».[26] La cifra de ejecuciones sumarias no se dio a conocer, pero los fusilados, con toda probabilidad, habrían sido cosacos.

Después de conquistar Omsk los bolcheviques siguieron ganando terreno hacia el este, por las vías del ferrocarril. Gracias a las locomotoras y los vagones de los que se habían apoderado en la ciudad promediaron un avance de unos 25 kilómetros diarios. La media de los trenes Blancos, en su retirada, estaba siendo de 40 kilómetros diarios, hasta que un bloqueo causó el caos en Novo-Nikoláyevsk. La situación empeoró aún más por los constantes ataques de los partisanos Rojos a lo largo del Ferrocarril Transiberiano. La anarquía se hizo extensiva a grupos que supuestamente eran Blancos. El general Janin tuvo noticia de que en Kansk (150 kilómetros al este de Krasnoyarsk) los cosacos de Krasílnikov estaban saqueándolo todo, «hasta la ropa de las mujeres, que luego revenden en los mercados. Los campesinos están exasperados y se han pasado al bolchevismo a pesar de que su único objetivo era estar tranquilos y no combatir».[27]

La tensión no tardó en enfrentar a rusos Blancos, polacos y checos. El 29 de noviembre el coronel Czuma, comandante polaco, envió un mensaje al jefe de la Misión Militar de su país: «Por favor aclare con el general Janin y el Estado Mayor de las fuerzas checas por qué no permiten que nuestros trenes de provisiones, hospitalizados y administrativos lleguen siquiera hasta Taigá. Si no queremos que ocurra una catástrofe hay que modificar esas órdenes».[28]

La Legión Polaca se había reclutado entre las numerosas comunidades de Siberia que descendían de todos los que se habían exiliado después del gran Levantamiento de 1863, en Varsovia, contra la opresión zarista.[29] Tan solo en Oremburgo, por ejemplo, residían unos 15.000.[30] El «Ejército Polaco de Siberia»[31] estaba dirigido por el general Wojciechowski, que había pedido a los representantes de Polonia en París que mediaran de urgencia ante el Consejo Supremo de Guerra para que les remitieran una fuerza naval de 60.000 toneladas con la que repatriarlos de Vladivostok.[32]

El atasco ferroviario de Novo-Nikoláyevsk generó altercados furiosos que intensificaron la batalla por el «sálvese quien pueda». Los rusos Blancos culpaban a los destacamentos de la 5.ª División polaca, que se había apoderado de la estación.[33] Afirmaban que la estación estaba dando salida diaria no a veinte trenes, sino solo a seis. La misión militar polaca contestó que el Departamento de Comunicaciones del gobierno de Kolchak se había hundido en el caos a medida que las tropas Rojas se acercaban. Los checos, que controlaban a los ferroviarios mucho mejor que los polacos, se vengaron de Kolchak empujando sus seis trenes a las vías muertas en cuanto tenían ocasión, para asegurarse de que sus propias tropas y las de otros gozaran de la prioridad.[34]

El 14 de diciembre los Rojos alcanzaron la cola del atasco ferroviario y se apoderaron de Novo-Nikoláyevsk y los numerosos trenes bloqueados en este punto. La ciudad en sí no se había evacuado: debido a una epidemia de tifus, muchos de los refugiados estaban atrapados. Lo peor estaba por delante: en Krasnoyarsk había unos 30.000 casos. Ya se habían utilizado todos los caballos, carros y trineos disponibles. Las tropas de Kolchak —dirigidas ahora por un oficial que era objeto de gran desprecio, el general Sájarov— apenas exhibieron resistencia durante la retirada. La única excepción fue la fuerza del general Káppel, a pesar de que se le habían sumado 23.000 refugiados que la obstaculizaban. El general Díterijs le dijo a Janin que el almirante le había enviado un cable en el que le ofrecía el cargo de comandante en jefe, y que él contestó imponiendo como condición imprescindible que el propio Kolchak se marchase de inmediato a reunirse con el ejército de Denikin. Toda la estructura de mando adolecía, en palabras de Janin, de una *paralysie générale*.[35] Kolchak solo era capaz de gritar y maldecir, incluso a los que le ofrecían ayuda.

«Una retirada general es uno de los panoramas más tristes y desoladores del mundo. Los enfermos caían agotados y se morían en la nieve», escribió el capitán Horrocks.[36] Le horrorizaba ver la escualidez de los refugiados apiñados en los vagones de ganado. Los que tenían suerte iban en una *teplushka*, un vagón de carga con literas de maderas a los lados y un hornillo en el centro; pero la mayoría de los vagones carecían por completo de calefacción y las temperaturas cayeron a 30 bajo cero. «Lo que más me impresionó fue la fortaleza con la que las mujeres, muchas de ellas criadas en el lujo, se enfrentaban a un futuro desesperado. En cambio, los hombres eran mucho más dados a la autocompasión.»

«Los checos trataban a los polacos igual que los polacos trataban a los rusos», informó un funcionario del consultado estadounidense. No permitían «el paso de ningún tren hasta que se hubiera completado la evacuación de las tropas checas. De este modo el tren del almirante Kolchak quedó detenido por los checos en Krasnoyarsk, e igualmente todos los otros trenes rusos entre Taigá y Krasnoyarsk».[37]

En Taigá, pasado Novo-Nikoláyevsk, estallaron el 20 de diciembre enfrentamientos genuinamente armados por la cuestión de los trenes, entre checos, polacos y rusos. Los polacos querían asegurarse de que ningún tren ruso pasaba hasta que todos sus hombres se hubieran embarcado, pero esto era sencillamente imposible. «El 22 de diciembre de 1919 se puso sobre Taigá un sol rojo como la sangre», cuando una parte de la 5.ª División polaca recorrió la vía férrea de vuelta, en dirección al oeste, para frenar a dos divisiones Rojas del Quinto Ejército: la 27.ª y la 30.ª de Fusilería.[38] El capitán Werobej, junto con el capitán Dojan, al mando de los «Ptichki de Dojan»,* se unió en la estación de Yáshkino a un gran destacamento del ejército del general Káppel. El día siguiente fue de combate sin tregua. Los polacos perdieron a un centenar de hombres de los suyos, por muerte, y a varios cientos, por heridas; pero lograron disponer de un espacio vital para un mayor margen de maniobra.

Entre el caos de las rivalidades nacionales, los oficiales británicos recibieron con sorna un mensaje de Vladivostok en el que se les indicaba: «Si la situación parece autorizarlo no vacilen en asumir el control total».[39] A veces recorrían menos de 5 kilómetros al día. El comandante checo le contó a Janin que entre Mariínsk y Krasnoyarsk habían desertado casi todos los ferroviarios. Los pocos que seguían en sus puestos emprendían actos de sabotaje tales como apagar el fuego de las locomotoras, de modo que las cañerías se congelaban como una piedra. En Bogotol treinta locomotoras se quedaron heladas y además había treinta centímetros de hielo en las vías. No quedaba carbón porque a los mineros no se les había pagado en los tres últimos meses. El Gobernante Supremo se había negado a tocar las reservas de oro, como un asunto de honor. Janin también tuvo noticia de que los oficiales del entorno de Kolchak se estaban emborrachando hasta perder la conciencia.

---

* Los bolcheviques llamaban *ptichki* («pajaritos») las insignias polacas, de un águila, que lucían las gorras de los hombres de Dojan.

Desde el tren en el que estaba atrapado, en Krasnoyarsk, Kolchak envió un mensaje de protesta a los representantes Aliados: «Los checos han cortado de hecho todo el abastecimiento de nuestros ejércitos e impiden la evacuación del frente de todos los heridos, los enfermos y las familias de los oficiales y los voluntarios, lo que los condena a una destrucción segura. Yo, siendo el Gobernante Supremo y el comandante en jefe, he recibido una sucesión de insultos y amenazas. Kolchak».[40]

Por delante la situación era un poco mejor. Al presidente del consejo de ministros de Kolchak le informaron de que en Irkutsk solo quedaban reservas de cereales para dos semanas; y aunque adquiriese más existencias en Manchuria, no había garantías de que el atamán Semiónov las dejara pasar por Chitá. Tampoco quedaba carbón, por lo que no funcionaban ni los sistemas de abastecimiento de agua ni los de generación de electricidad. «La causa principal de que el carbón escasee es que los trabajadores escasean. Los trabajadores huyen. Solo podemos convencerlos de que se queden si les damos más provisiones y artículos de primera necesidad. Hemos enviado a prisioneros a trabajar a las minas de carbón de Cheremjovo, que están protegidas por tropas japonesas.»[41] La letanía de los desastres no acababa aquí. Según otro informe «el levantamiento bolchevique del norte de la provincia de Irkutsk está creciendo. Los rebeldes ya se han apoderado de Verjolensk y siguen avanzando».[42]

En Krasnoyarsk una rebelión social-revolucionaria tomó la ciudad durante dos días, hasta que Káppel entró con sus tropas y, después de una batalla breve, las expulsó. Víktor Pepeliáyev, que poco después de la caída de Omsk había asumido la presidencia del consejo de ministros, tuvo noticia de que la revuelta de Verjolensk se había expandido y se encontraba ya a menos de 100 kilómetros de Irkutsk. Además habían perdido las minas de carbón. «Anteayer se produjo una rebelión en Cheremjovo. El acuartelamiento, de cuatrocientos hombres, cambió de bando y se unió a los rebeldes, que están dirigidos por funcionarios locales. Estoy negociando con comandantes checos para que adopten las medidas necesarias para asegurar el paso expedito de los trenes, los del Gobernante Supremo y los tuyos... En Irkutsk, el ambiente es de nervios.»

Esta atmósfera era poco de extrañar, dado que Pepeliáyev había hecho un llamamiento a las armas muy desafortunado. Decidió invocar el orgullo ruso y el nacionalismo siberiano, con lo que enfureció a los oficiales de Kolchak, que odiaban toda forma de separatismo. «¡Mujeres de Rusia! ¿Queréis servir a la lujuria de los comisarios y la Guardia Roja?...

Que la bandera blanca y verde [de Siberia] nos una a todos en un deseo compartido de salvar y defender a nuestro país de la devastación, el hambre y la ruina.»[43]

Mientras los comandantes se peleaban por la prioridad asignada a sus respectivos transportes de tropas, los refugiados vivían en condiciones de helor e inanición, que acabaron siendo fatales para un gran número de ellos: «En las grandes estaciones los trenes descargaban cadáveres por decenas y cientos, incluso vagones repletos, muertos por congelación, hambre y enfermedades. En la estación de Barábinsk, por ejemplo, llegó un tren con seiscientos enfermos de los que ya solo doscientos seguían con vida. Donde quiera que un tren paraba, había que bajar cadáveres de los techos de los vagones, los pasillos, las plataformas... Los cadáveres quedaban amontonados en las estaciones como si fueran troncos. Los que seguían con vida no decían nunca ni una palabra, no pensaban en nada que no fuera cómo podrían llegar a escapar de la muerte y alejarse todo lo posible de los bolcheviques».[44]

31

El punto de inflexión
De septiembre a noviembre de 1919

El general Denikin tuvo problemas con subordinados de mala disciplina como Wrangel, Shkuró y Mámontov; pero a los Rojos, y esto resulta más sorprendente, les pasó lo mismo. El 23 de agosto Kámenev, comandante en jefe del Ejército Rojo, recibió un cable urgente y secreto. En Saransk[1] (a medio camino entre Tambov y Kazán) su propio comandante del Cuerpo de Cosacos del Don, Filip Mirónov —un eserista de izquierdas sin pelos en la lengua— acababa de clausurar un mitin multitudinario: «Sus cosacos han cerrado el lugar, han detenido a los comunistas (un centenar de ellos) y los han declarado rehenes. La situación es grave. Esperamos que él se pondrá en marcha en cualquier momento. No disponemos de hombres armados, solo 100 guardias del ferrocarril».[2]

Mirónov no solo se había enfurecido con los comunistas por la manera brutal en la que aplastaban a los cosacos del Don. Sentía el deseo genuino de batallar contra Denikin, pero todos sus intentos de formar un nuevo Cuerpo de Caballería estaban siendo saboteados por los que detestaban a los cosacos. Tan solo dos días antes, uno de los oficiales de Mirónov, el comandante de la 1.ª División de Caballería del Don, había dirigido un escrito a otro comandante de la caballería Roja, Semión Budionny. Pretendía explicarle la postura de Mirónov, después de que «le han enviado del Don al frente occidental como subcomandante del Ejército y luego ordenado que regrese al Don con urgencia para salvar la situación local»[3] con el nuevo Cuerpo de Caballería. Mirónov había caído en desgracia porque había escrito a Lenin y Trotski para transmitirles que «la única forma de proceder a la construcción de una sociedad socialista es con la participación activa del pueblo por sí mismo. Les aconsejó, con el fin de salvar la Revolución, organizar la representación popular en vez de optar por un sistema monopartidista.

»El camarada Mirónov le manda sus saludos a usted y a todos los comandantes. No se trata tan solo de un gran estratega y líder de la tropa; además Mirónov es un gran profeta. Seré sincero con usted. Ha caído en desgracia porque ama la verdad y lucha por ella, le disgustan los oportunismos y odia a los comunistas, que, con su conducta criminal, son los causantes del levantamiento del Don.»

El propio Mirónov había escrito aquel mismo día al cuartel general del Noveno Ejército: «¿Pueden por favor transmitir al frente meridional el mensaje de que ya no puedo seguir de manos cruzadas, viendo la ruina de la revolución y el franco sabotaje en lo que tenía que ver con la formación del Cuerpo?... Me pongo en marcha, con las fuerzas que tengo, para luchar contra Denikin y la burguesía».[4]

Aquella misma tarde Kámenev no perdió el tiempo y ordenó al comandante de la Reserva: «Envía de inmediato un destacamento de internacionalistas para eliminar el levantamiento del Cuerpo Cosaco de Mirónov».[5] Como es evidente, le parecía más seguro confiar esta labor a personal que no fuera ruso. Contarían con el apoyo de cañones de campaña de la Academia de Oficiales de Artillería del Ejército Rojo y destacamentos similares de ametralladoras.

Serguéi Gúsev, uno de los partidarios de Stalin en el Comité Revolucionario Militar, le dijo a Ívar Smilga, que era el comisario del frente meridional: «He declarado a Mirónov traidor y rebelde y envío tropas en contra de él».[6] Añadió que las unidades de Mámontov habían llegado a Riazhsk, a 310 kilómetros de Moscú, y que «probablemente se dirigen a Tula». Esto parecía descartar cualquier temor ante la eventualidad de que Mirónov se hubiera conjurado para unirse a Mámontov. «Mirónov está ocupado haciendo discursos sentimentales. Le he informado de que, si se rinde, se le garantiza la vida y la libertad.» Pero a la mañana siguiente Smilga se apresuró a acusar a Mirónov de pretender «reunirse con las tropas de Mámontov y Denikin... Hay que traer al rebelde Mirónov al cuartel general de las tropas soviéticas: vivo o muerto».[7]

Mirónov le contestó a Smilga: «Solo vosotros podéis disparar la primera bala; seréis vosotros los que empecéis por derramar sangre».[8] Smilga dirigió otra advertencia a las tropas: «Mirónov es un rebelde y se han enviado destacamentos poderosos para luchar contra él. Se le tratará como a un forajido... A cualquiera que se atreva a levantar las armas contra la autoridad soviética, se le borrará de la faz de la Tierra».[9] Luego sostuvo que Mirónov había robado cinco millones de rublos y se había apoderado de alimentos destinados a los campesinos. Y más adelante sostuvo que habían interceptado una carta para Denikin: «¡Águilas Rojas del Noveno Ejército! El Comité Militar Revolucionario tiene la certeza de que ni un solo soldado Rojo, ni un solo cosaco Rojo apoyará a ese traidor que se ha vuelto en contra de su propia familia... En la retaguardia se está derramando la sangre de nuestros hermanos. A los culpables de este crimen inaudito ¡los borraremos de la faz de la Tierra! ¡Muerte al traidor Mirónov! ¡Larga vida a la revolución! ¡Larga vida al poder soviético!».[10] Smilga tuvo que admitir ante Kámenev que Mirónov, en compañía de 500 sables, se había abierto paso por el cordón del Ejército de la Reserva. Culpó a Góldberg por haber intentado cazar a la caballería con infantes, que lógicamente no podían seguirle el paso. Góldberg, inquieto, alegó que había rodeado y derrotado a una de las columnas de Mirónov. Sin embargo, el 4 de septiembre la Checa de Sarátov informó de que el jefe cosaco no se acompañaba tan solo de 500 sables, sino de 2.000 hombres, y que había conseguido «escapar a Balashov», que se halla entre Sarátov y Vorónezh.*[11] Entre tanto Lenin había enviado a la 21.ª División, con la misión de atrapar a Mámontov; pero esta unidad no tuvo más suerte que Góldberg.

El 12 de septiembre Trotski emitió otra orden para el Noveno Ejército, en folletos y carteles que salían de la imprenta móvil de su tren blindado. «Se ha declarado a Mirónov traidor y forajido. Todo ciudadano decente que se cruce en su camino debería pegarle un tiro, como a un perro loco.»[12] Por orden de Kámenev se adoptaron medidas extraordinarias para lidiar con aquella manifestación excéntrica. «Para eliminar el levantamiento de Mirónov se ha traído al Primer y Cuarto Ejército del frente oriental y unidades del Ejército de la Reserva en Kazán y la zona fortificada de Samara. Sin embargo, su ayuda no ha sido necesaria. El destacamento de Mirónov se encontró con el Cuerpo de Caballería de Budionny y este lo ha dispersado.»[13]

El propio Mirónov fue apresado el 14 de septiembre, por la 4.ª División de Caballería de Budionny. Se ordenó que lo trasladaran a Sarátov, «al Tribunal Militar Revolucionario con una escolta de personas de

---

* Según la versión oficial del Ejército Rojo, Mirónov disponía de «5.000 hombres (de los que solo 2.000 estaban armados y solo 1.000 tenían montura» (*RACO*, p. 212).

absoluta lealtad, que mantengan la guardia de día y de noche. El comandante de la escolta será responsable de él, con su propia cabeza».[14] Budionny, que detestaba a Miró por sus ideas políticas, le odiaba aún más como rival en la comandancia de la caballería. Una de las facetas más extrañas de esta historia es que, según un informe de la Checa, cuatro días después de la captura de Mirónov, «llegaron a Saransk 810 cosacos del Kubán»[15] que afirmaban su deseo de «vengarse, por Mirónov». La Checa afirmó que se les podía «caracterizar como bandidos partisanos», pero en realidad los únicos cosacos del Kubán que había en toda la región estaban o bien con Shkuró o bien con Wrangel. Lo más probable es que se tratara de otra invención para ensombrecer la reputación del supuesto traidor.

El siguiente episodio de la historia es aún más estrafalario. Se celebró un juicio amañado, con billetes de entrada para el público. Lo organizaba Trotski y tuvo lugar el 7 de octubre. El fiscal en jefe era Smilga. «Se ha condenado a muerte a Mirónov y otras diez personas —contaba Smilga en una conversación telefónica inmediatamente posterior—. La escena de la sala recordaba a alguno de los juicios de la Gran Revolución [la Revolución Francesa]. Los acusados gritaban, como últimas palabras: "¡Larga vida a la autoridad soviética y a los comunistas!".»[16]

Sin embargo, tres días después Trotski le envió a Smilga un telegrama con el aviso de «alto secreto». Primero le informó de que el Politburó del Comité Central iba a abordar «cambios en la política que se practica con los cosacos del Don. Daremos una "autonomía" completa para el Don y el Kubán. Nuestras tropas se mantendrán alejadas del Don. Los cosacos romperán totalmente con Denikin. Se necesitan las garantías respectivas. Mirónov y sus camaradas pueden actuar como intermediarios ... Dos: Se necesita cautela. No hay que liberar a Mirónov de inmediato. Habría que enviarlo a Moscú bajo vigilancia (discreta). Aquí en Moscú se puede decidir sobre su destino, mientras tenga que ver con el plan arriba descrito».[17]

Resulta imposible evaluar hasta qué punto el plan de Trotski contribuyó a socavar el soporte que los cosacos dieron a Denikin en los meses posteriores. Para una inversión aún más asombrosa, véase el telegrama que Trotski envió en agosto del año siguiente, sobre el mismo hombre al que había ordenado matar «como a un perro loco». Le escribió al Milrevkom del frente meridional: «Sugiero que se evalúe al camarada Mirónov como candidato a la posición de comandante del Segundo Ejército de

Caballería. Trotski, presidente del Consejo Revolucionario Militar».[18] Pero esto no era suficiente. Mirónov era un espíritu libre y, como tal, solo podía corresponderle un final infeliz.

En la primera semana de octubre, el general Shkuró, en Vorónezh, comprendió que los Rojos habían desarrollado su sección de caballería con más celeridad que su bando, el de los Blancos. En Griazi (poco más de 100 kilómetros al norte) se estaba congregando una gran fuerza enemiga al mando de Budionny. El frente meridional había informado y ordenado a Budionny: «Mámontov y Shkuró han unido fuerzas en Vorónezh: búscalos y destrúyelos».[19] Tenía la impresión —como el general Wrangel había temido desde el principio— de que las Fuerzas Armadas del sur de Rusia, de Denikin, ocupaban un espacio demasiado extenso. Muchas personas habían cobrado también conciencia de otros errores fundamentales.

Poco después de asumir el mando, el jefe de la misión militar británica, el general de división Holman, había advertido a Churchill, en julio: «Salvo que [Denikin] pueda ofrecerles a los desgraciados habitantes de los distritos liberados (que ahora ascienden a unos sesenta millones de almas) unas condiciones de existencia mejores que las que sufrieron bajo el dominio bolchevique, con el paso del tiempo tendrá que enfrentarse a revueltas y hostilidad en la retaguardia, en una fase en la que los bolcheviques estarán concentrando a tropas numerosas para realizar una contraofensiva en su frente».[20]

Como la dirección de la policía, y de lo que pasaba por ser una administración civil, se confió a oficiales zaristas, era inevitable que en la retaguardia estallaran en efecto revueltas y muestras de hostilidad. Konstantín Globachov, el exjefe de la Ojrana, no se equivocaba en algunas de sus apreciaciones. «Cuando el Ejército de Voluntarios entraba en una ciudad se hacían sonar las campanas de la iglesia, y la gente se apresuraba, con lágrimas en los ojos, a besar los estribos de la caballería; pero antes de que pasaran dos semanas odiaban a los Voluntarios tanto como habían odiado a los bolcheviques. Muchos oficiales eran tan salvajes como los Rojos.»[21]

Aunque el punto de vista de Globachov reflejaba una perspectiva crítica con Denikin y su «gobierno» propia de la extrema derecha, no suavizó sus comentarios ácidos sobre la causa Blanca en su conjunto. «Cumplir

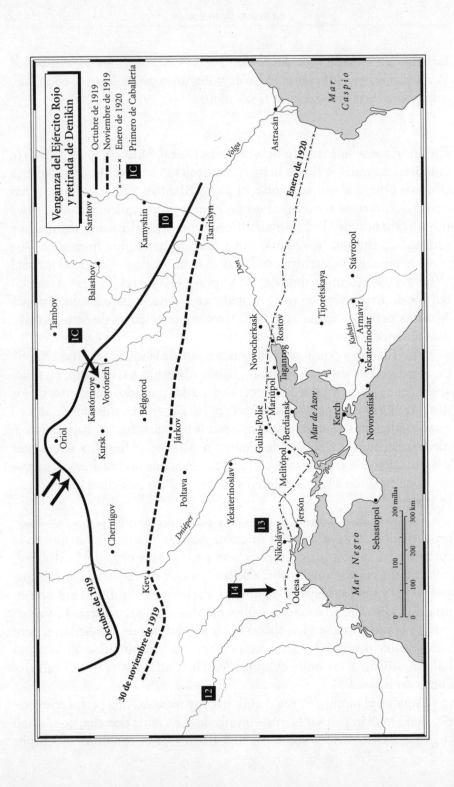

desinteresadamente con la propia labor, y servir al país sin más, se convirtieron en un fenómeno raro. La mayoría solo pensaba en su propio beneficio personal. En el frente la situación no era mucho mejor. Algunos oficiales del Ejército consideraban que la guerra civil era una buena ocasión de enriquecerse. Entre los corrompidos los había también en lo más alto de la jerarquía: comandantes del Ejército. Hubo casos de generales que enviaba de regreso vagones cargados hasta arriba de propiedades estatales. El Gobierno dio algunos pasos para impedirlo, pero se encontró con una resistencia increíble. Y una vez que se habían enriquecido en el frente preferían marcharse a la retaguardia, a Rostov o Yekaterinodar, donde se gastaban el botín en fiestas.»[22]

No tardó en quedar de manifiesto que, como había advertido el general Holman, la falta de seguridad e infraestructuras en las áreas Blancas resultaba desastrosa. Mijaíl Rodzianko, el expresidente de la Duma, no dejaba de escribir a Denikin sobre la amenaza que Majnó suponía y los preparativos, a todas luces insuficientes, para contenerla. El gobernador de la ciudad y la provincia de Yekaterinoslav, el general Schetinin, demostró ser «el típico gobernador a la antigua usanza, que no se sentía nada cómodo ni relacionándose con la sociedad ni informando al Gobierno sobre la verdadera situación de la región que se le había confiado».[23] La seguridad interior dependía de una Guardia Civil que «en su mayoría estaba integrado por milicianos que antes habían servido a los bolcheviques». Los capitaneaban oficiales del Ejército que «desconocían por completo las peculiaridades del trabajo policial y cometieron toda clase de errores graves, con consecuencias terribles».

«La contrainteligencia local tuvo un papel importante en el desastre. Su jefe, el *esaúl* Scherbakov, era un hombre joven, casi un adolescente. Este caballero no tenía problema en vivir con la actriz Leskova, que, según los rumores, antes había sido cercana a un comisario bolchevique. Recorría la ciudad con ella, en un coche descubierto que lucía las insignias del Ejército de Voluntarios. *Madame* Leskova dejaba atónitos a los lugareños, con el glamur de sus vestidos y el deslumbrante brillo de sus joyas. En todos los grandes restaurantes había una mesa reservada como "Mesa del jefe de la Contrainteligencia" y las cenas a las que Scherbakov invitaba a la dama de su corazón eran extremadamente caras: costaban entre 18.000 y 22.000 rublos. Empezaron a correr rumores de que cualquier detenido podía comprar la libertad con la ayuda de *mme.* Leskova, que había reunido unas sumas extraordinarias en su cuenta del Banco Estatal.»[24]

«El general Revishin dirigía las tropas que actuaban en la provincia en contra de los hombres de Majnó. Había dos batallones de la reserva, formados por soldados reclutados forzosamente en Yekaterinoslav. Se envió a uno de estos batallones a combatir contra Majnó y, según ciertos rumores, los propios soldados no tardaron en matar a los oficiales y se pasaron al bando de Majnó. El otro batallón se quedó en Yekaterinoslav y el [general] Korvin-Krukovski me dijo que no tenía la intención de armarlos porque todos ellos eran partidarios de Majnó.»[25]

Como había una falta total de comunicación entre la administración civil, la Guardia Civil y el Ejército, Majnó pudo pillarlos a todos por sorpresa. El 4 de octubre un grupo de sus hombres se apoderó de una estación de tren que permitía acceder a la ciudad. «Las malas lenguas dijeron que la Guardia Estatal se había dormido en sus posiciones, así de simple; pero también cabe sospechar que hubiera un acuerdo entre una parte de la Guardia y los hombres de Majnó, porque todo lo que sucedió fue absolutamente demencial... No se hizo ningún intento por recuperar la estación. A veces aparecía un tren blindado, disparaba un par de veces y se retiraba; no tardó en convertirse en motivo de chistes entre los hombres de Majnó... Y en todo momento, mientras Majnó se preparaba para el asalto final, los comandantes de Yekaterinoslav solo atendían a sus rangos y jerarquías y a saldar cuentas pendientes los unos con los otros.»[26]

El gobernador y los comandantes siguieron tranquilizando a los ciudadanos con la afirmación de que no corrían ningún peligro. Pero en la tarde del 12 de octubre empezaron a circular rumores de que los hombres de Majnó habían traído ametralladoras, ocultas bajo la paja y las verduras de los carros; y las tenían en las casas de sus partidarios, en el extrarradio de la ciudad, en Chegilevka. En la mañana del 14 de octubre Rodzianko asistió a una reunión reclamada por algunos ciudadanos principales. «Por mucho que insistimos, los líderes [militares] se mantuvieron completamente calmosos, de hecho, hasta se mofaron diciendo que si estábamos sembrando el pánico... Cuando yo [Rodzianko] exigí categóricamente saber quién era en concreto el comandante supremo, tanto Schetinin como Korvin-Krukovski se señalaron el uno al otro.»[27]

Dos horas después estallaron tiroteos que provocaron un «pánico increíble». «El gobernador, acompañado de un destacamento de la Guardia (150 hombres con ametralladoras) se marchó al galope hacia la estación y de ahí hacia el puente del Dniéper.»[28] De repente se dio la orden de evacuar la ciudad y, al cabo de media hora, las fuerzas de Majnó entraron en Yekaterinoslav sin encontrarse apenas con resistencia. Rodzianko se unió a una batalla de artillería que se estaba retirando al otro lado del Dniéper.

Las fuerzas de Majnó estaban golpeando con fuerza por toda Ucrania. Según el Stavka del Ejército Rojo, disponía de 28.000 infantes y jinetes, 50 cañones de campaña y 200 ametralladoras.[29] En los primeros días de octubre uno de sus destacamentos principales se apoderó de Berdiansk y destruyó un parque de artillería que albergaba 60.000 proyectiles proporcionados por los británicos para el asalto de Denikin sobre Moscú. Y además de ocupar Yekaterinoslav «durante todo un mes»,[30] Majnó atacó Taganrog, sede tanto del cuartel general avanzado de Denikin como de la misión militar británica. Sus fuerzas también tomaron Mariúpol, en la costa septentrional del mar de Azov. El Ejército Rojo reconoció más adelante que Majnó «contribuyó mucho a dividir el Ejército de Voluntarios en dos grupos totalmente aislados entre sí».[31]

Mediados de octubre representó el «punto culminante» de las fuerzas de Denikin: el momento en el que un ejército se ha excedido en su alcance y ha perdido a la vez el impulso y la iniciativa. Tula (entre Oriol y Moscú), con sus fábricas de armas, era el segundo gran objetivo de los Blancos, solo por detrás de la capital. Trotski temía que la caída de la industria armamentística pudiera ser más desastrosa incluso que la pérdida de Moscú.

Los comunistas habían preparado la defensa de Tula con su demasía típica. Habían declarado la ley marcial, porque los obreros respondían a la grave carestía de alimentos con disturbios en las fábricas. Se había popularizado el eslogan «¡Abajo los comisarios!».[32] Lenin era consciente de que no podría contar con el respaldo de los proletarios y envió a Dzerzhinski con varios destacamentos de la Checa. Se obligó a miles de habitantes —ya fueran campesinos o *burzhui*— a integrarse en las compañías encargadas de cavar las trincheras. Además, el Ejército Rojo había reforzado las defensas de Tula con la 21.ª División,[33] del frente oriental, cuando Mámontov se aproximaba.* Sin embargo la batalla crucial seguía sien-

---

* En total el Stavka del Ejército Rojo había trasladado del Frente Oriental, desde el mes de mayo, a 60.000 hombres, lo que totalizaba 171.600 soldados Rojos frente

do la de Oriol, en el extremo norte del avance principal. Kámenev le destinó a la guardia pretoriana del régimen: la División de Fusilería Letona, la brigada de infantería de Pávlov, y la brigada de caballería de Primakov. Recibirían asimismo el refuerzo de una División «Estonia» de la que no se sabe cuántos miembros eran genuinamente estonios. El contraataque se planteaba como «un cerco doble»[34] pero la fuerza más poderosa se concentraba en el flanco occidental.

Su asalto —por el flanco izquierdo del I Cuerpo del general Kutépov, del Ejército de Voluntarios— pareció salir de ninguna parte. Según Kutépov, de sus divisiones, la de Kornílov «resistió siete ataques con bayoneta de los Rojos durante aquel día. Les han llegado unidades nuevas, en su mayoría de letones y chinos.* No ha sido posible determinar sus números. Sufrimos bajas que llegan al 80 % [...] En algunos regimientos de las divisiones de Kornílov y Drozdovski tan solo quedan 200 hombres».[35] Aunque a la División de Fusilería Letona le habían infligido casi las mismas bajas, durante la noche del 20 de octubre los hombres de Kutépov se vieron obligados a retirarse. «Las calles de Oriol estaban desiertas —escribió Aleksandr Gúbarev—. Si se veía algún rostro era en una ventana, atemorizado, angustiado. La gente que hace solo unos días nos recibía alborozada ahora temía por sus vidas. Atravesamos la ciudad rápidamente hasta llegar a la carretera principal.»[36]

Al igual que Shkuró, Kutépov y otros quedaron abrumados por la enorme cantidad de tropas a la que de pronto debían hacer frente. Los informes posteriores de la misión militar británica alarmaron y desconcertaron a Churchill, en Londres, que no daba crédito a este nuevo giro en el desarrollo de la guerra. «Durante los meses de septiembre y octubre —le contestó al general Holman—, los ejércitos de Denikin han avanzado en frentes amplios, han tomado Oriol, Yelets, Vorónezh y han amenazado Tula y Moscú. Si los bolcheviques podían disponer de todos estos refuerzos, ¿por qué permitieron que esos avances toparan con muy poca oposición? ¿Se han estado preparando todo este tiempo para asestar un golpe así de fuerte o, en una situación de emergencia, han sacado todas las reser-

---

a los 151.900 Blancos, muchos de los cuales estaban vigilando que no hubiera levantamientos en la retaguardia. (Para los traslados del frente oriental en el Ejército Rojo, *véase RACO*, pp. 200-201.)

    * En las fuentes del Ejército Rojo no hay indicios de que las unidades chinas participaran en esta batalla por Oriol (véase *RACO*, pp. 220-223).

vas que han podido encontrar? ¿Qué cree usted? ¿Esta ofensiva es un empeño desesperado que no puede durar mucho o es la demostración de que su bando es realmente el más poderoso de los dos?»[37]

La respuesta era dual: se combinaron, por un lado, el traslado de fuerzas del frente siberiano (ahora que los ejércitos de Kolchak se habían derrumbado) y, por otro, el regreso de numerosos desertores, a los que el régimen comunista les había ofrecido una amnistía. Para los campesinos, el avance de los Blancos amenazaba con devolver sus tierras a los antiguos terratenientes, y por lo tanto se mostraban bastante menos reticentes a servir en el Ejército Rojo. La fuerza de los Rojos en el frente de combate era ya más del doble que la del Ejército Blanco, tanto por las deserciones como porque les resultaba necesario destinar cada vez más tropas a la defensa de la retaguardia.

El 19 de octubre le tocó a Budionny, con su I Cuerpo de Caballería, avanzar hacia Vorónezh, tal como Shkuró había temido. Inmediatamente después de que Majnó conquistara Yekaterinoslav y atacara Taganrog, Denikin había ordenado a Shkuró enviar de vuelta a la división de cosacos del Térek, precisamente para lidiar con las amenazas de la retaguardia. Shkuró le indicó a Yerast Chevdar que les enviara su contestación por radio: «Al general Denikin. Mi deber, como soldado y ciudadano, me obliga a informar a Su Excelencia de que no estoy en condiciones de resistir ante el Cuerpo de Caballería de Budionny. Este cuerpo se concentra en la zona de Griazi y totaliza unos 15.000 sables. Ahora avanza contra sus fuerzas. Por mi parte solo tengo unos 600 sables, de la División Caucásica, donde los caballos escasean. Los 1.500 sables que le quedan al cuerpo de Mámontov son muy poco de fiar; lo único que desean todos ellos es regresar al Don. A mi cuerpo solo le queda la División del Térek, con unos 1.800 sables y caballos de calidad. Pero ahora se me priva de esta división porque lo habéis ordenado así. Ahora mismo sube a un tren que se enviará a Taganrog, para combatir allí contra las bandas de Majnó. En consecuencia, doy la orden de abandonar Vorónezh. Firmado: Shkuró».[38]

«No he podido dormir durante toda la noche —escribió Chevdar, después de enviar este mensaje— por el gran desastre que nos aguarda. La gente de la ciudad quedó horrorizada al saber que nos marchábamos.»[39] Una muchedumbre de refugiados empezó a abandonar la ciudad con los hatos de sus pertenencias más esenciales. Los más afortunados iban en carros, que sin embargo obstaculizaban el movimiento de las tropas. Los obreros y los campesinos maldecían a los Blancos en su huida: «Si no eres capaz de defender una ciudad, ¿para qué la conquistas?». Fue una «tragedia demencial», admitió Chevdar en una reflexión sobre aquella gran apuesta con tropas insuficientes. El 24 de octubre la caballería Roja de Budionny había ocupado una ciudad que había quedado medio vacía.

Majonin, que había sido comandante de una batería en el ejército zarista, quedó desconcertado al hallarse ahora al mando de una banda de reclutas forzosos. «A la hora de avanzar hacia Moscú —escribió— no se hizo nada para movilizar a todos los hombres de menos de cuarenta años, y completar con ellos nuestro ejército; solo ahora, cuando nos vemos obligados a retirarnos, ha llegado la orden de reunir a todos los hombres disponibles en los mismos pueblos y ciudades que teníamos que abandonar.»[40] Entraban en las casas por la noche y sacaban a las víctimas de la cama. Las mujeres les rogaban en vano que no se llevaran a los hijos o los maridos. «A aquellas pobres criaturas las enviaban tal cual, a medio vestir, a la retaguardia del ejército. El resultado fue —como era de prever— que ninguno de esos hombres nos sirvió de nada y que la gran mayoría desapareció a la primera ocasión.»

Shkuró, aun con un Cuerpo muy menguado, logró frenar el avance del enemigo durante casi tres semanas, mientras los restos del castigado I Cuerpo de Kutépov se retiraban a Kursk. Borís Dumenko —el antiguo comandante de Budionny, al que este odiaba como rival—, que había organizado el Cuerpo de Caballería en septiembre, «se apuntó una victoria brillante en las batallas próximas al *stanitsa* de Alekséyevskaya, el 2 de noviembre», según informó a Lenin el comandante del Noveno Ejército, mediante un telegrama.[41]

Aquel mismo día Denikin convocó una conferencia en Járkov, con Mai-Mayevski y Sidorin, el comandante del Ejército del Don, con el fin de analizar la situación.[42] El encuentro empezó mal, con la búsqueda vergonzosa de un mapa. No tardó en quedar de manifiesto que el cuartel general de Mai-Mayevski no tenía idea de por dónde se encontraban ni sus propias unidades ni las del enemigo. Denikin perdió la paciencia. Aquella mañana habían partido las últimas reservas: 700 reclutas. «También se mostró muy indignado con Schetinin, el gobernador de Yekaterinoslav»,[43] que no había acertado a repeler el ataque de Majnó. Mai-Mayevski comunicó que ya había despedido a Schetinin.

Hubo otra crisis aún más grave. Denikin, cada vez más descontento por las tendencias separatistas del Kubán, descubrió con furia que una delegación de la Rada del Kubán había firmado un tratado de amistad con los chechenos e ingusetios que, incitados por los georgianos, habían estado atacando al Ejército de Voluntarios en el Cáucaso. Cinco días después de la conferencia de Járkov, Denikin dio órdenes de detener a los firmantes del documento y someterlos a un consejo de guerra por alta traición. Wrangel temía qué efecto podría causar esto en la mayor parte de su ejército, integrada por cosacos del Kubán. Por la insistencia de Denikin, se declaró la ley marcial. El general Pokrovski —firme amigo del Ejército de Voluntarios desde la Marcha del Hielo de la primera Campaña del Kubán— ordenó que sus tropas rodearan la Rada. El líder de la delegación que había suscrito el documento, A. I. Kalabújov, fue juzgado por un tribunal militar y al día siguiente, ahorcado de una farola del centro de Yekaterinodar. El cadáver quedó allí colgando, con un cartel que lo declaraba traidor. El resto fue enviado al exilio, lejos de la región. La firmeza que Denikin exhibió en esta ocasión fue, por una vez, superior a la de Wrangel, y logró devolverles el control de la situación; pero asestó un golpe muy fuerte a la moral de combate de los cosacos del Kubán.

El 7 de noviembre Kennedy apuntó: «Hoy una noticia mejor. El ataque de la caballería Roja ha sido derrotado por el Kornílovski, feliz con los caballos que ha ganado con eso».[44] Contaron con el apoyo de algunos batallones formados poco antes, venidos en un tren blindado. El invierno había entrado con fuerza: «Hiela mucho —escribió Kennedy—, nieve en polvo, que centellea con el sol».

El éxito del Regimiento Kornílovski fue efímero. El 15 de noviembre la caballería Roja de Budionny se echó a la carga, entre una tormenta de nieve, para tomar el nudo ferroviario menor, pero crucial, de Kastórnoye, a medio camino entre Vorónezh y Kursk. Esto separó al Ejército del Don del Ejército de Voluntarios, y dos días más tarde se conquistó Kursk. Fue una derrota amarga que generó mucha crueldad. Más adelante el sargento Berry informó a la misión militar británica de lo que había visto en Bélgorod: «A los hombres y las mujeres acusados de ser probolcheviques los colgaban en la plaza mayor. No los ahorcaban; solamente los sujetaban en alto y cosacos borrachos les iban dando sablazos en brazos y piernas mientras los desgraciados aún estaban con vida».[45] En Kiev incluso un reaccionario extremo como Vasili Shulguín quedó conmocionado por el comportamiento de los oficiales de los Voluntarios: «En una casa colgaron a un "comisario" por los brazos, encendieron un fuego por debajo y lo fueron friendo lentamente. Mientras tanto una panda de "monárquicos" iba aullando alrededor: "¡Dios salve al zar!"».[46]

La siguiente gran ciudad que amenazaba con caer era Járkov. La estación central de ferrocarriles quedó sitiada por multitudes arrastradas por el pánico. Algunos oficiales heridos del Ejército de Voluntarios, conscientes de qué destino era probable que les aguardara en manos de las tropas Rojas, se arrastraron hasta allí literalmente a cuatro patas desde el hospital, con la esperanza de encontrar un espacio en algún tren.

La retirada de las tropas Blancas de las grandes ciudades del sur sacó a relucir lo peor de este grupo, como ya se había podido ver antes, aquel mismo año, en la terrible masacre de 2.000 judíos en Yekaterimburgo. Pero los Blancos no fueron los únicos perpetradores. Se ha calculado que en Ucrania, durante la guerra civil, se perpetraron cerca de 1.300 pogromos antisemitas, por parte de los dos bandos, que causaron la muerte de entre 50.000 y 60.000 judíos.[47] También hubo pogromos en Bielorrusia, aunque no fueron ni de lejos tan letales como los de Ucrania.[48] En total, un informe soviético de 1920 recogía las cifras de 150.000 muertos y un número similar de judíos heridos de gravedad.[49]

El camino lo habían abierto los nacionalistas ucranianos de Petliura. «Después de los terribles pogromos de los gaidamaki, la situación había quedado en calma —escribió Konstantín Paustovski sobre Kiev, en 1919—. Y así quedó durante un tiempo, después de la conquista de Denikin. Por ahora no estaban tocando a los judíos. De vez en cuando, pero solo a cierta distancia de las calles más bulliciosas, algunos Yúnker con ojos de drogadicto daban saltos sobre sus caballos y entonaban sus cánticos favoritos:

> »¡Húsares Negros!
> ¡Salvad a Rusia,
> apalead a los judíos,
> que ellos son los comisarios!

»Pero cuando las fuerzas soviéticas reconquistaron Oriol y empezaron a ganar terreno hacia el sur, el estado de ánimo de los Blancos cambió. En los pueblos y las ciudades pequeñas de Ucrania empezó a haber pogromos.[50] Cuando se hallaba fuera de su territorio, fue por desgracia habitual que los cosacos actuaran como el que se encuentra en un país enemigo en el que considera que todo está permitido.

Churchill era muy consciente del efecto que los pogromos antisemitas tenían en la opinión pública occidental, y ya le había escrito al respecto al general Holman: «Es sumamente necesario que el general Denikin haga no solo cuanto esté en su mano para impedir que se masacre a los judíos en los distritos liberados, sino que dicte una proclamación contra el antisemitismo. Si tenemos en cuenta que el antisemitismo está sin duda mucho más acentuado entre los hombres de Petliura que en el Ejército de Voluntarios, debería ser posible establecer una distinción clara entre los métodos de estas dos fuerzas. Los judíos son muy poderosos en Inglaterra y si pudiera mostrarse que Denikin les protege mientras sus ejércitos avanzan, esto simplificaría mi labor».[51]

Luego Churchill escribió al propio Denikin: «Estoy al corriente de cuánto os habéis esforzado ya y de cuán difícil resulta contener el sentimiento antisemita. Pero os ruego, con el mejor y más sincero de mis deseos, que redobléis el empeño de modo me permitáis defender el honor del Ejército de Voluntarios».[52] Denikin había dado a conocer varios edictos en contra de los pogromos, pero como entre sus generales más exitosos algunos se negaban a cumplir esos edictos —o incluso fomentaban los pogromos—, no hizo más. Es cierto que Churchill comprendió al fin que el general Dragomírov, el gobernador de Kiev, era «la clase de rigorista militar que no es apto para una administración civil»;[53] pero al parecer seguía sin tener claro que Dragomírov había permitido que uno de los pogromos antisemitas más violentos de la guerra tuviera continuidad en Kiev durante seis días.

El corresponsal de *The Times* en el sur de Rusia —un neozelandés con un extraordinario don para los idiomas, el dr. Harold Williams— escribió al Foreign Office y a Churchill: «No se pueden hacer ustedes a la idea de cuánto enfado hay con los judíos, en toda Rusia. Todo el mundo entiende que el bolchevismo y los judíos son una misma cosa».[54] Para Williams, aunque los oficiales del Ejército de Voluntarios odiaban a los judíos, ellos no iniciaban los pogromos. «Los cosacos son mala gente y es difícil contenerlos. Roban a manos llenas y sienten la mayor de las antipatías por los judíos.» Esto era especialmente cierto entre los atamanes ucranianos, como Grigóriev; pero las fuentes divergen al respecto de los partidarios de Majnó, pues entre ellos no había pocos judíos. Los jinetes de Budionny también eran culpables. «Lo curioso del asunto —aunque no es tan curioso, si uno entiende cuál es el sentimiento popular— es que los soldados Rojos hacen pogromos cuando se presenta la ocasión. En Gómel masacraron a cerca de la mitad de los judíos de la ciudad (o una décima parte, probablemente, porque tanto los judíos como todos los demás exageran terriblemente las cifras). Y a menudo escriben con tiza en sus trenes de transporte de Rusia: "Derrotad a los judíos, salvad a Rusia"», concluyó Williams.

32

Retirada hacia el sur

Noviembre y diciembre de 1919

El último día de noviembre tuvo lugar una curiosa ceremonia diplomática en la sede de la misión militar británica, en Taganrog. El capitán Kennedy dejó constancia en su diario de este acontecimiento en el que el general Holman —que tenía «el hábito extraordinario de volver al cielo el blanco de los ojos y quedársete mirando mientras habla»[1]— condecoró al general Shkuró con la Orden del Baño. «En su discurso de aceptación, de un tono muy airado, [Shkuró] empezó a jurar que reventaría a los bolcheviques y "levantaría una nueva Rusia sobre sus cadáveres hediondos". Y añadió: "Me dicen que en Inglaterra hay algunos de esos infames perros socialistas, y si se levantan contra su país, me gustaría llevar a Inglaterra a mi Cuerpo para mostrarle al pueblo inglés de qué somos capaces los cosacos".»[2]

Sin lugar a dudas Holman se creyó obligado a halagar a los generales Blancos, porque acababan de tener noticia del discurso pronunciado por Lloyd George en la cena de la Mansion House* y se sentían traicionados. Entendían que Gran Bretaña los abandonaba. No habría más envíos de pertrechos militares y la Misión se retiraría. Era un anuncio público de que la causa Blanca estaba perdida. El rublo de Denikin se depreció fuertemente porque todos los que aún manejaban dinero intentaron cambiar cuanto tenían en libras esterlinas, dólares o francos. Churchill se preguntaba si los Blancos podrían por lo menos negociar una paz, de modo de

---

* La Mansion House es la residencia oficial del alcalde de Londres y una sede tradicional de discursos recurrentes de determinados miembros del gobierno británico. (*N. del t.*)

que Denikin no renunciara al territorio que aún controlaba; pero en aquel momento Lenin y Trotski sabían que la presa estaba a punto de morir y no cejarían en el empeño de derrotar al Ejército Blanco. Churchill ni siquiera imaginaba el grave decaimiento anímico de sus tropas, agravado por la deserción de los cosacos que regresaban a sus tierras.

«En tiempo de desastres, todo el mundo le echa las culpas a los demás: los cosacos culpaban a los Voluntarios y nuestros hombres culpaban a los cosacos»,[3] escribió Chevdar. Wrangel también intentó culpar a Denikin, una vez más, de todo lo que había ido mal mientras reorganizaba sus fuerzas. Denikin dispuso que Mai-Mayevski volviera a Taganrog porque la bebida le había incapacitado para el mando. Le saludó amablemente y le dijo: «Ha sido una decisión difícil... Ahora tómate un descanso y más adelante ya retomarás el trabajo».[4] Mai-Mayevski pidió que le permitieran retirarse en Sebastopol, pues quería establecerse allí; y allí siguió bebiendo mucho, pero también leyendo mucho a Dickens.

Con la salida de Mai-Mayevski los restos del Ejército de Voluntarios quedaron a las órdenes de Kutépov, quien quedaba subordinado a Wrangel, que por su parte dirigiría también a toda la caballería. Pero según el corresponsal de guerra de los Blancos Grigori Rakovski: «Resultó que Wrangel ya había informado a las unidades del frente del Kubán de que habría una reorganización. Shkuró siempre estaba lejos. La orden de Wrangel tuvo un efecto inmediato en los cosacos del Kubán, que estaban cansados, decepcionados y cargados de botín, por lo que acto seguido empezaron a marcharse del frente... Algunos decían: "Volvemos al Kubán, son las órdenes". Otros afirmaban: "Nos vamos a cazar ratas a la retaguardia, para que vuelvan al frente". Pero algunos reconocían: "Ya hemos combatido bastante. Ahora que luchen los *burzhui*"».[5]

La promoción de Wrangel no resultó positiva. No solo Wrangel planteó toda clase de dificultades, sino que los dos generales seguían sin estar de acuerdo en la estrategia. Denikin quería basar la defensa en Tsaritsyn, por el este, y Kiev, por el oeste, pero en el transcurso de la semana siguiente tuvieron que retirarse más aún. Wrangel, por su parte, no quería retirarse al Cáucaso, donde Denikin todavía creía que su alianza con los cosacos resultaba esencial; él se sentía más atraído por la península de Crimea, cuya defensa era mucho más fácil, hasta que hubieran reconstruido sus fuerzas. Desde la perspectiva del general Sidorin y del Ejército del Don, esto era sospechoso: ¿iba Wrangel a traicionarles? Al mismo tiempo Wrangel consideraba que los cosacos no eran estables, desde un punto de vista político, e incluso sospechaba que estaban evolucionando hacia la izquierda.

El 9 de diciembre Sidorin fue a ver a Denikin. Quería que los dos ejércitos se mantuvieran juntos para reconquistar y defender el territorio del Don. Según Sidorin, Denikin contestó: «Yo también lo veo así, y comparto tu opinión sobre la situación actual. Estoy tan preocupado que he ordenado que el Estado Mayor me informe sobre cualquier orden nueva que Wrangel dicte, de modo que yo pueda supervisarla en persona».[6] Denikin aconsejó a Sidorin que organizara un encuentro con Wrangel para clarificar las posiciones respectivas.

Dos días después los trenes de los dos comandantes del ejército pararon uno al lado del otro en la estación de Yasinovataya. Las primeras palabras de Wrangel, al entrar en el vagón comedor de Sidorin, fueron: «Bien, Vladímir Ilich, habrá que admitir, sinceramente, que nuestra causa está perdida y es necesario pensar en el futuro».[7] Sidorin no estaba de acuerdo, pero Wrangel insistió: «Para mí es del todo evidente que resulta inútil seguir resistiendo».

En este punto Wrangel habló sobre el estado del Ejército de Voluntarios. A su modo de ver en el frente solo combatían de verdad no más de entre 3.000 y 4.000 hombres; la mayoría se escabullía en la retaguardia, «corrompidos hasta el extremo. Bastaba decir que algunos regimientos tenían hasta doscientos vagones cargados de propiedades diversas. Las unidades —incluidos la mayoría de los oficiales e incluso de los comandantes de mayor nivel— se dedicaban activamente a la especulación».[8] Wrangel creía que había que someter a Mai-Mayevski a un consejo de guerra, por hallarse en la posición de mando supremo sobre todas aquellas fechorías. Sidorin en cambio hizo hincapié en que el Ejército del Don se hallaba en unas circunstancias del todo distintas de las del Ejército de Voluntarios. En el frente del Don todavía había 40.000 bayonetas y sables, con una reserva de 15.000 refuerzos con una buena instrucción. Wrangel cambió de tema y exigió la renuncia de Denikin. Al parecer hubo una contradicción curiosa en la forma en que Wrangel consideraba que habían acabado, a la vez que ponía de relieve que aún quería sustituir a Denikin en la comandancia en jefe.

Después de un deshielo, a mediados de diciembre las temperaturas volvieron a bajar con crudeza. «Los bigotes se hielan y el sudor de los caballos se convierte en escarcha», apuntó Kennedy.[9] Aunque Lloyd George hubiera anunciado la retirada de los británicos, seguían llegando oficiales que se incorporaban a la misión militar. El capitán Lever, de los Ingenieros Reales, cumplió con las instrucciones que le habían dado y se dirigió a Taganrog con un revólver, un fusil y 150 balas. Un comandante británico con el que se había encontrado en Rostov le había contado, «mientras escarbaba en una lata de carne en conserva con una navaja robusta»,[10] cómo se había vivido en el último tren que salió de Járkov, con refugiados aferrados al techo y al exterior de todos los vagones. Varios murieron de hipotermia y cayeron rodando junto a las vías, como pelotas congeladas.

Lever encontró un Taganrog repleto de los refugiados que habían logrado sobrevivir hasta la fecha. «Todo, los pasillos, los callejones, las salas de espera, los restaurantes, los porches están repletos de formas que duermen o descansan estiradas en el suelo: hombres, mujeres y niños que se apiñan indiscriminadamente.» El valor de las «campanas» —los rublos de Denikin— había vuelto a reducirse a la mitad durante los diez últimos días, hasta una relación de 2.500 por libra.*

Los restos de la caballería de Shkuró y Mámontov, que aún se estaban retirando de Vorónezh, se desplazaban «trazando grandes zigzagueos» en el intento de esquivar a las fuerzas de Budionny que habían salido en su persecución. La temperatura era de 20 grados bajo cero, e incluso inferior. Cuando los jinetes hacían un alto, dormían en la nieve, envueltos en sus gabanes. Tanto los hombres como los caballos estaban agotados y famélicos. Entre ellos iba Yerast Chevdar, el oficial de comunicaciones, con tres cosacos que se encargaban de proteger el equipo de radio. «A lo largo del camino nos encontramos animales —a veces lobos, a veces liebres de las nieves— que parecían haber perdido todo el miedo a consecuencia del frío. Una vez vi una marmota sentada en mitad del camino, y no se movió. Las monturas de la caballería, instintivamente, evitaron pisarla.»[11]

En cierto momento, mientras atravesaban un *balka* (un barranco natural de la estepa), uno de sus escoltas se le acercó y murmuró: «Señor ca-

---

* Los «rublos de Denikin» se conocían como «campanas» porque lucían la imagen de la enorme Campana del Zar, del Kremlin moscovita.

pitán, no diga nada y mire arriba y a la izquierda». Chevdar pudo ver un denso grupo de jinetes que también cabalgaba hacia el sur, como ellos. «Era fácil adivinar que se trataba de la caballería de Budionny. Sin duda nos habían visto, pero probablemente interpretaron que se trataba de uno de sus propios destacamentos. El aspecto era similar, con la capa de montar. Para distinguir un Blanco de un Rojo tenías que acercarte bastante.»

Shkuró no los acompañaba porque estaba enfermo. Al mando quedó por lo tanto Mámontov, que, al caer la noche, llamó a todos los oficiales para celebrar un consejo y analizar sus opciones, en un momento en el que estaban rodeados casi por completo. Todos los presentes rechazaron cualquier posibilidad de rendirse, aunque si intentaban huir, se arriesgaban a que la artillería los machacara. «Mámontov nos escuchaba acariciándose el enorme mostacho»[12] y finalmente tomó una decisión: se abrirían paso campo a traviesa, sin seguir ninguna carretera. La caballería formaría una única columna, con la artillería y el equipo de radio en el centro. Se prohibía hablar y fumar. Como guías se pusieron dos viejos cosacos que conocían la zona.

La luna iluminaba el camino y la nieve crujía bajo los cascos de los caballos. Al acercarse a un pueblo pudieron ver el humo que se levantaba directamente desde las chimeneas por el aire helado. Cuando el frente de la columna entró en el pueblo supieron que los habían visto. Empezaron a estar proyectiles de artillería por todas partes. El techo de las casitas encaladas se incendió y los habitantes salieron corriendo, presas del pánico. Había sangre en la nieve, tanto de los caballos como de los jinetes. Se veía pasar a monturas al galope, corcoveando aterradas. No fue necesario que Mámontov ordenara nada: se lanzaron a la carga hasta romper el cerco.

Un tiempo más tarde se reunieron con una fuerza de unos 4.000 jinetes y 3.000 infantes, cerca de Valúiki, un centenar de kilómetros al este de Járkov. Era la ciudad que Denikin había elegido para concentrar sus fuerzas de caballería, desde la conferencia de Járkov. Churchill, al tener noticia del plan, imaginó que allí se produciría una «batalla de importancia decisiva», con seis divisiones de caballería;[13] pero sufrió una decepción. Cuando las tropas de Mámontov, con su reducción tan drástica, chocaron con el nuevo «Primer Ejército de Caballería» (o *Konarmia*) de Budionny, la victoria de los Rojos era prácticamente inevitable.

Mientras el grueso de sus fuerzas debía retroceder al sur, hacia el mar de Azov, Denikin recibió un refuerzo inesperado por el flanco de su extremo izquierdo: una formación de 15.000 galitzianos, con 130 cañones de campaña, había preferido unirse a los Blancos antes que a los polacos, pues temían que estos quisieran anexarse su territorio. Para Churchill fue un motivo de alarma saber que Denikin proponía sencillamente «absorberlos en las unidades ya existentes»;[14] nada más lejos, sin duda, del deseo de los galitzianos. Denikin quería contentar con ello a los polacos, en la medida de lo posible, pues necesitaba desesperadamente su ayuda. Sin embargo, según pudo confirmar el Foreign Office, los polacos seguían negándose en redondo a cualquier alianza. Sospechaban —no sin razón— que los generales Blancos querrían restaurar las antiguas fronteras zaristas de Rusia, lo que incluía una gran parte de Polonia.

El sueño de Churchill, de una alianza fronteriza contra los bolcheviques, también se vio frustrado porque se sospechaba de Denikin y el imperialismo Blanco. Churchill había sabido que el general Mannerheim iría a Varsovia para «animar a los polacos a sumarse a una acción concertada contra los bolcheviques, antes de la próxima primavera»[15] y quería que el general de brigada Carton de Wiart, de la misión militar de Gran Bretaña en Polonia, «nos mantenga informados sobre las actividades del general Mannerheim».[16] Carton de Wiart, que se llevaba bien tanto con Mannerheim como con Piłsudski, se reunió con el líder finlandés nada más llegar y le indicó a Churchill: «Ha venido a averiguar si los polacos iban en serio en su lucha contra los bolcheviques y si había alguna oportunidad de emprender una ofensiva combinada en la primavera. Por mi parte le aseguré que se podía confiar en que los polacos combatirían a los bolcheviques y en este punto él está bastante de acuerdo conmigo».

Mannerheim y Piłsudski se vieron el 13 de diciembre. Aquella misma tarde, Carton de Wiart informó de que el encuentro había sido «de lo más satisfactorio» porque Piłsudski «era muy favorable a una ofensiva combinada».[17] Sin embargo Mannerheim se mostró intranquilo por la posibilidad de que los Estados bálticos firmaran la paz con los bolcheviques y dudaba de que Denikin estuviera en condiciones de sobrevivir hasta la primavera. Mannerheim y Piłsudski «están los dos de acuerdo en que esta ofensiva no podrá hacerse realidad salvo que se cuente con el apoyo decidido de Inglaterra».[18] Aquí sin duda Churchill maldijo frustrado, con la plena certeza de que Lloyd George se negaría en redondo.

Mannerheim se marchó de Varsovia sin que se hubiera acordado nada. «La inacción de los polacos ha permitido que los bolcheviques se concentren en contra de Denikin —exclamó un Churchill furioso—. Pero la destrucción de Denikin les permitirá, si así lo quieren, concentrarse en contra de los polacos... Ahora los bolcheviques se hallan a poca distancia de obtener un triunfo militar completo en todos los frentes donde están activos.»

El Ejército Rojo apenas daba crédito a su suerte: la campaña guerrillera de Majnó, de Yekaterinoslav a Taganrog, había forzado la división en dos bloques del Ejército de Voluntarios en retirada. El antiguo jefe del Estado Mayor de Shkuró, el general de división Yákov Slaschov, dirigía una fuerza mixta, de 3.500 infantes y jinetes con 32 cañones de campaña. Como no quería, o tal vez no podía, unirse al grueso del ejército, se retiró hacia Crimea por la vía de Melitópol y se aseguró el control de su punto de acceso: el istmo de Perekop. Tanto Denikin como el alto mando del Ejército Rojo sospechaban que esto formaba parte de los «objetivos secretos» de Wrangel,[19] que aún aspiraba a la jefatura de la comandancia y a hacerse con el dominio de Crimea. Poco después la contrainteligencia Blanca identificó a un «grupo de oficiales hostil al comandante en jefe» (el general Denikin), grupo que se sospechaba estaba «relacionado con el cuartel general del barón y teniente general Wrangel».[20] No les cabía duda de que Slaschov era uno de sus integrantes. Poco después Denikin afirmó que quería someterlo a un consejo de guerra y colgarlo.

El Stavka se reprochó a sí mismo haber subestimado la importancia, a largo plazo, de la fuerza de Slaschov (que era relativamente menor) y la trayectoria de su retirada. «Esto ha permitido que el destacamento de Slaschov se asiente en el istmo de Crimea y transforme la península en una nueva base de la contrarrevolución en el sur», escribieron poco después Kámenev y sus colegas.[21]

Las Fuerzas Armadas del Sur de Rusia, de Denikin, habían quedado de hecho divididas en tres grupos. El cuerpo principal seguía estando en el bajo Don, en el acceso al Cáucaso. La fuerza de Slaschov actuaba como el corcho en el cuello de Crimea. Por el oeste, por último, el general de división Nikolái Shíling se retiraba hacia Odesa en cabeza de una fuerza menor. El mando del Ejército Rojo redistribuyó a sus unidades de acuerdo con esto. Sin saber que Piłsudski era reticente a ayudar a Denikin, envió al Duodécimo Ejército hacia el oeste con la condición que «en caso de que surjan dificultades con los polacos esté dispuesto a pasar a la ofensiva».[22] El Décimo Cuarto Ejército se encargaría de Odesa. El Décimo Tercero atacaría Crimea, y el rebautizado como frente del Cáucaso cruzaría el Don para enfrentarse al grueso de las fuerzas enemigas en la zona. El Décimo Ejército, que había reconquistado Tsaritsyn, avanzaría hacia el suroeste por la vía del ferrocarril hasta apoderarse de un nudo ferroviario vital, Tijorétskaya, que les cortaría el paso por detrás.

El día de Nochebuena los oficiales británicos de Taganrog tuvieron noticia de que su misión militar se trasladaría al puerto de Novorosíisk. «Resulta imposible retirarse al Cáucaso porque los pueblos del Daguestán y Georgia son hostiles y no hay forma de atravesar las montañas en invierno», escribió Kennedy en su diario.[23]

Gúbarev, el oficial del cuerpo de Kutépov que se había retirado desde la lejana Oriol, llegó a Rostov en Nochebuena, junto con sus camaradas. Con el alojamiento tuvieron una suerte inusual. «El equipo de mi cañón son todos exestudiantes. Coincidió que nos alojamos en la casa de un intelectual judío. Acabamos de tomar un buen baño, ¡ha sido una absoluta delicia! Hemos escaldado la ropa interior, infestada de piojos, con agua hirviendo. Ahora nos sentamos torpemente sobre unos sillones cómodos, en la sala de estar, demasiado tímidos como para poner las botas sobre la mullida alfombra. Las hijas de nuestro anfitrión son dulces, estudiantes también. Por primera vez en este año tan movido estamos conversando de literatura y filosofía. No se dice una palabra sobre la guerra ... ¡Dios mío! ¡Qué sentimiento tan especial, estar limpio, sentarse en un sitio cálido, no pensar en nada, en absolutamente nada! De pronto alguien llama a la puerta. Es un soldado de guardia que, al entrar, se queda sorprendido por lo inusual de la escena. Se inclina para hablar conmigo y me susurra con rapidez: "Han abierto una brecha en el frente. Preparaos, corred. Nos vamos dentro de una hora".»[24]

En la calle, el contraste con la calma que acababan de abandonar los aturdió un poco. El caos era considerable porque los carros de refugiados que venían del norte impedían que las tropas salieran en defensa de la ciudad. «Pasan ordenanzas al galope. Pasan unidades de caballería trotando ruidosamente. Está oscuro y hay niebla. El aire es frío y el ánimo es melancólico. Nos ponemos en marcha.»[25] En la estepa, con las luces de Rostov muy atrás, la artillería se enfrenta a su primer obstáculo. «La infantería y los carros pasan con facilidad sobre un río helado, que es poco profundo y estrecho; pero el primero de los cañones de campaña rompe el hielo, se cae y se queda atascado. Atamos los caballos de otro cañón y logramos recuperarlo, con mucha dificultad. Las unidades en retirada van pasando a nuestro lado, tienen prisa por llegar al nuevo frente, más reducido. Otra batería se para por detrás de nosotros. Esperamos. La llovizna arrecia. Los gabanes se empapan y pesan. Seguimos adelante y ocupamos nuestra posición bajo el fuego enemigo. Pero antes de que podamos disparar un primer proyectil se acerca un ordenanza al galope con la orden de retirarse de inmediato.» Luego supieron que el enemigo, inesperadamente, había cruzado el Don por la noche. Habían conquistado el gran *stanitsa* de Ólguinskaya, a solo 17 kilómetros al sureste, y destruido a la División de Márkov, que tenía la base allí.

Un destacamento de caballería del ejército de Budionny, al atravesar el Don helado, se cayó al agua. Otros refugiados, llevados por la desesperación, tomaron la misma ruta a pesar del peligro. En aquel momento no había humanidad. «En lo que respecta a los carros de refugiados que intentaban pasar el hielo, la verdad es que nadie les prestaba mucha atención», reconoció un oficial.[26] Los cosacos estaban resueltos a no dejar caballos buenos en manos del enemigo. Un grupo pastoreó a doscientos purarrazas de las granjas de sementales de Proval y Streletsk, sin que ninguno se perdiera al atravesar el hielo. Durante la retirada, un viejo cosaco quiso darle a Mitrofán Moiséyev su magnífico alazán, pero este oficial de los cosacos del Don no quiso aceptarlo, así que el anciano prefirió pegarle un tiro antes que permitir que cayera en manos de los Rojos. Luego, Moiséyev supo que el viejo se había suicidado: había perdido a los cuatro hijos varones en la guerra y su esposa había muerto de tifus.

Aquella Nochebuena, al mando Blanco le quedó claro de pronto que Novocherkask corría más peligro que Rostov. El Cuerpo de Caballería de Dumenko avanzaba con más rapidez que el de Budionny, pero Mámontov había decidido atacar primero a la Konarmia de este. En este momento la moral de los cosacos del Don era elevada, después de varios enfrentamientos exitosos. A la mañana siguiente el Ejército de Caballería de Budionny rodeó y capturó a la mayor parte de una brigada de cosacos del Térek, mientras Dumenko se acercaba cada vez más a la capital del Don.

«La batalla crucial —escribió Grigori Rakovski— se inició en la mañana del día de Navidad, en las inmediaciones de Novocherkask. El sol relucía sobre la ciudad, cubierta por la nieve y medio dormida. Era evidente que había llegado el momento crítico. Hombres a caballo y a pie empezaron a correr aquí y allá. El fuego de artillería sonaba ya en la cercanía. Los carros de suministro recorrían las calles con rapidez. Las *sotnias* de los escoltas se alineaban con urgencia frente al palacio del atamán. Las unidades regulares pasaban por Novocherkask con un orden ejemplar, a veces incluso cantando. Algo incomprensible, algo inexplicable estaba pasando... Las fuerzas parecían ser más que suficientes. El estado de ánimo había sido inmejorable. Pero de repente los cosacos del Don se marchaban de la capital del Don, de la cuna del Ejército de Voluntarios, de la ciudad de Novocherkask, sin combatir como solían, con fiereza, sangre y obstinación. [...] La metralla había empezado a estallar por encima de la ciudad.»[27]

Kennedy oyó una historia similar de boca de dos oficiales británicos que acababan de regresar del frente. «Dicen que todo el ejército se ha echado a correr y no plantean batalla. Wrangel está colgando a la gente por doquier, por la más mínima ofensa.»[28] Arrestó incluso a un coronel «que estaba cargando un tren con cintas de ametralladora y vehículos blindados, [y] permitía subir incluso muebles. Lo colgaron en el acto». Cuando los rusos no acertaron a encontrar ningún tren para evacuar de Taganrog a la misión militar británica, el superior de los oficiales británicos en la ciudad les advirtió que, si no les proporcionaban los trenes de inmediato, se les privaría del apoyo del 47.º Escuadrón de la RAF. Eso supondría «la rendición total por parte de los rusos»,[29] según apuntó el capitán Lever, «porque nuestra fuerza aérea es lo único que de veras tiene un efecto disuasorio contra un asalto decidido de los "bolches"».

«Aquella tarde entró en la estación el tren de Wrangel —escribió Kennedy el 30 de diciembre, justo antes de que su grupo se marchara de Taganrog—, una larga línea de vagones de lujo tirados por dos motores poderosos. Los techos de los vagones estaban cubiertos de nieve y repletos de témpanos colgantes.»[30] Corría el rumor de que Wrangel estaba a punto de vérselas con Denikin para «colocarse él mismo en el lugar de este». Wrangel —«una figura delgada, alta, grande, con uniforme cosaco y una capa blanca echada sobre los hombros»— se acercó a hablar con

Kennedy y el coronel Barne. Hablaba un francés excelente. «Planea marcharse de Rostov esta noche o mañana por la mañana, y querría que nos fuéramos con él. Iba a ver a Romanovski, el jefe del Estado Mayor, y dijo que confiaba en obtener decisiones sobre determinadas materias, tras lo cual nos diría definitivamente qué iba a hacer. Dijo que posiblemente iría al Kubán, a formar un nuevo ejército, pues el Ejército de Voluntarios había quedado tan menguado que constituiría un simple cuerpo de ejército, con Kutépov al mando. Resultaba impresionante, por su presencia intimidatoria y su talante resuelto. Posee unos rasgos finos, una cara delgada y más bien pálida, con los ojos de un águila.» La temperatura de aquella noche, añadió Kennedy en sus apuntes, cayó a 40 grados bajo cero tanto en la escala centígrada como en la de Fahrenheit: el único punto en el que los dos sistemas coincidían.

Yerast Chevdar, el oficial de radio, se vio atrapado en Rostov en medio de la desbandada general. «Una infinidad de carros, cocinas de campaña y cañones se dirige hacia el puente del río Don. La gente, cansada y resentida, cede a la desesperación y jura y maldice de las formas más zafias y groseras. Todo el mundo está desesperado por huir de la ciudad y escapar al movimiento de pinza del enemigo. Nadie te informa de nada. Todo el mundo piensa solo en uno mismo. Yo dejé mis carros de dos ruedas en la calle y fui a pie a la estación, con la esperanza de encontrarme allí a algún oficial. Entre la neblina de la tarde veo una figura que parece estar meciéndose al viento. Con la nieve en los ojos no podía percibirlo con más claridad. Delante de mí aparece de pronto —con las puntas de los zapatos casi tocando la alcantarilla, y las manos azuladas— un cadáver terrible, con la lengua fuera, ahorcado de la rama más baja de un árbol. En el pecho le han colgado un cartel que anuncia: "Saqueador".»[31] El general Kutépov también había estado ordenando que se ejecutara a los desertores y a quien se sospechara que fuera un bolchevique.

«Al sur de Rostov —añadió Chevdar— vi al general Denikin, que avanzaba despacio en un trineo. Me asombró su expresión de concentración y de pesar profundo. Empecé a sentir pena por él. La ruta de nuestra retirada está marcada con cadáveres de caballos. La gente, por lo menos, obtenía algo de comida en los asentamientos por los que pasábamos. Pero no había paja para las monturas. Una campesina de uno de los poblados se quejó, indignada: "Os mantenemos para que podáis seguir combatiendo. Más valdría que dejáramos de daros de comer y así pararíais de luchar. Aquí no queda nada con vida por culpa de vuestra guerra.

A veces nos asaltan los Rojos, a veces los Blancos. Y lo único que saben decir es: '¡Davái! ¡Davái!' ['¡Venga! ¡Venga!']. Pero ¿qué podemos daros, si ya no tenemos nada con lo que vivir nosotros?"»[32]

«No parece haber apenas dudas de que, en el futuro próximo, los bolcheviques se alzarán con la victoria total», escribió un Churchill pesimista al mariscal de campo Wilson, al día siguiente, el 31 de diciembre. Le pidió que predijera cómo iba a evolucionar la situación militar en los meses inmediatos. ¿Qué sucedería con Polonia, el Cáucaso y la Transcaspia, Persia y el Turkestán? En cuanto la suerte de Denikin estuviera echada, deberían retirar a la brigada británica de Batumi. La Armada debía prepararse para evacuar la Misión Militar británica. «Tengo la convicción de que, a consecuencia de la dejadez y la incoherencia de las medidas políticas de este año, por parte de los Aliados y de nosotros mismos, acaecerán grandes males para el mundo y en particular para Gran Bretaña», concluyó Churchill.[33]

El hecho de que la fuerza de Slaschov se hubiera retirado a Crimea a finales de diciembre salvó esta película para los Blancos, con la defensa del istmo de Perekop. Al igual que su mentor Shkuró, Slaschov era un disoluto, un saqueador y un antisemita cruel. A diferencia de Shkuró, en cambio, tenía el aspecto de un querubín, aunque crecidito y corrupto. Se dice que el personaje principal de la obra *La huida*, de Mijaíl Bulgákov (que en muchos aspectos es una secuela de *Los días de los Turbín*) se basó en él.

El famoso cantante Aleksandr Vertinski dejó una descripción memorable de Slaschov después de que los edecanes del joven general le hicieran llamar una velada: «Había diez o doce personas sentadas a la mesa, en un vagón Pullman enorme, de luz deslumbrante. Había platos sucios, botellas y flores. Todo estaba medio aplastado, manchado de vino, disperso. Slaschov, de figura larga y esbelta, se levantó ruidosamente de la mesa y una mano enorme se dirigió a mi encuentro».[34]

Vertinski se sintió al mismo tiempo fascinado y repelido por su rostro, «que era una máscara larga, blanca, mortecina, con una boca hinchada de un rojo brillante, ojos nublados, de un gris verdoso, y dientes podridos, entre verdosos y negruzcos. Se había empolvado la cara. El sudor le bajaba de la frente formando arroyuelos turbios y lechosos».

El general Yákov Slaschov.

Slaschov le dio las gracias por haber acudido. «Soy un gran aficionado de tu trabajo. Cantas sobre muchos temas que nos atormentan a todos nosotros. ¿Quieres un poco de cocaína?», añadió.[35] Vertinski la rechazó. «En el centro de la mesa [había] una gran caja de tabaco, redonda, repleta de cocaína. Los que estaban sentados en torno tenían plumillas de ganso. Cogían el polvo blanco y lo esnifaban, metiéndose primero en una de las fosas nasales, luego en la otra.» Slaschov insistió en presentarle a su amante, Lida, «que compartía con él la vida guerrera, participaba en todas las batallas ¡y le había salvado la vida dos veces! Era una mujer delgada, erguida, de ojos grises y dementes, que fumaba nerviosamente y sin descanso».

Al final, el arrojo y la pericia guerra de Slaschov, como comandante del Cuerpo de Crimea y el Azov, no bastó para que el general Wrangel siguiera pasando por alto su insubordinación y su inestabilidad mental. Entre los múltiples ejemplos estrafalarios de su conducta, Slaschov acudía a la batalla con un cuervo domesticado en una jaula colgada de su silla. Para Wrangel había «cruzado el límite frágil que distingue la excentricidad de la locura».[36]

Casi 300 kilómetros al oeste, el escritor ultraderechista Shulguín, que había organizado el Ázbuka —servicio de contrainteligencia Blanca— pasó la noche de fin de año en Odesa, con el general Dragomírov. «Estábamos los dos sentados en su vagón —escribió Shulguín—. El tren se hallaba en el puerto de Odesa, y desde las ventanas, cuando había luz, se veía el mar. Ahora el tren no tenía dónde ir. Dragomírov dijo: "Yo aún creo que empezará a ofrecerse resistencia. Cuando ya no queda nada, sino elegir entre morir en combate o morir ahogado, se produce de repente un estallido de energía... Al principio, la gran mayoría de la gente solo piensa en marcharse; pero ¿qué sucederá cuando ya no tengan dónde ir? ¿Tú qué crees?".»[37]

Cuarta parte

1920

33

La Gran Marcha del Hielo siberiana
De diciembre de 1919 a febrero de 1920

La cola inmóvil de los trenes, pasado Novo-Nikoláyevsk, hizo que muchos abandonaran la vía férrea, que era objeto de ataques constantes de los grupos de partisanos de uno y otro bando. Los refugiados optaron por comprarles a los campesinos trineos tirados por caballos. Muchos oficiales, sencillamente, los requisaron a punta de pistola. Todo dependía de los pequeños y peludos ponis siberianos. Tenían que descender por laderas pronunciadas hasta llegar al cauce de los ríos helados. «Los caballos se deslizaban sin mover siquiera las patas, algo que pensamos que solo un caballo siberiano sabe hacer», se leía en un informe del vicecónsul Hansen.[1] En el camino se cruzaban con trineos volcados y ponis muertos. Por ambos lados de la carretera, los árboles cargados de nieve de los bosques vírgenes de la taiga formaban barreras casi impenetrables.

Los pueblos del camino quedaban abarrotados por las noches, cuando la temperatura descendía a 35 bajo cero. «Había tanta gente en marcha, y las casas eran tan pocas, que solo la mitad podían conseguir un techo bajo el cual dormir.»[2] Al caer la noche los soldados y los refugiados invadían las cabañas de troncos de los campesinos, para calentarse antes de arrostrar de nuevo el frío exterior. El suelo se llenaba hasta tal punto, tanto de soldados como de refugiados, que todo eran facilidades para que los piojos portadores del tifus propagaran la enfermedad. En aquel invierno siberiano se criaban piojos en tales cantidades que el viejo truco de salpicar la ropa de tabaco servía de poco. En el exterior encendían hogueras los que no habían podido encontrar refugio y, de no hacerlo así, iban a morir congelados.

Los que seguían en los trenes no podían limitarse a esperar sentados a que se pusieran en movimiento. «Siberia era una ruina total. Los sistemas de suministro de agua estaban dañados o congelados. Pero las locomotoras necesitaban agua, así que había que cargar sin descanso sacos o cubos repletos de nieve», escribió un oficial polaco.[3] Y si se permitía que el fuego de las locomotoras se apagara, todas las cañerías se congelaban como una piedra, tras lo cual los pasajeros tenían que pasar buena parte del día recogiendo leña en el bosque.

Entre los bloqueados en la vía férrea, pocos sabían entonces que Víktor Pepeliáyev, el primer ministro de Kolchak, y su hermano Anatoli habían ordenado detener al desastroso comandante en jefe —el general Sájarov— y nombrado en su lugar al general Káppel. El propio almirante Kolchak, que seguía bloqueado por los checos en su propio tren, no podía hacer mucho más que aceptar esa decisión. No sabía que la mayoría de sus ministros —que habían partido de Omsk tan solo dos días antes que él— viajaban sanos y salvos hacia Vladivostok, donde llegaron el 7 de enero. El general Sájarov quedó en libertad y se le permitió disponer de un tren, pero no le sirvió de gran cosa, pues pronto quedó atrapado en el atasco masivo. Este cuello de botella no lo habían causado los checos. Varias unidades del Primer Ejército que se habían adelantado hasta Krasnoyarsk se habían dejado convencer por los social-revolucionarios, que por su parte estaban reconciliándose con la idea de que tendrían que alcanzar alguna clase de acuerdo con el victorioso Ejército Rojo.

En el lado sur del Ferrocarril Transiberiano, Konstantín Semchevski, un joven oficial de caballería que había formado parte de la caravana imperial del zar, se retorcía las manos de impaciencia. Acababa de saber que la columna central del Quinto Ejército Rojo había pasado de pronto al flanco norte, en paralelo a la vía. Supuso que todo apuntaba a que los Rojos lograrían cercar al grueso del ejército de Kolchak, en todo el camino hasta Krasnoyarsk. Semchevski sabía que su esposa viajaba en una litera del tren del general Sájarov y, por lo tanto, quedaría atrapada en la cola. En consecuencia se resolvió a salvarla de aquel desastre inminente.

Aunque solo contaba veinticinco años, en aquel momento era prácticamente el oficial de más antigüedad de los restos de la 1.ª División de Caballería, puesto que el comandante de la división los había abandonado junto con su Estado Mayor. Prometió a sus camaradas que volvería en menos de tres días, ordenó que sus hombres ataran a tres buenos caballos a una *troika* y se llevó consigo a un veterano de confianza, cierto Mishka Popov.

Los dos se dirigieron hacia el norte, por pistas forestales, en dirección al Transiberiano. «Cuanto más lejos íbamos, más fuerte se oía el ruido de los disparos», escribió Semchevski. Llegaron a un afluente del río Yeniséi. En el río se había helado una barcaza cargada de pequeños barriles. Popov adivinó enseguida que contenían mantequilla, por lo que, una vez cruzado el hielo, bajó del trineo, trepó a la barcaza y volvió triunfante con uno de los barrilitos. «Seguimos hacia delante guiados por los disparos.» Al llegar al extremo del bosque se detuvieron, atónitos por lo que veían: «Puntos negros, que eran jinetes, trineos y hombres a pie, se movían enfebrecidamente en todas direcciones por aquellas colinas bajas. Era como un hormiguero colosal en problemas. Por todas partes se veía la carga de monturas sin jinete. Había muchos carros y trineos abandonados. El fuego de la artillería era muy intenso y todos los atrapados en el cerco de Krasnoyarsk intentaban dar con la forma de escapar».[4]

Semchevski empezó a perder la esperanza. El área era vasta y se preguntaba cómo podría llegar a encontrar siquiera a su esposa. «La nieve no era profunda, pero nuestros caballos comenzaron pronto a cansarse. El día se acercaba a su final. Si yo no conseguía encontrarla antes de que cayera la noche... quizá ya nunca podría encontrarla.»[5] Pero cuando ya estaba a punto de sucumbir al desánimo, divisó entre la nieve una blusa que se parecía a una de su esposa. Se detuvieron junto a un gran trineo cubierto cuyo conductor estaba arrojando lastre al exterior para reducir la carga. Dentro pudo ver al general Sájarov y, en la parte de atrás, a su esposa.

El conductor del general ya había descartado la maletita de su mujer, que llevaba también unos pocos recuerdos del marido, «incluidas unas hostias sagradas que el metropolitano de Moscú había bendecido en la catedral de la Asunción (Uspenski) por el 300.º aniversario de la dinastía Románov, y que el soberano me había dado a mí, por ser su paje, como recuerdo. También había un gran huevo de porcelana con la firma de la emperatriz Aleksandra Fiódorovna, que ella me había dado en la Semana Santa de 1913».

Era evidente que el caballo de Sájarov no tendría la fuerza necesaria para tirar de un trineo tan grande, con lo que la esposa de Semchevski pasó a la *troika*. Popov tuvo que deshacerse del barril de mantequilla, con expresión triste, pero sin vacilar. Semchevski invitó a Sájarov a unirse a su grupo. «Conmigo la *troika* será demasiado pesada. Me quedaré aquí. En el peor de los casos, tengo un revólver», contestó. Pero Semchevski insistió y Sájarov se trasladó a la *troika*. El conductor del general desató al caballo, que estaba exhausto, y se marchó con él montándolo despacio. Había llegado el crepúsculo.

Semchevski decidió huir del cerco por el noreste, en vez de intentar abrirse paso hacia adelante, como parecían estar haciendo la mayoría. Luego ya darían la vuelta, por el norte de Krasnoyarsk. «Llegamos al Yeniséi con una oscuridad casi completa. La orilla resultó estar al fondo de una ladera pronunciada. Todos los ocupantes bajaron del trineo para buscar la mejor forma de bajar hasta el hielo. Mi esposa, por suerte, encontró un lugar adecuado. El experto, Mishka Popov, se quedó pensando y dijo: "Haré que los caballos vayan deprisa y, con un poco de suerte, lo conseguiremos". Los espoleó con la tralla. La *troika* voló por el aire, aterrizó en el hielo y los caballos consiguieron mantener el equilibrio.»

Algo más tarde vieron por fin por delante de ellos las luces de Esaúlskoye, un asentamiento grande, y oyeron sonar las campanas. Solo entonces cayeron en la cuenta de que era la víspera de la Navidad ortodoxa y los habitantes acudían a la iglesia. Al día siguiente, el 6 de enero —su día de Navidad—, el Quinto Ejército ocupó Krasnoyarsk. Semchevski y sus compañeros habían tenido una suerte increíble. Los Rojos capturaron a 20.000 prisioneros en la bolsa de Krasnoyarsk y carecían de las provisiones necesarias para alimentarlos adecuadamente. «Solo unos restos ya muy reducidos continuaron su viaje hacia la Transbaikalia al mando del general Káppel», según el Stavka del Ejército Rojo.[6]

El cónsul general Harris informó sobre el caos que se vivió en Krasnoyarsk justo antes de que entrara el Ejército Rojo: «Todos los rusos se dejaron llevar por el pánico... Los checos eran los dueños y señores de la situación e hicieron lo que se les antojó».[7] Corrió el rumor de que los checos habían hecho entrega a partisanos Rojos de varios oficiales rusos Blancos. El general Janin, paladín de los checos, llegó a ordenar incluso que los checos asumieran la vigilancia del tren cargado con las reservas de oro rusas. Los oficiales rusos lo consideraron una ofensa, pero dada la desintegración de sus tropas, no estuvo en su mano hacer más.

El triángulo de querellas que enfrentó a checos, rusos Blancos y polacos fue una causa dominante del caos de la retirada. «Las tropas polacas están descontentas por tener que formar la retaguardia de la retirada checa», afirmaba un informe Blanco.[8] El general Janin no moderó nunca su favoritismo decidido hacia los checos.* El oficial de enlace de los polacos con el cuartel general de Kolchak protestó: «Ser la retaguardia en una distancia de miles de kilómetros puede entenderse como un honor para los polacos, pero es una carga demasiado pesada para que la asuma en exclusiva siempre la misma división polaca». La respuesta de Janin fue tan firme como seca: «El hecho de que la división polaca actúa como retaguardia en la mayor parte de nuestro camino hacia el este no se me ha escapado, pero, en las circunstancias presentes, no podíamos hacer otra cosa. De haber desplazado hacia delante la división habríamos causado un retraso de un mínimo de tres semanas al tráfico general».[9]

El comandante de la 3.ª División checa se negó a ayudar en lo más mínimo a los polacos, que tenían que repeler a la 27.ª División Roja. El cuartel general polaco informó tanto al general Janin como al comandante de todas las fuerzas checas, el general Syrový, sobre «el agotamiento extremo, los cientos de muertos y la actual situación catastrófica» que vivían sus hombres.[10] Janin no se molestó en contestar y la réplica de Syrový fue, por decir poco, cortante: «Al comandante del Ejército Polaco, coronel Czuma. El tono de su correspondencia me asombra. De acuerdo con las órdenes del general Janin debéis ocupar la posición última. No puedo permitir que ni siquiera un transporte polaco se desplace hacia el este hasta que el último transporte checo haya salido de la estación de Kliúkvienaya. No habrá más negociaciones ni solicitudes relativas a esta cuestión, que está cerrada».[11]

Como último recurso, para escapar a los perseguidores del Ejército Rojo, los polacos abandonaron los trenes y emprendieron la marcha a pie. Pero ya era demasiado tarde: «En la noche del 9 de enero arrestaron

---

* Además de checos y polacos hubo también una Legión Rumana, un Regimiento Eslovaco y un Destacamento Croata, sometidos todos ellos al mando Aliado de Janin. Este provocaba una especial desconfianza entre los oficiales rusos por el hecho de ser partidario de crear unidades nacionales individuales, incluyendo a los ucranianos y otros grupos que antaño habían formado parte del Imperio Zarista (véanse los documentos de conde de Kapnist, que tenía el grado militar de teniente: general Janin, Siberia, HIA YY252).

al oficial al mando y les exigieron que se rindieran a los bolcheviques, con la condición de que si entregaban las armas se les permitiría regresar a Polonia sanos y salvos, cruzando para ello la Rusia europea».[12]

Al día siguiente, la capitulación de la 5.ª División polaca ante el Ejército Rojo produjo emociones amargas, sobre todo entre sus oficiales. Uno de ellos escribió: «El pesar por los hombres perdidos, la falta de oportunidades para demostrar la extraordinaria capacidad de combate de los soldados polacos, y el fracaso de nuestro objetivo, que no era sino llegar a Polonia con las armas en la mano, ha empujado a algunos en brazos de la muerte. Pues desde el principio estaba claro que el acuerdo de rendición no pasaría de ser letra muerta. Nuestros temores se han confirmado. Nos lo han quitado todo, hasta las provisiones más pequeñas».[13] Tendrían que permanecer en campos de prisioneros de guerra, medio muertos de hambre, hasta la conclusión de la guerra polaco-soviética, ya en 1921.

Un oficial británico apresado en Krasnoyarsk quedó impresionado por la sumisión con que los oficiales Blancos se rendían. Les habían arrancado las charreteras y estaban tiradas en el suelo «como hojas caídas en otoño».[14] También le sorprendió que los oficiales del Ejército Rojo se mostraran muy corteses. Los más fanáticos eran los civiles comunistas, a los que se había sumado un buen número de exprisioneros de guerra alemanes.

En el caos de la retirada, muchas familias se separaron. Un padre o una madre que habían salido a buscar alimento quizá se encontraban, al volver, que el tren ya se había marchado o su vagón se había añadido a un tren distinto. En una época de clara derrota y ausencia de la ley, las más vulnerables eran las chicas y las mujeres jóvenes que perdían a la familia. En las estaciones se garabatearon y colgaron incontables mensajes de parientes que intentaban localizarse mutuamente.

El personal de la Cruz Roja de Estados Unidos, que había bajado con anterioridad de su tren, enlazó a pie con el último escalón checo, avanzada la vía. El 10 de enero, el coronel Blunt y siete oficiales estadounidenses del Cuerpo de Servicio de Ferrocarriles fueron capturados por los bolcheviques. Los contingentes británico y estadounidense lograron evitar la epidemia de tifus, antes que nada, por la adopción de precauciones básicas. En casi todos los trenes había por lo menos un vagón repleto de víctimas del tifus. Uno de los trenes llevaba exclusivamente a pacientes de tifus y, en cada parada, se arrojaban cadáveres desnudos a la nieve, «sin contemplaciones, como el fogonero cuando palea las cenizas», en palabras de un oficial británico.[15] Roland Morris, el embajador de Estados Unidos en Japón, se enfureció al descubrir que a lo largo del Ferrocarril Transiberiano se habían ido poniendo a la venta los medicamentos y materiales —por valor de un millón de dólares— que se habían entregado a los Blancos para que pudieran controlar la epidemia.[16]

El gran temor a contraer el tifus era que por eso te trasladaran a uno de los supuestos «hospitales», donde las condiciones eran inefables. Uno de los pocos supervivientes de estas instalaciones escribió: «Todos gemían y deliraban, con las mentes enfebrecidas destrozadas por los recuerdos del hogar; en un rincón titilaba una lámpara diminuta, a punto de apagarse. A las pocas horas uno de los pacientes se puso en pie, se tambaleó y se cayó encima de mí, para no levantarse más. Me sentí como si ya estuviera en la tumba. Literalmente no tenía fuerzas para liberarme de su peso, pero logré reunir mis últimos restos de energía y empujar hasta apartarlo de mí».[17]

Aunque el tifus creó un miedo similar al de las epidemias medievales de la peste, siempre se desnudaba a los cadáveres para aprovechar su ropa; la gente estaba tan desesperada que asumía el riesgo suicida de contraer la enfermedad. Según informes del Ejército estadounidense, los refugiados no se morían solo de tifus, sino también de viruela y difteria.[18] En Krasnoyarsk podía verse la imagen impresionante de niños que jugaban entre los montones de cadáveres desnudos y congelados. Con el invierno y el *permafrost*, era sencillamente impensable darles sepultura. En algunas de las ciudades mayores los cuerpos de los fallecidos llenaban almacenes enteros. Se ha calculado que, a finales del invierno, habían muerto de tifus hasta 60.000 personas, por dar solo la cifra de Novo-Nikoláyevsk.

En Krasnoyarsk, unos 5.000 caballos de combate y transporte, abandonados por las fuerzas Blancas, vagaban sin esperanza de sobrevivir. Muchos habían sido antes confiscados por los Blancos de manos de los agricultores siberianos, pero nadie se atrevía a llevárselos, no fueran a acusarles de haber robado una propiedad del Gobierno soviético. El contingente del Quinto Ejército en la ciudad carecía de una caballería que pudiera dar uso a los animales y, por otro lado, su sección de transporte no tenía excedentes de forraje. Al morir las carcasas proporcionaron algo de carne, pero hubo que arrastrar los restos fuera de la ciudad para que se pudrieran en los campos nevados, no en las calles.

La compasión era un bien muy escaso en todas partes. Cuando las refugiadas atrapadas en los vagones de ganado cubiertos de témpanos daban a luz, se hallaban con que no daban leche para los bebés y tenían que contemplar cómo sus neonatos fallecían de inanición. Los hombres, «tapados con pieles sucias, sin afeitar, con la mirada enloquecida, desesperados», se hundían en la autocompasión.[19] Los que podían acceder al vodka corrían el riesgo de despreocuparse en unas circunstancias de frío extremo, que les costarían congelaciones y quizá la gangrena. En la noche del 10 se registró —en Chitá, al este— una temperatura excepcional, de 68 grados bajo cero, cuando lo habitual era de 40 negativos. Los soldados estadounidenses que aquella noche se emborracharon y cayeron desmayados antes de regresar a su campamento perdieron dedos de las manos y los pies, o incluso los pies, por efecto de la congelación.[20]

En esas fechas se estaban produciendo escenas aún peores en la gran ciudad de Irkutsk, un millar de kilómetros al este de Krasnoyarsk. El 23 de diciembre 800 rusos del 53.º Regimiento de la Infantería Blanca, formados por los británicos, se habían apoderado de la estación de tren de Irkutsk. Lo hicieron a la vista de las tropas checas que ocupaban su tren blindado, el *Órlik*. Era evidente que los checos aceptaban —o incluso respaldaban— aquella acción, que se había producido a instancias de eseristas de izquierdas. El 54.º Regimiento también se sumó al motín.

Luego los rebeldes destruyeron el puente del río Angará, lo que causó el pánico en la ciudad. El comandante del 53.º rogó al atamán Semiónov que enviara tropas para restaurar el orden, pero Semiónov difícilmente era un buen candidato para lidiar con un tumulto de asesinatos, saqueos y violaciones. Una fuerza de sus cosacos y un tren blindado no tardaron en llegar desde Chitá, pero los representantes Aliados exigieron que no entraran en la ciudad. Los rebeldes intentaron tomar al asalto la ciudadela, pero las tropas del general Sychov les obligaron a replegarse al otro lado del río Ushakovka. Los japoneses también enviaron a Irkutsk tropas listas para asegurar la evacuación de sus ciudadanos.

Víktor Pepeliáyev, que seguía siendo ministro de Interior además de primer ministro, declaró su intención de negociar con los social-revolucionarios de Irkutsk «al ver que el gobierno actual, con la opinión pública mal dispuesta y sin autoridad en el interior del país ni apoyo desde el exterior, no podía contar el éxito».[21] Pero los eseristas de izquierdas y los mencheviques rechazaron con contundencia las propuestas de negociación de Pepeliáyev. Tomaron el control y, el 4 de enero, formaron una administración a la que denominaron «Centro Político». Echaron a Kolchak, que presentó la dimisión, al enterarse de la noticia, y delegó el cargo de Gobernante Supremo en el general Denikin. Los estadounidenses, entre otros, no quedaron nada satisfechos al saber que Kolchak había elegido al atamán Semiónov como sucesor suyo en la comandancia de las tropas de la Transbaikalia. Es posible que Kolchak pensara que la última esperanza de que lo rescataran pasaba por Semiónov, pero se trataba de una ilusión. Semiónov, al verse confirmado como el más poderoso de los bandoleros cosacos de Siberia, se apresuró a ordenar «que todos los cargamentos queden sujetos a impuestos; el dinero se destinará al ejército del atamán de las tropas cosacas del Extremo Oriente. Una parte de los bienes que pasen por la Transbaikalia se confiscará para aliviar las penurias de la población local».[22]

La situación de Irkutsk «se vuelve más espantosa a cada día que pasa», en palabras de un periódico.[23] Se corría un riesgo real de morir de inanición, porque el abastecimiento se había interrumpido. Las tropas estadounidenses tuvieron noticia de que los bolcheviques ocupaban el lugar de los social-revolucionarios y se dedicaban a lanzar por las ventanas del hospital de la Cruz Roja a los pacientes Blancos, para que murieran congelados en la nieve;[24] pero no se puede descartar que se tratara de una exageración o un invento.

Desde mediados de diciembre, el comandante checo, el general Sirový, se negaba una y otra vez a admitir que sus tropas estaban frenando deliberadamente al almirante Kolchak. Los comisarios Aliados querían que llegara a lugar seguro, pero el general Janin hizo caso omiso de sus instrucciones. Aunque Janin le había prometido a Kolchak que podría trasladarse con seguridad hasta la misión militar británica, el 15 de enero el 6.º Regimiento checo les entregó a los eseristas de izquierdas, en Irkutsk, tres vagones de tren en los que viajaban el antiguo Gobernante Supremo, el presidente de su consejo de ministros y las reservas de oro. Seis días más tarde el poder de la ciudad pasó a manos de un Comité

Militar Revolucionario de mayoría comunista, que incluía sin embargo a eseristas de izquierdas y mencheviques.

El cónsul general Harris, desde la propia Irkutsk, se consumía de rabia al informar a Washington: «Los checos han adoptado, de forma intencionada y voluntaria, medidas del todo distintas a las determinadas por los Aliados... Han perpetrado muchos actos pérfidos al entregarles a los bolcheviques tanto a Kolchak como el oro, y ahora lo reconocen así, con franqueza y descaro, ante el mundo entero».[25] Harris alegaba que «estos últimos actos de deshonor en Irkutsk demuestran que los checos no tendrían grandes dificultades en llegar a un acuerdo con los bolcheviques que les permita atravesar con rapidez y seguridad la Rusia europea». Así las cosas, por qué respetar su «insistencia en regresar a su país por vía marítima»?, ¿por qué proporcionarles «un viaje de placer»?

El Comité Militar Revolucionario interrogó a Kolchak y Pepeliáyev durante quince días exactos. Entre tanto la fuerza del general Káppel, que había escapado del cerco de Krasnoyarsk, marchó en su dirección a través de cientos de kilómetros de paisajes desérticos, con frecuencia siguiendo el hielo de los ríos helados, hasta el lago Baikal. Káppel, que guiaba a su caballo a pie, cayó al agua a través del hielo. Aunque logró salir del apuro inmediato, porque se había agarrado a las riendas de su montura, sufrió tal congelación que los dedos de los pies se le gangrenaron, y hubo que amputárselos sin anestesia. Káppel murió el 26 de enero, de resultas de una doble neumonía.[26]

Cuatro días después, su fuerza leal, ahora integrada por 1.100 *káppelevtsy* y capitaneada por el general Voitsejovski, se topó con un grupo de Rojos en las inmediaciones de Zimá (240 kilómetros al norte de Irkutsk). Estas tropas Rojas no eran rival para la veteranía de los hombres de Káppel y se retiraron con rapidez,[27] pero Voitsejovski tuvo que admitir que carecían de la potencia necesaria para conquistar Irkutsk por sí solos. Para rodear la ciudad el general les guio a través de la superficie helada del lago Baikal, en una Marcha del Hielo siberiana que se antojaba interminable.

A lo largo de las inacabables sesiones de interrogatorio, Kolchak nunca perdió ni la lógica expositiva ni la calma, a diferencia de lo que le había sucedido tan a menudo en Omsk. De hecho, mostraba una tranquilidad poco característica, producto de ser consciente de cómo iba a acabar aquello. Pidió reunirse con su amante, la joven Ana Timiriova, que había «querido compartir» el destino con él;[28] pero a ella la encerraron por separado y le dieron un trato abusivo. A las cuatro de la mañana del 7 de febrero de 2020 se fusiló tanto a Kolchak como a Pepeliáyev, en la confluencia de los ríos Angará y Ushakovka, y se dejó caer los cadáveres por un agujero del hielo.

34

La caída de Odesa

Enero de 1920

Odesa, la más cosmopolita de las ciudades, había sufrido cada vez que cambiaba de manos. El Gobierno soviético había concluido de nuevo el 23 de agosto de 1919, con el desembarco de un destacamento de 2.000 hombres del Ejército de Voluntarios. Al coincidir con las emociones embriagadoras de la Marcha sobre Moscú, esto había generado una enorme excitación entre los contrarios al bolchevismo.

Pasado poco más de un mes, el general Denikin hizo una entrada grandiosa a bordo de un crucero Blanco, el *Kagul*, que enarbolaba la bandera Andréyevski: una cruz de San Andrés (de Pedro el Grande) de color azul pálido sobre fondo blanco. «Los buques de guerra británicos e italianos dispararon salvas en señal de saludo. La ciudad estaba decorada con banderas y tapices colgados de los balcones», escribió Yelena Lakier.[1] Pero transcurridos tan solo otros tres meses desde entonces, el general Shíling tuvo que retirarse hacia la ciudad, en diciembre, cuando la Marcha de Denikin se derrumbó.

Durante el período anterior de gobierno del comunismo, el escritor Iván Bunin había seguido viviendo tranquilamente en su apartamento espacioso, que estaba «decorado con gusto, con muchas antigüedades».[2] Una «doncella vestida con elegancia» recibía a los visitantes en la entrada y los guiaba a unas «salas señoriales» de suelos de madera pulido y techos altos.[3] En los días cálidos, Bunin se había atrevido a lucir todo un símbolo de la gente bien: el panamá. Su existencia afortunada, aunque no resultaba del todo inexplicable, sí era no obstante algo muy excepcional entre el conjunto de la población de Odesa. Aun así, Bunin no vivió aislado en una torre de marfil. Observaba con fascinación la vida callejera e iba tomando apuntes en sus cuadernos. En aquel momento, ante el avance del Décimo Cuarto Ejército Rojo, Bunin era consciente de que sus días en Rusia se iban a terminar. «Todo se ha vuelto desagradable, en este mundo. Hasta el mar huele ahora a hierro oxidado», le comentó a Paustovski.[4]

Odesa hedía a corrupción, después de haber atraído a tantos jugadores, especuladores y embaucadores de la confianza ajena. En las mesas de los cafés había hombres encorvados que vendían diamantes que se decía procedían de las joyas de la corona imperial. Incluso cuando Odesa estaba a punto de caer, los oficiales de la Royal Navy seguían bajando a tierra para aprovechar ofertas de los que habían quedado arruinados por el hundimiento de la «campana» (el rublo de Denikin). «Se pueden adquirir, por precios absurdos de puro baratos, las pieles más valiosas, etc.», anotó en su diario el comandante Webb-Bowen.[5]

Las noches eran siniestras. «A veces, de la oscuridad, de algún lugar de la ciudad, llegaba el sonido de disparos de fusil. Los perros solían ladrar mucho rato después de cada disparo, hasta que poco a poco iban callándose», escribió Paustovski. Shulguín habló de las «multitudes que se movían de un lado a otro en una semioscuridad fantasmal», paralelas a la «gran cantidad de prostitutas por cocaína y de oficiales medio borrachos».

La amenaza que se cernía sobre la ciudad era cada vez más directa. La Cruz Roja decidió marcharse de Odesa, porque el régimen comunista la había incluido entre las organizaciones contrarrevolucionarias. Yelena Lakier, que trabajaba precisamente para la Cruz Roja, se marchó a Sebastopol a bordo del transporte británico *Hanover*, que trasladaba a los heridos. Con una temperatura de 30 grados bajo cero, dormía con las botas y el abrigo de piel, y aun así sollozaba de frío.

El general Shíling advirtió a Denikin de que su fuerza era insuficiente para defender Odesa: había que organizar una evacuación a Crimea. Denikin —que supuestamente se hallaba sometido a una intensa presión de oficiales británicos y franceses—[6] contestó que era imprescindible conservar la ciudad a cualquier coste. Globachov, el exjefe de la Ojrana, ahora al mando de la contrainteligencia, era consciente de que «nadie quiere combatir»,[7] mientras que Shulguín estaba convencido de que el barón Stempel —gobernador de la ciudad— consideraba su posición como «una recompensa por sus servicios anteriores».[8]

En la tercera semana de enero de 1920, el cuartel general de Shíling empezó a prepararse —en secreto— para la evacuación. No se lo dijeron ni siquiera a Globachov, aunque este era muy consciente de que dos divisiones Rojas avanzaban hacia la ciudad. El Ejército de Voluntarios ocultó la noticia en Odesa y sostuvo que habían repelido todos los ataques Rojos. No querían que hubiera un éxodo masivo porque los barcos ya escaseaban y los reservaban todos para sí mismos. El 23 de enero Globachov se presentó en el cuartel general para trabajar, pero se encontró con el lugar abandonado. Shíling y su Estado Mayor tenían preparada su marcha a bordo de SS *Vladímir*, aunque todavía estaban en el puerto.

Al caer la noche del 24 de enero, Shulguín tenía la sensación de que, en cualquier minuto, «la situación podía cambiar. Me vestí y salí. En la calle había hileras de carros y las piezas de artillería que habían entrado en la ciudad. En la plaza Yekateríninskaya se acumulaban los montones de cajas y maletas, con los coches abriéndose paso y circulando por en medio».[9] Todos los que sentían temor ante la futura sumisión al régimen soviético se enfrentaban a una alternativa fundamental: marcharse o quedarse. «En aquellos días había que apresurarse a tomar las decisiones. Un momento de indecisión podía arruinar una vida o quizá salvarla», escribió Paustovski, que sin embargo había optado por quedarse bajo el régimen de Lenin.[10]

«Shíling aún estaba en tierra —escribió Shulguín—. Cuando alguien le hablaba de una evacuación, él fingía enfadarse y prometía que resistirían durante por lo menos diez días más.Sin embargo, todo estaba empaquetado, hasta la última de las cajas».[11] Pero en cuanto un crucero francés que estaba en el fondeadero empezó a disparar su armamento principal, y los proyectiles pasaban chillando sobre los techos de la ciudad, para explotar fuera de ella, en algún punto de los campos, toda la ciudad sufrió una «fiebre de evacuación». Las tropas Blancas se lanzaron hacia el puerto, en aluvión. Los integrantes de los que se conocía como «batallones de la muerte» seguían luciendo las calaveras y los huesos cruzados en las insignias de los uniformes, pero parecían ser los más reticentes en estar a la altura del nombre de sus regimientos. No se veía ni rastro de lo que Shulguín había bautizado como «ejército de los cafés»: los miles de oficiales que habían hecho poco más que pasar el tiempo en los bares de Odesa. Corrieron rumores de que los bolcheviques se habían infiltrado por todas partes y que los generales ya se habían escondido a bordo de los buques de la bahía. Las multitudes sitiaban los bancos y los consulados en el intento de conseguir un visado.

Los jóvenes cadetes de Yúnker, reclutados como policía militar, no podían impedir la avalancha que se dirigía había el puerto. Los caminos de acceso a la bahía estaban repletos a más no poder, y la gente quedaba aplastada: «Maletas deformes, grandes paquetes y cestas se deslizaban bajo las piernas de la gente como si fueran alguna criatura horrible. El contenido se salía de las cajas y se enredaba en las piernas».[12]

Shíling y su Estado Mayor habían subido ya a bordo del *Vladímir*, donde se les unió Globachov. Pero la tripulación, que no cobraba sus salarios, se negaba a zarpar hasta que les hubieran pagado. Un general del cuartel ordenó a Globachov que se dirigiera a las oficinas del Banco Estatal para sacar dos millones de rublos (de Kérenski, porque los marinos se negaban a aceptar las «campanas»). «Entrar en la ciudad resultaba extremadamente peligroso y el vapor estaba previsto que zarpara a la una de la tarde. El tesorero y dos oficiales armados de mi departamento me acompañaron en el coche. En las cercanías del banco vimos una muchedumbre caótica, de civiles apiñados en torno de la entrada, esperando a que la entidad abriera para retirar su dinero. El tesorero y yo nos abrimos paso a la fuerza y el director corrió a darnos el dinero que pedíamos.»[13] Preguntó si podían llevárselo con ellos, a él y a su hermana, y Globachov accedió. El director les guio hacia una puerta trasera, pero descubrieron que todas las salidas estaban bloqueadas por la antigua policía, que se había puesto del lado de los bolcheviques. «Al final pudimos averiguar por qué; era porque no les habían pagado. Tenían miedo de que el director se llevara todos los fondos y ellos se quedaran sin su salario»; por lo que, cuando depositaron una buena cantidad de dinero en manos de la policía, pudieron escapar. Había empezado a haber tiroteos en el interior de la ciudad. Nadie sabía si era un levantamiento de grupos clandestinos o si era la señal de que la 41.ª División había llegado. El *Vladímir* seguía amarrado junto al muelle, pero ya se había retirado la escala, para impedir que la multitud asaltara el barco. Se lanzaron unos cabos y Globachov, el director del banco y su hermana fueron izados a bordo.

Shulguín, como otros varios personajes prominentes, se había formado un destacamento de defensa propio. Estaban abajo, en el puerto, cuando un grupo abrió fuego desde el parque Aleksándrovski sobre ellos. La gente corrió a esconderse detrás de los almacenes de los muelles, que eran de piedra. «Los bolcheviques no se caracterizaban por la buena puntería. No hubo muchos heridos», apuntó Shulguín.[14] Luego recordó la conversación que había mantenido en Nochevieja con el general Dragomírov.

«En este momento fue cuando nació finalmente el impulso de resistencia. De pronto varias personas se echaron adelante; no eran oficiales, sino dragones de la tropa. Empezaron a gritar y a gesticular salvajemente: "Bueno, caballeros, ¿y ahora qué? ¿Os vais a quedar así mucho rato más? ¿Dónde vamos a ir? ¡Si alrededor solo hay mar! ¿Acaso vamos a morir aquí sin más! Vayamos a darles una buena paliza, a esos desgraciados, por muchas ametralladoras que tengan. ¡Qué les den! ¡Venga!".»

«Por el camino mis hombres pillaron a un tipo de unos veinte años, que afirmó que no era un "judiaco", pero cuando se le ordenó que se persignara,* no supo hacerlo bien. Uno de los míos estaba convencido de que era un bolchevique que se había librado del fusil justo después de disparar contra nosotros. Les tuve que amenazar, para que lo soltaran... Nos cruzamos con otros grupos. Todo el mundo tenía una sed terrible. Unas señoritas nos dieron agua, pero con especial cautela. Les daba miedo que luego los bolcheviques se vengaran de ella.»

Shulguín, al oír que había llegado la hora de marcharse, bajó al puerto. Le habían avisado de que, si no llegaban a tiempo, tendrían que escapar a pie hasta la frontera de Rumanía. «Al llegar a nuestra barcaza me quedé aterrado. Se suponía que nuestra barcaza sería remolcada por "nuestro propio" vapor. Pero nada más ver el vapor y la barcaza saltaba a la vista que era imposible que salieran del puerto; y que, si lo lograban, no irían más a ninguna parte. Las dos estaban llenas hasta los topes, por gentes que, muchos de ellos, eran familiares o buenos amigos». Decidió unirse al coronel Stésel (Stößel), que emprendió una marcha larga a través de la nieve y del hielo de la laguna. Cuando por fin alcanzaron el puesto fronterizo no había nadie esperándoles. El ejército rumano los despojó de todo lo que pudieran tener de cierto valor, incluidas las botas; a cambio les dieron unas *lapti* [alpargatas] de corteza de abedul.

Aquel día, el 7 de febrero de 1920, Paustovski contempló «la huida homérica» desde un viejo pabellón.[15] Escribió sobre «la ceguera del miedo, cuando la gente solo es capaz de ver una cosa: la tambaleante pasarela de acceso a un barco, con los maderos rotos por el exceso de peso de los cuerpos humanos; las culatas de los fusiles sobre las cabezas; los niños en

* Las bandas antisemitas solían asometer a esta prueba a las personas que sospechaban que eran judías.

brazos de sus madres, alzados sobre una estampida demencial de hombres a la carrera; los llantos desesperados; una mujer aplastada por la muchedumbre que aún se agita y grita sobre el pavimento. La gente, literalmente, se destruía mutuamente, no permitía que se salvaran ni siquiera los que conseguían arrastrarse por las pasarelas hasta aferrarse a un pasamanos del barco... Los capitanes, ante el temor de que el barco fuera ingobernable, daban órdenes de zarpar, y las pasarelas caían al mar, y los que aún estaban en ellas se ahogarían sin remedio. Veíamos como los marinos cortaban los cabos de amarre y los barcos se alejaban de los muelles sin haber levantado siquiera las rampas de desembarco... Casi todos aquellos barcos mugrientos, con la pintura negra que se descascarillaba en los costados, salieron del puerto cargados hasta los topes».

«Un destacamento montado de la caballería soviética descendió a paso lento por una de las calles que llevaban al puerto, repletas de baúles y maletas rotas, y llenas de cadáveres de los que habían muerto aplastados. Los soldados montaban con la cabeza gacha, como si reflexionaran, y se paraban junto a los cadáveres, inclinándose desde las sillas.»[16] Siguieron avanzando hasta el final del espigón y se quedaron mirando el mar, hacia los barcos que pasaban junto al faro de Vorontsovski.

Con una tristeza lírica que resultaba inconfundiblemente rusa, Paustovski contempló la salida de los barcos y reflexionó sobre su exilio inminente: «Uno de los barcos lanzó una bola de vapor hacia el cielo gris y soltó un pitido largo, que daba escalofríos. Todos los demás barcos lo siguieron, con pitidos de todos los tonos e intensidades imaginables. Eran las despedidas de los moribundos; de los hombres que renunciaban a su tierra natal, que abandonaban a su propio pueblo, que dejaban los campos y los bosques rusos, sus primaveras y sus inviernos, sus padecimientos y sus gozos, rompían con el pasado y el presente, con el genio radiante de Pushkin y Tolstói, con el gran amor filial por cada hoja de hierba, por cada gota de agua de dondequiera en esta nuestra sencilla y hermosa tierra».[17]

35

El último adiós
de la Caballería Blanca
De enero a marzo de 1920

En Nochevieja parecía inevitable que el Ejército Rojo capturase Novocherkask y cercara los restos del Ejército Blanco. Pero entonces el tiempo cambió y no hubo golpe de gracia. Un deshielo repentino hizo que las marismas de la zona del bajo Don fueran intransitables. El Primer Ejército de Caballería carecía de material para tender pontones y el Don no volvió a congelarse hasta el 15 de enero. Para Kámenev y el Stavka, las noticias de que el Décimo Ejército había reconquistado Tsaritsyn el 10 de enero, y de que Budionny había tomado Taganrog el 6 de enero (y dos días más tarde, Rostov) parecían palidecer al lado de esta oportunidad perdida de hacerse con la victoria total. La caballería Roja prendió fuego al hospital de Rostov; según se dijo, con oficiales Blancos que estaban malheridos y atrapados en sus camas.

La retirada Blanca fue caótica; la británica, a la hora de evacuar Taganrog, apenas fue mejor. Ante la ausencia constante del general Holman, nadie fue capaz de tomar decisiones. Kennedy no fue el único oficial exasperado por Holman. «¡Ahora tendría que estar en el cuartel general, para resolver las muchas cuestiones importantes que es necesario resolver!»,[1] escribió. En cambio, Holman, emocionado como un chiquillo, se dedicaba a volar como bombardero en un avión de la RAF, descuidando sus funciones propias de un general de división. El 2 de enero Kennedy se enteró de que Holman había «bombardeado, con su propia mano, una de las baterías de Denikin, al creer que eran de la caballería enemiga».[2] Más adelante Kennedy descubrió que Holman sentía un odio obsesivo, pero no solo hacia los bolcheviques. Según apuntó en su diario: «Esta mañana Cragg ha visto a Holman y dice que este está obsesionado con la idea de aniquilar a los judíos, de todas partes, y que apenas sabe hablar de otra cosa».[3]

Ante la imposibilidad de cargar la gran cantidad de pertrechos almacenados en Taganrog, el capitán Lever y otros se limitaron a dinamitarlos. Los últimos trenes ya estaban casi a punto. La misión militar británica se aseguró de que en la cabina de cada locomotora hubiera siempre un oficial con el revólver cargado, para garantizar que los maquinistas no abandonaban el puesto. Como se esperaba un ataque en cualquier momento, los otros miembros de la misión dormían abrazados a un fusil. Pasaron soldados con «los gabanes congelados, rígidos como planchas»,[4] y refugiados aterrorizados que caminaban trabajosamente en dirección a Rostov y el gran puente del Don. Con aquella «avalancha de masas»,[5] anotó Lever sin mostrar compasión, «todas y cada una de las paradas se han convertido en un albañal indescriptible, como una llaga purulenta en la faz de la Tierra. Nadie se extraña de cómo se han multiplicado el tifus, el cólera y la viruela».

Los Blancos tuvieron suerte. El plan de Vasili Shorin, el comandante en jefe de los Rojos para el recién constituido frente del Cáucaso, empeoró bastante la situación de sus propias fuerzas y concedió a los Blancos el respiro que con tanta urgencia necesitaban. Budionny comprendió que el ataque previsto por Shorin —un asalto sin imaginación, directamente río a través contra Bataisk, donde estaba el Cuerpo de Voluntarios— era peligroso; por lo tanto, sugirió que su ejército de 9.000 sables y 5.000 bayonetas buscase un cerco amplio, vadeando mucho más al este, para luego sorprender a los Voluntarios por detrás. Pero Shorin descartó con terquedad cualquier modificación de su plan.

El 17 de enero, el ataque de Budionny, con la asistencia del Octavo Ejército, fracasó; al día siguiente un intento renovado también se saldó con muchas bajas. Un Budionny furioso apenas pudo dar crédito a la orden de replicar la acometida por tercera vez. Destacó que «el terreno es del todo inadecuado, al ser una sucesión de ciénagas, y apenas hay espacio para desplegar la caballería»,[6] pero se le reprochó la actitud. Shorin quiso culpar a Budionny, aseverando que no se había ajustado a las instrucciones y con eso había dado a los Blancos la ocasión de reorganizar la defensa. Por su parte el Octavo Ejército también acusó a los hombres de Budionny de «manifestar una ausencia total de resiliencia en combate».[7]

El riesgo de sufrir una derrota obligó a los integrantes de la alianza Blanca a coordinar mejor la estrategia y salvar sus considerables diferencias políticas. El 18 de enero se celebró en Yekaterinodar una asamblea del Krug Supremo. Mientras los cosacos debatían, Denikin se esforzó por determinar un nuevo programa. La extrema reducción del tamaño del Ejército de Voluntarios había debilitado el predominio de los reaccionarios monárquicos, lo que derivó en concesiones hacia la mayoría cosaca, que eran a su vez un anatema para Wrangel. Al colaborar con políticos de centro e incluso de centro-izquierda, Denikin reconoció los errores pasados, como no haber ofrecido una reforma agraria a los campesinos, o no haber garantizado su compromiso con la Asamblea Constituyente. De hecho hasta incorporó a su nuevo gobierno a un veterano socialista, Nikolái Chaikovski, el líder de Arcángel. El problema no era solo que se hiciera demasiado poco y demasiado tarde. Se puso de manifiesto que el movimiento Blanco era incapaz de funcionar con efectividad ni como dictadura ni como coalición casi democrática. Sus facciones solo alcanzaban a ponerse de acuerdo en un punto negativo: el odio al bolchevismo. Los Rojos, en cambio, reunían todas las características necesarias para ganar una guerra civil en el país más extenso del mundo: las de una estructura absolutamente centralista e implacablemente autoritaria. Esto les permitió superar incluso la desastrosa incompetencia.

Shorin insistió en repetir los ataques contra Bataisk el 20 y 21 de enero. El Stavka describió la operación como «una ofensiva claramente inviable», pero no intervino para cambiar el plan hasta el 24 de enero. Ordenó que el Noveno Ejército, así como el Décimo Ejército, que avanzaba hacia el suroeste desde Tsaritsyn, se incorporasen al combate. Al final se autorizó a Budionny a poner en práctica su propio plan, el de vadear al este para derrotar desde el flanco la posición de los Voluntarios en Bataisk. Pero sin duda se sentiría irritado cuando se dio libertad de acción al Cuerpo de su odiado rival Denikin, que no quedó bajo su mando. Las maniobras de unos y otros redundaron a finales de mes en enfrentamientos intensos de la caballería.

El 28 de enero el Konarmia de Budionny puso en fuga a un grupo numeroso de la caballería Blanca, y se apoderó de una docena de cañones de campaña y treinta ametralladoras. Al día siguiente los cosacos del Don, de Mámontov, lanzaron un contraataque que apaleó a la 10.ª División de Caballería de Budionny, lo que generó más polémicas agrias en el bando Rojo. Voroshílov, el compinche de Stalin, se puso de parte de Budionny, como era de prever. Culpó a Dumenko por haberse lanzado a la carga frontalmente y cruzar el río Mánych sin haber esperado al Primer Ejército de Caballería.[8]

El éxito Blanco fue efímero. Mámontov enfermó de tifus y murió al poco tiempo. Por otro lado, el fango era tan profundo que los Blancos se vieron obligados a abandonar muchos de sus cañones de campaña. En cierto momento el general Sidorin estuvo a punto ser capturado, porque su avión quedó atascado en el barro y no pudo despegar. Le salvó la oportuna aparición de una *sotnia* de kalmukos. Al comprender qué pasaba, saltaron de los caballos, tiraron del avión por la fuerza de las manos y lo arrastraron hasta una pista seca. Lo peor de todo fue que, en vez de bloquear al Décimo Ejército en el flanco nororiental, el Ejército del Cáucaso —rebautizado ahora como Cuerpo del Kubán— empezó a desintegrarse. Sus cosacos del Kubán habían llegado a odiar tanto a Denikin como a los Blancos. La mano dura de Denikin contra su Rada, en noviembre, había impuesto una calma artificial y solo temporal; la relación volvía a tensarse gravemente. Los cosacos del Kubán, tanto individualmente como en grupos, se dirigían a sus casas con el botín acumulado. Con un optimismo apenas fundamentado, juzgaron que si cortaban los lazos con los Blancos el Gobierno soviético les otorgaría algún grado de independencia. No era el momento más idóneo para que una misión de análisis estadounidense, encabezada por el vicealmirante Newton McCully, visitara el frente para informar de sus conclusiones a Washington.

Budionny defendió repetidamente que las unidades de la caballería Roja debían concentrarse bajo su mando. En parte lo hacía por egotismo; pero en parte también porque representaba la mejor manera de destruir a su homóloga, la espina dorsal de los Blancos. En palabras del Stavka: «la fortaleza de la defensa del enemigo radicaba en la maniobra activa de sus unidades de caballería, que acudían al combate desde varios sectores del frente y desde la reserva».[9] Cuando las relaciones entre Budionny y Shorin, su comandante del frente, se rompieron definitivamente, el líder de la caballería Roja se dirigió a lo más alto de la jerarquía, a Kámenev y el Stavka. Kámenev aceptó sus argumentos y Shorin cedió su puesto a Tujachevski, quien detuvo todas las operaciones hasta que hubiera podido reorganizar los ejércitos del frente.

Tujachevski, un profesional de las fuerzas armadas, que procedía de una familia noble pero empobrecida, no adolecía de falta de ambición o confianza en sí mismo. Al unirse a la Guardia Semiónovski, cuando estalló la primera guerra mundial, había anunciado su intención de ser ascendido a general antes de cumplir los treinta años o morir en el intento. Fue capturado en cuatro ocasiones, y escapó otras tantas de los campos de prisioneros; aunque la historia de que en uno de ellos compartió celda con el capitán Charles de Gaulle resulta poco convincente. Lo que sí es mucho más probable es que, después de que la prensa extranjera lo calificara de «Napoleón Rojo» a partir de sus victorias en Siberia, simplemente considerara que el alto mando era lo que correspondía.

Tujachevski quería prepararse para asestar un golpe definitivo en el norte del Cáucaso, para lo cual crearía una fuerza de asalto con el Primer Ejército de Caballería y el Noveno y Décimo Ejércitos. Estos atacarían desde el río Mánych hacia el nudo ferroviario de Tijorétskaya, de una importancia crucial; y de este modo amenazaría la retaguardia del Cuerpo de Voluntarios y el Ejército del Don. La brecha se realizaría en el punto de «menor resistencia política y operativa»,[10] en este caso, la franja en la que los cosacos del Kubán lindaban con el Ejército del Don. El Primer Ejército de Caballería, de Budionny, interpretaría «un papel de bisturí: separar para siempre las dos contrarrevoluciones, la del Kubán y la del Don».[11] Al Décimo Ejército se le confió también la tarea de impedir que los Blancos se retirasen a una zona aún más interior del Cáucaso por la vía de Armavir.

Los Blancos ordenaron que el IV Cuerpo de la Caballería del Don, al mando del general Pávlov, se concentrara en Torgóvaya, dispuesta a contrarrestar la acumulación de fuerzas de la caballería Roja. «En la grisura del alba —escribió Rakovski—, los regimientos de caballería causaban una gran impresión. Uno tenía que mirar más de cerca para ver cuánto habían sufrido sus jinetes... Botas gastadas, gabanes rasgados, sillas harapientas o, en muchos casos, simples mantas con estribos de soga... Y la pregunta aterradora, torturadora, en sus rostros cansados: "¿Qué va a pasar ahora?".»[12]

El último adiós de la caballería Blanca se pronunció el 17 de febrero. En una conmovedora carta a la familia, el hermano del príncipe Alekséi Cherkasy (de veintidós años) describe la muerte de este:

¡Mi querido, mi amado papá! El Señor ha querido someternos a una ordalía durísima. Os ruego que lo aceptéis con la misma fortaleza y firmeza con que yo lo he hecho. Nuestro amado Alesha ha perdido la vida en una batalla de la caballería, hacia las tres o las cuatro de la tarde, el 17 de febrero, cerca del *stanitsa* de Yegorlínskaya. Ha muerto como un auténtico héroe. En esa batalla terrible, nuestro regimiento integrado de la guardia y la caballería ha perdido a 11 oficiales y unos 380 soldados, entre los muertos y heridos. Se ordenó al general Barbóvich que estuviera en la primera línea de ataque contra la caballería de Budionny. A las diez, debían seguir sus pasos los cosacos, casi toda una división, con otra división cosaca una versta más atrás. Sin embargo, una de estas divisiones no llegó hasta que hacía una hora que la batalla había concluido; y la otra ni siquiera se presentó. Nuestro regimiento combatía en el flanco izquierdo. Atacó, quebró la carga de la caballería Roja y empezó a perseguir a sus hombres. La persecución continuó a través de dos arroyos. Después el regimiento atacó la reserva del enemigo y provocó una gran confusión. Alesha salió en pos de la *tachanka* Roja, pero esta logró escapar; por lo tanto, atacó una batería Roja. Su caballo murió, pero él continuó a pie, con valentía, disparando con su pistola Browning... La última vez que se vio a Alesha estaba recargando la pistola cuando fue atacado por un grupo de Rojos. Mijaílski corrió a su rescate, pero después no se volvió a ver a ninguno de los dos. Los Rojos tenían una ventaja numérica clara y todos iban armados con revólveres, por lo que era casi imposible derrotarlos tan solo con nuestros sables... ¡En aquel momento el general Pávlov tenía una reserva de casi treinta regimientos de caballería! ¡Malditos sean esos diablos cosacos que nos han dejado en la estacada miserablemente![13]

El grueso de la caballería de Pávlov, de hecho, había atacado contra dos divisiones del Décimo Ejército, aquella mañana; y aunque habían obtenido la victoria, no formaba parte del plan. Esto explica por qué no llegaron a tiempo de ayudar a la fuerza del general Barbóvich y por qué los repelieron.

Al día siguiente, cuando los regimientos de Pávlov se replegaban, les ocurrió un desastre aún mayor. Una nevasca repentina les sorprendió a descubierto y Pávlov «perdió la mitad de sus caballos, congelados en la estepa»,[14] según las notas del Stavka del Ejército Rojo. Las bajas humanas fueron aún más cuantiosas. «En la estepa dejamos atrás a miles de hombres, muertos por congelación —le dijo a Rakovski un oficial cosaco— y la tormenta de nieve los enterró. Los supervivientes se acurrucaban junto a sus monturas. Cuando te estás quieto cinco o diez minutos empiezas a dar cabezadas y a caer dormido. A los pocos minutos es probable que ya no te vuelvas a despertar.»[15] El propio Pávlov —que había hecho caso omiso de las advertencias sobre un cambio de tiempo— sufrió congelaciones de gravedad.

El 20 de febrero el Cuerpo de Voluntarios lanzó un ataque que consiguió recuperar Rostov; pero el debilitamiento de las fuerzas de Pávlov, junto con un golpe que se asestó a la división cosaca del Térek, les obligó a retroceder una vez más. El avance del Décimo. Ejército, por el noreste, fructificó con la toma de Armavir; y Denikin tuvo que desplazar el cuartel general desde el nudo ferroviario de Tijorétskaya, de vuelta a Yekaterinodar. El 1 de marzo el Ejército Rojo entró en Stávropol. Los restos del Cuerpo de Voluntarios y la caballería de los cosacos del Don tuvieron que retirarse a toda prisa, para no quedar aislados, y formaron una nueva línea defensiva a lo largo del río Kubán. Habían descansado poco, y recorrían de veinte a treinta kilómetros al día; pero al menos, después de todo el barro acumulado, el paso era más firme.

«El terreno seco y compacto les permitió cabalgar en formación amplia y recurrir a campos descubiertos —escribió Rakovski—. Esta masa hacía pensar en un mar que inundara la estepa del Kubán. Cantidades colosales de carros, con los carreteros aterrorizados por la idea de quedar rodeados, se lanzaron hacia el sur en hileras de a diez. Y caballos y más caballos donde quiera que mirases. El Don ecuestre se vertía en el Kubán. No veías ni a una sola persona a pie. Avanzada la tarde casi tres cuerpos de caballería se pararon a pasar la noche en el *stanitsa* de Korenóvskaya.»[16]

Al día siguiente Rakovski describió una batalla sin cuartel, después de que varios jinetes Rojos lograran adelantarse sin ser observados y, armados con una ametralladora, bloquear un puente vital, que distaba tan solo 15 kilómetros de Yekaterinodar. «Los gritos eran terribles. El general Kúcherov, con la cabeza desnuda, galopaba por la zona entre kalmukos y bolcheviques, chillando órdenes ininteligibles. Intentaba salvar el paso y a los que aún estaban atrapados en el lado malo. Los kalmukos, con los dientes apretados, disparaban desesperadamente con sus fusiles. No olvidaré nunca la determinación furiosa, el odio en las caras de aquellos pueblos de las estepas, por lo general pacíficos y tranquilos, que habían sido víctimas de los robos y masacres de los bolcheviques. Un oficial kalmuko recorría el frente a caballo, arriba y abajo, por delante de sus tropas, y apuntaba con su fusta a los ametralladores bolcheviques... Solamente los kalmukos seguían luchando; si la situación se salvó, fue gracias a ellos.»[17]

Cuando los Blancos llegaron a Yekaterinodar, el ambiente era de muerte y disensión. Se sentían traicionados tanto por los cosacos del Kubán como por los británicos. El funeral del general Mámontov se celebró en Yekaterinodar, en la catedral de Santa Catalina, de cinco cúpulas. También asistieron oficiales Aliados, que tuvieron que escuchar con disgusto cómo el arzobispo Antonio, en sus palabras, incluía una referencia a los Aliados como «amigos dudosos».[18]

Los funerales comunistas eran muy distintos a la despedida, más bien sombría, propia de los ritos ortodoxos. El escritor Isaak Bábel, que prestaba servicio con el Konarmia de Budionny, describió cómo a los héroes difuntos se les ensalzaba junto a sus tumbar por «golpear en el yunque de los siglos futuros con el mazo de la historia».[19]

Rakovski, el corresponsal de guerra Blanco, escribió que «Yekaterinodar, en aquellos días, recordaba a la Rostov inmediatamente anterior a la caída. Era como si la ciudad hubiera empezado a agonizar. Había borracheras, saqueos, violaciones, ejecuciones sin juicio, gastos temerarios».[20] El comandante del Ejército del Don instauró la ley marcial en la capital del Kubán, que estaba ya desbordada por los refugiados y las tropas desanimadas.

Cuando los Rojos siguieron ganando terreno desde el noreste, hubo que dejar también Yekaterinodar. La única vía de escape posible pasaba por el puerto de Novorosíisk, con sus vientos poderosos. Muchos soldados sintieron la tentación de desertar y unirse a los grupos de partisanos Verdes, que desde las montañas tendían emboscadas a las columnas en retirada y eliminaban tramos de vía para que los trenes descarrilaran. «Los soldados y los civiles, las mujeres y los niños, los rusos y los kalmukos, en carros incontables de todas las formas y tipos, se mezclaban todos en un flujo continuo —escribió Chevdar—. Se produjo un atasco enorme en el acceso al puente del río Kubán. El aire estaba dominado por los gritos y las maldiciones.»[21] Chevdar se sintió exasperado al ver que el segundo oficial al mando de su unidad sufría un colapso nervioso; el joven teniente estaba aterrorizado por la idea de que lo dejaran solo y únicamente se aferraba al gabán de su compañero: «¿No te da vergüenza, Iván Petróvich? ¿Qué clase de cosaco eres, que me persigues como un niño a su niñera? ¿Realmente temes que te voy a abandonar?». El chico admitió que la situación le había superado.

Muchos no pudieron olvidar las escenas de pánico en un puente que servía a la vez para el paso rodado y el ferroviario. Varias personas murieron aplastadas bajo las ruedas de los trenes; entre ellas, una enfermera. Los cadáveres se arrojaban al río. Un kalmuko desesperado mató a puñaladas a sus hijos y su esposa y luego se suicidó. Rakovski observaba fascinado cómo la gente reaccionaba de formas distintas ante el desastre: «Una niña corría sin rumbo, impotente, entre el remolino de personas y caballos. Un general que pasaba la increpó: "Pero ¿¡qué haces!? ¡Te van a aplastar!". La niña corrió hacia él: "He participado en la campaña del Kubán. No me puedo quedar en la ciudad. Por el amor de Dios, ¡ayudadme!". "Aprisa, ¡salta a mi caballo!". Con la ayuda de unos cosacos, la niña monta en el caballo y se agarra con los dos brazos a la espalda del general».[22]

Al sur del río Kubán, la masa humana seguía a pie las vías del ferrocarril. Debían abrirse paso entre los vagones de las vías muertas y los carros abandonados por el camino. De pronto, cuando estaban ya mucho más adelante, el viento les trajo por fin un primer olor del mar.

Después de que los Blancos se marcharan de Yekaterinodar, un pintor llamado Yákob Glasse dejó constancia de la escena en su diario, que es memorable: «Es un día gris y melancólico. Hay por todas partes un mar de barro. El pavimento de la ciudad ha quedado completamente destruido por los carros del ejército en retirada y los destacamentos de la caballería».[23] Los únicos que no se habían marchado eran unos 6.000 kalmukos: ancianos, mujeres y niños que habían seguido la retirada de los ejércitos de Denikin desde las estepas de Stávropol, donde habían sido perseguidos por los Rojos.[24] Estas familias se quedaron sentadas sin más en las calles enfangadas, con sus carros y camellos.

Glasse aguardaba la llegada del Ejército Rojo y los comunistas con la suerte de proceder de orígenes humildes. No imaginaba cuántas muertes se iban a producir aún y creyó, equivocadamente, que estaba siendo testigo del último drama de la guerra civil rusa: «Al anochecer, de repente, se produce un increíble caos de ruidos, gritos y aullidos, aullidos inhumanos de mujeres y niños, y después, sollozos. El Ejército Rojo ha irrumpido en la ciudad. Los kalmukos, inermes e impotentes, han sido atacados con una gran brutalidad, sin que se entienda la razón, y los han masacrado hasta al último de los niños. Ha bastado con veinte minutos. El silencio posterior ha sido especialmente siniestro, no se oyen siquiera muestras de dolor de los heridos. Es como si toda la población de la ciudad hubiera muerto, con todas las puertas y las verjas cerradas con llave. Hay destacamentos de caballería por todas partes. ¿Qué nos traerá la noche?».*[25]

«Están llegando más destacamentos Rojos —escribió al día siguiente—. Hay patrullas montadas por todas partes... Los animales de la caballería Roja están adornados con charreteras y medallas de oficiales; hay cintas de generales colgando de las bridas. Un caballo lleva el sombrero de un arzobispo. Tan solo les faltan unas cabezas humanas... Dos mujeres, de la escoria de la sociedad, apuntan a un hombre vestido de civil, señalándoselo a uno de los jinetes. "Es un oficial", le susurran. Y acto seguido el cráneo del hombre cae partido en dos con un golpe de sable. Resulta que era un contable de la oficina de correos.»[26]

Al siguiente día un vecino le advirtió de que no saliera de casa, porque los Rojos estaban obligando a los habitantes a trasladar los cadáveres de los kalmukos. Sin embargo, Glasse decidió ir. «Me encontré con un familiar que me paró para decirme que tenía que quitarme la corbata y el cuello almidonado, "de lo contrario te matarán a palos, al pensar que eres un *burzhui*. Y mánchate las manos con tierra y algún aceite de motor. No te afeites. Y quítate las gafas, que no parezcas un intelectual".»[27] Antes de aventurarse más allá, hizo lo que le aconsejaban. «Por la calle vi a miles de habitantes arrastrando los cadáveres de los kalmukos entre todo aquel fango líquido. Los camellos andaban con solemnidad por las calles tirando de los *arabás* [carros] donde habían cargado a sus propietarios. El traqueteo de estos arabás se pudo escuchar hasta bien entrada la noche.»

El 22 de marzo Glasse escribe: «En la calle Mayor, la orquesta ha estado tocando *L'Internationale* desde primera hora de la mañana. Pasan columnas de obreros y soldados con banderas rojas. Un mitin. Un orador da las gracias al Ejército Rojo, en nombre del proletariado, por haber liberado la ciudad de los "mercenarios del capital mundial"; y expresa su convicción de que con su valentía la Guardia Roja liberará al mundo entero del "yugo capitalista". Es un mitin breve que concluye con una orden: "¡Camaradas! ¡Todos a la estación, a recibir a la nueva administración!". Y la multitud se desplaza hasta la estación, acompaña-

---

* En la guerra civil las fuerzas Rojas dirigieron contra los kalmukos una política próxima al genocidio. Sin duda esto explica que tantos kalmukos colaborasen posteriormente con la Wehrmacht alemana, en el otoño e invierno de 1942.

da por la orquesta. La locomotora que ha traído a los nuevos señores de la ciudad y de toda la región está decorada con banderas rojas, y cuelgan de ella los cadáveres de oficiales del ejército de Denikin. La guardia de honor ocupa su lugar en el andén. ¿Esto qué es? ¿Son las fuerzas del averno, que han irrumpido en la era de las locomotoras? Me marcho de la estación aturdido».[28] Uno de los primeros anuncios, tan solo un día después, es que Yekaterinodar, que exhibía el nombre de la emperatriz Catalina la Grande, será en adelante la «ciudad roja»: *Krasnodar*.

En enero, después de la caída de Taganrog, la mayor parte de la misión militar británica se había trasladado directamente a Novorosíisk. El nuevo cuartel general era una fábrica de cemento situada en el muelle oriental. Se enfadaron al recibir una carta del general Holman, dirigida a todos los oficiales, que los criticaba por haber desatendido su deber; no olvidaban que él había estado «dedicando todo su tiempo a navegar en un aeroplano por el frente, haciendo acrobacias espectaculares como si fuera un bombardero».[29] Mediado el mes, la zona de la misión se había protegido con una alambrada y posiciones defensivas con sacos de arena y ametralladoras Lewis, para frenar cualquier posible disturbio.

Las vías muertas de Novorosíisk empezaron a llenarse de trenes de refugiados. Aquellos vagones de ganado repletos de miserias humanas empezaron, en palabras de Lever, a «expandir la pestilencia física y moral».[30] Pero en la línea de lo que Horrocks había observado en Siberia, Lever tuvo que reconocer que «las mujeres parecen ser con claridad el más fuerte de los sexos; en su gran mayoría dan un ejemplo positivo, de fortaleza, de pervivencia de la cultura, de instintos más nobles... Los hombres, con pocas excepciones, parecen haber quedado reducidos a una apatía fatal, de la que nada los aparta, salvo los instintos primarios». Casi todos habían traído consigo los piojos fatídicos, con lo que la ciudad se vio diezmada por una epidemia de tifus, como anteriormente en el campo. Vladímir Purishkévich, el asesino que había matado a Rasputín en compañía de Yusúpov, murió precisamente en Novorosíisk de resultas del tifus, el 1 de febrero.

Se improvisó un hospital cuyas condiciones eran, no obstante, inefables. Podía haber dos o hasta tres pacientes en cada catre de litera, y nadie se ocupaba de llevarse a los muertos. Dmitri Shvetsov, que había sido oficial del Regimiento de la Guardia Montada del Zar, escribió:

«Tuve que pasarme toda la noche con esos cadáveres al lado, y los piojos se marchan de los muertos, así que emigraron todos hacia mí. Eran tantísimos, los piojos, que, durante la noche, cuando había silencio, si el auxiliar paseaba por la sala se oía cómo los aplastaba con sus botas. Recordaba el ruido de una persona que camina sobre azúcar derramado».[31]

Novorosíisk no tardó en padecer los temidos temporales del noreste, que por ejemplo tumbaron vagones de ferrocarril y arrastraron al mar varios tanques del malecón. El viento era tan potente que en ocasiones la gente, por calle, tenía que plantar manos y rodillas en tierra. La temperatura descendió a 30 grados bajo cero y heló los buques de guerra anclados en el puerto, «cuyas cubiertas de proa, barcas salvavidas y cañones delanteros están festoneados de témpanos enormes que impiden utilizarlos».[32] En la región se decía que si el viento viraba del sur al noreste, el termómetro podía caer entre cuarenta y cincuenta grados en unas pocas horas. En la noche del 8 de febrero, 177 refugiados murieron congelados tan solo en la estación de tren de Novorosíisk.[33]

El 14 de febrero la misión militar tuvo noticia de que «dos oficiales británicos (Cootch y el viejo Frecheville, ¡pobre!)», capturados en Rostov, habían sido exhibidos por las calles, desnudos y «con los brazos rotos; y luego los cortaron a pedazos y los mutilaron».[34] Con la sangre fría que los oficiales británicos se habían visto obligados a desarrollar en las trincheras del Frente Occidental, no dijeron más sobre el asunto. Volvieron —cuando el tiempo lo permitió— a cazar becadas y liebres en las colinas de los alrededores de la ciudad, y porrones moñudos en la bahía; no solo por deporte, sino también como recurso alternativo a la carne enlatada.

Cuando la misión militar supo que Halford MacKinder, el alto comisionado enviado desde Londres, había garantizado la evacuación completa de «los heridos rusos, las esposas y familias de los soldados, y todos cuantos deseen marcharse»,[35] los oficiales sacudieron la cabeza con incredulidad. Pero a finales de febrero la evacuación de los civiles había «avanzado mucho». Vapores mercantes fletados por el Gobierno británico habían puesto en marcha un servicio de transbordador hacia Constantinopla y las islas Prínkipos, en el mar de Mármara.

Por orden del general Milne, un batallón de Reales Fusileros Escoceses llegó desde Constantinopla para ocupar las defensas perimetrales. Pero antes se hizo desfilar al batallón por la ciudad, el 17 de marzo, con gaitas y tambores. Se buscaba hacer una exhibición de fuerza, potenciada además por los chaquetas azules con su equipo de combate costero, con los cañones de campaña ligeros y una banda de la Real Infantería de Marina. Se pretendía impresionar tanto a los agentes comunistas como a los simpatizantes de los Verdes, que, diez días antes, habían asaltado la cárcel para liberar a reclusos. A juicio de Kennedy el espectáculo «dejó una impresión sumamente positiva en los habitantes, que supongo que nunca habían escuchado una gaita hasta ese momento. Resulta espléndido contemplar a unas tropas de disciplina tan excelente, después de las turbamultas de los ladrones de Denikin».[36]

Los destructores de la Royal Navy en la bahía usaron sus reflectores para iluminar la zona del puerto. «La norma aceptada es: "Primero se dispara, luego se investiga"», escribió el capitán Lever.[37] Muchas noches las cornetas dieron el toque de alerta, pero casi todas las veces resultó ser una falsa alarma.

El 24 de marzo el acorazado HMS *Benbow* ancló fuera de los espigones. En una visita anterior, en enero, el capitán del *Benbow* —que sin duda ardía en deseos de proporcionar algo de acción a sus tripulantes— había costeado la zona hacia el sur, hacia Sochi, para bombardear un pueblo que se había identificado como base desde la que los Verdes atacaban. Abrió fuego con su armamento principal, diez cañones de 13,5 pulgadas, que dejaron «un buen boquete» en el lugar.[38] En esta ocasión el *Benbow* había venido de Constantinopla, con el almirante Seymour y el general Milne, comandante en jefe de la región del mar Negro. Celebraron una conferencia con Denikin, a bordo del acorazado, y prometieron hacer cuanto estuviera en su mano para ayudar en la evacuación. Seguía sin poderse recurrir a la flota de guerra y los mercantes Blancos, por la falta de carbón y de piezas de recambio.

Seymour calculó que la Royal Navy podía trasladar a unos seis mil soldados, pero advirtió que si había que acomodar a más, se necesitaría que el Ejército Blanco mantuviera alejados a los Rojos, de modo que no pudieran bombardear la bahía con sus artilleros. No sería fácil, no obstante, encontrar a hombres dispuestos a formar una retaguardia a la que habría que sacrificar. Las únicas tropas que aún mantenían un mínimo de disciplina eran los Voluntarios, pero incluso estos se negaron a aceptar otro sacrificio. En cualquier caso, Denikin quería que ninguno de ellos faltara en la defensa de Crimea.

Al día siguiente, el 25 de marzo, se utilizó un tanque Mark V para aplastar treinta aviones. Aun así, los Rojos encontraron una cantidad ingente de material no dañado, como por ejemplo cañones de campaña y todos los camiones, a los que tan solo les habían quitado los magnetos. En la zona del cuartel general británico, en la cementera, los Reales Fusileros Escoceses se retiraron al perímetro interior.

Novorosíisk transmitía una imagen desoladora a los soldados y refugiados que se acercaron a la ciudad cerca de su final. Los Yúnker de las academias militares, que eran meros adolescentes, intentaron actuar como policía militar a las órdenes de dos oficiales. Se suponía que debían impedir que la avalancha de tropas que seguía llegando entrara en una ciudad en la que ya apenas quedaba espacio para moverse. Miles de caballos hambrientos vagaban buscando comida. Algunos soldados seleccionaron las mejores monturas y se marcharon con ellas para unirse a los Verdes. Muchos cosacos habían quitado la silla y las bridas y ejecutado a sus brutos, que se quedaron tirados por las calles, sin más.

Por la noche los buques de guerra Aliados, tanto los del puerto como los anclados en el exterior, dirigían los reflectores hacia las colinas. En una atmósfera de miedo y confusión los enfermos de tifus intentaban arrastrarse hacia los muelles, y los que habían llegado hasta allí se negaban a abandonar sus posiciones. Uno de los Yúnker vio carros al borde del agua, que transportaban a familias kalmukas: «Esta gente había huido de la estepa de Stávropol con la intención de salvar sus únicos bienes, el ganado; y aquí estaban, sentados al lado del agua, sin la más mínima ayuda. Para ellos no había esperanza alguna de rescate. O los matarían o morirían de hambre».[39]

En la mañana del 26 de marzo, dos días después de la conferencia de Denikin con el almirante Seymour, el general Kutépov avisó de que la defensa de Novorosíisk se había vuelto imposible. El Ejército Rojo había instalado posiciones de artillería en las colinas que se elevaban sobre el puerto y podía bajar al asalto al caer la noche. Los destructores británicos se situaron a lo largo del muelle, con pericia, para que las tropas rusas subieran a bordo. Cuando no quedaba libre ni un palmo de espacio, los trasbordaban a otros buques. Denikin y su Estado Mayor fueron recibidos a bordo del HMS *Emperor of India*, otro acorazado de la clase Iron Duke, antes de que una multitud de cosacos se apiñaran en la nave. Más adelante el capitán se lamentó ante Kennedy de que «pensaba que el puesto de mando había quedado tan sucio que no habría modo de limpiarlo otra vez. Cuando repartían las latas de carne entre los cosacos, ¡las dejaban en cubierta y las abrían cortándolas en dos de un espadazo!».[40]

También se utilizaron barcazas que se remolcaban arriba y abajo para llevar a las tropas a otros buques anclados en la zona, como eran el *Benbow*, el crucero HMS *Calypso*, varios destructores de la Royal Navy y también el crucero estadounidense USS *Galveston*. Los Voluntarios controlaron gran parte del proceso de embarque. Algunos buques se encargaron de los heridos. Otros acogieron solo a integrantes del Cuerpo de Voluntarios, lo que enfureció a los cosacos del Don, que acusaron de traición a Denikin. La mayoría se negaron a recibir a civiles. Algunos hombres optaron por intentar descender a pie a lo largo de la costa, hasta llegar a Sochi. Muchos huyeron a las montañas, después de perder toda esperanza de encontrar una litera en los barcos, o por lo menos un sitio donde estar, aunque fuera de pie.

Yerast Chevdar quedó consternado al ver que el acceso a los transportes de la bahía estaba vigilado de cerca por oficiales y soldados provistos de fusiles y bayonetas caladas. Aunque él también formaba parte del Cuerpo de Voluntarios, constató que solo permitían pasar a los miembros de sus propias unidades. Algunas cubiertas estaban llenas de equipajes, hatos e incluso carros, y no de personas. Irritado, Chevdar comentó: «Muchos de los guardias se han emborrachado a ojos vistas y se complacen en amenazar a la gente con sus bayonetas. ¡Nunca habría pensado que podía pasar eso entre nosotros, entre los Voluntarios! Me quedé sentado en el noray más próximo con una sensación de desolación absoluta».[41]

Al caer la noche, la multitud apelotonada en la zona de la bahía comprendió que la última posibilidad había pasado. La artillería Roja había incendiado ya varios edificios de la ciudad. Muchos oficiales se arrancaron las hombreras cosidas a sus guerreras. Entre los que no lograron atravesar la masa humana que bloqueaba el paso del puerto hubo también integrantes del Cuerpo de Voluntarios. «Yo vi cerca de mí a un capitán del Regimiento Drozdovski, con su esposa y dos hijos, de tres y cinco años —escribió el cosaco del Don Mitrofán Moiséyev—. Cogió a un hijo y le disparó por la oreja, luego al otro, e hizo lo mismo, siempre haciéndoles primero el signo de la cruz. Luego santiguó a la mujer. Se besaron, entre lágrimas. El cuerpo de ella se derrumbó tras el disparo. La última bala la usó para sí mismo.»[42]

Cuando la artillería Roja empezó a dirigirse contra los barcos, el crucero pesado francés *Waldeck-Rousseau* añadió sus andanadas a las de los buques de guerra británicos que disparaban contra los montes de detrás de Novorosíisk. Lever describió la escena como «una verdadera obra maestra de los paisajes marinos británicos». Y mientras otros musitaban lamentos sobre los cambios de fortuna de la guerra, él se consolaba con la idea: «¡Ah, bueno! Al menos nos marchamos con las banderas izadas y la confianza intacta, y dejaremos una cicatriz que no es probable que se olvide». Pero cuando los disparos se desvanecieron entre la oscuridad no pudo evitar preguntarse con inquietud por «la suerte de las enfermeras rusas que al final se han negado a marcharse».[43]

Cuando se retiraron las pasarelas de acceso a los barcos, muchos hombres se lanzaron hacia ellas en un intento desesperado por agarrarlas. Otros se tiraron a la bahía con la esperanza de que alguien les echara un cabo. Se contaba que incluso algunos caballos cosacos se habían echado a nadar en pos de los barcos en los que creían que sus amos se marchaban.

A la mañana siguiente, 27 de marzo, los 22.000 soldados y oficiales que se habían quedado atrás tuvieron que volver al interior de la ciudad, obligados por las tropas Rojas.[44] Algunos oficiales intentaron disfrazarse, atándose un pañuelo rojo; pero esto solo valió para enfurecer a la Guardia, que los fusiló directamente. Unos pocos fueron denunciados directamente por sus hombres. Un ordenanza denunció a su coronel, que fue en efecto fusilado por los Rojos; pero luego mataron igualmente al ordenanza, por su deslealtad.

Una anciana confundida empezó a ofrecer agua de un cubo a los prisioneros. Cuando contó lo mucho que odiaba a los Blancos, uno de los guardias le explicó que el agua se la estaba dando precisamente a los Blancos. La mujer se enfadó, creyendo que la habían engañado, y dijo que le encantaría fusilar a unos cuantos. El guardia, divertido, le pasó su fusil. Ella disparó, pero no sujetó bien la culata contra el hombro, por lo que el retroceso la derribó. Los prisioneros, furiosos, saltaron encima de ella para molerla a patadas. Cuando la mujer cayó uno de ellos aprovechó para agarrar el fusil y abrir fuego contra los guardias. «Entonces estos respondieron dirigiendo una ametralladora contra la multitud».[45]

Algún prisionero se benefició de la incompetencia de las ejecuciones. En la noche siguiente se identificó y detuvo a un grupo de unos treinta oficiales de los cosacos del Don, entre ellos, Moiséyev. «Nos hicieron ponernos en marcha para liquidarnos. Yo sentía una apatía total. No ha-

Cosacos del Don en la cubierta del HMS Emperor of India
después de ser evacuados de Novorosíisk.

bía nada que hacer. Algunos, llevados por la desesperación absoluta, se arrojaron contra los guardias con las manos desnudas, y los abatieron en el acto. Otros lloraban y gritaban y se tiraban al suelo como niños pequeños, pero los apaleaban y los llevaban a rastras. No fuimos muy lejos. Se nos ordenó formar en línea junto a una hilera de linternas de keroseno. Se oyeron gritos y maldiciones en los dos bandos, de pronto una pausa. Levantaron los fusiles, una voz dio una orden y, como en una instantánea fotográfica, dispararon. Todos caímos al suelo. Aún no soy capaz de analizar lo que sentí en ese momento. A mí no me habían tocado siquiera, pero caí como todos los demás, con la certeza de que me habían matado y estaba ya en el otro mundo. Por mi cabeza pasaban ideas de pesadilla. No moví las manos ni los pies. Por alguna razón creía que esto iba a ser un pecado. Al final empecé a temblar de resultas de frío y recobré la conciencia. Había ocurrido un milagro. Yo estaba vivo. Era la voluntad de Dios. No me había llegado la hora. Los Rojos me habían dejado allí sin verificar que todos hubiéramos muerto.»[46]

36

Wrangel toma el mando y los polacos toman Kiev

Primavera y verano de 1920

El 23 de enero, el destacamento de Slaschov se retiró un tanto hacia el interior de Crimea, y la 46.ª División Roja aprovechó para tomar el istmo de Perekop. Se trataba de una trampa, no obstante, y Slaschov contraatacó cuando menos se lo esperaban. La fuerza Roja, incapaz de maniobrar en un tramo tan estrecho, se echó hacia atrás desordenadamente. El Ejército Rojo se encontró entonces en una posición similar a la de los Blancos dos meses antes, cuando las fuerzas de Majnó empezaron a atacarles por la retaguardia.

Cierto capitán Orlov se dirigió a Simferópol a reclutar más tropas por orden de Slaschov. Políticamente era un hombre ingenuo, que inició un motín sin pensárselo bien. Aun así, Slaschov tuvo que enviar a tropas en su contra por tres veces, indicio claro de que en la retaguardia la autoridad Blanca estaba muy descentrada. Todo concluyó con un choque cruento en Simferópol, hacia finales de marzo, tras lo cual Orlov desapareció en los montes crimeos para unirse a los Verdes.

Como el Ejército Rojo se centraba en derrotar definitivamente a las fuerzas Blancas en el norte del Cáucaso, en Crimea hubo pocas novedades hasta que el general Denikin llegó en persona desde Novorosíisk, el 27 de marzo. Venía agotado, deshecho. Denikin, que era un hombre decente y honorable, no supo lidiar con las puñaladas traperas de la retaguardia Blanca ni los ataques incesantes de Wrangel. Este se dejaba llevar por su vanidad y publicitaba todos y cada uno de sus desacuerdos, lo que solo contribuía a destruir la moral. Pero contaba con el apoyo de muchos generales y figuras de la sociedad civil, que consideraban que Denikin era excesivamente liberal.

Wrangel se había desplazado a Crimea el 10 de febrero, durante el motín de Orlov, cuando el general Shíling tenía el mando conjunto. Shíling había llegado directamente de la desastrosa evacuación de Odesa, que se le censuró agriamente. A Denikin le pareció injusto y se puso de parte de Shíling, lo que fue un error. Los partidarios de Wrangel exigieron que expulsara a Shíling de la comandancia de Crimea. El general Holman, horrorizado por los efectos destructivos de la mala sangre existente entre Denikin y Wrangel, intentó organizar un encuentro de los dos; pero Wrangel se negó. En este punto Holman trabajó con Denikin en la redacción de una carta en la que pidieron a Wrangel que se marchara de Crimea por el bien de la causa Blanca.

Antes de partir hacia Constantinopla, Wrangel replicó con una carta vitriólica en la que acusaba a Denikin de estar celoso, ser liberal, tener favoritismos con los cosacos y ser un líder infame, a la vez que se jactaba de sus propias victorias. Sostuvo incluso que el verano anterior Denikin no había reforzado el frente de Tsaritsyn porque deseaba que Kolchak fracasara para alzarse en solitario como líder de la causa Blanca. Wrangel envió copias de esta carta en todas direcciones, con lo que, inevitablemente, el texto no tardó en aparecer también en la prensa. Hasta el propio Wrangel se dio cuenta de que había ido demasiado lejos. Denikin dio una respuesta racional a los ataques de Wrangel, pero su confianza quedó demasiado tocada para continuar como comandante en jefe. La parecía que hasta Kutépov se había vuelto en contra de él.

Después de llegar a Crimea y establecer su cuartel general en Feodosia, Denikin quiso evaluar la situación para tomar una decisión final. Los barcos británicos habían traído de Novorosíisk a unos 25.000 Voluntarios y unos 10.000 cosacos del Don, y por su parte Slaschov disponía de casi 5.000 hombres. Se trataba de una fuerza suficiente para defender Crimea (de una extensión poco superior a la de Gales),* y además el Ejército Rojo estaba preocupado por los polacos y atado de movimientos en el Cáucaso y el Caspio.

---

* La superficie de Crimea, en comparación con los ejemplos de España, quedaría entre la de la Comunidad Valenciana y la de Galicia; en el caso de América, se asemeja mucho a la de Haití. (*N. del t.*)

El Stavka del Ejército Rojo no tenía pelos en la lengua en lo relativo a imponer el gobierno comunista en el sur del Cáucaso. Habló de «los resultados políticos de la desbandada final de las Fuerzas Armadas del Sur de Rusia».[1] Los restos del Ejército del Kubán y los cosacos del Térek se replegaron hasta la frontera de Georgia, en la costa del mar Negro, donde no les quedó otra que rendirse al Noveno Ejército Rojo, cerca de Sochi. Los británicos habían logrado evacuar a algunos hombres hacia Crimea y extraer de Batumi a las fuerzas propias como parte de una retirada general.

El 2 de mayo la República Democrática del Azerbaiyán, que existía desde mayo de 1918, fue engullida por un golpe soviético «con el apoyo del Undécimo Ejército», que «incorporó a este país, junto con su riqueza petrolífera» a la Unión Soviética. La Georgia menchevique se libró, temporalmente, después de haber accedido a expulsar las tropas británicas; pero en febrero del año siguiente, cuando el Kremlin tuvo la tranquilidad de que no había Aliados en la región, corrió la misma suerte.

El comodoro Norris y el personal de la Royal Navy en el Caspio les habían dejado a los Blancos sus mercantes armados; pero eran tripulaciones reticentes y mal instruidas, que poco podían hacer contra la flotilla de Raskólnikov en el Caspio y el Volga. El 10 de abril Raskólnikov anunció su triunfo en mensaje para Trotski y Lenin, que tuvo la prudencia de copiar para Kámenev y el Stavka del Ejército Rojo: «El destructor *Karl Liebknecht*, bajo mi bandera, levó anclas y a las 17.00 se acercó a Fort Aleksándrovsk y atacó los cruceros enemigos *Miliutin* y *Ópyt*. Después de una batalla tenaz hicimos impacto en la popa del *Miliutin* y los dos cruceros viraron y se dieron a la fuga. Al caer la oscuridad no resultó posible perseguirlos. La batalla victoriosa determinó el resultado de la operación: el 6 de abril nuestros marinos tomaron Fort Aleksándrovsk. Se apresó a los generales Tolstov y Borodín, y se les llevó a Astracán junto con 70 oficiales y 1.096 cosacos. Se han eliminado los últimos restos del Grupo [de Cosacos] de Uralsk... Nos hemos apoderado de un botín cuantioso que incluye 80 puds de plata y unos 100 millones en billetes de banco, además de fusiles y ametralladoras. Quisiera sugerir que se condecore al *Karl Liebknecht* con la enseña de honor».[2]

El 16 de mayo Raskólnikov estaba en Bakú, tomando un té con Sergó Ordzhonikidze, confederado de Stalin, y N. N. Narimanov, presidente del Sovnarkom de la República Soviética de Azerbaiyán. Miró el reloj y anunció que debía regresar al barco. El *Karl Liebknecht* estaba amarrado en paralelo al espigón del puerto. «Los cabrestantes a vapor silbaban, la campana del telégrafo de la sala de máquinas sonó, los pesados eslabones de hierro de la cadena del ancla cayeron ruidosamente y el destructor empezó a alejarse, con lentitud y determinación, del dique de piedra. Lentamente dejamos atrás la luz intermitente del faro de la isla de Narguin y salimos a la profunda oscuridad de la noche del Caspio.»[3] La esposa de Raskólnikov, Larisa Reisner, contó que ella le acompañaba; pero esta versión no la menciona.

Los otros destructores tomaron posiciones en línea, por delante, y el buque cisterna que transportaba al destacamento de desembarco iba protegido por dos cañoneras. Se dirigían a Enzelí, en la costa sur del territorio persa. Era la última base de los Blancos, heredada de la Royal Navy. En su relato, que tiende a la extravagancia, Raskólnikov afirma que llegaron al amanecer, encontraron la batería de la costa sin artilleros y decidieron despertar al acuartelamiento británico disparando unos pocos proyectiles contra los barracones. Sin embargo, resulta difícil aceptar literalmente una versión que habla de «gurkas atezados, con turbantes blancos como la nieve» que bajan a la playa a toda prisa y se dan a la fuga en cuanto les disparan.[4] En realidad, los 1.500 marinos soviéticos del destacamento de desembarco se encontraron con la resistencia del 1.º y 2.º Regimientos de la Fusilería Gurka y el bombardeo duró una hora y media.

El ataque fue toda una sorpresa para los británicos. El general de brigada H. F. Bateman-Champain, como jefe de la guarnición, le preguntó a Raskólnikov por radiotelégrafo qué pretendían, puesto que estaban en territorio persa. Este contestó que su «propósito era recuperar los barcos y el equipo militar que los hombres de Denikin habían robado en el Azerbaiyán y la Rusia soviéticas».[5] Bateman-Champain accedió a sus peticiones: entregar embarcaciones, pertrechos y máquinas (incluidos los hidroaviones británicos) y evacuar Enzelí. El comodoro Norris y la Royal Navy no debieron quedar muy contentos, cuando habían sido los amos del Caspio. No fue de extrañar, por lo tanto, que destituyeran a Bateman-Champain. Los agentes comunistas del sur del Cáucaso recibieron instrucciones de investigar el estado de ánimo del Ejército indio, y averiguar si en efecto iban a retirarlo de Persia.

El 29 de marzo, Denikin redujo las dimensiones de su cuartel general de Feodosia y puso fin al gobierno liberal que había formado después del discurso de Yekaterinodar. El 2 de abril pidió a su jefe del Estado Mayor que convocara una reunión del Consejo Militar, en Sebastopol, para elegir a un nuevo comandante en jefe. Denikin reconoció que se sentía anímicamente roto y físicamente enfermo. El ejército había perdido la fe en él y tenía que renunciar. Los generales relevantes se reunieron al día siguiente. Algunos objetaron a la idea de elegir un sucesor, en votación, como si ellos también fueran bolcheviques. Pero Denikin no quería nombrar a un sucesor, dado que solo había un candidato evidente, el general Wrangel, a quien él no podía perdonar. Un día después, el 4 de abril, el Consejo nombró a Wrangel y Denikin se mostró de acuerdo. Aquella tarde se marchó a Constantinopla, a bordo de un barco británico, en compañía del general de división Holman y el general Romanovski. La ausencia de Holman no fue nada mal recibida por sus oficiales, según Kennedy: «el general Holman ha sido sustituido por [el general de división sir Jocelyn] Percy, que es un militar excelente, y un caballero, lo que no puede decirse de Holman».[6]

Los integrantes de la misión militar británica pasaron a tener la sede en el Gran Hotel de Sebastopol. Algunos, cuya ruta se había desviado por Constantinopla, no desembarcaron hasta el 10 de abril. Les recibió el ominoso sonido de los cañones por la costa, pero por fortuna eran salvas de celebración del Domingo de Pascua. Como el cambio de divisas ascendía a 10.000 rublos por libra, gozaron de muchas ventajas, aunque no olvidaban qué suponía esto para los refugiados Blancos —y en especial, para las mujeres—, cuyo dinero carecía ahora de valor. «Las circunstancias actuales han inflado el flujo de cortesanas hasta convertirlo en una inundación —escribió Lever, en Crimea—. ¿Qué otra posibilidad les queda, a estas mujeres abandonadas, o que se han quedado como las únicas representantes de familias antaño prósperas y felices, en la miseria, sin amistades? ¿Qué otra cosa les queda? La pura y simple inanición.»[7]

La mayoría de los oficiales británicos habían visto u oído hablar de situaciones similares. «En Batumi, antes de la evacuación, una chica rusa, hija de un coronel, se acercó a un oficial británico a pedirle que pensara en la posibilidad de casarse con ella. "Soy de buena familia y seré una buena esposa para ti. No te amo, pero me gustas mucho. Probablemente tú no me amas a mí. Para mí supondrá la libertad. Si no me voy contigo, tendré que ir a hacer la calle"», anotó el capitán Kennedy en su diario.[8]

El general Wrangel no perdió tiempo a la hora de aceptar la invitación a asumir un mando que a su juicio siempre le había pertenecido de pleno derecho. Al parecer se complació al saber que los bolcheviques lo habían motejado como «el jan crimeo». Vasili Shulguín, que logró alcanzar por fin la península de Crimea —después de haber huido de Odesa atravesando el hielo en dirección a Rumanía— fue a rendirle homenaje y entrevistarle como periodista.

Wrangel le saludó felicitándole por haber sobrevivido. «¡Lo cierto es que ya te habíamos enterrado!», bromeó.[9] Shulguín le había visto por última vez en Tsaritsyn, un año antes, cuando se recuperaba del tifus y tenía los ojos aún más hundidos que de costumbre. Pero en esta ocasión le encontró rejuvenecido. En las respuestas a la entrevista, Wrangel se esforzó por moderar las expectativas. «Si hemos llegado al final, por lo menos que suceda sin vergüenza —dijo—. Cuando tomé el mando la situación era ya irreparable. Pero he querido como mínimo poner fin a esta desgracia, a este escándalo; marcharme con honor y salvar lo que aún se pueda salvar. Tengo que decir que no hago planes a lo grande. Creo que necesito ganar tiempo.» Desde luego parecía haber aprendido la lección de los errores previos de los Blancos. «Soy perfectamente consciente de que, sin la ayuda del pueblo ruso, no se puede hacer nada. Hay que renunciar a la aspiración de conquistar Rusia. Solíamos actuar como el que está en un país sometido. Pero ya no debería ser así. No se puede combatir contra el mundo entero, hay que encontrar apoyos en algún sitio... Para conservar un territorio, hay que encontrar hombres allí mismo; y cereales.»

«¿Con qué objetivo lucho? Lucho por hacer que la vida sea posible, por lo menos en esta parcelita de tierra, en Crimea. Por mostrarle al resto de Rusia (por decirlo así): mirad, lo que tenéis es hambre y la Checa; en cambio aquí tenemos una reforma agraria en proceso, autoridades regionales electas, un restablecimiento del orden, y hay libertad. Nadie os sofoca, nadie os tortura; podéis vivir, así de sencillo.» Entonces precisó que actuaría con toda firmeza contra los saqueos. «Solo quiero ganar tiempo, dar inicio a un capítulo: demostrar que en Crimea se puede vivir. Y luego ya podremos ganar terreno, pero no como hicimos con Denikin, sino despacio, asegurando las conquistas. Entonces las regiones que les quitemos a los bolcheviques se convertirán en la fuente de nuestra fortaleza, no en un punto débil, como antes.»

El general Dragomírov también se esforzaba por mejorar las relaciones con los campesinos. En ese momento estaba al mando de la 9.ª División de

Caballería, en Stary Krýmov (justo al oeste de Feodosia). Dragomírov ordenó disponer mesas en la Plaza Mayor, sacaron barriles de vino y licor, asaron corderos en espetones y dieron principio a un festival de bebida inmoderada, con incontables brindis. El general gritó: «¡Soldados y oficiales! Hemos entendido nuestros errores. Las unidades que avanzaron camino de Moscú se dedicaron a saquear y maltrataron a la población. ¡Lo hemos aprendido! ¡No volverá a pasar! Tengo la firme convicción de que no tardará en llegar el día en que escucharemos las campanas de Moscú. Liberaremos la Santa Rusia de la fuerza bolchevique que solo nos trae destrucción y ruina. ¡Brindo por ello!».[10]

A pesar de las buenas palabras, algunas cosas no cambiaron. El 3 de mayo Wrangel nombró a Globachov director del Departamento de Policía. El exjefe de la Ojrana encontró «una corrupción rampante y el robo de fondos».[11] Un coronel escapó a París con 3.000 libras esterlinas. La especulación con divisas era una de las actividades principales, incluso en el seno de la policía. Además, Crimea parecía haber quedado invadida por agentes dudosos de distintos servicios de inteligencia, que intentaban ganar dinero vendiendo información. Según Globachov, un poeta ruso que se hallaba en Constantinopla había escrito: «Y cuarenta y tres servicios de contrainteligencia han creado una nueva Babilonia».[12] Los agentes comunistas informaban a la Oficina del Don de que tan solo en Kerch «hay cinco secciones de contrainteligencia: la del general Pokrovski, la del Stavka, la del cuartel general del ejército, la del acuartelamiento y la de la fortaleza. Y aun así solo han hecho dos redadas en total. Nuestros miembros han podido actuar con éxito».[13]

A veces, el diario de Kennedy en Crimea recuerda a los libros de viajes de la Era Eduardiana de Gran Bretaña; por ejemplo, cuando describe las lilas de Livadia, los cipreses de las colinas o el canto de los ruiseñores. Pero mientras que otros oficiales británicos visitaban los campos de batalla de Balaklava e Inkerman con ejemplares de Kinglake,* en cambio él estaba impaciente por evaluar por sí mismo la situación del frente. Partió por lo tanto a visitar el norte de Crimea y el istmo de Perekop, y en el camino

---

* Alexander William Kinglake, historiador y viajero, autor de *Eothen: un viaje a través del Oriente mítico* (1844) y una monumental historia de la invasión de Crimea (*The Invasion of the Crimea*, 1863-1887). (*N. del t.*)

encontró asentamientos alemanes que se remontaban a la época de Catalina la Grande: «Las casitas son de una limpieza escrupulosa, con huertos y jardines llenos y bien cuidados».[14] También encontró «algunos poblados tártaros, con mezquitas y minaretes esbeltos». Divisó una avutarda en las praderas onduladas de la estepa y escuchó a las alondras.[15]

En el cuartel general del II Cuerpo, Kennedy se encontró a la famosa «señora ordenanza»[16] y guardaespaldas de Slaschov. «Iba con bombachos, botas y espuelas, y montaba bien». En cuanto al propio general, «es un hombre alto, de buen aspecto y cara atractiva, ricamente vestido, con jubón y gorra ribeteada de piel; tendrá unos 33 años. Barne dice que es un buen hombre que se ha estropeado: bebe, se droga y mantiene a dos mujeres en el tren, pero parece ser popular entre la tropa». Sin embargo cuando aparecía el enérgico Wrangel, para pasar revista a grandes zancadas, a Slaschov «el ejercicio le resultaba demasiado cansado, y durante la revista solía taparse con el abrigo y echarse a dormir».

Kennedy quedó consternado al averiguar que en toda Crimea apenas había una bala para los obuses de 4,5 pulgadas. La única artillería, en el norte, era la instalada en un tren blindado que estaba embarcado en una batalla particular contra un tren Rojo parado al otro lado del agua: disparaban, se apartaban, como una especie de partido de tenis. La única guerra real, en la región, se libraba unos 500 kilómetros al noroeste. El 8 de mayo, una vanguardia de húsares polacos entró en Kiev, con su estrépito característico.

El conflicto polaco-soviético había empezado con una «escaramuza» entre irregulares de uno y otro bando.[17] Fue en febrero de 1919, después de la retirada alemana, que dejó un vacío de poder entre los dos. No había una frontera clara; de hecho no había siquiera una identidad nacional clara, en aquellos territorios centroeuropeos y fronterizos que habían estado todos sometidos al dominio zarista o austrohúngaro. Polonia aguardaba la decisión del Consejo Supremo de los Aliados, en París; pero al mismo tiempo temía que los bolcheviques invadieran desde el este en el intento de crear un puente por el que extender la revolución mundial hacia el oeste. Eran preocupaciones justificadas, como veremos enseguida.

Desde que se produjeron aquellos primeros enfrentamientos los combates habían ido resurgiendo y apagándose. Piłsudski se aseguró de que los polacos se apoderaban de su lugar de nacimiento, Wilno

(Vilna), el 20 de abril de aquel año; y de Minsk, el 8 de agosto.* Luego avanzaron hasta la línea del río Berézina, donde se detuvieron. Churchill habría querido que Piłsudski siguiera hacia Moscú en paralelo al avance de Denikin desde el sur; pero el dirigente polaco tuvo la sana prudencia de resistir la tentación. Si por un lado Denikin era reticente a reconocer la independencia de Polonia, por el otro el país estaba asolado y empobrecido después de haber sido escenario de incontables batallas en buena parte de la primera guerra mundial. El Ejército polaco había alcanzado su límite (por lo menos, en aquel momento). Como Estado recién renacido, sus fuerzas armadas representaban una mezcla heterogénea de armamentos y culturas militares distintas, de orígenes alemanes, austrohúngaros, rusos y franceses. Además y por encima de todo, Piłsudski era consciente de que, si apostaba por ese objetivo, recibiría poca ayuda de la sede Aliada de París, antes que nada por la desaprobación de Lloyd George.

El 11 de octubre de 1919 (tres días antes de que el Cuerpo de Kutépov tomara Oriol) se iniciaron unas negociaciones de paz entre Moscú y Varsovia. Como Piłsudski garantizó que no atacaría al Ejército Rojo por el flanco mientras este lidiaba con Denikin, el Kremlin pudo redirigir a 40.000 hombres de su frente occidental contra el Ejército de Voluntarios. Pero Piłsudski quería ganar tiempo y demoró el acuerdo final. En diciembre las negociaciones se rompieron.[18]

En enero de 1920 Lenin aprobó los planes de una gran ofensiva doble en el Oeste, en cuanto el frente del Cáucaso hubiera derrotado a las fuerzas de Denikin.[19] El 27 de febrero emitió la consigna «Preparar la guerra con Polonia»[20] y ordenó «traslados relámpago» de tropas desde Siberia a los Urales. Durante los cuatro primeros meses del año el Ejército Rojo multiplicó por cinco las fuerzas del frente occidental. Además pudo desplegar armamento capturado a los ejércitos de Yudénich y Denikin, que incluía tanques y aviones británicos. El 5 de marzo la 9.ª Di-

---

* Vilna (en lituano: Vilnius) había sido la antigua capital de Lituania desde que la fundaran los grandes duques de esta región, en el siglo XIII. Pero muchos polacos notables, como su propio poeta nacional, Mickiewicz, procedían de esta ciudad. Piłsudski la conquistó en el transcurso de un contraataque a los Rojos y se negó a devolvérsela a Lituania, que acababa de adquirir la independencia; por lo que estos tuvieron que trasladar la capitalidad a Kaunas. La Unión Soviética, en los tiempos de Stalin, la retornó a los lituanos; pero muchos polacos siguen sintiendo que en realidad esta ciudad les pertenece.

visión de Infantería de Polonia, al mando del futuro líder del país, el general Władysław Sikorski, capturó Mózyr, junto al río Prípiat, en la zona central. Fue una parte preparatoria del plan de Piłsudski, que preveía dividir las operaciones en dos frentes, uno septentrional y otro meridional.

En esta fase, la confianza de los polacos se vio reforzada con la llegada de Francia del «Ejército Azul» del general Józef Haller (así llamado por el color azul grisáceo de los uniformes).[21] La fuerza de Haller se acompañaba además de un regimiento de setenta tanques Renault. Las fuerzas armadas de Polonia, que en diciembre de 1918 contaban solo con 9.000 hombres, disponían en cambio de 900.000 efectivos en julio de 1920. Piłsudski también creó una fuerza aérea, reducida pero efectiva, gracias a los que habían aprendido a volar con sus ejércitos de origen durante la guerra en el oeste. Se les unieron voluntarios estadounidenses, en el Escuadrón Kościuszko, dirigido por el comandante Cedric E. Fauntleroy (y con Merian C. Cooper entre sus filas, el capitán que más adelante saltó a la fama como director de *King Kong*).[22]

Las «legiones» polacas, que se habían formado en secreto en muchos lugares distintos —como por ejemplo Kiev, Múrmansk, Vladivostok* y Oremburgo— había deshecho el camino a su país para unirse al ejército de «El Comandante», como se llamaba a Piłsudski.[23] Los más desafortunados habían sido los hombres de la 5.ª División Siberiana, a quienes los checos y el general Janin habían abandonado en Krasnoyarsk. «Se encarceló a todos los coroneles y oficiales de alto rango; todos los oficiales y soldados del batallón de asalto, y todos los que participaron en acciones contra los bolcheviques, fueron ejecutados por pelotones de fusilamiento, por órdenes de la Checa. Debido a la malnutrición, casi todos los oficiales recluidos murieron por la epidemia de tifus. Las autoridades bolcheviques no les proporcionaron asistencia médica».[24] El grueso de los supervivientes tuvo que incorporarse a brigadas de trabajos forzados, como mineros o leñadores en los bosques del Yeniséi. Solo unos pocos cientos de integrantes de la antigua 5.ª División lograron volver con vida a Polonia.[25]

---

* La legion formada en Vladivostok incluía a polacos que habían sido soldados del acuartelamiento alemán de Kiao-Chau, recuperado por los japoneses en 1914 (véase S. Lubodziecki, «Polacy na Syberji w latach 1917-1920. Wspomnienia III», *Sybirak*, 1(5)/1935, p. 44).

A mediados de abril, el ejército polaco emprendió una movilización encubierta, mientras que Piłsudski suscribió una alianza repentina con el «atamán en jefe» de Ucrania, Simon Petliura. La reacción soviética, como era de prever, fue cáustica: «Este acuerdo, que habría convertido Ucrania en una colonia de la Polonia burguesa y aristocrática, era necesario para Piłsudski, como pretexto político con el que justificar la invasión de Ucrania por las legiones polacas».[26]

El 23 de abril, el Stavka del Ejército Rojo tuvo noticia de que dos brigadas de galitzianos del Duodécimo Ejército se habían amotinado. El frente meridional ordenó: «Adopten medidas fulminantes para eliminar a las brigadas galitzianas rebeldes y resistir ante el avance de los polacos Blancos, hasta el último soldado. Según ha dispuesto el Consejo Revolucionario Militar, debe fusilarse en el acto a todos los líderes e instigadores del levantamiento».[27] Pero entonces los Rojos descubrieron, con consternación, que las fuerzas de Majnó —que denominaban

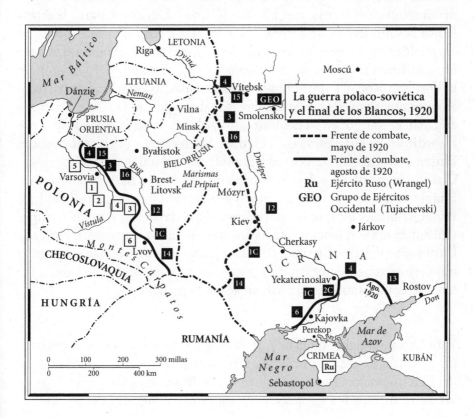

«movimiento de kulaks amotinados» y alcanzaban cerca de 50.000 efectivos— estaban lanzando otra serie de ataques en su retaguardia.[28] Como destruyeron algunos puentes de los alrededores de Kiev, los Rojos interpretaron, erróneamente, que Majnó está colaborando estrechamente tanto con los Blancos como con los polacos. Los comisarios se lamentaron en sus informes para Moscú de que «Majnó es popular» y algunos soldados de escasa instrucción «se refieren a él con el título de teniente general».[29]

En el lado occidental del Dniéper, las fuerzas Rojas sufrieron incursiones de guerrillas que apoyaban a Petliura: «Por toda la retaguardia de los Ejércitos Duodécimo y Décimo Cuarto corrían bandas mayores o menores que saltaban transportes y estaciones de tren y con eso desorganizaban el abastecimiento y la alimentación de esos ejércitos».[30]

El 25 de abril se inició en serio la ofensiva de Piłsudski, con nueve divisiones polaca y una ucraniana. El Tercer Ejército, al mando del general Eduard Śmigly-Rydz, llegó a Zhitómir al día siguiente. Un día después cayó Berdíchev. El Duodécimo y Décimo Cuarto Ejército Rojos se hundieron de forma desordenada y solo fueron capaces de emprender un número muy escaso de acciones de retaguardia. En Malin, una brigada de la caballería polaca cargó contra la 7.ª División de la Fusilería Roja y le infligió un 40 % de bajas. Piłsudski se entristeció al saber que su exedecán Stanisław Radziwill perdió la vida en esta acción; sin embargo, en su conjunto, los polacos padecieron pérdidas extraordinariamente escasas.[31] Ocupar la Ucrania occidental hasta el Dniéper no les había costado más de 150 muertos y 300 heridos. Cuando la caballería polaca y su artillería desfiló por Kiev, con el general Śmigly-Rydz como anfitrión, muchos polacos (en particular, Piłsudski) tuvieron dudas de que les permitieran quedarse allí mucho tiempo. «Piłsudski era sumamente supersticioso —contaba el general de brigada Carton de Wiart—. Después de tomar Kiev reconoció que se sentía muy inquieto porque, según me dijo, todos los comandantes que habían intentado conquistar Ucrania habían acabado mal.»[32]

Para Lenin no había duda de que Wrangel preparaba una ofensiva propia mientras el Ejército Rojo se enfrentaba a la amenaza todavía mayor del ejército polaco. Por medio de una movilización en Crimea, y promesas de amnistía a los soldados y oficiales del enemigo, el nuevo comandante en jefe incrementó sus fuerzas hasta los 70.000 hombres. La desastrosa evacuación de Novorosíisk, con la pérdida de tantas monturas, representaba que ahora eran más poderosos en infantería que en caballería. Wrangel también mejoró mucho la disciplina, que había sido el gran punto débil de Denikin. «Wrangel ha reorganizado por completo el ejército, que, cuando él asumió el mando, era una chusma sin valor alguno —escribió Piotr Struve, ministro de Exteriores de la nueva administración—. Su disciplina es muy estricta: a los oficiales y la tropa condenados por conductas desordenadas, los cuelga.»[33]

El propósito fundamental de la ofensiva de Wrangel era aprovechar el conflicto polaco-soviético para tomar una cabeza de puente en el continente. Entre las necesidades más inmediatas estaban los cereales para alimentar tanto a las fuerzas armadas como a la población, muy aumentada, de Crimea, y también más caballos, para reavivar la caballería. El secretario de Exteriores británico, lord Curzon, advirtió a Wrangel de que si salían de Crimea dejaría de recibir la ayuda de su país, ya fuera por tierra o por mar. La advertencia horripiló a Churchill y a la mayoría de los oficiales principales, pero Lloyd George se mostró inflexible.

El 6 de junio, recurriendo a una Armada Blanca muy mejorada y reabastecida, el general Slaschov desembarcó a sus tropas en Kirílovka, en un promontorio que se levantaba al sur de Melitópol. Sorprendió totalmente al Décimo Tercer Ejército, al aparecer por su retaguardia. Al mismo tiempo, el general Kutépov hizo avanzar a su Cuerpo junto con las divisiones de Drozdovski, Márkov y Kornílov, para forzar la puerta de salida del istmo de Perekop; por su parte el Cuerpo del Don atacaba a lo largo del puente del ferrocarril del istmo de Sálkovo, 70 kilómetros al este. Wrangel no desaprovechó la oportunidad de montar en cabeza de sus tropas cuando estas se adentraron en la zona continental de la provincia de la Táuride. Su figura alta, con el uniforme negro de los cosacos, erguida en la silla sobre un magnífico corcel negro, actuó sin duda como un motivo de inspiración para sus soldados. Y él sabía que tendría este efecto.

37

Polacos por el oeste, Wrangel por el sur

De junio a septiembre de 1920

El 5 de junio, el II Cuerpo del general Slaschov subió a bordo de veintiocho barcos, en Feodosia. El cuerpo constaba de las divisiones de infantería 13.ª y 34.ª y una brigada de cosacos de Astracán y del Térek. Como las tropas habían desfilado por Feodosia hasta la bahía, en compañía de bandas de música, el movimiento no fue precisamente secreto.[1] Pero por suerte para el plan del general Wrangel, los agentes de la Oficina del Don no disponían de medios para transmitir la información con rapidez. Es posible que también ayudara una operación de engaño, en la que las radios Blancas daban a entender que el objetivo sería Odesa.

La flota de la invasión partió al amanecer. Se dirigió al este y luego hacia el norte, pasando al mar de Azov por el angosto estrecho de Kerch. Las tropas empezaron a desembarcar a las diez de la mañana, en el promontorio de Kirílovka, al sur de Melitópol. El primer blanco era la propia Melitópol, con la finalidad de cortar la ruta de abastecimiento de la retaguardia del Décimo Tercer Ejército. En aquella mañana del 6 de junio, mientras el cuerpo de Kutépov atacaba Perekop con el apoyo de carros blindados, y el cuerpo del Don subía por el istmo de Sálkovo, el Décimo Tercer Ejército desplegó las reservar y ordenó contraatacar. Pero según admitió más adelante el Stavka del Ejército Rojo, las formaciones principales del Décimo Tercer Ejército estaban «moralmente deshechas».[2] Esto se debía a que los habían mantenido en estado de alerta máxima durante demasiado tiempo, sin darles la posibilidad de descansar y recuperarse.

Los Rojos enviaron a su I Cuerpo de Caballería, desde las inmediaciones de Yekaterinoslav, donde habían estado combatiendo con el

Ejército de Insurgentes de Majnó, que, según insistía el Stavka, formaba parte de una «contrarrevolución de los kulaks».[3] El Cuerpo de Caballería estaba dirigido ahora por un antiguo minero, Dmitri Zhloba, que asumió el mando después de que Borís Dumenko fuera arrestado en el Kubán. Había sido víctima de una campaña de acoso bastante turbia, que recordaba bastante la dirigida contra Mirónov. Según uno de los oficiales de Dumenko, un grupo de hombres de Budionny llegaron a una hora tardía de la noche «con órdenes de fusilar a Dumenko y poner a su cuartel general en desbandada».[4] Este mismo oficial hizo hincapié en que todo formaba parte de un «complot de Stalin, Voroshílov y Budionny». Según un expediente de la Checa, «durante el tiempo que el Cuerpo pasó en el frente del Cáucaso, recibimos mucha información que mostraba que en el Cuerpo se hacía propaganda antisoviética con el eslogan: "¡Fuera los judíos, los comisarios y los comunistas que se han quedado en la retaguardia!". Hay razones que apuntan a la existencia de una organización contrarrevolucionaria».[5] Se acusó a Dumenko de haber estrangulado a un comisario mientras este estaba en la cama; lo juzgaron por asesinato, en Rostov, y lo condenaron a muerte.

Por orden del Décimo Tercer Ejército, Zhloba envió a la mayor parte de sus dos divisiones de caballería, con unidades de fusilería, a formar una línea defensiva por delante de Melitópol. En los días siguientes la línea no resistió a los ataques de las dos divisiones y la brigada cosaca de Slaschov. Los combates más feroces se desarrollaron en el eje de Perekop. La 3.ª División Roja y la formidable División de Fusilería Letona tuvieron que replegarse ante el Cuerpo de Kutépov cuando este recurrió a su reserva, la División Drozdovski y los tanques Mark V.

El 10 de junio las divisiones de Slaschov capturaron Melitópol por el flanco oriental y el Stavka tuvo que admitir que «las divisiones Letona y 52.ª están debilitadas y han sido muy poco capaces de emprender operaciones activas»[6] en el eje occidental. Aquel mismo día una carga repentina de la 2.ª División de Caballería, de Blinov, supusieron una sorpresa desagradable para los cosacos del Kubán, que perdieron una batería de cañones y un número indeterminado de hombres, que fueron apresados. El relato oficial del Ejército Rojo se esforzó por ignorar la derrota del Décimo Tercer Ejército, pero aun así tuvo que admitir que «la caída de Melitópol acabó por dejar al ejército sin mando ni control; la cooperación operativa entre las unidades se hizo imposible».[7] Dos días más tarde las fuerzas de Wrangel habían subido hasta el bajo Dniéper y perseguido a las divisiones Letona y 52.ª hasta obligarlas a pasar a la otra orilla. En ese momento quedaron como dueños de la Táuride continental y señores de la mayor parte de los cereales y caballos que necesitaban.

Piłsudski había acertado al temer que la ocupación de Kiev acabara resultando un paso excesivo. No se divulgó bien su intención de instalar un gobierno ucraniano, con lo que muchos interpretaron la acción como una muestra de codicia territorial. La reacción internacional contra Polonia fue intensa; el régimen comunista recibió apoyos nuevos en su país y más simpatía en el exterior. Y en todo caso, la retirada precipitada de los ejércitos Rojos, el Duodécimo y el Décimo Cuarto, al otro lado del Dniéper, sirvió para que esquivaran la destrucción, que en realidad había sido el objetivo central de Piłsudski.

El Primer Ejército de Caballería de Budionny llegó del Cáucaso con 16.700 sables, un gran número de *tachankas* con sus ametralladoras, 45 cañones de campaña, cinco trenes blindados, ocho automóviles blindados y doce aviones.[8] El triunvirato de Tsaritsyn volvía a actuar en conjunto: Budionny y su comisario Voroshílov se unieron a Stalin, que era

Dos soldados del Ejército Rojo, en la invasión de Polonia, con un tanque británico Mark V, tomado a las fuerzas de Denikin en el frente meridional.

comisario para el frente suroccidental. Budionny siempre había creído en la conveniencia de agrupar la caballería para formar una horda masiva, como las mongolas, que aterrorizara al enemigo de modo que fuera más fácil abrir una brecha en sus líneas. Era una táctica poco sutil, que por lo general funcionaba; pero en Tsaritsyn no había salido bien, porque los cazas del 47.º Escuadrón de la RAF deshicieron sus formaciones con un ametrallamiento incesante. Desde ese momento Budionny había insistido en adquirir sus propios cazas Nieuport, pero sus aviadores no eran rivales para los pilotos polacos. En esta ocasión, igualmente, planeaba infiltrarse en la línea defensiva polaca, al sur de Kiev, en vez de intentar destrozar una sección.

Una semana después de que los polacos ocuparan Kiev, Tujachevski, que a sus veintisiete años era el comandante en jefe del frente occidental, lanzó su ofensiva sobre el sector del Berézina, al norte de las marismas del Prípiat.[9] Logró sorprender al Primer y Cuarto Ejércitos polacos, y hacer que se replegaran; pero reunieron a toda prisa un ejército de reserva y el 31 de mayo contraatacaron, lo que obligó a su vez a retroceder al frente occidental de Tujachevski. La moral sufrió un hundimiento tan extremo, en algunas unidades, que toda una brigada de caballería se rindió ante una única compañía del 15.º Regimiento de Lanceros del coronel Władysław Anders.

Aunque, según reconoció el Stavka Rojo, el 8 de junio «el enemigo logró restaurar por completo sus posiciones del río Berézina»,[10] Piłsudski no autorizó a sus dos ejércitos a perseguir a los Rojos en retirada. Se les ordenó mantenerse con firmeza en el lugar que ocupaban. Mientras tanto se desvió a algunas de sus formaciones hacia el sector de Kiev, al sur del Prípiat, donde el frente suroccidental de Yegórov, con el refuerzo del Primer Ejército de Caballería de Budionny, preparaba una contraofensiva.

El 26 de mayo el Duodécimo Ejército Rojo atacó al Tercer Ejército de Śmigly-Rydz en los alrededores de Kiev mientras, al sur, la caballería de Budionny se preparaba para asestarle el golpe principal al Sexto Ejército, en la dirección de Zhitómir. Después de numerosos intentos Budionny logró abrir por fin la brecha ansiada el 5 de junio. La 1.ª División de la Caballería polaca, situada a caballo de una sierra próxima a Wołodarka (Volódarka), pudo ver cómo se aglomeraban los escuadrones en la zona inferior del valle. Su comandante —por una de esas coincidencias de una guerra civil— era el que había ascendido a Budionny al rango de cabo cuando estaban en el mismo regimiento de dragones imperiales. La caballería Roja, cegada por el sol que se ponía justo por encima de su horizonte occidental, no pudo ver que la fuerza polaca representaba tan solo un sexto de la propia.

Un integrante del 1.º Regimiento de Lanceros Krechowiecki describió sus sensaciones al cargar contra los Rojos: «Salimos al galope, bien arqueados sobre la silla, con las lanzas en la oreja de los caballos... Quien no haya vivido las emociones de un choque de la caballería no podría imaginar nunca la excitación y la euforia del jinete a la carga. Los nervios están en tensión absoluta, el miedo que uno pudiera tener se desvanece, y por su parte el caballo, contagiado de la pasión de su jinete, lo transporta en un galope salvaje, frenético, listo para patear y morder».[11] La carga, no obstante, fue un éxito raro, porque los polacos se hallaban sometidos a una presión muy intensa, dada la clara superioridad numérica de los Rojos.

Los ataques Rojos, por los dos lados de Kiev, lograron rodear a una parte del Tercer Ejército. «La situación es de notable interés y peligro —escribió Władysław Broniewski, un poeta polaco enrolado como oficial en el 1.º Regimiento de Infantería de la Legión—. Budionny y su caballería han abierto una brecha en nuestros dos flancos, derecho e izquierdo, y han tomado Zhitómir; y mientras ellos han estado paseándose por detrás de nuestras líneas, nosotros vamos cerrando nuestro pequeño cerco de Kiev. Los combates son constantes y de una ferocidad y violencia increíbles.»[12]

Otro oficial de este mismo regimiento, Mieczysław Lepecki, describió su retirada. «Al principio pensábamos que Malin sería el último estadio de nuestro repliegue... Pero hacia las nueve o las diez de la noche nos ordenaron ponernos en marcha otra vez. Sin duda hubo una batalla en la carretera de Marlin; era obvio por los cadáveres de los caballos, los fusiles abandonados, los vagones aplastados, en suma: los signos inconfundibles de una acción reciente. Cuando volvimos a la carretera pensábamos que solo tendríamos energías para caminar unos pocos kilómetros, porque sería físicamente imposible hacer más; pero seguimos adelante varios días más, días largos sin que se atisbara el final de nuestro tormento. La retirada continua nos sorprendió. No creíamos que la situación de nuestro ejército fuera tan cruda, pero el repliegue fue ni más ni menos que hasta Volinia.»[13] Recorrían 50 kilómetros al día, con las botas hechas jirones.

El 14 de junio, Broniewski, logró reunirse con el grupo principal después de otra marcha. «Por primera vez en cinco días me encuentro en un lugar relativamente seguro: la pequeña ciudad de Kórosten... En estos cinco días no he comido nada sustancial (e incluso ahora mismo, mientras escribo, tengo hambre), no he dormido, no me he cambiado; en pocas palabras, aunque estoy asignado al Estado Mayor, me siento como un soldadito de a pie, o quizá incluso peor. Tuvimos que luchar para escapar al cerco de los bolcheviques en Borodzianka (Borodianka). Una batalla feroz. Duró dos días, con pérdidas graves, sin llegar a ser napoleónicas. Nuestra retirada fue una especie de "obra maestra" del arte de la guerra: un ejército completamente rodeado, cargado con un tren de abastecimiento colosal, se enfrenta al enemigo hasta repelerlo y logra conservar casi todos sus pertrechos.

»La parte más difícil de toda la operación fue la de salvar los suministros..., un tren de víveres y bagaje que se extendía por decenas de kilómetros. Es un hábito espantoso que tenemos los polacos: llevar siempre con nosotros toda la basura; y de paso un gallinero al completo, con las mujeres de los oficiales, mujeres de todas las clases. Este "tesoro militar" es lo que obligó a la 1.ª Brigada a derramar tanta sangre en el frente. Esta vez los bolcheviques nos opusieron algo mejor: tropas más valientes y en gran número.»[14]

Por su parte Lepecki escribió: «El ambiente distaba mucho de ser alegre. Por lo general los ejércitos se retiran por las carreteras, pero Budionny se movía en una línea muy ancha, atravesando campos y pastos... En cada pueblo que pasábamos encontrábamos los signos evidentes de que sus tropas habían parado allí poco antes. Vallas destrozadas y quemadas, techados de paja arrancados para improvisar establos, saqueos de comida y de forraje, y los lamentos de las chicas: toda clase de indicios evidentes del paso de la "gran" caballería de Budionny».[15] Un exoficial Blanco, al que los Rojos habían reclutado a la fuerza después de capturarlo en Novorosíisk, se encontró al mando de un escuadrón de caballería con «ciento veinte proletarios surtidos que eran unos bandidos incorregibles», por lo que nunca encontraba la forma de impedir que salieran a practicar el pillaje con «los cerdos, las gallinas o las chicas».[16]

Las mujeres polacas no tardaron en averiguar que tenían aún más cosas que lamentar. «Una verdad terrible: todos los soldados tienen sífilis. Toda Galitzia está infectada»,[17] escribió Isaak Bábel, que iba con la 6.ª División de la Caballería de Budionny. Bábel se preguntaba: «¿Qué clase de persona es nuestro cosaco? Tiene múltiples capas: el saqueo, el arrojo temerario, el profesionalismo, el espíritu revolucionario, la crueldad bestial. La población aguarda a sus salvadores, los judíos aspiran a la libertad... y entonces entran, a lomos de sus caballos, los cosacos del Kubán».[18]

Entre las filas cosacas, parece ser que también había mujeres como guerreras, no solo como enfermeras. «Cabría escribir un volumen entero sobre las mujeres en el Ejército Rojo —escribió en su diario un Bábel obsesionado con el sexo—. Los escuadrones entran en combate, polvo, estruendo, sables desenfundados, juramentos furiosos, y avanzan al galope con las faldas arremangadas, cubiertas de polvo, con sus pechámenes, todas putas, pero camaradas; putas, porque son camaradas; eso es lo que importa, están allí para servir a quien sea, del modo en que puedan; son heroínas, heroínas a las que se desprecia.»[19]

Ya fueran de la infantería o de la caballería, los oficiales polacos eran plenamente conscientes del legado de 1812, cuando los lanceros del príncipe Poniatowski invadieron Rusia junto con la *Grande Armée*. En esta fase de la guerra civil se produjo una escena llamativamente napoleónica cuando uno de los oficiales del 1.º Regimiento de Legionarios, cierto Holinkowski, dirigía a medio batallón para reconocer un pueblo. «Hasta que estaban cerca, Holinkowski no cayó en la cuenta de que había una gran conmoción —escribió su compañero, y también oficial, Lepicki—. Como solo esperaba encontrarse a una fuerza menor, ordenó disponerse en formación extensa y avanzó. La sorpresa fue terrible. Cuando llegaron a una distancia de no más de un centenar de pasos, el pueblo, con todo su aspecto de inocencia, estalló con una barrera de fuego letal.»[20] Poco después apareció «por detrás del desdichado batallón, una gran concentración de la caballería. Los hombres, en un campo de cereales altos, habrían sucumbido de inmediato a la carga, por lo que Holinkowski intentó reunirlos en la carretera y disponerlos formando un cuadrado... Holinkowski resultó herido una segunda vez. Para huir del cautiverio, y no causar mayor trastorno a sus hombres, él mismo terminó con su vida en el campo de batalla, haciendo estallar una granada de mano».

Las batallas de junio, cuando los polacos se retiraban de Kiev hacia el oeste, en dirección a Lublin, fueron caóticas en los dos bandos, debido a las deficiencias de la comunicación. Budionny, a instancias de Stalin, prefirió hacer caso omiso de las órdenes de Kámenev (destruir al Tercer

Ejército de Śmigly-Rydz) y cargar por la región, intentando tomar Zhitómir y Berdíchev. Logró aterrorizar a la población pues masacró al acuartelamiento de Zhitómir y prendió fuego al hospital de Berdíchev, con 600 heridos polacos, más las enfermeras, atrapados en el interior.[21]

Los polacos establecieron una nueva línea defensiva más retrasada, pero el 26 de junio Budionny consiguió abrirse paso también a través de ella. Poco después Tujachevski emprendió otro ataque victorioso al norte del Prípiat. Tujachevski estaba sometido a la presión de tener que capturar Varsovia antes de mediados de agosto, por lo que su grupo de ejércitos, que totalizaba casi 100.000 efectivos, fue objeto de un bombardeo propagandístico. El 3 de julio, en vísperas de un asalto de importancia, les leyeron una proclamación: «Ha llegado la hora de saldar cuentas. En la sangre del ejército polaco derrotado ahogaremos al gobierno criminal de Piłsudski... Se está decidiendo el destino de la revolución mundial. El camino a la Conflagración Universal pasa por encima del cadáver de la Polonia Blanca. Con nuestras bayonetas llevaremos la felicidad y la paz a las masas proletarias de la humanidad».[22]

En el flanco derecho de Tujachevski, el más próximo a la frontera de Lituania, estaba el III Cuerpo de Caballería de Gaya Bzhishkián, un armenio más conocido por el nombre de Gai. Los oficiales polacos hablaban de la «Horda Dorada de Gai Jan», cuando se referían a sus fuerzas.[23] La tarea de Gai era desbordar a la línea polaca por el flanco, en cuanto se presentara la ocasión; y la táctica les funcionó una y otra vez. En cuestión de días las tropas polacas renunciaron a Minsk y emprendieron una retirada total. El 11 de julio el rabino Yejezkel Abramski escribió: «Paseo por las calles arruinadas con una honda tristeza, con la cabeza siempre gacha, enterrado por el peso de la destrucción, la sangre recién derramada y los llantos de los huérfanos... los robos y asesinatos en cada distrito de la ciudad, en cada vecindad tocada por el ejército polaco».[24] Al igual que sucedía con las fuerzas de Denikin, los pogromos antisemitas de las tropas polacas no se producían mientras estas avanzaban, sino con el resentimiento de la retirada involuntaria. El hecho de que sospecharan que los judíos preferían a los bolcheviques, en muchos casos, se convirtió en una profecía que hacía realidad lo que anunciaba; pero entre los judíos, hasta los comerciantes y artesanos más pobres no tardaron en recibir el trato que se daba a los *burzhui* y explotadores.

El 13 de julio Broniewski escribió: «Los bolcheviques también han abierto una brecha por el norte del frente; y siempre es la caballería».[25] El cuerpo de caballería de Gai había superado en efecto por el flanco a la línea polaca del norte, y el primer día avanzó 40 kilómetros. «La situación, en suma, es grave. Nuestros ejércitos, exhaustos por lo desigual de la batalla, siguen en retirada. Los soviéticos han tensado todos los músculos en contra de Polonia; hordas de gentes de la Gran Rusia nos asaltan, chinos y bashkirios medio salvajes nos acometen al grito de guerra de: "¡Muerte a la Polonia rebelde!".* El contenido es el mismo de siempre. Es una batalla entre dos naciones; entre el fuego y el agua; una guerra entre la idea de los Estados nacionales y la rapacidad política.» Para Broniewski, la única noticia positiva era el incremento de la emoción patriótica y una *levée en masse* para defender al país.

A los polacos se les ordenó retirarse un centenar de kilómetros, lo que llevó a Tujachevski a pensar que había conseguido una victoria mucho más importante de la obtenida en realidad; y con ello perdió la oportunidad de destruir al Primer y Cuarto Ejércitos. El impulso de la retirada, sin embargo, parecía incontenible. Aunque iban intentando formar nuevas líneas de defensa, la caballería de Gai siempre las rompía: en Wilno (Vilna), Grodno, Baranowicze (Baránovichi) y Pińsk. Piłsudski recibió críticas furiosas por la forma en que había manejado la campaña y se formó un nuevo gobierno de Defensa Nacional.

En agosto se continuó con la retirada, «cada vez más cerca del corazón de Polonia»,[26] según escribió Lepicki, del 1.º Regimiento de Legionarios, cuando llegaban a Lublin. «Las noticias son terribles: se dice que se ha renunciado a Brest-Litovsk y Białystok... Hoy se supone que seguimos replegándonos, hay que llegar hasta el Bug. Los informes de la prensa sobre los otros sectores del frente, en especial del norte, nos decían que en el resto las cosas iban peor, incluso mucho peor. Los periódicos hablaban de trenes llenos de refugiados hasta los topes, pero literalmente; de retiradas rápidas de divisiones y aun grupos enteros; de que nuestro país está en peligro.» Entonces supieron que los Rojos habían cortado la vía entre Varsovia y Lublin. Todos comprendían con claridad que Tujachevski aspiraba a conquistar también su capital. «Varsovia está

---

* Estos «chinos» formaban parte de la fuerza de Yona Yakir, de dos divisiones, en el ala izquierda del Duodécimo Ejército Rojo, que mandaba Serguéi Mezheninov.

a punto de ser ocupada por los bolcheviques», escribió la poeta simbolista rusa Zinaída Guippius, que se apresuró a marcharse de la ciudad.[27]

En la Táuride septentrional, las fuerzas de Wrangel se habían apoderado de un triángulo de territorio llano, que iba desde la desembocadura del Dniéper, por el oeste, a Níkopol, por arriba, y Berdiansk, en el mar de Azov, por el este. El Décimo Tercer Ejército, bastante castigado, preparaba un contraataque. Zhloba recibió órdenes específicas, codificadas, para que su I Cuerpo de Caballería se pusiera en marcha a las cuatro de la mañana del 3 de julio, con la misión de atacar al cuerpo de Slaschov, al noreste de Melitópol.

Boyárchikov, que descifró el mensaje, apuntó los hechos, que culminaron con un desastre: «En el momento indicado las tres divisiones del I Cuerpo de Caballería machacaron al enemigo rompiendo sus primeras líneas de defensa. De acuerdo con lo ordenado, una división de nuestro Cuerpo giró hacia el noroeste para reunirse con las unidades de fusileros. El reconocimiento montado avanzado informó a nuestros comandantes de que nuestras unidades de fusilería no habían ganado absolutamente nada de terreno en el noroeste y que el cuerpo de caballería se encontraba cercado del todo por el enemigo. En efecto nuestra caballería empezó a ser atacada pronto desde todas las direcciones, por cañones de campaña, ametralladoras e incluso aviones. No estaban ejecutando a quemarropa. Era como si nos hubieran traicionado, como si nos hubieran atraído a una trampa. A mediodía sabíamos que ninguna de las otras unidades del Décimo Tercer Ejército había avanzado y que las unidades de fusilería con las que supuestamente debíamos reunirnos habían abierto fuego contra nosotros al confundirnos con el enemigo».[28]

Un aguacero torrencial les permitió huir del cerco, pero las bajas habían sido devastadoras. Los Blancos, exultantes, afirmaron haberse adueñado de 3.000 caballos (que necesitaban con urgencia). Aunque la cifra era sin duda considerablemente exagerada, la acción supuso toda una inyección de moral. Se acusó a Zhloba de haber arruinado la ofensiva por haber atacado dos horas más temprano de lo previsto, lo que habría posibilitado la derrota del I Cuerpo de Caballería. Luego Kámenev intentó vender que Zhloba, por su simple y pura iniciativa, había decidido «emprender una incursión nocturna».[29] Se envió desde Moscú a una comisión encargada de juzgarle. A pesar de que los comisarios y los comandantes de la división testificaron a su favor, lo condenaron a la expulsión del Ejército Rojo. «Muchos entendieron que se trató de una venganza porque Zhloba era próximo a Dumenko», escribió Boyárchikov.[30] Zhloba se marchó, aunque más adelante les llegó la noticia de que lo habían enviado de nuevo al Cáucaso, para que dirigiera allí a una división de caballería.

La amenaza de Curzon a Wrangel, sobre el final de la asistencia británica, supuso terminar con la Misión Militar Británica. La evacuación definitiva se fijó para el 29 de junio. El capitán Lever describió sus sentimientos, que eran heterogéneos: «Dos oficiales de la Guardia, en nuestra cantina, se negaron a abandonar a los rusos, renunciaron a sus galones y se unieron al Ejército Blanco... Por mi parte nunca me podré olvidar de que estamos abandonando a los Blancos, pero tampoco me hago ilusiones de hasta qué punto habría podido ayudar si me hubiera quedado.

»En la lancha, justo antes de marcharnos, impera un sentimiento claro de deserción. Solo dos oficiales rusos han subido a bordo a despedirse en persona de los que habían trabajado con ellos. Los observo desde la cabina, con una copa en la mano, despidiéndose de sus amigos. El sentimiento es de una emoción tensa, que se controla gracias a una voluntad de hierro: las copas levantadas, las frases escuetas, las lágrimas mal disimuladas de los rusos; el ruido de los cristales una vez que, ingeridas las bebidas, se lanzan las copas contra el suelo para que se hagan pedazos. Me escapo a mi camarote, a reflexionar».[31]

A pesar de que desconfiaba de los cosacos, Wrangel decidió provocar una revuelta en el Kubán, y quizá incluso en el Don, donde en mayo se había producido un levantamiento. Sabía que la guerra polaco-soviética no sería eterna y que, cuando concluyera, el Ejército Rojo concentraría todo su potencial en Crimea. Llegó a enviarle emisarios a Néstor Majnó, para sondear si había posibilidad de entablar una alianza contra los Rojos. Las fuerzas de Majnó acababan de atacar Yekaterinoslav, que ahora era la sede de un Segundo Ejército de Caballería. Después de la detención de Zhloba, se le daba forma (a partir de los restos del castigado I Cuerpo de Caballería) bajo la dirección de un comandante inútil, que duró poco en su puesto. Quien le sustituyó fue ni más ni menos que el cosaco Filip Mirónov, de los eseristas de izquierdas. Trotski le había rehabilitado, después de la condena a muerte.

Los hombres de Majnó «irrumpieron en la ciudad montados en *tachankas* que habían camuflado como carros de paja», escribió Boyárchikov. «Abrieron fuego, sembraron el pánico y atacaron las instituciones soviéticas. La Guardia no les dejó acercarse al cuartel general del ejército. Al día siguiente las patrullas militares hallaron a diez soldados del Ejército Rojo a las afueras de la ciudad: los habían matado y despanzurrado, y les habían rellenado con cereales el vientre abierto, con una nota de: "Esto es por la *razviorstka*" [la incautación forzosa]. Llevaron los cadáveres al cuartel general del ejército y se organizó un mitin: un representante del departamento político del ejército habló desde el balcón del edificio del cuartel general.»[32]

Majnó no tan solo rechazó el acercamiento de Wrangel; según el Stavka Rojo, «incluso colgó a los enviados».[33] Es posible que Wrangel hubiera organizado algunas unidades con exmajnovistas, pero resulta poco creíble la afirmación de Kámenev según la cual las había denominado «destacamentos del *Batko* Majnó».

Antes de procurar que el Kubán se rebelara, Wrangel intentó desembarcar en la costa del mar de Azov, en el lado del Donets. Animado por las revueltas de los cosacos del Don, una fuerza de unos 800 efectivos, capitaneada por el coronel Nazárov, tomó tierra entre Mariúpol y Taganrog, el 9 de agosto. Las fuentes Blancas sostienen que Nazárov no tardó en duplicar sus fuerzas, mientras que el Stavka Rojo aseveró que nunca tuvieron ninguna posibilidad debido a la «actitud de suma pasividad de los cosacos del Don».[34] Sea como fuere, el Ejército Rojo destruyó el desembarco en las inmediaciones de Konstantínovskaya.[35]

El Kubán ofrecía un potencial mayor, aun a pesar de la mala sangre existente entre los Blancos y los cosacos del Kubán. Los que en invierno habían soñado con que abandonar a las fuerzas de Denikin serviría para que los Rojos les dejaran en paz sufrieron una sonora decepción cuando la realidad del dominio comunista les golpeó con dureza. Struve, el ministro de Exteriores de Wrangel, señaló que las condiciones de paz que en el mes de marzo el atamán Bukrétov había suscrito en Tuapsé en nombre de los cosacos del Kubán limitaban la persecución a quienes hubieran sido condenados por acciones criminales. «Cuando se les pidió que definieran qué era una "ofensa criminal", los bolcheviques dijeron: "matar a comisarios y otros bolcheviques, y saquear a la población civil". Como prácticamente todos los cosacos del Kubán que habían participado en alguna campaña hicieron lo uno y lo otro en cuanto tuvieron ocasión, los márgenes de la clemencia, lógicamente, eran ínfimos. Bukrétov firmó el tratado y luego tuvo la prudencia de retirarse a Tiflis.»[36]

En Krasnodar, la antigua Yekaterinodar, el pintor Yákob Glasse había llevado un diario secreto de los hechos ocurridos desde que el Ejército Rojo llegó y masacró a las familias kalmukas. El 24 de marzo escribió que la Checa había ocupado un gran hotel. «Han dado comienzo a su obra negra. Aún tenía frescos en la memoria mis encuentros con las víctimas, en cuyas piernas los bolcheviques habían cortado bandas rojas (y en los hombros, hombreras); y ahora estaban manos a la obra, no muy lejos. En el edificio de la Checa están tapiando las ventanas de los sótanos con una capa doble de planchas de madera, con arena entre medio, para que desde fuera no se pueda oír ni un susurro.»[37]

«Aquí en Krasnodar "manda" la infantería de Marina. Todo el mundo habla de su violencia, en especial, contra las mujeres», apuntó el 28 de marzo. Dos días después dejó constancia de que «las calles están vacías. Con temor, abrimos la puerta lo mínimo, solo una rendija, para espiar qué sucede fuera. Hoy se están produciendo muchas detenciones. Los chequistas dirigen a una multitud de comerciantes hasta la Checa a través de la ciudad; también a sacerdotes, maestros, ingenieros, empleados de Correos, de la banca y otras instituciones. Se ha anunciado que todos los funcionarios y los oficiales de las fuerzas armadas se tienen que inscribir en un registro; para el que no se presente, ejecución. Los que transigen y entrar en el teatro, no vuelven a salir.»

El 4 de abril escribió: «Hoy han enviado a una multitud de detenidas, todas "burzhui", a los hospitales de la fiebre tifoidea, de los que hay seis. Ahí se encargarán de fregar los suelos, lavar la ropa, etc. No hay medidas que puedan frenar la epidemia. Los enfermos están en el suelo de esos supuestos "hospitales", tendidos sobre paja, porque no hay colchones. En algunos casos la gente no se había acabado de morir, pero la enviaban a los cementerios para crear espacio para los nuevos pacientes. Vi una tumba que tenía una capa de tierra tan fina que se podían ver las manos de los cuerpos enterrados. El director del cementerio me dijo que había visto que las manos se movían».

«Todo el día hay registros en marcha, en las casas de la gente más o menos rica. Cortan las patas de los muebles,* excavan los suelos de los sótanos, también los jardines —escribió Glasse el 17 de abril—. Entre los que se ocupan de estos registros hay ladrones bien conocidos y otra gentuza de la ciudad. Los han soltado de la cárcel y ahora trabajan para la Checa con un celo exquisito. Se supone que el oro incautado se depositará en el banco, pero se apropian de una buena parte... Un librero bien conocido en la ciudad exigió un recibo de los chequistas que se llevaban su oro. Así que lo arrestaron por ser revolucionario y de camino a la Checa le pegaron un tiro, porque supuestamente había intentado escapar. Al día siguiente confiscaron todas sus pertenencias y su esposa y los dos niños pequeños se quedaron en la calle. Se roba y se saldan cuentas personales, con la excusa de la contrarrevolución. Y estas acusaciones acaban, invariablemente, con el castigo de una ejecución.»

A los pocos días Glasse descubrió que habían arrestado a su padre: «Han saqueado su apartamento sin dejar nada entero. Hay astillas de madera por todas partes porque han serrado las patas de los muebles [para buscar oro]. Han arrancado el papel pintado, han destripado los sofás, han dejado los libros sin lomos y las maletas, sin fondo, hasta han levantado algunas planchas del suelo. El piano y el icono los han hecho pedazos a golpe de hacha. Han examinado el álbum de las fotografías familiares. Por suerte nuestra familia es gente del arado, proletarios de pura raza. Es habitual que utilicen estos álbumes como prueba del origen social de una persona. Es una desgracia para los que no han prescindido de fotos de oficiales o con ropa de *burzhui*. El otro día un funcionario de Correos perdió la vida. En una caja de costura de su casa habían encontrado un botón de metal con un águila bicéfala. Era del uniforme pero bastó para que lo ejecutaran».[38]

Al día siguiente Glasse apuntó que su padre había recobrado la libertad: «Le salvó el hijo de su conserje, que casualmente estaba entre los chequistas. Mi padre había costeado sus estudios, tanto la secundaria como la universidad». Cuando estaban a punto de liberarlo, todavía le dejaron un tiempo en custodia, en una sala desde la que se veía bien el patio: «Pusieron a una persona en la entrada del sótano, con las manos atadas. Le pegaron un tiro en la nuca y cayó directo al sótano. Los chinos eran los que más disfrutaban. Uno de ellos consiguió matar a más de

---

* Los equipos de registro serraban las patas de los muebles porque, cuando eran huecas, eran un escondrijo habitual para las monedas de oro.

una persona con una sola bala del fusil, para lo que hizo que la gente se pusiera en línea».[39]

Glasse reflexionó sobre la cuestión de qué convierte a una persona en un asesino: «Un investigador criminal me dijo una vez: "Tú no sabes cómo es de verdad la naturaleza humana. Idealizas a las personas. Los que trabajamos en los tribunales conocemos demasiado bien las profundidades del alma humana. ¿Has intentado encontrar emociones, alguna vez, en un zoo, en los ojos de un lobo, un tigre, o una pantera? ¿No te impresiona la frialdad terrorífica de esas bestias? Es la misma frialdad que vemos en los ojos de los asesinos empedernidos. No entienden los castigos. En cuanto los sueltan, corren a buscar a una víctima. ¿No es lo propio de los animales?". Hoy me he acordado de esta conversación, cuando un grupo de soldados del Ejército Rojo irrumpió en el Museo. Primero hicieron mucho ruido, pero luego se pararon y se quedaron en silencio, delante del gran espejo antiguo que hay sobre la repisa de la chimenea. Se quedaron callados, contemplándose la cara. Uno de ellos se quitó la bandolera de la munición, la dejó en la repisa, adoptó una pose napoleónica, frunció el ceño durante un buen rato, luego sonrió, luego frunció el ceño otra vez. En el espejo se veía un auténtico retrato de grupo. En un espejo los rasgos faciales se ven más definidos. Los asesinatos han dejado huellas en sus caras. Entre ellos había chicos rusos, de ciudad; también vagabundos chinos, infantes de la Marina, *frontoviki* que se quedaron sin hogar en 1914 y van donde los lleva el viento. Los comunistas los utilizan después de haberles borrado los últimos vestigios de humanidad».[40]

«Mis enemigos y mis familiares siguen desapareciendo —escribió el 4 de mayo—. Cada día espero ansiosamente a saber si me ha llegado el turno a mí.»

«Los registros continúan —añadió al día siguiente—. Mi esposa me ha aconsejado que empiece a pintar un retrato de Lenin. "Cuélgalo en el apartamento y quizá nos salve", dice. Puse un lienzo en el bastidor y esbocé un perfil de Lenin al carboncillo.» La táctica funcionó mejor de lo que se imaginaba. El 8 de mayo (tan solo tres días después) se presentó un comité de alojamiento e incautación. «Han venido a vernos "los visitantes", después de haber registrado el apartamento de mi vecino y haberse llevado sus pertenencias. Echaron un vistazo a la sala, vieron el retrato de Lenin, *El capital* de Marx, prensa soviética y el esbozo de un cartel que reclamaba "¡Muerte a los *burzhui*!". Pidieron un té, se desabrocharon los abrigos y se sentaron a descansar. Al marcharse dijeron, con bastante timidez: "No dejamos de buscar oro". Mi esposa contestó: "¡Claro! Ahora el Estado tiene mucha necesidad del oro". "Bueno, adiós. En vuestro apartamento apenas hay sitio libre"». Se salvaron. Clasificaron a Glasse como «trabajador artístico» y definieron su pequeño apartamento como su lugar de trabajo.

Tanto en la ciudad como fuera de ella, crecían el miedo y la cólera por la forma en que la Checa y los destacamentos de incautación de alimentos prescindían por completo del respeto a cualquier ley o decreto soviético. «La Checa está ejecutando a gente sin que hayan tenido audiencia en un tribunal, y en los pueblos cosacos, los destacamentos de castigo actúan según les parece, ejecutando a gente y quemando sus casas con todas las pertenencias. Fui a Páshkovskaya a ver si podía comprar algo de harina. Caminé ocho kilómetros, campo a traviesa, porque en toda la carretera había una sucesión de bloqueos. En el pueblo vi muchas casas quemadas. Y no pude encontrar con vida a mis amigos. Han muerto. Volví a casa con el saco vacío.»[41]

«La cuestión de los alimentos, en la ciudad, ha sido soportable hasta la llegada del Ejército Rojo», escribió, cinco días más tarde.[42] «Ahora, como en los pueblos cosacos actúan los destacamentos de castigo, los suministros han dejado de llegar. En la ciudad se ha desatado la fiebre por la comida. Aparte de eso ahora la región está llena de destacamentos que se llevan los recursos a una Moscú que se muere de hambre. Son destacamentos de confiscación armados, que les roban a los campesinos hasta el último de sus granos de cereal. La palabra "sabotaje" se ha popularizado mucho. Es el pretexto para ejecutar a los campesinos que no entregan sus cereales. Por lo tanto, no es de extrañar que haya disturbios, a pequeña escala, y que ahora haya también algunos partisanos. La gente los llama "los Verdes" porque viven en el bosque. Circulan leyendas sobre su bravura.»

Además de los Verdes, en todo el Cáucaso había también muchos grupos de partisanos Blancos, que en su mayoría eran de los que, en el mes de marzo, no habían logrado subir a los barcos que huían de Novorosíisk. «En la zona de Kislovodsk se esconden muchos oficiales en las montañas, además de los cosacos», se leía en el informe de un agente de la Oficina del Don para el Décimo Ejército Rojo.[43] «Están organizando *sotnias* en los montes, con coroneles y generales Blancos. Corren rumores de que disponen de artillería... y se reclutará a los cosacos que tengan entre dieciséis y cincuenta años.» En verano se calculaba que había unos 15.000 partisanos activos por las faldas del Cáucaso. El Stavka Rojo los denominaba «destacamentos Blanquiverdes».[44] El grupo más numeroso actuaba al sureste de Krasnodar, en los alrededores de Maikop. «Después de unirse para formar el que llamaban "Ejército del Renacimiento Ruso" (general Fostikov), en la primera mitad de agosto habían alcanzado una fuerza total de unos 6.000 o 7.000 infantes y jinetes.»

El plan de Wrangel consistía en apoderarse de Krasnodar, invitar a los grupos rebeldes a sumarse a su grupo y dispersarse por todo el Kubán. El 14 de agosto, mientras la fuerza principal, desembarcaba en Primorsko-Ajtarsk (al norte de Krasnodar, en el mar de Azov) a las órdenes del general Ulagái, se emprendieron también maniobras de distracción: con la intención de confundir al mando Rojo se atacaron también cabezas de playa en la península de Tamán y entre Anapa y Novorosíisk. Según Wrangel estas tres fuerzas auxiliares no totalizaban más de 5.000 hombres. El Stavka Rojo, por su parte, calculaba que cuando se contaba a los que se les habían unido en el Kubán, Ulagái tendría consigo a unos 8.000 hombres, mitad de infantería, mitad de caballería. A la hora de clarificar los números, no ayudaba que mucha gente fuera por detrás de los campamentos.

Ulagái era un cosaco muy respetado entre los líderes del Kubán, pero no destacaba ni por su imaginación táctica ni por su buena organización. Reunión un séquito innecesariamente extenso de personas que aguardaban a volver a sus hogares y permitió incluso que muchas familias las acompañaran en los barcos. El secretismo, como no será de extrañar, era inexistente. El plan fue de conocimiento común en Crimea y, de hecho, el 30 de julio agentes comunistas informaron de él a la Oficina del Don.[45] Aun así Kámenev dio a entender que el Stavka no había tenido ninguna noticia previa.

Cuando la fuerza principal de Ulagái desembarcó en Primorsko-Ajtarsk, se dijo que el comandante Rojo Atarbékov fusiló a cerca de 1.600 personas.[46] Es imposible determinar si la acción respondió al pánico (como se afirmó) o si fue un intento deliberado de disuadir a los cosacos del Kubán de sumarse a la fuerza invasora, ante la constancia de que el plan crearía un efecto de bola de nieve a medida que se acercaran a Krasnodar.

Ulagái avanzó con rapidez. Pronto se encontraba a menos de 50 kilómetros de Krasnodar, tomó su primer objetivo, la estación de Timoshévskaya... y se paró. En vez de conquistar la capital del Kubán cuando se presentaba la ocasión y reunir sus fuerzas con las del general Fostikov, decidió volver a la base de Primorsko-Ajtarsk, donde había dejado todos los suministros. Allí se quedó a esperar a los voluntarios. Esto dio al Noveno Ejército Rojo la oportunidad de recibir refuerzos cuantiosos, y Trotski se apresuró una vez más a presentarse en un frente amenazado a bordo de su tren blindado. Ulagái, que se había buscado quedar atrapado en una península, no tuvo más remedio que evacuar de nuevo a sus tropas hacia Crimea, el 7 de septiembre. Esta empresa desperdiciada dejó a Wrangel sin apenas posibilidades, salvo intentar expandirse a partir de la Táuride septentrional mientras se iba asentando el polvo del choque de gigantes que se estaba viviendo en el Vístula.

38

El milagro del Vístula

Agosto y septiembre de 1920

Cada mañana, en el Segundo Congreso de la Internacional Comunista en el Kremlin, se actualizaba un enorme mapa de Europa que mostraba unas banderitas rojas cada vez más próximas a la capital polaca. «Los delegados observaban con un interés extremo. Los mejores representantes del proletariado internacional seguían cada avance de nuestros ejércitos con el corazón palpitante», escribió Zinóviev.[1]

Víctor Serge describió la llegada del líder soviético. «Lenin, con chaqueta, con el maletín debajo del brazo, rodeado de delegados y mecanógrafas, contaba su punto de vista sobre la marcha del ejército de Tujachevski hacia Varsovia. Lenin se hallaba en un estado de ánimo excelente y tenía confianza en la victoria. Karl Radek, flaco, simiesco, sardónico y chistoso, tiró hacia arriba de sus enormes pantalones y exclamó: "¡Vamos a hacer trizas el tratado de Versalles con nuestras bayonetas!".»[2] Serge no quedó convencido por la bravata. A su juicio habían cometido un «error psicológico al elegir a Dzerzhinski, el hombre del Terror» para liderar el Comité Revolucionario Polaco que gobernaría el país después de su victoria. El dictador a la espera ya estaba instalado en Białystok como comisario del grupo de ejércitos de Tujachevski.

En Polonia el avance implacable del Ejército Rojo causaba consternación. Era una masa famélica, desordenada, de escasa disciplina. Entre todos apenas reunían algún elemento de uniforme, con la sola excepción de la budiónovka, el extraño gorro de pico adornado con una gran estrella roja. Por esta pieza, los soldados polacos los motejaban como «perros cabezapico».[3] Vestían harapos. Muchos llevaban alpargatas caseras, si no iban incluso descalzos; y sin embargo penetraban en todas las líneas de defensa, o las superaban por el flanco, hasta forzar otra retirada. El avance del Primer Ejército de Caballería por Volinia, que levantaba enormes nubes de polvo por el camino, solo se detenía unas pocas horas por la noche, para reclamar leche y pan en los pueblos, perseguir cerdos y gallinas, decapitar gansos a sablazos y dormir sobre montones de paja.

La pérdida de Wilno, cuna de Piłsudski, el 14 de julio, había sido toda una conmoción que el Kremlin agravó al ofrecerla a Lituania. Pero el hundimiento de la defensa de Brest (Brześć) y su famosa fortaleza, el 2 de agosto, asestó un golpe aún más cruel a la confianza polaca. Los comunistas locales se habían dedicado a incrementar la confusión entre los defensores, para ayudar a los asaltantes. El Ejército Rojo había pasado el río Bug. El Bug no solo era la última línea de la defensa antes de Varsovia, sino que además formaba parte de la Línea Curzon: la frontera teórica que el secretario de Exteriores británico recomendaba establecer como linde oriental de Polonia. Piłsudski se lamentó de la existencia de un «caleidoscopio del caos».[4]

El Primer Ejército de Caballería (Konarmia) de Budionny. Uno de los hombres lleva una budiónovka (el gorro blando de pico), que supuestamente se basaba en el casco de un bogatyr (personaje medieval similar a un caballero andante).

En el último momento se frustró la esperanza que Piłsudski tenía de destruir al Primer Ejército de Caballería. Cerca de Brody, unos 70 kilómetros al este de Lwów, Budionny se había creado su propia trampa. No acertó a romper la línea polaca, que se fue doblando y cercando a las fuerzas Rojas. Pero el 3 de agosto, cuando dos divisiones de la caballería polaca estaban a punto de cerrar el paso a la Konarmia, Piłsudski tuvo que ordenarles que volvieran para defender la capital después del desastre de Brest, y el Primer Ejército de Caballería logró escapar. «Hace unos pocos días me di cuenta de que la "moral" ha sufrido un hundimiento muy considerable. Los hombres creen que es hora de defender sus propias casas. No son pocos los que me han desertado, sobre todo después de la última batalla», escribió Broniewski.[5]

Si en Moscú la confianza en la victoria soviética iba en auge, las intercepciones del tráfico de radio del Ejército Rojo hicieron pensar a los polacos que su enemigo podría estar llegando al «punto culminante» (el momento en el que un ejército se ha excedido en su alcance, está cansado después de haber ganado mucho terreno y pierde a la vez el impulso y la iniciativa).

«El agotamiento y la desmoralización de las tropas bolcheviques aumenta a cada día que pasa —informó la II Oficina del ejército polaco, el 31 de julio—. Está creciendo el número de soldados enemigos que se pasa a nuestro bando... Sus tropas están malnutridas y, sobre todo, exhaustas, pero se les exige que avancen sin tregua y no pueden más. El enemigo interpreta que la retirada polaca es un truco para atraer a las fuerzas soviéticas a una trampa. Según los prisioneros de guerra, el 29 de julio una de las brigadas soviéticas se negó a obedecer las órdenes, debido al agotamiento y las bajas.»[6]

En el sur Budionny, incitado tanto por Stalin como por el comandante del frente, que era Yegórov, hizo caso omiso de lo dispuesto por Kámenev. Este le había ordenado apoyar a Tujachevski, porque su operación contra Varsovia era prioritaria. A Tujachevski le preocupaba la vulnerabilidad de su flanco izquierdo; pero debido a su cobardía moral, a la hora de tratar con Stalin, Kámenev prevaricó y no insistió en que se obedecieran sus órdenes. Budionny, entre tanto, siguió avanzando y alejándose hacia el suroeste, hacia la ciudad industrial de Lwów, con la intención de asegurarse su propio triunfo. Hubo quien, tremendamente optimista, se hizo ilusiones de asaltar luego Rumanía, Hungría, incluso Italia. Bábel escribió en su diario, el 8 de agosto: «Nos adentraremos en Europa hasta conquistar el mundo».[7] Lenin se tomaba en serio su previsión de una «Unión de Repúblicas Soviéticas de Europa y Asia», que se dirigiría desde Moscú.[8] Cuando Stalin contestó que los alemanes nunca aceptarían tal cosa, se enfureció con él y le acusó de chovinista.

Stalin había desaconsejado emprender una guerra contra Polonia mientras Wrangel siguiera representando una amenaza por la retaguardia. También había instado a Lenin a no subestimar el patriotismo polaco. Sin embargo, en este momento, el propio Stalin también se dejó llevar por una intoxicación prematura, ante la seguridad de que los ejércitos polacos se derrumbaban y la victoria era segura. Al tener la base en Járkov, la mayor parte del tiempo, Stalin no había estado lo bastante cerca de los combates para evaluar la situación con claridad. Por el norte, entre tanto, el Cuerpo de Caballería de Gai había rodeado Varsovia y se encontraba mucho más cerca de Berlín que de su punto de partida, en el río Berézina; pero había dejado atrás a los servicios de abastecimiento. Trotski ordenó que el Komintern preparase folletos propagandísticos en alemán, para que el Ejército Rojo pudiera distribuirlos nada más cruzar la frontera.

El 13 de agosto, cuando los ejércitos de Tujachevski avanzaban hacia Varsovia, el cuerpo diplomático se marchó hacia Poznań. Solo se quedaron los diplomáticos italianos, además de la Comisión Interaliada (integrada principalmente por oficiales franceses, bajo la dirección del general Weygand e incluyendo al joven comandante Charles de Gaulle). «En las crisis, los polacos prosperan», comentó el representante militar británico en Varsovia, el general de brigada Carton de Wiart,[9] que había logrado escapar de la fortaleza de Brest-Litovsk justo antes de que los Rojos la tomaran al asalto. Este resultó ser uno de los mejores momentos de Polonia. El ministerio de la Guerra, encabezado por el general Kazimierz Sosnkowski, estuvo a la altura de la situación. Para reforzar la moral de los soldados se puso en marcha un programa que proporcionó botas nuevas a los regimientos de la infantería (que habían destrozado las anteriores durante la larga retirada). Las unidades irregulares organizadas en defensa de la capital habían recibido un aluvión de miles de voluntarios, de prácticamente todo el espectro político. Muchos eran socialistas, estudiantes rebeldes y librepensadores, y no solo los fieles de la Polonia católica que se presentaban para combatir al Anticristo. En total la brigada del general

Haller pudo reunir y desplegar a 164.615 jóvenes. Eran hombres y también mujeres, y la mayoría no habían cumplido los veinte años.[10]

El 14 de agosto llegaron más malas noticias, cuando el 1.º Regimiento de Legionarios intentaba cruzar Lublin. Los Rojos habían cortado la vía férrea de Varsovia, pero la moral era elevada. Según escribió Lepicki: «La ciudad estaba repleta de infantes en marcha, de jinetes de la caballería, de los hombres de la artillería montada y, sobre todo, de los trenes de suministro, en número incontable, que impedían por completo el paso. Todas esas masas interminables de hombres, caballos, automóviles y vagones se dirigían hacia el frente. Eran la prueba más evidente de que nuestro Mando Supremo emprendía una ofensiva enorme que le traería al país o la muerte o la victoria. Nuestra división —que volvía a estar magníficamente pertrechada, orgullosa de su experiencia y confiada— se estaba desempeñando con excelencia y generaba entusiasmo entre las multitudes que rodeaban los coches. Nunca olvidaré la imagen de una anciana que se arrodillaba en el margen de la acera y bendecía a nuestra columna con una cruz en la mano».[11]

En Lublin, la Legión estaba siendo testigo de parte de una reorganización masiva de las tropas por iniciativa de su comandante supremo, el mariscal Piłsudski, que este había finalizado en la mañana del 6 de agosto. El hosco y experto veterano había descartado el consejo tanto del general Weygand como de su propio jefe del Estado Mayor, que apostaban por instalar una sólida línea de defensa por delante de Varsovia y dejar los contraataques para más adelante. Piłsudski, en cambio, decidió preparar una fuerza de asalto al sur, junto al río Wieprz, afluente del Vístula, para lo cual había retirado del Bug a su Cuarto Ejército. Él atacaría el flanco meridional y la retaguardia de Tujachevski en el momento en que los Rojos asaltaran Varsovia de frente. En la práctica Tujachevski había descartado ir frontalmente a por la capital. Esto le enfrentaría a unas defensas poderosas y al grueso de las tropas polacas. En consecuencia, planeaba rodear Varsovia por el norte, cuando ya estuviera cerca, y atacar por la vía de Modlin.

El 12 de agosto, el día en que había indicado a Tujachevski que tomara la capital polaca, dio comienzo la Batalla de Varsovia. Como acción inicial, el Primer Ejército Rojo empezó a bombardear las defensas de la ciudad en su cara nororiental. El general Haller dispuso que el Quinto Ejército de Sikorski, que era débil y se hallaba al noroeste de Modlin, atacara dos días después para aliviar la presión. Se sucedieron una serie de

El mariscal Józef Piłsudski.

desastres, con tropas que llegaban totalmente exhaustas por una marcha demasiado larga o sin sus trenes de munición. Varias formaciones huyeron, presas del pánico, y por Varsovia corrieron los rumores aterradores de un colapso. Los grupos de voluntarios se prepararon para defender la capital combatiendo calle por calle, y las mujeres, armadas con fusiles y en algunos casos ametralladoras, tomaron también posiciones. Los sacerdotes salieron a dirigir procesiones que bendecían a las tropas y rogaban que les librasen de los paganos bolcheviques. Se contaba que uno de ellos murió encabezando un contraataque mientras sostenía el crucifico en lo alto; también corrió una historia conforme se había visto a la Virgen María por encima del campo de batalla, entre las nubes.

Tujachevski, que estaba obsesionado con destruir el Quinto Ejército de Sikorski, no tenía ni idea de la amenaza que se formaba en su propio flanco sur. «La mañana del 16 de agosto fue fresca y encantadora —escribió Lepicki, del 1.º Regimiento de Legionarios—. Recibimos la orden de ponernos en marcha antes de que el sol hubiera tenido tiempo de absorber el abundante rocío del verano... Avanzábamos. Era la prueba final.»[12]

Ante la imposibilidad de seguir a la espera, mientras se libraban batallas cruciales al norte de Varsovia, Piłsudski lanzó a su fuerza de asalto, integrada por cinco divisiones, desde la línea del río Wieprz. Había logrado reunir 52.500 bayonetas y 3.800 sables. La clave era la velocidad. Necesitarían un efecto de choque y que el impulso no se perdiera, de modo que los ejércitos de Tujachevski carecieran de tiempo para recuperarse. Además los polacos necesitaban provocar el máximo de confusión. El jefe del servicio de inteligencia radiofónica tuvo que plantear primero la alternativa a la que se enfrentaban: «¿Deberíamos permitir que los bolcheviques se comuniquen por radio [para seguir sus movimientos] o sería mejor cortarles la comunicación por radio para sembrar el caos entre sus filas? Nuestro Estado Mayor decidió bloquear las comunicaciones radiofónicas de los bolcheviques durante cuarenta y ocho horas desde el inicio de nuestra ofensiva».[13] Como hablamos de la Polonia católica, la religión también tuvo un papel específico: «A través del morse del enemigo transmitimos puntos y rayas para crear un farfulleo incoherente del todo. Los operadores de radio de la emisora de la Ciudadela se iban turnando para emitir sin pausa durante las horas más cruciales de la Batalla de Varsovia. Lo primero fue encontrar un texto lo suficientemente largo para que los operadores del turno siguiente pudieran continuar con su trabajo; y fue la Biblia».[14] Se cree que esta táctica logró demorar el intento del Cuarto Ejército Rojo de escapar del pasillo entre Varsovia y la Prusia Oriental, durante un período crucial de veinticuatro horas, lo que posibilitó su destrucción.

El primer día del gran contraataque, Piłsudski estaba poseído por los nervios y la angustia. Aunque no quería verse demorado por una gran batalla en el inicio mismo de la ofensiva, quedó desconcertado al saber que sus cinco divisiones tan solo se habían encontrado con unos pocos destacamentos menores del enemigo. El reconocimiento aéreo y las patrullas de caballería no pudieron dar explicación. Las cinco divisiones siguieron caminando al día siguiente, aún dirigiéndose al norte, hacia la frontera con la Prusia Oriental; a la derecha iba solo el 3.º Regimiento de Legionarios, con la intención de llegar a Brest y el gran meandro del río Bug. Solo cuando Piłsudski se disponía a ir a dormir, en la segunda noche del avance, empezó a oír el ruido de los cañones, como truenos lejanos. Su formación del flanco izquierdo, la 14.ª División de Poznań, entró por fin en acción contra el Décimo Sexto Ejército Rojo, al sureste de Varsovia. Piłsudski optó por sacar de inmediato a la 15.ª División de su posición defensiva en el Vístula para reforzar el flanco izquierdo.

Al día siguiente, 18 de agosto, el Décimo Sexto Ejército Rojo, al mando de Sologub, se vio atacado desde dos direcciones y se desintegró con rapidez. Mientras se retiraban al este, recibieron una sucesión de ataques por el flanco, de diversas formaciones de asalto. Los lanceros polacos cargaron contra el cuartel general de la 8.ª División de Sologub y mataron a su comandante. Piłsudski, con la tranquilidad de que el plan estaba funcionando bien, regresó a Varsovia. En la capital casi nadie intuía que la derrota que temían (por obra del Cuerpo de Caballería de Gai, por el norte) estaba dando paso a un triunfo aplastante desde el sur.[15] Entre los que expresaron una admiración genuina por el logro de Piłsudski estaba el comandante De Gaulle: «A nuestros polacos les han salido alas. Los soldados que, hace tan solo una semana, estaban física y moralmente agotados, ahora corren hacia delante con saltos de 40 kilómetros al día. Pues sí, ¡es la Victoria! ¡Es una Victoria triunfante y absoluta!».[16]

«Primero dimos con un espacio vacío y, a marchas forzadas, cubrimos cincuenta verstas diarias —escribió Broniewski, que estaba con la 1.ª División de Legionarios—. Hasta llegar a Drohiczyn no topamos con unos trenes de suministro bolcheviques, que huían de Varsovia».[17] De camino a Białystok se encontraron incluso que el puente del río Bug había quedado sin vigilancia. «Los trenes de abastecimiento de los bolcheviques todavía están correteando hacia Wołkowysk. ¡Idiotas! Los apresamos y los dejamos atrás, nosotros seguimos avanzando... En los carros capturados hallamos un botín muy diverso: abrigos, violines, zapatos de mujer, municiones, ametralladoras...» En el 13.º Regimiento de Infantería, los voluntarios —adolescentes, algunos incluso de solo catorce años, que antes de la batalla se habían «hundido [y] gimoteado» escribían cartas de despedida para sus padres— ahora «marchaban en perfecta formación, un batallón tras otro, por las carreteras principales. De día, los polacos marchaban; de noche, los bolcheviques huían».[18]

En gran medida gracias a la operación de interferencia de las comunicaciones por radio, Tujachevski, desde su cuartel general del frente occidental, en Minsk, todavía no tenía ni idea del desastre que afligía a sus ejércitos, 550 kilómetros al oeste. Cuando finalmente tuvo noticia del ataque desde el sur, dio por sentado que se trataba de una distracción, con la finalidad de ayudar a las fuerzas polacas, muy agobiadas en la zona de Modlin. Nunca llegó a saber que el Décimo Sexto Ejército de Sologub huía hacia Białystok.

Gai tampoco supo de la ofensiva de Piłsudski y la retirada soviética hasta el 20 de agosto. Se dio la vuelta, hacia el este, y reventó una línea de la infantería polaca. En la derrota, los Rojos podían ser tan salvajes como los rusos Blancos; y el Cuerpo de Caballería de Gai era famoso por su crueldad. El 23 de agosto, una parte de la Brigada Siberiana avanzaba hacia Chorzele (un centenar de kilómetros al norte de Varsovia) sin haberse dado cuenta de que las tropas de Gai estaban allí. «La vista del campo de batalla era espantosa —escribió más adelante el general Żeligowski—. Había un gran número de cadáveres dispersos por todas partes. En su inmensa mayoría eran nuestros soldados, que no habían sido heridos o habían muerto en combate, sino que los habían matado después de la batalla. Había hileras muy largas de cadáveres, despojados de todo menos la ropa interior, sin botas, junto a las vallas y la maleza próxima. Los habían acuchillado con los sables y las bayonetas, les habían mutilado la cara, arrancado los ojos.»[19]

Al día siguiente la caballería de Gai se encontró bloqueada, contra la frontera de Prusia Oriental, por la 14.ª División de Poznań. La infantería que le acompañaba dejó las armas y pasó a territorio alemán. Gai hizo otro intento por abrir una brecha y escapar, pero estaban demasiado cansados, tanto los hombres como los caballos. Ante el temor a rendirse, después de las atrocidades que habían cometido, ellos también se salvaron pasando a Prusia Oriental. Mientras los ulanos alemanes los escoltaban, no obstante, lograron reunir fuerzas para cantar *L'Internationale*.

La 1.ª División de Legionarios, entre tanto, había llegado a Białystok el 22 de agosto, pisándole los talones al Décimo Sexto Ejército, que seguía en fuga. El poeta Broniewski fue condecorado con la Orden Virtuti Militari, por la valentía que exhibió en aquel avance extraordinario. «Lo más encantador —escribió— es el gozo sincero con que se nos recibe en todas partes. Marchar, marchamos sin tregua. [...] Seguimos adelante, adelante, con lluvia, un tiempo horriblemente húmedo.»[20]

Poco después de entrar en la ciudad, la compañía de Lepicki fue objeto del fuego enemigo: «Justo al lado de un puentecito, junto a la cuneta, vi el cadáver de un buen amigo, el teniente Soja. La muerte le había llegado rápido: una bala enemiga le había impactado en la cabeza. Estaba allí tendido con la boca abierta, lleno de una sangre roja como un rubí, que goteaba, dándole un aspecto extrañamente triste. Estaba allí como si durmiera, con los dedos todavía aferrados con fuerza a su compañero inseparable, un bastón nudoso. Yo no tuve tiempo de hacer prisioneros, teníamos que ir directamente a la estación. Entre tanto, por toda la ciudad, entre el ruido de las ametralladoras y los gritos de los combates, iban apareciendo en las ventanas signos blanquirrojos de la libertad de Polonia. Las damas más afectadas empezaron a tomar las calles, aunque las balas aún silbaban y la metralla aún hacía sonar su música terrible. Iban llorando y sollozando, en línea con esa norma femenina según la cual una tiene que llorar tanto en la pena como en la alegría».[21]

Lepicki, al oír el pitido de un tren que estaba a punto de partir, corrió con sus hombres al patio de maniobras de la estación de Białystok. Pareció que tardaban un siglo en montar la ametralladora, pero el tren tardó más aún en ponerse en verdad en movimiento. «Fue un margen breve pero fue suficiente para que nuestras ametralladoras rastrillaran el tren, que iba no lleno, sino embadurnado de bolcheviques, que se aferraban a todo lo que podían. Los que eran alcanzados caían a la vía y las ruedas de los vagones, con su paso lento, les machacaban la cabeza, los brazos, las piernas, el cuerpo. Era una vista horripilante, esos montones de cuerpos masacrados... "Esto, ¡por Soja!", pensé yo, y fui andando hacia el edificio de la estación, donde un grupito de comunistas desesperados se resistía ferozmente a los polacos. Tras unos quince minutos de lucha no quedó ni un enemigo delante de mi compañía.»[22]

Mientras las tropas de Tujachevski huían hacia el este, de vuelta hacia el río Niemen, o escapaban al norte de Prusia Oriental, a Budionny la conquista de Lwów le estaba resultando bastante más dura de lo previsto. Ya el 6 de agosto Yegórov, el comandante del frente, había ignorado las órdenes del Stavka Rojo, que mandaban desviar sus fuerzas al noroeste, hasta llegar a Lublin, para que estuvieran en disposición de apoyar a Tujachevski. Kámenev se había mostrado débil y lento en su exigencia, pero la pretensión de Yegórov, Stalin y Budionny, de que nunca habían recibido sus instrucciones, era sencillamente desvergonzada. El Primer Ejército de Caballería no llegó hasta el 19 de agosto a las afueras de Lwów, donde tuvo que entablar combates duros con jóvenes voluntarios polacos y resistir los ametrallamientos de la fuerza aérea. Budionny ya no podía descartar las órdenes de Tujachevski y Kámenev, e incluso un telegrama de Trotski. Desanimado por el fracaso de Lwów y las nuevas órdenes, el Primer Ejército de Caballería se retiró al otro lado del Bug.

Budionny seguía teniendo solo una idea sumamente vaga del desastre que le había ocurrido al frente occidental de Tujachevski cuando recibió una orden formal de Kámenev, en su calidad de comandante en jefe del Ejército Rojo: se le exigía que siguiera avanzando hacia Lublin. El plan carecía de sentido. Era un gesto fútil que Kámenev, quizá para compensar su debilidad anterior, insistió en que era una distracción necesaria. Y en esta ocasión la camarilla del Ejército de Caballería se sintió obligada a obedecer, para compensar las negativas anteriores. Con lentitud, debido al agotamiento de hombres y monturas, la Konarmia de Budionny se puso en camino hacia Lublin. La victoria polaca en el norte le permitía ahora a Piłsudski redirigir hacia el sur a Sikorski y una parte de su Quinto Ejército, para que se uniera al Tercer Ejército en persecución del odiado Ejército de la caballería Roja. Se encontraron con que, casi por casualidad, el 29 de agosto lo tenían atrapado frente a las murallas de Zamość, a medio camino de Lwów y Lublin.

Esta hermosa ciudad renacentista, bautizada en 1580 en recuerdo de su fundador, Jan Zamoyski, se había construido para atraer a los mejores artesanos de toda Europa; en su mayoría, judíos.* A Budionny no le preocupaba mucho, en principio, hasta que tuvo noticia, por medio de los prisioneros, de la gravedad de la derrota de Tujachevski. Su ejército se estaba adentrando, sin apenas apoyos, en el corazón de la Polonia victoriosa.

El 31 de agosto de 1920 se produjo el último gran choque de la caballería al estilo napoleónico. Fue al este de Zamość, cuando la Konarmia intentó abrirse paso hacia el río Bug. La batalla se centró en y alrededor de un cerro que se ha dado en llamar Colina 255, y sus alrededores inmediatos. Fue todo un día de *mêlée*, con combates desorganizados cuerpo a cuerpo entre los lanceros y los regimientos de los cosacos Rojos, con cargas, vueltas y cargas renovadas con las lanzas, los sables y los revólveres. En parte gracias a la lluvia intensa y la mala visibilidad, Budionny y su Estado Mayor lograron zafarse del combate, con muchos de sus hombres. Pero fue la última gran acción de la Konarmia. Fue el

---

* Con un extremo grotesco de mal gusto, a Himmler el lugar le enamoró tanto que durante la ocupación alemana hizo que se llamara Himmlerstadt.

«principio del fin, para el Primer Ejército de Caballería», según escribió Bábel, en referencia al quebranto anímico.[23] En un estado de completa desmoralización, se retiraron, no sin ventilar el rencor contra todos los poblados polacos y *shtetl* judíos que encontraban en su camino.

Stalin había vuelto a Moscú. Le parecía que su mejor método de defensa, ante el Politburó, sería atacar. Lanzó todo su desprecio sobre la forma en que se había manejado la campaña de Varsovia, responsabilizando implícitamente a Kámenev y Trotski. Se negó a aceptar ninguna culpa propia por el desastre del norte, que se podía justificar por el hecho de que el Konarmia nunca podría haber llegado a tiempo de marcar la diferencia. Pero no era fácil que le perdonaran haberse saltado las órdenes. Stalin presentó la dimisión del Comité Revolucionario Militar, con un descontento expreso, y nunca perdonó a Trotski. Lenin, por su parte, al menos demostró algo de humildad. Reconoció que todo el proyecto de «sovietizar Polonia» había resultado un desastre.[24]

Tujachevski, por su parte, intentó formar una línea defensiva a lo largo del río Niemen; pero Piłsudski no cejó en su ofensiva. La presión internacional para que se firmara un armisticio se intensificaba. Los dos bandos querían apretar en lo posible para reclamar su derecho a aquellas tierras fronterizas en disputa, pero al Ejército Rojo no le quedaba ánimo para seguir combatiendo. A mediados de octubre los polacos habían reconquistado Wilno y Minsk y habían regresado hasta el Berézina. El general Wrangel, que contemplaba los acontecimientos desde Crimea, se resignó a una paradoja amarga. La victoria de los polacos significaba que esa guerra había concluido, el Ejército Rojo se desplegaría ahora hacia el sur y la causa Blanca dejaría de tener representación en suelo ruso.

39

La Riviera del Hades

De septiembre a diciembre de 1920

Incluso durante los peores momentos de la caótica retirada de Polonia, desde el Kremlin los líderes de Rusia no se olvidaron del general Wrangel en Crimea, por mucho que los Blancos nunca llegaran a representar una amenaza seria contra la retaguardia del Ejército Rojo. El ejército de Wrangel, sencillamente, carecía de la potencia precisa para salir con fuerza desde el pequeño triángulo de la Táuride septentrional.

Piłsudski nunca le animó. Desde su punto de vista Wrangel no era mejor que un imperialista panruso como Denikin; y por supuesto no iba a arriesgar ni la vida de los polacos ni el capital político para ayudar a una causa que sabía perdida. El propio Wrangel tampoco se hizo ilusiones, desde el momento en que asumió el cargo de comandante en jefe. La gran pregunta era si sobrevivirían al invierno.

El 21 de septiembre se nombró a Mijaíl Frunze comandante de un frente meridional reorganizado. Frunze llegó al cuartel general de Járkov seis días más tarde. El Kremlin necesitaba su confianza y competencia, después de las desastrosas vacilaciones de Kámenev en la guerra con Polonia. Además de con el Décimo Tercer Ejército, el frente contaba con la 51.ª División, de Vasili Bliújer (Blücher) y un Segundo Ejército de Caballería recién formado, que no pasaba aún de los 2.770 efectivos.[1] A instancias de Trotski, lo capitaneaba Filip Mirónov, una decisión que sentó fatal entre la camarilla de Stalin; pero en parte se debía a que el Primer Ejército de Caballería, de Budionny, también se reincorporaría al asalto en cuanto se hubiera recuperado de la campaña polaca.

En el orden de batalla del frente meridional había otro comodín. En agosto los Rojos habían llegado a un acuerdo con el Ejército de Insurgentes, de Majnó, por el que este proporcionaría el equivalente a una brigada para la lucha contra Wrangel.[2] El interés principal del Stavka era impedir más ataques en las zonas de su retaguardia, y en Majnó solo veía a un «aliado temporal».[3] Las relaciones entre Majnó y los comunistas habían sido extremadamente tensas. Justo antes de este pacto la Checa había intentado reclutar asesinos para que lo mataran; por su parte «Majnó irrumpió en Konstantinograd y, en el transcurso de dos días, mató a sablazos a 84 soldados del Ejército Rojo».[4] En cuanto al propio Majnó, mientras sus hombres partían hacia el norte de la Táuride, él se quedó en Guliai-Polie.

Frunze concentró su artillería, y a su fuerza más poderosa («el grupo de la orilla derecha») en la cara noroccidental del bajo Dniéper, frente a Kajovka, donde tenía su base el cuerpo de Slaschov. A mediados de agosto Wrangel se había visto obligado a relevar a Slaschov del mando, después de que su cuerpo no acertara a derrotar a las fuerzas Rojas que atravesaban el Dniéper. Al visitar su cuartel general Wrangel lo había encontrado postrado por las drogas y el alcohol, con una bata turca ribeteada de oro, y rodeado por su colección de pájaros. El joven comandante, tan brillante como cruel, había cruzado definitivamente la línea que separaba la excentricidad de la locura.

El Cuerpo de Caballería del general Barbóvich, que se había quedado en la zona central de la Táuride norte, con la finalidad de contrarrestar cualquier movimiento ofensivo, también sufrió pérdidas de gravedad en los combates de los alrededores de Kajovka. Kámenev afirmó que los contraataques temerarios de la caballería, sin apoyo de la artillería, contra las alambradas de las posiciones Rojas en la cabeza de puente, era una «auténtica locura».[5] Para los Blancos, el problema era que disponían de menos de veinte proyectiles diarios para sus cañones de campaña, y no podían contar con recibir más de británicos ni franceses. La importancia estratégica de Kajovka para Wrangel y sus comandantes saltaba a la vista con tan solo echar un vistazo al mapa. La carretera de Kajovka iba directa al istmo de Perekop, a tan solo 80 kilómetros de allí. En palabras del Stavka Rojo, Wrangel carecía de «libertad operativa».[6]

La razón principal de no apostar por lo seguro y retirarse al interior de Crimea era el fracaso de la expedición del general Ulagái en el Kubán. Ahora necesitaban extraer todos los cereales posibles de la Táuride septentrional, para alimentar durante el invierno inminente a una población crimea muy crecida. En aquel momento, sin embargo, cuando en las negociaciones polaco-soviéticas ya se encaraba un acuerdo, Wrangel sospechaba que probablemente no podrían resistir más allá del otoño.

El 8 de septiembre Frunze renombró como Sexto Ejército al «grupo de la orilla derecha». La llegada posterior del Cuarto Ejército le daría una superioridad aplastante, con 133.000 hombres, frente a los 37.000 Blancos. Se había iniciado una intensa campaña de reclutamiento en las fábricas. Se pedía a los proletarios leales y los miembros del Partido Comunista que se presentaran voluntarios para lograr que la presencia Blanca dejara de contaminar para siempre el suelo soviético.

Frunze contaba con otra ventaja. La red de espías de la Oficina del Don había aumentado mucho desde que se puso de manifiesto que la victoria Roja era segura. Y esto se hizo extensivo incluso a zonas reconquistas por los Rojos, como el Donets, el Don, el Kubán y el Cáucaso. Los comandantes Rojos tenían una urgente necesidad de inteligencia sobre los grupos de partisanos, tanto Verdes como Blancos, y sus levantamientos. Los agentes del interior del Cáucaso informaron de que el general Shkuró había establecido su cuartel general en Tereklí (Jemtob, en el Daguestán). Una red de mujeres cosacas actuaban como mensajeras entre su Estado Mayor y las otras unidades de la caballería guerrillera (una de las cuales disponía de 5.000 efectivos). Estaban recuperando arsenales de munición que las tropas de Denikin habían enterrado antes de marcharse. «El cuartel general se comunica con Wrangel a través de Sujumi y Kazbek. El cuartel general tiene por misión realizar propaganda y propiciar un levantamiento en las regiones del Térek y el Kubán. La población local está a favor de estas pandillas.»[7] Los agentes Rojos también tenían órdenes de proporcionar pruebas vinculantes del modo en que el gobierno menchevique de Georgia enviaba en secreto a Crimea a oficiales Blancos que habían estado recluidos en Tiflis, porque Wrangel había «enviado a emisarios a negociar su liberación».[8]

Un agente con el nombre en clave de «Piérets» («pimienta») informó sobre la escasez de proyectiles y carbón en Crimea: «He conseguido trabar amistad con un oficial de artillería y algunos marinos. Me han contado que durante los dos últimos meses no han recibido entrega alguna de proyectiles ni uniformes. Tienen orden de hacer durar la munición. Los marinos dicen que la reserva es corta».[9] De hecho, la carestía de carbón era tal que el puerto de Sebastopol estaba lleno de mercantes sin posibilidad de repostar el combustible. Se había producido una rebelión que el general Kutépov había sofocado con brutalidad. Desde entonces las autoridades Blancas habían emplazado a estudiantes en la mayoría de los barcos, para que vigilasen a los marinos e informasen de cualquier problema al Departamento de Contrainteligencia. Los agentes comunistas también enviaron informes sobre las condiciones, actitudes y conversaciones que se daban en las ciudades costeras de Crimea. Sostuvieron que los oficiales, para elevar la moral de los Blancos, se esforzaban por difundir el rumor de que en secreto Majnó trabajaba a favor de su bando.

El salario de un oficial menor, de 9.000 rublos al mes, podía llegar a cubrir (suponiendo que lo recibiera a tiempo) el coste del alojamiento de su esposa o su familia en Crimea, pero no la alimentación. Los refugiados también se morían de hambre. En su mayoría sobrevivían a base de anchoas, porque la libra de pan rondaba los 500 rublos. La gente se vio obligada a vender casi todas sus pertenencias, incluidos los abrigos, a las puertas del invierno. «Nos morimos de hambre —le escribió a su marido la esposa de un militar, desesperada—. Ya hemos vendido todo lo que teníamos. Lo único que me queda por vender es el cuerpo.»[10]

Todos los testigos que contaron sus impresiones sobre esta sociedad de desplazados tendieron a centrarse en la desesperación de la mayoría y la cínica corrupción de la minoría, como los que se encorvaban sobre las mesas de los cafés para hacer cambios de divisas o vender pasajes a la seguridad de un país extranjero. Un relato contempla el empobrecimiento de las «expersonas» con un grado notable de satisfacción porque les aguarde un destino terrible: «Las damas nobles y las damiselas, antiguas damas de honor, altas y ahora esqueléticas como ratas, venden las joyas de la familia por la mañana, en el mercado negro. Les tiemblan los labios y en sus ojos nunca se secan las lágrimas. Los especuladores les pagaban con los billetes de Denikin, las "campanas", que ahora nadie quiere aceptar. Durante el día se apiñan en los pasillos de los consulados, con la esperanza de que se presente alguna oportunidad, y en las instituciones donde el comercio de pasaportes está en su máximo esplendor y uno puede adquirir un pasaporte de cualquier nación por una cantidad decente... Por la noche, en los restaurantes y cabarés donde algunas mujeres de aspecto más que dudoso sirven a las mesas, los oficiales Blancos se emborrachan y se gastan el botín en bebida, disparan contra el techo con sus revólveres y cantan "Dios salve al zar", obligando a la audiencia a ponerse en pie».[11]

El 8 de octubre Wrangel atacó la cabeza de puente que los Rojos habían tomado en Kajovka y cruzó el Dniéper frente a Aleksándrovsk para luego virar hacia el oeste, contra Níkopol. El objetivo principal era reducir la amenaza de un ataque súbito desde Kajovka contra el istmo de Perekop. En un plazo de veinticuatro horas Kámenev tuvo que reconocer que la División de Márkov «había ocupado una cabeza de puente a lo largo de la orilla derecha del Dniéper, de 25 kilómetros de profundidad».[12] Al día siguiente, justo cuando el gobierno soviético y los polacos firmaban un armisticio en Riga, los Blancos se abrieron paso hasta entrar en Níkopol.

Frunze se apresuró a intensificar su contraataque a los Blancos en la orilla noroccidental del bajo Dniéper. El 14 de octubre el Segundo Ejército de Caballería, «tras concentrar un poderoso puño montado en la zona del pueblo de Shélojov, infligió una derrota aplastante al grupo de la caballería enemiga, que constaba de tres divisiones».[13] El Comité Revolucionario Militar del frente meridional informó a Trotski de que el Segundo de Caballería «empezó un avance decisivo, con apoyo de la infantería, y después de siete horas de tenaz batalla obligó al enemigo, a tres divisiones de caballería y dos de infantería, a volver a Níkopol. Bajo la presión de la caballería Roja su retirada caótica se convirtió en una huida marcada por el pánico. Las unidades enemigas huyeron abandonando las armas, los carros de suministro, los vehículos blindados y las municiones... Según numerosas declaraciones de prisioneros, el general Babíev ha muerto y el general Barbóvich ha sido herido de gravedad. Los combatientes Rojos han mostrado un heroísmo asombroso».[14] Mirónov, que guió en persona la carga del Segundo de Caballería, incluso perdió a su caballo por un tiro desde debajo del animal. Ese día, 14 de octubre, proclamaron, «señalaba el principio de la derrota de Wrangel».[15] Budionny y Stalin no debieron de sentirse nada felices ante este relato del triunfo de Mirónov.

Consciente de que había llegado el momento, Wrangel dirigió la retirada al interior de la península de Crimea a través del istmo de Perekop. Sus hombres lucharon tan duramente contra la evidente superioridad enemiga que Frunze, en su informe a Moscú, ensalzó su resistencia, más cuando estaban hambrientos y helados, con uniformes harapientos en temperaturas que ya bajaban de los quince grados negativos. «El otoño de 1920 fue muy frío. El hielo llegó muy pronto», se lee en las notas de Boyárchikov, que estaba con el cuartel general del Segundo de Caballería.[16] Aunque el grueso de las tropas Blancas evitó la captura, sin em-

*Una fotografía ciertamente artificiosa de los vencedores Budionny,
Frunze y Voroshílov en Crimea, 1920.*

bargo tuvieron que renunciar a las reservas de cereales de la Táuride septentrional, que cayeron en manos de las fuerzas de Frunze.

La 51.ª División de Fusilería de Bliújer, en plenitud de capacidades y en compañía de la caballería de Mirónov, se acercó al istmo de Perekop preparada para realizar un ataque frontal contra las antiguas defensas de la «Muralla Turca», que habían fortificado de nuevo los veteranos de Kutépov. El grueso de la artillería Blanca, de sus ametralladoras, y de sus últimos vehículos blindados estaba concentrado allí; el resto de trenes blindados estaban por detrás, en la vía férrea. Pero a la postre la brecha definitiva no se abrió en este punto.

Wrangel, resuelto a no repetir los errores de la caótica evacuación de Novorosíisk, se aseguró de que el pánico no estallaba. Tranquilizó a la población civil y los refugiados con la idea de que Crimea era prácticamente inexpugnable y salió del hotel Kist (su nuevo cuartel general, en Sebastopol) para hablar con la gente de la calle que estuviera viviendo la situación con angustia. Entre tanto organizaba discretamente la evacuación de todos los que tendrían que marcharse. Contactó con la Royal Navy, el comandante del destacamento de la Marina estadounidense en el sector que denominaban Aguas Turcas, y también la Armada francesa, para pedirles ayuda; además se aseguró de que todos los barcos Blancos estaban listos para zarpar. En comparación con Denikin, tenía una gran ventaja: podía usar cinco puertos para la evacuación, no solo uno. Por otro lado, tuvo suerte de que el acoso del Ejército Rojo fuera tan lento como fue.

En cualquier caso, bien estuvo para los suyos que Wrangel no hubiera perdido el tiempo. En la noche del 7 de noviembre —tercer aniversario del golpe de los bolcheviques en Petrogrado— Frunze lanzó el asalto sobre Crimea desde una dirección inesperada. El Cuarto Ejército, con el apoyo de parte del Segundo Ejército de Caballería, empezó a cruzar el Sivash, un lago salado de poca profundidad. Se había producido un milagro laico que favoreció a los ateos: un violento viento del noroeste había dejado al descubierto la llanura fangosa del fondo, que en buena medida se había congelado como una piedra. Esto permitió que dos divisiones del Cuarto Ejército, apoyadas por la 7.ª División de Caballería y el Ejército de Insurgentes de Majnó, atravesara los 6 kilómetros hasta llegar a la península Litovski. Fue un trayecto de tres horas que no estuvo libre de penalidades. «El fango era intransitable y se tragaba a los hombres y los caballos. El helor era tan intenso que la ropa húmeda se congelaba sobre los soldados», anotó uno de los participantes.[17] Cuando el viento amainó el agua salada resurgió y ahogó a no pocos hombres. A pesar de las pérdidas, los Rojos pudieron sorprender a una brigada de caballería del Kubán que ya estaba desmoralizada de antemano. Al día siguiente, cuando se produjo el ataque central contra la Muralla Turca, a la una de la tarde, Kutépov ya había tenido que desviar unidades para reforzar a los cosacos del Kubán, además de responder al ataque frontal del Sexto Ejército Rojo. Sus tropas lograron repeler los dos primeros asaltos, y provocaron bajas cuantiosas; pero la tercera oleada abrió una brecha y pasó.

Mientras los regimientos de Kutépov se batían en retirada, la caballería Blanca de Barbóvich logró acometer la retaguardia de la 51.ª División de Bliújer; pero a su vez se vieron atacados por la sección de cabeza del Segundo Ejército de Caballería de Mirónov. Esto dio origen al último enfrentamiento montado de la guerra, «con los sables relucientes».[18] La táctica de Mirónov era cargar, pero en el último momento sus escuadrones se abrieron con brusquedad hacia el exterior, las *tachankas* se apresuraron a ocupar el espacio abierto y «dispararon sus 250 ametralladoras». «Las primeras líneas de la caballería enemiga cayeron abatidas de inmediato. Otras intentaron escapar, pero muy pocas sobrevivieron.»

El avance del Primer Ejército de Caballería en tierras crimeas fue más lento, pero probablemente porque en el camino se demoraba en la venganza. La enfermera Ana Ivánovna Yegórova se unió a los compañeros procedentes de un hospital de campaña de Dzhankói, por detrás del frente, que había sido tomado al asalto por los soldados de Budionny. «Les habían robado, les habían quitado toda la ropa —escribió—, habían violado a las enfermeras, tenían la cara enrojecida de las palizas. Fue la caballería de Budionny. [...] Los médicos lloraban. "¡Y han matado a Lida, la esposa del farmacéutico! ¡La han cortado en dos, a ella y al bebé que esperaba!" Yo no fui a ver a Lidia... Todas las enfermeras tenían la ropa despedazada. Tenían la cara roja, habían llorado mientras las violaban, y los hombres las abofeteaban y les exigían que estuvieran alegres... Los médicos y las enfermeras le estaban contando al doctor Grúber lo que habían vivido. Todos los médicos se negaron a mirar mientras violaban a las enfermeras. Uno de los jinetes de Budionny se acercó a un médico que había vuelto la cara hacia otro lado y le soltó un bofetón. "¡Deberías estar contento de vernos aquí! ¿Es que no tienes idea de quién es Budionny?"»[19]

La noticia de que el Ejército Rojo había logrado entrar en la península de Crimea produjo una reacción rápida. El 11 de noviembre Wrangel ordenó que todos los barcos Blancos se dirigieran a los puertos asignados: del oeste al este, se trataba de Yevpatoria, Sebastopol, Yalta, Feodosia y Kerch. El trabajo de los estados mayores fue impresionante. Todas las formaciones del ejército recibieron instrucciones de a qué puerto debían dirigirse. Las Armadas Aliadas también reaccionaron con rapidez, pese a que cierto informe hablaba de la presencia de un submarino Rojo en aguas de Crimea. El almirante McCully dictó órdenes para todos los navíos de bandera estadounidense en la región, indicando que «las fuerzas de Wrangel solo podían resistir unos pocos días más» y que él se negaba a «dejar atrás a esas personas sabiendo que los bolcheviques las van a matar».[20]

El mismo día —el jueves 11 de noviembre, cuando se supo que las fuerzas Rojas habían roto la línea defensiva de los Blancos en el istmo de Perekop— los buques de guerra de la Marina estadounidense en aguas turcas se reorganizaron de inmediato. Al destructor USS *Humphreys*, recién salido de las atarazanas, se le envió de Batumi a Feodosia; el USS *John D. Edwards*, que estaba de camino a Varna, puso rumbo a Sebastopol; el USS *Whipple* se dirigió a Constanza a toda velocidad para reponer combustible, antes de partir hacia Crimea; y al USS *Fox* se le ordenó que estuviera listo para zarpar. Al día siguiente, con la confirmación de que la situación se estaba deteriorando con rapidez, el crucero USS *St. Louis* recibió «el aviso codificado de que todo el personal debía volver a bordo», tomar carbón y hacerse a la mar.[21]

La Cruz Roja estadounidense, que iba en el SS *Faraby*, puso proa hacia Feodosia, donde llegaron el 13 de noviembre y encontraron las persianas bajadas, y las calles, oscuras. Los restos del Cuerpo de Caballería del Don entraban en la ciudad y «se rumoreaba que los bolcheviques estaban a tan solo 25 kilómetros».[22] Al día siguiente, el *Faraby* cargó a heridos en Sebastopol, junto con los USS *Whipple* y *Overton*, dos destructores británicos y el USS *Humphreys*, que se encargó de 113 casos en camilla. Los heridos y enfermos se quedaron en cubierta, mientras el médico de cada barco trabajaba sin descanso en sus heridas. «Se dictaron órdenes estrictas para que la tripulación no entrara en contacto con los piojos infecciosos», escribió un oficial. Pero aun así reconoció que los tripulantes hacían lo que estaba en su mano por los enfermos: «había circulación libre de cigarrillos y golosinas».

Un exiliado, desde otro de los barcos, vio cómo «los cosacos, con expresión sombría y los ojos de llenos de lágrimas que no podían esconder, se esforzaban por encontrar a sus amigos del alma entre los miles de caballos reunidos en el puerto... El lazo entre el cosaco y su caballo era proverbial. Yo creo que aquel día tuvo que morirse algo en los corazones de los cosacos».[23] La evacuación de Sebastopol se completó el domingo 14 de noviembre. Wrangel, una vez satisfecho con haber hecho todo lo posible, se marchó a Yalta por la noche a bordo del crucero Blanco *General Kornílov* (nuevo nombre del *Kagul*).

El USS *St. Louis* llegó a Sebastopol en compañía de varios destructores, pero como no vieron que faltara recoger a tropas, pusieron rumbo directo a Yalta, donde se encontraron con el HMS *Benbow* y el crucero francés *Waldeck-Rousseau*. El *St. Louis* estaba capitaneado por William D. Leahy, quien más adelante ascendería al rango supremo de la Armada estadounidense («almirante de la flota») y fue uno de los asesores directos del presidente Roosevelt en la conferencia de Yalta. La tarde era soleada y el mar Negro estaba en calma. Los oficiales de a bordo contemplaban los cipreses que rodeaban «las fachadas de un blanco deslumbrante, de las mansiones» construidas en las faldas más bajas de la sierra Krymski.[24] En ese momento Leahy no podía intuir que, un cuarto de siglo más tarde, regresaría al mismo lugar con el mundo destruido de nuevo, y en circunstancias aún más ventajosas para la causa comunista.

Se habían colgado toldos de lienzo sobre las cubiertas, para proteger a los refugiados que se transbordaba a los buques de guerra. De pronto alguien gritó desde el *St. Louis*: «¡Las colinas! ¡Mirad las colinas!». «En los cerros que se levantan sobre el extremo occidental de Yalta, sobre una cornisa o una pista de montaña, marchaba un grupo de figuras marrones que rompió filas y descendió irregularmente por la ladera. Mientras las figuras apuraban la carrera, se alzaban nubecillas de humo blanquecino en contraste con el fondo más oscuro, a lo que seguía el sonido de disparos de fusilería, que hallaban eco en las otras colinas. El crucero francés, en cuanto se puso en marcha, abrió fuego con su armamento secundario, con un gesto fútil.»[25]

La evacuación de Yalta había sido tranquila y ordenada hasta los momentos finales. Cuando zarparon los últimos vapores civiles, se oyeron «por la ciudad disparos de fusil intermitentes». También hubo una gran explosión cuando se hizo saltar por los aires un arsenal de munición. El general Wrangel, desde el *Kornílov*, iba saludando a todos los barcos al paso, que le vitoreaban en contestación. «Estaba intentando inspirarnos un poco de esperanza para el futuro difícil que nos esperaba. Nosotros le vitoreábamos todos al paso porque él nunca nos había fallado», escribió uno de los exiliados.[26]

Feodosia y Kerch no se despejaron hasta el día siguiente, 16 de noviembre. El *Waldeck-Rousseau* disparó una salva de veintiún cañones para despedirse de Wrangel y el Kornílov: «el último saludo a la bandera rusa en las aguas territoriales rusas».[27] En conjunto unos 126 barcos de distintos tamaños consiguieron evacuar a un total de 145.693 civiles y militares, de los que 83.000 eran refugiados. Tomaron tierra en Constantinopla, donde ya había unos 35.000 rusos, en las islas Prínkipos, en el mar de Mármara.

«El 16 de noviembre de 1920 las fuerzas del Ejército Rojo ocuparon en su totalidad el territorio de Crimea», declaró el Stavka Rojo. Para los Rojos esto supuso la conclusión de la guerra. «Cuando nuestra caballería entró en Simferópol y Sebastopol, las calles de estas ciudades estaban repletas de carros abandonados cargados de municiones, alimentos y uniformes. Los caballos aún estaban enganchados a los carros, e intentaban liberarse. Las calles estaban atascadas y los escuadrones encontraban dificultades para pasar. Las casas tenían las ventanas cerradas con tablones, lo que daba la impresión de que estaban vacías; pero de hecho la mayoría de los residentes de estas ciudades no habían llegado a marcharse. No hablo de los habitantes ricos, sino de los vecinos de a pie, los artesanos y los comerciantes. Cuando llegamos con nuestras monturas hasta el puerto de Sebastopol nos aguardaba una escena exótica. El horizonte estaba lleno de barcos que se llevaban de Rusia para siempre a los *burzhui* y los restos derrotados del Ejército Blanco.»[28]

La impresión que dan las memorias de Wrangel, así como los relatos de muchos otros supervivientes, es que la evacuación permitió salir a todas las personas que en efecto querían escapar. Pero es difícil reconciliar esta imagen con las oleadas de ejecuciones que se produjeron inmediatamente después de que los barcos zarparan. El Stavka del Ejército Rojo señaló que muchas unidades de la retaguardia y «un gran número de refugiados no se embarcaron».[29] Como cálculos fiables, se ha apuntado que unos 15.000 heridos se quedaron atrás, al igual que un total de 2.009 oficiales y 52.687 soldados del Ejército Ruso de Wrangel.[30]

«En adelante, el exilio y las intrigas miserables sería la suerte que aguardaba a los que habían intentado detener el curso de la historia», escribió Kámenev sobre los que se marcharon.[31] El Stavka Rojo no hizo mención del «perdón total de todos los delitos conectados con la contienda civil»[32] que Frunze había prometido a todos los que entregaran las armas. Saltaba a la vista que Lenin estaba descontento con esta exhibición de generosidad y ordenó que no se repitiera, bajo ninguna circunstancia. La victoria tenía que significar venganza, tanto en el país como en el extranjero.

Pável Makárov, el edecán de Mai-Mayevski que en secreto era comunista, se reunió con las tropas del Ejército Rojo. Describió que 83 Blancos se habían arrancado las hombreras justo antes de que los apresaran y fingieron ser Verdes. El regimiento de caballería no perdió el tiempo y «se los enviaron a Kolchak», que era un eufemismo jocoso para las ejecuciones. Al llegar a Feodosia, justo por detrás del Ejército de Insurgentes de Majnó, se dirigió a uno de los puntos más elevados de la ciudad, para examinarla con los prismáticos. Pudo ver «una masa de caballería» que descendía por una colina «como un río de lava».[33] Sin duda, como la mayoría de los integrantes del Ejército Rojo, estaban impacientes por darles una lección a cualquier oficial o _burzhui_ consentido que aún pudiera quedar en Crimea.

Lenin le dijo a Dzerzhinski que a los prisioneros de Crimea no habría que retenerlos en el sur de Rusia y el Cáucaso, como este proponía; lo más conveniente sería «concentrarlos en algún lugar del norte».[34] En concreto esto aludía a los campos de concentración de los alrededores del mar Blanco, de los que muy pocos reclusos salieron con vida. Sin embargo, la mayoría de los prisioneros hallaron una muerte mucho menos dilatada, más inmediata. El hombre que estuvo al mando del Terror Rojo en Crimea —que apenas caben dudas de que fue el más concentrado de todo el territorio soviético— no resultó ser Dzerzhinski, sino el comunista húngaro Béla Kun, con la ayuda de Rozalia Zálkind, una comisaria conocida como Zemliachka. Béla Kun dio a entender que actuaba según le habían ordenado: «El camarada Trotski nos dijo que no visitarían Crimea mientras allí pudiera quedar aunque fuera un solo contrarrevolucionario. Crimea es una botella de la que ninguno de los contrarrevolucionarios logrará escapar».[35]

Supuestamente, los prisioneros eran sometidos al «examen» de los chequistas en el Departamento Especial de cada formación del Ejército Rojo.* Se colgaron carteles que exigían que todos los oficiales no apresados registraran su presencia y, dando crédito a la promesa de Frunze, muchos lo hicieron; pero se encontraron con que los arrestaron de inmediato. En Simferópol, un joven oficial llamado Demídov rogó a su madre que le llevara unos calcetines de abrigo a la prisión. Cuando la

---

* Este «Departamento Especial» de contrainteligencia —el OO, siglas de _Osoby Otdiel_— fue creado un año antes por Féliks Dzerzhinski, a instancias de Lenin, para asegurarse de que la Checa mantenía el control sobre la disciplina política del Ejército Rojo. Así se mantuvo bajo las organizaciones sucesoras de la Checa, hasta abril de 1943, cuando los destacamentos especiales del NKVD se separaron para formar el SMERSh (_Smert shpiónam!_, «Muerte a los espías»), dirigido por Víktor Abakúmov.

madre pudo visitarle, le dijeron que habían transferido al hijo a otra cárcel. Sin embargo luego supo que se había ejecutado a todos los reclusos y los parientes de otras víctimas le contaron cuál era el emplazamiento más probable. Acudió allí con estos y, entre la tierra, divisaron uno de los calcetines del hijo, que ella misma había tejido. En el interior encontró un papel que resultó ser una nota personal. Escribía que, al parecer, aquella noche los iban a fusilar a todos. La familia ha custodiado esa nota desde entonces.[36]

La matanza empezó ya la primera noche de la conquista. El total de víctimas se ha estimado en cifras que oscilan entre los 15.000 y mucho más de 100.000. Lo cierto es que cuando se van sumando las cifras de cada una de las cunetas y lugares similares, todo apunta al extremo más elevado.

Las peores masacres se produjeron en la propia Sebastopol y en Balaklava, donde en total murieron 29.000 personas. Más de 8.000 fueron asesinadas durante la primera semana. Al menos 5.500 fueron ejecutadas en la hacienda de Krymtáyev, cerca de Simferópol. Para exhibir con claridad el ánimo de venganza, muchos murieron ahorcados en las farolas de Sebastopol, vestidos con sus uniformes y hombreras. A los no combatientes tampoco se les perdonaba la vida, en cuanto habían tenido alguna relación, por mínima que fuera, con el Ejército de Voluntarios.[37] A los miembros del ejército de Wrangel que estaban demasiado malheridos o enfermos para subir a bordo de las naves de evacuación los sacaron a rastras de los hospitales de Yalta, Alupka y Sebastopol y los mataron. Al parecer también asesinaron a diecisiete enfermeras, de la congregación de las Hermanas de la Caridad, que los atendían. Se ejecutó incluso a los estibadores que no habían renunciado a trabajar durante la evacuación, por haber ayudado a los Blancos.

Entre las víctimas no había tan solo oficiales y soldados. También se mató a familiares, sin excluir a esposas, niños o ancianos. A muchos no los fusilaron, sino que los despedazaron a sablazos. En Kerch los sacaron al mar y los ahogaron, sistema al que llamaban «desembarco en el Kubán».[38] En tierra, se hacía marchar a los prisioneros hasta un lugar dado, de día, para que cavaran la fosa que llenarían esa noche. Los asesinos trabajaban por turnos y a menudo se ocupaban de hasta sesenta víctimas a la vez. La utilización de ametralladoras aceleraba el resultado. A. V. Osokin declaró, en un juicio celebrado en Lausana, que «la matanza duró varios meses... Cada noche se podían oír las ametralladoras hasta el amanecer... Los residentes de las casas más próximas se marcharon. No podían resistir el horror de la tortura mental. Además, era peligroso. Los heridos se arrastraban hasta las casas para pedir ayuda, y a algunos vecinos los ejecutaron por haber alojado a supervivientes».[39]

En 1918, los líderes comunistas habían justificado el uso del terror como arma necesaria para obtener el poder en la guerra civil; pero su manifestación más horrenda siguió a la hora de la victoria absoluta. En un anticipo de las prácticas que los Einsatzgruppen de la SS perpetrarían durante la invasión de la Unión Soviética, veinte años más tarde, a algunas víctimas no se las obligó solo a cavar las fosas comunes, sino también a desnudarse y meterse en la fosa para la ejecución. A la tanda siguiente la obligaban a estirarse sobre los muertos para matarlos allí mismo. Algunos no habían llegado a morir cuando la fosa se cubría de tierra. Cuando se produjo la invasión nazi de la Unión Soviética, dos décadas más tarde, parece ser que la Gestapo y la SS de Himmler no habían aprendido poco de los métodos de la Checa.

40

La muerte de la esperanza
1920-1921

Que los Rojos anunciaran el triunfo en noviembre de 1920 no logró ocultar el nerviosismo de los vencedores. Se enfrentaban a una resistencia en sectores del país aún más extensos que durante la propia guerra civil. Las Checas fueron descubriendo «conspiraciones» por todas partes, no solo de Blancos y cosacos, sino también de Verdes, eseristas de izquierdas, eseristas de derechas, majnovistas, petliuristas, mencheviques, incluso tolstoístas. Sin embargo, en su mayoría no eran revueltas políticas, sino la furia de los campesinos porque los destacamentos de incautación de alimentos para las ciudades se quedaban con sus cereales y con sus animales. Cada vez que se mataba a un funcionario soviético, las represalias eran feroces; y el círculo vicioso de la represión y la revuelta se mantuvo vivo por todo el Cáucaso, el sur de Rusia, Ucrania, y también Bielorrusia, las regiones del Volga y Tambov y la Siberia occidental. «La mano vengadora del gobierno soviético erradicará sin compasión a todos sus enemigos»,[1] proclamó la Checa del norte del Cáucaso y el Don.

Los Rojos no tardaron nada en volverse en contra de su «aliado temporal», el Ejército de Insurgentes de Majnó, al que se ordenó entregar las armas e integrarse en el Cuarto Ejército Rojo. Se llamó a Semión Karétnik, que había dirigido su destacamento en la invasión de Crimea, al cuartel general de Frunze. De camino, él y su Estado Mayor fueron apresados por tropas del Ejército Rojo, cerca de Melitópol, y ejecutados. Además se ordenó que tanto el Primer Ejército de Caballería, de Budionny, como el Segundo Ejército de Caballería entraran en acción contra los restos del Ejército de Insurgentes. En el verano de

1921 ya solo quedaban Majnó, su esposa Galina y 77 seguidores. «Nuestro grupo llegó a la frontera rumana —declaró uno de ellos, bajo interrogatorio— e hicimos que los caballos atravesaran a nado [el río Dniéster] en la zona de Kámenka. En los últimos cinco o seis días solo hemos cabalgado de noche, evitando los enfrentamientos con los Rojos. La frontera la cruzamos el 28 de agosto de 1921.»[2]

Cuando se había aplastado casi por entero al movimiento majnovista, se envió al Segundo de Caballería, degradado ahora a Cuerpo, de regreso al Cáucaso. El Departamento Especial del frente Caucásico revivió las sospechas sobre su comandante, el eserista de izquierdas Filip Mirónov. «Hay razones que sugieren la presencia de una organización contrarrevolucionaria»,[3] se informaba. El 17 de enero de 1921 se comunicaba a Mirónov: «Se te ha depuesto... Tienes que entregar el mando».[4] También se detuvo a los que se sabía que habían sido sus socios. «Todos confesaron cuando se les interrogó»,[5] según la Checa. Sobre la base de los interrogatorios y los expedientes de informantes secretos, se detuvo a Mirónov por su supuesta vinculación con una revuelta encabezada por otro oficial cosaco en el mes de diciembre. Lo escoltaron hasta la Butyrka, una prisión moscovita donde, el 21 de abril, murió abatido a tiros mientras se ejercitaba en el patio.

La represión renovada contra los cosacos del Don y del Kubán dio origen a otras muchas revueltas. Todas fueron sofocadas, pero la guerra de los bolcheviques contra los campesinos produjo consecuencias catastróficas. Aunque afirmaban que solo atacaban a los kulaks (los granjeros acomodados), a menudo apenas hacían distinciones entre ricos y pobres. «El Destacamento de Alimentos de Tula se puso manos a la obra activamente —escribió Gueorgui Borel—. Se apresuraron a convocar reuniones donde se adoptaron algunas resoluciones amenazadoras. Los campesinos se presentaron a las reuniones, pero no hubo debate. Los encerraron en la iglesia en la que solían celebrarse las asambleas del pueblo, y los tuvieron allí durante ocho días, sin calefacción, comida ni agua. [Los Rojos] también fueron a por los kulaks. Confiscaron todas sus propiedades; a muchos los fusilaron, a otros los enviaron a campos de trabajo. Se cometieron atrocidades increíbles contra estos desgraciados; los azotaron hasta que sangraban y luego les arrojaron agua en las heridas y los dejaron fuera, para que se helaran... Se incautaron de todos los cereales, no quedó nada, ni siquiera para sembrar.»[6] La hambruna era inevitable. Para complicar más las cosas, el invierno de 1920 a 1921 fue terrible. «Hizo tanto frío —escribió Boyárchikov— que los pájaros se helaban mientras volaban y caían al suelo como piedras.»[7]

En comparación con 1917, en la gubérniya de Tula solo se sembró una cuarta parte de la tierra disponible; pero la exigencia de la Comisión de Alimentos ascendió a seis veces más que el total de la cosecha. Los destacamentos se apoderaban de todo lo que podían, pero abundan los informes que hablan de un desperdicio masivo. Los cereales incautados se pudrían en los almacenes, los animales confiscados morían por desatención. Para colmo, además de esta incompetencia brutal, los pelotones de confiscación comunistas se dedicaban a un saqueo escandaloso. En 1920 los campesinos ya habían matado a más de 8.000 miembros de estos escuadrones. «Las ciudades enviaban destacamentos a los pueblos —escribió uno de los participantes de la rebelión de Tambov— y estos destacamentos azotaban a los campesinos, los fusilaban, violaban a las mujeres y robaban los cereales. El odio de los campesinos hacia las ciudades tuvo un papel directo muy importante. Es lo que explicaba la brutalidad con que los campesinos trataban a cualquier bolchevique que apresaban.»[8]

Inanición en la Siberia occidental, en la región de Cheliábinsk.

Después de la Siberia occidental —donde el Ejército Rojo se enfrentó a unos 60.000 rebeldes—, el levantamiento campesino más numeroso y prolongado, entre los que surgieron por la confiscación de alimentos, se había iniciado en la región de Tambov en agosto de 1920.[9] Liderada por un eserista de izquierdas, Aleksandr Antónov, la revuelta se extendió a extensos sectores de las regiones vecinas de Vorónezh, Samara y Penza. Antónov desplegó sus fuerzas con particular habilidad a la hora de atacar, dispersarse y volver a aparecer donde fuera. A menudo se les unían desertores que seguían escondidos desde la guerra civil y, por lo tanto, el grupo podía contar con la instrucción de militares expertos. Cuando se apresaba a un funcionario o a un miembro de los escuadrones de confiscación, se les trataba con una crueldad salvaje. El Partido Comunista, desde el punto de vista de los rebeldes, había traicionado la Revolución de 1917: en lo que respectaba a las zonas rurales, se vivía mucho peor que en tiempos del zar. También se atacaba las granjas colectivas para distribuir sus herramientas y cereales.

Después de los éxitos iniciales de los campesinos, sin embargo, el Ejército Rojo regresaba con mucha más fuerza; así lo descubrieron en la región de Tula. «Entre las unidades enviadas contra el levantamiento estaban la caballería de Budionny y unidades de la infantería letona y china. En total eran unos 6.000 hombres. No podíamos resistir contra una fuerza así y empezamos a retirarnos.»[10] Se utilizó la artillería para bombardear los pueblos y, por orden de Tujachevski y Antónov-Ovséyenko, para despejar los bosques se recurrió incluso a proyectiles de gas.

Desde el principio las represalias Rojas fueron de una crueldad llamativa. Se tomaba como rehenes a las esposas y los hijos, de los que unos 50.000 quedaron recluidos en campos de concentración de la región de Tambov. A un número desconocido se les ejecutó, o se les envió a los campos de trabajo del norte helado, en lo que probablemente era otra forma de pena de muerte con la llegada del invierno. En la región de Tomsk, en la Siberia occidental, se masacró a 5.000 campesinos. Una revuelta similar en la región de Ufá encontró una contestación aún más feroz, con cifras estimadas de muertos entre 10.000 y los 25.000.[11] En Bielorrusia se redujo a cenizas incontables poblados, tal como harían los alemanes una generación más tarde, en respuesta a los ataques de partisanos. A los supervivientes se los enviaba a Vólogda (400 kilómetros al norte de Moscú) o áreas sacudidas por la hambruna.[12] Los pelotones destrozaban los dedos de sus víctimas pillándolos entre una puerta y su marco. En invierno ahorraban balas usando el método letal de la «estatua de hielo», que consistía en desnudar a la víctima y arrojarle agua por encima hasta que se helaban como una piedra. «A consecuencia de la "pacificación", la provincia de Tambov se quedó sin maestros ni médicos. Una parte de los intelectuales locales murieron en combate; otros fueron fusilados en los sótanos de la Checa de Tambov. En 1922 había múltiples pueblos en los que solo vivían mujeres y niños.»[13]

En las ciudades el sufrimiento fue distinto y, en ciertos aspectos, peor aún, pues era una muerte lenta por inanición. Glasse, el pintor y diarista, había vuelto desde el Cáucaso a su antiguo barrio de Petrogrado. Se vio obligado a mudarse porque su apartamento de Krasnodar, con todas sus pertenencias y libros, había sido confiscado por el jefe local del Partido Comunista, para su uso personal.

Glasse quedó horrorizado por lo que vio en la antigua capital del país. «Gente en silencio, con los ojos cansados, o demacrada o abotargada. La Nevski Prospekt, vacía. En la isla Vasílievski han quedado extensiones desiertas: había dachas y casas que madera que se han desmantelado para tener leña. En 1919, cuando la ciudad literalmente se moría de hambre, se quemaba cualquier cosa combustible: los muebles antiguos, las bibliotecas, los archivos, las pinturas. Al acercarme a la casa de la que me marché en el otoño de 1917, el corazón me temblaba. La familia del escritor Z., todos ellos se habían muerto por inanición, en 1919. Solo la doncella seguía con vida. Me contó que había ido escondiendo los cadáveres de los familiares fallecidos bajo los sofás o las camas, para utilizar sus cartillas de racionamiento hasta que empezaban a oler mal.»[14]

Con muchas ciudades en huelga, y amplios sectores del territorio soviético en franca rebelión, Lenin y los líderes comunistas se sentían asediados. El 8 de marzo de 1921 Lenin admitió ante el Décimo Congreso del Partido que las rebeliones de los campesinos eran «mucho más peligrosas que todos los Denikin, Yudénich y Kolchak juntos».[15] Pero incluso este reconocimiento era hipócrita porque se producía en mitad de una amenaza mucho mayor: la batalla del régimen por sofocar un gran levantamiento de la Flota del Báltico en Kronstadt.

La catastrófica situación del suministro de alimentos, en aquel invierno durísimo, se agravó aún más por el talante implacable y la terquedad ideológica que los comunistas exhibieron. Todas sus medidas represivas —con los destacamentos de comida que exigían requisar cantidades imposibles— y todo su empeño por impedir cualquier forma de intercambio o de libre comercio estaban resultando inhumanos, además de plenamente contraproducentes. A veces se le daba más valor a un caballo que a las personas. «¡Toda una paradoja de la vida soviética! Mientras que la gente se muere de hambre —escribió un exprofesor de Derecho en Petrogrado—, a los caballos los alimentan con... ¡espaguetis! A cierta institución le han entregado dieciocho puds [295 kilos] de espaguetis para que diera de comer a sus caballos.»[16] La cólera que los métodos comunistas despertaban hizo que el apoyo por su causa disminuyera radicalmente incluso entre sus adeptos más leales, en las fábricas y en la Flota del Báltico.

En Moscú las huelgas se generalizaron y el 23 de febrero de 1921 las autoridades comunistas contestaron declarando la ley marcial. Las protestas no tardaron en extenderse a Petrogrado, donde los obreros reclamaban el derecho a obtener comida en las zonas rurales sin que se les confiscara al regresar a la ciudad. «En las fábricas muertas los obreros pasaban el tiempo fabricando navajas con trozos sueltos de la maquinaria o suelas de zapato con las cintas transportadoras, para luego comerciar en el mercado clandestino», escribió Victor Serge.[17]

Las protestas fueron adquiriendo tintes cada vez más políticos. Los eseristas de izquierdas, los mencheviques y los anarquistas eran contrarios a que, una vez concluida la guerra contra los Blancos, el Partido Comunista siguiera ejerciendo una dictadura. Querían libertad de expresión y recuperar los ideales originarios de la Revolución de Febrero: que el poder fluyera hacia arriba desde Sóviets elegidos en libertad, no impuestos desde arriba por el Sovnarkom leninista. Se trataba de un desafío existencial, que llevó a Lenin y Trotski a recurrir a una fuerza ilimitada. En Petrogrado el estado de ánimo empezaba asemejarse llamativamente al que se vivió contra el régimen zarista en febrero de 1917, exactamente cuatro años antes.

En cuanto a los marinos de la Flota del Báltico, en Kronstadt, siempre habían mostrado una tendencia clara al anarquismo. El 26 de febrero la tripulación del acorazado *Petropávlovsk* envió una misión de investigación a Petrogrado, para recabar información veraz sobre las huelgas. Pronto descubrieron cuál era la realidad de los obreros famélicos. Dos días después la tripulación al completo del acorazado aprobó una resolución que exigía libertad de expresión, libertad de reunión y sufragio secreto. En una asamblea multitudinaria celebrada en la plaza del Ancla, una mayoría abrumadora de la base de Kronstadt adoptó como suyo el programa reformista del *Petropávlovsk*. El presidente del Comité Ejecutivo Central (que de hecho era el jefe del Estado soviético), Mijaíl Kalinin, había reclamado a los marinos que volvieran a la lealtad al Partido; este rechazo, por lo tanto, se interpretó como una declaración de guerra. «Abuelo» Kalinin, que supuestamente era una figura campechana nacida entre aldeanos, se enfureció.

Aquella noche, una llamada de teléfono despertó a Victor Serge, que aún trabajaba para el Komintern en Petrogrado, en su habitación del hotel Astoria. Al otro lado de la línea estaba el cuñado de Zinóviev. «Kronstadt está en manos de los Blancos. Tendremos que actuar como se nos ordene.»[18] Serge se quedó atónito. ¿Cómo podía ser? ¿Los Blancos, que habían sido derrotados, se habían apoderado de pronto de Kronstadt? «¿Qué Blancos? ¿De dónde han salido? —quiso saber Serge—. ¡Es increíble!» «Cierto general Kozlovski.» «Pero ¿y nuestros marinos? ¿El Sóviet? ¿La Checa? ¿Los trabajadores del Arsenal?» «Eso es todo lo que sé.» La gran mentira acababa de empezar. Quizá se la había inventado Kalinin a su regreso.

El 2 de marzo, la base naval creó su propio Comité Revolucionario. Los marinos estaban seguros de que su causa obtendría un apoyo generalizado que obligaría al régimen a rendir más cuentas ante las masas. Trotski había descrito a los marinos de Kronstadt como «el orgullo y la gloria de la Revolución rusa». Ahora el régimen comunista tenía que explicar por qué se enfrentaba a una guerra con sus propios héroes. Recurrieron a la mentira pura y dura que veíamos, y afirmaron que el amotinamiento estaba dirigido por Kozlovski, un general «Blanco» enviado por el gobierno capitalista de Francia con la intención de derribar al régimen. En realidad, Kozlovski era sencillamente un artillero que había formado parte del ejército zarista, al que el propio Trotski había enviado a Kronstadt con la misión de reorganizar las baterías costeras que protegían los accesos a Petrogrado. Ahora se le acusaba de ser el líder de una rebelión con la que no tenía nada que ver. Su hija de diez años, que vivía en Petrogrado, quedó retenida como rehén.

Serge quedó aún más asombrado al saber que «el complot de la Guardia Blanca» era una invención total. «La verdad se fue filtrando poco a poco a través de la cortina de humo que había dispuesto la prensa que se había desquiciado con sus mentiras. ¡Y esa era nuestra propia prensa! ¡La primera prensa del mundo que ni estaba sesgada ni era corrompible!»[19]

Los marinos de Kronstadt enviaron a Petrogrado a una delegación, para parlamentar; pero la Checa arrestó a sus integrantes y no se les volvió a ver. Los anarquistas estadounidenses Emma Goldman y Alexander Berkman intentaron convencer a Zinóviev de que negociara; pero este procuró librarse de ellos, enviándolos en un tren especial a recorrer el país, para que lo entendieran mejor. Los líderes comunistas no querían que hubiera testigos extranjeros porque tenían la firme intención de aplastar la rebelión por medio de una violencia inmoderada.

El 5 de marzo Trotski llegó a Petrogrado con un ultimátum: si los amotinados no se rendían de inmediato, los iban a «abatir como perdices», con una amenaza que de labios de un general Blanco habría sonado convincente. Entonces Trotski ordenó retener como rehenes a las familias que los marinos tenían en la antigua capital. Los Blancos que se habían exiliado tras la derrota no pudieron evitar un sentimiento de esperanza, al tener noticia de la rebelión. Como ansiaban dar crédito a la historia insostenible de que el motín de la Marina estaba encabezado por un general Blanco, actuaron de un modo muy útil para los propagandistas del comunismo: empezaron a organizar el envío de suministros y ayuda económica. Con ello socavaron acto seguido el apoyo que el levantamiento podía tener entre los proletarios.

En la propia Petrogrado, «el número de los detenidos está creciendo», según el diario del exprofesor de Derecho en la universidad de San Petersburgo. «Como las cárceles están desbordadas, algunos de los prisioneros se los llevan hasta Vólogda; en promedio, son hasta ochocientos al día. Están eliminando a los activistas, no solo a los del momento, sino también a los potenciales, incluidas sus familias e hijos... Ahora están siendo realmente brutales.»[20] Uno de los últimos gritos de protesta de los marinos rebeldes había sido precisamente: «Toda la Rusia soviética se ha convertido en una gran colonia penal panrusa».[21]

Los preparativos militares siguieron adelante con gran celeridad, bajo la dirección del comandante preferido de Trotski: Tujachevski. Este, preocupado por la posibilidad de que las tropas rusas pudieran simpatizar con los rebeldes, eligió a la Brigada Bashkiria como una de las formaciones de asalto principales; también al Regimiento Especial de contrainsurgencia, que era absolutamente de fiar. Para la ocupación de Kronstadt había aprestado a la 27.ª División de Fusilería, con cuatro brigadas.[22]

La fortaleza y las baterías sería necesario atacarlas a través del hielo, desde el istmo de Karelia, por el norte, y Oranienbaum, en la costa meridional. En el centro de mando del Palacio de Invierno andaban desesperados por encontrar dos mil batas blancas, de médico, que utilizarían como camuflaje nival para las tropas de asalto. Mediante una llamada telefónica «muy urgente y secreta» averiguaron que solo podrían disponer de batas viejas y sucias. «Bueno, no es muy agradable que estén rasgadas y manchadas de sangre», reconoció el comisario;[23] pero tendrían que valer. Los defensores confiaban en que se produjera un deshielo repentino, por el que la superficie congelada no aguantara el peso de los atacantes; pero de hecho vino una ventisca que hizo descender la temperatura.

En la tarde del 7 de marzo, Tujachevski dio inicio a su bombardeo con la artillería del Ejército Rojo, al que luego siguieron las baterías costeras de la fortaleza de Krásnaya Gorka. Al día siguiente replicaron los cañones de 12 pulgadas del acorazado *Petropávlovsk*, que «con su fuego intenso» causaron daños graves en Krásnaya Gorka.[24] Aquel día los ataques a través del hielo, tanto desde el sur como desde el norte, fracasaron. Las capas nivales improvisadas con sábanas y las batas de médico no bastaron para ocultar bien a los hombres de Tujachevski, pese a que habían logrado avanzar en formación extendida, sin que el hielo se quebrara bajo sus pies. Cuando las ametralladoras barrieron el golfo de Finlandia, y se dispararon proyectiles contra la costa meridional, el hielo sí saltó en pedazos y cierto número de soldados se ahogaron.

Los comandantes militares, al no tener claro que pudieran confiar en sus hombres, habían pedido a miembros del Partido Comunista que reforzaran la voluntad política de la tropa. «Han llegado 77 comunistas. De todos ellos, 10 son fiables, pero el resto son chiquillos —se lamentaba un comandante llamado Ávrov—. Contra estos de Kronstadt necesitamos gente con sangre en las manos, no chavales. Ayer le envié a Zinóviev un telefonograma codificado, pidiéndole 200 hombres de calidad, con ganas de combatir. Ayer un comandante Rojo de Kronstadt desertó y se unió a nosotros. Nos habló de cadetes que se están rindiendo después de haber sido tentados por los rebeldes de Kronstadt. Una compañía del 561.º Regimiento se había negado a avanzar; también hombres de otro batallón. Hoy están purgando a esas unidades.»[25]

El 9 de marzo la propaganda abundó en su mentira. «En la sesión regular del Comité Ejecutivo del Sóviet de Petrogrado, Zinóviev ha informado al Comité de que, según la información que manejan, había oficiales zaristas de camino desde Finlandia.»[26] Otras ofensivas fallidas hicieron que las tropas de Tujachevski se mostraran todavía más reticentes a atacar a unos excamaradas, más aún en una época en la que se suponía que la guerra civil había concluido. Al recibir refuerzos cuantiosos, eran muy superiores a los 16.000 marinos rebeldes, por una relación de tres contra uno. La aviación bombardeó las defensas de Kronstadt en la isla de Kotlin, pero con resultados poco efectivos. La fortaleza de Pedro el Grande estaba resultando ser un objetivo bastante más duro de lo que los líderes comunistas habían imaginado. Al mismo tiempo, sin embargo, los rebeldes se encontraban muy desanimados por la falta de apoyo del resto de la clase trabajadora. Con el hambre y la debilidad física se mostraron susceptibles a las promesas de los soviéticos: aumentar las raciones y liberalizar los mercados.

En las primeras horas del 17 de marzo, las fuerzas Rojas emprendieron la travesía del hielo entre una neblina lechosa que empezó a dispersarse cuando ya se aproximaban a la línea de fuertes que se extendían desde la isla de Kotlin. Sufrieron unas bajas tremebundas, con cientos de muertos y varios miles de heridos; pero a medianoche controlaban la mayor parte de la isla y las baterías de cañones. El día siguiente, el 18 de marzo, coincidió con una revuelta fallida de los comunistas en Berlín, así como con el quinto aniversario de la Comuna de París. El cuartel general de Tujachevski transmitió: «Nuestras unidades han tomado Kronstadt. Los rebeldes han huido hacia Finlandia, una parte se ha dispersado por la isla de Kotlin».[27] El Regimiento Especial se haría cargo de los acorazados atrapados en el hielo: el *Petropávlovsk* y el *Sebastopol*. «Es imprescindible restablecer la disciplina revolucionaria.»

En total unos 9.000 marinos y partidarios huyeron al norte, a través del hielo, hacia el territorio finlandés. Un informe sin identificar de los archivos de la Marina soviética describe la situación en la zona: «Al cabo de unas pocas horas, la costa, en especial Teriyoki, se convirtió en un auténtico campamento de refugiados. La administración y el ejército de Finlandia se enfrentaron a una tarea imposible. Se enviaron patrullas a la costa, para dirigir a los refugiados hacia Teriyoki, donde los desarmaron, los dividieron en grupos y los acomodaron, en su mayoría, en dachas vacías. Durante todo el día del 18 de marzo siguieron llegando refugiados. Además de marinos y soldados del Ejército Rojo había civiles, mujeres y niños. Algunos hombres habían sufrido heridas de poca consideración».[28] No pocos habían huido descalzos por el hielo. Todos estaban famélicos y la Cruz Roja de Estados Unidos se apresuró a aportar provisiones. Entre los refugiados estaba el general Kozlovski, que fue interrogado por el servicio de inteligencia de Finlandia (conocido entonces como «policía central de seguridad»).

Las autoridades comunistas se creyeron obligadas a perpetuar la mentira de la participación de los Blancos en el levantamiento. «Una parte de los rebeldes de Kronstadt se ha marchado hacia Finlandia —se decía una orden impartida al Séptimo Ejército—. No se puede descartar que intenten, junto con las formaciones de la Guardia Blanca que hay en Finlandia, asaltar y tomar la Fortaleza de Kronstadt.»[29]

«En la mañana del 18 de marzo, los refugiados afirmaron que los cerca de 3.000 marinos que se han quedado en los fuertes de Kronstadt lucharán hasta la última de las balas, que utilizarán para quitarse la vida ellos mismos.»[30] Los que fueron llegando más adelante informaron de que «las ejecuciones se realizan en el hielo, por delante del puerto».[31] Los marinos rebeldes se enfrentaban a los pelotones de fusilamiento con un ánimo visceralmente enfurecido, con gritos de «¡Larga vida a la Internacional Comunista!» y «¡Larga vida a la revolución mundial!».

La Revolución devora a los suyos. Los hombres de Tujachevski
aplastan el levantamiento de Kronstadt.

Conclusión

El aprendiz de diablo

Los Blancos perdieron la guerra civil, en gran medida, porque fueron inflexibles; por ejemplo, al negarse a contemplar una reforma agraria (hasta que era con mucho demasiado tarde) o a dotar de alguna autonomía a las nacionalidades del Imperio Zarista. Su administración civil era tan inútil que puede calificarse de inexistente. Paradójicamente también perdieron por razones muy similares a las que llevaron a la izquierda a perder la guerra civil española, menos de dos décadas después. En España, la alianza antifascista de los republicanos estaba tan dividida que no podía confiar en imponerse a un régimen militarizado y disciplinado como el de Franco. En Rusia, la alianza del todo incompatible entre los social-revolucionarios y los monárquicos reaccionarios tenía todas las de perder contra una dictadura comunista de ideas muy firmes.

Los extremos se alimentaron mutuamente —en los dos casos— y el círculo vicioso de la retórica y la violencia fue un factor clave en el posterior ascenso de Hitler y el estallido de la segunda guerra mundial. Durante demasiado tiempo hemos estado cometiendo el error de hablar de las guerras como si fueran una entidad única, cuando a menudo son un conglomerado de conflictos diversos, donde se mezclan resentimientos nacionales, odios étnicos y luchas de clases. Y cuando tratamos de guerras civiles, también hay que pensar en el choque del centralismo contra el regionalismo y del autoritarismo contra el libertaria. La idea de que existió una guerra civil puramente «rusa» es otra simplificación que induce a error. En realidad fue, según la describió hace poco un historiador, «una guerra mundial condensada».[1]

No pocos historiadores han hecho hincapié, con razón, en que la Revolución de Febrero, en 1917, no generó una contrarrevolución. El derrocamiento del régimen zarista produjo una gran diversidad de reacciones entre la antigua clase dirigente: unos se resignaron ante los hechos; otros se enojaron con la incompetencia y terquedad de la corte imperial; entre los más liberales e idealistas también hubo quien empezó sintiéndose optimista. La nobleza y los burgueses, en su mayoría, dieron apoyo al Gobierno Provisional con la esperanza de que por lo menos frenaría los excesos más graves y mantendría unido al país. La ausencia inicial de guerra armada contra los revolucionarios no es tanto un indicio de apatía como de la sensación de que en el antiguo régimen había quedado ya poco que defender. La voluntad de resistirse solo empezó a desarrollarse durante el verano, cuando el programa bolchevique polarizó a la opinión pública. La cuestión es importante en la medida en que tiene que ver con los orígenes de una guerra civil que acarreó la muerte de entre seis y diez millones de personas, el empobrecimiento total del conjunto del país y sufrimientos a una escala inimaginable.

Konstantín Paustovski expresó su lamento por la oportunidad perdida de un cambio democrático: «El aspecto idílico de los primeros días de la revolución estaba desapareciendo. Mundos enteros temblaban y se derrumbaban. Gran parte de los intelectuales perdieron la cabeza, esa intelectualidad magna y humanista que había sido la hija de Pushkin y Herzen, de Tolstói y Chéjov. Había sabido crear valores espirituales elevados, pero con pocas excepciones resultó inútil a la hora de crear una organización de Estado».[2]

Los valores espirituales siempre tuvieron las de perder contra la voluntad fanática de destruir los valores del pasado, ya fueran buenos o malos. Ningún país puede escapar de los fantasmas de su pasado, y Rusia, aún menos. El escritor y crítico Víktor Shklovski comparó a los bolcheviques con aquel aprendiz de diablo que, en un viejo cuento folclórico ruso, se jactaba de saber rejuvenecer a un hombre ya entrado en años. Para devolverle la juventud, el primer paso era prenderle fuego. El aprendiz lo hizo así y luego no encontró la forma de resucitarlo.

Las guerras fratricidas siempre son crueles, porque los frentes no se pueden definir bien, porque se extienden de inmediato a la vida civil y porque engendran sospechas y odios terribles. Los combates librados por toda la masa continental euroasiática fueron increíblemente violentos, en especial en Siberia, donde los atamanes cosacos exhibieron una crueldad inefable. Incluso un político archiconservador como V. V. Shulguín creía que una de las causas principales del fracaso de los Blancos había sido su «colapso moral»:[3] su comportamiento había sido tan nefando como el de sus enemigos bolcheviques. Sin embargo, hubo una diferencia sutil, pero importante. Demasiado a menudo los Blancos representaron los peores ejemplos de la humanidad. Pero en lo que atañe a la inhumanidad implacable, nadie superó a los bolcheviques.

Glosario

Anarquista. La ideología antiestatal y libertaria de izquierdas del anarquismo floreció en Rusia y España durante la última parte del siglo XIX, y se oponía al marxismo y el bolchevismo casi con tanta intensidad como al zarismo y el capitalismo.

Bolchevique. Véase Partido Obrero Socialdemócrata Ruso.

Burzhui. Los revolucionarios denominaban así a los burgueses, que se suponía de entrada que eran contrarrevolucionarios.

Checa (CheKá). Acrónimo de la Vserossíiskaya Chrezvycháinaya Komíssiya po borbé s kontrrevoliútsiei i sabotázhem: una Comisión Extraordinaria de todas las Rusias encargada de combatir la contrarrevolución, la especulación y el sabotaje. La fundó Féliks Dzerzhinski y fue la semilla de organizaciones posteriores como el OGPU, el NKVD y el KGB.

Chojá. Caftán cosaco o caucásico con cartucheras cruzadas sobre el pecho.

Esaúl. Capitán de la caballería cosaca, al mando de una *sotnia* o escuadrón, compuesta en teoría por cien hombres.

Eseristas. El Partido Social-Revolucionario (cuyos seguidores eran conocidos también como «eseristas», por las siglas SR) se escindió, durante el otoño de 1917, en dos grupos, uno de izquierdas y otro de derechas. Los eseristas de izquierdas dieron apoyo a los bolcheviques con la esperanza de que Lenin hiciera realidad las reformas agrarias con las que soñaban. Cuando descubrieron que los habían engañado, se rebelaron, pero sin éxito, durante el año siguiente.

Isba. Vivienda de los campesinos rusos, a menudo una cabaña de troncos.

Kadetes. Miembros de un partido conservador de centro derecha, el KDP (Konstitutsionno-Demokratícheskaya Partia), que tomaron el nombre de las siglas KD.

Krug. Círculo o asamblea de los cosacos del Don, que proclamó la independencia de la República del Don en mayo de 1918, tras expulsar al gobierno soviético y a sus defensores, la Guardia Roja.

Mencheviques. Véase Partido Obrero Socialdemócrata Ruso.

OSVAG. Acrónimo de la *OSVedomítelnoye-AGitatsiónnoye otdelénie*, agencia de información y sección de propaganda del Ejército de Voluntarios y luego de las Fuerzas Armadas del Sur de Rusia.

Partido Obrero Socialdemócrata Ruso. En 1903 este partido se dividió en dos facciones: la minoritaria tomó el nombre de *mencheviques* y estaba encabezada por Yulius Mártov, y la mayoritaria, la de los *bolcheviques*, la lideraba Lenin.

RSFSR. La República Socialista Federativa Soviética de Rusia, proclamada en julio de 1918 por el Quinto Congreso de los Sóviets de todas las Rusias. En enero de 1924 se convirtió en la Unión de Repúblicas Socialistas Soviéticas.

Sotnia. Un grupo militar, o escuadrón, de cien cosacos. El nombre también se utilizó para la Chórnaya Sotnia, las «Centurias Negras», grupos reaccionarios antisemitas que contaron con el apoyo del zar Nicolás II.

Sóviet. Consejo o comité, en origen de delegados de los soldados o los trabajadores revolucionarios. Los bolcheviques, que en el otoño de 1917 se hicieron con el control de los Sóviets principales, los convirtieron en órganos administrativos que ejecutaban las órdenes de su gobierno, el Sovnarkom.

Sovnarkom. Acrónimo del Sóviet Narodnyj Komissarov, Consejo de los Comisarios del Pueblo, que era en lo esencial el gabinete de ministros bolchevique, presidido por Lenin.

Stanitsa. Asentamiento cosaco, de un tamaño muy variable, desde un poblado a una ciudad mediana.

Tachanka. *Drozhki* o carro ligero de cuatro ruedas, con una ametralladora montada en la parte superior. Se utilizaba más bien como una cuadriga romana, tirada por dos o tres caballos. Por lo general llevaban a un cochero y un ametrallador, pero a veces la usaban hasta cuatro combatientes.

Verdes. Grupos guerrilleros integrados por desertores y gente que había escapado del reclutamiento forzoso de los Rojos o los Blancos. Se les llamaba «Verdes» porque en su mayoría vivían en las zonas boscosas.

Yúnker. (Del alemán *Junker*) Cadetes de oficial, por lo general de entre doce y diecisiete años, que estudiaban en las academias militares y, desde justo antes de la revolución de octubre, se manifestaron en apoyo del Gobierno Provisional y en contra de los bolcheviques.

Agradecimientos

Un proyecto tan ambicioso como este, naturalmente, ha dependido de la ayuda de muchas personas en distintos países, y me siento muy agradecido a todas ellas. En Polonia Anastazja Pindor ha vuelto a ser de gran ayuda en los archivos y bibliotecas. Michael Hödl ha reunido materiales en Viena y, en Ucrania, Alekséi Statsenko y Oleksíi Ivashyn han indagado en los archivos de Kiev. En el momento de escribir estas páginas, Oleksíi sirve como fusilero y auxiliar médico en el 10.º Batallón Independiente de Fusilería de la Defensa Territorial. En Stanford conté con la asistencia de Sarah Patton en los Archivos de la Institución Hoover, además de la asesoría sobre fuentes del profesor Norman Naimark y de Anatol Shmelev, el conservador Robert Conquest para Rusia de esa entidad. También quiero dar las gracias a Allen Packwood y su equipo del Centro Archivístico Churchill, en Cambridge.

La contribución crucial, la más esencial de todas, ha procedido de mi amiga y colaboradora en los temas históricos, la doctora Liuba Vinográdova, con la que trabajé por primera vez hace veintiocho años, al iniciar la investigación para *Stalingrado*. Este libro, que le está dedicado, habría sido imposible sin el trabajo que ha emprendido en múltiples archivos, a lo largo de los últimos cinco años, y sin su inspirada selección de los materiales.

También estoy en deuda, por su ayuda con las fuentes, con otros muchos expertos tales como Anne Applebaum, Sebastian Cox, Angelica von Hase, sir Max Hastings, James Holland, Sue Lucas, Hugo Vickers y Antony Wynn. Orlando Figes, sir Rodric Braithwaite y la doctora Vinográdova tuvieron la amabilidad de leer la primera redacción y corregir errores; todos los que aún queden, por supuesto, son de mi entera responsabilidad.

He tenido una gran suerte con el equipo editorial de Weidenfeld & Nicolson, en especial con Alan Samson, que me ha permitido hacer realidad el deseo de abordar un tema que abandoné con reticencias hace ahora un poco más de treinta años. Maddy Price es una editora ideal por su pragmatismo y ha aportado sugerencias excelentes para la conclusión del libro, mientras que Clarissa Sutherland ha guiado de una forma ejemplar la gestión de todo el proceso. En Estados Unidos tengo la fortuna de gozar de los cuidados de Brian Tart y Terezia, en Viking, y por descontado de Robin Straus, mi agente en Nueva York. Andrew Nurnberg, que hace cuarenta años que es mi amigo y mi agente literario, ha sido un compañero brillante y placentero en el mundo de los libros; pero por supuesto y antes que nada, estoy sumamente agradecido a Artemis, la asesora y editora a quien siempre recurro en primer lugar.

Canterbury,
abril de 2022

Abreviaturas*

AFSB-RB Arkhiv Upravleniia Federal'noi Sluzhby Bezopastnosti po Republike Buryatiya: Archivo del Directorado del Servicio de Seguridad Federal de la República de Buriatia, Ulán Udé, Buriatia.

ASF-ARLM Archivos de la Fundación Solzhenitsyn: Biblioteca Estatal Panrusa de Memorias, Moscú.

BA-CU Archivo Bakhmeteff, Universidad de Columbia, Nueva York.

CAC Archivos Churchill, Churchill College, Cambridge.

CAW-WBH Centralne Archiwum Wojskowe – Wojskowe Biuro Historyczne: Archivos Militares Centrales – Oficina de Historia Militar, Varsovia.

DASBU Derzhavnyi Arkhiv Sluzhby Bezpechny Ukrainy: Archivo Superior
del Servicio de Seguridad de Ucrania, Kiev.

GAI Gosudarstvennyi Arkhiv Irbit: Archivo Estatal de Irbit.

GAIO Gosudarstvennyi Arkhiv Irkutskoi Oblasti: Archivo Estatal de la
Óblast de Irkutsk.

GAKK Gosudarstvennyi Arkhiv Krasnoyarskogo Kraya: Archivo Estatal del
Krai de Krasnoyarsk.

GARF Gosudarstvennyi Arkhiv Rossiiskoi Federatsii: Archivo Estatal de la
Federación Rusa.

GARO Gosudarstvenny Arkhivi Rostovskoi Oblasti: Archivo Estatal de la
Óblast de Rostov, Rostov del Don.

---

* Para la mayoría de los archivos rusos, la referencia se indica siempre con el
mismo formato; así GARF 4949/1/3/174 se refiere al Archivo Estatal de la Federación Rusa, fond 4949 ("fondo"), opis 1 ("inventario"), delo 3 ("expediente") y página 174. [Asimismo, tanto en esta sección como en la Bibliografía, se conserva la
transliteración del autor, salvo si algún elemento se ha citado ya en el texto principal. (*N. del t.*)]

GASO Gosudarstvennyi Arkhiv Sverdlovskoi Oblasti: Archivo Estatal de la Óblast de Sverdlovsk, Yekaterimburgo.

HIA Archivos de la Institución Hoover, Stanford (CA).

IHR Institute of Historical Research: Instituto de Estudios Históricos, Londres.

IWM Museo Imperial de la Guerra, Reino Unido.

JSMS *Journal of Slavic Military Studies.*

KA-KM Kriegsarchiv-Kriegsministerium: Archivo de Guerra, Ministerio de la Guerra, Viena.

KCF Fundacja Ośrodka KARTA: Fundación Centro KARTA, Varsovia.

KCLMA King's College, Londres, Archivo Militar Liddell Hart.

LCW Lenin, Vladímir I., *Polnoye Sobraniye Sochineniy* («Obras completas»), 45 vols., Moscú, 1960-1970.

NAM Museo Nacional del Ejército, Londres.

NZh *Nóvaya Zhizn* («Nueva vida»), Maksim Gorki, artículos recopilados en *Untimely Thoughts: Essays on Revolution, Culture and the Bolsheviks, 1917-1918*, Nueva York, 1968.

Oe-StA-KA Österreichisches Staatsarchiv – Kriegsarchiv: Archivo Estatal de Austria: Archivos de Guerra, Viena.

OGAChO Obedinennyi Gosudarstvennyi Arkhiv Chelyabinskoi Oblasti: Archivo Estatal Consolidado de la Óblast de Cheliábinsk, Cheliábinsk.

OR-RGB Otdel Rukopisei – Rossiisskaya Gosudarstvennaya Biblioteka: Departamento de Manuscritos de la Biblioteca Estatal Rusa (antigua Biblioteca Estatal Lenin), Moscú.

PIA Archivo del Instituto Piłsudski, Nueva York.

RACO Red Army Combat Operations: A. S. Bubnov, S. S. Kamenev, M. N. Tukhachevskii y R. P. Eideman (eds.), *The Russian Civil War 1918-1921: An Operational-Strategic Sketch of the Red Army's Combat Operations*, Havertown (PA), 2020.

RGALI Rossiiskii Gosudarstvennyi Arkhiv Literatury i Iskusstva: Archivo Estatal Ruro de Literatura y Arte, Moscú.

RGASPI Rossiiskii Gosudarstvennyi Arkhiv Sotsialno Politicheskoi Istorii: Archivo Estatal Ruso de Historia Política y Social, Moscú.

RGAVMF Rossiiskii Gosudarstvennyi Arkhiv Voenno-Morskogo Flota: Archivo Estatal Ruso de la Armada, San Petersburgo.

RGVA Rossiiskii Gosudarstvevennyi Voennyi Arkhiv: Archivo Militar Estatal Ruso, Moscú.

RGVIA Rossiiskii Gosudarstvennyi Voennyo-Istorischeskii Arkhiv: Archivo Estatal Ruso de Historia Militar, Moscú.

THRR Trotski, León, *History of the Russian Revolution*, Londres, 2017.

TNA, Archivos Nacionales del Reino Unido, Kew.

TsA FSB Tsentralnyi Arkhiv Federalnoy Sluzhby Bezopasnosti: Archivo Central del FSB (Servicio Federal de Seguridad), Moscú.

TsDNITO Tsentr Dokumentatsii Noveishei Istorii Tambovskoi Oblasti: Centro de Documentación de Historia Contemporánea de la Óblast de Tambov.

TsGAORSS Tsentralnyi Gosudarstvennyi Arkhiv Oktyabrskoi Revolyutsii i Sotsialisticheskogo Stroitelstva: Archivo Estatal Central de la Revolución de Octubre y la Construcción Soviética, Moscú.

TsGASO Tsentralnyi Gosudarstvennyi Arkhiv Samarskoi Oblasti: Central State Archive of the Samara Oblast.

TsNANANB Tsentralnyi Nauchnyi Arkhiv Natsionalnoi Akademii Nauk Belarusi: Archivo Científico Central de la Academia Nacional de Ciencia de Bielorrusia, Minsk.

VIZh *Voenno-Istoricheskii Zhurnal.*

WiR *Wavell in Russia*, ed. Owen Humphrys, edición particular, 2017.

Notas

1. CHAR 1/3/20-21.
2. *Ibid.*
3. Consuelo Vanderbilt Balsan, *The Glitter and the Gold*, p. 125.
4. CHAR 1/3/20-21.
5. WiR, p. 13.
6. WiR, p. 11.
7. WiR, p. 4.
8. Teffi (pseudónimo de Nadiezhda Lojvítskaya), *Rasputin and Other Ironies*, Londres, 2016, p. 75.
9. *NZ-UT*, n.º 35, 30 de mayo de 1917.
10. Segundo Ejército, RGVIA 7789/2/28.
11. Aleksandr Pushkin, *The Captain's Daughter*, Londres, 2009, p. 203.
12. Citado por Charlotte Hobson en la introducción a M. E. Saltykov-Schedrín, *The History of a Town*, Londres, 2016, p. xiii.
13. Douglas Smith, *Former People*, p. 35.
14. *NZ-UT*, n.º 35, 30 de mayo de 1917.

1. El suicidio de Europa. De 1912 a 1916

1. «¡El suicidio de Europa!», Maksim Gorki, *NZ-UT*, n.º 4, 22 de abril de 1917.
2. Puede verse un resumen excelente de la movilización y la crisis de julio en Dominic Lieven, *Towards the Flame*, pp. 313-342.

3. Allan K. Wildman, *The End of the Russian Imperial Army*, I, p. 113.

4. *NZ-UT*, n.º 4, 22 de abril de 1917.

5. 14 de mayo de 1916, Vasili Pávlovich Kravkov, *Velikaya voina bez re-tushi: Zapiski korpusnogo vracha*, p. 222.

6. RGVIA 2067/1/2932/228.

7. RGVIA 2067/1/2931/465.

8. RGVIA 2031/2/533/38.

9. Vasili Pávlovich Kravkov, *Velikaya voina bez retushi: Zapiski korpus-nogo vracha*, pp. 202-203.

10. RGVIA 2067/1/2935/348-349.

11. RGVIA 2067/1/2935/348-349.

12. RGVIA 2007/1/26/170.

13. 14 de mayo de 1916, Kravkov, *Velikaya voina bez retushi*, p. 243.

14. 11 de octubre de 1916, Kravkov, p. 268.

15. Kravkov, p. 272.

16. V. V. Shulguín [*s. n.* Shulgin], *Days of the Russian Revolution – Memoirs from the Right*, p. 51.

17. *Ibid.*, pp. 53-54.

18. Sean McMeekin, *The Russian Revolution*, pp. 78-79.

19. RGVIA 2067/1/2937/172.

20. WiR, p. 47.

21. Sulguín, *Days*, p. 69.

22. Kravkov, p. 204.

23. Shklovski, *Sentimental Journey*, pp. 8-9.

24. V. V. Fedulenko, HIA 2001C59.

25. 24 de noviembre de 1916, Kravkov, p. 277.

2. LA REVOLUCIÓN DE FEBRERO.
DE ENERO A MARZO DE 1917

1. Coronel Tijobrázov, BA-CU 4078150.

2. Globachov, BA-CU 4077547.

3. Mijaíl Fiódorovich Skorodúmov, en la recopilación de Michael Blinov, HIA 2003C39 9/12.

4. Peter Kenez, «A Profile of the Pre-Revolutionary Officer Corps», *California Slavic Studies*, vii, 1973, p. 147; Allan K. Wildman, *The End of the Russian Imperial Army*, Princeton (NJ), 1980, pp. 100-102.

5. Paléologue, 9 de enero de 1917, *Le crépuscule des Tsars*, p. 556.

6. Paléologue, p. 557.

7. «L'exaspération croissante de la société muscovite».

8. Paléologue, pp. 562-563 (para la contestación seca), y George Buchanan, *My Mission to Russia*, vol II, p. 44 (para la sugerencia de recuperar la confianza popular).

9. Buchanan, II, p. 47.

10. Paléologue, p. 564.

11. Shultz, ASF-ARLM 1/R-145.

12. Paléologue, p. 586.

13. Globachov, BA-CU 4077547/16.

14. *Ibid.*

15. Víktor Shklovski, *Sentimental Journey*, pp. 7-9.

16. Véase Rochelle Goldberg Ruthchild, «Women and Gender in 1917», *Slavic Review*, otoño de 2017, vol. 76, n.º 3, pp. 694-702.

17. Anónimo, ASF-ARLM E-100, 1/1/310, 3.

18. Serguéi Prokófiev, *Dnevnik*, 24 de febrero de 1917.

19. Pipes, *The Russian Revolution*, p. 275.

20. Louis de Robien, *Journal d'un diplomate en Russie, 1917-1918*, p. 10.

21. *Ibid.* («très chic...»).

22. Robien, p. 12.

23. Sobre el motín de la guardia Pavlovski, Globachov, BA-CU 4077547.

24. Robien, p. 11.

25. Vladímir Zenzínov, *Iz zhizni revolyutsionera* («De la vida de un revolucionario»), París, 1919.

26. Vladímir Nabókov, *Speak Memory*, p. 71.

27. Paléologue, p. 587.

28. Robien, p. 13 («lugubre», en el original francés).

29. Robien, p. 14.

30. Wildman, *The End of the Russian Imperial Army*, p. 143.

31. Tijobrázov, BA-CU 4078150.

32. Citado por Pipes, *Russian Revolution*, p. 282.

33. Prokófiev, *Dnevnik*, 27 de febrero de 1917.

34. Brian Moynahan, *Comrades 1917*, p. 95.

35. Brian Moynahan, *Comrades 1917*, p. 201.

36. Shklovski, *Sentimental Journey*, p. 188.

37. Buisson (ed.), p. 57.

38. Globachov, BA-CU 4077547.

39. *Ibid.*

40. Coronel Tijobrázov, BA-CU 4078150.

3. La caída del águila bicéfala.
De febrero a marzo de 1917

1. Prokófiev, *Dnevnik*, 28 de febrero de 1917.
2. Eduard E. Dune, Dreier BA-CU 4077481.
3. Prokófiev, *ibid.*
4. Wildman, *End of the Russian Imperial Army*, pp. 153-154.
5. Buisson (ed.), p. 58.
6. Shulguín, *Days*, p. 129.
7. Tijobrázov, BA-CU 4078150.
8. *Ibid.*
9. *Ibid.*
10. Buisson (ed.), p. 59.
11. Raskólnikov, *Kronstadt and Petrograd in 1917*, I, 1.
12. Citado por Donald Crawford, «The Last Tsar», en Brenton (ed.), *Historically Inevitable? Turning points of the Russians Revolution*, p. 88; véase también Pipes, *Russian Revolution*, pp. 319-320.
13. Buisson (ed.), *Journal intime de Nicolas II*, p. 59.

4. De la autocracia al caos.
De marzo a abril de 1917

1. Prokófiev, *Dnevnik*, 1 de marzo de 1917.
2. Citado en Helen Rappaport, *Caught in the Revolution*, p. 99.
3. A. I. Boyárchikov, *Vospominaniya* («Memorias»), p. 39.
4. Diario del gran duque Andréi Vladímirovich, 3 de marzo-25 de mayo de 1917, GARF, 650/1/55/83-154.
5. Shulguín, *Days*, p. 135.
6. Vladímir Zenzínov, *Iz zhizni revolyutsionera* («De la vida de un revolucionario»), París, 1919, p. 39.
7. Anónimo, ASF-ARLM E-100, 1/1/310, 12.
8. Shulguín, *Days*, p. 119.
9. Pipes, *Russian Revolution*, p. 303; Globachov, BA-CU 4077547.
10. Yevguenia Markón, *s. n.* Evguénia Iaroslavskaïa-Markon, *Révoltée*, París, 2017, p. 28.
11. Diario de Yelena Ivánovna Lakier, BA-CU 4077740.
12. Vasili Pávlovich Kravkov, 5 de marzo de 1917, *Velikaya voina bez retushi*, p. 295.
13. Diario del gran duque Andréi Vladímirovich, GARF, 650/1/55/83-154.

14. Tijobrázov, BA-CU 4078150.

15. Konstantín Paustovski, *The Story of a Life*, Nueva York, 1964, p. 464.

16. Alekséi Oréshnikov, 1 de marzo de 1917, *Dnevnik*, p. 108.

17. Paustovski, p. 489.

18. CAC-CHAR 2/95/2-36.

19. Vasili Pávlovich Kravkov, *Velikaya voina bez retushi: Zapiski korpusnogo vracha*, p. 297.

20. Citado por Wildman, *The End of the Russian Imperial Army*, p. 242.

21. Tijobrázov, BA-CU 4078150.

22. WiR, p.14; véase también Wildman, *The End*, I, p. 368, n. 64.

23. Maksim Kulik, regimiento de Tamán, frente transcaucásico, *Kubansky Sbornik*, n.º 6, 22 de septiembre de 2015, ASF-ARML.

24. Dreier, BA-CU 4077478, pp. 317-318.

25. Comandante Oliver Locker-Lampson, división de vehículos blindados del Servicio Aéreo de la Royal Navy, CHAR 2/95/2-36.

26. Wildman, *The End of the Russian Imperial Army*, p. 211.

27. Locker Lampson, CHAR 2/95/2-36.

28. Evan Mawdsley, *The Russian Revolution and the Baltic Fleet*, p. 16.

29. Evan Mawdsley, *The Russian Revolution and the Baltic Fleet*, p. 1.

30. Raskólnikov, *Kronstadt and Petrograd in 1917*, II, 1.

31. Yelena Ivánovna Lakier, BA-CU 4077740.

32. Majonin, BA-CU 4077787.

5. LA VIUDA EMBARAZADA.
DE MARZO A MAYO DE 1917

1. Herzen, *From the Other Shore*, Londres, 1956, p. 124.

2. Isaiah Berlin, introducción a *From the Other Shore*, p. xv.

3. Ransome, Autobiography, p. 275.

4. Victor Sebestyen, Lenin the Dictator, p. 273.

5. LCW, XXIV, pp. 19-26; Pravda, 7 de abril de 1917.

6. Service, Lenin, p. 264.

7. LCW, XXIV, pp. 19-26.

8. Teffi (Nadiezhda Lojvítskaya), *Rasputin and Other Ironies*, Londres, 2016, pp. 105-107.

9. Brusílov, citado por Figes, *People's Tragedy*, pp. 379-380.

10. Kravkov, 17 de abril de 1917, *Velikaya voina bez retushi*, p. 316.

11. RGVIA 2031/1/1181/330.

12. Orlando Figes, *Peasant Russia Civil War*, pp. 41-42.

13. Douglas Smith, *Former People*, p. 94.

14. *Op. cit.*, pp. 105-107.

15. Para una versión menos fiable véase G. A. Rimski-Kórsakov, *Rossiya 1917 v ego-dokumentakh*, p. 121.

16. Sitio web de Natalia Mijáilova, «Archivo familiar», <www.domarchive.ru>.

17. Iván Nazhivin, *Zapiski o revolyutsii*, p. 238.

18. Paustovski, p. 485.

19. Vasili Pávlovich Kravkov, 31 de marzo de 1917, *Velikaya voina bez retushi*, p. 312.

20. Citado por Sujánov, *The Russian Revolution 1917*, p. 361.

21. Kravkov, *Velikaya voina bez retushi*, 24 de mayo de 1917, p. 329.

22. *Ibid.*

23. Sobre el traslado de divisiones, Wildman, *The End*, I, p. 358, n. 44.

24. Rudolf Rothkegel, Bundestiftung Aufarbeitung («die baldige Rückkehr in die Heimat»).

25. Shklovski, *Sentimental Journey*, p. 34.

26. Kravkov, *Velikaya voina bez retushi*, 25 de mayo de 1917, p. 329.

27. *Ibid.*

28. Mijaíl Fiódorovich Skorodúmov, HIA 2003C39 9/12.

29. Paustovski, pp. 484-485.

30. 16 de mayo de 1917, Yelena Ivánovna Lakier, BA-CU 4077740.

6. La ofensiva de Kérenski y los «Días de julio».
   De junio a julio de 1917

1. CAC-CHAR 2/95/2-36.

2. *Ibid.*

3. Shklovski, *Sentimental Journey*, p. 29.

4. RGVIA 2067/1/3868/244.

5. Sujánov, p. 380.

6. Locker-Lampson, CAC-CHAR 2/95/2-36.

7. *Ibid.*

8. *Ibid.*

9. *Ibid.*

10. Prokófiev, *Dnevnik*, 1 de julio de 1917.

11. Shklovski, *Sentimental Journey*, p. 44.

12. *Op. cit.*, p. 48.

13. Wildman, *The End*, II, p. 99.

14. Maksim Kulik, *Kubansky Sbornik* n.º 6, 22 de septiembre de 2015, ASF-ARML.

15. Locker-Lampson, 2 de julio de 1917, CHAR 2/95/2-36.

16. Véase Sean McMeekin, *The Russian Revolution*, 2018, pp. 165-169.

17. Sujánov, p. 429.

18. *Op. cit.*, p. 431.

19. Sobre la inflación en 1917 véase A. Smith, *Russia in Revolution – An Empire in Crisis*, Oxford, 2017, p. 143.

20. Prokófiev, *Dnevnik*, 1 de julio de 1917.

21. Raskólnikov, VII, 1.

22. *Ibid.*

23. Raskólnikov, VII, 2.

24. *Ibid.*

25. NZ-UT, n.º 74, 14 de julio de 1917.

26. Raskólnikov, VII, 2.

27. Konstantín Ivánovich Globachov, 5 de julio de 1917, BA-CU 4077547; Pipes, *Russian Revolution*, p. 412.

28. Sobre la estancia de Lenin en este apartamento, Service, *Lenin*, pp. 282-283.

7. KORNÍLOV.
DE JULIO A SEPTIEMBRE DE 1917

1. Shklovski, *Sentimental Journey*, p. 62.

2. Aleksandr Vertinski, *Dorogoi dlinnoyu* («El largo camino»), Moscú, Astrel, 2012.

3. Buchanan, *My Mission*, II, p. 173.

4. Sobre esta Conferencia véase Figes, *op. cit.*, pp. 448-449; Pipes, *Russian Revolution*, pp. 444, 446-447.

5. Sujánov, p. 495.

6. Sujánov, p. 497.

7. Wildman, II, pp. 134-136.

8. Citado por el general Alekséyev en carta para Miliukov, 12 de septiembre de 1917, Borel, BA-CU 4078202.

9. RGAVMF, R-21/1/25/37.

10. Locker-Lampson al Primer Lord del Almirantazgo, 5 de diciembre de 1917, CAC-CHAR 2/95/73-81.

11. General de división Vladímir Nikoláyevich von Dreier, BA-CU 4077478.

12. Extracto del diario de Alekséyev, colección de Borel, BA-CU 4078202.

13. RGAVMF, R-21/1/25-26/36.

14. RGAVMF, R-21/1/25/26.

15. Sobre Kérenski y el Tsentrobalt, RGAVMF, R-21/1/25-26/36.
16. 29 de agosto de 1917, Tsentroflot a Kérenski, RGAVMF, R-21/1/25-26/41.
17. 30 de agosto de 1917, RGAVMF, R-21/1/25/59.
18. RGAVMF, R-21/1/25/15.
19. RGAVMF, R-21/1/25/23.
20. RGVAMF, R-21/1/25-26/36.
21. RGVAMF, R-21/1/25-26/49.
22. Maksim Kulik, *Kubansky Sbornik*, n.º 6, ASF-ARML.
23. RGAVMF, R-21/1/24/10.
24. 31 de agosto de 1917, RGAVMF, R-21/1/24.
25. Presidente del Tsentroflot, Magnitski, RGVAMF, R-21/1/25-26.
26. Citado por W. Bruce Lincoln, *Passage Through Armageddon*, p. 423.
27. Colección de Borel, BA-CU 4078202.
28. Teniente Ilín, ASF-ARLM E-27 1/1/109, 24.
29. Dreier, BA-CU 4077478.
30. RGAVMF, R-21/1/23/7.
31. LCW, XXVI, p. 25.

8. EL GOLPE DE OCTUBRE.
DE SEPTIEMBRE A NOVIEMBRE DE 1917

1. Reed, *Ten Days*, p. 59.
2. THRR, 749.
3. Iván Innokéntievich Serébrennikov, HIA, 51004.
4. G. A. Rimski-Kórsakov, *Rossiya 1917 v ego-dokumentakh*, p. 124.
5. LCW, XXVI, p. 19.
6. THRR, p. 681.
7. THRR, p. 752.
8. THRR, p. 754.
9. Documentos de Dmitri Gueiden, HIA, 75009.
10. Alekséi Oréshnikov, 1 de octubre de 1917, *Dnevnik*.
11. *Rabochii put'*, n.º 33 (1917), citado en *Revolutsiia*, V, 238, Pipes, *Russian Revolution*, p. 479.
12. THRR, pp. 769-770.
13. THRR, p. 685.
14. Buchanan, II, p. 201.
15. NZ-UT, n.º 156, 18 de octubre de 1917.
16. Alekséi Oréshnikov, 16 de octubre de 1917, *Dnevnik*.
17. Yelena Ivánovna, 20 de octubre de 1917, BA-CU 4077740.

18. THRR, p. 706.
19. THRR, p. 765.
20. Documentos de Steveni, KCLMA.
21. Boyárchikov, *Vospominaniya*, pp. 42-43.
22. Service, *Lenin*, pp. 306-307.
23. LCW, XXVI, p. 236.
24. Antónov-Ovséyenko, *Zapiski o grazhdanskoi voine*, pp. 19-20, citado por Lincoln, *Armageddon*, p. 452.
25. Knox, *With the Russian Army*, II, p. 714.
26. Vladímir Zenzínov, *Iz zhizni revolyutsionera* («De la vida de un revolucionario»), París, 1919.
27. THRR, p. 784.
28. S. A. Smith, p. 150.
29. NZ-UT, n.º 174, 7 de noviembre de 1917.

9. La Cruzada de los Niños. Rebelión de los yúnker.
Octubre y noviembre de 1917

1. Reed, p. 105.
2. *Ibid.*
3. N. I. Podvoiski, *God 1917*, p. 169, citado en Wildman, vol. 2, p. 304.
4. G. A. Belov (*et al.*, eds.), *Doneseniya komissarov Petrogradskogo Voenno-Revolyutsionnogo komiteta*, p. 93.
5. G. A. Belov (*et al.*, eds.), p. 154.
6. Bessie Beatty, *Red Heart of Russia*, p. 226, citado en Pitcher, *Witnesses*, p. 225.
7. Belov, p. 154.
8. Knox, vol. 2, p. 717.
9. M. Philips Price, *My Reminiscences of the Russian Revolution*, p. 154.
10. Alekséi Oréshnikov, 26 de octubre de 1917, *Dnevnik*.
11. Eduard E. Dune, BA-CU 4077481.
12. *Ibid.*
13. Iván Bunin, «Obras completas», vol. VIII: *Okayannye dni* («Días malditos»). Memorias, artículos y discursos, 1918-1953, Moscú, 2000.
14. Alekséi Oréshnikov, 1 de noviembre de 1917, *Dnevnik*.
15. Eduard E. Dune, BA-CU 407748/58-59.
16. Paustovski, pp. 504-505.
17. GARF, 127/1/3/28.
18. Citado por S. Kuzmin (ed.), *Baron Ungern v dokumentakh i materialakh*, p. 270.

19. RGASPI, 71/33/2209/1.
20. L. Tamarov, *Nash Put*, n.º 10, 14 de enero de 1934.
21. Wrangel, *Memoirs*, p. 4.
22. *Protokoly zasedaniy Soveta narodnykh komissarov RSFSR, Noyabr 1917-Mart 1918*, p. 56.
23. Véase Figes, *Tragedy*, p. 526.
24. RGAVMF, R-22/1/5/1.
25. G. A. Belov *et al.* (eds.), *Doneseniya komissarov Petrogradskogo Voenno-Revolyutsionnogo komiteta*, pp. 96-100.
26. Pipes, *Russian Revolution*, p. 505.
27. Moiséi Aarónovich Krol, *Stranicy moej zhizni* («Páginas de mi vida»), pp. 187-190.
28. Iván Innokéntievich Serébrennikov, HIA 51004, 40.
29. Serébrennikov, HIA 51004, 61.
30. Moiséi Aarónovich Krol, «Páginas de mi vida», p. 191.
31. Iván Innokéntievich Serébrennikov, HIA 51004, 46.
32. Yelena Ivánovna Lakier, BA-CU 4077740.
33. A. A. Fiódorovski, GAI R-1020/1/2/1-10.
34. WiR, p. 30.
35. N. Dubákina, BA-CU 4077480.
36. 28 de noviembre de 1917, GARF, 127/1/1/34.
37. Paustovski, p. 507.
38. Paustovski, p. 511.

10. EL INFANTICIDIO DE LA DEMOCRACIA.
NOVIEMBRE Y DICIEMBRE DE 1917

1. Paustovski, p. 513.
2. LCW, vol. 26, pp. 28-42.
3. Decreto del Consejo de Comisarios del Pueblo, 28 de noviembre de 1917.
4. Nicolas Werth, «Crimes and Mass Violence of the Russian Civil Wars, 1918-1921», *Sicences Po*, 2008.
5. Bunyan y Fisher, *Bolshevik Revoluion*, p. 225.
6. N. K. Nikoláyev, 4 de diciembre de 1917, BA-CU 4077869.
7. A. Borman, «In the Enemy Camp», GARF 5881/1/81/13.
8. NZ-VT, p. xxii.
9. Citado en Daniel Guerin, *Anarchism: from Theory to Practice*, pp. 25-26.
10. RGVA, 1304/1/483/86-87; GARO, 4071/2/10/21.

11. 17 de noviembre de 1917, Lakier, BA-CU 4077740.

12. Globachov, BA-CU 4077547/132.

13. 11 de diciembre de 1917, Lakier, BA-CU 4077740.

14. LCW, XXVI, p. 374.

15. LCW, XXVI, pp. 404-415.

16. GARF, 5881/1/81/13.

17. Texto de Aleksandr Eiduk, en Valeri Shambov, Gosudarstvo i revolutsii, Moscú, 2001, p. 17, citado por Rayfield, *Stalin and his Hangmen*, p. 76.

18. Mitrojin (ed.), *«Chekisms» – A KGB Anthology*, p. xxiii.

19. J. Scholmer, *Die Toten kehren zurück*, Colonia, 1954, p. 128.

20. Véase Michael C. Hickey, «Smolensk's Jews in War, Revolution and Civil War», en Sarah Badcock, Liudmila G. Nóvikova, y Aaron B. Retish, *Russia's Home Front in War and Revolution, 1914-22*, vol. I: *Russia's Revolution in Regional Perspective*, Bloomington (IN), 2015, pp. 185-197.

21. *Ibid.*

22. Para la presencia de social-revolucionarios de izquierdas en el Sovnarkom, véase Lara Douds, *«The dictatorship of the democracy»? The Council of People's Commissars as Bolshevik-Left Socialist Revolutionary coalition government, December 1917-March 1918*, University of York, 2017.

23. *Ibid.*

24. TsAFSB 1/10/52/5-6, Rabinowitch, p. 88.

25. Sobre los generales que huyeron de incógnito de Býjov, véase Figes, People's Tragedy, p. 558.

26. Shklovski, *Sentimental Journey*, p. 74.

27. *Ibid.*

28. Shklovski, p. 80.

29. Shklovski, p. 87.

30. Shklovski, pp. 100-101.

31. Shklovski, p. 102.

32. *Ibid.*, p. 110.

33. Gorki, NZh, 16 de marzo de 1918.

34. Shklovski, p. 104.

35. Sobre la Dunsterforce véase Lionel Dunsterville, *The Adventures of Dunsterforce*, Londres, 1920; Reginald Teague-Jones, *The Spy who Disappeared – Diary of a Secret Mission to Russian Central Asia in 1918*, Londres, 1990; Richard H. Ullman, *Anglo-Soviet Relations 1917-21. Vol. I: Intervention and the War*, Princeton (NJ), 1961; documentos de William Leith-Ross, NAM 1983-12-71-333; TNA FO 371 8204/8205/9357.

11. ROMPER EL MOLDE.
ENERO Y FEBRERO DE 1918

1. Vladímir Zenzínov, *Iz zhizni revolyutsionera* («De la vida de un revolucionario»), París, 1919, p. 197.
2. Anónimo, ASF-ARML C-15/3/4.
3. Zenzínov, *Iz zhizni revolyutsionera*, p. 199.
4. Anónimo, ASF-ARML C-15/3/4.
5. El hijo, Vladímir V. Nabókov, narró la huida del padre en *Speak Memory*, pp. 186-187.
6. Sobre la reinstauración de la pena de muerte, véase Melgunov, *Red Terror*, pp. 36-38.
7. Gueorgui K. Borel, documentos de Borel, BA-CU 4078202.
8. Paustovski, p. 515.
9. Teniente general Mijaíl Andréyevich Svechín, BA-CU 4078130, p. 17.
10. Lakier, BA-CU 4077740.
11. Bunin, «Días malditos», p. 38.
12. Melgunov, *Red Terror*, pp. 89-90.
13. Nabókov, *Speak Memory*, p. 189.
14. Péters, *Izvestiya*, 29 de agosto de 1919, Melgunov, *Red Terror*, p. 155.
15. Paustovski, p. 615.
16. Mijaíl K. Borel, BA-CU 4078202; véase también Globachov, BA-CU 4077547.
17. Goldman, *My Disillusionment*, p. 39, citado por Figes, *Tragedy*, p. 605.
18. Lakier, BA-CU 4077740.
19. Bunin, p. 39.
20. Globachov, BA-CU 4077547.
21. Conde Dmitri Gueiden, HIA 75009.
22. Nazhivin, *Zapiski o revolyutsii, 1917-1921*, p. 193.
23. Nikolái Moguilianski, *Kiev 1918*, Moscú, 2001.
24. Nikolái Moguilianski, *Kiev 1918*, Moscú, 2001.
25. Sobre los saqueos, asesinatos y violaciones en Kiev, anónimo, ASF-ARLM A-94.
26. Moguilianski, en *Kiev 1918*, Moscú, 2001.
27. *Ibid.*
28. Gueiden, BA-CU 75009.
29. Gúbarev, BA-CU 4077582.

12. Brest-Litovsk.
De diciembre de 1917 a marzo de 1918

1. Iván Fokke, «Na stsene I sa kulisami brestakoi tragikomedii», en *Arkhiv russkoi revoluiutsii*, I. V. Hessen (ed.), XX, pp. 15-17, Berlín, 1925-1934, Wheeler-Bennett, *Brest Litovsk*, pp. 86-87.
2. Citado por Wheeler-Bennett, p. 113.
3. Wheeler-Bennett, p. 114.
4. RGASPI, 17/1/405/1-13.
5. Wheeler-Bennett, p. 221.
6. Citado por Wheeler-Bennett, pp. 185-186.
7. Hoffmann, I, 206-207.
8. LCW, XXIV, pp. 135-139.
9. Steveni, KCLMA.
10. 18 de abril de 1918, citado por Stéinberg, HIA XX692.
11. Goltz, *Meine Sendung im Finnland und im Baltikum*, p. 48.
12. *Ibid.*
13. Mawdsley, *The Russian Revolution and the Baltic Fleet*, p. 150.
14. RGAVMF, R-96/1/6/118.
15. Melgunov, *Red Terror*, p. 38.
16. RGAVMF, R-96/1/6/124.
17. Memorias de Ambroży Kowalenko, KCF AW II/1993.
18. Citado en Teffi, *Memories*, p. 15.
19. Colección de Borel, BA-CU 4078202.
20. Serge, *Conquered City*, p. 30.
21. Serge, *Conquered City*, p. 32.

13. La Marcha del Hielo del Ejército de Voluntarios.
De enero a marzo de 1918

1. Teniente general Mijaíl A. Svechín, BA-CU 4078130/2.
2. Eduard E. Dune, *Zapiski krasnogvardeitsa* [«Apuntes de un guardia rojo»], BA-CU 4077481/77.
3. Dune, BA-CU 4077481/86.
4. Dune, BA-CU 4077481/92.
5. *Ibid.*
6. Sobre la masacre de Taganrog, véase Melgunov, *Red Terror*, pp. 88-89.
7. Documentos de Alekséyev, colección de Borel, BA-CU 4078202.
8. Mirónov, RGVA, 192/6/1/2.
9. Svechín, BA-CU 4078130.

10. *Ibid.*
11. Eduard E. Dune, *Zapiski krasnogvardeitsa*, BA-CU 4077481/91.
12. Svechín, BA-CU 4078130/26.
13. Documentos de Alekséyev, colección de Borel, BA-CU 4078202.
14. Para la composición del Ejército de Voluntarios véase Kenez, I, *Red Attack*, p. 100.
15. 2 de mayo de 1918, documentos de Alekséyev, colección de Borel, BA-CU 4078202.
16. Pável Konstantínov, GARF 5881/1/106/1-14.
17. Majonin, caja 33, BA-CU 4077787.
18. Lakier, BA-CU 4077740.
19. Iván Nazhivin, *Zapiski o revolyutsii, 1917-1921*, p. 199.
20. Documentos de Alekséyev, colección de Borel, BA-CU 4078202.
21. Majonin, BA-CU 4077787/26.
22. Svechín, BA-CU 4078130/34.

14. Entran los alemanes.
Marzo y abril de 1918

1. Lakier, BA-CU 4077740.
2. *Ibid.*
3. Gueiden, BA-CU 75009/19.
4. Nabókov, p. 190.
5. Dreier, BA-CU 4077478, p. 350.
6. Teffi, *Memories*, p. 141.
7. Teffi, *Memories*, p. 124.
8. Paustovski, p. 567.
9. Moguilianski, *Kiev 1918*.
10. Gueiden, HIA 75009.
11. *Ibid.*
12. Svechín, BA-CU 40781309.
13. *Ibid.*
14. Citado por Mark R. Baker, «War and Revolution in Ukraine», en Sarah Badcock, Liudmila G. Nóvikova y Aaron B. Retish, *Russia's Home Front in War and Revolution, 1914-22*, vol. I: *Russia's Revolution in Regional Perspective*, Bloomington (IN), 2015.
15. Moguilianski, *Kiev 1918*.
16. Globachov, BA-CU 4077547.
17. 27 de julio de 1918, M. V. Rodzianko, HIA 27003, Caja 1.
18. *Ibid.*

19. *Ibid.*
20. Bruce Lockhart, TNA FO 371/3332/9748.
21. Svechín, BA-CU 40781309/5.
22. Eduard E. Dune, BA-CU 4077481/95.
23. Mirónov, RGVA 192/6/1/11.
24. Mirónov al SKVO (Distrito Militar del Cáucaso Norte), Tsaritsyn, RGVA, 1304/1/489/108.
25. GARF, 5881/1/81/24.
26. GARF, 5881/1/81/14.
27. Citado por Pipes, *Russian Revolution*, p. 617.
28. GARF, 5881/1/81/14.
29. GARF, 5881/1/81/51.
30. GARF, 5881/1/81/16.
31. GARF, 5881/1/81/18.
32. GARF, 5881/1/81/25.
33. GARF, 5881/1/81/29.

15. ENEMIGOS EN LA PERIFERIA.
PRIMAVERA Y VERANO DE 1918

1. 29 de junio de 1918, RGASPI, 67/1/96/29.
2. Colección Lund, KCLMA.
3. 19 de julio de 1918, RGASPI 67/1/96/34.
4. LCW, XXII, p. 378.
5. Citado por Karsten Brüggemann, «National and Social Revolution in the Empire's West», en Sarah Badcock, Liudmila G. Nóvikova y Aaron B. Retish, *Russia's Home Front in War and Revolution, 1914-22*, vol. I: *Russia's Revolution in Regional Perspective*, Bloomington (IN), 2015, p. 150.
6. Ernest Lloyd Harris, HIA XX072, Caja 1.
7. Diario de Pierre Janin, 18 de septiembre de 1918, HIA YY239.
8. Harris, HIA XX072, Caja 1.
9. Teniente coronel Blackwood a general de división Poole, 14 de febrero de 1919, Poole, KCLMA.
10. Pável Konstantínov, GARF 5881/1/106/1.
11. GARF, 5881/1/106/3.
12. *Ibid.*
13. Iván Nazhivin, *Zapiski o revolyutsii, 1917-1921*, p. 200.
14. Véase el informe de Teague-Jones, «The Russian Revolution in Transcaspia», TNA WO 106/61; documentos de Sinclair, IWM, 67/329/1.
15. Harris, HIA XX 072-9.23, Caja 5.

16. «The Royal Navy on the Caspian, 1918-1919», *Naval Review*, vol. VIII, n.º 1, febrero de 1920, p. 89.
17. Leith-Ross, NAM 1983-12-71-333.
18. «The Royal Navy on the Caspian», p. 93.
19. Teague-Jones, *The Spy who Disappeared*, p. 99.
20. «The Royal Navy on the Caspian», p. 95.
21. Teague-Jones, *The Spy who Disappeared*, p. 101.

16. Los checos y la rebelión de los social-revolucionarios de izquierdas. De mayo a julio de 1918

1. Harris, HIA XX072, Caja 1.
2. Lenkov, BA-CU 4077747.
3. Yákov S. Dvorzhets, GARF 127/1/3/15.
4. GARF 127/1/3/17.
5. *Ibid.*
6. Dvorzhets, GARF 127/1/3/21.
7. Dvorzhets, GARF 127/1/3/28.
8. Steveni, KCLMA.
9. S. Lubodziecki, «Polacy na Syberji w latach 1917-1920. Wspomnienia», *Sybirak*, 2/1934, p. 42.
10. Serébrennikov, HIA 51004, p. 69.
11. *Ibid.*
12. 29 de julio de 1918, Harris al secretario de Estado, Harris, HIA XX072, Caja 1.
13. *Ibid.*
14. Sobre la rebelión de Yaroslavl, Shultz, ASF-ARML R-145.
15. 28 de mayo de 1918, Bruce Lockhart, TNA FO 371/3332/9748.
16. RGVA 39458/1/9/11.
17. Paustovski, p. 540.
18. *Ibid.*
19. Isaak Nachman Stéinberg, HIA XX692.
20. *Ibid.*
21. Citado en Pipes, *Russian Revolution*, p. 640.
22. Paustovski, p. 538.
23. Citado en Pipes, *Russian Revolution*, p. 641.
24. Isaak Nachman Stéinberg, HIA XX692.
25. Sobre el sitio del cuartel, Isaak Nachman Stéinberg, HIA XX692.
26. Citado en Mawdsley, *The Russian Civil War*, p. 76.

27. *Op. cit.*, pp. 77-78.
28. Svechín, BA-CU 40781309/55.
29. Buisson (ed.), *Journal intime de Nicolas II*, p. 204.
30. Helen Rappaport, *Ekaterinburg*, p. 36.
31. Buisson (ed.), *Journal intime de Nicolas II*, p. 210.
32. ASF-ARLM, exposición Urales.
33. Buisson (ed.), p. 212.
34. Figes, *People's Tragedy*, p. 641.

17. TERROR ROJO.
VERANO DE 1918

1. Sobre Kaplán y el atentado fallido contra Lenin, Vasili Mitrojin (ed.), «*Chekisms*» – *A KGB Anthology*, pp. 65-69.
2. 9 de septiembre de 1918, RGASPI 67/1/95/134.
3. Globachov, BA-CU 4077547.
4. Melgunov, *Red Terror*, pp. 40-41.
5. RGASPI 67/1/95/31.
6. Véase el semanario de la Checa del 20 de octubre (n.º 5), citado por Melgunov en *Red Terror*, p. 21.
7. Nicolas Werth, «Crimes and Mass Violence of the Russian Civil Wars, 1918-1921», *Sciences Po*, París, 2008.
8. Grigori Áronson, *Na zare krasnogo terrora*, p. 46.
9. Departamento Cosaco del VTsIK, Danílov, GARF 1235/83/ 8/43-52.
10. Miembro del PCR(b), del distrito moscovita de Zamoskvoreche, Nésterov, TsA FSB RF S/d N-217. T.D S. pp. 149-153.
11. Mitrojin (ed.), «*Chekisms*», p. 72.
12. *The Red Sword*, citado en Rayfield, p. 71; *Pravda*, 25 de diciembre de 1918.
13. Colección de Borel, BA-CU 4078202.

18. LOS COMBATES DEL VOLGA Y EL EJÉRCITO ROJO
VERANO DE 1918

1. GARF, 127/1/8/1-2.
2. Carta de Raskólnikov a Reisner, citada en Cathy Porter, *Larissa Reisner*, p. 54.
3. Citado en Bruce Lincoln, *Red Victory*, p. 188.

4. *Ibid.*, p. 59.

5. Zenzínov, *Iz zhizni revolyutsionera*, p. 134.

6. *RACO*, p. 152.

7. RGVA 39458/1/7/2.

8. GARF 127/1/3/66.

9. 26 de noviembre de 1918, Prokófiev, *Dnevnik*.

10. ASF-ARLM, exposición Urales.

11. Boyárchikov, *Vospominaniya*, p. 50.

12. Olga Joroshílova, «Krasnye Revolyutsionnye Sharovary» [«Bomba-chos revolucionarios rojos»], *Rodina*, n.º 10, 2017.

13. OeStA/KA FA AOK OpAbt Akten, Heimkehrergruppe 1918, K358 130078.

14. «Das sozialistische Vaterland ist in Gefahr!», «Die Russische Revolution ist auch unsere Revolution, ist unsere Hoffnung».

15. Comandante Ferdinand Reder *Ritter* von Schellmann, OeStA/KA NL, Franz Reder, 763 (B, C) B763.

16. OeStA/KA FA AOK OpAbt Akten, Heimkehrergruppe 1918, K358 130055.

17. Oe-StA-KA, 10/7/7-862, citado en Georg Wurzer, *Die Kriegsgefangenen der Mittelsmächte in Russland im Ersten Weltkrieg*, Viena, 2005, p. 465.

18. Wurzer, p. 111.

19. Marc Jansen, «International Class Solidarity or Foreign Intervention? Internationalists and Latvian Rifles in the Russian Revolution and the Civil War», *International Review of Social History*, vol. 31, n.º 1, 1986, Cambridge, p. 79.

20. Bernshtam, «Storony v grazhdanskoi voine, 1917-1922gg», en *Vestnik Russkogo Kristianskogo Dvizheniia*, n.º 128, 1979, p. 332.

21. Sobre el reclutamiento de mano de obra china durante la guerra, Alexander Lukin, *The Bear Watches the Dragon*, p. 60.

22. GAKK R-53/1/3/41.

23. Nikolái Karpenko, *Kitaiskii legion: uchastie kitaitsev v revoliutsionnykh sobytiiakh na territorii Ukrainy, 1917-1921 gg.* («La Legión China: participación de los chinos en los hechos revolucionarios del territorio de Ucrania, 1917-1921»), Lugansk, 2007, p. 323.

24. Sobre la presencia de chinos en el Ejército Rojo y en la Checa, véase Aleksandr Larin, «Krasnye i belye: krasnoarmeitsy iz Podnebenoi» («Rojos y Blancos. Soldados del Imperio Celestial en el Ejército Rojo»), *Rodina*, n.º 7, 2000.

25. Fiódor Shipitsyn, «V Odnom Stroyu» («En las mismas filas»), en *V Boyakh i Pokhodakh* («En las batallas y en la marcha»), Sverdlovsk, 1959, p. 504.

26. Larin, «Red and White».

27. Karpenko, *Kitaiskii legion*, p. 323.

28. Telegrama del 10 de agosto de 1918, ASF-ARLM, exposición Urales.

29. Jefe del Departamento Político del Comandante del Sector Nororiental, 13 de agosto de 1918, RGAVMF R-96/1/6/92-9.

30. RGAVMF R-96/1/6/97.

31. Reisner, «Cartas desde el frente», Moscú, 1918, citado en Serge, *Year One*, p. 334.

32. Serge, *Year One*, p. 335.

33. Véase el artículo de Andréi Svertsev sobre la «Tragedia de un Bonaparte ruso», en *Russkiy Mir*, 16 de abril de 2013.

34. RGAVMF R-96/1/6/70.

35. Coronel Jan Skorobohaty-Jakubowski, «Jak legjoniści sybiracy zamierzali porwać Trockiego?», *Sybirak*, 2(10)/1936, pp. 56-60.

36. RGVA 39458/1/8/1; véase también *Izvestiya*, n.º 41, 22 de febrero de 1919.

37. Shultz, ASF-ARML R-145.

38. *Ibid.*

39. RGVA 39458/1/8/2.

19. DEL VOLGA A SIBERIA.
   OTOÑO DE 1918

1. Al comisario militar Sklianski, RGAVMF R-96/1/13/234.

2. RGAVMF R-96/1/13/285.

3. 28 de septiembre de 1918, RGVA 39458/1/5/36.

4. GARF 127/1/3/77.

5. GARF 127/1/3/78.

6. Serébrennikov, HIA 51004, p. 125.

7. Serébrennikov, HIA 51004, p. 130.

8. Serébrennikov, HIA 51004, p. 113.

9. Serébrennikov, HIA 51004, p. 117.

10. RGVA 39458/1/5/33.

11. *Ibid.*

12. Exposición Urales, ASF-ARLM.

13. S. A. Zaborski, 19 de agosto de 1927. OR RGB 320/18/1/27.

14. OR RGB 320/18/1/26.

15. Zenzínov, *Iz zhizni revolyutsionera*.

16. Serébrennikov, HIA 51004, p. 154.

17. *Ibid.*

18. Fedulenko, HIA 2001C59.

19. Serébrennikov, p. 162.

20. Telegrama de los ministros del Komuch, 18 de noviembre de 1918, GARF 193/1/1/18.

21. Zenzínov, *Iz zhizni revolyutsionera*.

22. Documentos de Lyon, Cruz Roja de Estados Unidos, HIA 74096.

23. Sobre la Fuerza Expedicionaria de Estados Unidos, véase HIA XX546.

24. GARF 193/1/6/19.

25. Kolchak, 24 de noviembre de 1918, GARF 195/1/18/1.

26. GARF 193/1/3/19.

27. Telegrama de Morris a Harris, 23 de diciembre de 1918, Harris, HIA XX 072-9.23, Caja 5, 28.

28. Serébrennikov, HIA 51004, p. 173.

29. Yuexin Rachel Lin, «White Water, Red Tide: Sino-Russian Conflict on the Amur, 1917-20», *Historical Research*, Universidad de Oxford, 2017.

30. Fedulenko, HIA 2001C59.

31. 13 de diciembre de 1918, RGVA 39458/1/5/38.

32. S. Lubodziecki, «Polacy na Syberji w latach 1917-1920. Wspomnienia II», *Sybirak*, n.º 3-4/1934, pp. 5-18.

33. Para un informe sobre la situación del Ejército Polaco de Siberia, véase Józef Targowski, alto comisionado de la República de Polonia en Siberia, PIA 701-002-024-337.

34. Diario de Janin, HIA YY239.

35. Serébrennikov, p. 183.

36. Diario de Pierre Janin, 26-31 de diciembre de 1918, HIA YY239.

37. Fiódor Shipitsyn, *V Odnom Stroyu*, pp. 498-513.

38. Zónov, comisario militar de la 5.ª Brigada, RGASPI 67/1/99/44.

39. Fiódor Shipitsyn, *V Odnom Stroyu*, p. 513.

20. La salida de las Potencias Centrales.
Otoño e invierno de 1918

1. 7 de noviembre de 1918, TNA FO 371/3337/9829.

2. Kulik, *Kubansky Sbornik*, n.º 6, 22 de septiembre de 2015, ASF-AR-ML.

3. N. Dubákina, BA-CU 4077480.

4. Maksim Kulik, *Kubansky sbornik*, n.º 6, 22 de septiembre de 2015.

5. Sobre Skoropadski véase Svechín, BA-CU 4078130/63.

6. Lakier, BA-CU 4077740.

7. Sobre la presencia de Grishin-Almázov en Odesa, Globachov, BA-CU 4077547, p. 149.

8. Globachov, *op. cit.,*, p. 150.
9. *Ibid.*
10. Dune, BA-CU 4077481/101.
11. *Op. cit.,*, p. 103.
12. Dune, *op. cit.,*, p. 107.
13. Yerast Chevdar, «Dombás», BA-CU 4077432.
14. *Ibid.*
15. Pável Makárov, *Adjutant generala Mai-Maevskogo* («Edecán del general Mai-Mayevski»), Leningrado, 1929, p. 28.
16. Paustovski, p. 640.
17. DASBU 6/68112/FP.
18. S. I. Mámontov, BA-CU 4077797.
19. *Ibid.*
20. Teague-Jones, p. 107.
21. Teague-Jones, pp. 120 y 121.
22. Sobre Teague-Jones y las ejecuciones, véase Taline Ter Minassian, *Reginald Teague-Jones: Au service secret de l'empire britannique*, París, 2014; Peter Hopkirk (ed.), *Teague-Jones*, 1990, pp. 204-216; Richard H. Ullman, *Anglo-Soviet Relations 1917-21*, vol I: *Intervention and the War*, Princeton (NJ), 1961, p. 324; y TNA FO 371 8204/8205/9357.
23. «The Royal Navy on the Caspian, 1918-1919», *Naval Review*, VIII, p. 219.
24. Teague-Jones, p. 195.
25. Teague-Jones, p. 200.

21. El Báltico y el norte de Rusia.
Otoño e invierno de 1918

1. Karsten Brüggemann, «National and Social Revolution in the Empire's West», en Sarah Badcock, Liudmila G. Nóvikova y Aaron B. Retish, *Russia's Home Front in War and Revolution, 1914-22*, vol. I: *Russia's Revolution in Regional Perspective*, Bloomington (IN), 2015, p. 155.
2. Fiódor Raskólnikov, *Rasskazy Michmana Ilina* («Historias del guardiamarina Ilin»), Moscú, 1934.
3. *Ibid.*
4. *Ibid.*
5. *Ibid.*
6. Shklovski, *Sentimental Journey*, p. 195.
7. Jefe del Estado Mayor Imperial al Gabinete británico, 23 de julio de 1919, CAC-CHAR 16/19/38.

8. RGAVMF R-96/1/13/195.
9. Diario del capitán William Serby, KCLMA.
10. Sir Robert Hamilton Bruce Lockhart, 1 de noviembre de 1918, HIA 85039, Caja 12; TNA FO 371/3332/9748.
11. TNA FO 371/3337/9829.
12. *Ibid.*
13. CAC-CHAR 16/11/4.
14. CAC-CHAR 2/106/178-179.

22. UNA FATAL SOLUCIÓN DE COMPROMISO.
DE ENERO A MARZO DE 1919

1. Citado en George Leggett, *The Cheka: Lennin's Political Police*, p. 252.
2. Vladimir Aleksandrov, *To Break Russia's Chains*, p. 535.
3. Winston S. Churchill (en adelante, WSC) a David Lloyd George (en adelante, DLG), CAC-CHAR, 16/20/7.
4. WSC, desde París, a DLG, *ibid*.
5. DLG a WSC, en París, CAC-CHAR 16/20/19-20.
6. Citado en Macmillan, *Peacemakers*, p. 75.
7. 27 de febrero de 1919, WSC a DLG, CAC-CHAR 16/21/34-35.
8. Sánnikov, BA-CU 4078022.
9. Teffi, *Memories*, p. 161.
10. Iván Nazhivin, *Zapiski o revolyutsii, 1917-1921*, pp. 216-217.
11. Nazhivin, p. 223.
12. CAC-CHAR 16/5/7.
13. CAC-CHAR 16/5/5.
14. Comandante Goldsmith, KCLMA.
15. *Ibid.*
16. Webb-Bowen, KCLMA.
17. *Ibid.*
18. Nabókov, p. 194.
19. Goldsmith, KCLMA.
20. Serguéi Mámontov, BA-CU 4077797.
21. *Ibid.*
22. CAC-CHAR 16/19/12.
23. RGVA 33987/1/142/149.
24. RGVA 192/6/1/13.
25. RGASPI 17/4/7/5.
26. RGVA 100/3/100/17-18.
27. Goldsmith, KCLMA.

28. Vladímir Tijomírov, *Istoricheskaya Pravda*, http://www.istpravda.ru/research/5598/; véase también Nicolas Werth, «Crimes and Mass Violence of the Russian Civil Wars, 1918-1921», *Sciences Po*, París, 2008; Melgunov, *Red Terror*, pp. 58-60.

29. Melgunov, *ibid.*

30. 17 de diciembre de 1917, RGASPI 67/1/78/114.

31. 15 de febrero de 1919, RGASPI 67/1/100/25.

32. RGASPI 67/1/50/247.

33. Voskov a la camarada Stásova, 1 de febrero de 1919, RGASPI 67/1/99/80.

34. 19 de febrero de 1919, RGASPI 67/1/99/81.

35. DLG a WSC, 6 de mayo de 1919, CAC-CHAR 16/7.

23. Siberia.
De enero a mayo de 1919

1. Harris, HIA XX072, caja 1.

2. McCullagh, *Prisoner of the Reds*, p. 108.

3. Capitán William S. Barrett, HIA YY029.

4. *Ibid.*

5. Ejército de Estados Unidos, AEF HIA XX546-9.13.

6. 7 de junio de 1919, Ejército de Estados Unidos, AEF HIA XX546-9.13.

7. Transcripción de una conversación telefónica del 23 de enero de 1919, entre Vologodski y Yákovlev, jefe de la provincia de Irkutsk, GARF 193/1/6/45.

8. GARF 193/1/6/43.

9. Ejército de Estados Unidos, AEF HIA XX546-9.13.

10. *Ibid.*

11. Capitán William S. Barrett, HIA YY029.

12. Diario de Víktor Pepeliáyev, GARF 195/1/27/25.

13. Sobre Semiónov y su deseo de un Estado independiente, L. V. Kuras, «Ataman Semenov and the National Military Formations of Buriat», en *The Journal of Slavic Military Studies*, vol. 10, diciembre de 1997, n.º 4, 83, AFSB-RB d.85273, l.185.

14. Carpeta 1.2 de la sección de inteligencia del AEF, Siberia, 2 de junio de 1919, Ejército de Estados Unidos, AEF HIA XX546-9.13.

15. Cheremnyj, HIA 92068, p. 6.

16. Sobre la masacre de Ufá véase Nicolas Werth, «Crimes and Mass Violence of the Russian Civil Wars, 1918-1921», *Sciences Po*.

17. RGASPI 70/3/669.
18. Cheremnyj, HIA 92068, pp. 7-8.
19. Harris, HIA XX072, caja 1.
20. 21 de febrero de 1919, RGVA 39458/1/5/42.
21. 14 de mayo de 1919, RGVA 5182/1/10/22.
22. Carta del 10 de febrero de 1919, RGASPI 67/1/96/186.
23. En abril de 1919: RGVA 39458/1/6.
24. RGVA 5182/1/11/4.
25. RGVA 5182/1/11/5.
26. 10 de marzo de 1919, RGVA 5182/1/11/108.
27. Correspondencia de Kolchak, 1919, HIA YY268.
28. *Ibid.*
29. Curzon a WSC, 2 de mayo de 1919, CAC-CHAR 2/105/73-74.

24. EL DON Y UCRANIA.
DE ABRIL A JUNIO DE 1919

1. Diario de Kennedy, 2/2, KCLMA.
2. Makárov, p. 127.
3. Iván Nazhivin, *Zapiski o revolyutsii, 1917-1921*.
4. Chevdar, BA-CU 4077432/13.
5. Valentín Yósifovich Lejnó, BA-CU, 4077745.
6. *Ibid.*
7. Melgunov, pp. 121-123.
8. Valentín Yósifovich Lejnó, BA-CU, 4077745.
9. *Ibid.*
10. GARF 4919/1/3/25.
11. RGASPI 17/6/83/1-10.
12. TsA FSB RF S/d N-217 T.D S. 135.
13. RGVA, 24380/7/168/213.
14. S. I. Syrtsov, comisario del Duodécimo Ejército, RGASPI 2/1/23678/1-4.
15. Eduard E. Dune, BA-CU 4077481/113.
16. TsA FSB RF S/d N-217, T.4, S. 80-84.
17. Dune, BA-CU 4077481/113.
18. Boyárchikov, *Vospominaniya*, 52.
19. GARF 4919/1/3/49.
20. TsA FSB RF S/d N-217, T.4, S. 80-84.
21. Gueiden, HIA 75009, pp. 6-9.
22. *Ibid.*
23. *Ibid.*

24. Goldsmith, KCLMA.
25. Pável Makárov, *Adjutant*, p. 129.
26. *Ibid.*
27. Peter Kenez, *Red Advance, White Defeat*, p. 39.
28. Para la forma en que el Stavka del Ejército Rojo valoró la Directiva de Moscú, véase *RACO*, pp. 196-198.
29. *Naval Review*, VIII, p. 220.
30. *Ibid.*
31. *RACO*, p. 115.
32. Para la solicitud de Churchill, CAC-CHAR 16/12/41-2.

25. Múrmansk y Arcángel.
Primavera y verano de 1919

1. RGASPI 67/1/99/27.
2. WSC a DLG, 6 de abril de 1919, CAC-CHAR 16/6.
3. CHAR 16/5/32.
4. Wilson a WSC, 2 de mayo de 1919, CAC-CHAR 16/10/4.
5. Harris, HIA XX072, caja 1.
6. Lund, KCLMA.
7. CIGS [Jefe del Estado Mayor Imperial] y Gobierno de Gran Bretaña, *The Evacuation of North Russia 1919*, Libro Azul, HMSO, 1920, 24 de febrero de 1919, CHAR 16/19/24.
8. Lund, KCLMA.
9. Wilson a Ironside, 16 de junio de 1919, CAC-CHAR 16/8.
10. Lund, KCLMA.
11. Para los planes de evacuación, *The Evacuation of North Russia 1919*, Libro Azul, HMSO, 1920.
12. Lund, KCLMA.
13. Lund, KCLMA.
14. CAC-CHAR 16/11/87-88.
15. *The Evacuation of North Russia 1919*, Libro Azul, HMSO, 1920.

26. Siberia.
De junio a septiembre de 1919

1. *RACO*, p. 165.
2. *RACO*, p. 164.
3. Diarios de Víktor Pepeliáyev, GARF 195/1/27/25.

4. Diario de Janin, 12 de julio de 1919, HIA YY239.

5. Diario de Víktor Pepeliáyev, GARF 195/1/27/25.

6. Fiódor Shipitsyn, «V Odnom Stroyu», en *V. Boyakh i Pokhodakh*, p. 504.

7. Diario de Janin, HIA YY239.

8. Diarios de Víktor Pepeliáyev, GARF 195/1/27/25.

9. Citado en Ejército de Estados Unidos, AEF, 1 de julio de 1919, HIA XX546-9.13.

10. Ejército de Estados Unidos, AEF, HIA XX546-9.13.

11. Coronel Jan Skorobohaty-Jakubowski, «Kapitulacja V-ej Syberyjskiej dywizji w świetle prawdy historycznej», *Sybirak*, 1 (13) (1937), pp. 3-8.

12. Diario de Janin, HIA YY239.

13. *Ibid.*

14. *Ibid.*

15. CAC-CHAR 16/19/40.

16. *RACO*, p. 169.

17. 22 de agosto de 1919, exposición Urales, ASF-ARLM.

18. RGVA 39458/1/2/2.

19. Ejército de Estados Unidos, AEF HIA XX546-9.13.

20. 27 de mayo de 1919, Ejército de Estados Unidos, AEF HIA XX546-9.13.

21. GARF 193/1/11/8.

22. Ejército de Estados Unidos, AEF HIA XX546-9.13.

23. WSC a DLG, 21 de mayo de 1919, CAC-CHAR 16/7.

24. A. Astáfiev, *Zapiski izgoya* («Notas de un exiliado»), Omsk, 1998, p. 61.

25. Archivos de Káppel, 9 de junio de 1919, RGVA 39548/1/1/9.

26. 4 de septiembre de 1919, capitán William S. Barrett, HIA YY029.

27. 27 de mayo de 1919, RGVA 39458/1/2/1.

28. 16 de mayo de 1919, RGVA 39458/1/9/11.

29. Ejército de Estados Unidos, AEF, HIA XX546-9.13.

30. A. Astáfiev, *Zapiski izgoya*, p. 61.

31. Capitán William S. Barrett, 4 de agosto de 1919, HIA YY029.

32. «Civil war in Central Asia», *Documentos de Hitoon*, HIA ZZ070.

33. *Ibid.*

34. *RACO*, p. 175.

35. Sobre estas operaciones del Tobol y de Petropávlovsk, *RACO*, pp. 174-177.

36. WSC a Knox, 5 de octubre de 1919, CAC-CHAR 16/18A-B/153.

37. V. V. Fedulenko, HIA 2001C59.

38. Diario de Víktor Pepeliáyev, GARF 195/1/27/25.

39. La queja se planteó el 29 de julio de 1919 (HIA YY239).

40. Ejército de Estados Unidos, AEF HIA XX546-9.13.

41. *Ibid.*
42. *Ibid.*
43. Documentos de Lyon, Cruz Roja de Estados Unidos, HIA 74096.
44. *Ibid.*

27. VERANO BÁLTICO.
DE MAYO A AGOSTO DE 1919

1. Karsten Brüggemann, «National and Social Revolution in the Empire's West», en Sarah Badcock, Liudmila G. Nóvikova y Aaron B. Retish, *Russia's Home Front in War and Revolution, 1914-22*, vol. I: *Russia's Revolution in Regional Perspective*, Bloomington (IN), 2015, p. 161.
2. Sobre las purgas de Stalin y Péters en Petrogrado, véase Rayfield, p. 70.
3. *Sentimental Journey*, p. 186.
4. Pólozov, RGAVMF R-34/2/53/80.
5. RGAVMF, R-34/2/53/82.
6. Diarios de Víktor Pepeliáyev, GARF 195/1/27/25.
7. Wilson a WSC, 2 de mayo de 1919, CAC-CHAR 16/7.
8. Lincoln, citado en *Red Victory*, p. 293.
9. Wilson a WSC, 14 de junio de 1919, CAC-CHAR 16/8.
10. DLG a WSC, 6 de mayo de 1919, CAC-CHAR 16/7.
11. Jefe del Estado Mayor Imperial a WSC, 23 de julio de 1919, *ibid.*
12. DLG al Gabinete, 30 de agosto de 1919, en referencia «Memorando sobre la situación del Noroeste de Rusia», de WSC, 24 de agosto de 1919, CAC-CHAR 16/10/133.
13. El mejor relato de esta operación es sin lugar a dudas el de Ferguson, *Operation Kronstadt*, pp. 229-256.
14. Ferguson, *Operation Kronstadt*, pp. 239-240.

28. LA MARCHA SOBRE MOSCÚ.
DE JULIO A OCTUBRE DE 1919

1. RGVIA 7789/2/30.
2. Documentos de la Oficina del Don, RGASPI 554/1/3/86.
3. Con las firmas de Blojín e Ikónnikov, 17 de agosto de 1919, RGASPI 554/1/3/41, y GARO R-97/1/123/482-483.
4. *Ibid.*
5. Gueiden, BA-CU 75009.
6. Yelena Lakier, 22 de julio de 1919, BA-CU 4077740.

7. *Ibid.*
8. *RACO*, p. 211.
9. Antonina Aleksándrovna Maksímova-Kuláyev, HIA YY323.
10. Eric C. Landis, «A Civil War Episode – General Mamontov in Tambov, August 1919», en *Carl Beck Papers in Russian and East European Studies*, Pittsburgh, 2002.
11. *RACO*, p. 208.
12. GARF 4919/1/3/61.
13. Maksímova-Kuláyev, HIA YY323.
14. 17 de septiembre de 1919, CAC-CHAR 16/11/113.
15. Carton de Wiarth, p. 118.
16. Teniente general Tom Bridges a WSC, 30 de septiembre de 1919, CAC-CHAR 16/12/34.
17. WSC a Curzon, 10 de septiembre de 1919, CHAR 16/11/80.
18. 10 de septiembre de 1919, CAC-CHAR 16/11/81.
19. Makárov, «Edecán», p. 39.
20. Comisión del general Reberg, citada por Melgunov, pp. 125-126.
21. CAC-CHAR 16/19/30.
22. Makárov, p. 43.
23. CAC-CHAR 16/18A-B/103.
24. 22 de septiembre de 1919, CAC-CHAR 16/18A-B/116.
25. Zájarov, citado en Melgunov, *Red Terror*, p. 28.
26. *RACO*, p. 216.
27. M. Alp, ASF-ARLM E-100, 1/1/7 (A-63), p. 9.
28. *Ibid.*
29. *Ibid.*
30. Chevdar, BA-CU 4077432.
31. Diario de Kennedy, 6 de septiembre de 1919, KCLMA.
32. Diario de Kennedy, 7 de septiembre de 1919, KCLMA.
33. Diario de Kennedy, 21 de septiembre de 1919, KCLMA.
34. *Ibid.*
35. *Ibid.*
36. *Ibid.*
37. *Ibid.*
38. Kennedy, *op. cit.*, 10 de octubre de 1919.
39. WSC a Curzon, 5 de octubre de 1919, CAC-CHAR 16/12/34.
40. Kennedy, *op. cit.*, 14 de octubre de 1919.
41. *Volia*, 16 de octubre de 1919; para la prensa sueca, 18 de octubre de 1919, *Voenny viestik*, Ejército de Estados Unidos, AEF HIA XX546-9.13, caja 2.
42. Makárov, p. 162.

29. La sorpresa báltica.
Otoño de 1919

1. 1 de septiembre de 1919, CAC-CHAR 16/11/15.
2. Coronel Tallents a WSC, CAC-CHAR 16/14/68.
3. Shklovski, p. 187.
4. Majonin, BA-CU 4077787/23.
5. Majonin, BA-CU 4077787/20.
6. GARF 6385/2/3/17.
7. GARF 6381/2/1/14/3-4.
8. Para estos pasajes véase «Situation of the North-Western Army by the Start of the Autumn Advance on Petrograd», Grimm, HIA 77002, caja 3.
9. 2 de octubre de 1919, CAC-CHAR 16/18A-B/145.
10. Shklovski, *Sentimental Journey*, p. 187.
11. Citado por Service, *Lenin*, p. 395.
12. Citado por Mawdsley, p. 276.
13. 17 de octubre de 1919, CAC-CHAR 16/18A-B/293.
14. WSC a Curzon, 21 de octubre de 1919, CAC-CHAR 16/12/202.
15. CAC-CHAR 16/18A-B/258.
16. GARF 6385/2/3/77.
17. GARF 6381/2/1/14/14.
18. Sobre la asistencia de Yudénich a las sesiones gubernamentales, GARF 6385/2/3/66.
19. GARF 6385/2/3/68.
20. GARF 6381/2/1/14/8.
21. Yudénich, HIA XX048, caja 4.
22. Sobre el Tratado de Tartú y la «Rusia Una e Indivisible» véase Karsten Brüggemann, «National and Social Revolution in the Empire's West», en Sarah Badcock, Liudmila G. Nóvikova y Aaron B. Retish, *Russia's Home Front in War and Revolution, 1914-22*, vol. I: *Russia's Revolution in Regional Perspective*, Bloomington (IN), 2015, pp. 143-174.

30. Retirada siberiana.
De septiembre a diciembre de 1919

1. WSC al jefe del Estado Mayor del Aire, 17 de septiembre de 1919, CAC-CHAR 16/18A-B/74-75.
2. Harris, HIA XX072, caja 1.
3. Sobre el interés de los japoneses por esta región, véase *Volya*, Ejército de Estados Unidos, AEF, 18 de octubre de 1919.

4. *Golos Rodini*, Ejército de Estados Unidos, AEF, 20 de noviembre de 1919, HIA XX 546-9.13.

5. *Dalnevostochnoe Obozrenie*, Ejército de Estados Unidos, AEF, 19 de octubre de 1919, HIA XX546-9.13.

6. Capitán William S. Barrett, HIA YY029.

7. Archivos Nacionales de Kazajistán, archiv.kvokz.

8. Steveni, KCLMA.

9. Fedulenko, HIA 2001C59, p. 27.

10. *Ibid.*

11. B. Pavlu y Dr. Guirsa, 13 de noviembre de 1919, Harris, HIA XX072, caja 1; y el Diario de Janin HIA YY239.

12. *Ibid.*

13. Citado por Pipes, *Russia under the Bolshevik Regime*, p. 114.

14. *Dalnevostochnoe Obozrenie*, 8 de noviembre de 1919.

15. Sobre Knox y las misiones militares, véanse Steveni, KCLMA.

16. Diario de Pierre Janin, HIA YY239.

17. Fedulenko, HIA 2001C59.

18. Para la caída de Omsk, véanse los documentos de Káppel, RGVA, 39458/1/8/4.

19. *RACO*, p. 177.

20. RGVA 39458/1/8/4.

21. RGVA 39458/1/8/5.

22. Véase al respecto *RACO*, pp. 177-178.

23. Horrocks, *Full Life*, p. 39.

24. Capitán William S. Barrett, HIA YY029.

25. Sobre el levantamiento de Vladivostok en general, véase James Ramsey Ullman, *Anglo-Soviet Relations, 1917-1921*, II, pp. 242-251.

26. Ejército de Estados Unidos, AEF HIA XX546-9.13.

27. Diario de Janin, HIA YY239.

28. Coronel Jan Skorobohaty-Jakubowski, «Kapitulacja V-ej Syberyjskiej dywizji w świetle prawdy historycznej», *Sybirak*, 1 (13)/1937, pp. 3-8.

29. Véase al respecto RGVA 39458/1/8/5.

30. A. Zab., «Orenburg – złe miasto», *Sybirak*, 1(5)/1935, pp. 47-52.

31. Para un informe sobre la situación del Ejército Polaco de Siberia, véase Józef Targowski, alto comisionado de la República de Polonia en Siberia, PIA 701-002-024-337.

32. 5 de octubre de 1919, PIA 701-002-005-416.

33. Coronel Jan Skorobohaty-Jakubowski, «Kapitulacja V-ej Syberyjskiej dywizji w świetle prawdy historycznej», *Sybirak*, 1 (13)/1937, pp. 3-8.

34. La disputa de checos y polacos se narra en: Ejército de Estados Unidos, AEF HIA XX546-9.13, caja 2.

35. Diario de Janin, HIA YY 239.
36. Horrocks, *A Full Life*, p. 37.
37. Vicecónsul Trygve R. Hansen al cónsul general Harris, Harris, HIA XX072, caja 2.
38. Coronel Jan Skorobohaty-Jakubowski, «Cieniom towarzyszy broni pod Tajgą», *Sybirak*, 4(8)/1935, pp. 53-55.
39. Horrocks, p. 52.
40. Harris, HIA, XX072, caja 1.
41. GARF 195/1/27/12.
42. 23 de diciembre de 1919, GARF 195/1/27/25.
43. *Dalni Vostok*, 4 de diciembre de 1919, Harris, HIA XX072, caja 2.
44. Teniente J. R. J. Mezheraups, *ibid.*

31. EL PUNTO DE INFLEXIÓN.
DE SEPTIEMBRE A NOVIEMBRE DE 1919

1. *RACO*, p. 212.
2. RGVA 6/10/131/12.
3. Bulatkin a Budionny, 21 de agosto de 1919, TsA FSB RF S/d N-217, T. 8, S. 158.
4. RGVA 24406/3/1/28.
5. Kámenev a Goldberg, 23 de agosto de 1919, RGVA 6/10/131/14-15.
6. RGVA 24406/3/1/28.
7. RGVA 33987/3/25/1-2.
8. TsA FSB RF S/d N-217, T. 8, S. 99.
9. RGVA 246/6/1/1.
10. RGVA 192/6/5/130-131.
11. 7 de septiembre de 1919, TsA FSB RF 1/4/478/3.
12. 12 de septiembre de 1919, RGVA 33987/213/69.
13. *RACO*, p. 212.
14. RGVA, 245/3/99/64.
15. Kuznetson, TsA FSB RF S/d N-217, T.8, S. 262.
16. Smilga a Trífonov, 7 de octubre de 1919, RGVA 246/6/1/38.
17. RGVA 33988/2/44/277.
18. RGVA 33987/3/52/469.
19. *RACO*, p. 216.
20. 8 de julio de 1919, CAC-CHAR 19/19/40.
21. Glovachov, BA-CU 4077547/159 ss.
22. *Ibid.*
23. M. V. Rodzianko, HIA 27003, caja 1.

24. *Ibid.*

25. *Ibid.*

26. *Ibid.*

27. *Ibid.*

28. *Ibid.*

29. *RACO*, p. 229.

30. *RACO*, p. 218.

31. *RACO*, p. 231.

32. Sobre la situación de Tula, véase Figes, *People's Tragedy*, pp. 666-668.

33. *RACO*, p. 210.

34. *RACO*, p. 216.

35. Makárov, «Edecán», p. 156.

36. Gúbarev, BA-CU 4077582.

37. 19 de noviembre de 1919, CAC-CHAR 16/18A-B/211.

38. Yerast Chevdar, BA-CU 4077432/33.

39. *Ibid.*

40. Documentos de Majonin, BA-CU 4077787/41-42.

41. Boyárchikov, *Vospominaniya*, p. 53.

42. Sobre esta conferencia véase Rakovski, *V stane belykh*, http://www.dk1868.ru/history/rakovskiy_plan.htm.

43. *Ibid.*

44. Diarios de Kennedy, KCLMA.

45. Diario de Kennedy, 29 de diciembre de 1919, KCLMA.

46. Shulguín, p. 147.

47. Ian Kershaw, *To Hell and Back, Europe 1914-1949*, Londres, 2015, p. 106.

48. Para los pogromos de Bielorrusia, véase Elissa Bemporod, *Becoming Soviet Jews*, p. 30.

49. Recoge estos datos Figes, *People's Tragedy*, p. 679.

50. Paustovski, p. 623.

51. 18 de septiembre de 1919, CAC-CHAR 16/18A-B/83.

52. CAC-CHAR, 9 de octubre de 1919, 16/18A-B/175.

53. CAC-CHAR 16/18A-B/210.

54. Williams a Leeper y WSC, CAC-CHAR 16/12/126.

32. Retirada hacia el sur.
Noviembre y diciembre de 1919

1. Diario de Kennedy, KCLMA.

2. *Ibid.*

3. Chevdar, BA-CU 4077432.

4. Makárov, pp. 68-74.

5. Rakovsky, http://www.dk1868.ru/history/rakovskiy_plan. htm.

6. *Ibid.*

7. *Ibid.*

8. *Ibid.*

9. Diario de Kennedy, KCLMA.

10. G. H. Lever, KCLMA.

11. Chevdar, BA-CU 4077432/35.

12. *Ibid.*

13. 11 de diciembre de 1919, CAC-CHAR 16/18A-B/179.

14. 5 de diciembre de 1919, CAC-CHAR 16/14/23.

15. 29 de noviembre de 1919, CAC-CHAR 16/13/130.

16. *Ibid.*

17. Carton de Wiart, 13 de diciembre de 1919, CAC-CHAR 16/14/66.

18. 15 de diciembre de 1919, CAC-CHAR 16/19/88.

19. *RACO*, p. 233.

20. 27 de enero de 1920, GARF 6396/1/7/7.

21. *RACO*, p. 235.

22. *Ibid.*

23. Diario de Kennedy, 26 de diciembre de 1919, KCLMA.

24. Gúbarev, BA-CU 4077582.

25. *Ibid.*

26. Moiséyev, BA-CU 4077851/12.

27. Rakovski, *V stane belykh*, p. 69.

28. Diario de Kennedy, 29 de diciembre de 1919, KCLMA.

29. Lever, 28 de diciembre de 1919, IV/1, 114 KCLMA.

30. Diario de Kennedy, 30 de diciembre de 1919, KCLMA.

31. Chevdar, BA-CU 4077432/35.

32. *Ibid.*

33. WSC al Jefe del Estado Mayor Imperial, 31 de diciembre de 1919, CAC-CHAR 16/19/110.

34. Aleksandr Vertinski, *Dorogoi dlinnoyu* («El largo camino»), Moscú, 2012.

35. *Ibid.*

36. Lincoln, *Red Victory*, p. 436.

37. Vasili Shulguín, *1920 god*, p. 168.

33. La Gran Marcha del Hielo siberiana.
De diciembre de 1919 a febrero de 1920

1. Harris, HIA XX 072-9.23, caja 5.
2. *Ibid.*
3. Piotr Paweł Tyszka, «Z tragicznych przeżyć w V-ej Syberyjskiej Dywizji i w niewoli (1918-1921)», *Sybirak*, 4(12)/1936, p. 21.
4. Sobre la batalla del cerco de Krasnoyarsk, véase *RACO*, pp. 177-178.
5. *Ibid.*
6. *RACO*, p. 178.
7. Harris, HIA XX072, caja 2.
8. GARF 195/1/27/28.
9. Coronel Jan Skorobohaty-Jakubowski, «Kapitulacja V-ej Syberyjskiej dywizji w świetle prawdy historycznej», *Sybirak*, 1 (13)/1937, pp. 3-8.
10. GARF 195/1/27/28.
11. Skorobohaty-Jakubowski, pp. 3-8.
12. GARF 195/1/27/28.
13. Piotr Paweł Tyszka, «Z tragicznych przeżyć w V-ej Syberyjskiej Dywizji i w niewoli (1918-1921)», *Sybirak*, 4(12)/1936, p. 21.
14. McCullagh, p. 22.
15. McCullagh, p. 31.
16. *Dalnevostochnoe Obozrenie*, 24 de febrero de 1920.
17. Piotr Paweł Tyszka, «Z tragicznych przeżyć w V-ej Syberyjskiej Dywizji i w niewoli (1918-1921)», *Sybirak*, 4(12)/1936, p. 22.
18. *Voenny viestik*, 5 de enero de 1920; y Ejército de Estados Unidos, AEF HIA XX546-9.13, caja 2.
19. McCullagh, p. 21.
20. Capitán William S. Barrett, HIA YY029.
21. GARF 195/1/27/25; *Golos Rodini*, 2 de enero de 1919, AEF HIA XX546-9.13, caja 2.
22. Ejército de Estados Unidos AEF HIA XX546-9.13, caja 2.
23. *Dalni Vostok*, 5 de enero de 1920.
24. Barrett, HIA YY029.
25. Informes del 21 y 22 de febrero de 1920. Harris, HIA XX072, caja 1.
26. Véase el artículo de Andréi Svertsev sobre la «Tragedia de un Bonaparte ruso», en *Russkiy Mir*, 16 de abril de 2013.
27. Ejército de Estados Unidos, AEF HIA XX546-9.13, caja 2.
28. Steveni, KCLMA.

34. La caída de Odesa.
Enero de 1920

1. Lakier, BA-CU 4077740.
2. Vera Múromtseva-Búnina, carta del 4 de diciembre de 1918, en Bunin, «Días malditos», p. 10.
3. Valentín Katáiev, citado por Thomas Gaiton Marullo, «Días malditos», p. 11.
4. Paustovski, p. 657.
5. Diario de Webb-Bowen, 26 de enero de 1920, KCLMA.
6. Sobre la presión de franceses y británicos véase Kenez, *Red Advance, White Defeat*, p. 237.
7. Globachov, BA-CU 4077547/170.
8. Shulguín, p. 169.
9. Shulguín, p. 170.
10. Paustovski, p. 659.
11. Shulguín, p. 170.
12. Paustovski, p. 660.
13. Globachov, BA-CU 4077547/173.
14. Shulguín, p. 172.
15. Paustovski, pp. 659-660.
16. Paustovski, p. 661.
17. *Ibid.*

35. El último adiós de la Caballería Blanca
De enero a marzo de 1920

1. Diario de Kennedy, 1 de enero de 1920, KCLMA.
2. Diario de Kennedy, 2 de enero de 1920, KCLMA.
3. Diario de Kennedy, 14 de febrero de 1920, KCLMA.
4. Chevdar, BA-CU 40777432/16.
5. Lever, KCLMA IV/l, p. 129.
6. IZAKO, P. 238.
7. *Ibid.*
8. *RACO*, pp. 238-239.
9. *RACO*, p. 242.
10. *RACO*, p. 243.
11. *RACO*, p. 244.
12. Rakovski http://www.dK1868.ru/history/rakovskiy_plan.htm.
13. 26 de febrero de 1920, Cherkasski, HI 75105.

14. *RACO*, P. 245.
15. Rakovski, http://www.dK1868.ru/history/rakovskiy_plan.htm.
16. *Ibid.*
17. *Ibid.*
18. Chevdar, BA-CU 407743/48.
19. Bábel, *Red Cavalry*, p. 133.
20. Rakovski, http://www.dk1868.ru/history/rakovskiy_plan.htm.
21. Chevdar, BA-CU 4077432/48.
22. Rakovski, http://www.dk1868.ru/history/rakovskiy_plan.htm.
23. Glasse, 19 de marzo de 1920, BA-CU 4077552.
24. *Ibid.*
25. *Ibid.*
26. *Ibid.*
27. *Ibid.*
28. *Ibid.*
29. Lever, 16 de enero de 1920, Lever IV/1, 154, KCLMA.
30. Lever IV/1, 162, KCLMA.
31. Shvetsov, HIA 72039-10.V.
32. Lever IV/1, 156, KCLMA.
33. Teniente coronel Frederick Hamilton-Lister, KCLMA.
34. Kennedy, 14 de febrero de 1920, KCLMA.
35. Lever IV/1, 178, KCLMA.
36. Kennedy, 17 de febrero de 1920, KCLMA.
37. *Ibid.*
38. Lever IV/1, 160, KCLMA.
39. A. P. Kapustianski, HIA 2010C21.
40. Diario de Kennedy, 1 de abril de 1920, KCLMA.
41. Chevdar, BA-CU 4077432/54.
42. Moiséyev, BA-CU 4077851/15.
43. Lever, 191-193, KCLMA.
44. *RACO*, p. 248.
45. Moiséyev, BA-CU 4077851/16.
46. Moiséyev, BA-CU 4077851.

36. Wrangel toma el mando y los polacos toman Kiev. Primavera y verano de 1920

1. *RACO*, p. 249.
2. RGAVMF R-1/2/25/99-100.
3. Raskólnikov, *Tales of Sub-Lieutenant Ilyin*: *The Taking of Enzeli*, I,

disponible en <https://www.marxists.org/history/ussr/government/red-army/1918/raskolnikov/ilyin/ch05.htm>.

4. *Ibid.*

5. *Ibid.*

6. Diario de Kennedy, 2 de abril de 1920, KCLMA.

7. Lever IV/1, 229, KCLMA.

8. Diario de Kennedy, 18 de septiembre de 1920, KCLMA.

9. Shulguín, p. 187.

10. Makárov, p. 183.

11. *Ibid.*

12. Globachov, BA-CU 4077547.

13. RGASPI, 554/1/8/26.

14. Diario de Kennedy, 19 de abril de 1920, KCLMA.

15. Diario de Kennedy, 25 de abril de 1920, KCLMA.

16. *Ibid.*

17. Norman Davies, *White Eagle, Red Star*, p. 22.

18. Sobre Piłsudski y las negociaciones con Lenin, Adam Zamoyski, *Warsaw 1920*, p. 11.

19. Zamoyski, *Warsaw 1920*, pp. 32-33.

20. Citado en Davies, p. 95.

21. Halik Kochanski, *The Eagle Unbowed*, p. 16.

22. Zamoyski, p. 23.

23. Teniente coronel Włodzimierz Scholtze-Srokowski, «Geneza Wojska Polskiego na Syberji», *Sybirak*, 1(9)/1936, pp. 6-13.

24. «Losy byłej 5 Dywizji WP po poddaniu się pod Krasnojarskiem 2 stycznia 1920 r.», en Teofil Lachowicz, *Echa z nieludzkiej ziemi*, Varsovia, 2011, pp. 15-19.

25. Para la suerte de la 5.ª División, a la que no le quedó más remedio que rendirse en Siberia, véase: Teniente coronel Włodzimierz Scholtze-Srokowski, «Geneza Wojska Polskiego na Syberji», *Sybirak*, 1(9)/1936, pp. 6-13; y Piotr Paweł Tyszka, «Z tragicznych przeżyć w V-ej Syberyjskiej Dywizji i w niewoli (1918-1921)», *Sybirak*, 4(12)/1936, pp. 15-31.

26. *RACO*, p. 269.

27. Citado en Nikolái Karpenko, *Kitaiskii legion: uchastie kitaitsev v revoliutsionnykh sobytiiakh na territorii Ukrainy, 1917-1921*.

28. *RACO*, p. 273.

29. RGASPI 554/1/8/17.

30. *RACO*, p. 274.

31. Sobre Manil y las bajas de los polacos, Davies, pp. 108-110.

32. Carton de Wiart, *Happy Odyssey*, p. 96.

33. Piotr B. Struve, HIA 79083, p. 17.

37. Polacos por el oeste, Wrangel por el sur.
De junio a septiembre de 1920

1. Capitán Istomín, ASF-ARML E-127.
2. *RACO*, p. 397.
3. *RACO*, p. 275.
4. Boyárchikov, p. 56.
5. TsA FSB RF S/d N-217, T.2, S. 27.
6. *RACO*, p. 401.
7. *RACO*, p. 402.
8. *RACO*, p. 289.
9. Zamoyski, pp. 40-42.
10. *RACO*, p. 287.
11. J. Fudakowski, citado en Zamoyski, p. 46.
12. 9 de junio de 1920, Władysław Broniewski, Pamietnik, p. 260.
13. Mieczysław Lepecki, *W blaskach wojny Wspomnienia z wojny polsko-bolszewickiej*, pp. 143-144.
14. Broniewski, p. 264.
15. Lepicki, p. 145.
16. Moiséyev, BA-CU 4077851/36.
17. Isaak Bábel, *1920 Diary*, p. 41.
18. *Ibid.*, p. 28.
19. 18 de agosto de 1920, *1920 Diary*, p. 69.
20. Lepicki, pp. 150-151.
21. Davies, p. 125.
22. *Direktivy*, n.º 643, citado en Zamoyski, p. 53.
23. Davies, p. 144.
24. TsNANANB 72/1/4/67, citado en Elissa Bemporad, *Becoming Soviet Jews*, p. 28.
25. Broniewski, p. 271.
26. Lepicki, p. 173.
27. Zinaída Guippius (*s. n.* Zinaida Hippius), *Between Paris and St. Petersburg*, p. 181.
28. Boyárchikov, pp. 63-64.
29. *RACO*, p. 405.
30. Boyárchikov, p. 65.
31. KCLMA, Lever IV/1, p. 244.
32. Boyárchikov, p. 68.
33. *RACO*, p. 408.
34. *RACO*, p. 408; véase también el informe de E. Mináyev para la Oficina del Don, 20 de julio de 1920, RGASPI 554/1/8/13.

35. Moiséyev, BA-CU 4077851.
36. Struve, HIA 79083, p. 17.
37. Glasse, 24 de marzo de 1920, BA-CU 4077552.
38. Glasse, 21 de abril de 1920, BA-CU 4077552.
39. Glasse, 22 de abril de 1920, BA-CU 4077552.
40. Glasse, 3 de mayo de 1920, BA-CU 4077552.
41. Glasse, 19 de abril de 1920, BA-CU 4077552.
42. Glasse, 24 de abril de 1920, BA-CU 4077552.
43. 26 de junio de 1920, RGASPI 554/1/10/3.
44. *RACO*, p. 418.
45. RGASPI 554/1/10/53.
46. Moiséyev, BA-CU 4077851.

38. EL MILAGRO DEL VÍSTULA
DE AGOSTO A SEPTIEMBRE DE 1920

1. Carr, *The Bolshevik Revolution 1917-1923*, vol. 3, p. 192.
2. Serge, *Memoirs of a Revolutionary*, pp. 108-109.
3. Lepicki, p. 181.
4. Citado en Davies, p. 149.
5. Broniewski, p. 287.
6. 31 de julio de 1920, II Oficina, CAW-WBH, I.301.8.402.
7. Bábel, *Diary 1920*, p. 60.
8. Robert Service, *Stalin*, p. 189.
9. Carton de Wiart, p. 99.
10. Zamoyski, pp. 74-75.
11. Lepicki, p. 176.
12. Lepicki, p. 177.
13. J. Kowalewski, «Szyfry kluczem zwycięstwa w 1920 r.», *Na Tropie*, 1969, vol. XXII, n.º 7-8, reimpreso en *Komunikat*, 2001.
14. Grzegorz Nowik, *Zanim złamano «Enigmę»... Rozszyfrowano rewolucję. Polski radiowywiad podczas wojny z bolszewicką Rosją 1918-1920*, vol. II, p. 899.
15. El mejor relato del contraataque de Piłsudski es el de Zamoyski, pp. 97-102.
16. De Gaulle, «Carnet d'un officier français en Pologne», *La Revue de Paris*, noviembre de 1920, pp. 49-50, citado en Zamoyski, p. 101.
17. Broniewski, p. 290.
18. Władysław Kocot, *Pamiętniki i korespondencja z lat 1920, 1939-1945*, p. 98.

19. Citado en Lucjan Żeligowski, *Wojna 1920 roku. Wspomnienia i rozważania*, Varsovia, 1990, p. 186.

20. Broniewski, p. 291.

21. Lepicki, pp. 181-182.

22. Lepicki, p. 184.

23. Babel, *Diary 1920*, 1 de septiembre de 1920, p. 90.

24. Service, *Stalin*, p. 193.

39. LA RIVIERA DEL HADES.
DE SEPTIEMBRE A DICIEMBRE DE 1920

1. *RACO*, p. 411; Boyárchicov, p. 71.

2. SBU, 6/75131 FP/Zadov.

3. *RACO*, p. 431.

4. SBU, 6/68112/FP.

5. *RACO*, p. 417.

6. *RACO*, p. 421.

7. 28 de octubre de 1920, RGASPI 554/1/8/74.

8. RGASPI 554/1/10/53.

9. 29 de junio de 1920, RGASPI 554/1/5/10-11.

10. Citado en Lincoln, p. 442.

11. Vertinski, p. 153.

12. *RACO*, p. 425.

13. *RACO*, pp. 426-427.

14. RGVA 33987/2/139/295-296.

15. *Ibid.*

16. Boyárchikov, p. 73.

17. *Ibid.*

18. *Ibid.*

19. Recuerdos de la enfermera Ana Ivánovna Yegórova, proyecto *Russky Put* («La vía rusa»), <http://www.rp-net.ru/book/archival_materials/egorova.php>.

20. B. T. Pash, HIA 72033, caja 4.

21. Clayton I. Stafford, HIA 77018.

22. Pash, HIA 72033, caja 4.

23. *Ibid.*

24. Stafford, HIA 77018.

25. *Ibid.*

26. *Ibid.*

27. Citado en Mungo Melvin, *Sevastopol's Wars*, p. 418.

28. Boyárchikov, p. 75.
29. *RACO*, p. 455.
30. Véase Melvin, p. 427.
31. *Ibid.*
32. Citado *ibid.*, p. 415.
33. Makárov, p. 112.
34. Pipes, *Russia under the Bolshevik Regime*, p. 386.
35. Melgunov, *Red Terror*, p. 66.
36. Ignati Voevoda, París, 1969, BA-CU.
37. Para los cálculos y el caso de Sebastopol, Melgunov, p. 68.
38. Melgunov, p. 67.
39. Citado en Melgunov, 66-67.

40. La muerte de la esperanza.
    1920-1921

1. Melgunov, *Red Terror*, p. 71.
2. Expediente de interrogatorio de Liev Zadov DASBU 6/75131FP/48.
3. TsA FSB S/d N-217, T. 2, S. 121.
4. Pugachov, Jefe del Estado Mayor general, TsA FSB RF S/d N-217, T. 2 S. 29.
5. TsA FSB RF S/d N-217, T. 2, S. 452.
6. Gueorgui Borel, Colección de Borel, BA-CU 4078202/20-21.
7. Boyárchikov, p. 76.
8. Lidin, BA-CU 4077753.
9. Para las rebeliones de la Siberia occidental y de Tambov, véase Figes, *People's Tragedy*, pp. 753-757.
10. Borel, BA-CU 4078202/20-21.
11. Sobre Tomsk y Ufá, Melgunov, *Red Terror*, p. 85.
12. Melgunov, *Red Terror*, p. 101.
13. Lidin, BA-CU 4077753.
14. Diario de Glasse, BA-CU 4077552.
15. Citado en Figes, *People's Tragedy*, p. 758.
16. David Grimm, HIA 77002, caja 4.
17. Serge, *Memoirs of a Revolutionary*, pp. 115-116.
18. Serge, *Memoirs*, pp. 124-125.
19. Serge, *Memoirs*, p. 126.
20. Grimm, HIA 77002, caja 4.
21. Citado en Lincoln, *Red Victory*, p. 511.
22. Para este orden de batalla, RGAVMF R52/1/58/1.

23. RGAVMF R-52/1/87/10.
24. RGAVMF R-52/1/87/2.
25. RGAVMF R-52/1/87/9.
26. RGAVMF R-52/1/87/14.
27. RGAVMF R52/1/58/1.
28. RGAVMF R-52/1/87/14.
29. Orden para las unidades del Séptimo Ejército, máximo secreto, n.º 17/028, RGAVMF R52/1/58/14.
30. RGAVMF R-52/1/87/14.
31. Melgunov, p. 76.

Conclusión. El aprendiz de diablo

1. Jonathan Smele, *The «Russian» Civil Wars, 1916-1926*, Londres, 2016, p. 3.
2. Paustovski, p. 487.
3. Shulguín, p. xviii.

Bibliografía

Acton, Edward, *Rethinking the Russian Revolution*, Londres, 1990.
—, Vladimir I. Cherniaev y William G. Rosenberg (eds.), *Critical Companion to the Russian Revolution 1914-1921*, Bloomington e Indianápolis (IN), 1997.
Alexander, Grand Duke of Russia, *Collected Works: Once a Grand Duke; Always a Grand Duke; Twilight of Royalty*, Londres, 2016.
Alexandrov, Vladimir, *To Break Russia's Chains: Boris Savinkov and his Wars Against the Tsar and the Bolsheviks*, Nueva York, 2021.
Alioshin, Dmitri, *Asian Odyssey*, Londres, 1941.
Allen, William Edward David, y Paul Muratoff, *Caucasian Battlefelds. A History of the Wars on the Turco-Caucasian Border 1828-1921*, Cambridge, 1953. [Hay reed. 2011.]
Anet, Claude, *La Révolution russe. Chroniques 1917-1920*, París, 2007.
Anónimo, *V Boyakh i Pokhodakh* («En las batallas y en la marcha»), Sverdlovsk, 1959.
Antónov-Ovséyenko, Vladímir, *Zapiski o grazhdanskoi voine*, («Notas sobre la guerra civil»), Moscú, 1921.
Áronson, Grigori, *Na zare krasnogo terrora 1917-1921* («En el amanecer del Terror Rojo»), Berlín, 1929.
Arshinov, Petr, *History of the Makhnovist Movement, 1918-1921*, Chicago, 1974. [Hay trad. cast. de Diego Abad de Santillán, *s. n.* Piotr Arshinov, *Historia del movimiento machnovista (1918-1921)*, Argonauta, Buenos Aires, 1926; reed. *s. n.* Pedro Archinov, *Historia del movimiento macknovista*, Tierra y Libertad, Barcelona, 1938; reed. *s. n.* Piotr Archinov, *Historia del movimiento Makhnovista (1918-1921)*, LaMalatesta, Madrid, 2012.]
Astáfiev, A., *Zapiski izgoya* («Notas de un exiliado»), Omsk, 1998.
Astashov, Aleksandr B., y Paul A. Simmons (eds.), *Pisma s voiny 1914-1917* («Cartas desde la guerra, 1914-1917»), Moscú, 2015.

Avrich, Paul (ed.), *The Anarchists in the Russian Revolution*, Londres, 1973. [Hay trad. cast. de Leopoldo Lovelace: *Los anarquistas rusos*, Alianza, Madrid, 1974.]

Bábel, Isaak, *s. n.* Isaac Babel, *1920 Diary*, New Haven (CT) y Londres, 1995. [Hay trad. cast. de Margarita Estapé, *Caballería Roja. Diario de 1920*, Galaxia Gutenberg, Barcelona, 1999; Debolsillo, 2003; y de Anna Montero (1992): *Diario de 1920*, Backlist, Barcelona, 2008.]

Badcock, Sarah, Liudmila G. Nóvikova y Aaron B. Retish (eds.), *Russia's Home Front in War and Revolution, 1914-22*, vol. 1: *Russia's Revolution in Regional Perspective*, Bloomington (IN), 2015.

—, *Russia's Home Front in War and Revolution, 1914-22*, vol. 2, *The Experience of War and Revolution*, Bloomington (IN), 2016.

Beatty, Bessie, *Red Heart of Russia*, Nueva York, 1918.

Bechhofer-Roberts, C. E., *In Denikin's Russia and the Caucasus, 1919-1920*, Londres, 1921.

Belov G. A. *et al.* (eds.), *Doneseniya komissarov Petrogradskogo Voenno-Revolyutsionnogo komiteta* («Informes de los comisarios del Comité Revolucionario Militar de Petrogrado»), Moscú, 1957.

Bemporad, Elissa, *Becoming Soviet Jews: The Bolshevik Experiment in Minsk*, Bloomington (IN), 2013.

Bisher, Jamie, *White Terror: Cossack Warlords of the Trans-Siberian*, Londres, 2007.

Bodger, A., *Russia and the End of the Ottoman Empire*, Londres, 1979.

Boltowsky, Toomas y Nigel Thomas, *Armies of the Baltic Independence Wars, 1918-20*, Londres, 2019.

Bowyer, Chaz, *RAF Operations 1918-1938*, Londres, 1988.

Boyárchikov, A. I., *Vospominaniya* («Memorias»), Moscú, 2003.

Boyd, Alexander, *The Soviet Air Force since 1918*, Londres, 1977.

Brenton, Tony (ed.), *Historically Inevitable? Turning Points of the Russian Revolution*, Londres, 2016.

Brinkley, George A., *The Volunteer Army and Allied Intervention in South Russia*, Notre Dame (IN), 1966

British Army Personnel in the Russian Civil War, Londres, 2010.

Gobierno británico, *The Evacuation of North Russia 1919*, Libro Azul, HMSO, 1920.

Broniewski, Władysław, *Pamiętnik* («Diario»), Varsovia, 2013.

Brook-Shepherd, Gordon, *Iron Maze, The Western Secret Services and the Bolsheviks*, Londres, 1998.

Brovkin, Vladimir N., *Behind the Front Lines of the Civil War: Political Parties and Social Movements in Russia, 1918-1922*, Princeton (NJ), 1994.

— (ed.), *The Bolsheviks in Russian Society*, New Haven (CT) y Londres, 1997.

Bruce Lockhart, Robert, *The Diaries of Sir Robert Bruce Lockhart*, edición de Kenneth Young, Londres, 1973. [Hubo traducción española de sus *Memorias de un agente británico en Rusia*, en que se relata la vida del autor en diversos parajes y en la misión oficial que desempeñó en Moscú durante los años críticos de la Revolución bolchevique, Pegaso, Madrid, ¿1948?]

Búbnov, Kámenev, Tujachevski y Eidemán, *s. n.* A. S. Bubnov, S. S. Kamenev, M. N. Tukhachevskii y R. P. Eideman (eds.), *The Russian Civil War 1918-1921: An Operational-Strategic Sketch of the Red Army's Combat Operations*, ed. y trad. ingl. de Richard W. Harrison, Havertown (PA), 2020.

Buchanan, George, *My Mission to Russia, and Other Diplomatic Memories*, 2 vols., Londres, 1923.

Budberg, barón de, *Dnevnik* («Diario»), Moscú, 2003.

Buisson, Jean-Cristophe (ed.), *Journal intime de Nicolas II*, París, 2018.

Bunyan, James y H. H. Fisher, *The Bolshevik Revolution 1917-1918, Documents and Materials*, Stanford (CA), 1961.

Callwell, C. E., *Field-Marshal Sir Henry Wilson: His Life and Diaries*, 2 vols., Londres, 1927.

Carley, Michael Jabara, *Revolution and Intervention: The French Government and the Russian Civil War 1917-1919*, Montreal, 1983.

Carlton, David, *Churchill and the Soviet Union*, Londres, 2000.

Carton de Wiart, Adrian, *Happy Odyssey (Memoirs)*, Londres, 1950.

Carr, E. H., *The Bolshevik Revolution, 1917-1923*, 3 vols., Londres, 1956. [Hay trad. cast. de Soledad Ortega: *La Revolución Bolchevique (1917-1923)*, 3 vols., Alianza Editorial, Madrid, 1972-1973; no se confunda con otro estudio más breve, menos específico y reeditado más a menudo: *La revolución rusa: de Lenin a Stalin, 1917-1929*.]

Chamberlain, Lesley, *The Philosophy Steamer: Lenin and the Exile of the Intelligentsia*, Londres, 2006.

Chamberlin, William Henry, *Russian Revolution 1917-1921*, 2 vols., Nueva York, 1935.

Chernov, V. *et al.* (eds), *CheKa: Materialy po deyatelnosti chrez vychainykh komissii* («CheKa: Materiales sobre la actuación de las Comisiones Extraordinarias»), Berlín, 1922, Moscú, 2017.

Churchill, Winston S., *World Crisis: The Aftermath*, Londres, 1929. [Hay trad. cast. de Carlos Botei y Pedro Reverté: *La crisis mundial, 1911-1918*, Los libros de nuestro tiempo, Barcelona, 1944, reed. Debolsillo, 2014.]

Cockfield, Jamie H., *With Snow on their Boots: The Tragic Odyssey of the Russian Expeditionary Force in France during World War I*, Basingstoke, 1998.

Courtois, Stéphane *et al.* (eds.), *Le livre noir du communisme*, París, 1997. [Hay trad. cast. de César Vidal *et al.*: *El libro negro del comunismo. Crímenes, terror y represión*, Planeta, Barcelona, 1998; Ediciones B, 2010.]

Dallas, Gregor, *1918. War and Peace*, Londres, 2000.

Danílov, V., y T. Shanin (eds.), *Filipp Mironov, Tikhiii Don v 1917-1921, Dokumenty i materialy* («Filip Mirónov. El Don apacible en 1917-1921. Documentos y materiales»), Moscú, 1997.

Davies, Norman, *White Eagle Red Star: The Polish-Soviet War 1919-1920*, Londres, 1972.

Denikin, Anton, *Russian Turmoil: Memoirs*, Londres, 1922.

Douds, Lara, «"The Dictatorship of the Democracy"? The Council of People's Commissars as Bolshevik-Left Socialist Revolutionary coalition government, December 1917-March 1918», University of York, IHR, 2017.

Dubrovskaia, Elena, «The Russian Military in Finland and the Russian Revolution», en Sarah Badcock, Liudmila G. Nóvikova y Aaron B. Retish (eds.), *Russia's Home Front in War and Revolution, 1914-22*, vol. 1: *Russia's Revolution in Regional Perspective*, Bloomington (IN), 2015.

Dune, Eduard M., *Notes of a Red Guard,* Chicago (IL), 1993.

Dunsterville, L. C., *The Adventures of Dunsterforce*, Londres, 1920.

Dwinger, Edwin Erich, *Entre les Rouges et les Blancs, 1919-1920*, París, 1931. [Ha habido dos traducciones al español, la de Félix Díez Mateo: *La fuga entre blancos y rojos o la tragedia rusa (1919-1920)*, Espasa-Calpe, Barcelona, 1931, y la de Ángel Sabrido: *Entre blanco y rojo*, Plaza & Janés, Barcelona, 1967.]

Efremov, *véase* Yefrémov

Ferguson, Harry, *Operation Kronstadt*, Londres, 2008.

Figes, Orlando, *Peasant Russia Civil War: The Volga Countryside in Revolution 1917-1921*, Londres, 2001.

—, *A People's Tragedy*, Londres, 2017. [Hay trad. cast. de César Vidal: *La Revolución rusa: la tragedia de un pueblo, 1891-1924*, Edhasa, Barcelona, 2000, 2006; Taurus, Madrid, 2021.]

Foglesong, David S., *America's Secret War against Bolshevism: U. S. Intervention in the Russian Civil War, 1917-1920*, Chapel Hill (NC), 1995.

Footman, David, «B. V. Savinkov», St. Antony's College, Oxford, 1956.

Freund, Gerald, *Unholy Alliance: Russian-German Relations from the Treaty of Brest-Litovsk to the Treaty of Berlin*, Londres, 1957.

Gerwarth, Robert, *The Vanquished: Why the First World War Failed to End, 1917-1923*, Londres, 2016.

Gilbert, Martin, *Winston S. Churchill*, vol. IV: *World in Torment, 1917-1922*, Londres, 1975.

Gillard, David, *The Struggle for Asia, 1828-1914: A Study in British and Russian Imperialism*, Londres, 1977.

Gilley, Christopher, «Fighters for Ukrainian Independence? Impostura and Identity among Ukrainian Warlords, 1917-22», IHR, 2017.

Gilmour, David, *Curzon*, Londres, 1994.

Goltz, Rüdiger, conde von der, *Meine Sendung in Finnland und im Baltikum* («Mi misión en Finlandia y el Báltico»), Leipzig, 1920.

Golubíntsev, *Gueneral Maior* [Aleksandr V.], *Russkaya Vandeya...* («La Vendée rusa. Ensayos sobre la guerra civil en el Don, 1917-1920»), Múnich, 1959; reimpr. Oriol, 1995.

Gorki, Maksim, *s. n.* Gorky, *Untimely Thoughts: Essays on Revolution, Culture and the Bolsheviks, 1917-1918*, Nueva York, 1968. [Tal vez haya coincidencias con Maksim Gorki, *De la era bolchevista. La revolución y la cultura*, Biblioteca Nueva, 1920.]

Gorn, Vasili, *Grazhdanskaya vojna na Severo-zapade Rossii* («Guerra civil en la Rusia noroccidental»), Leningrado, 1927.

Graves, William S., *America's Siberian Adventure, 1918-1920*, Nueva York, 1921.

Guerin, Daniel, *Anarchism: From Theory to Practice*, Nueva York, 1970. [Hay trad. cast. de Dora y Aida Cymbler: *El anarquismo: de la doctrina a la acción*, Proyección, Buenos Aires, 1968; Campo Abierto, Madrid, 1978.]

Guertsen, *véase* Herzen

Guippius, Zinaída Nikoláyevna, *Between Paris and St. Petersburg*, Chicago, 1975. [De la autora se han traducido algunos libros de poemas: *s. n.* Hippius, *Poemas elegidos*, 2020; *s. n.* Gippius, *Poemas como rezos*, 2015, 2018; *s. n.* Guippius, *Poemas*, 2014.]

Gul, Román, *Ledyanoi pokhod (s Kornilovym)* («La Campaña de Hielo. Con Kornílov»), Moscú, 1925.

Harris, John (ed.), *Farewell to the Don: The Journal of Brigadier H. N. H. Williamson*, Londres, 1970.

Hasegawa, Tsuyoshi, *The February Revolution, Petrograd, 1917*, Nueva York, 1981.

Henderson, Robert, *The Spark that Lit the Revolution. Lenin in London and the Politics that Changed the World*, Londres, 2020.

Herzen, Aleksandr, *From the Other Shore*, Londres, 1956.

Hickey, Michael C., «Smolensk's Jews in War, Revolution and Civil War», en Sarah Badcock, Liudmila G. Nóvikova y Aaron B. Retish, *Russia's Home Front in War and Revolution, 1914-22*, vol. 1: *Russia's Revolution in Regional Perspective*, Bloomington (IN), 2015.

Hippius, *véase* Guippius

Hodgson, John, *With Denikin's Armies*, Londres, 1932.

Horrocks, Brian, *A Full Life*, Londres, 1960.

Hosking, Geoffrey, *Russia and the Russians. A History*, Londres, 2001. [Solo se ha traducido *Una muy breve historia de Rusia*, 2014.]

Hudson, Miles, *Intervention in Russia 1918-20. A Cautionary Tale*, Londres, 2004.

Hughes, Michael, *Inside the Enigma: British Officials in Russia 1900-1939*, Cambridge, 1997.

Janin, Pierre Maurice, *Ma mission en Sibérie (1918-1920)*, París, 1933.

Janke, Arthur E., «Don Cossacks and the February Revolution», en *Canadian Slavonic Papers*, 10(2) (Verano de 1968), pp. 148-165.

Jansen, Marc, «International Class Solidarity or Foreign Intervention? Internationalists and Latvian Rifles in the Russian Revolution and the Civil War», en *International Review of Social History*, 31(1), Cambridge, 1986.

Jevakhoff, Alexandre, *Les Russes blancs*, París, 2007.

Jones, Henry Albert, *Over the Balkans and South Russia, being the history of No. 47 Squadron Royal Air Force*, Londres, 1923.

Joroshílova, Olga, «Krasnye Revolyutsionnye Sharovary» («Bombachos revolucionarios rojos»), en *Rodina*, 10, 2017.

Karmann, Rudolf, *Der Freiheitskampf der Kosaken: Die weiße Armee in der Russischen Revolution 1917-1920* («La lucha de los cosacos por la libertad: el Ejército Blanco en la Revolución rusa, 1917-1920»), Puchheim, 1985.

Karpenko, Nikolái M., *Kitaiskii legion: uchastie kitaitsev v revoliutsionnykh sobytiiakh na territorii Ukrainy, 1917-1921* («La Legión China: Participación de los chinos en los hechos revolucionarios en territorio de Ucrania, 1917-1921»), Lugansk, 2007.

Kawczak, Stanisław, *Milknące echa* («Ecos silenciosos»), Varsovia, 2010.

Kazemzadeh, Firuz, *The Struggle for Transcaucasia (1917-1921)*, Oxford, 1951.

Kellogg, Michael, *The Russian Roots of Nazism: White Emigrés and the Making of National Socialism 1917-1945*, Cambridge, 2005.

Kenez, Peter, *Civil War in South Russia, 1918: The First Year of the Volunteer Army*, Berkeley (CA), 1971 (reimpr. Red Attack White Resistance, 2004).

—, *Civil War in South Russia, 1919-1920: The Defeat of the Whites*, Berkeley (CA), 1977 (reimpr. Red Advance White Defeat, 2004).

—, «A Profile of the Pre-Revolutionary Officer Corps», en *California Slavic Studies*, 7 (1973), pp. 121-158.

—, «The Western Historiography of the Russian Civil War», en *Essays in Russian and East European History. Festschrift in Honor of Edward C. Thaden*, Nueva York, 1995.

Kershaw, Ian, *To Hell and Back: Europe 1914-1949*, Londres, 2015. [Hay trad. cast. de Juan Rabasseda y Teófilo de Lozoya: *Descenso a los infiernos: Europa 1914-1949*, Crítica, Barcelona, 2016, 2021.]

Khoroshilova, *véase* Joroshílova

Kinvig, Clifford, *Churchill's Crusade: The British Invasion of Russia, 1918-1920*, Londres, 2006.

Kirdetsov, Gueorgui, *U vorot Petrograda (1919-1920 g. g.)* («A las puertas de Petrogrado»), Moscú, 2016.

Klußmann, Uwe, «Kriegsgefangene für Lenin», *Der Spiegel*, 29 de noviembre de 2016.

Knox, Alfred W. F., *With the Russian Army 1914-1917*, 2 vols., Londres, 1921.

Kochanski, Halik, *The Eagle Unbowed. Poland and the Poles in the Second World War*, Londres, 2012.

Kocot, Władysław, *Pamiętniki i korespondencja z lat 1920, 1939-1945* («Diarios y cartas de 1920, 1939-1945»), Pułtusk, 2009.

Kort, Michael G., *The Soviet Colossus: History and Aftermath*, Nueva York, 2001.

Kownacki, Andrzej, *Czy było warto? Wspomnienia* («¿Valió la pena? Memorias»), Lublin, 2000.

Kravkov, Vasili Pávlovich, *Velikaya voina bez retushi: Zapiski korpusnogo vracha* («La Gran Guerra sin retoques. Notas de un médico del Cuerpo Militar»), Moscú, 2014.

Krol, Moiséi Aarónovich, *Stranicy moej zhizni* («Páginas de mi vida»), Moscú, 1971.

Kuras, L. V., «Ataman Semenov and the National Military Formations of Buriat», en *The Journal of Slavic Military Studies*, 10(4), diciembre de 1997.

Kuzmin, S. L. (ed.), *Baron Ungern v dokumentakh i materialakh* («Barón Úngern: Documentos y materiales»), Moscú, 2004.

Kvakin, Andréi (ed.), *Za spinoi Kolchaka. Dokumenty i materialy* («A espaldas de Kolchak. Documentos y materiales»), Moscú, 2005.

Landis, Eric C., «A Civil War Episode – General Mamontov in Tambov, August 1919», en *Carl Beck Papers in Russian and East European Studies*, Pittsburgh, 2002.

Leggett, George, *The Cheka. Lenin's Political Police*, Oxford, 1981.

Legras, Jules, *Mémoires de Russie*, París, 1921.

Lehovich, Dimitry V., *White Against Red: The Life of General Anton Denikin*, Nueva York, 1974.

Leidinger, Hannes, «Habsburgs ferner Spiegel», *Zeit Österreich*, 46/2017, 9 de noviembre de 2017.

Lenin, Vladímir I., *Polnoye Sobraniye Sochineniy* («Obras completas»), 45 vols., Moscú, 1960-1970. [Hubo una traducción de la editorial argentina Cartago, publicada en Madrid por Akal: *Obras completas*, 1974-.]

Lepecki, Mieczysław, *W blaskach wojny. Wspomnienia z wojny polsko-bolszewickiej* («La gloria de la guerra. Memorias de la guerra polaco-bolchevique»), Łomianki, 2017.

Levshin, Konstantin V., *Dezertirstvo v Krasnoi Armii v gody Grazhdanskoi voiny* («Deserción del Ejército Rojo durante la guerra civil»), Moscú, 2016.

Lieven, Dominic, *Towards the Flame: Empire, War and the end of Tsarist Russia*, Londres, 2015.

Lin, Yuexin Rachel, «White Water, Red Tide: Sino-Russian Conflict on the Amur, 1917-20», Oxford, IHR, 2017.

Lincoln, W. Bruce, *Red Victory: A History of the Russian Civil War*, Nueva York, 1989.

—, *Passage through Armageddon: The Russians in War and Revolution*, Oxford, 1994.

Lindenmeyr, Adele, Christopher Read y Peter Waldron (eds), *Russia's Home Front in War and Revolution, 1914-22*, vol. 2: *The Experience of War and Revolution*, Bloomington (IN), 2016.

Lockart, R. H. Bruce, *Memoirs of a British Agent*, Londres, 1932.

Lojvítskaya, Nadiezhda (Lokhvitskaya), *véase* Teffi

Luckett, Richard, *The White Generals: An Account of the White Movement and the Russian Civil War*, Nueva York, 1971.

Lukin, Alexander, *The Bear Watches the Dragon. Russia's Perceptions of China and the Evolution of Russian-Chinese Relations Since the Eighteenth Century*, Nueva York, 2003.

Lukomski, A. S., *s. n.* Lukomskii, *Memoirs of the Russian Revolution*, Londres, 1922.

Maciejewski, Jerzyf Konrad, *Zawadiaka. Dzienniki frontowe, 1914-1920* («El aventurero. Diario del frente, 1914-1920»), Varsovia, 2015.

Macmillan, Margaret, *Peacemakers: The Paris Conference of 1919 and Its Attempt to End War*, Londres, 2001. [Hay trad. cast. de Jordi Beltrán: *París, 1919: seis meses que cambiaron el mundo*, Tusquets, Barcelona, 2005, 2017.]

Makárov, Pável, *Adjutant generala Mai-Maevskogo* («Edecán del general Mai-Mayevski»), Leningrado, 1929.

Malet, Michael, *Nestor Makhno in the Russian Civil War*, Londres, 1982.

Marie, Jean-Jacques, *La Guerre des Russes blancs, 1917-1920*, París, 2017.

Markón, Yevguenia, *s. n.* Iaroslavskaïa-Markon, Evguénia, *Révoltée*, París, 2017. [Hay trad. cast. del original ruso, por Marta Rebón, *s. n.* Yevguenia Yaroslávskaya-Markón: *Insumisa*, Armaenia, Madrid, 2018.]

Markovitch, Marylie (Amélie de Néry), *La Révolution russe vue par une Française*, París, 2017.

Mawdsley, Evan, *The Russian Revolution and the Baltic Fleet: War and Politics February 1917-April 1918*, Londres, 1978.

—, *The Russian Civil War*, Londres, 1987. [Hay trad. cast.: *Blancos contra rojos: la guerra civil rusa*, Desperta Ferro, Madrid, 2017.]

Maximoff, Gregory Petrovich, *The Guillotine at Work*, Chicago (IL), 1940.

Mayer, Arno J., *Politics and Diplomacy of Peacemaking: Containment and Counter-revolution at Versailles 1918-1919*, Londres, 1963.

McCullagh, Francis, *A Prisoner of the Reds*, Londres, 1921.

McMeekin, Sean, *The Russian Revolution*, Londres, 2018. [Hay trad. cast. de Sandra Chaparro: *Nueva historia de la Revolución rusa*, Taurus, Barcelona, 2017.]

Melgunov, S. P., *The Red Terror in Russia, 1918-1923*, Londres, 1925. [Hubo traducción española, *s. n.* S. P. Melgounov, *El terror rojo en Rusia (1918-1924)*, 3 vols., Caro Raggio, Madrid, 1927.]

Melvin, Mungo, *Sevastopol's Wars: Crimea from Potemkin to Putin*, Oxford, 2017.

Merridale, Catherine, *Lenin on the Train*, Londres, 2016. [Hay trad. cast. de Juan Rabasseda: *El Tren de Lenin: los orígenes de la revolución rusa*, Crítica, Barcelona, 2017.]

Mitrojin, Vasili, *s. n.* Mitrokhin, Vasily (ed.), *«Chekisms» – A KGB Anthology*, Londres, 2008.

Moguilianski, Nikolái, en B. Syrtsov (ed.), *Kiev 1918*, Moscú, 2001.

Moynahan, Brian, *Comrades: 1917 – Russia in Revolution*, Londres, 1992.

Nabókov, Vladímir, *Speak, Memory: An Autobiography Revisited*, Londres, 1969. [Hay trad. cast. de Enrique Murillo: *Habla, memoria: una autobiografía revisitada*, Anagrama, Barcelona, 1986, 2018.]

Naval Review, «The Royal Navy on the Caspian», 8(1), febrero de 1920.

Nazhivin, Iván, *Zapiski o revolyutsii, 1917-1921* («Apuntes sobre la Revolución, 1917-1921»), Moscú, 2016.

Norris, D., «Caspian Naval Expedition 1918-1919», en *Journal of the Central Asian Society*, 10(1923), pp. 216-240.

Nowik, Grzegorz, *Zanim złamano «Enigmę»... Rozszyfrowano rewolucję. Polski radiowywiad podczas wojny z bolszewicką Rosją 1918-1920* («Antes de descifrar "Enigma"... se descodificó la Revolución. Espionaje radiofónico polaco durante la guerra contra la Rusia bolchevique, 1918-1920»), vol. 2, Varsovia, 2010.

O niepodległą i granice. Komunikaty Oddziału III Naczelnego Dowództwa Wojska Polskiego, 1919-1921 («Por la independencia y las fronteras. Comunicados de la Tercera Sección del Alto Mando del ejército polaco»), Varsovia y Pułtusk, 1999.

Official History: Operations in Persia 1914-1919, Londres, 1987.

Oréshnikov, Alekséi, *Dnevnik, 1915-1933* («Diarios, 1915-1933»), Moscú, 2010.

Palij, Michael, *The Anarchism of Nestor Machno 1918-1920*, Seattle (WA), 1976.

Palmer, James, *The Bloody White Baron. The Extraordinary Story of the Russian Nobleman Who Became the Last Khan of Mongolia*, Londres, 2008.

Pares, Bernard, *My Russian Memoirs*, Londres, 1931.

Paustovski, Konstantín, *s. n.* Paustovsky, *The Story of a Life*, Nueva York, 1964. [Hay trad. cast. de Ángel C. Tomás: *Historia de una vida*, 2 vols., Bruguera, Barcelona, 1970, 1983.]

Pipes, Richard, *The Formation of the Soviet Union – Communism and Nationalism, 1917-1923*, Cambridge (MA), 1964. [Hubo traducción española de Luis Echavarri: *El proceso de integración de la Unión Soviética*, Troquel, Buenos Aires, 1966.]

—, *The Russian Revolution 1899-1919*, Londres, 1990. [Hay trad. cast. de Jaime Collyer *et al.*: *La revolución rusa*, Debate, Barcelona, 2016.]

—, *Russia under the Old Regime*, Londres, 1995.

—, *Russia under the Bolshevik Regime*, Nueva York, 1995.

Pisarenko, Dmitri, *Terskoe kazachestvo. Tri goda revolyutsii i borby 1917-1920* («Los cosacos del Térek. Tres años de revolución y lucha»), Moscú, 2016.

Pitcher, Harvey (ed.), *Witnesses of the Russian Revolution*, Londres, 2001.

Polonsky, Rachel, *Molotov's Magic Lantern: A Journey in Russian History*, Londres, 2010.

Pólovtsov, Piotr, *Dni zatmeniya* («Los días del eclipse»), Moscú, 2016.

—, *Russia Under the Bolshevik Regime 1919-1924*, Londres, 1994.

Porter, Cathy, *Larissa Reisner. A Biography*, Londres, 1988.

Posadski, Antón, *Ot Tsaritsyna do Syzrani* («De Tsaritsyn a Syzran»), Moscú, 2010.

— (ed.), *Krestyansky front, 1918-1922* («El frente campesino, 1918-1922»), Moscú, 2013.

Price, Morgan Philips, *My Reminiscences of the Russian Revolution*, Londres, 1921.

Prishvin, Mijaíl, *Dnevniki* («Diarios»), San Petersburgo, 2008.

Prokófiev, Serguéi, *Dnevnik* («Diario»), Moscú, 2002. [Solo se ha traducido su *Autobiografía*, Intervalic, Madrid, 2004.]

Protokoly zasedaniy Soveta narodnykh komissarov RSFSR, Noyabr 1917-Mart 1918 («Actas de las reuniones del consejo de comisarios del pueblo de la RSFS de Rusia, noviembre de 1917-marzo de 1918»), Moscú, 2006.

Puchenkov, A. S., *Ukraina i Krym v 1918-nachale 1919 goda* («Ucrania y Crimea en 1918 y principios de 1919»), San Petersburgo, 2013.

Rabinowitch, Alexander, *The Bolsheviks Come to Power. The Revolution of 1917 in Petrograd*, Nueva York, 2004.

Rakovski, Grigori N., *V stane belykh* («En el bando Blanco», Constantinopla, 1920), disponible en <http://www.dk1868.ru/history/rakovskiy_plan.htm>.

Raleigh, Donald J. (ed.), *A Russian Civil War Diary, Alexis Babine in Saratov, 1917-1922*, Durham (NC), 1988.

Ransome, Arthur, *The Autobiography of Arthur Ransome*, Londres, 1976.

[Hubo traducción española de su *Seis semanas en Rusia en 1919*, Valencia, 1920.]

Rapoport, Vitaly, y Yuri Alexeev, *High Treason, Essays on the History of the Red Army 1918-1938*, Durham (NC), 1985.

Rappaport, Helen, *Caught in the Revolution*, Londres, 2016. [Hay trad. cast. de Diego Pereda: *Atrapados en la Revolución Rusa, 1917*, Palabra, Madrid, 2017.]

—, *Ekaterinburg*, Londres, 2009.

Raskólnikov, Fiódor, *Rasskazy Michmana Ilina* («Historias del guardiamarina Ilin»), Moscú, 1934.

—, *Kronshtadt i Piter v 1917 godu* («Kronstadt y Petrogrado en 1917»), Moscú, 2017. También hay traducción inglesa: *Kronstadt and Petrograd in 1917*, Londres, 1982.

Rayfield, Donald, *Stalin and his Hangmen*, Londres, 2004. [Hay trad. cast. de Amado Diéguez y Miguel Martínez-Lage: *Stalin y los verdugos*, Taurus, Madrid, 2003.]

Read, Anthony, *The World on Fire: 1919 and the Battle with Bolshevism*, Londres, 2008.

Reed, John, *Ten Days that Shook the World*, Nueva York, 1919. [Desde la traducción de finales de los años 20 (*Cómo tomaron el poder los bolcheviques. Diez días que conmovieron al mundo*) se han sucedido las versiones, con variaciones en la palabra clave del título (... *que estremecieron / que conmocionaron...*). Véase por ejemplo *Diez días que sacudieron el mundo*, trad. Iñigo Jáuregui, ilustr. Fernando Vicente, Nørdica Libros, Madrid, 2017.]

Retish, Aaron B., «Breaking Free from the Prison Walls: Penal Reforms and Prison Life in Revolutionary Russia», Wayne State University, IHR, 2017.

Rigby, T. H., *Lenin's Government: Sovnarkom, 1917-1922*, Cambridge, 1979.

Rimski-Kórsakov, G. A., *Rossiya 1917 v ego-dokumentakh* («Rusia, 1917, en documentos personales»), Moscú, 2015.

Robien, *Comte* Louis de, *Journal d'un diplomate en Russie 1917-1918*, París, 1967.

Robinson, Paul, *The White Russian Army in Exile, 1920-1941*, Oxford, 2002.

Rolland, Jacques-Francis, *L'homme qui défia Lénine: Boris Savinkov*, París, 1989.

Ross, Nicolas, *La Crimée blanche du général Wrangel*, Ginebra, 2010.

Ruthchild, Rochelle Goldberg, «Women and Gender in 1917», en *Slavic Review*, 76(3), otoño de 2017, pp. 694-702.

Savchenko, Iliá, *V krasnom stane. Zelyonaya Kuban. 1919* («En el bando Rojo. El Kubán Verde, 1919»), Moscú, 2016.

Schmid, Alex P., *Churchills privater Krieg. Intervention und Konterrevolution im russischen Bürgerkrieg 1918-1920* («La guerra privada de Churchill. Intervención y contrarrevolución en la guerra civil rusa»), Friburgo, 1974.

Schneer, Jonathan, *The Lockhart Plot*, Oxford, 2020.

Seaton, Albert y Joan, *The Soviet Army: 1918 to the Present*, Nueva York, 1987.

Sebestyen, Victor, *Lenin the Dictator. An Intimate Portrait*, Londres, 2017. [Hay trad. cast. de Joan Eloi Roca: *Lenin: una biografía*, Ático de los Libros, Barcelona, 2020.]

Semiónov, atamán [Grigori], *O sebe. Vospominaniya, mysli i vyvody* («Sobre mí. Recuerdos, pensamientos, conclusiones»), Moscú, 2002.

Serge, Victor, *Memoirs of a Revolutionary*, Nueva York, 2012. [Hay trad. cast. de Tomás Segovia: *Memorias de un revolucionario*, Madrid: Veintisiete Letras, 2011, y Traficantes de Sueños, 2019.]

—, *Year One of the Russian Revolution*, Chicago, 2015. [Hay trad. cast.: *El año I de la Revolución Rusa*, Siglo XXI, México, 1967; anteriormente, en versión de de Amando Lázaro y Ros, Madrid: Zeus, 1931.]

Seruga, J., *Udział radiostacji warszawskiej w bitwie o Warszawę w 1920 r.* («El papel de la emisora de radio de Varsovia en la Batalla de Varsovia, 1920»), Vol. 17, Parte 1, Varsovia, 1925.

Service, Robert, *Lenin: A Biography*, Londres, 2000. [Hay trad. cast. de José Manuel Álvarez Flórez: *Lenin: una biografía*, Siglo XXI de España, Madrid, 2001, 2017.]

—, *Stalin: A Biography*, Londres, 2004. [Hay trad. cast. de Susana Beatriz Cella: *Stalin: una biografía*, Siglo XXI de España, Madrid, 2006, 2018.]

Shaiditski, V. I., «Servir a la patria», en Kuzmin, S. L. (ed.), *Baron Ungern v dokumentakh i materialakh* («Barón Úngern: Documentos y materiales»), Moscú, 2004.

Shipitsyn, Fiódor, «V Odnom Stroyu» («En las mismas filas»), en Anónimo, *V Boyakh i Pokhodakh* («En las batallas y en la marcha»), Sverdlovsk, 1959.

Shklovski, Víktor, *s. n.* Shklovsky, *A Sentimental Journey: Memoirs 1917-1922*, Ithaca (NY), 1984.

Shmelev, Anatol, «The Revolution Turns Eighty: New Literature on the Russian Revolution and its Aftermath», en *Contemporary European History*, 8(1), Cambridge, 1999.

—, «The Allies in Russia 1917-20: Intervention as Seen by the Whites», en *Revolutionary Russia*, 16(1), junio de 2003, pp. 87-107.

—, *s. n.* Anatoli Shmelev, *Vneshnyaya politika pravitelstva Admirala Kolchaka, 1918-1919* («La política exterior del gobierno del almirante Kolchak, 1918-1919»), San Petersburgo, 2017.

Shukman, Harold, *The Russian Revolution*, Stroud, 1998.

Shulguín, Vasili, *s. n.* V. V. Shulgin, *Days of the Russian Revolution: Memoirs from the Right, 1905-1917*, Gulf Breeze (FL), 1990.

—, *1920 god* («1920»), Moscú, 2016.

Sliusarenko, Vladímir A., *Na mirovoi voine, v Dobrovolcheskoi armii i emigratsii.*

Vospominaniya 1914-1921 («En la guerra mundial, en el Ejército de Voluntarios y en la emigración. Memorias, 1914-1921»), Moscú, 2016.

Smele, Jonathan D., *The «Russian» Civil Wars 1916-1926: Ten Years that Shook the World*, Londres, 2016.

—, *Civil War in Siberia: The anti-Bolshevik Government of Admiral Kolchak, 1918-1920*, Cambridge, 1997.

Smith, Douglas, *Former People: The Last Days of the Russian Aristocracy*, Nueva York, 2012. [Hay trad. cast. de Jesús Cuéllar Menezo: *El ocaso de la aristocracia rusa*, Tusquets, Barcelona, 2015.]

Smith, S. A., *Russia in Revolution: An Empire in Crisis, 1890 to 1928*, Oxford, 2017.

Sollohub, Edith, *The Russian Countess*, Exeter, 2009.

Somin, Ilya, *Stillborn Crusade: The Tragic Failure of Western Intervention in the Russian Civil War, 1918-20*, Nueva York, 1996.

Stefanóvich, P., «Las primeras víctimas del terror colectivo de los bolcheviques», en B. Syrtsov (ed.), *Kiev 1918*, Moscú, 2001.

Steinberg, Mark D., *Voices of Revolution 1917*, New Haven (CT) y Londres, 2001.

Stewart, George, *The White Armies of Russia*, Nueva York, 1933.

Stoff, Lurie S., Anthony J. Heywood, Boris I. Kolonitskii y John W. Steinberg (eds.), *Military Affairs in Russia's Great War and Revolution, 1914-1922*, Bloomington (IN), 2019.

Stone, David R., *The Russian Army in the Great War: The Eastern Front 1914-1917*, Lawrence (KS), 2015.

Stone, Norman, *The Eastern Front, 1914-1917*, Londres, 1975.

Sujánov, Nicolái N., *s. n.* N. N. Sukhanov, *The Russian Revolution 1917: A Personal Record*, Oxford, 1953. [Hay trad. cast. de Julio Gómez de la Serna, *s. n.* Nicolás N. Sukhanof, *La revolución rusa (1917)*, Barcelona: Luis de Caralt, 1970.]

Sunderland, Willard, *The Baron's Cloak: A History of the Russian Empire in War and Revolution*, Ithaca (NY), 2014.

Suny, Ronald Grigor, *The Baku Commune: 1917-1918: Class and Nationality in the Russian Revolution*, Princeton (NJ), 1972.

Surzhikova, N. V. *et al.* (eds), *Rossiya, 1917 v ego-dokumentakh* («Rusia, 1917: testimonios personales»), Moscú, 2015.

Svertsev, Andréi, «La tragedia de un Bonaparte ruso», *Russkiy Mir*, 16 de abril de 2013.

Syrtsov, B. (ed), *Kiev 1918*, Moscú, 2001.

Tarásov, Konstantín, *Soldatskii bolshevism* («El bolchevismo de los soldados»), San Petersburgo, 2017.

Teague-Jones, Reginald, *The Spy who Disappeared: Diary of a Secret Mission to Russian Central Asia in 1918*, Londres, 1990.

Teffi (Nadiezhda Lojvítskaya), *Memories: From Moscow to the Black Sea*, Londres, 2016. [Hay trad. cast. de Galina Lukiánina y José M. Cañadas: *Memorias (1918-1919): de Moscú al Mar Negro*, Ediciones Casus Belli, Madrid, 2017.]

—, *Rasputin and Other Ironies*, Londres, 2016.

Ter Minassian, Taline, *Reginald Teague-Jones: Au service secret de l'Empire britannique*, París, 2014.

Trotski, León, *s. n.* Trotsky, *History of the Russian Revolution*, Londres, 2017. [Hay trad. cast. de Andreu Nin y Emilio Ayllón: *Historia de la Revolución Rusa*, Capitán Swing, Madrid, 2017.]

Trúshnovich, Aleksandr, *Vospominaniya Kornilovtsa 1914-1934* («Memorias de un kornilovista, 1914-1934»), Moscú y Fráncfort, 2004.

Tsvetáyeva, Marina, *s. n.* Tsvetaeva, *Earthly Signs: Moscow Diaries 1917-1922*, New Haven (CT) y Londres, 2002. [Hay trad. cast. del original ruso, por Selma Ancira: *Diarios de la Revolución de 1917*, Acantilado, Barcelona, 2015.]

Ulanóvskaya, Nadiezhda y Maya, *Istoriya odnoi sem'i* («Historia de una familia»), San Petersburgo, 2003.

Ullman, Richard H., *Anglo-Soviet Relations 1917-21*, 3 vols., Princeton (NJ), 1961-1973.

Ustínov, S. M., *Zapiski nach'al'nika kontr-razveĕdki: 1915-1920 g.* («Apuntes de un jefe de contrainteligencia»), Rostov, 1990.

Vanderbilt Balsan, Consuelo, *The Glitter and the Gold*, Maidstone, 1973. [Hay trad. cast. de María José Delgado: *La Duquesa de Marlborough: una rica heredera americana en los salones de la aristocracia inglesa de principios del siglo XX*, Aguilar, Madrid, 2013.]

Verjovski, Aleksandr I., *Rossiya na Golgofe* («Rusia en el Gólgota»), Moscú, 2014.

Vertinski, Aleksandr, *Dorogoi dlinnoyu* («El largo camino»), Moscú, 2012.

Von Hagen, Mark, *Soldiers in the Proletarian Dictatorship*, Ithaca (NY), 1990.

Vránguel, *véase* Wrangel

Ward, John, *With the Die-Hards in Siberia*, Londres, 1920.

Wędziagolski, Karol, *Boris Savinkov: Portrait of a Terrorist*, Twickenham, 1988.

Werth, Nicolas, «Crimes and Mass Violence of the Russian Civil Wars, 1918-1921», *Sciences Po*, París, 2008.

Wheeler Bennett, John W., *Brest Litovsk, The Forgotten Peace, March 1918*, Londres, 1966.

Wildman, Allan K., *The End of the Russian Imperial Army, The Old Army and the Soldiers' Revolt (March-April 1917)*, vol. 1: Princeton (NJ), 1980.

—, *The End of the Russian Imperial Army, The Road to Soviet Power and Peace*, vol. 2: Princeton (NJ), 1987.

Woodward, E. L. y Rohan Butler, *Documents on British Foreign Policy 1919-1939*, primera serie, vol. 2, Londres, 1949.

Wrangel, Piotr, *s. n.* Baron Peter Wrangel, *Always with Honour*, Nueva York, 1957.

Wurzer, Georg, *Die Kriegsgefangenen der Mittelmächte in Russland im Ersten Weltkrieg* («Los prisioneros de guerra de las Potencias Centrales en Rusia durante la primera guerra mundial»), Viena, 2005.

Yefrémov, Vasili Nikoláyevich, *Krakh beloi mechty v Sin-Tsiane* («El colapso del sueño blanco en Xinjiang»), San Petersburgo, 2016.

Yusúpov, Féliks, *s. n.* Youssoupoff, Prince Félix, *L'homme qui tua Raspoutine*, Mónaco, 2005. [Hay traducciones españolas del francés: por Julio Gómez de la Serna, *s. n.* Príncipe F. Youssoupoff: *Cómo maté a Rasputín*, Oriente, Madrid, 1929; y Teresa Clavel, *s. n.* Príncipe Félix Yussupov, *El asesinato de Rasputín*, Martínez Roca, Barcelona, 1993; y de Marta Sánchez-Nieves, del original ruso, *s. n.* príncipe Féliks Yusúpov, *El final de Rasputín*, Nevsky Prospects, Madrid, 2010.]

Yuzefóvich, Leonid, *s. n.* Youzefovitch, *Le Baron Ungern, khan des steppes*, París, 2001.

Żeligowski, Lucjan, *Wojna 1920 roku. Wspomnienia i rozważania* («La guerra de 1920: Memorias y reflexiones»), Varsovia, 1990.

Zenzínov, Vladímir, *Iz zhizni revolyutsionera* («De la vida de un revolucionario»), París, 1919. [Se tradujo su *Con los nómadas de la estepa*, sobre el exilio del autor en Siberia, Madrid: Prensa Moderna, 1931.]

Zürrer, Werner, *Kaukasien 1918-1921. Der Kampf der Grossmächte um die Landbrücke zwischen Schwarzem und Kaspischem Meer* («El Cáucaso, 1918-1921. La guerra entre las grandes potencias por el puente terrestre entre el mar Negro y el Caspio»), Düsseldorf, 1978.

Obras de ficción

Aguéyev, M., *s. n.* Ageyev, *Novel with Cocaine*, Londres, 1999. [Hay trad. cast. del francés, por Rosa M. Bassols, *s. n.* M. Aguéev: *Novela con cocaína*, Seix-Barral, Barcelona, 1984 y Círculo de Lectores, Barcelona, 1988.]

Bábel, Isaak, *s. n.* Isaac Babel, *Red Cavalry*, Londres, 2014. [Hay trad. cast., entre otras, de Alejandro Gago: *La caballería Roja*, Espuela de Plata, Sevilla, 2017; de Ricardo San Vicente (1999): *Caballería Roja*, Galaxia Gutenberg, Barcelona, 2017; de José M.ª Güell (1970): *Caballería roja y otras obras*, RBA, Barcelona, 2011.]

Bulgákov, Mijaíl, *s. n.* Mikhail Bulgakov, *White Guard*, Londres, 2016. [Hay trad. cast. de José Laín Entralgo: *La guardia blanca*, Destino, Barcelona, 1971, 1991 y Debolsillo, Barcelona, 2014; hubo otra de Pablo Díaz Mora, Noguer, Barcelona, 1971.]

Grey, Marina, *La Campagne de Glace*, París, 1978. [De esta autora, tras cuyo pseudónimo estaba una hija del general Denikin, solo se tradujo *Los ejércitos blancos*, Caralt, 1973.]

Harris, John, *Light Cavalry Action*, Londres, 1967. [Hubo traducción española de Eduardo Mallorquí: *La carga de caballería*, G. P. (Colección Reno), Barcelona, 1969.]

Krasnov, P. N., *s. n.* Krasnoff, *From the Double-Headed Eagle to the Red Banner*, 2 vols., Nueva York, 1926. [Hubo traducción española, *s. n.* General P. N. Krasnow, *Del águila del zar a la bandera roja*, Araluce, Barcelona, 3 vols., 1931. Se tradujo también otra novela del autor, *s. n.* Krasnoff, *El fin de un imperio: Las hojas caídas*, 1930.]

Pasternak, Borís, *Doctor Zhivago*, Londres, 1958. [Hay trad. cast. de Marta Rebón (2010): *El doctor Zhivago*, Galaxia Gutenberg, Barcelona, 2020 y Debolsillo, Barcelona, 2012. Es preferible a la de Fernando Gutiérrez (Noguer, 1958), revisada por Yolanda Martínez, Anagrama,

Barcelona, 1991; revisada por José María Bravo, Cátedra, Madrid, 1991.]

Serge, Victor, *Conquered City*, Londres, 1976. [Hay trad. cast. de Luis González Castro: *Ciudad conquistada*, Página Indómita, Barcelona, 2017; y una anterior de Tomás Segovia: *Ciudad tomada*, Joaquín Mortiz, México, 1970.]

—, *Birth of our Power*, Nueva York, 1967. [Hay trad. cast. de Manuel Pumarega (1931): *El nacimiento de nuestra fuerza*, Amargord, Colmenar Viejo, 2017.]

—, *Midnight in the Century*, Londres, 1982. [Hay trad. cast. de Ramón García (1976): *Medianoche en el siglo*, Alianza Editorial, Madrid, 2016.]

Shólojov, Mijaíl, *s. n.* Mikhail Sholokhov, *And Quiet Flows the Don*, Londres, 2017. [Hay trad. cast. de José Laín Entralgo (1965), la más reeditada: *El Don apacible*, RBA, Barcelona, 2009, y Debolsillo, Barcelona, 2009; de Julia Pericacho, *El Don apacible*, Aguilar, Madrid, 1980; de Manuel Comorera *et al.*, *El plácido Don*, Mateu, Barcelona, 1966; de Francisco J. Alcántara y Domingo Pruna, *El don apacible*, Plaza & Janés, Barcelona, 1966; de Pedro Camacho, *El don apacible*, Lauro, Barcelona, 1943.]

Solzhenitsyn, Aleksandr, *s. n.* Soljhenitsyn, *Lenin in Zurich*, Nueva York, 1977. [*Lenin en Zurich*, Barral, Barcelona, 1976.]

Yourcenar, Marguerite, *Le Coup de Grâce*, París, 1939. [Hay trad. cast. de Emma Calatayud: *El tiro de gracia*, Alfaguara, Madrid, 1991 y Debolsillo, Barcelona, 2017; hubo una traducción anterior de Hernán Mario Cueva, Compañía General Fabril Editora, Buenos Aires, 1960.

Índice analítico

Los números en cursiva se refieren a ilustraciones.

Índice

PRIMERA PARTE
1912-1917

Segunda parte
1918

Tercera parte
1919

CUARTA PARTE
1920